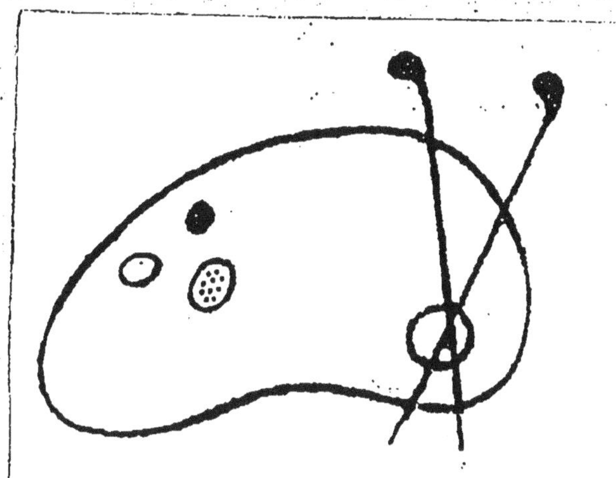

Fin d'une série de documents
en couleur

LES SPECTACLES

DE LA FOIRE

Cet ouvrage a été tiré à 330 Exemplaires numérotés à la presse

5 sur papier de Chine (Nos 1 à 5).
25 sur papier Whatman (Nos 6 à 30).
300 sur papier de Hollande (Nos 31 à 330).

EXEMPLAIRE D'AUTEUR

Il a été tiré 40 exemplaires d'auteur sur papier mécanique ; ils portent les nos 331 à 370.

LES SPECTACLES

DE LA FOIRE

Théâtres, Acteurs, Sauteurs et Danseurs de corde
Monstres, Géants, Nains, Animaux curieux ou savants, Marionnettes
Automates, Figures de cire et Jeux mécaniques des Foires Saint-Germain
et Saint-Laurent, des Boulevards et du Palais-Royal, depuis
1595 jusqu'à 1791

DOCUMENTS INÉDITS RECUEILLIS AUX ARCHIVES NATIONALES

PAR

ÉMILE CAMPARDON

II

PARIS

BERGER-LEVRAULT ET Cie, ÉDITEURS

5, RUE DES BEAUX-ARTS, 5

MÊME MAISON A NANCY, 11, RUE JEAN-LAMOUR

1877

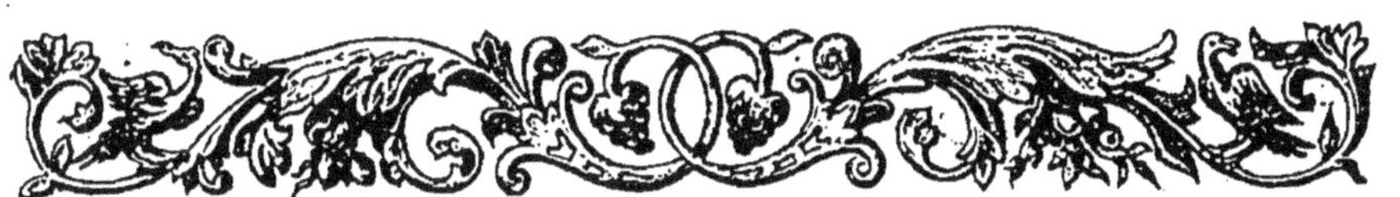

J

ACOBAL, sauteur et danseur de corde, faisait partie, en 1697, de la troupe des Alard.

(*Dictionnaire des Théâtres*, III, 107.)

JAYMOND (CLAUDE-AUGUSTIN), appelé aussi GÉMONT, acteur du boulevard, faisait partie dès 1772 de la troupe de l'Ambigu-Comique et y jouait les *pierrots* et les *bateliers*. En 1781, il était attaché au spectacle des Variétés-Amusantes, et en 1782 il entra au théâtre des Grands-Danseurs du Roi, où il débuta par le rôle de *Sylvestre* dans la *Cacophonie,* comédie en un acte, de Beaunoir (20 avril 1782). Il a joué ensuite l'*Allemand* dans le *Prétendu sans le savoir* (7 juin 1783); le *marchand de bois* dans le *Souper des dupes* (15 juin 1783), etc., etc. En 1785, Jaymond était rentré à l'Ambigu-Comique. Le *Chronique désœuvré,* pamphlet du temps, parle en ces termes de ce très-mauvais acteur : « La caque sent toujours le hareng. Ce proverbe, quoique rangé au même nombre de ceux que nos bonnes femmes débitent avec chaleur, n'en est pas moins véridique. Je soutiens qu'il est impossible de ne pas démêler soit dans le caractère, soit dans les mœurs, soit dans les inclinations, l'origine ou la profession primitive de celui qui prétend en imposer par des manières empruntées. Voyez Gémont sous tel habit que ce soit, en telle société qu'il se présente, sa physionomie plate et basse n'annonce-t-elle pas un homme né dans la condition la plus abjecte; donc que la caque ſent toujours le hareng, puiſqu'il eſt vrai que cet acteur décrottait jadis à la porte du ſpectacle de l'Ambigu-Comique. Le ſieur Lorin, directeur d'animaux, lanterne magique, *Grands voleurs*, etc., en fit ſon domeſtique..... Encore un proverbe, tel maître, tel valet. Il paſſa enſuite au ſervice de Placide, etc., et joua quelques rôles chez Audinot. Actuellement chez Nicolet, la ſociété l'a tant ſoit peu refondu; mais il n'en eſt pas moins le même, c'eſt-à-dire un perſonnage bête, groſſier, ignorant, ſtupide; au reste, comme les autres, pareſſeux, libertin, débauché.»

(*Almanach forain*, 1773. — *Journal de Paris*, 20 avril 1782 ; 7 et 15 juin 1783. — *Le Chroniqueur désœuvré*, II, 76.)

I

L'an 1781, le vendredi 15 juin, dix heures du matin, en l'hôtel et pardevant nous Benjamin Bourderelle, etc., eſt comparue demoiſelle Éliſabeth Sonnet, épouſe de M. Antoine Melcot, huiſſier commiſſaire-priſeur du Châtelet, demeurante à Paris, rue du Faubourg-St-Martin, paroiſſe St-Laurent: Laquelle nous a rendu plainte contre le nommé Claude-Auguſtin Jaymond, acteur du ſpectacle des Variétés-Amuſantes, demeurant à Paris, rue Neuve-St-Nicolas, et dit qu'il y a environ 15 ans qu'elle connoit la mère dudit Jaymond comme lui ayant propoſé différentes fois de lui vendre des marchandiſes de toile, mouſſeline, robes et autres objets; que ladite dame Melcot a été nombre de fois chez ladite femme Jaymond pour y acheter quelques choſes dont elle avoit beſoin pour ſon uſage perſonnel; que ledit Jaymond, fils de ladite femme Jaymond, étoit alors âgé de dix ans, lequel a été envoyé par ſadite mère chez ladite dame Melcot à titre de commiſſion, laquelle a prié ladite dame Melcot de s'intéreſſer pour ſondit fils pour lui procurer une place vû qu'il avoit des diſpoſitions pour le théâtre; que voulant ladite dame Melcot obliger ladite femme Jaymond elle a bien voulu parler à quelqu'un de la connoiſſance d'Audinot, qui tient un ſpectacle ſur le boulevard, à l'effet de l'engager à le prendre dans ſon ſpectacle; que cela lui a réuſſi; qu'elle n'a ſu ce qu'étoit devenu ledit Jaymond depuis environ ſix ans; qu'à cette époque ledit Jaymond eſt venu demeurer dans une maiſon en face de celle de ladite dame Melcot, lequel alloit très-ſouvent chez le ſieur Morlot, marchand apothicaire, principal locataire de la maiſon où demeure ladite dame Melcot, laquelle étoit liée d'eſtime avec ledit ſieur Morlot ainſi qu'avec la dame ſon épouſe; que ledit Jaymond y a rencontré nombre de fois ladite dame Melcot à laquelle il a rendu ſes devoirs et lui a témoigné combien il étoit reconnoiſſant des bontés qu'elle avoit bien voulu avoir pour lui à la recommandation de sa mère; que ledit Jaymond s'étant rendu utile dans la maison dudit sieur Morlot, il a cherché les moyens de se rendre également utile à ladite dame Melcot qui alors avoit renvoyé son domestique; que ledit Jaymond annonça alors à ladite dame Melcot que ses appointemens étoient trop foibles, qu'il désireroit lui être utile parfois dans son commerce et notamment pour les différentes commissions concernant ledit commerce; qu'elle a bien voulu accepter sa proposition dans la vue de l'obliger ainsi que sadite mère. En conséquence elle lui a donné de l'ouvrage à faire concernant le commerce de couleurs qu'elle fait; qu'elle a eu des bontés pour ledit Jaymond, auquel elle a bien voulu donner la nourriture ainsi que ce qui pouvoit lui appartenir pour raison de son travail chez elle; qu'il est arrivé audit Jaymond de présenter tant auxdits sieur et dame Morlot qu'à ladite dame Melcot des billets du spectacle des Variétés où il est acteur, ainsi qu'il est ci-dessus dit; qu'il a cessé de travailler chez ladite dame Melcot; que cependant, d'après les bontés qu'elle a eues pour lui, il a cru devoir lui rendre des visites qui ont été rejetées de la part de ladite dame au moyen de ce qu'il ne travailloit plus chez elle; qu'il a paru s'habituer à continuer ses visites à ladite dame Melcot qui lui a dit qu'elle n'entendoit pas qu'il lui en rende aucune, qu'elle lui avoit payé ce qu'elle lui devoit, que d'ailleurs il devoit se rappeler qu'il étoit venu nombre de fois chez elle pris de vin, que dans cet état il y avoit fait tout le tapage possible, ce qui avoit scandalisé son voisinage, et lui a dit en termes très-exprès qu'il ait à ne plus revenir chez elle; que ladite dame Melcot ayant rencontré le jour d'hier sur le soir ledit Jaymond rue des Fossés-du-Temple, ce dernier a osé l'aborder, lui a tenu les propos les plus indécens et les plus insultans, qui ont donné lieu à la plus grande esclandre et qui ont mis ladite dame Melcot dans le cas de requérir la garde à l'effet de le faire arrêter vû lesdites insultes pour être conduit chez le premier commissaire; qu'ayant ledit Jaymond reconnu ses torts il a prié ladite dame Melcot de ne le pas faire conduire chez un commissaire; qu'elle n'a eu aucun égard à cette prière vû lesdites insultes et esclandre qui ont donné lieu à un attrouppement considérable; qu'il a été conduit par-devant nous ledit jour d'hier par la garde et après l'avoir entendu ainsi que la dame Melcot nous lui avons enjoint et même fait défense très-expresse de ne plus à l'avenir insulter ladite dame Melcot en aucune manière, comme aussi d'aller chez elle sous tel prétexte que ce soit, et au moyen de la promesse qu'il a faite à ladite dame Melcot de ne plus aller chez elle ni même de l'insulter d'après lesdites défenses par nous à lui faites et des excuses qu'il a faites à ladite dame Melcot, en notre présence, nous l'avons fait relaxer, par grâce, du consentement de ladite dame Melcot; et comme ladite plaignante a l'intérêt le plus sensible d'empêcher qu'à l'avenir elle soit insultée par ledit Jaymond et de le faire punir comme il le mérite relativement auxdites insultes qu'il lui a faites publiquement, elle est venue nous rendre la présente plainte.

Signé : F° Melcot ; Bourderelle.

(*Archives des Comm.*, n° 1080.)

II

Vendredi 2 ſeptembre 1785.

Claude Seigné, caporal de la garde de Paris, a arrêté Claude-Auguſtin Gémont, acteur de l'Ambigu-Comique, à la réquiſition du ſieur Pariſau, pour lui avoir manqué et lui avoir dit des injures (1). A l'hôtel de la Force. Il a été relaxé.

(*Archives des Comm.*, n° 5022.)

III

L'an 1789, le mardi 15 décembre, heure de midi, en notre hôtel et pardevant nous Jean-Jacques Grandin, etc., eſt comparu ſieur Jacques-Alexis Jacob, marchand orfèvre à Paris, y demeurant rue de l'Arbre-Sec, paroiſſe St-Germain-l'Auxerrois : Lequel nous a dit et déclaré que ce matin ſur les huit heures le ſieur Jaymond, acteur de la troupe du ſieur Audinot, dont il ignore la demeure, eſt venu le voir, et au bout de quelques inſtans de converſation il a demandé au comparant qui avoit arrangé les affaires après le décès du ſieur Balthazar Jaymond, ſon oncle, et beau-père du comparant ; ce dernier lui a répondu que c'étoit lui qui avoit fait appoſer et lever les ſcellés et procéder tant à l'inventaire qu'à la vente. Ledit ſieur Jaymond lui a enſuite demandé qu'étoient devenus ſes effets, en diſant qu'il avoit laiſſé en dépôt chez ledit feu ſieur ſon oncle des hardes et de l'argent. Ledit ſieur Jacob lui a répondu qu'il ne ſavoit pas ce qu'il vouloit lui dire, qu'il n'avoit pas vu de hardes à lui appartenantes dans la maiſon du défunt, ni aucun papier ou autre qui indiquât que ledit feu ſieur Jaymond eût en dépôt chez lui audit ſieur ſon neveu des hardes ou de l'argent ; qu'au ſurplus lui comparant étoit tout prêt à lui reſtituer ce qu'il réclamoit en repréſentant toutefois des reconnoiſſances du défunt, qui mettoit le plus grand ordre dans ſes affaires. Alors le ſieur Jaymond s'eſt emporté comme un furieux, en jurant et ſacrant, et a menacé le comparant de lui brûler la cervelle et de ſe la brûler enſuite à lui-même. Le comparant, pour tâcher de le calmer, l'a fait monter auprès de ſon épouſe et l'a engagé de s'expliquer tranquillement. Ladite dame Jacob lui a fait les mêmes obſervations que ſon mari, en ajoûtant qu'elle avoit toujours connu ledit feu ſieur Jaymond dans l'uſage de donner des reçus des

(1) Parisau, qui remplissait les fonctions de régisseur à l'Ambigu-Comique, avait fait des observations à Jaymond sur ce qu'il arrivait trop tard au théâtre, ce qui faisait murmurer le public. A ces justes reproches Jaymond répondit par un torrent d'injures. On jouait ce soir-là à l'Ambigu : *Lucy, ou la Fille soldat*, pantomime de Parisau ; *l'Enthousiaste ; le Portefeuille* et *le Goûter, ou Un bienfait n'est jamais perdu.*

moindres objets qu'il recevoit; mais ledit ſieur Jaymond, n'écoutant que ſon caractère violent, s'eſt emporté de nouveau en criant que ſi la dame Jacob n'étoit pas enceinte il l'éventreroit; que s'il ne retrouvoit pas ſes hardes et ſon argent, il leur brûleroit la cervelle; qu'ils étoient des gueux, des coquins; que cette ſcène a cauſé une révolution à ladite dame Jacob, qui eſt dans le plus grand danger, attendu ſon état de groſſeſſe. Et comme le comparant a intérêt de mettre ſes jours et ſon épouſe à l'abri des menaces dudit ſieur Jaymond, il nous a rendu plainte des faits ci-deſſus.

Signé : JACOB; GRANDIN.

(*Archives des Comm.*, nº 2594.)

JEANDRO (AUGUSTIN), né en 1749, acteur du théâtre de l'Ambigu-Comique en 1770.

Voy. MARCADET.

JÉROME, danseur de corde et entrepreneur de marionnettes, avait un jeu à la foire Saint-Germain de 1668.

Voy. ARCHAMBAULT.

JÉROME, acteur forain, engagé dans la *Grande Troupe étrangère* de Restier et de la veuve Lavigne, à la foire Saint-Germain de 1740, faisait le rôle d'un *paysan* dans la *Fête anglaise, ou le Triomphe de l'hymen*, pantomime de Mainbray, représentée le 14 mars de cette même année.

(*Dictionnaire des Théâtres*, II, 542.)

JEUX PLÉIENS, spectacle donné pendant la belle saison sur la Seine à la Rapée. Il consistait en joutes sur l'eau exécutées soit par des mariniers de profession, soit par des amateurs, et à la suite desquelles les prix étaient distribués par Neptune en personne orné des attributs de sa souveraineté. On y voyait aussi des scènes-pantomimes et on y faisait de la musique. Les dimanches d'été, ce spectacle était très-suivi, et au mois d'août 1769 la recette monta un jour à plus de 12,000 livres. En 1788, les Jeux Pléiens, qu'on nommait alors le Spectacle de la Joute, existaient encore. Ils avaient commencé le 16 juillet 1769.

(*Mémoires secrets*, IV, 316, 320, 346 ; V. 146. — *Guide des amateurs et des étrangers voyageurs à Paris*, par Thièry, I, 661.)

JIGNARD (Élisabeth), actrice du spectacle de Nicolet en 1768.

L'an 1768, le vendredi 29 janvier, quatre heures et demie du foir, eft comparu en l'hôtel et par-devant nous Nicolas Maillot, etc., Jean-Baptifte-Robert Leblanc, appointé de la garde de Paris, de pofte aux Enfans-Rouges : Lequel nous a dit qu'à la réquifition d'une particulière il vient d'arrêter fur le boulevard, chez le nommé Noblet, limonadier, un particulier qu'elle lui a indiqué et qu'elle lui a dit avoir reçu pour elle de l'argent et qui ne le lui avoit pas rendu. Lefquels particulier et particulière il a conduits par-devant nous pour les entendre.

Signé : Leblanc.

Eft auffi comparue Élifabeth Jignard, actrice chez Nicolet et logeant chez le nommé Pelé, fruitier et logeur, rue Charlot : Laquelle nous a dit qu'elle avoit fait arrêter le nommé Louette, parce qu'elle lui avoit prêté de l'argent qu'il ne vouloit pas lui rendre et qu'il avoit été recevoir pour elle chez le fieur Morel, ingénieur du prince de Conti, la fomme de 56 livres qu'il ne vouloit pas non plus lui rendre. Qu'elle lui avoit en outre prêté un parafol qu'il ne vouloit pas non plus lui rendre. Qu'il ne ceffe de lui dire mille fottifes et injures en la menaçant même de lui donner cent coups d'épée et qu'il ne veut pas non plus lui rendre un billet à ordre de 33 livres à prendre fur le nommé Martin, difant pour toute raifon qu'il ne fait pas ce qu'il en a fait. Defquels faits elle nous rend plainte.

Signé : Jignard.

En fuite de quoi nous avons fait comparoître ledit particulier arrêté : Lequel, fur les interpellations par nous à lui faites, nous a dit fe nommer Louis-François Louette, natif de Paris, âgé de 25 ans, garçon tailleur fans boutique, logeant rue Charlot, chez le nommé Pelé, fruitier et logeur. Nous a ajouté qu'il a reçu la fomme de 56 livres du fieur Morel, ingénieur de M. le prince de Conti, que lui avoit donné à recevoir le nommé Coulot, fils d'un marchand de Lyon, pour payer lui comparant de ce qu'il lui devoit pour avoir fait des avances pour lui et que ce n'eft pas ladite Jignard qui lui avoit donné cette fomme à recevoir. Qu'il a rendu à ladite Jignard un billet de 33 livres qu'elle lui avoit remis entre les mains fur le fieur Martin. Que le parafol, qui eft de taffetas noir, appartenant à ladite Jignard, il l'a laiffé chez la dame Noblet, limonadière fur le boulevard, pour quelque chofe qu'il lui doit tant pour boiffon qu'il a pris chez elle que pour argent qu'elle lui a prêté. Qu'à la vérité il a injurié et menacé ladite Jignard, mais que c'étoit dans un inftant où il avoit pris trop de boiffon.

Signé : LOUETTE.

Sur quoi nous commiffaire, etc., avons fait relaxer ledit Louette et l'avons remis à fa mère qui eft furvenue et qui l'a réclamé et qui a fait remettre à ladite Jignard fon parafol, fauf aux parties à fe pourvoir pour le furplus de la manière et ainfi qu'ils aviferont bon être. Dont et du tout nous avons fait et dreffé le préfent procès-verbal.

Signé : MAILLOT.

(*Archives des Comm.*, n° 3775.)

JOANNI (JEAN-IGNACE MAGRINI, dit), né en 1752, était sauteur au spectacle de Nicolet en 1771.

L'an 1771, le mardi 10 décembre, fix heures du foir, nous Nicolas Maillot, etc., étant fur le boulevard du Temple, étant entré au corps de garde de ce boulevard fur réquifition, nous y avons trouvé fieur Nicolas-Jacques Couturier, officier de la garde de Paris, ayant l'infpection de ce même boulevard pour le bon ordre : Lequel nous a dit qu'en vertu des ordres à lui adreffés par M. le Lieutenant général de police, il vient d'arrêter le nommé Joanni, fauteur ci-devant chez Nicolet l'aîné, maître de fpectacle fur le boulevard, pour être ledit Joanni par nous envoyé en prifon pour caufe d'impertinences et infolences tant envers le public qu'envers ledit Nicolet. Nous repréfentant ledit Joanni pour l'entendre.

Signé : COUTURIER.

Sur quoi nous commiffaire, etc., avons fait comparoître ledit particulier arrêté et fur les interpellations par nous à lui faites, il a dit fe nommer Jean-Ygnace Magrini dit Joanni, natif de Nanci, âgé de 19 ans, fauteur ci-devant chez Nicolet l'aîné, maitre de fpectacle, demeurant chez fa mère boulevard du Temple, maifon de la dame Sibille. N'eft pas difconvenu des impertinences et infolences; mais a dit en être fâché et a déclaré ne favoir écrire ni figner.

Ce fait, avons laiffé ledit Magrini audit corps de garde ès mains de Jacques Boudier, fergent de la garde de Paris de pofte aux Enfans-Rouges, pour par lui le conduire ès prifons du For-l'Évêque et l'y faire écrouer de police par le premier officier du guet requis.

Signé : MAILLOT; BOUDIER.

(*Archives des Comm.*, n° 3778.)

JOLLY, acteur de l'Opéra-Comique pendant la foire Saint-Laurent de 1729, y remplissait les rôles de *Sultan*.

(*Dictionnaire des Théâtres*, III, 190.)

JOLLY (Mlle MOREL, femme), femme du précédent, actrice de l'Opéra-Comique, débuta à ce théâtre, le 25 juin 1729, dans la *Princesse de la Chine*, opéra comique de Lesage et Dorneval, et n'y resta que jusqu'à la fin de la foire Saint-Laurent suivante. Après avoir passé quelque temps en province, Mlle Jolly rentra à l'Opéra-Comique et y joua pendant les foires Saint-Germain et Saint-Laurent de 1737, puis elle se retira du théâtre.

(*Dictionnaire des Théâtres*, III, 190 ; IV, 243.)

JONAS, juif anglais, habile prestidigitateur, faisait des tours de cartes à la foire Saint-Germain de 1774. Ses exercices étaient très-suivis et il était appelé souvent à donner en ville des représentations qu'il faisait payer au moins trois louis.

(*Almanach forain*, 1775. — *Mémoires secrets*, VII, 137, 162.)

JOSEPH, acteur de la *Grande Troupe étrangère* de Restier et de la veuve Lavigne pendant la foire Saint-Germain de 1742, remplissait le rôle d'*un paysan ami d'Arlequin* dans le *Diable boiteux*, pantomime de Mainbray, représentée le 15 février de la même année.

(*Dictionnaire des Théâtres*, II, 304.)

JOSEPH (Mme), actrice du spectacle des Associés en 1787.
Voy. LESIEUR (ADÉLAÏDE).

JOSSET, danseur de l'Opéra-Comique pendant la foire Saint-Laurent de 1744, y exécuta, travesti en femme, la *Sabotière,* pantomime représentée le 2 septembre de la même année.

(*Dictionnaire des Théâtres*, III, 191 ; V, 2.)

JOUANNI, acteur de la *Grande Troupe étrangère* qui donnait des représentations sous la direction de Restier et de la veuve Lavigne pendant la foire Saint-Germain de 1742.

(*Mémoires sur les Spectacles de la Foire*, II, 156.)

JOUANNI, danseur de corde et sauteur du théâtre des Grands-Danseurs du Roi, y fit ses débuts le 15 mai 1783.

(*Journal de Paris*, 15 mai 1783.)

JOUEUR D'ÉCHECS AUTOMATE, figure mécanique que l'on voyait à Paris en 1783 et qui fit grand bruit à cette époque. Cette machine curieuse, fabriquée par le gentilhomme hongrois Wolfgang de Kempelen, né en 1734, mort en 1804, était montrée à Paris par un nommé Anthon. Le *Journal de Paris* entre, à propos du *Joueur d'échecs automate,* dans quelques détails curieux qui paraissent bons à reproduire : « M. Anthon vient d'arriver de Vienne avec la fameuſe machine qui joue aux échecs, dont il a été queſtion dans pluſieurs journaux. Il offre de la montrer à tous ceux qui ſeront curieux de la voir et il annonce que cet automate joueur d'échecs repréſente une figure d'homme de grandeur naturelle, habillée à la turque et aſſiſe derrière une commode ſur laquelle eſt placé l'échiquier ; il joue une partie aux échecs avec la première perſonne qui ſe préſente. Avant qûe de commencer la partie, M. Anthon ouvre toutes les portes de la commode pour en faire voir l'intérieur dont la plus grande partie eſt compoſée de rouages, de leviers, cylindres, cadrans, reſſorts, etc.

Les portes refermées, l'automate commence la partie. Il porte la main ſur une des pièces, la ſaiſit des doigts, la tranſporte ſur une autre caſe, l'y lâche et retire ſa main pour la repoſer ſur un couſſin qui ſe trouve près de l'échiquier; s'il donne échec, il en avertit ſon adverſaire en faiſant ſigne de la tête trois fois ſi c'eſt au roi, et deux fois ſi c'eſt à la reine. Si ſon adverſaire, soit par inadvertance, ſoit par deſſein, fait une fauſſe marche, il ſecoue la tête, prend la pièce mal jouée et la remet à ſa place; mais alors le coup de l'adverſaire eſt perdu, parce que l'automate joue ſon coup immédiatement après. Si de part ou d'autre on donne échec et mat, et ſi enſuite l'on vouloit encore jouer un coup, il refuſe de jouer en ſecouant la tête. La partie finie, il fait la marche du cavalier de la manière ſuivante : Après que l'on a ôté toutes les figures de l'échiquier, quelqu'un des ſpectateurs prend un cavalier, le met ſur une caſe qu'il choiſit à ſon gré; auſſitôt l'automate le prend et parcourt toutes les 64 caſes en montrant chacune avec le cavalier et ſautant du blanc au noir et du noir au blanc ſans revenir deux fois ſur la même caſe; de quoi l'on peut s'aſſurer en marquant d'un jeton chaque caſe ſur laquelle il a été. Revenu à la première caſe dont il eſt parti, il y lâche le cavalier et en retire ſa main. Après la partie d'échecs, les ſpectateurs font des demandes à cet automate, auxquelles il répond en montrant ſur une table d'alphabet les lettres qui, priſes enſemble, forment la réponſe. Cet automate ſe verra pour la première fois le lundi 21 de ce mois (avril) et les jours ſuivans. Il jouera deux fois par jour, ſavoir : à midi et à cinq heures du ſoir à l'hôtel d'Aligre, rue d'Orléans-Saint-Honoré. L'entrée eſt à ſix francs par perſonne. Comme plus de cinquante à ſoixante perſonnes ne pourroient voir commodément en même tems cette machine curieuſe, l'on donnera pour chaque repréſentation un nombre proportionné de billets chez le ſieur Haquin, tenant le café de la Régence, place du Palais-Royal, où l'on pourra ſavoir d'avance s'il y a de la place ou non. C'eſt pour cela qu'on ne recevra pas d'argent à la porte et qu'on ne laiſſera entrer que les perſonnes pourvues de billets.

L'on eſt prié d'obſerver les heures ci-deſſus fixées ſans quoi l'on manqueroit de voir l'intérieur de la commode qui eſt une des choſes eſſentielles et qui ne ſe montre plus après le jeu. Si quelques perſonnes de diſtinction déſirent venir voir l'automate et s'unir un certain nombre à cet effet, M. Anthon ſera prêt à les recevoir hors des heures fixées, pourvu qu'elles l'en faſſent prévenir la veille. » Cet automate jouait avec une certaine habileté. Deux joueurs distingués du temps, le duc de Bouillon et l'avocat Bernard, se mesurèrent avec lui et remportèrent la victoire; mais ils déclarèrent tous deux que la partie leur avait été fort bien disputée (1).

(*Journal de Paris*, 18 avril 1783. — *Mémoires secrets*, XXII, 249, 262, 305 ; XXIII, 3. — *Grimm : Correspondance littéraire*, XI, 435. — *Biographie Didot*.)

JOUEUR DE GOBELETS. L'un des plus habiles escamoteurs qui aient paru aux foires est sans contredit ce joueur de gobelets, qui avait une loge à la foire Saint-Germain vers 1770 et qui escamotait publiquement une personne de l'assemblée, homme ou femme, au gré des personnes présentes.

(*Almanach forain*, 1773.)

JUGEMENT UNIVERSEL (Le); spectacle établi sur le boulevard du Temple en 1772. Il était ouvert à toute heure, pourvu que la recette fût au-dessus des frais. On y voyait des automates et des figures peintes, un serpent prodigieux artificiel, et pendant les entr'actes on déclamait des vers. Les places étaient de 24 et 12 sols.

(*Almanach forain*, 1773.)

---

(1) Cet automate était mis en mouvement par un individu caché dans la boite de l'échiquier. Voyez les explications données à ce sujet dans le *Magasin pittoresque*, tome II, 155 (1834).

JULIEN, acteur du spectacle des Associés en 1788.

Mardi 17 juin 1788, huit heures et demie du soir.

Nicolas Charton, sergent, à la réquisition du sieur Sallé, directeur du théâtre des Associés, a arrêté le nommé Julien, acteur dudit spectacle, pour querelle. Relaxé.

(*Archives des Comm.*, n° 5022.)

JUSTINE (Mlle), actrice du théâtre des Grands-Danseurs du Roi en 1787.

Voy. DURANCY.

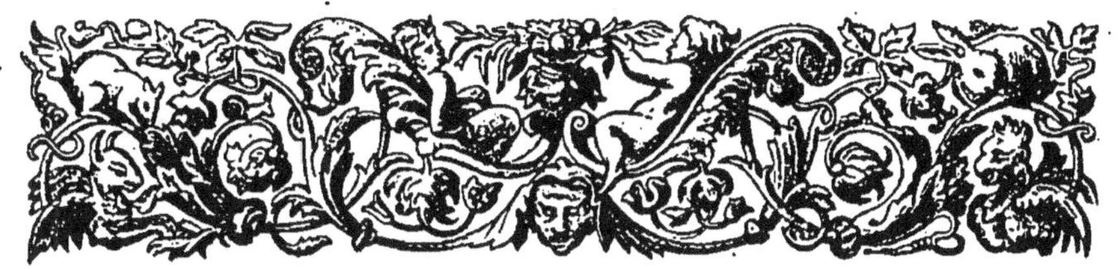

K.

KINSSELI, Allemand montrant au public et vendant des chevaux à la foire Saint-Germain de 1709. *Voy.* QUENSELY.

KIRKENER, entrepreneur de spectacles, faisait voir à la foire Saint-Germain de 1774 des figures de cire « dont la nature n'a jamais été si bien imitée, de grandeur humaine, habillées à la Françoise, Allemande et Turque, représentant les personnes de la plus haute distinction et du plus grand mérite, dès la plus tendre jeunesse jusqu'à l'âge le plus respectable ». On y voyait entre autres l'Impératrice de Russie, le Sultan, Maurice de Saxe, Paoli, Struensée, Voltaire, etc., etc. Les premières places coûtaient 24 sols, les deuxièmes 12 sols, les troisièmes 6 sols. « Les personnes de distinction payeront selon leur générosité. »

(*Almanach forain*, 1775.)

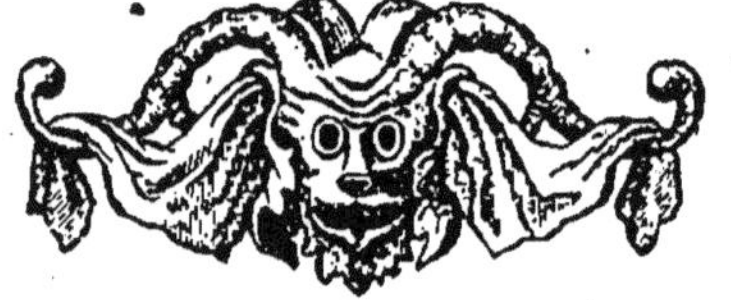

L

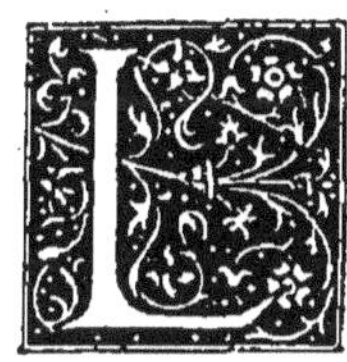

LACHAUSSÉE (PIERRE-LOUIS), maître des ballets de l'Opéra-Comique à la foire Saint-Laurent de 1739.

Voy. DELAMAIN.

LACHAUX (Mlle), actrice de l'Opéra-Comique, où elle débuta, à la foire Saint-Germain de 1740, par les rôles de la soubrette dans les *Fols volontaires*, opéra comique en deux actes, de Panard, et de la *Faculté de médecine* dans l'*École d'Asnières*, opéra comique en un acte, de Panard. A la fin de cette foire, Mlle Lachaux quitta l'Opéra-Comique et n'y rentra qu'à la foire Saint-Germain de 1743, après laquelle elle s'engagea dans une troupe de province.

(*Dictionnaire*, II, 356, 608 ; III, 253.)

L'an 1740, le jeudi 14 avril, six heures du soir, est comparu en l'hôtel et par-devant nous Louis Cadot, etc., Rossard-Mayer, marchand bijoutier, commerçant, Juif de nation, demeurant à Paris rue Maubuée : Lequel nous a porté plainte contre deux demoiselles à lui inconnues qu'il a appris s'appeler Lachaux et Gonot, dont une est actrice de l'Opéra-Comique, de ce qu'il y a environ une demi-heure que lui plaignant a été chez lesdites demoiselles Lachaux et Gonot, rue St-Honoré, vis-à-vis la Couronne d'Or, en une maison dont la boutique du rez-de-chaussée est occupée par un bijoutier, et, étant monté au troisième étage sur le devant, dans un appartement où lesdites demoiselles Lachaux et Gonot demeurent, il leur auroit demandé à parler à mesdemoifelles Lachaux et Gonot, lefquelles lui auroient répondu qu'elles n'y étoient pas, quoique ce fuffent elles-mêmes qui parlaffent à lui plaignant; que néanmoins elles le prioient de leur dire ce qu'il vouloit et qu'il n'avoit qu'à s'adreffer à elles comme fi c'étoit pour elles-mêmes. A quoi le plaignant leur auroit dit qu'il étoit chargé de deux billets paffés à l'ordre de Lazare d'Alface, marchand bijoutier de Metz, fur lui plaignant, favoir un de 96 livres pour valeur reçue comptant, figné de la demoifelle de Lachaux, et l'autre de 90 livres pareillement pour valeur reçue comptant, figné de la demoifelle Gonot, lefdits billets ayant été donnés à lui plaignant par ledit fieur Lazare d'Alface en payement de plufieurs marchandifes qu'il lui a vendues et livrées, et que lui plaignant venoit pour recevoir le montant de ces deux billets. Sur quoi lefdites demoifelles Lachaux et Gonot auroient demandé à lui plaignant la communication de ces mêmes billets, pour voir fi véritablement ils étoient fignés d'elles; que lui plaignant a eu la facilité de les prêter entre les mains defdites demoifelles Lachaux et Gonot qu'il ne croyoit pas capables de lui faire tort. Mais, malheureufement pour lui, lorfque lefdites demoifelles Lachaux et Gonot ont eu lefdits billets entre leurs mains, elles en ont pris chacune un, et après avoir vu que c'étoit à elles qu'ils s'adreffoient, elles les ont déchirés fur-le-champ en morceaux, en difant à lui plaignant: « Tenez, vous voilà payé ! » Sur quoi lui plaignant leur auroit dit, en préfence de deux témoins qui font prêts d'affirmer et qui étoient chez lefdites demoifelles Lachaux et Gonot, qu'il alloit fur-le-champ porter plainte chez nous commiffaire et cependant a eu la précaution de fe jeter par terre pour ramaffer partie des morceaux defdits billets dans lefquels nous avons remarqué dans un defdits morceaux le nom de Lachaux et l'extrémité d'un autre nom avec un paraphe fur un autre morceau de papier déchiré avec plufieurs morceaux defdits billets faifant mention de différens termes. Dont et de ce que deffus il nous requiert acte.

Signé : Cadot; Rossard-Mayer.

Et ledit jour jeudi 14 avril 1740, fept heures du foir, eft encore comparu le fieur Roffard-Mayer: Lequel nous a dit qu'il y a environ une demi-heure, paffant par la rue St-Honoré, il a été appelé par une demoifelle qui étoit à une fenêtre du troifième étage de la maifon ci-deffus défignée, et ayant remarqué que c'étoit la demoifelle Lachaux, une de celles qui lui avoient déchiré fefdits billets, et ayant monté au troifième étage fur le devant, il auroit été invité par lefdites demoifelles Lachaux et Gonot de recevoir un nouveau billet de chacune d'elles et femblables à ceux qu'elles lui avoient déchirés, le priant de vouloir bien ne pas faire éclater ce qui s'étoit paffé et qu'il eût la bonté de leur faire faire une décharge de la plainte qu'il venoit de rendre contre elles; qu'en effet elles lui auroient fait chacune un billet, favoir de la part de la demoifelle Lachaux de la fomme de 96 livres, et de la part de la demoifelle Gonot de la fomme de 90 livres pareillement payable à ordre, lefdits billets datés du 29 mars préfente année. Sur quoi lui plaignant leur auroit obſervé que les billets qu'elles avoient déchirés étoient endoſſés par ledit Lazare d'Alſace, ſon garant, et que, par conſéquent, il ne pouvoit plus ſe fonder ſur cette reſſource de l'endoſſement : Pourquoi il inſiſtoit ſur la plainte qu'il venoit de nous rendre contre elles juſqu'à ce qu'il fût payé du montant de ces deux billets, qu'autrement il leur déclaroit qu'il entendoit pourſuivre extraordinairement ſur ladite plainte. Pourquoi il nous requiert d'abandon de lui accorder acte de ſa déclaration qu'il n'a accepté leſdits deux nouveaux billets deſdites demoiſelles Lachaux et Gonot que pour lui ſervir de nouvelles preuves du vol manifeſte qu'elles avoient exercé ſur lui. Et nous a encore obſervé que le nommé François Roblâtre, domeſtique deſdites demoiſelles Lachaux et Gonot, eſt venu de la part deſdites demoiſelles dont une l'a chargé de venir prendre de lui plaignant la décharge de la plainte ci-deſſus, ce qu'il n'a pas jugé à propos de faire par les raiſons ci-deſſus établies.

Signé : ROSSARD-MAYER.

(*Archives des Comm.*, n° 1424.)

LACROIX (NICOLAS), né en 1770, acteur du théâtre des Grands-Danseurs du Roi en 1789.

Voy. LORTIAS.

LAFITE (JOSEPH), né vers 1769, était en 1786 danseur au théâtre des Variétés du Palais-Royal.

L'an 1786, le vendredi 24 février avant midi, en notre hôtel et par-devant nous François-Jean Sirebeau, etc., eſt comparu le ſieur François Deſmareſt, régiſſeur du ſpectacle des Variétés au Palais-Royal, demeurant rue Fromenteau, hôtel d'Avignon : Lequel nous a dit qu'il eſt du devoir de ſa place de nous déclarer que le jour d'hier la ſalle du ſpectacle des Variétés a été en danger d'être incendiée et réduite en cendres, ſuivant le rapport des pompiers et du concierge, par le fait des nommés Lafite, Landais, Hoſſard et conſors, danſeurs des Variétés, leſdits Lafite, Landais, Hoſſard et conſors ayant jeté deux lampes allumées dans les commodités qui ſont à côté de leurs loges, ſuivant que le déclarant l'a appris (1). Que ne voulant point qu'il puiſſe lui être imputé aucune faute de négligence ſur un fait de cette importance, le comparant s'eſt retiré par devers nous à l'effet de nous faire la préſente déclaration; nous déclarant qu'il croit regarder comme néceſſaire que ledit Lafite, comme auteur du délit, ſoit envoyé en priſon pour le maintien de l'ordre et de la ſubordination qui doit être obſervé par tous les employés.

Signé : DESMAREST.

---

(1) On jouait aux Variétés du Palais-Royal, le 23 février 1786, la 27ᵉ représentation du *Mariage de Barogo*, comédie en trois actes, en prose, de Maurin de Pompigny; *On fait ce qu'on peut*, proverbe de Dorvigny, et les *Cent Écus*, drame poissard, de Guillemain.

A l'inftant eft auffi comparu le fieur Jofeph Lafite, danfeur au fpectacle des Variétés-Amufantes, âgé de 16 ans et demi, natif de Pontoife, demeurant à Paris rue Jean-St-Denis, chez le fieur fon père, maifon du fieur Vernet, aubergifte, auquel nous avons fait part du contenu en la déclaration ci-deffus : Lequel nous a avoué être l'auteur et celui qui a jeté deux lampes allumées dans les commodités dudit fpectacle des Variétés, mais qu'il ne l'a pas fait par méchanceté, mais feulement parce qu'il avoit un peu bu et qu'il étoit hors de raifon. Qu'il peut nous affurer que de fang-froid il eft incapable de commettre aucune action de cette nature et qu'il eft très-fâché de l'avoir commife.

Signé : LAFITE.

Sur quoi nous avons remis ledit Lafite ès mains du fieur Mahen, caporal de pofte à l'arcade Colbert, pour être conduit ès prifons de l'hôtel de la Force.

Signé : MAHEN; SIREBEAU.

(*Archives des Comm.*, n° 4826.)

LAFRANCE (FRANÇOIS GEOFFRION, dit), acteur forain, fut d'abord attaché au spectacle de Nicolet le cadet en 1757, puis il entra chez Nicolet aîné. Il y remplit les rôles d'*arlequins*, et y fut maître des ballets et danseur.

(*Almanach forain*, 1773. — *Le Chroniqueur désœuvré*, I, 60.)

Vendredi 12 mai 1780, deux heures moins un quart du matin.

François Geoffrion-Lafrance, danfeur chez Nicolet, demeurant rue Fontaine-au-Roi, arrêté par Godefroi, caporal, qui l'a trouvé dans un tonneau fur le boulevard (1). Relaxé.

(*Archives des Comm.*, n° 5022.)

Voy. NICOLET (FRANÇOIS-PAUL).

LAFRANCE (ÉTIENNE), acteur du spectacle des Associés en 1789.

Voy. ROBIN.

---

(1) Le 11 mai 1780, on avait représenté au théâtre des Grands-Danseurs du Roi : la Danse de corde, le Saut du ruban, suivi de la 15e représentation de la *Vigne d'amour*, pantomime mêlée de dialogues et de danses ; le ballet des Sauteurs avec ses agréments ; la *Mère Nitouche*, et *Arlequin médecin du malade jaloux*. En sortant du théâtre, où il avait joué dans plusieurs pièces, Lafrance était allé chez le marchand de vins, s'était enivré et, ayant sommeil, s'était couché et endormi dans un tonneau, où la garde de Paris l'avait trouvé.

LAFRANCE (Mlle), fille de François Geoffrion dit Lafrance, actrice du théâtre des Grands-Danseurs du Roi, où elle entra dès 1772, y remplissait en 1773 les rôles d'*amoureuses*. Un pamphlet du temps, le *Chroniqueur désœuvré*, a tracé en 1781 un portrait de cette actrice qui n'est pas flatteur : « Mlle Lafrance, fille d'un nommé Lafrance, jouant les arlequins à ce théâtre, grande, ſèche, noire, barbue, la denture puante, marchant comme une oie, voilà ſon phyſique ; mielleuſe dans ſon parler, l'air froid en apparence mais très-amoureuſe dans le fond, voilà ſon moral. »

(*Almanach forain*, 1773, 1775. — *Le Chroniqueur désœuvré*, I, 60.)

Voy. TALON (JEAN-THOMAS).

LAGRELET (BLAISE), sculpteur et phyſicien, avait un spectacle à la foire Saint-Laurent de 1747, où il faisait diverses expériences sur l'électricité. Il annonçait l'ouverture de son cabinet en ces termes : « Le ſieur L. fait publiquement toutes les expériences de l'électricité, l'attraction, la répulſion, la ſuſpenſion de l'or, les étincelles ſimples et foudroyantes, les étincelles tirées de la ſurface de l'eau, celles qui mettent le feu à l'eſprit-de-vin, celles dont la vivacité ſe fait voir en plein midi. Il communique l'électricité à un grand nombre de perſonnes à la fois et ſi loin qu'on le ſouhaite, enfin il fait voir tous les phénomênes merveilleux qui ont paru en France, en Angleterre et en Allemagne. » En 1750, Lagrelet, qui s'était rendu acquéreur des automates de Defrance, ouvrit à la foire Saint-Germain un spectacle mécanique. Le détail des curiosités qui s'y trouvaient est reproduit dans l'annonce suivante : « Le public eſt averti qu'on voit à la foire Saint-Germain, rue Mercière, à la loge du ſieur Lagrelet, deux figures de grandeur naturelle, repréſentant un berger et une bergère jouant en partie 13 airs différens ſur la flûte traverſière. Le berger bat la meſure avec les pieds ; les deux figures enſemble remuent les lèvres entre leſquelles paſſent les différens degrés de vent qu'elles envoient dans les flûtes pour former des ſons qui ſont articulés et cadencés par le coup de langue et la différente position de leurs doigts ſur la même flûte, de la même manière que feroient des perſonnes vivantes; le tout accompagné de pluſieurs oiſeaux qui joignent leur ramage au petit concert. On voit encore dans cette même loge le ſieur Grabhamer, Allemand, natif de Prague, qui joue avec grande délicateſſe de la harpe avec les pieds et les mains. Il ſe tranſporte auſſi chez les perſonnes qui voudront l'entendre chez elles. »

Quelque temps après cette foire Saint-Germain, Lagrelet joignit à son triple métier de sculpteur, de physicien et d'entrepreneur de spectacles forains, celui de directeur d'un petit *Conservatoire,* où il réunissait de jeunes enfants auxquels il se chargeait d'apprendre à lire et à danser pour les mettre en état de jouer la comédie et de danser sur des théâtres publics. Le professeur de déclamation de cette école lyrique était un nommé Rousselet, ancien acteur de la Comédie-Française, puis de l'Opéra-Comique, et qui devint plus tard acteur pantomime du spectacle à machines de Servandoni. S'il faut en croire la pièce ci-jointe, ce Rousselet était en outre un fripon et un escroc.

(*Affiches de Paris,* 1747 et 1750.)

L'an 1753, le lundi 12 novembre, dix heures du matin, par-devant nous Antoine-Charles Crefpy, etc., en notre hôtel, eſt comparu ſieur Blaiſe Lagrelet, maître ſculpteur à Paris, y demeurant Grande-Rue-du-Faubourg-St-Denis, paroiſſe St-Laurent : Lequel nous a fait plainte et dit qu'il a, par différens actes paſſés par-devant notaires, pris ſous ſa conduite différens enfans et s'eſt obligé envers les parens deſdits enfans de les nourrir et de leur faire apprendre à lire et à danſer pour enſuite les employer à repréſenter différentes repréſentations de comédies et de danſes ; qu'il a pris pluſieurs maîtres pour former l'éducation deſdits enfans, et entre autres le nommé Rouſſelet, comédien de campagne, à raiſon de 60 livres par mois pour par lui apprendre à déclamer auxdits enfans ; ce qu'il a fait pendant pluſieurs mois : le payement deſquels lui a été fait par le plaignant ſuivant les quittances qu'il lui en a données ſur ſon regiſtre ; que dans ce tems, ledit Rouſſelet ayant été conſtitué priſonnier dans les priſons du Grand-Châtelet, à la requête du ſieur Boucher, marchand, faute de payement d'une ſomme de 830 livres 16 ſols, ledit Rouſſelet envoya chez le ſieur plaignant le prier de l'aller voir dans ladite priſon. Que s'y étant rendu, lui plaignant trouva ledit Rouſſelet avec la nommée Agnus et deux particuliers à lui inconnus. Que ladite Agnus, qui étoit fort alarmée de la détention dudit Rouſſelet, après avoir fait, ainſi que les deux particuliers, différentes réflexions ſur le parti qu'il y avoit à prendre pour procurer la liberté dudit ſieur Rouſſelet, ledit Rouſſelet et ladite Agnus engagèrent lui plaignant à aller propoſer audit ſieur Boucher de recevoir en nantiſſement, pour ſûreté de la ſomme à lui due, pluſieurs billets faits au profit de ladite Agnus par le ſieur Granger, précédemment ſon penſionnaire, et ſur leſquels elle avoit ſentence de condamnation. Que lui plaignant, dans la vue de rendre ſervice audit Rouſſelet, ſe tranſporta, avec un deſdits particuliers qu'il avoit trouvé dans leſdites priſons, chez ledit Boucher, et lui propoſa leſdits billets et ſentence qu'il repréſenta, ladite Agnus les lui ayant confiés à cet effet ; et ledit Boucher les ayant refuſés, lui plaignant les rendit à ladite Agnus. Que quelques jours après, ledit ſieur Boucher lui ayant fait propoſer par le ſieur ſon fils de ſe rendre caution dudit Rouſſelet, de laquelle propoſition ledit Rouſſelet et ladite Agnus ayant été informés par ledit Boucher, ladite Agnus et ledit Rouſſelet, qu'il voyoit ſouvent dans leſdites priſons, employèrent toutes les inſtances les plus fortes pour le déterminer à leur rendre ce ſervice ; et, ſur ce que ladite Agnus remarqua par les diſcours que lui plaignant leur tint ſur ce ſujet qu'il n'étoit pas dans le deſſein de le faire, ladite Agnus, pour émouvoir lui plaignant, dit qu'elle lui remettroit entre les mains pour ſûreté de ſon cautionnement et nantiſſement les billets qu'elle avoit dudit ſieur Granger, et les ſentences qu'elle avoit obtenues contre lui. Que lui plaignant, dans la vue de faire plaiſir audit Rouſſelet, accepta les offres de ladite Agnus, laquelle lui remit un paquet cacheté de quatre cachets en cire d'Eſpagne rouge, dans lequel elle lui dit avoir renfermé les billets et les ſentences ci-deſſus énoncés. Que lui plaignant, ſur la confiance et ſans examiner ce paquet, paſſa un acte, le 6 ſeptembre dernier, par-devant Brillon et ſon confrère, notaires à Paris, entre les deux guichets deſdites priſons du Grand-Châtelet, entre ledit Rouſſelet et ledit ſieur Boucher, par lequel lui plaignant s'eſt rendu caution dudit Rouſſelet pour le principal et intérêts par lui dûs audit ſieur Boucher, auquel il fit une lettre de change de 131 livres pour les frais par lui faits juſqu'alors. Au moyen de quoi ledit Rouſſelet fut mis en liberté et a continué ſes exercices chez le plaignant, lui a payé 68 livres à compte, ainſi qu'il réſulte de la quittance qu'il lui en a donnée ſur ſon regiſtre. Que ledit Rouſſelet, qui ſe retire et demeure chez ladite Agnus, par un concert médité entre eux, pour enlever au plaignant le nantiſſement donné par ladite Agnus pour ſûreté du cautionnement ci-deſſus daté, ont depuis pluſieurs jours employé beaucoup d'inſtances pour ſe faire repréſenter le paquet cacheté renfermant ledit dépôt, à deſſein, ſelon toute apparence, de le lui enlever des mains. Sur le refus qu'il en a fait, ladite Agnus, accompagnée d'une particulière inconnue à lui plaignant, vinrent chez lui lundi dernier, et accablèrent le plaignant de toutes les ſottiſes les plus atroces. Que ledit Rouſſelet vint le lendemain auſſi chez lui plaignant, auquel il proféra les mêmes injures qu'il accompagna de différentes menaces, entre autres de lui paſſer ſon épée dans le corps. Que ledit Rouſſelet, n'ayant pu par des voies de fait parvenir à ſes fins, a pris le parti de le faire aſſigner, le 9 du préſent mois, ſous le nom de ladite Agnus, pour lui rendre et reſtituer cinq billets faits par ledit Granger, montant enſemble à huit cens livres, faits au profit de ladite Agnus et payables à ſon ordre, prétextant les avoir confiés au plaignant pour les eſcompter ou emprunter pour elle, ce qui eſt totalement faux, ladite Agnus ne lui ayant jamais remis que ledit paquet cacheté dans lequel il ignore même ce qui eſt renfermé en icelui, attendu que ladite Agnus a pris la précaution de faire ledit paquet ſans lui faire voir de quoi il étoit compoſé, lui plaignant s'en étant rapporté à ſa bonne foi. Et comme la demande de ladite Agnus eſt injuſte, qu'elle ne peut, ſous quelque prétexte que ce puiſſe être, violer la loi dudit dépôt et ſe faire remettre ledit dépôt qu'au préalable ledit plaignant n'ait été déchargé du cautionnement par lui fait ledit jour 6 ſeptembre dernier, et que la lettre de change de 131 livres par lui faite pour les frais ne lui ait été rendue ; que d'ailleurs lui plaignant a lieu de craindre que ledit Rouſſelet ſe porte à effectuer les menaces qu'il lui a faites, il a été conſeillé de nous rendre la préſente plainte.

Signé : CRESPY ; LAGRELET.

(*Archives des Comm.*, n° 3393.)

LAITUE (Mlle), danseuse du théâtre des Grands-Danseurs du Roi, y parut en 1772, 1773 et 1774.

(*Almanach forain*, 1773, 1775.)

LAJOUTE (PIERRE DE), entrepreneur de spectacles aux foires, où il parut en 1708 comme associé de Christophe Selles dans la direction d'une troupe de danseurs de corde, et en 1716 comme exploitant l'adresse et la force corporelle d'un hercule allemand, nommé Christophe.

I

A M. le Lieutenant général de police.

Supplient humblement Pierre de La Jouſte, bourgeois de Paris, et Chriſtophe Selles, aſſociés, chefs d'une troupe de ſauteurs et danſeurs de corde : Diſans qu'étant établis depuis pluſieurs années dans le préau de la foire St-Germain, ils auroient déſiré de s'établir dans celui de la foire St-Laurent ; mais n'y ayant pu parvenir, attendu que la dame de Martinengue, pour exclure tous ceux de sa profession, a non-seulement loué de messieurs de St-Lazare la totalité dudit préau, mais encore quelques maisons voisines, cela auroit obligé les supplians de louer une maison et jardin situés dans la rue de la ruelle St-Laurent, près les portes de ladite foire, du sieur Boisseau, à l'effet d'y faire bâtir une loge pour y faire leurs exercices, jeux et divertissemens ordinaires et promis ; ce qu'ils ne peuvent néanmoins sans avoir auparavant eu sur ce votre permission.

Ce considéré, monsieur, il vous plaise permettre aux supplians de faire construire ladite loge dans le jardin de la maison sus-déclarée aux offres et soumissions qu'ils font de se retirer dans ladite foire St-Laurent, sitôt qu'ils trouveront ou qu'il leur sera accordé une place pour faire leurs exercices : Et ce seulement pour la tenue de la foire St-Laurent prochaine. Se soumettant en outre les supplians de n'y faire aucune parade au-devant de la maison qu'ils occupent. Pourquoi ils espèrent que vous leur ferez justice.

Signé : De La Joute.

Soit la présente requête communiquée aux prêtres de la mission de St-Lazare et montrée au Procureur du Roi et ce pendant le commissaire Lefrançois se transportera sur les lieux pour nous en faire son rapport et ensuite être ordonné ce qu'il appartiendra. Fait ce 12 juin 1708.

Signé : M. R. de Voyer d'Argenson.

L'an 1708, le samedi 16 juin, six heures du soir, est venu par-devers nous César-Vincent Lefrançois, etc., Pierre de la Joute, associé de Christophe Selles, chef d'une troupe de sauteurs et danseurs de corde : Lequel nous a montré une requête par eux présentée à M. le Lieutenant général de police, tendante à un établissement dans une maison et jardin, ruelle St-Laurent, pendant la tenue de la foire St-Laurent prochaine, pour leurs jeux, exercices et divertissemens ordinaires : au bas de laquelle requête, le 12 du présent mois de juin, M. le Lieutenant général de police a ordonné que ladite requête sera communiquée à messieurs de St-Lazare, montrée à M. le Procureur du Roi, et ce pendant que nous nous transporterions sur les lieux pour en faire notre rapport, et ensuite être ordonné ce qu'il appartiendra.

Pour l'exécution de laquelle ordonnance, nous, commissaire ancien du quartier St-Denis, sommes transporté avec ledit Joute, ruelle St-Laurent, en une maison et jardin appartenant au sieur Adrien Boisseau, marchand épicier, auquel ayant fait savoir le sujet de notre transport, il nous a dit et déclaré avoir loué un appartement de sa maison et jardin pour y bâtir une loge de sauteurs et danseurs de corde, dont Pierre de La Joute et Christophe Selles sont les chefs de la troupe. Étant entré dans ledit jardin, avons remarqué qu'il peut avoir 15 toises en carré. Que sur les murs qui entourent ledit jardin, il n'y a aucun bâtiment. Que d'un côté et de l'autre ce sont jardins ou jeux de boule, dont les maisons sont bâties sur le devant de la rue et louées à des vendeurs de bière. Que le derrière dudit jardin est en face de l'église St-

Laurent, féparé par le cimetière, une clôture de mur d'environ trois toifes de diftance du mur de féparation du derrière du jardin du fieur Boiffeau. Ledit de La Joute nous a déclaré que, pour prouver un plus grand éloignement de l'églife et du cimetière, il fe foumet de ne conftruire la loge en queftion qu'environ à trois pieds du mur du jardin où eft un berceau ; qu'il n'y aura aucune fenêtre, aucune vue ni jour tant aux derrières qu'aux côtés de la loge. Que le théâtre et les inftrumens de fimphonie feront placés du côté de la maifon et non au derrière dudit jardin. Qu'il ne fe fera aucune parade dans la rue au-devant de la maifon, laquelle nous a paru avoir environ 15 à 16 toifes de face fur la rue. Avons remarqué qu'il y a deux portes pour faciliter l'entrée et la fortie. Que ladite maifon eft éloignée d'environ 20 toifes des portes de l'églife et de la foire, et éloignée d'autant de la rue du Faubourg-St-Laurent. Nous étant enfuite tranfporté en la maifon de St-Lazare et de M. le curé de St-Laurent, leur ayant communiqué tant ladite requête que le préfent procès-verbal, le fieur Boulard, procureur de la maifon de St-Lazare, et M. le curé de St-Laurent nous ont fait réponfe qu'ils ne prenoient nulle part à ces fortes de jeux et exercices, et ne pouvoient donner aucun confentement.

Signé : BOISSEAU ; DE LA JOUTE ; LEFRANÇOIS.

Vu la préfente requête et le procès-verbal du commiffaire Lefrançois, je requiers pour le Roi ladite requête être renvoyée à l'audience de la police. Fait le 21 juin 1708.

Signé : ROBERT (Procureur du Roi).

Et après avoir ouï le commiffaire Lefrançois et vû le procès-verbal de l'état defdits lieux, nous avons permis auxdits La Joute et Selles de faire bâtir la loge en queftion dans le jardin du nommé Boiffeau, etc., pour y faire leurs exercices en obfervant les règles de la bienféance, et fe conformant aux ordonnances et règlemens de police. Ordonnons néanmoins que la préfente permiffion n'aura lieu que pour la foire de St-Laurent prochaine, etc.

Fait en notre hôtel, le 23 juin 1708.

Signé : M. R. DE VOYER D'ARGENSON.

(*Archives des Comm.*, n° 3821.)

II

L'an 1716, le vendredi 4 feptembre, dix heures du matin, eft venu par-devers nous, Céfar-Vincent Lefrançois, etc., Pierre de La Joute, bourgeois de Paris et machinifte ingénieur pour Sa Majefté, demeurant rue du Roi-de-Sicile, paroiffe St-Gervais : Lequel nous a fait plainte et dit qu'il a pris à fes gages Jean-Philippe Chriftophe, Allemand de nation, pour faire voir à la foire St-Laurent, fes tours de foupleffe et de force de corps. Qu'au lieu de fatiffaire à ſon engagement, et de ſe rendre à la foire aux heures que les compagnies s'aſſemblent, il s'eſt aviſé de s'abſenter de tems en tems, de refuſer des compagnies entières ; ce qui a fait un tort conſidérable au plaignant. Et lorſqu'il a voulu remontrer le dommage qu'il lui faiſoit, il l'a menacé en lui diſant que, s'il ſe plaignoit à M. le Lieutenant de police ou au commiſſaire, les coups d'épée ne lui manqueroient pas. Le plaignant en a parlé, et s'eſt plaint tant au receveur des deniers de l'Hôpital général qu'aux officiers de la foire, des réprimandes deſquels il s'eſt moqué et continue toujours de repréſenter quand il lui plaît. De ſorte que ledit Jean Chriſtophe, au lieu de porter du profit au plaignant, lui fait un tort conſidérable. De ce que deſſus nous requiert acte.

Signé : De La Joute.

(*Archives des Comm.*, n° 3827.)

LALAUZE (Marc-Antoine de), acteur forain et entrepreneur de spectacles, débuta en 1701 au jeu d'Alard et de la veuve Maurice. Il y remplissait les rôles d'*amoureux* et dansait dans les ballets. Lorsqu'à la foire Saint-Laurent de 1706, l'association d'Alard et de la veuve Maurice se rompit, Lalauze resta avec Alard et prit les rôles d'*arlequins*. En 1711 il s'associa avec son directeur, mais la mort d'Alard, arrivée à la fin de la foire Saint-Laurent de cette année, mit un terme à leur exploitation. En 1712 Lalauze s'engagea chez Octave, qui avait recueilli les débris de la troupe d'Alard et resta chez lui jusqu'en 1716. A cette époque, il alla donner des représentations en province, et ne revint à Paris qu'à la foire Saint-Germain de 1720, où il ouvrit avec une permission de l'Opéra, un spectacle avec Restier le père, et y fit représenter le *Lourdaud d'Inca,* opéra comique en un acte, en prose et en monologues, avec un divertissement, par Fuzelier, précédé du *Camp des amours* et du *Charretier du Diable,* pièces du même auteur. L'année suivante, Lalauze obtint le privilége de l'Opéra-Comique en société avec Pierre Alard, Mlle d'Aigremont, Baxter, Maillard et autres, mais leur exploitation fut si malheureuse qu'ils durent y renoncer. Voici le titre de quelques pièces qu'ils firent représenter sans aucun succès : *la Guitare enchantée,* opéra comique en un acte, par Carolet ; *le Triomphe de Plutus,* opéra comique en un acte, par Dupuy ; *la Fontaine de Jouvence,* opéra comique en trois actes, par Carolet et Dupuy (25 juillet 1721); *le Jugement d'Apollon et de Pan par Midas*, opéra comique en un acte, de Delafont, précédé de la *Décadence de l'Opéra-Comique l'aîné*, prologue, et suivi de la *Réforme du régiment de la calotte*, opéra comique en un acte, du même auteur (16 septembre 1721); *Arlequin et Pierrot favoris des Dieux*, pièce en un acte, par Dupuy (foire Saint-Laurent de 1721), etc., etc. A la suite de cette désastreuse campagne, Lalauze, à peu près ruiné et dont, pour comble de malheur, la femme venait précisément de mourir, quitta Paris et alla jouer en province.

(*Mémoires sur les Spectacles de la Foire*, I, 30, 54, 219, 227. — *Dictionnaire des Théâtres*, I, 232; II, 20, 612; III, 54, 239, 257, 280; IV, 396; V, 559.)

Voy. FRANCISQUE (31 juillet 1720).

LALAUZE (AGATHINE ANTONY, femme), femme du précédent et sœur du danseur de corde Antony, dit *de Sceaux*, fut connue, avant son mariage, sous le nom de Mlle de Sceaux. Elle faisait partie en 1700 de la troupe d'Alard et y remplissait les rôles de *Colombines*, avec un certain succès; son talent pour la danse de corde était également goûté des spectateurs. Lorsqu'elle eut épousé Lalauze, elle suivit la fortune de ce comédien, et s'engagea aux mêmes théâtres que lui. Mme Lalauze mourut à Paris pendant la foire Saint-Laurent de 1721, au moment même où périssait, faute de recettes, l'association formée par son mari avec divers acteurs forains, pour l'exploitation du privilége de l'Opéra-Comique.

(*Dictionnaire des Théâtres*, III, 258.)

LAMBERT, acteur forain, frère de la femme de l'acteur Charles Dolet, débuta comme eux aux foires à Paris, au jeu d'Alexandre Bertrand en 1704. Lambert jouait les *Pères* et les *Docteurs*.

(*Mémoires sur les Spectacles de la Foire*, I, 401.)

LAMOTTE (PIERRE-GILBERT GOURLIEZ, dit), né vers 1744, acteur forain et entrepreneur de spectacles, était frère d'un directeur de troupes foraines qui a joui d'une certaine célébrité, Claude-Pierre Gourliez, dit Gaudon. En 1758, à l'âge de 14 ans, Lamotte possédait, probablement par héritage, sur le boulevard du Temple un petit théâtre de marionnettes qu'il faisait diriger par un nommé André Petit. Plus tard, il entra comme sauteur dans la troupe de Nicolet cadet.

L'an 1767, le ſamedi 2e jour de février, onze heures et un quart du ſoir, en l'hôtel et par-devant nous, Antoine-Bernard Léger, etc., eſt comparu ſieur François-Adrien Caſtellan, brigadier de la garde de Paris : Lequel nous a dit que, faiſant ronde et paſſant rue du Four, vis-à-vis la rue Princeſſe, ayant entendu crier au guet, il s'y eſt à l'inſtant tranſporté, et étant arrivé au lieu d'où provenoit le bruit, il y a trouvé deux particuliers qui ont dit audit Caſtellan qu'un particulier à eux inconnu venoit de les maltraiter, caſſer l'épée d'un d'entre eux et volé leurs chapeaux à l'un et à l'autre. Pourquoi ont leſdits particuliers requis ledit ſieur Caſtellan d'arrêter ledit particulier à l'effet de le conduire par-devant nous; comme de fait ledit ſieur Caſtellan l'a arrêté comme il fuyoit avec ladite épée ſous ſa redingote, et conduit par-devant nous en notre hôtel pour être fait et ordonné ce que de raiſon.

Signé : CASTELLAN.

Sont enſuite comparus par-devant nous, les ſieurs Pierre-Gilbert Gourliez dit Lamotte, ſauteur chez le ſieur Nicolet le jeune, demeurant à Paris, rue des Cannettes, chez le ſieur Delplace, maître perruquier, et ſieur François Molliex, muſicien chez le ſieur Nicolet le jeune, demeurant chez ledit ſieur Delplace, ſuſdite rue des Cannettes, paroiſſe St-Sulpice : Leſquels ſe ſont plaints contre ledit particulier arrêté, et nous ont dit que, ſortant de faire leur répétition chez ledit Nicolet, une femme à eux inconnue les a abordés en leur diſant : « Voulez-vous vous amuſer un inſtant ? Montez chez moi ! » A quoi leſdits particuliers ont répondu : « Allez-vous-en ! » Qu'enſuite un particulier à eux inconnu s'eſt avancé vers eux et leur a demandé ce qu'ils vouloient à cette femme. Sur quoi ledit ſieur François Molliex a demandé audit particulier arrêté quel intérêt il prétendoit y prendre ; que c'étoit une femme qui les attaquoit. Qu'à l'inſtant ledit particulier arrêté a traité les plaignans de poliſſons et leur a dit qu'il leur donneroit cent coups. Que les plaignans, pour éviter l'eſclandre qu'ils prévoyoient, ſe ſont prudemment éloignés dudit particulier, lequel les a ſuivis juſque dans un café où ils alloient, rue du Four. Que les plaignans, voyant bien que ledit particulier ne les ſuivoit qu'à deſſein de leur chercher diſpute, ſont ſortis dudit café. Que ledit particulier, voyant ſortir les plaignans, eſt auſſi ſorti dudit café, à la porte duquel il a donné un coup de poing dans l'eſtomac à un deſdits plaignans. Ce que voyant ledit Gourliez, il voulut mettre le hola et a reçu pluſieurs coups dudit particulier arrêté, qui lui a arraché ſon épée à ſon côté, la lui a caſſée dans le fourreau et lui a pris ſon chapeau bordé deſſus ſa tête, ainſi qu'audit Molliex, et s'eſt auſſitôt enfui avec leſdits effets ; leſquels ayant intérêt de recouvrer, ayant d'ailleurs intérêt d'avoir raiſon de l'injure à eux faite par ledit particulier arrêté, ils nous rendent la préſente plainte.

Signé : GOURLIEZ ; MOLLIEX.

Nous avons enſuite fait comparoir par-devant nous ledit particulier arrêté, lequel nous a dit ſe nommer Jean-François Quillard, maquignon de chevaux, demeurant à Paris, rue St-Louis-en-l'Ile, chez le ſieur Bourgeois, grenetier, lequel a dénié tous les faits ci-deſſus à lui imputés. Sur quoi, etc., nous avons remis ledit Quillard ès mains dudit ſieur Caſtellan, pour le conduire ès priſons du Grand-Châtelet, etc.

Signé : LÉGER.

(*Archives des Comm.*, nº 3640.)

Voy. PETIT (ANDRÉ).

LAMY (JEAN-PIERRE), acteur forain et entrepreneur de spectacles, était en 1763 comédien dans la troupe de Second, sur le boulevard du Temple, et en 1772 directeur d'un théâtre établi à la foire Saint-Ovide.

I

L'an 1763, le lundi 20 juin, quatre heures du matin, en l'hôtel et par-devant nous Claude-Robert Coquelin, etc., eſt comparu Antoine Ozet, ſergent des gardes de jour et de nuit, de poſte à la barrière du Temple : Lequel nous a dit que, paſſant au coin de la rue Phelypeaux, il a vu cinq ou ſix particuliers portant épée qui ſe ſauvoient ; qu'un moment après, il a entendu crier à la garde et a arrêté un particulier accuſé, avec la canne qu'il nous repréſente et qui eſt caſſée, d'avoir maltraité une fille et un garçon qui ſont venus avec lui en notre hôtel pour être entendus.

Sont enſuite comparus Jean-Pierre Lamy, comédien chez Second, ſur les boulevarts, et Louiſe-Mathurine Percin, ſa femme, comédienne chez Gaudon, demeurant rue Phelypeaux, au coin de la rue des Vertus : Leſquels nous ont rendu plainte contre le particulier arrêté et contre cinq autres portant épée qui se sont enfuis, et nous ont dit que, revenant de leurs jeux pour rentrer chez eux, ils ont été insultés d'abord par le particulier arrêté, qui a donné un coup de canne à ladite femme Lamy, et ensuite par cinq particuliers portant épée; que ces cinq particuliers ont tiré l'épée contre ledit Lamy, qui a été un peu blessé au poignet droit, et auroit couru risque d'être dangereusement blessé s'il ne se fût pas enfui promptement dans l'allée de son frère; que ledit particulier arrêté a poursuivi ladite femme Lamy, lui a donné un second coup de canne qui lui a fait sur le front la bosse que nous lui voyons. Laquelle présente plainte ils certifient et affirment être véritable.

Signé : Perein ; Lamy.

Et avons ensuite fait comparoir par-devant nous le particulier arrêté, lequel nous a dit se nommer Pierre Bonnard, âgé de 18 ans, commissionnaire pour les bouchers, demeurant rue St-Martin, chez le sieur Famin, épicier; qu'il ne connoît pas les personnes qui portoient épée; que ces personnes ont voulu lui donner des coups d'épée qu'il a parés avec la canne que nous lui représentons; que s'il a frappé avec ladite canne la femme présente, c'est que se trouvant attaqué il a frappé à tort et à travers, etc., etc.

Sur quoi, etc., et attendu les voies de fait dudit Bonnard, avons ordonné qu'il sera conduit ès prisons du Grand-Châtelet.

Signé : Coquelin.

(*Archives des Comm.*, n° 2937.)

II

L'an 1772, le samedi 22 août, cinq heures après midi, en l'hôtel et par-devant nous, Antoine-Joachim Thiot, etc., est comparu Jeanne Diot, fille mineure de vingt ans, blanchisseuse de dentelles, demeurant rue de Bourgogne, faubourg St-Germain, paroisse St-Sulpice, chez le sieur son père, comédien : Laquelle nous a rendu plainte contre le sieur Jean-Pierre Lamy, entrepreneur de spectacles à la foire St-Ovide, demeurant vieille rue du Temple, près l'Egout, chez la demoiselle Joly, et dit qu'il y a environ trois ans et demi elle a fait la connoissance dudit sieur Lamy, qui lui témoigna avoir beaucoup d'inclination pour elle; que la plaignante, sensible à l'amitié qu'il lui témoignoit, consentit à faire différens voyages avec lui à l'effet de jouer la comédie, espérant, suivant les promesses que ledit sieur Lamy lui avoit souvent faites et réitérées pour la déterminer à prendre ce parti, que dès qu'ils auroient épargné quelque chose des gains qu'ils feroient dans cet état, ils s'épouseroient. Que la plaignante consentit même à se dire et donner dans le public pour la femme dudit Lamy, qui, de son côté, se donnoit pour son mari.

Que les différens voyages qu'ils ont faits ensemble ne leur ayant pas été aussi fructueux qu'ils l'avoient espéré, ledit Lamy ne s'étant pas comporté aussi bien qu'il l'auroit dû, et d'ailleurs la plaignante, ayant appris qu'il étoit marié, et avoit abandonné sa femme, lui fit des reproches de toutes ces choses, et se retira d'avec lui il y a environ cinq mois. Depuis lequel tems, malgré les assurances qu'elle lui a données, qu'elle ne vouloit plus avoir aucune société avec lui et les défenses expresses qu'elle a faites de la venir voir, ni de l'attaquer, il n'a cessé de la poursuivre et de l'accoster toutes les fois qu'il la rencontre ; qu'il espionne même ses démarches afin de lui faire des scènes. Qu'ayant appris que la plaignante étoit recherchée par le sieur Deparis, pour le mariage, il ne cesse de clabauder contre elle et s'acharner à vouloir l'empêcher de conclure cette affaire. Qu'il menace de tuer la personne qu'elle est sur le point d'épouser, disant qu'il ira la guetter et lui fera un fort mauvais parti à l'un et à l'autre. Et comme la plaignante entend prévenir l'effet de ces menaces, elle est venue nous rendre la présente plainte.

Signé : J. Diot ; Thiot.

(*Archives des Comm.*; n° 3059.)

III

L'an 1772, le dimanche 23 août à midi et demi, en notre hôtel et par-devant nous, Antoine-Joachim Thiot, etc., sont comparus sieur François Diot, comédien, demeurant rue de Bourgogne, faubourg St-Germain, paroisse St-Sulpice, maison du sieur Masson, blanchisseur, et sieur Alexandre Deparis, aussi comédien, demeurant rue du Bout-du-Monde, paroisse St-Eustache : Lesquels nous ont rendu plainte contre le sieur Jean-Pierre Lamy, entrepreneur de spectacles à la foire St-Ovide, place Louis-Quinze, demeurant vieille rue du Temple, paroisse St-Gervais, et dit qu'il y a environ quatre mois ledit Lamy dit au nommé Noël Feuillet, comédien, chez lui Lamy, rue du Cœur-Volant où il demeuroit alors, que s'il rencontroit ledit Deparis, plaignant, il lui casseroit les bras, parce que le plaignant, disoit-il, cherchoit à avoir des liaisons avec sa femme, ce qu'il a réitéré audit Feuillet il y a quinze jours ou trois semaines dans un café sur les boulevarts ; qu'il y a dix ou douze jours, ledit Deparis ayant rencontré ledit Lamy, place Louis-Quinze, lui demanda s'il vouloit lui donner ses enfans pour les faire représenter des spectacles pendant le temps de la foire. Ledit Lamy lui répondit que non, parce qu'il vouloit lui f..... l'âme en bas quand il le trouveroit entre quatre yeux ; qu'hier il dit à la fille du sieur Diot, plaignant, dans sa loge où il la fit entrer de force, que puisque ledit Deparis étoit son ami, il alloit aller l'attendre le long des Tuileries avec plusieurs des siens, afin de l'assassiner à coups de bâton ainsi que ledit Diot ; qu'ils devoient passer en cet endroit et qu'il s'embarrafferoit fort peu de les tuer et qu'il en avoit tué d'autres ; qu'il a répété depuis ces menaces à autres. Et comme les plaignans ont intérêt de veiller à leur confervation, ils font venus nous rendre plainte.

Signé : DEPARIS ; THIOT ; DIOT.

(*Archives des Comm.*, nº 3059.)

LANCET, entrepreneur de spectacles à la foire Saint-Ovide de 1771.

(*Archives des Comm.*, nº 1508.)

LANDAIS (HENRI), né en 1768, était en 1788 et 1789 danseur au théâtre des Variétés du Palais-Royal.

I

L'an 1788, le dimanche 6 janvier, huit heures du foir, en notre hôtel et par-devant nous François-Jean Sirebeau, etc., eft comparu le fieur Étienne-François Quidor, confeiller du Roi, infpecteur de police : Lequel a conduit par-devant nous le nommé Henri Landais, danfeur aux Variétés, en vertu des ordres à lui adreffés par M. le Lieutenant général de police, pour être ledit Landais par nous interrogé fur les faits à lui imputés.

En conféquence, il a été procédé par nous à l'interrogatoire dudit Landais de la manière et ainfi qu'il fuit :

Premièrement avons enquis ledit Landais de fes nom, furnoms, âge, pays, profeffion et demeure ?

A répondu fe nommer Henri Landais, âgé de 20 ans, natif de Paris, danfeur, attaché au fpectacle des Variétés au Palais-Royal, demeurant faubourg du Temple, maifon du fieur Lebeau, pâtiffier près le boulevard.

Enquis de nous dire pourquoi, au mépris de fon engagement avec les directeurs du fpectacle des Variétés, il a manqué de fe rendre au théâtre pour remplir fes devoirs le 30 décembre dernier (1), après avoir reçu plufieurs avertiffemens de la part de ceux qui font prépofés pour veiller et tenir la main à

---

(1) Voici quelle était la composition du spectacle aux Variétés du Palais-Royal, le 30 décembre 1787 : *Verseuil, ou l'Heureuse extravagance*, comédie en trois actes, en prose, par Bérard, précédée de *Barogo, ou la Suite du Ramoneur prince*, comédie en deux actes, en prose, par Maurin de Pompigny, et d'*Ésope à la Foire*, comédie en un acte, en vers, par Landrin, avec un divertissement de Bohémiens.

ce que chacun des engagiſtes ſoit tenu de remplir les devoirs de ſon engagement ?

A répondu parce qu'il a été induit en erreur par le rapport inexact de pluſieurs de ſes camarades ; qu'il a reconnu ſa faute, et depuis ce tems qu'il a toujours été de la plus grande exactitude.

Enquis de nous dire s'il n'a pas été puni par les directeur ou régiſſeur pour avoir manqué à ſes devoirs ?

A répondu que non.

Signé : LANDAIS.

Après lequel interrogatoire nous avons remis ledit Landais ès mains dudit ſieur Quidor, qui s'en eſt chargé, pour le conduire ès priſons de l'hôtel de la Force de notre ordonnance, attendu les contraventions par lui commiſes aux règlemens concernant la police des ſpectacles.

Signé : SIREBEAU ; QUIDOR.

(*Archives des Comm.*, n° 4688.)

II

Jeudi, 1er janvier 1789, 8 h. 3/4 ſoir.

Alexandre Rati, caporal de poſte à Clamart, à la réquiſition de Anne-Jeanne Vanin, dite de Sainte-Cour, comédienne, demeurant rue St-Sauveur, hôtel de Navarre, a arrêté Henri Landais, danſeur aux Variétés, demeurant rue Paſtourelle, pour l'avoir inſultée au café de Nicolet, lui avoir déchiré ſon bonnet et ſon mantelet. Relaxé.

(*Archives des Comm.*, n° 5022.)

LANDINI, danseur de corde et sauteur, était attaché ainsi que sa sœur au théâtre des Grands-Danseurs du Roi en 1781.

(*Journal de Paris*, 10 février, 1er juillet 1782.)

LANGLOIS (Mlle), première danseuse du théâtre des Grands-Danseurs du Roi en 1780, a paru dans la *Mode et le Goût,* pièce de Mérey (jeudi 1er mai 1780); dans le *Château assiégé,* pantomime (31 mai 1780), et dans le *Ravissement d'Europe,* pantomime en trois actes, où elle jouait *Europe* (1er mai 1782). La même année, Mlle Langlois aborda les rôles d'*amoureuses* et joua *Thérèse* dans *Blaise le Hargneux,* comédie en un acte, en prose, par Dorvigny, représentée le 7 novembre 1782.

(*Journal de Paris,* 18 31 ma 1780 ; 1er mai 1782. — Brochure intitulée : *Blaise le Hargneux.* Amsterdam et Paris, Cailleau, 1783. — *Le Chroniqueur désœuvré,* I, 63.)

LANGUICHARD, danseur de corde dans la troupe des frères Alard en 1697.

(*Mémoires sur les Spectacles de la Foire,* I, 5.)

LANTIER (Mlle), danseuse dans la troupe d'Octave en 1716.

(*Dictionnaire des Théâtres,* III, 259.)

LANY (Mlle), danseuse à l'Opéra-Comique pendant la foire Saint-Laurent de 1743, y exécutait la pantomime des *Fleurs,* ballet représenté en suite de l'*Ambigu de la Folie, ou le Ballet des dindons,* parodie en quatre entrées, de Favart, jouée le 31 août de la même année.

(*Dictionnaire des Théâtres,* I, 99.)

LAPIERRE, danseur anglais, engagé à l'Opéra-Comique pendant la foire Saint-Laurent de 1744, y exécutait la *Sabotière,* pantomime représentée le 2 septembre de cette même année.

(*Dictionnaire des Théâtres,* V, 1.)

LAPONS (UNE FAMILLE DE). On la voyait à la foire Saint-Germain de 1779. Le père, âgé de 30 ans, n'avait que 31 pouces de hauteur, et sa femme 28. Ces deux nains s'étaient mariés en France, et ils avaient un enfant haut de 18 pouces. Du reste, ils étaient bien faits, d'une figure intéressante, et savaient assez de français pour répondre aux questions qu'on leur adressait.

(*Journal de Paris,* 23 février 1779.)

LARBORI, acteur pantomime des Grands-Danseurs du Roi en 1781, avait un rôle dans la *Guinguette flamande*, le 12 novembre de cette même année.

(*Journal de Paris*, 12 novembre 1781.)

LARUETTE (JEAN-LOUIS), né en 1731, mort en 1792, acteur de l'Opéra-Comique, où il débuta, à la foire Saint-Laurent de 1752, dans les rôles d'*amoureux;* plus tard il prit l'emploi des *pères* et des *tuteurs*, plus en rapport avec son physique. Lors de la réunion de l'Opéra-Comique à la Comédie-Italienne en 1762, Laruette passa à ce dernier théâtre. Il a composé la musique de différents opéras comiques; citons entre autres: *le Docteur Sangrado*, un acte, paroles d'Anseaume (13 février 1758); *l'Heureux Déguisement*, deux actes, paroles de Marcouville (7 août 1758); *le Médecin d'amour*, un acte, en vers, paroles d'Anseaume et Marcouville (22 septembre 1758); *Cendrillon*, deux actes, paroles d'Anseaume (21 février 1759); *l'Ivrogne corrigé, ou le Mariage du Diable*, tiré d'une fable de La Fontaine, paroles d'Anseaume (24 juillet 1759), etc., etc.

(*Histoire de l'Opéra-Comique*, II, 84, 90, 242, 361, 374. — *Biographie Didot*.)

LATOUR, sauteur anglais, faisait partie de la troupe de Delamain qui donnait des représentations sur le théâtre de l'Opéra-Comique pendant la foire Saint-Laurent de 1739. Il fut ensuite l'un des acteurs de la *Grande Troupe étrangère*, dirigée par Restier et la veuve Lavigne, et joua pendant les foires Saint-Germain de 1740, 1741 et 1742 les rôles d'*arlequins* dans les pantomimes suivantes, toutes composées par Mainbray, de Londres : *les Dupes, ou Rien n'est difficile en amour* (3 février 1740); *la Fête Angloise, ou le Triomphe de l'Hymen* (14 mars 1740); *Arlequin et Colombine captifs, ou l'Heureux désespoir* (3 février 1741); *A trompeur trompeur et demi* (3 février 1742); *le Diable boiteux* (15 février 1742).

(*Dictionnaire des Théâtres*, I, 230, 322; II, 304, 352, 542.)

LAURENT, sauteur et danseur de corde, parut avec succès à la foire Saint-Laurent de 1701 au jeu de Selles. La veuve Maurice l'avait engagé pour la foire Saint-Germain de 1702, mais il mourut subitement avant cette époque. Laurent dansait sur la corde avec des chaînes aux pieds et des paniers.

(*Mémoires sur les Spectacles de la Foire*, I, 24.)

LAVALLE, acteur du théâtre des Grands-Danseurs du Roi, en 1772, 1773 et 1774, y remplissait les rôles de *niais* et de *paillasses*.

(*Almanachs forains*, 1773, 1775.)

LAVIGNE (Julien de), danseur de corde, était le frère de la femme de Restier père. Il fit partie en 1706 de la troupe de Christophe Selles, et à la foire Saint-Laurent de 1712 il était engagé au jeu du chevalier Pellegrin. En 1732, il dirigeait à la foire Saint-Germain, conjointement avec Restier père, une troupe de danseurs de corde.

(*Mémoires sur les Spectacles de la Foire*, I, 55.)

I

L'an 1712, le mercredi 21 feptembre, heure de midi, font venus par-devant nous Céfar-Vincent Lefrançois, etc., Claude Filaffier, marchand de vins, et Marie Blangé, fa femme, demeurant porte St-Bernard au Duc de Guife, tenant cabaret ruelle St-Laurent au Duc de Guife : Lefquels nous ont fait plainte et dit qu'ils ont eu la facilité de prêter au nommé Lavigne, danfeur de corde du jeu du fieur Pellegrin, la fomme de 67 livres de compte arrêté avec lui en l'année 1710. Lui ayant demandé depuis ce tems plufieurs fois le paiement, ledit Lavigne les a injuriés et infultés de toute manière ; s'eft avifé la nuit dernière fur le minuit, une heure, étant accompagné des nommés Crefpin, Antoni et trois autres de fes camarades, danfeurs de corde, de venir frapper à la porte de leur cabaret fufdite ruelle St-Laurent, avec tant de violence qu'ils auroient enfoncé ladite porte fi ledit Filaffier plaignant et fes garçons n'avoient foutenu la porte et mis la barre derrière, ayant par leur bruit et cris réveillé le fieur Bellemère, leur propriétaire, qui leur auroit dit de fe retirer ſinon qu'il tireroit ſur eux. La plaignante étant montée à ſa chambre et ayant demandé ce qu'ils ſouhaitoient, ils lui ont fait réponſe : « Ouvre g...., nous voulons du vin. Nous ferons bien ouvrir ton b..... » Traitant à chaque moment la plaignante de b........ de g...., de b........ de p..... Et cejourd'hui, il y a environ une heure, la plaignante allant à la meſſe à St-Laurent, ayant fait rencontre dudit ſieur Lavigne, s'étant plainte à lui de l'inſulte qu'il lui avoit faite la nuit, il lui a dit qu'il ſoutenoit ce qu'il avoit dit et qu'elle étoit une b........ de g.... et une b........ de p.... et un c.. pourri à qui il donneroit cent coups de pied dans le ventre et autant de ſoufflets ; et au plaignant, qui eſt ſurvenu, qu'il lui f....... de ſon épée dans le ventre juſqu'à la garde, ce qu'il auroit fait ſi les ſoldats de la garde et les paſſans n'étoient ſurvenus qui l'en ont empêché. Que lundi dernier ledit Lavigne vint au cabaret du plaignant avec trois de ſes amis faire une dépenſe de 25 ſols, et, pour éviter le bruit, furent obligés de les laiſſer aller ſans payer, ledit Lavigne ayant ſeulement dit en ſortant qu'il en répondoit. Et comme journellement ledit Lavigne ne ceſſe de les inſulter et de s'en aller ſans payer ce qu'il leur doit, ils ſe voient obligés de venir par-devers nous en rendre plainte.

Signé : CLAUDE FILASSIER ; MARIE BLANGÉ.

(*Archives des Comm.*, nº 3824.)

II

L'an 1712, le mercredi 21ᵉ jour de ſeptembre, ſur les une heure de relevée, eſt comparu en l'hôtel de nous Joſeph Aubert, etc., Julien de Lavigne, danſeur de corde : Lequel nous a fait plainte et dit qu'il y a environ une heure, allant à la meſſe, il a fait rencontre du ſieur de Belmer, l'un de ſes amis, auquel il a parlé pendant quelque tems. Que le nommé Filaſſier, marchand de vin, et ſa femme, qui étoient ſur la porte d'un cabaret, ſe mirent à lui dire des injures, l'appelant fripon, maraud, gueux, malheureux, et ce en préſence de tout le public. Qu'il a voulu repréſenter à la femme dudit Filaſſier, qui lui diſoit des injures, le tort qu'elle avoit de le traiter ainſi et qu'il n'iroit plus chez elle, ladite femme Filaſſier s'eſt miſe à réitérer ſes injures en pleine rue, ce qui l'a obligé, pour éviter que cela n'allât pas plus loin, de ſe retirer. Dont et de quoi il nous a rendu la préſente plainte.

Signé : LAVIGNE.

(*Archives des Comm.*, nº 3361.)

LAVIGNE (la veuve), femme du précédent, dirigea avec Restier le fils, de 1740 à 1751, la *Grande Troupe étrangère*, qui repréſentait des pantomimes aux foires Saint-Germain et Saint-

Laurent. Voici les titres des principales pièces qui furent jouées à ce spectacle : *les Dupes, ou Rien n'est difficile en amour,* pantomime par Mainbray (3 février 1740) ; *la Fête anglaise, ou le Triomphe de l'Hymen,* pantomime, par Mainbray (14 mars 1740) ; *Arlequin et Colombine captifs, ou l'Heureux Désespoir,* divertissement-pantomime, par Mainbray (3 février 1741) ; *A trompeur, trompeur et demi,* divertissement pantomime, par Mainbray (3 février 1742) ; *le Diable boiteux,* divertissement-pantomime, par Mainbray (15 février 1742) ; *Chacun son tour,* nouvelle pantomime anglaise (3 février 1746) ; *Arlequin chasseur, ou le Service mal récompensé,* pantomime (3 février 1747) ; *Arlequin prisonnier et amant préféré, uni par l'amour,* pantomime (mars 1747) ; *Arlequin apprenti magicien,* pantomime (mars 1747) ; *Arlequin misanthrope, protégé par Pluton,* pantomime (juillet 1747) ; *le Sort d'Arlequin,* pantomime (juillet 1747) ; *Rien n'est difficile en amour,* pantomime déjà jouée (3 février 1748) ; *Arlequin misérable délivré par Éole,* pantomime (juin 1748) ; *Arlequin formé par magie et domestique par intrigue* (9 février 1749) ; *l'Amant barbare,* pantomime (27 juin 1749) ; *les Entreprises amoureuses d'Arlequin,* pantomime (23 juillet 1749) ; *Arlequin malheureux par les richesses et Colombine constante,* pantomime (3 février 1750) ; *Arlequin dans les Iles, ou le Triomphe américain,* pantomime (3 mars 1750) ; *l'Anglais dupé par Arlequin* (mars 1750) ; *le Jardinier par amour,* pantomime (27 juin 1750) ; *la Pêche d'Arlequin et les Surprises de Pierrot,* pantomime anglaise (14 mars 1751).

(*Dictionnaire des Théâtres,* I, 69, 145, 189, 208, 222, 230, 244, 254, 255, 277, 322 ; II, 304, 352, 420, 542 ; IV, 483 ; V, 217 ; VI, 431, 556, 651.)

LAVILLE (JEAN-BAPTISTE), acteur du spectacle des Associés en 1787.

Voy. LONGUEVILLE.

LEBEL (les demoiselles), danseuses de corde et actrices dans la troupe de Nivellon, à la foire Saint-Germain de 1711. L'aînée épousa Évince, sauteur de la même troupe.

(*Mémoires sur les Spectacles de la Foire*, I, 124.)

Voy. ÉVINCE.

LEBEL, acteur des Variétés au Palais-Royal, a joué à ce théâtre le rôle de *Dorval, officier français,* dans le *Français en Huronie,* comédie en un acte, en vers, par Dumaniant, représentée le 30 avril 1787.

(Brochure intitulée : *le Français en Huronie.* Paris, Cailleau, 1787.)

LEBÈRE, exécutait à la foire Saint-Germain de 1777 le concert des Verres de cristal, sur lesquels il jouait toutes sortes de musique, et imitait tous les instruments.

(*Journal de Paris*, 3 février 1777.)

LEBICHEUR, peintre et acteur de l'Opéra-Comique, où il débuta vers 1724. Son emploi était de jouer les rôles d'*arlequins;* il contrefaisait fort bien le fameux Thomassin de la Comédie-Italienne. Il mourut vers 1734 ou 1735.

(*Mémoires sur les Spectacles de la Foire*, II, 20.)

LEBLANC (SILVESTRE), né en 1719, entrepreneur de spectacles et directeur d'un jeu de marionnettes en 1750 et 1751.

I

L'an 1750, le 30 septembre, huit heures du matin, sont venus et comparus en l'hôtel et par-devant nous Antoine-Charles Crespy, etc., sieurs Denis Petit, marchand mercier-quincaillier; Pierre Frénoir, marchand mercier;

François Joullain, marchand d'eſtampes; François François, marchand mercier, tous demeurant quai de la Mégiſſerie, paroiſſe St-Germain-l'Auxerrois : Leſquels nous ont rendu plainte contre le nommé Sylveſtre Leblanc, occupant ſur le quai une boutique où pendoit anciennement pour enſeigne : le Roi des Oiſeaux, et nous ont dit que, au préjudice des règlemens de police, ledit Leblanc embarraſſe la voie publique à un point ſi conſidérable par les farces et minauderies qu'il fait faire à la porte de la boutique qu'il occupe, qu'il fait auſſi ſouvent lui-même ce que l'on nomme en termes de foire parades, qu'ils ſe voient eux plaignans au riſque d'être volés dans leurs boutiques par le nombre infini de petites gens qui s'amuſent et paſſent des après-dîners entiers à conſidérer leſdites parades dudit Leblanc, et qui, lorſque les voitures publiques viennent à paſſer, ſe précipitent les uns ſur les autres, et ne ſachant où ſe retirer, entrent dans leurs boutiques continuellement ſans qu'ils puiſſent rien dire, dans la crainte d'être inſultés comme il arrive ſouvent, eux plaignans, leurs femmes et leurs enfans; ce qui les empêche de mettre aucune marchandiſe en étalage à leurs portes, ne voulant plus courir riſque d'être pillés et volés comme il arrivoit ſouvent. Qu'outre les inconvéniens qui peuvent réſulter de ces amas conſidérables de petites gens qui tiennent entre eux des diſcours et prennent les libertés les plus indécentes, ils ont remarqué que nombre de filous ſe ſervent de cette occaſion pour ſatisfaire leurs mauvais penchans. Qu'il n'y a pas plus de quinze jours qu'un particulier voulant paſſer ſur le quai et ne le pouvant qu'avec peine, s'aperçut qu'un drôle lui vouloit prendre ſa montre. Et comme d'ailleurs ils ont intérêt, tant pour eux que pour le public, à ne pas ſe prêter à de pareils embarras, ils ſont venus nous rendre la préſente plainte.

Signé : P. Frénoir; Petit; François; Joullain; Crespy.

(*Archives des Comm.*, n° 3390.)

II

L'an 1751, le jeudi 11 mars, neuf heures du matin, en notre hôtel et pardevant nous François Merlin, etc., eſt comparu Silveſtre Leblanc, entrepreneur de ſpectacles, demeurant quai de la Mégiſſerie, paroiſſe St-Germain-l'Auxerrois : Lequel a dit et déclaré que ce matin à 5 heures il s'eſt aperçu que l'on avoit briſé la porte d'une cabane poſée ſur des roues qu'il laiſſe paſſer la nuit ordinairement ſur ledit quai, et étant entré dans ladite cabane, il a remarqué qu'on lui avoit volé premièrement un morceau de tapiſſerie de haute liſſe verdure Aubuſſon doublée par bande de toile verte tout neuf, contenant deux aunes un quart, un jeu complet de marionnettes, excepté le polichinelle, deux lanternes de verre, deux habits d'arlequin et une paire de culottes d'arlequin, une marque de cuivre, un plat de cuivre, une livre de chandelle et la moitié d'un flambeau; que leſdits effets à lui volés peuvent valoir une somme de 200 livres; qu'il ne peut soupçonner d'autres personnes qui lui aient fait ledit vol que deux particuliers qui ont ci-devant été à son service, d'autant que lesdits deux particuliers ont dit, il y a plusieurs jours, qu'ils avoient un tour à faire avant que la foire finisse. Et comme il a intérêt de se pourvoir et d'empêcher à l'avenir qu'on ne récidive à le voler, il a été conseillé de nous venir rendre la présente plainte (1).

Signé : SILVESTRO BIANCONI.

(*Archives des Comm.*, n° 2222.)

LEBRUN (MARIE-MADELEINE), née en 1729, danseuse à l'Opéra-Comique, où elle s'engagea pour la foire Saint-Laurent de 1748.

L'an 1748, le lundi 22 juillet, entre onze heures et minuit, nous Charles-Elisabeth de Lavergée, etc., en exécution des ordres du Roi, en date du 17 du présent mois, nous sommes transporté avec le sieur Joseph Dunand, conseiller du Roi, inspecteur de police, avec le sieur Pierre Rafron, sergent du guet et son escouade, de poste place Vendôme, rue St-Honoré, au-dessus de l'hôtel de Noailles, paroisse St-Roch, en une maison où pend pour enseigne: les Quatre Étoiles, de laquelle est principal locataire le nommé Chanou, fruitier, et étant monté au premier, dans un appartement à droite, ayant vue sur ladite rue St-Honoré, dont la porte nous a été ouverte par une particulière domestique, nous avons trouvé dans ledit appartement une demoiselle avec trois particuliers, laquelle particulière, après lui avoir fait entendre le sujet de notre transport, nous a dit se nommer Marie-Madeleine Lebrun, fille, âgée de 19 ans, native de Paris, danseuse à l'Opéra-Comique, dont elle nous a fait apparoir de son engagement à icelui, signé: Bigour et Roszet, en date du 28 juin dernier; nous déclare que les ci-après nommés l'ont accompagnée en revenant dudit Opéra, occupant ledit appartement où nous sommes: Un desdits particuliers nous a dit se nommer Éloi Devisse, académicien du Roi, demeurant rue du Vieux-Colombier, paroisse St-Sulpice; un autre, Joseph Bertrind dit Fribourg, danseur de l'Opéra-Comique, demeurant susdite rue, et l'autre nous a dit se nommer François Bertrind dit Fribourg, danseur à l'Opéra-Comique, demeurant susdite rue: Lesquels sieurs Devisse et Bertrind dits Fribourg frères ont été renvoyés. A l'égard de ladite demoiselle Lebrun, ledit sieur Dunand s'en est chargé pour la conduire au For-Lévêque de l'or-

(1) Dans l'information qui fut faite en suite de cette plainte, on entendit comme témoins : 1° Pierre-Toussaint Martin, praticien de marionnettes chez le sieur Silvestre Leblanc, âgé de 20 ans, demeurant rue Comtesse-d'Artois ; 2° Jean-Eustache Leclerc, arlequin du sieur Silvestre Leblanc, âgé de 25 ans, demeurant quai de la Mégisserie ; 3° Silvestre Leblanc, entrepreneur de spectacles, demeurant à Paris, quai de la Mégisserie, âgé de 31 ans.

dre du Roi. Et du consentement de ladite demoiselle Lebrun, la clef de son appartement est restée ès mains de la nommée Marguerite Dervaux, sa domestique, et après toutefois avoir fait perquisition dans toute la maison de la personne de la nommée Saint-Laurent, et qu'elle ne s'est pas trouvée. Dont et de tout ce que dessus, nous avons fait et dressé le présent procès-verbal.

Signé : MADELON LEBRUN ; DUNAND ; DELAVERGÉE ; RAFRON.

Interrogatoire de Madeleine Lebrun, au For-l'Évêque :

Du mardi 23 juillet 1748, dix heures du matin.

Enquise de son nom, surnoms, âge, qualité, pays et demeure ?

A répondu, après serment par elle fait en tel cas requis, se nommer Marie-Madeleine Lebrun, fille, âgée de 19 ans, danseuse à l'Opéra-Comique et représentant les ballets, native de Paris, y demeurante rue St-Honoré, paroisse St-Roch, et de présent détenue ès prisons du For-l'Évêque.

Enquise de quand elle est entrée à l'Opéra-Comique, et qui est-ce qui lui a procuré une place à ce spectacle ?

A répondu y être entrée par engagement avec les directeurs le 28 juin dernier ; que c'est le sieur Thibault, qui tient les registres, qui l'y a engagée.

Enquise ce qu'elle faisoit auparavant d'entrer à ce spectacle ?

A répondu qu'elle travaillait en linge.

Enquise si elle a père et mère, et ce qu'ils font et où ils demeurent ?

A répondu avoir père et mère, sadite mère, marchande de marée au cimetière St-Jean, et son père travaillant sur le port, demeurant rue de la Mortellerie au Heaume.

Enquise combien il y a de tems qu'elle a quitté ses père et mère et pourquoi ?

A répondu qu'il y a tout au plus deux ans qu'elle les a quittés pour se mettre à travailler.

Enquise si son travail de linge lui donnoit de quoi vivre, et si elle n'avoit personne qui lui faisoit plaisir ?

A répondu qu'il est vrai que son travail ne lui suffisoit pas pour la faire vivre ; qu'elle a eu une personne qui l'a entretenue pendant 18 mois.

Enquise depuis quand elle demeuroit avec la demoiselle Saint-Laurent, et comment elle en a eu connoissance ?

A répondu qu'à la fin d'avril dernier, étant persécutée et poursuivie par le sieur de Chédeville, qui la voyoit depuis la première semaine du carême dernier, elle fit porter ses meubles rue Richelieu chez le sieur Godeau, avec d'autant plus de raison que ledit sieur Chédevllle, qui est marié et a des enfans, vouloit la forcer à aller boire et manger avec sa femme, et coucher dans la même maison ; ce à quoi elle n'a pas consenti. Et dans la maison dudit sieur Godeau elle y a fait connoissance de la demoiselle Saint-Laurent, qui y demeuroit lors, et ladite Saint-Laurent ayant loué l'appartement qu'elle occupe à présent, rue St-Honoré près l'hôtel de Noailles, au demi-terme du dernier quartier, elles y ont été demeurer ensemble dans les meubles d'elle répondante, ladite Saint-Laurent n'en ayant point lors.

Enquise si cette Saint-Laurent n'est pas une personne du monde ?

A répondu qu'elle n'avoit chez elle qu'un jeune homme, clerc d'un commissaire, rue Mazarine, ledit clerc, nommé Macé ; Et à l'égard des autres personnes qui viennent chez elle, ce sont des avocats et procureurs qui y viennent, a-t-elle dit à elle répondante, pour un procès qu'elle a.

Enquise qui est-ce qu'un particulier âgé de 50 à 60 ans, qui est venu chez elle et ladite Saint-Laurent au commencement du mois de juin, sur les onze heures du matin ?

A répondu que c'est le sieur Chédeville.

Enquise si ce monsieur lui a fait quelques violences ce jour-là ou à ladite Saint-Laurent ?

A répondu que ledit sieur Chédeville étant venu chez ladite Saint-Laurent, où elle répondante logeoit lors, voulut l'emmener dîner au bois de Boulogne, et comme elle ne vouloit point aller avec lui, ni le voir davantage, il se mit dans une fureur à vouloir se tuer, tira même à cet effet son épée, disant : « Je vais me la passer au travers du corps. » Pourquoi elle répondante et ladite Saint-Laurent se jetèrent sur son épée et la lui ôtèrent, et pour éviter plus de bruit et d'esclandre, ladite Saint-Laurent dit à elle répondante d'aller avec ledit sieur Chédeville, ce qu'elle fit, monta avec lui dans un carosse et son laquais derrière et furent tout de suite au bois de Boulogne dîner.

Enquise si elle est revenue longtems après du bois de Boulogne ce même jour ?

A répondu en être revenue trois heures après avec ledit sieur Chédeville jusqu'au pont tournant, et être rentrée seule chez elle.

Enquise si c'est ce M. Chédeville qui passe et repasse cinq ou six fois par jour devant la demeure d'elle répondante ?

A répondu que depuis ce jour-là, ledit Chédeville passe et repasse très-souvent devant sa demeure et plusieurs fois par jour ; qu'on l'y a même vu depuis onze heures du soir jusqu'au lendemain trois ou quatre heures du matin avec son domestique ; pour raison de quoi elle répondante a donné il y a environ 15 jours un placet à M. le Lieutenant général de police pour faire cesser ledit sieur Chédeville.

Enquise si le même jour qu'elle a été au bois de Boulogne, avant de monter en carosse, elle s'est sauvée et qui est-ce qui a couru après elle ?

A répondu qu'en descendant, au lieu de monter dans le carosse, elle a voulu se sauver chez Chanou, fruitier, et comme elle avoit le pied sur le pas de sa boutique, le domestique dudit sieur Chédeville l'a prise par le bras qu'il lui a serré si fort qu'elle en a eu pendant 15 jours marque et douleur audit bras, et la fit monter de force en carosse, ledit Chédeville étoit encore dans l'allée.

Enquise qui est un particulier de même âge ou environ qui, un matin, monta avec elle répondante dans un carosse de place, levèrent la portière de bois servant de glace à gauche dudit carosse aux approches de l'hôtel de

M. Berrier, furent jufqu'au devant des Jacobins, où ce particulier defcendit de caroffe, entra dans la cour des Jacobins et revint monter dans ledit caroffe?

A répondu que le particulier dont eft queftion eft le fieur Berthelin, officier travaillant à la police, qui vint chez Gillet, boulanger rue des Frondeurs, où elle répondante étoit avec ledit Gillet; et la Saint-Laurent arriva peu après en caroffe chez ledit Gillet pour prendre elle répondante qui, connoiffant ledit fieur Berthelin pour l'avoir vu plufieurs fois chez ledit Gillet, lui conta les mauvaifes manières et procédés dudit fieur Chédeville: et comme elle difoit au fieur Berthelin qu'elle avoit vu paffer le laquais dudit fieur Chédeville, ledit fieur Berthelin dit, parlant de la Saint-Laurent: « Montons dans le caroffe de mademoifelle. » Ce qu'ils firent tous trois, vinrent chez ladite Saint-Laurent où ils ne firent qu'entrer et fortir, remontèrent en caroffe dont la portière, du côté de l'hôtel de M. le Lieutenant général de police, fut levée à caufe qu'il y avoit beaucoup de monde à fa porte, rapport au fieur Berthelin et encore afin que ledit fieur Chédeville ne vît pas elle répondante; et comme ils avoient vu le laquais dudit fieur entrer dans la cour des Jacobins, ledit fieur Berthelin defcendit de caroffe, fut après lui pour lui demander où étoit fon maître, et le laquais s'en fut difant que fon maître n'avoit que faire à lui: et étant remonté en caroffe ils aperçurent vers St-Roch ledit fieur Chédeville, continuèrent leur chemin jufqu'à la rue des Frondeurs où ledit fieur Berthelin defcendit de caroffe pour retourner aux Jacobins chercher ledit fieur Chédeville, et elle répondante et ladite Saint-Laurent s'en furent cloître Notre-Dame pour raifon du procès de ladite Saint-Laurent, ce qui étoit un dimanche.

Enquife fi elle a vu plufieurs fois ledit fieur Berthelin depuis ce tems?

A répondu ne l'avoir pas vu depuis finon une fois qu'elle paffoit en caroffe et que ledit fieur Berthelin lui dit: « J'ai vu M. Chédeville, il eft fou de vous et veut vous voir à toutes forces. » Obferve que depuis ce tems ledit fieur Chédeville lui a écrit et envoyé plufieurs lettres qu'elle lui a renvoyées ou déchirées en préfence du porteur fans les lire; que le jour d'hui, comme elle étoit à l'Opéra-Comique, ledit fieur Chédeville lui a fait donner plufieurs paires de bas de foie et un bouquet, et ce par une femme par laquelle elle a fait remporter le tout; lui a fait propofer dimanche dernier par cette même femme de fe trouver chez la nommée Paris, qui eft une femme commode où il fe fait des parties de plaifirs; que cette femme lui a dit que c'étoit le fieur Chédeville, mais de ne pas le dire à elle répondante, de lui dire au contraire que c'étoit un étranger qui vouloit la voir et lui feroit de beaux préfens, ce qu'elle répondante a refufé, et fupplieroit M. le Lieutenant de police de vouloir faire en forte que ledit fieur Chédeville, demeurant rue Saintonge au Marais et ayant femme et enfans, la laiffe en repos et tranquille.

Enquife fi elle n'a jamais été arrêtée?

A répondu qu'elle ne l'a jamais été que cette fois.

Signé: MADELON LEBRUN; DELAVERGÉE.

(*Archives des Comm.*, n° 3028.)

LEBRUN (Mme), actrice chez Gaudon en 1761.

Voy. GAUDON (10 juin 1761).

LEBRUN (LOUIS-SIMON GONDET, dit), acteur du spectacle des Variétés-Amusantes en 1779.

Lundi 23 août 1779, 1 heure du matin.

Louis-Simon Gondet dit Lebrun, acteur du ſpectacle des Variétés-Amuſantes, demeurant rue St-Denis, arrêté par Georges Perrin, caporal de la garde de Paris, de poſte au marché St-Martin, à la réquiſition du ſieur Malter, l'un des directeurs dudit ſpectacle, pour avoir manqué ſon ſervice aujourd'hui à la foire et au boulevard (1).

Pourquoi nous l'avons envoyé de police au For-l'Évêque.

(*Archives des Comm.*, nº 5022.)

LECLAIR (CLAUDE), acteur du spectacle de Nicolet. En 1762, lors de l'incendie qui détruisit la foire Saint-Germain, Leclair perdit toute sa garde-robe théâtrale, restée dans la loge de Nicolet devenue la proie des flammes. Il demanda alors aux syndics de la foire une indemnité de 476 livres, et ceux-ci lui accordèrent une somme de 300 livres. Plus tard, Leclair forma une troupe de comédiens avec laquelle il alla donner des représentations en province.

(*Archives des Comm.*, nº 853. — *Le Chroniqueur désœuvré*, II, 51.)

Voy. PAUL (GABRIEL).

LECLERC (JEAN-EUSTACHE), né en 1726, acteur forain et arlequin de la troupe de Silvestre Leblanc, entrepreneur de spectacles en 1751.

Voy. LEBLANC.

---

(1) On jouait ce soir-là, aux Variétés-Amusantes, à la Foire : *Janot, ou les Battus payent l'amende*, pièce de Dorvigny, précédée de l'*Ambigu tragique*, par Fonpré de Fracansalle, et du *Villageois qui cherche son veau*. Après souper, au boulevard : *les Battus payent l'amende*, précédé de l'*Ambigu tragique*, avec un divertissement.

LÉCLUZE DE THILLOY (Louis), né en 1711, acteur forain et entrepreneur de spectacles, débuta au théâtre de l'Opéra-Comique, à la foire Saint-Germain de 1737, et y resta jusqu'en 1745, époque de sa suppression momentanée. Il a joué à ce spectacle entre autres rôles : le *charbonnier* dans l'*Assemblée des Acteurs,* prologue de Panard et Carolet (21 mars 1737) ; *un brouetteur,* dans le divertissement joué à la suite de la *Fête infernale,* opéra comique en un acte, par Laffichard et Vallois d'Orville (4 août 1737) ; *Nicolas* dans la *Fête de Saint-Cloud,* opéra comique en un acte, de Favart, repris plus tard sous le titre des *Bateliers de Saint-Cloud* (10 septembre 1741); un *porteur d'eau,* dans la *Fontaine de Sapience,* opéra comique en un acte, de Laffichard et Vallois (28 août 1743) ; un *calotin,* dans le prologue de l'*Ambigu de la Folie, ou le Ballet des dindons,* parodie en quatre entrées, par Favart, et *Adario, sauvage,* dans l'acte III de la même pièce (31 août 1743) ; *Lucas* dans l'*Astrologue de village,* parodie en un acte, de Favart (5 octobre 1743), et le rôle d'un *jardinier,* dans la reprise des *Jardins de l'Hymen, ou la Rose,* opéra comique en un acte, avec un prologue, par Piron (28 juin 1744). A propos de cette pièce et du rôle qu'y remplit Lécluze, on lit dans le *Dictionnaire des Théâtres* l'anecdote suivante, qui prouve l'ancienneté des scènes jouées dans la salle. « Le dimanche 28 juin 1744, l'Opéra-Comique ouvrit ſon théâtre par cette même pièce (*les Jardins de l'Hymen*) ; elle étoit précédée de la *Statue animée, ou Pygmalion* remis ſous ce titre. Le dimanche 12 juillet ſuivant, ces deux pièces furent données gratis au public, en réjouiſſance de la priſe de Furnes. Tout ſe paſſa ſans confuſion et au grand contentement d'une multitude de peuple du faubourg et de la ville ; ce ſpectacle commença à une heure et finit à trois. » — « Ce divertiſſement populaire, dit l'auteur du *Mercure de France* (août 1744, p. 1866), fut encore marqué par quelques circonſtances auſſi ſingulières qu'inattendues. Une marchande bouquetière voulant contribuer en quelque choſe à la fête que l'on donnoit ſur ce théâtre, s'y rendit et fit porter pluſieurs corbeilles remplies de toutes ſortes de fleurs et de bouquets qu'elle préſenta à cette nombreuſe aſſemblée qui ſut très-bon gré à la marchande de cette galanterie. Après la repréſentation de la première pièce, un acteur de la troupe s'avança ſur le bord du théâtre pour annoncer aux ſpectateurs qu'ils ne pouvoient pas donner la ſeconde pièce qu'ils avoient promiſe, l'acteur qui devoit remplir un des rôles ſe trouvant indiſpoſé, et qu'ils étoient tous très-fâchés de ce contre-tems. Le ſieur Lécluze, acteur des plus comiques de ce même théâtre, avoit pris la précaution de ſe placer comme ſpectateur, pendant la première pièce, dans une des premières loges en habit de jardinier, confondu avec toute ſorte de gens de tous états; toute l'aſſemblée ſe récria fort ſur cette annonce de ne pas jouer la pièce promiſe; le feint jardinier ſe lève comme tous les autres et dit qu'on prétendoit que la pièce fût jouée, avec tant d'art et d'apparence de vérité que tous les ſpectateurs donnèrent parfaitement dans l'illuſion. L'acteur qui avoit déjà fait l'annonce propoſa enfin au feint jardinier, qui étoit toujours dans ſa loge, de vouloir bien ſe charger du rôle de l'acteur malade puiſqu'il en avoit l'habit. Le défi fut accepté, le ſuppoſé jardinier quitta ſa place pour paſſer au théâtre et joua ſon rôle, avec l'applaudiſſement de toute l'aſſemblée. » Lécluze a prononcé aussi le compliment composé par Panard pour la clôture du spectacle de l'Opéra-Comique à la fin de la foire Saint-Germain, le 13 avril 1737. Lorsque le théâtre sur lequel il avait eu de brillants succès fut momentanément fermé en 1745, Lécluze se fit dentiste, et son habileté dans cet art lui procura bientôt une nombreuse clientèle. Il fut même nommé chirurgien-dentiste du roi de Pologne. En 1760, il était à Ferney, chez Voltaire, et y donnait des soins à Mme Denis; sa présence dans la maison de l'auteur de la *Henriade*, au moment où Mlle Corneille venait d'y être recueillie, fut cause que Fréron écrivit un article où il déplorait l'éducation qu'allait recevoir dans un pareil milieu la petite-nièce de Pierre Corneille. Voltaire en eut connaissance, et il écrivit à ce sujet à Lebrun le 30 janvier 1761 ces mots: « Le ſieur Lécluze qui n'avoit certainement que faire à tout cela se trouve insulté dans la même page. Il est vrai qu'étant jeune il monta sur le théâtre, mais il y a plus de 25 ans qu'il exerce avec honneur la profession de dentiste. Il est faux qu'il loge chez moi ; il y est venu il y a un an pour avoir soin des dents de ma nièce. Je le traite, dit-il (Fréron), comme un frère et il insinue que je ne fais nulle différence entre une demoiselle de condition du nom de Corneille et un acteur de la foire. J'ai reçu M. de Lécluze avec amitié et avec la distinction que mérite un chirurgien habile et un homme très-estimable. Il y a d'ailleurs quatre mois entiers qu'il n'est plus chez moi et qu'il exerce sa profession à Genève, où il est très-honorablement accueilli. » Voltaire ne se borna pas à cette lettre, il fit signer encore à Lécluze une procuration qu'il envoya à Lebrun, et dans laquelle il le chargeait d'intenter en son nom un procès en calomnie à l'auteur de l'*Année littéraire;* mais ce procès n'eut pas lieu, et l'affaire en resta là. En 1778, Lécluze ouvrit à la foire Saint-Laurent un théâtre qui devait s'appeler plus tard les Variétés-Amusantes, et y fit représenter des pièces du genre poissard, dans le goût de celles de Vadé, et où lui-même, malgré ses soixante-sept ans, jouait encore avec verve et gaîté. Malheureusement les entreprises théâtrales exigent beaucoup de fonds et Lécluze avait peu d'argent. A peine la salle où il comptait définitivement s'installer sur le boulevard était-elle construite qu'il fit faillite, et dut se retirer avec 44,822 livres de dettes et se réfugier au Temple, asile inviolable ouvert alors aux débiteurs insolvables. Deux danseurs de l'Opéra, Malter et Hamoire, (1) lui succédèrent dans la direction de son théâtre, auquel ils donnèrent le nom de spectacle des Variétés-Amusantes et durent, pour entrer en possession, s'engager : 1° à payer ses dettes ; 2° à lui faire une pension de 4,000 livres, et 3° à lui donner une gratification particulière toutes les fois que l'on jouerait le *Postillon,* pièce qu'il avait composée et

(1) Malter et Hamoire ne gardèrent la direction des Variétés que jusqu'en 1784, époque où ils furent évincés par Gaillard et Dorfeuille, cessionnaires du privilège des spectacles forains attribué par le roi à l'Opéra. C'est en vain qu'ils réclamèrent et qu'ils firent un procès ; ils le perdirent et furent ruinés.

dans laquelle il excellait comme acteur. Lécluze vécut alors tranquille, et mourut en 1792, à l'âge de 81 ans. Il avait été marié, et sa femme, née en 1715, se nommait Jeanne Maupas.

(*Reg. du Conseil d'État*, E, 2614. — *Archives des Comm.*, n° 2501. — *Dictionnaire des Théâtres*, I, 97, 315, 320, 389; II, 547, 612; III, 119, 172. — *Mémoires secrets*, XII, 26, 41, 58, 79, 104, 147; XIII, 317, 374; XIV, 22. — *Voltaire-Beuchot*, LIX, 243, 282, 286. — *Biographie Didot*.)

L'an 1778, le dimanche 15 novembre, huit heures du ſoir, eſt comparu en l'hôtel et par-devant nous, Nicolas Maillot, etc., ſieur Barthelemi-Jacques Hochereau, officier de la garde de Paris : Lequel, commandant cejourd'hui la garde poſée au ſpectacle du ſieur Lécluze, maître de ſpectacle, rue de Bondi, faubourg St-Martin, a vu qu'un acteur dudit ſieur Lécluze lui réſiſtoit beaucoup ſur ce que ledit ſieur Lécluze lui diſoit d'être tranquille et de faire ſilence. Que cela a paſſé à de plus gros mots de la part de cet acteur parlant à ſon directeur; pourquoi et à la réquiſition dudit ſieur Lécluze, il a arrêté cet acteur et l'a conduit par-devant nous où ledit ſieur Lécluze eſt auſſi venu pour faire ſa déclaration.

Signé : Hochereau.

Eſt auſſi comparu ſieur Louis Lécluze de Thilloi, maître de ſpectacle, rue de Bondi, boulevard St-Martin, y demeurant : Lequel nous a déclaré que ce ſoir dans un entr'acte, le ſieur Georges, danſeur de ſon ſpectacle, avec lui engagé par écrit jusqu'au 1er août prochain, a pris le parti de ſauter, danſer et même chanter ſur le théâtre; ce qui faiſoit un certain bruit et donnoit occaſion aux autres acteurs et actrices qui étoient auſſi ſur ce même théâtre d'en faire autant; que lui comparant a été à lui et lui a dit de ſauter légèrement et de ne pas chanter, parce que cela faiſoit du bruit et cauſoit indécence. A quoi il lui a répondu d'un ton goguenard : « Allons donc ! Vous badinez ! » Et que lui ayant dit qu'il ne badinoit pas, il lui a retorqué à peu près les mêmes choſes en lui ajoutant qu'il n'y avoit pas de réponſe à faire à cela et a ſuivi avec un ton impérieux : « Au ſurplus, monſieur, il n'y a pas tant de raiſons à faire. Si vous n'êtes pas content, rompons notre engagement. » Et enfin a pouſſé le comparant au point qu'il n'a pu s'empêcher de requérir le ſieur Hochereau, d'arrêter ce particulier et de le conduire par-devant nous, où il eſt auſſi venu pour nous faire la préſente déclaration; en nous ajoutant qu'il ne pourroit ni tenir, ni ſuffire, ſi ſes acteurs paſſoient à pareil ton d'impertinence envers lui.

Signé : Lécluze de Tilloy.

Avons enſuite fait comparoître le particulier arrêté, lequel ſur les interpellations par nous à lui faites, nous a dit ſe nommer Joſeph Georges, natif de Paris, âgé de 30 ans, acteur pour la danſe chez ledit ſieur Lécluze, engagé effectivement avec lui par écrit jufqu'au mois d'août prochain, demeurant chez fon père, imprimeur place Maubert. Nous a ajouté qu'à la vérité il a répondu un peu cavalièrement audit fieur de Lécluze qui lui difoit de ne pas faire de bruit fur le théâtre, mais il n'a pas eu l'intention de l'infulter. Lui a même auffi dit que, fi il n'étoit pas content de lui, il n'avoit qu'à caffer fon engagement.

Signé : GEORGES.

Sur quoi nous commiffaire, etc., attendu que ledit Georges a été des plus impertinens vis-à-vis ledit fieur Lécluze qui ne lui demandoit que de la tranquillité et que cela ne peut caufer qu'un très-grand dérangement et un très-mauvais ordre dans ce fpectacle, nous avons laiffé ledit Georges ès mains dudit fieur Hochereau pour par lui le conduire de notre ordonnance ès prifons du For-l'Évêque (1).

Signé : HOCHEREAU ; MAILLOT.

(*Archives des Comm.*, n° 3785.)

Voy. LEMERCIER ; MALTER (FRANÇOIS-DUVAL) ; TOUSSAINT.

LEFÈVRE (ÉTIENNE), né en 1680, voltigeur et danseur de corde, était attaché au jeu d'Alard, à la foire Saint-Germain de 1702. A la foire Saint-Laurent de 1714, il faisait partie de la troupe de Saint-Edme.

Voy. FORT-SAMSON ; REGNAULT.

LEFÈVRE, acteur de l'Opéra-Comique, où il débuta à la foire Saint-Laurent de 1736. Il a joué les rôles de *Scaramouche,* dans *Arlequin chirurgien de Barbarie,* parade composant la première partie de l'acte Ier de l'*Histoire de l'Opéra-Comique, ou les Métamorphoses de la foire,* par Lesage (27 juin 1736) ; *Clitandre* dans la *Fête de Saint-Cloud,* opéra comique en un acte, de Favart (10 septembre 1741), et *Tacmas, prince persan,* dans l'acte IV de l'*Ambigu de la Folie, ou le Ballet des dindons,* parodie en quatre entrées, de Favart (31 août 1743).

(*Dictionnaire des Théâtres,* I, 98, 209, 389 ; II, 498.)

(1) On jouait ce soir-là au spectacle de Lécluze : la 3e représentation de l'*Amour au Village, ou le Villageois qui cherche son veau,* précédé de *Madame Engueule, ou les Accords poissards,* comédie-parade, de Boudin, et suivi du *Bouquet d'amour,* avec un ballet pastoral, et la *Double Couronne* quadrille figuré.

LEFÈVRE (Mlle), actrice foraine, fit d'abord partie de la troupe de Dolet et Delaplace, qu'elle quitta à la fin de la foire Saint-Germain de 1724 pour entrer à l'Opéra-Comique, où elle débuta à la foire Saint-Laurent suivante, par le rôle de la *bouquetière* dans le *Déménagement du théâtre des Comédiens-Italiens*, prologue de Fuzelier, représenté le 25 juillet 1724. Mlle Lefèvre quitta l'Opéra-Comique après la foire Saint-Laurent de 1728.

(*Mémoires sur les Spectacles de la Foire*, II, 21. — *Dictionnaire des Théâtres*, II, 267.)

LEFÈVRE (Mlle), danseuse de l'Opéra-Comique, parut à ce théâtre pendant la foire Saint-Laurent de 1736.

(*Mémoires sur les Spectacles de la Foire*, II, 116.)

LEFORT (JEAN-FRANÇOIS-ANTOINE), né en 1759, était en 1779 acteur au spectacle des Élèves de l'Opéra.

Du mardi 22 juin 1779, à ſept heures du ſoir, au corps de garde des Élèves.

Jean-François-Antoine Lefort, âgé de 20 ans, acteur des élèves pour la danſe de l'Opéra, a manqué à ſe rendre aujourd'hui à l'heure convenable quoiqu'il dût jouer dans la première pièce. Il a fait attendre plus d'une demi-heure et cela a cauſé de la rumeur. Nous étant informé pour ſavoir ſi effectivement l'on avoit pris la précaution de ſe rendre certain de l'arrivée de tous les acteurs, il nous a été dit que non ; pourquoi nous avons recommandé aux régiſſeurs de ce jeu de s'en rendre certains à l'avenir pour ne pas occaſionner pareille rumeur. Qu'aujourd'hui et attendu qu'il nous a été certifié de l'exactitude ordinaire dudit Lefort, nous l'avons fait relaxer à la condition que cela ne lui arriveroit plus (1).

(*Archives des Comm.*, n° 3786.)

(1) On jouait ce soir-là au spectacle des Élèves : *l'Hymen et le Dieu jaune*, par Beaunoir, précédé de : *Il n'y a pas d'éternelles douleurs*, et suivi de la *Pantoufle*, pièce de Parisau, et de l'*Ingratitude*, scène lyrique. Lefort avait un rôle dans *Il n'y a pas d'éternelles douleurs*.

LEFORT (PIERRE), acteur du spectacle des Associés en 1785.

I

Jeudi, 19 mai 1785, onze heures trois quarts du soir.

Pierre Lefort, acteur des Associés, demeurant rue du Pont-au-Choux, arrêté par Jean Dufault, sergent, à la réquisition du sieur Hémeri, marchand limonadier, rue de Bretagne, pour l'avoir insulté chez lui. Relaxé.

(*Archives des Comm.*, n° 5022.)

II

Jeudi, 25 août 1785, huit heures du soir.

Pierre Lefort, acteur des Associés, arrêté par Claude Garnier, sergent, à la réquisition de Jean-Baptiste Garneron, employé aux fermes, demeurant rue de Montorgueil, pour lui avoir donné un soufflet. Relaxé.

(*Archives des Comm.*, n° 5022.)

LEGENDRE, entrepreneur de spectacle à la foire Saint-Ovide de 1777.

(*Archives des Comm.*, n° 1508.)

LÉGER, figurant de l'Opéra-Comique, débuta à ce théâtre à la foire Saint-Germain de 1745, par le rôle de la moitié d'un bœuf dans *Thésée*, parodie en un acte, de Favart, Parmentier et L..... C'est des Boulmiers qui nous donne ces détails dans son *Histoire de l'Opéra-Comique*, où il s'exprime en ces termes : « Un nommé Léger, domestique de Favart, animé par l'amour des arts et voulant se consacrer au théâtre, débuta dans la parodie de *Thésée* à la foire Saint-Germain (1745) par la moitié d'un bœuf. Pour faire entendre ceci, il est nécessaire d'expliquer que dans le triomphe de Thésée, la monture de ce héros étoit le bœuf gras, figuré par une machine de carton qui ſe mouvoit au moyen de deux hommes renfermés dans l'intérieur, le premier debout mais un peu incliné; le ſecond la tête appuyée ſur la chûte des reins de ſon camarade. Léger obtint la préférence pour le train de devant. Gonflé d'aliments et de gloire, il lâcha une flatuoſité qui penſa ſuffoquer ſon collègue. Celui-ci, dans ſon premier mouvement, pour ſe venger de l'effet ſur la cauſe, mordit bien ſerré ce qu'il trouva ſous ſes dents; Léger fit un mugiſſement épouvantable; le bœuf gras ſe ſépara en deux: une moitié s'enfuit d'un côté, une moitié de l'autre, et le ſuperbe Théſée ſe trouva à terre étendu de ſon long. On eut beaucoup de peine à continuer la pièce. A peine étoit-elle achevée que l'on entendit une grande rumeur; c'étoit Léger, qui, prétendant que ſon camarade lui avoit manqué de reſpect, ſe gourmoit avec lui ſur le cintre. Après avoir diſputé ſur la prééminence du train de devant et du train de derrière, ils en étoient venus aux coups. Le pauvre Léger penſa en être la victime: il tomba du cintre; mais par bonheur il fut accroché par un cordage qui le ſuſpendit à vingt pieds de haut. »

(*Histoire du théâtre de l'Opéra-Comique*, I, 457.)

LÉGER (JEAN-MARIE), danseur forain, fit d'abord partie de la troupe de l'Ambigu-Comique, puis entra au théâtre des Grands-Danseurs du Roi en juin 1780. Il a exécuté à ce théâtre la danse du *Sabotier* dans le *Sabotier, ou les Huit sols*, comédie en prose par Landrin, représentée le 15 septembre 1781.

(*Journal de Paris*, 15 septembre 1781. — *Catalogue de M. de Soleinne*, III.)

I

Vendredi, 2 juin 1780, 6 heures du ſoir.

Jean-Marie Léger, danſeur du ſpectacle d'Audinot, arrêté par le ſieur Cochois, officier, à la réquiſition du ſieur Regnard de Pleincheſne, co-directeur dudit ſpectacle, pour avoir volé une bourſe de ſoie puce dans laquelle il y avoit 48 livres et trois médailles d'argent de la valeur de 12 livres, à la femme Touſſaint.

Attendu que l'objet a été rembourſé par le père dudit Léger, nous l'avons envoyé de police au Petit-Châtelet.

(*Archives des Comm.*, n° 5022.)

II

Jeudi, 3 août 1780, 10 h. 1/2 du ſoir.

Jean-Marie Léger et Jean-Baptiſte Guérot, danſeurs de Nicolet, arrêtés par le ſieur Gabriel, officier de la garde de Paris, pour avoir manqué leur ſervice. Pourquoi nous les avons remis à Jean-Jacques Tirimont, ſergent de la garde de Paris, pour les conduire au For-l'Évêque (1).

(*Archives des Comm.*, n° 5022.)

LÉGER (LOUIS), acteur du spectacle des Associés en 1783.

Mardi, 9 décembre 1783, 5 heures et demie du ſoir.

Louis Léger, acteur des Aſſociés, arrêté par Jean-Jacques Leterlin, caporal, à la requête de Louis-Gabriel Sallé, directeur, pour avoir manqué au ſpectacle. Relaxé.

(*Archives des Comm.*, n° 5022.)

LÉGER (Mlle), actrice des Grands-Danseurs du Roi en 1772.

(*Almanach forain*, 1773.)

LEGRAND (CHARLES), joueur de marionnettes, faisait voir, en 1689 à la foire Saint-Laurent, un lièvre savant.

L'an 1689, le 19 ſeptembre, de relevée, ſont venus en l'hôtel de nous, Jean David, etc., Charles Legrand, joueur des Menus-Pplaiſirs, Louiſe Mouchet, ſa femme, et Pierre Delatour, leur garçon: Leſquels nous ont fait plainte et

---

(1) Voici quel était, le 3 août 1780, le programme du spectacle des Grands-Danseurs du Roi : la Danse de corde ; l'Exercice du drapeau ; la Passe du chapeau en jouant du violon, exécutée par Placide ; l'Équilibre de la planche et des serpentaux, par le Petit-Diable ; le Défi des sauts du lion, par les Sauteurs ; le grand Saut du tremplin de la double hauteur, par Dupuis ; le Saut du tremplin et des tonneaux, par le Petit-Diable ; les Sauts du tremplin et du ruban, par Placide ; *Lison eut peur*, pièce nouvelle avec un divertissement ; *le Ménage du savetier*, pièce de Taconet, et *les Métamorphoses d'Arlequin*, pantomime à machines.

dit que, le mercredi fept des préfens mois et an, quatre à cinq heures de relevée, feroient venus en leur loge à la foire St-Laurent, fous prétexte de voir le divertiffement de voir battre la caiffe au lièvre des plaignans, deux particuliers, pour lors à eux inconnus, et qu'ils ont appris être clercs de procureurs, dont l'un fe nomme Quilvot ; lefquels particuliers, à l'inftant qu'ils auroient été entrés, auroient voulu obliger ledit Legrand de faire jouer fon lièvre à leurs pieds. Que leur ayant dit que ce n'étoit pas l'endroit ordinaire et qu'ils pouvoient prendre place, lefdits accufés jurant, reniant, blafphémant le saint nom de Dieu, mettant la main fur la garde de leurs épées, auroient dit qu'ils vouloient qu'il fît jouer ledit lièvre à leurs pieds, finon qu'ils lui donneroient cent coups, qu'il étoit un b..... de chien, un coquin et fripon. Que ledit Legrand, pour éviter le bruit, auroit dit à fadite femme de rendre l'argent aux accufés afin qu'ils les laiffaffent en repos, ce qu'elle auroit fait ; et en ce faifant, l'auroient traitée de b....., de g.... et de p....., porté quelques coups de poing, même fait des efforts pour porter des coups de canne audit Legrand. Qu'à la fortie de ladite loge, lefdits accufés auroient donné plufieurs coups de canne audit Delatour, en forte que, fans le fecours de plufieurs perfonnes, ils l'auroient tué ; difant lefdits accufés en fe retirant que les plaignans n'en étoient pas quittes et qu'ils le paieroient tôt ou tard. Et comme ce procédé paroît n'avoir été fait qu'à plaifir par les accufés, pouffés fans doute par des ennemis des plaignans, etc., ils font venus nous rendre la préfente plainte (1).

Signé : DAVID.

(*Archives des Comm.*, n° 3820.)

LEGRAND (ANTOINE), né en 1666, maître à danser et danseur chez Alexandre Bertrand à la foire Saint-Laurent de 1699.

Voy. DUMOUSTIER (CHARLOTTE).

LEGRAND (Mlle), actrice de l'Opéra-Comique, était la fille de Marc-Antoine Legrand, acteur de la Comédie-Française, qui la fit débuter sur ce théâtre en 1725 ; elle y resta jusqu'en 1730, et à la foire Saint-Germain de 1731 elle entra à l'Opéra-Comique. Ses débuts, qui eurent lieu le 12 février, furent très-brillants ; elle

---

(1) Dans l'information qui fut faite ensuite de cette plainte, par le commissaire David, on entendit entre autres témoins : Susanne Quetteville, fille majeure, demeurant à Paris, rue Montmartre, vis-à-vis la rue Saint-Pierre, âgée de 28 ans, montrant à la foire Saint-Laurent la *Tête parlante*, en société avec le nommé Cadet.

jouait *Lucile* dans la *Fausse Ridicule,* opéra comique en un acte, de Panard et Fagan, et le principal rôle dans l'*Esclavage de Psyché,* opéra comique en trois actes, des mêmes auteurs. Avant la représentation elle prononça le compliment suivant, qui fut très-bien accueilli :

« Meſſieurs,

« Mon étoile m'a deſtinée au théâtre ; c'eſt ma vie, c'eſt mon élément, je ne puis m'en éloigner.

Air : *Non, je ne ferai pas.*

Il n'eſt pas de plaiſir, il n'eſt pas d'avantage
Qui puiſſent me flatter comme votre ſuffrage,
Tout effort ne peut rien contre un penchant ſi doux,
C'eſt le ſort de mon ſang de s'enflammer pour vous.

« Il ne faut donc pas s'étonner du parti que je prends aujourd'hui ; on ne doit pas non plus m'en blâmer, tous théâtres ſont théâtres.

Air : *Je t'aime, ma Claudine.*

Par le zèle ſincère
Par le fidèle amour,
Je demande et j'eſpère
De vous quelque retour.
Mon cœur, j'oſe le dire,
N'eſt pas accoutumé
Au rigoureux martyre,
D'aimer ſans être aimé.

« Voilà ce que j'ai à vous demander pour moi ; à l'égard de l'Opéra-Comique, il vous prie, Meſſieurs, de ne pas l'abandonner dans un tems où il a beſoin de vous plus que jamais, le terme qui lui eſt preſcrit n'étant pas bien long cette année.

Air : *Tant de valeur et tant de charmes.*

Nos jeux ne ſeront pas durables,
Nous n'avons que très-peu de jours.
Puiſqu'on les a rendu ſi courts,
Songez donc à les rendre aimables.

« Je ne puis trop vous prier d'y revenir ſouvent, car qu'eſt-ce qu'un ſpectacle quand vous l'abandonnez ?

AIR : *Plus inconſtant que l'onde et le nuage.*

On n'y voit plus qu'un confus aſſemblage,
Ballets manqués, machines ſans reſſorts.
La danſeuſe pert courage,
L'orcheſtre n'eſt pas d'accord ;
L'auteur fait rage,
L'acteur s'endort.
Prévenez ces malheurs,
Et ſi la Foire eſt un paſſage,
Sur ce paſſage au moins ſemez des fleurs.

Mlle Legrand joua encore les rôles d'*Isabelle déguisée en arlequin* dans *Isabelle Arlequin,* opéra comique en un acte par Panard, Pontau et Fagan, représenté le 3 mars 1731, et repris le 7 mars 1735 ; ceux d'*Angélique* et d'*Hortense* dans le 2e et dans le 3e acte de la *France galante,* opéra comique en trois actes par Boissy, et celui de *Bélise* dans l'*Académie bourgeoise,* opéra comique en un acte, de Panard, représenté le 3 février 1735. Cette charmante actrice quitta l'Opéra-Comique à la fin de la foire Saint-Germain de 1735, pour se rendre à Amsterdam, où elle mourut en juin 1740.

(*Dictionnaire des Théâtres*, I, 5 ; II, 489, 645 ; III, 36, 206 ; IV, 268.)

LEGRAND, acteur des Grands-Danseurs du Roi en 1781.

Voy. RIBIÉ (6 octobre 1781).

LELEU, entrepreneur d'un spectacle d'animaux, établi sur l'ancien chemin de Pantin et appelé le *Combat d'animaux féroces,* eut l'idée, en 1780 et 1781, d'y représenter des courses et combats de taureaux avec des toréadors. La police défendit ce dernier exercice, le regardant comme trop dangereux, bien que l'entrepreneur eût pris soin de faire saigner copieusement le taureau à l'avance, de manière à le présenter presque inanimé dans l'arène. Leleu en fut donc réduit à des combats d'animaux entre eux, qu'il annonçait en ces termes : « Il y aura aujourd'hui ſur l'ancien chemin de Pantin, un grand combat d'un vigoureux ours des monts Pyrénées contre les dogues, ſuivi d'un hourvari ou bacchanal récréatif de pluſieurs *Peccata* (1) caparaçonnés d'artifice. Ce combat ſera devancé de ceux des dogues, de celui de la louve ſans pareille, de la chaſſe du ſanglier, qui ſera coiffé par de jeunes bouledogues anglois, du manége du petit cheval corſe et enſuite du hourvari ou bacchanal récréatif ; le tout terminé par l'enlèvement du bouledogue anglois au milieu d'un double feu d'artifice. On commencera à 5 heures et demie. »

(*Journal de Paris*, 24 mai, 17 novembre, 8 décembre 1781. — *Mémoires secrets*, XVII, 132.)

LELIÈVRE, acteur du théâtre des Grands-Danseurs du Roi, où il entra pour jouer la parade, aux appointements de dix sols par jour, remplissait dès 1772 l'emploi des *valets*. Il a joué entre autres rôles : le *chevalier de Vacarmini* dans *Madame Tintamarre* (18 juillet 1780) ; *Scaramouche* dans l'*Heureux désespoir* (20 juillet 1780), et le *corsaire* dans le *Calendrier des Vieillards* (7 juin 1783). En 1784, Lelièvre entra au spectacle des Variétés-Amusantes, et a joué à ce théâtre le rôle de *Rhadamante, juge des Enfers*, dans les *Caprices de Proserpine, ou les Enfers à la moderne*, pièce épisodi-comique en un acte, en vers, par Pujoulx, représentée le 16 juin 1784. Un pamphlet du temps, *le Chroniqueur désœuvré*, s'exprime en ces termes sur le compte de ce comédien alors qu'il était chez Nicolet : « Ce mauvais acteur, qui depuis 15 ans eſt à ce ſpectacle, n'a fait chaque jour que devenir plus déteſtable. Une querelle élevée entre lui et ſon directeur le contraignit de

(1) On nommait ainsi le combat d'un âne contre des chiens.

s'abſenter de ces tréteaux pour une année, pendant laquelle il eut aſſez de protection pour obtenir un ordre de début pour les Italiens. Quelques-uns de ſes amis lui conſeillèrent pour ſon honneur de n'en point profiter, c'étaient de vrais amis. Il ſe vit par ce moyen forcé de rentrer chez Nicolet, et ſa femme aux Variétés, voyant qu'ils mouraient de faim à faire jouer les marionnettes à Verſailles et aux foires. » Et plus loin : « Lelièvre a jadis eu quelque talent dans les *Livrées,* mais depuis les exploſions du mercure qui l'ont totalement énervé, abattu ſon courage et par-deſſus tout eſtropié, c'eſt un très-mince ſujet. »

(*Almanach forain,* 1773, 1775. — *Journal de Paris,* 18, 20 juillet 1780 ; 7 juin 1783. — *Le Chroniqueur désœuvré,* I, 74 ; II, 77. — Brochure intitulée : *les Caprices de Proserpine.* Paris, Cailleau, 1785.)

Voy. DURAND (MARIE-MADELEINE-ANTOINETTE).

LELIÈVRE (Mlle REBECQUI, femme), femme du précédent et fille de Rebecqui, entrepreneur de marionnettes et directeur du spectacle des *Fantoccini italiens,* était attachée au théâtre des Grands-Danseurs du Roi en 1772, 1773 et 1774. Elle y jouait les rôles à caractère, et paraissait dans les ballets. En 1780, elle était engagée aux Variétés-Amusantes et y jouait les *duègnes ;* on s'accordait généralement à la trouver détestable actrice et incompréhensible dans son langage, à cause de son accent italien.

(*Almanach forain,* 1773, 1775. — *Le Chroniqueur désœuvré,* I, 74 ; II, 78.)

Voy. DURAND (MARIE-MADELEINE-ANTOINETTE).

LEMAIRE, acteur du théâtre de Dolet et Delaplace à la foire Saint-Germain de 1724, avait un rôle dans le *Claperman,* opéra comique en deux actes, de Piron, représenté le 3 février de cette même année.

(*Dictionnaire des Théâtres,* II, 98.)

LEMERCIER, directeur du spectacle des Variétés-Amusantes en société avec Malter et Hamoire en 1779, dépossédé en 1785 par Gaillard et Dorfeuille.

Sur la requête préfentée au Roi étant en fon Confeil par le fieur Lemercier, ancien officier chez Sa Majefté, contenant qu'il ne peut être que le fuppliant demeure plus longtems dans la plus extrême des détreffes quand toute fa fortune eft entre les mains de fes adverfaires ; il eft au moins jufte que dans cet état fâcheux il obtienne une provifion alimentaire jufqu'au jugement des conteftations d'entre les parties.

Le fuppliant poffédoit avec les fieurs Malter et Hamoir l'entreprife du fpectacle des Variétés-Amufantes. Le fieur Léclufe, qui exploitoit ce fpectacle avant eux, étant hors d'état de fe foutenir, ces trois particuliers furent agréés par le Gouvernement pour en être chargés. Il fallut pour cela commencer par payer au fieur Léclufe une fomme de 44,261 livres dont il s'étoit endetté dans fon entreprife et lui faire une rente ou penfion fur le fpectacle de 4,000 livres par année. Tout cela fut arrêté fous l'autorité du fieur Lieutenant général de police par acte paffé par-devant notaires à Paris, le 6 août 1780. Le fuppliant et fes affociés entrèrent en conféquence en poffeffion du privilége des Variétés. D'un fpectacle trivial et populaire qu'il étoit, ils l'élevèrent à un rang diftingué dans fon genre, tant par le choix des pièces qu'ils achetèrent des meilleurs auteurs, que par les acteurs qu'ils y employèrent, par les falles mêmes qu'ils firent conftruire. Les fieurs Malter, Hamoir et Lemercier firent dans le même inftant édifier trois falles très-belles avec la plus grande célérité aux foires St-Germain et St-Laurent et fur les boulevards, qui leur coûtèrent près de 250,000 livres. Ils achetèrent ou louèrent les terrains de toutes ces falles moyennant d'autres fommes très-groffes tant en payemens faits fur-le-champ qu'en penfions et loyers. Les trois théâtres bâtis, il fallut les monter en décorations, en habillemens pour les acteurs dont les comptes des caiffiers, pendant qu'ils ont tenu ce fpectacle, montent à 82,870 livres 4 fols 2 deniers ; leurs pièces jouées dans le même tems montent, fuivant les autres comptes de cette partie, à 34,300 livres. Bientôt ce fpectacle devint tellement en vogue que l'Académie de l'Opéra crut devoir le mettre à contribution, d'abord au payement de 12 livres par jour et enfuite de 36 livres et dont aujourd'hui elle retire 30,000 livres, par le nouveau bail qu'elle en a fait depuis l'attribution que Sa Majefté lui en a donnée. A cela fut jointe l'obligation de donner le quart du produit net pour les pauvres, ce qui a produit au delà de 50,000 livres par an à l'Hôpital général. C'étoit affurément une des plus étonnantes créations et des plus utiles qu'il fût poffible de faire en auffi peu de tems, avec autant de fuccès. Cependant l'on doit penfer que la fortune des trois affociés ne put remplir fur-le-champ autant de dépenfes ; il fallut devoir aux entrepreneurs et ouvriers. L'on fit des arrangemens avec eux à ce fujet par actes des 6 et 8 mars 1781 et 16 juillet

1783 : toutes les mefures convenables furent prifes d'accord avec eux pour leur payement fur les recettes du fpectacle jufqu'à leur entière fatisfaction. Le fuppliant et fes affociés en cet état gouvernoient leur fpectacle devenu brillant et affuré du concours du public non-feulement avec la réfolution conftante de payer très-promptement leurs créanciers, mais avec l'efpérance également la plus infaillible de retirer le prix de leurs efforts en fe faifant une fortune honnête qu'ils fembloient mériter.

Mais une révolution la plus terrible arrive pour eux en ce moment. Sa Majefté juge à propos d'attribuer, par arrêt de fon Confeil d'État du 18 juillet 1784, à l'Académie de l'Opéra les fpectacles forains pour les régir ou faire régir, ainfi qu'elle le jugeroit à propos, en les donnant à bail ou autrement. Il eût paru jufte qu'au moins les anciens entrepreneurs, dont on voit que toute la fortune étoit compromife en cette affaire et de plus à qui l'élévation de ce fpectacle étoit due, euffent la préférence fur toute autre perfonne. C'eft pourtant ce qui ne fut pas et en vain le fuppliant fit pour lui-même des offres auffi hautes que les nouveaux concurrens, qui furent confignées chez Me Margantin, notaire de l'Opéra : il ne fut pas entendu et l'adjudication du bail fut faite, fans que nul d'entre eux ait jamais aucunement été appelé, aux fieurs Gaillard et Dorfeuille, directeurs actuels, par bail pour 15 années, du 18 feptembre 1784, moyennant la fomme de 30,000 livres par année. Cependant le bail ayant été paffé fous l'autorité du miniftre équitable dans le département duquel eft cette capitale, les droits des anciens directeurs n'y furent pas omis, et les fieurs Gaillard et Dorfeuille furent expreffément chargés « de leur payer les indemnités et penfions qui leur feroient dues et de s'arranger avec eux, fi faire fe pouvoit, de tout ce qui fervoit à l'exploitation du fpectacle en quoi qu'il pût confifter, à l'amiable ou à dire d'experts, de manière qu'on ne pût rien imputer à l'Académie de l'Opéra, s'il arrivoit ceffation defdits fpectacles ». Ce qui devoit être fait en conféquence de ces claufes du bail étoit que les fieurs Gaillard et Dorfeuille commençaffent par s'accommoder avec les fieurs Malter et confors: 1° de leurs falles de fpectacles ; 2° de leurs décorations et habillemens ; 3° de leurs pièces de théâtre, pour pouvoir fe fervir des uns et des autres de ces objets. Cela fait, il devoit être procédé à la liquidation des indemnités et des penfions dues à ces anciens directeurs. Mais comment les fieurs Gaillard et Dorfeuille auroient-ils pu remplir ces conditions ? Il falloit pour cela avoir de l'argent et payer ; ils étoient fort éloignés de ce point. Ces deux particuliers fortoient d'une autre entreprife de fpectacles à Bordeaux, dans laquelle ils avoient échoué, et ne s'étoient retirés qu'avec ce qu'on leur avoit accordé d'indemnité, à titre de grâce, n'ayant eu dans cette entreprife aucune mife de fonds. Ils avoient befoin du peu qu'ils poffédoient pour deux chofes dont l'une étoit tant leur propre fubfiftance que les dépenfes journalières dont ils alloient avoir à foutenir le poids pour la tenue de leurs fpectacles, et dont l'autre étoit un payement qu'ils eurent à faire de partie des créances dont étoient grevés les fieurs Malter et confors. En effet, ces deux particuliers joignirent ici un acte d'artifice à la hardieffe avec laquelle ils agirent en cette affaire. Comme dans les arrangemens que les ſieurs Malter et conſors avoient faits avec leurs créanciers, il avoit été ſtipulé une clauſe par laquelle il avoit été dit que s'ils n'étoient pas payés dans ſix ans ou que le ſpectacle vînt à ceſſer par force majeure, les ſalles et autres effets leur appartiendroient pour les faire vendre à leur profit juſqu'à concurrence de leur payement, les ſieurs Gaillard et Dorfeuille ſe font céder les droits de ces créanciers, leur payant un faible à-compte de leurs créances et feignant que le ſpectacle eſt ceſſé parce qu'ils l'ont arraché des mains des ſieurs Malter et conſors quoiqu'en un mot il ſoit en leurs propres mains, ils argumentent de là ou le prétextent pour dire que, comme repréſentant les créanciers des ſieurs Malter et conſors et le cas prévu de la ceſſation du ſpectacle par force majeure étant arrivé, ils ont le droit, non pas de vendre, cela ne les accommoderoit pas en ce moment, mais de prendre les ſalles, les décorations, les habits et les pièces de théâtre. Il falloit effectivement cela aux ſieurs Gaillard et Dorfeuille pour pouvoir même entamer leur entrepriſe : car comment, dénués de tout, et d'ailleurs étant néceſſaire que le ſpectacle n'eût aucune interruption, euſſent-ils pu bâtir trois ſalles ſur-le-champ et ſe pourvoir de 50,000 écus d'autres effets indiſpenſables pour la repréſentation ? Le ſpectacle tomba donc en ruines dès le premier moment, et tout étoit perdu pour les nouveaux entrepreneurs et pour l'Opéra ſi ces particuliers n'avoient tâché de s'emparer ſur-le-champ de tout ce qui appartenoit aux anciens directeurs. Le droit de propriété, la juſtice due à des entrepreneurs qui s'étoient tout entiers ſacrifiés pour cette affaire étoient peu de choſe ſi les prétextes pouvoient réuſſir pour cet envahiſſement. D'après ce point de vue, les ſieurs Gaillard et Dorfeuille préſentent une requête au ſieur Lieutenant général de police le 8 octobre 1784, par laquelle ils demandent à rentrer en poſſeſſion des ſalles et de tous les effets des ſieurs Malter et conſors. La religion du magiſtrat eſt ſurpriſe ou plutôt ſa vigilance et ſon attention à la conſervation du cours des choſes publiques n'aperçoivent en cet inſtant que cet intérêt qui s'y rapporte, ſavoir que le ſpectacle ne ſoit pas interrompu et ſurtout ne périſſe pas. Le 11 octobre il rend une ordonnance qui « autoriſe les ſieurs Gaillard et Dorfeuille à prendre poſſeſſion des ſalles et des effets du ſpectacle en prenant la précaution de preſcrire un inventaire des effets qui exiſtent ». Les ſieurs Gaillard et Dorfeuille ſont ſauvés par là du pas le plus mauvais où ils étoient engagés. Leur ſpectacle eſt ouvert en même tems, et dès le même jour qu'ils font retirer les autres, et ne manquent de rien, ni de ſalles et de décorations et habits, ni de pièces et d'acteurs. Ils ſe ſont ſaiſis de tout ce qui appartenoit à ceux qu'ils ont dépoſſédés. Mais au moins falloit-il que ces entrepreneurs, ſi habiles à s'emparer de ce qui leur convenoit ſi bien, ſongeaſſent à en payer le prix au malheureux propriétaire. C'eſt ce qu'ils ſont encore très-éloignés de faire. Les ſieurs Malter et conſors agiſſent en vain pour aſſurer au moins leurs droits ; ils font aſſigner leurs adverſaires au Parlement ; ils font des ſaiſies entre les mains du caiſſier des Variétés pour être payés ſur le produit de ce ſpectacle, en prenant même la précaution de déclarer « qu'ils confentent à ce que tout ce qui doit être néceffaire pour la dépenfe journalière du fpectacle, pour le payement des acteurs et tous les autres frais foit prélevé ». Ces hommes cruels, après ce qu'ils ont fait vis-à-vis du magiftrat de la police, ont déjà dreffé de nouvelles batteries contre les pourfuites des fieurs Malter et confors. Un arrêt du Confeil d'État eft rendu le 16 octobre 1784 qui évoque les conteftations des parties. Les fieurs Malter et confors ne peuvent fe plaindre de trouver la caufe qu'ils ont à plaider entre les mains même de Sa Majefté, la fource de toute juftice : mais les fieurs Gaillard et confors ont, auffitôt l'évocation, préfenté une requête à Sa Majefté, par laquelle ils ont eu l'audace de fe dire « les créanciers de groffes fommes de ces anciens directeurs fous le prétexte de ceffions qui leur ont été faites par leurs créanciers de ce qu'ils devoient à ceux-ci ».

Les fieurs Gaillard et confors difent-ils qu'ils doivent, à raifon de tout ce qu'ils ont pris aux fieurs Malter et confors, fix fois au delà de la valeur de leurs prétendues ceffions dont ils n'avoient pas payé et non pas même encore acquitté au delà de 20,000 livres environ ? Non ; ils cèlent à Sa Majefté une dette auffi énorme. Par leur requête ils concluent « à la mainlevée des faifies faites fur eux et à pouvoir jouir pleinement des produits de leur fpectacle ». Arrêt eft rendu fur leur requête le 22 janvier 1785, par lequel « les fieurs Gaillard et Dorfeuille font autorifés à percevoir tous les deniers des recettes de leur fpectacle, tous dépofitaires condamnés à leur en tenir compte et fur le furplus des conteftations d'entre les parties, le communiqué de la requête eft ordonné au fuppliant et à fes affociés pour fournir de réponfes ».

Le fuppliant de fa part, les fieurs Malter et Hamoir de la leur, ont fourni ces réponfes. Mais il s'en faut de beaucoup que cette grande affaire, fort compliquée en détails et en preuves à faire pour la vérification des comptes et pour l'établiffement des droits des parties, foit prête d'être inftruite et jugée. C'eft ce qui force le fuppliant à demander au Confeil l'adjudication d'une provifion alimentaire jufqu'à ce qu'il intervienne un jugement définitif de la caufe.

Les moyens du fuppliant pour la provifion qu'il demande font auffi multipliés qu'invincibles. Premièrement : On peut dire que la chofe eft jugée par le titre même qui a tranfmis aux fieurs Gaillard et Dorfeuille leur privilège. Le bail de l'Opéra du 18 feptembre 1784, fait fous l'autorité du miniftre, porte expreffément qu'ils payeront aux anciens directeurs du fpectacle les indemnités ou penfions qu'ils ont droit de prétendre légitimement ; qu'ils s'arrangeront avec eux fi faire fe peut et fi bon leur femble de leur falle et de tout ce qui fert à l'exploitation dudit fpectacle à l'amiable ou à dire d'experts. Or, que fignifient ces claufes impofées aux nouveaux entrepreneurs par les ordres et l'équité du miniftre, fi ce n'eft qu'il faut que ces particuliers payent ce qu'ils prendront, et qu'ils acquittent au fuppliant et à fes affociés tout ce qui leur eft dû ? Ces entrepreneurs ont pris, mais ils n'ont payé et acquitté nulle efpèce de propriété ni de droit ; ils ont donc inexécuté la condition qui leur étoit impofée. Cette condition étoit conforme aux lois naturelles et civiles les plus indifpenfables. Ils ne les ont pas acquittées ; ils doivent y être ramenés aux termes de leur bail et de leur propre titre : tels ont été les ordres du miniſtre ; ils doivent être exécutés plus que jamais aujourd'hui que les ſieurs Gaillard et Dorfeuille ſont ſaiſis de tout ce qui appartenoit aux anciens directeurs. Secondement : Lorſque les ſieurs Gaillard et Dorfeuille ont été revêtus du bail des Variétés pour 15 années, les ſieurs Malter, Hamoir et Lemercier jouiſſoient chacun d'une penſion de 1,000 liv. ; les deux premiers depuis le 1er janvier 1782, et le ſecond depuis le 1er mai 1783. Cette penſion auroit dû, à tous les titres, être continuée juſqu'à ce que les droits des anciens et des nouveaux entrepreneurs euſſent été contradictoirement établis et fixés par un jugement en bonne et due forme. Eh bien ! on a eu la barbarie de former oppoſition à ce que cette penſion continuât d'être ſervie à compter du 1er octobre 1784. Et qui a mis cette oppoſition ? Le ſieur Marguerit, qui, dans toute cette affaire a agi comme ſe faiſant et portant fort du ſieur Baron de Courville. Or, ces deux particuliers ſont deux créanciers de l'ancienne entrepriſe dont les ſieurs Gaillard et Dorfeuille ont ou paroiſſent avoir les droits cédés ; de manière que non-ſeulement ce ſont eux qui agiſſent avec les noms de ces créanciers qui ne ſont plus rien, mais même qui étant débiteurs de ſommes énormes, arrêtent à titre de créanciers ce qu'ils doivent à double titre d'entrepreneurs et de débiteurs. Quel jeu cruel de la vérité, de la juſtice et de l'humanité ! Troiſièmement : Le ſuppliant a prouvé de la manière la plus inconteſtable et à ne pouvoir y répliquer valablement que les ſieurs Gaillard et Dorfeuille ſont réellement débiteurs envers lui et ſes aſſociés de 470,000 de principaux pour tout ce qu'ils leur ont pris et ce qu'ils leur doivent ; ſur quoi ceux-ci ſont débiteurs eux-mêmes envers eux d'environ 70,000 francs pour les créances à leur charge qui leur ont été cédées. Voilà donc les ſieurs Gaillard et Dorfeuille en poſſeſſion matériellement de 400,000 livres de biens des anciens entrepreneurs ſans parler du prix de leurs travaux et de l'objet de leur fortune dont ils recueillent tous les fruits : mais que, du moins, ſur ce qu'ils ont, appartenant en propre aux ſieurs Malter et conſors, qu'ils payent, ſurtout au ſuppliant créancier privilégié avant ceux-ci de plus de 60,000 livres, comme on va l'obſerver dans un inſtant, une proviſion juſqu'à ce qu'on ait pu parvenir au jugement de cette affaire et à ſe faire rendre juſtice ſur la totalité. Quatrièmement : Cette juſtice réclamée par le ſuppliant eſt d'autant plus indiſpensable qu'il eſt dans la plus grande détreſſe, chargé d'une famille qu'il eſt obligé de ſoutenir. Peut-on douter de cet état du ſuppliant quand on conſidérera qu'il avoit porté dans cette affaire toute ſa fortune, et l'on verra que lui et ſes aſſociés ayant été obligés de contracter de très-groſſes dettes pour l'exécution de cette entrepriſe, ils en ont été dépouillés avant d'avoir pu ſe rédimer de tant de dépenſes et plus encore avant d'avoir pu y acquérir les eſpèces de récompenſes ou de fortune que leurs travaux et leur induſtrie ſembloient leur avoir méritées. Cinquièmement : Cette affaire, quelque diligence qu'on y apporte, quelque bonne volonté même qu'y emploieront les ſieurs Gaillard et Dorfeuille, ſera encore d'une longue diſcuſſion. Il y a, comme on l'a vu, beaucoup de vérifications, d'examen, de détails à y fubir. Cela ne contrarie en rien l'affertion qu'a faite le fuppliant; les droits de lui et de fes affociés étoient conftatés de la manière la plus indubitable à une fomme principale de plus de 400,000 livres. Si les fieurs Gaillard et Dorfeuille étoient juftes, tout feroit bientôt jugé et il y a même déjà longtems que cela feroit fait; mais l'on fait ce qu'en ce pays l'injuftice et la chicane peuvent produire de longueur dans les affaires. En un mot, ce que les fieurs Gaillard et Dorfeuille payeront à préfent, ils ne le payeront pas dans la fuite. Il ne faut pas qu'au hafard des événemens l'homme innocent périffe d'oppreffion et de mifère auprès de toute fa fortune qu'il voit dans les mains de fon injufte adverfaire. Sixièmement : Le fuppliant a même un moyen particulier au-deffus encore de tous fes affociés pour fa demande en provifion : c'eft celui qu'on vient d'annoncer qu'il eft particulièrement créancier pour fes avances en cette affaire à prélever avant tous autres payemens de deux fommes confidérables, l'une de 32,798 l. 2s, 11 d. et l'autre de 38,488 livres. Ces deux fommes faifant enfemble celle de 71,286 l. 2s, 11 d. Ces fommes fuffiroient pour démontrer que la fortune du fuppliant ne peut qu'être totalement enveloppée dans cette affaire et que tout concourt à ne lui pouvoir refufer une demande auffi légitimement fondée. La provifion demandée par le fuppliant eft au moins d'une fomme de 60,000 livres. Si l'on ne vouloit abfolument pas lui accorder comptant, il requerroit qu'au moins il lui en fût payé moitié et le furplus en forme de penfion fur le pied de la vente du principal, fans retenue, jufqu'au jugement définitif du procès. Telle eft la juftice que le fuppliant a lieu d'attendre en ce moment et que, certainement, la fuprême équité de Sa Majefté et de fon Confeil ne peut lui refufer. Et pour juftifier du contenu en fa requête, le fuppliant emploie fa requête et toutes les pièces y jointes dans l'inftance principale. Requéroit le fuppliant à ces caufes qu'il plût à Sa Majefté ordonner que par provifion et fans préjudice des droits des parties quant au fond, les fieurs Gaillard et Dorfeuille, directeurs actuels du fpectacle des Variétés, à Paris, feront tenus de lui payer, par forme de provifion alimentaire, une fomme de 60,000 livres, et, dans le cas où Sa Majefté ne jugeroit pas à propos d'accorder cette fomme comptant au moment préfent, ordonner au moins qu'il feroit payé comptant au fuppliant une fomme de 30,000 livres et que, pour le furplus, il lui feroit payé, par forme de penfion, une fomme annuelle de 1,500 livres, fans retenue, jufqu'au jugement définitif du procès d'entre les parties : Et à faute par les fieurs Gaillard et Dorfeuille de fatisfaire à aucun defdits payemens, ordonner que le fuppliant feroit autorifé à faifir les deniers des recettes dudit fpectacle des Variétés ou, qu'en tout cas, ils feroient dépofés entre les mains de tel fequeftre qu'il plairoit à Sa Majefté de nommer fauf à payer, fur lefdits deniers, les dépenfes journalières et néceffaires dudit fpectacle, et que le furplus refteroit ès mains du fuppliant ou lui feroit remis en payement des fommes à lui adjugées jufqu'à due concurrence, ordonner que l'arrêt à intervenir fera exécuté nonobftant toutes oppofitions et empiétemens quelconques : Vu ladite requête fignée Try pro abfencia domini Godineau de Villechenai, avocat du suppliant, ouï le rapport : Le Roi étant en son conseil, a ordonné et ordonne que ladite requête sera communiquée auxdits sieurs Gaillard et Dorseuille à l'effet d'y fournir de réponses dans quinzaine pour toute préfixion et délai, pour ce fait ou à faute de ce faire dans ledit tems et icelui passé être statué par Sa Majesté ainsi qu'il appartiendra. Le 28 octobre 1785.

Signé : HUE DE MIROMESNIL.

(*Reg. du Conseil d'État*, E, 2615.)

LÉMERY, acteur de la troupe de l'Ambigu-Comique en 1783, est dépeint en ces termes par l'auteur du *Chroniqueur désœuvré :* « Ce comédien de province, connu de peu de personnes, fut forcé, par la suite d'une très-mauvaise conduite, de jouer la comédie sur le théâtre de l'Ambigu-Comique. Il y apporta toutes les qualités nécessaires à la dignité d'histrion du boulevard. Il a quelques talens, mais ils sont effacés par un amour-propre impardonnable. Audinot ne lui trouvant pas ceux qu'il désiroit le remercia, et pendant l'intervalle qu'il fut à y rentrer, il joua la comédie au Bois de Boulogne ; il débuta par *On fait ce qu'on peut*, de Dorvigny, et fit mettre cette apostille sur l'affiche : « Le sieur de « Lémery, comédien du Roi, n'épargnera rien pour prouver au pu- « blic qu'il excelle dans tous les genres et compte d'avance sur les « suffrages qu'il est sûr de mériter. » Malgré le style pompeux de cette affiche, le présomptueux Lémery n'eut que quinze spectateurs à sa représentation. Audinot vient de le reprendre, mais aux conditions les plus humiliantes. Ne sachant plus quel parti prendre, paresseux, abîmé de dettes, il écrivit à Audinot la lettre la plus basse et la plus rampante, le suppliant de le reprendre à telle condition qu'il voudroit, réclamant ce trait d'humanité comme un acte de charité. Audinot, dans un de ces momens de bonté où on ne le rencontre pas souvent, lut la lettre en pleine assemblée, et céda aux sollicitations de ce meurt-de-faim, le reprit à 1,200 francs d'appointemens, ne lui laisse jouer que des accessoires. Ses camarades, outrés de sa lâcheté, ont affiché par toute la salle : « *Deux louis à gagner*. Le sieur Lémery, ancien comédien du Roi « à présent presque garçon de théâtre de l'Ambigu-Comique, ayant

« perdu toute la délicateſſe dont il avoit foible proviſion, prie ceux « qui l'auront trouvée de la lui rendre, il donnera la récompenſe « promiſe. » Je ſuis d'autant plus ſurpris qu'il ait mis en uſage ce moyen déshonorant pour rentrer chez Audinot, que lorſqu'en province ſes ſottiſes le faiſoient chaſſer par les directeurs des troupes où il ſe trouvoit, lui et une eſpèce d'Égyptienne avec laquelle il vit et qu'il abandonne ſuivant la circonſtance, ſavoient éviter la miſère en jouant des proverbes dans les châteaux qui ſe trouvent ſur leur route, et cela pour un morceau de pain. Il eſt joueur, ivrogne, bacchanaleur. Audinot a eu grand tort de le reprendre, car il ne lui ſera guère poſſible de le garder ſans être obligé d'eſſuyer quelque événement déſagréable à ſon égard. »

(*Le Chroniqueur désœuvré*, II, 48.)

LEMONNIER (Mlle), actrice du théâtre des Grands-Danseurs du Roi en 1782, a joué le rôle de *Madame Ragot* dans la *Mère Ragot*, le 30 avril de cette même année.

(*Journal de Paris*, 30 avril 1782.)

LEMOYNE (Guillaume), acteur de l'Opéra-Comique, y jouait, à la foire Saint-Germain de 1753, le rôle du *chevalier* dans le *Suffisant*, opéra comique en un acte et en vaudeville, par Vadé, représenté le 12 mars de cette même année.

(*Histoire du théâtre de l'Opéra-Comique*, II, 20.)

L'an 1754, le ſamedi 30 mars, ſur les neuf heures du ſoir, en l'hôtel et par-devant nous Antoine-Charles Creſpy, etc., eſt comparu ſieur Martin Carey de St-Marc, lieutenant du guet, commandant la garde de la foire St-Germain : Lequel nous a dit que, ce ſoir, étant arrivée dans le foyer de l'Opéra-Comique, une rixe entre le ſieur Rochon de la Valette, auteur, et le ſieur Lemoyne, acteur de l'Opéra-Comique, dans laquelle le comparant a appris que ce dernier avoit été extrêmement maltraité de paroles, il a fait mettre leſdits ſieurs Rochon de la Valette et Lemoyne aux arrêts et les a fait conduire par-devant nous pour les entendre et ordonner ce qu'il appartiendra.

Signé : De Saint-Marc.

Eſt auſſi comparu ſieur Guillaume Lemoyne, acteur de l'Opéra-Comique, demeurant rue des Quatre-Vents, à l'hôtel de Clermont, lequel nous a rendu plainte contre le ſieur Rochon de la Valette et dit que cejourd'hui, l'épouſe du comparant s'étant trouvée enrhumée et hors d'état de chanter à l'Opéra-Comique, ledit ſieur de la Valette, frère du ſieur Rochon de Chabannes, auteur de la *Péruvienne*, opéra comique que l'on devoit jouer le ſoir, a pris lieu de là d'inſulter la femme du comparant qui étoit dans la loge où ſe mettent ordinairement les actrices lorſqu'elles ne jouent point et lui a dit que, ſi elle étoit enrhumée, c'eſt qu'elle s'abandonnoit trop au plaiſir ; ce qui étant revenu au comparant, il eſt allé trouver ledit ſieur de la Valette dans le foyer de l'Opéra-Comique et lui a, avec douceur, fait reproche du propos indécent qu'il venoit de tenir à ſa femme. A quoi ledit ſieur de la Valette s'emportant a répondu qu'il étoit un drôle, un faquin et un jeanf....., injures qu'il a répétées hautement et avec eſclandre en préſence de nombre d'honnêtes gens qui étoient dans le foyer. Que lui comparant n'a pas pu ſupporter ces inſultes ſans dire audit ſieur de la Valette qu'il reſpectoit le lieu où il étoit et que, s'il le traitoit ainſi ailleurs, il ne répondroit pas de ſa patience. Que cette réponſe, toute modeſte qu'elle eſt, n'a occaſionné de la part dudit ſieur de la Valette que des injures plus groſſières. Il s'eſt écarté au point de faire la ſcène la plus ſcandaleuſe en traitant le plaignant de bouffon, de baladin, de poliſſon, de drôle ; qu'il le renverroit ſur ſon théâtre à coups de pied dans le derrière. Ce ſont ces déportemens qui ont attiré audit ſieur de la Valette d'être mis aux arrêts, le plaignant s'étant retiré ſans répondre. Et comme il a intérêt d'avoir réparation de ces inſultes, il nous fait la préſente plainte.

Signé : LEMOYNE.

Enſuite eſt comparu ſieur Étienne-Charles Rochon de la Valette, demeurant île St-Louis, rue Regrattière, lequel nous a dit qu'il eſt vrai que ce ſoir, ayant aperçu dans le ſpectacle de l'Opéra-Comique la femme du ſieur Lemoyne qui ne jouoit point, il lui en a demandé la raiſon, et lui ayant été répondu qu'elle étoit enrhumée, il lui a dit, ſans vouloir l'inſulter, que c'étoit ſans doute de plaiſir. Qu'un moment après, ledit Lemoyne l'eſt venu trouver dans le foyer où il étoit et l'ayant appelé d'un air impertinent, lui a dit qu'il avoit tenu de mauvais propos à ſa femme et que, s'il recommençoit, il ne faudroit pas que ce fût en ſa préſence, ni qu'il le fût. Qu'à la vérité, le comparant a mal reçu ledit Lemoyne et l'a envoyé promener ſur ce propos en lui diſant qu'il n'avoit pas d'explication à faire vis-à-vis d'un homme comme lui ; ce qui a fait oublier ledit Lemoyne au point qu'en préſence de tous ceux qui étoient dans le foyer, il a provoqué le comparant de ſortir et lui a dit que, s'ils étoient ailleurs, il lui f....... vingt coups de pied par le ventre. Que ces inſultes ont vivement piqué le comparant et qu'il a traité ledit Lemoyne de bouffon et de baladin. Au ſurplus, nie les autres faits portés en la plainte dudit Lemoyne.

Signé : ROCHON DE LA VALETTE.

Sur quoi nous commiſſaire, etc., avons renvoyé les parties à ſe pourvoir ainſi qu'elles aviſeront après leur avoir enjoint de ſe contenir.

Signé : CRESPY.

Et le jeudi quatre du mois d'avril, audit an 1754, ſur les huit heures et demie du ſoir, en l'hôtel et par-devant nous commiſſaire ſuſdit, eſt comparu ledit ſieur Rochon de la Valette, accompagné dudit ſieur de St-Marc, lequel nous a rendu plainte contre ledit Lemoyne ci-devant nommé et dit que, heure préſente, ſortant de l'Opéra-Comique, ledit Lemoyne l'a ſuivi en lui diſant qu'il avoit un mot à lui dire, et étant arrivé au-devant de la porte de notre hôtel, icelui Lemoyne, ſous prétexte de demander raiſon au plaignant, d'inſultes qu'il prétend lui avoir été faites, lui a porté trois coups d'épée ſur la tête. De quoi le plaignant ſe trouvant fort ſurpris, a reculé quelques pas, a mis l'épée à la main pour ſe défendre; néanmoins il a reçu pluſieurs coups de celle dudit Lemoyne ſur la main droite qui lui ont coupé le deſſus des trois doigts inférieurs d'icelle juſqu'au ſang et un autre coup au col ſur la partie droite latérale externe qui ne lui a fait qu'une égratignure, ainſi qu'il nous eſt apparu. Que ces bleſſures n'ont pas empêché le plaignant de déſarmer ledit Lemoyne d'un coup de fouet qui a fait tomber ſon épée ſur le pavé, caſſée par la garde. Qu'auſſitôt ledit Lemoyne s'eſt enfui et le comparant, s'étant ſaiſi de l'épée dudit Lemoyne, eſt venu nous rendre la préſente plainte.

Signé : ROCHON DE LA VALETTE ; DE SAINT-MARC.

Sur quoi nous commiſſaire avons donné acte audit ſieur Rochon de la Valette de ſes comparution, plainte, dire et réquiſition, enſemble de la repréſentation qu'il nous a faite d'une épée dont la lame eſt carrée et damaſquinée, façon de colichemarde, de la garde de laquelle il ne reſte que la coquille et la branche d'acier auſſi damaſquinée, et, en conſéquence, avons renvoyé ledit Rochon de la Valette à ſe pourvoir de la manière et ainſi qu'il aviſera, etc.

Signé : CRESPY, DE SAINT-MARC.

(*Archives des Comm.*, n° 3394.)

LEMOYNE (Mme), femme du précédent, chanteuse à l'Opéra-Comique à la foire Saint-Germain de 1754.

Voy. LEMOYNE (GUILLAUME).

LENFANT (TOINETTE), mangeuse de feu chez un entrepreneur de spectacles nommé Pélissier, en 1691.

L'an 1691, le lundi 18e jour de juin, neuf heures du soir, est venu par-devant nous César-Vincent Lefrançois, etc., en notre hôtel, sis rue Beaurepaire, Toinette Lenfant, femme de Pierre Beauvais, officier de M. le prince de Vermandois, elle, mangeuse de feu, demeurant rue Tireboudin, laquelle se plaignant de la tête, nous a fait plainte et dit que depuis le terme qu'elle demeure rue Tireboudin, le nommé Ferri, fourrier des Cent-Suisses du Roi, s'est mis en tête que la plaignante étoit une femme de mauvaise vie, lui a fait toutes sortes d'insultes jusqu'à faire venir le commissaire Garnier chez elle : auroit été surprise que présentement, revenant de jouer chez M. Pélissier, étant prête à rentrer chez elle, ledit Ferri seroit venu à elle, lui disant : « Sais-tu bien ce que c'est qu'un officier du Roi ? » En même tems lui auroit déchargé sur la tête et sur le corps plusieurs coups d'un bâton qu'il avoit à la main, la traitant de b..... de g...., qu'il lui casseroit les bras et qu'il la feroit sortir comme une p..... qu'elle étoit; ce qui l'auroit obligée de venir par-devers nous nous rendre plainte de ce que dessus.

Signé : LEFRANÇOIS.

(*Archives des Comm.*, nº 3811.)

LEPRIEUR (Mlle), actrice de la troupe de Lécluze, puis des Variétés-Amusantes et des Variétés du Palais-Royal.

Voy. PRIEUR.

LEPRINCE (Mlle), actrice du théâtre de Dolet et Delaplace à la foire Saint-Germain de 1724, avait un rôle dans le *Claperman*, opéra comique en deux actes, de Piron, représenté le 3 février de cette même année.

(*Dictionnaire des Théâtres*, II, 98.)

LÉPY, danseur de la Comédie-Italienne et de l'Opéra-Comique, était attaché à ce dernier théâtre en 1756.

(*Dictionnaire des Théâtres*, VI, 563.)

LÉRICHER (Mlle), actrice des Variétés-Amusantes en 1783.

(*Le Chroniqueur désœuvré*, II, 44.)

LEROUX, acteur des Grands-Danseurs du Roi en 1772, 1773 et 1774, jouait les rôles de *pères*.

(*Almanach forain*, 1773, 1775.)

LEROY, acteur du spectacle des Variétés-Amusantes, a joué à ce théâtre *Mercure, messager des Dieux,* dans les *Caprices de Proserpine, ou les Enfers à la moderne,* pièce épisodi-comique en un acte, en vers, par Pujoulx, représentée le 16 juin 1784.

(Brochure intitulée : *les Caprices de Proserpine*, Paris, Cailleau 1785.)

LESAGE (ALAIN-RENÉ), célèbre auteur dramatique, né près de Vannes en 1668, mort le 17 novembre 1747, fut aussi joueur de marionnettes aux foires. A la foire Saint-Laurent de 1721, le privilége de l'Opéra-Comique devait être exploité par une société composée de Pierre Alard, Baxter, Mlle d'Aigremont, Lalauze et autres acteurs forains, mais l'indifférence du public pour leur théâtre, les sifflets qui accueillaient toutes les pièces qu'ils faisaient représenter, donnèrent l'idée à l'entrepreneur de spectacles Francisque de solliciter pour lui-même le privilége dont Lalauze et Cie usaient si mal. La permission lui fut accordée, et Francisque fit aussitôt jouer plusieurs ouvrages de Lesage, Fuzelier et Dorneval, qui obtinrent le plus grand succès; mais ce succès causa sa perte, car la jalousie de la Comédie-Française se réveillant, elle fit revivre les anciens arrêts du Parlement, et interdit une fois encore les dialogues aux comédiens forains. C'est alors que les trois auteurs dont on vient de parler, Lesage, Fuzelier et Dorneval, furieux de se voir réduits au silence, se firent hardiment joueurs de marionnettes sur le théâtre des *Marionnettes étrangères,* dirigé par Delaplace et Dolet à la foire Saint-Germain de 1722. Voici en quels termes ils racontent eux-mêmes cette aventure bizarre dans le tome V du *Théâtre de la Foire,* recueil de leurs ouvrages: « Les auteurs de l'Opéra-Comique, voyant encore une fois leur ſpectacle fermé, plus animés par la vengeance que par un eſprit d'intérêt, s'aviſèrent d'acheter une douzaine de marionnettes et de louer une loge où comme des aſſiégés dans leurs derniers retranchemens ils rendirent encore leurs armes redoutables. Leurs ennemis, pouſſés d'une nouvelle fureur, firent de nouveaux efforts contre Polichinelle chantant, mais ils n'en ſortirent pas à leur honneur. Le ſuccès de ces pièces et ſurtout de la parodie de *Romulus* de Lamothe fut tel, que M. le duc d'Orléans, régent, voulut le voir repréſenter à deux heures après minuit. Le ſieur Legrand, piqué des traits répandus dans cette pièce, fit le couplet ſuivant ſur l'air *la Beauté, la Rareté, la Curiosité.*

Leſage et Fuzelier dédaignant du haut ſtyle
La beauté,
Pour le Polichinelle ont abandonné Gille,
La rareté!
Il ne leur manque plus qu'à crier par la ville
La curioſité.

Ajoutons que sur le rideau du théâtre des *Marionnettes étrangères,* les trois auteurs avaient fait peindre un polichinelle en pied, avec une devise ainsi conçue : « *J'en valons bien d'autres!* » et qu'à la foire Saint-Laurent suivante (1722), Lesage, Fuzelier et Dorneval ne faisaient plus parler les pantins de Delaplace et de Dolet.

(*Mémoires sur les Spectacles de la Foire*, II, 5, 6. — *Dictionnaire des Théâtres*, IV, 19. — Magnin, *Histoire des Marionnettes*, 155, 156, 158.)

LESAGE (Mlle), actrice de l'Opéra-Comique à la foire Saint-Laurent de 1739, avait un rôle dans le prologue de la *Fausse Rupture*, opéra comique de Panard, représenté le 28 juillet de cette même année.

(*Dictionnaire des Théâtres*, II, 492.)

LESEUR (ANNE), actrice du spectacle des Associés en 1785 et en 1787.

I

Vendredi 7 octobre 1785, 3 heures et demie du matin.

Jacques Lefeur, maître tapiffier, demeurant boulevard du Temple, et Anne Lefeur, actrice des Affociés, demeurant boulevard du Temple, amenés par Nicolas Lucy, fergent, pour querelle. Renvoyés.

(*Archives des Comm.*, n° 5022.)

II

L'an 1787, le lundi 15 janvier, deux heures de relevée, en notre hôtel et par-devant nous Mathieu Vanglenne, etc., eft comparue Anne Lefeur, comédienne au fpectacle des Affociés, demeurant à Paris, rue des Foffés-du-Temple, paroiffe St-Laurent : Laquelle nous a rendu plainte contre le fieur Gérard, demeurant rue St-André-des-Arts, et nous a dit qu'il y a environ trois femaines, elle a été diner avec la dame Daru chez le fieur Gérard. Qu'hier matin, elle a appris que ledit fieur Gérard avoit répandu publiquement dans ledit fpectacle que la plaignante lui avoit volé deux rideaux de mouffeline des Indes lorfqu'elle avoit dîné chez lui et que c'étoient fes petits tours de gentilleffe. Comme de pareils propos ne tendent qu'à nuire à la plaignante et qu'elle a intérêt d'en avoir raifon, elle a été confeillée de venir nous rendre plainte.

Signé : A. F. S. LESEUR ; VANGLENNE.

(*Archives des Comm.*, n° 5001.)

LESIEUR (ADÉLAÏDE), actrice du spectacle des Délassements-Comiques en 1785 et en 1787.

I

L'an 1785, le famedi 15 octobre, cinq heures et demie du foir, en l'hôtel et par-devant nous Mathieu Vanglenne, etc., eft comparue demoifelle Adélaïde Lefieur, actrice du fpectacle des Délaffemens-Comiques, demeurant à Paris, rue Charlot, hôtel d'Artois, paroiſſe St-Nicolas-des-Champs: Laquelle nous a rendu plainte contre le nommé Ribié, acteur du ſpectacle du ſieur Nicolet, et nous a dit que cet après-midi, ſur les quatre heures, ledit ſieur Ribié l'a introduite dans la pièce qui précède la ſalle dudit ſpectacle des Délaſſemens-Comiques; que là il lui a porté pluſieurs coups de pied ſur les cuiſſes, des coups de canne ſur le bras gauche et deux ſoufflets d'une telle force qu'il lui a caſſé ſa boucle d'oreille, ainſi que nous l'avons remarqué. Que, non content de ces mauvais traitemens, ledit Ribié l'a encore menacée de lui donner le fouet ſur le boulevard lorſqu'il l'y rencontreroit.

Et comme elle a intérêt d'avoir raiſon de ces mauvais traitemens, elle a été conſeillée de venir nous rendre la préſente plainte.

Signé : Adélaïde Lesieur ; Vanglenne.

(*Archives des Comm.*, n° 4998.)

II

L'an 1787, le lundi premier janvier, neuf heures et demie du ſoir, en notre hôtel et par-devant nous Mathieu Vanglenne, eſt comparue demoiſelle Adélaïde Leſieur, actrice, demeurant à Paris, rue Charlot, à l'hôtel d'Artois : Laquelle nous a rendu plainte contre la femme Pompée et la femme Joſeph, actrices du ſpectacle des Aſſociés, et nous a dit qu'étant audit ſpectacle cejourd'hui, ſur les ſept heures du ſoir, leſdites femmes Pompée et Joſeph ſe ſont répandues en injures et invectives contre la plaignante et l'ont menacée de la maltraiter, ce qu'elles viennent d'effectuer à l'inſtant. A la ſortie du ſpectacle et la plaignante étant encore dans la ſalle, leſdites femmes Pompée et Joſeph ſe ſont jetées ſur elle, lui ont porté des coups de poing ſur la tête, lui ont arraché une boucle d'oreille qui eſt en or et lui ont déchiré le chapeau qu'elle avoit ſur la tête, ainſi qu'il nous eſt apparu. Qu'elle ignore abſolument les motifs qui ont déterminé ces deux femmes à la maltraiter de cette manière, mais comme elle a intention d'en avoir raiſon, elle a été conſeillée de venir nous rendre la préſente plainte.

Signé : A. Lesieur ; Vanglenne.

(*Archives des Comm.*, n° 5001.)

LETELLIER (François), maître à chanter, montreur de figures de cire et joueur de marionnettes, avait un spectacle aux foires vers 1685.

LETELLIER (HIPPOLYTE FEUILLET, femme), femme du précédent, et comme lui directrice de spectacles, avait un jeu de marionnettes à la foire Saint-Laurent de 1688. On la voit encore paraître aux foires en 1707 et 1715. A cette dernière époque elle était associée avec son fils Jean-François Letellier.

(*Archives des Comm.*, n° 3819.)

I

L'an 1707, le lundi 5e jour de ſeptembre, du matin, en l'hôtel de nous Mathieu de Beaumont, etc., ſont venus ſieurs Paul Poiſſon et Étienne Baron, comédiens du Roi, tant pour eux que pour leurs confrères, qui nous ont dit que, par les lettres-patentes à eux accordées par Sa Majeſté, il eſt permis à eux ſeuls de repréſenter des tragédies et des comédies en cette ville, néanmoins quelques particuliers s'étant ingérés depuis un tems, sous différens prétextes, de repréſenter des comédies, ce qui eſt contraire à leurs intérêts et eſt directement contre les intentions de Sa Majeſté, ils ſe sont pourvus devant M. le lieutenant-général de police qui, par pluſieurs ſentences confirmées par arrêts du Parlement, a fait défenſe auxdits particuliers de repréſenter des comédies; cependant, au mépris de ces ſentences et arrêts, ils continuent journellement leurs repréſentations de comédies dans des lieux et ſur des théâtres publics, qu'ils ont fait élever et conſtruire dans le préau de la foire St-Laurent, font afficher, par des placards et affiches, de la même manière que leſdits comparans font : C'eſt pourquoi ils nous requièrent de nous tranſporter cejourd'hui chez la nommée Letellier et dans les jeux qu'elle tient à ladite foire pour leur donner acte des repréſentations de comédies qu'elle fait faire ſur ſon théâtre pour en dreſſer procès-verbal.

Signé : POISSON; BARON.

En conſéquence, ſommes ledit jour tranſporté, ſur les cinq heures de relevée, dans le préau de la foire St-Laurent, où étant ſommes entré dans le jeu de ladite Letellier où nous avons trouvé beaucoup de monde aſſemblé; et, après le jeu de marionnettes fini, s'eſt fait un changement de décorations, pluſieurs perſonnages, acteurs et actrices, ont paru ſur le théâtre enſemble et ont joué et repréſenté une comédie qui a pour titre *le Vieillard amoureux*, en un acte compoſé de pluſieurs ſcènes, ſuivie d'un dénouement qui forme la comédie en entier. Les acteurs parlant et ſe répondant tout haut les uns aux autres, enſemble de la même manière que les comédiens du Roi repréſentent des comédies ſur leur théâtre. Dont et de quoi nous avons dreſſé le préſent procès-verbal.

Signé : DE BEAUMONT.

(*Archives des Comm.* n° 4415.)

II

L'an 1715, le famedi 20 juillet, dix heures du matin, font venus par-devant nous Céfar-Vincent Lefrançois, etc., Hippolyte Feuillet, veuve de François Letellier, maître de mufique, et Jean-François Letellier, joueur de marionnettes, fon fils : Lefquels nous ont fait plainte et dit qu'ils ont loué du fieur St-Edme et de la dame Baron, fon affociée, une place dans le préau de la foire St-Laurent, attenant le nommé Delépine, vendant bière, pour y repréfenter leurs exercices ordinaires pendant la prochaine foire St-Laurent, à raifon de 250 livres pendant le cours de ladite foire. Depuis le 17 juin dernier, ils n'ont pu parvenir à faire conftruire leur loge, telles prières qu'ils aient pu faire aux fieur et dame de St-Edme. Attendu l'approche de la foire, ils ont été obligés, le jour d'hier, de fignifier leur permiffion et de fommer ledit fieur de St-Edme de laiffer parachever fur le terrain qu'il leur a loué, pour éviter la fuite d'un procès. Ils ont mis des ouvriers ce matin pour la conftruction et élévation de ladite loge et ont été furpris que les ouvriers n'ont pu travailler, le fieur de St-Edme ayant envoyé un fuiffe et un foldat aux gardes qui ont empêché la continuation du bâtiment de ladite loge. Et, fur ce que ledit Jean-François Letellier a infifté pour le travail de fes ouvriers, lefdits fuiffe et foldat aux gardes ont pris le plaignant par les bras, ont déchiré fa vefte de drap, l'ont tiraillé et mis hors du préau. Le muet, qui eft un des domeftiques dudit fieur de St-Edme, avec lefdits foldat aux gardes et fuiffe, ont abattu et ôté les bois qui étoient dreffés en jurant et maugréant et difant qu'ils ne bâtiroient point. Ledit fieur de St-Edme les excitant à détruire ladite loge; ce qui les oblige de venir par-devers nous nous rendre plainte.

Signé : Hipolite Feuillet ; Jean-François Letellier.

Et ledit jour famedi 20 juillet audit an 1715, environ les trois heures de relevée, font derechef comparus par-devant nous commiffaire fufdit, lefdits Hippolyte Feuillet, veuve de François Letellier, maître de mufique, et Jean-François Letellier, joueur de marionnettes, fon fils : Lefquels, en continuant la plainte ci-deffus, nous ont fait plainte et dit qu'ils viennent préfentement du préau de la foire St-Laurent avec leurs ouvriers pour rétablir et reconftruire la loge qu'ils ont commencé à bâtir. Que le fieur de St-Edme, étant à diner, a envoyé un laquais et enfuite le garçon muet avec un autre pour voir ce qu'ils faifoient; et fur ce qu'ils ont vu que les plaignans et leurs ouvriers travailloient à reconftruire ladite loge, ils leur ont fait querelle en leur difant d'où vient qu'ils maltraitoient le muet. La plaignante leur ayant fait réponfe qu'ils n'avoient aucune connoiffance defdits mauvais traitemens, ayant fait un fignal au muet, auffitôt il a frappé d'un coup de poing ladite veuve Letellier plaignante, et ayant pris à fa main une pioche, il en auroit frappé les plaignans s'il n'en avoit été empêché par les ouvriers. Enfuite lui a été

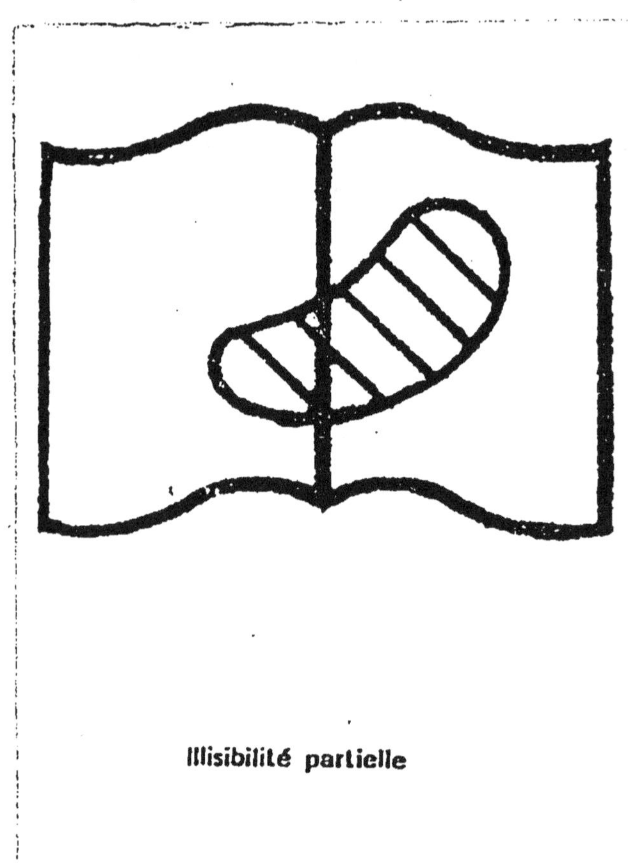
Illisibilité partielle

fait ſigne d'abattre les piliers de la loge qui étoient déscellés, ce qu'il a fait : et le laquais dudit ſieur de St-Edme avec un autre particulier habillé de rouge ont empêché les ouvriers de continuer de travailler, avec menaces de les maltraiter s'ils continuoient. Ce qui les a obligés de venir par-devers nous réitérer leur plainte.

Signé : HIPOLITE FEUILLET ; JEAN-FRANÇOIS LETELLIER.

(*Archives des Comm.*, n° 3827.)

Voy. TERRADOIRE.

LEVASSEUR, directeur d'un spectacle de marionnettes qu'il appelait *les Comédiens praticiens,* parut à la foire Saint-Germain de 1749, et y fit représenter à cette époque : *les Fleurs,* pantomime; *les Réjouissances publiques, ou le Retour de la paix,* pièce en vaudevilles, et *Arlequin courrier,* pièce en un acte, en vaudevilles.

(*Dictionnaire des Théâtres,* I, 221 ; II, 586 ; IV, 417. — Magnin, *Histoire des Marionnettes,* 71.)

LIONS. A la foire Saint-Germain de 1750, on faisait voir deux lionceaux et un petit tigre apprivoisés : « Le public eſt averti qu'il eſt arrivé en cette ville un Levantin venant d'Afrique, qui a amené avec lui deux lions, âgés de 4 mois et demi, de la groſſeur d'un veau de 7 mois, avec un tigre, leſquels ſont privés enſemble et obéiſſent au commandement de leur maître comme font les chiens les plus dociles. Il fait voir auſſi les peaux des père et mère qui ont 17 pans de longueur. On fera voir ces animaux depuis 9 heures du matin juſqu'à 8 heures du ſoir à la foire Saint-Germain. »

(*Affiches de Paris,* 1750.)

LOLOTTE (CHARLOTTE DELAIRE, dite), figura dès 1772 dans les ballets à l'Ambigu-Comique, puis entra au spectacle des Élèves de l'Opéra ; elle fut ensuite engagée pour danser à la Comédie-Française; mais au bout de peu de temps elle rentra à l'Ambigu-Comique, où elle était encore en 1781.

(*Almanach forain,* 1773. — *Le Chroniqueur désœuvré,* I, 102.)

LOMBARD, acteur de l'Opéra-Comique à la foire Saint-Laurent de 1735.

(*Dictionnaire des Théâtres*, III, 278.)

LOMBARD (Mme), femme du précédent, actrice de l'Opéra-Comique, parut à ce théâtre pendant quelques-unes des foires de 1735 à 1742. Elle joua dans la *Foire de Bezons*, ballet-pantomime, coupé de scènes épisodiques, par Panard et Favart, représenté le 11 septembre 1735 ; dans le *Gage touché*, opéra comique en un acte, de Panard, représenté le 18 mars 1736 ; dans *Arlequin, chirurgien de Barbarie*, parade composant la première partie de l'acte premier de l'*Histoire de l'Opéra-Comique, ou les Métamorphoses de la Foire*, par Lesage, représentée le 27 juin 1736, et dans l'*Assemblée des acteurs*, prologue de Panard et Carolet, représenté le 21 mars 1737. Cette actrice était encore vivante en 1769.

(*Dictionnaire des Théâtres*, II, 208, 315, 436 ; III, 2, 278. — *Histoire de l'Opéra-Comique*, II, 389.)

LONGCHAMP, acteur du théâtre des Grands-Danseurs du Roi en 1772, 1773 et 1774, y remplissait l'emploi des *amoureux*.

(*Almanachs forains*, 1773, 1775.)

LONGUEVILLE (FRANÇOIS-GUILLOT DE), acteur du spectacle des Délassements en 1787.

Vendredi 8 juin 1787, neuf heures et demie, ſoir.

François Boin, ſergent de poſte à la place Maubert, à la réquiſition de François-Guillot de Longueville, acteur des Délaſſemens, a arrêté Jean-Baptiſte Laville, acteur des Aſſociés, pour s'être battu ſur le théâtre des Aſſociés. Relaxés.

(*Archives des Comm.*, n° 5022.)

LORIN (Clément), montreur de lanterne magique, directeur d'un spectacle d'animaux, faisait voir un géant à la foire Saint-Ovide de 1774, ouvrit plus tard un cabinet sur le boulevard où l'on voyait en cire l'image des plus célèbres criminels et qu'on appelait *le Cabinet des grands voleurs.*

(*Le Chroniqueur désœuvré*, II, 77.)

L'an 1775, le jeudi 26 octobre, trois heures de relevée, eſt comparue en l'hôtel et par-devant nous Nicolas Maillot, etc., Marguerite Aubertin, veuve de Claude Perret, mathématicien, demeurant boulevard du Temple, maiſon du ſieur Thomas, maître pâtiſſier, paroiſſe St-Laurent : Laquelle nous a rendu plainte contre le nommé Lorin, garçon de ſpectacle, ayant fait voir un géant à la foire dernière de St-Ovide, ſans aſile certain, demeurant tantôt d'un côté, tantôt d'un autre, et particulièrement depuis quatre mois ou environ qu'il eſt ſorti de chez un marchand de tabac demeurant à la première barrière du Temple où il demeuroit; et a dit qu'il y a environ trois ans qu'elle a fait la connoiſſance dudit Lorin qui a demeuré chez elle parce qu'elle tenoit pour lors un petit ſpectacle de mécanique ſur le boulevard et ledit Lorin faiſoit des parades à la porte de ce ſpectacle. Qu'elle plaignante étant devenue veuve, ledit Lorin l'a fréquentée pour le mariage et en conſidération de ce mariage, qu'ils devoient inceſſamment contracter enſemble, elle a eu la foibleſſe de donner audit Lorin les ſommes et effets ci-après détaillés :

Premièrement pour un habit d'écarlate brodé en or.	90 livres.
Plus pour retirer des effets que ledit Lorin avoit mis en gage.	48
Plus pour une paire de ſouliers, une paire de jarretières, une boucle de chapeau, le tout d'argent. .	36
Plus trente-ſix livres pour ſa loge à la foire St-Ovide.	36
Plus payé à un tapiſſier qui a tapiſſé cette loge. . .	30
Plus douze livres pour une culotte.	12
Plus ſeize livres dix ſols pour trois paires de ſouliers.	16 — 10 ſols.
Plus quatre-vingt-ſeize livres que la plaignante lui a avancées pour payer l'habit de noces qu'il lui a dit avoir fait faire	96
Plus ſoixante-douze livres pour des manchettes, gants, bas de ſoie et chapeau.	72
Plus neuf livres pour le prix de trois mouchoirs. .	9
Plus 12 livres pour une chemiſe de toile de coton. .	12
Plus 24 livres pour la publication, a-t-il dit, des bans de leur mariage.	24
Total.	481 — 10 —

Plus un petit canon d'or, une montre à boîte d'argent, un anneau d'alliance en or et argent, une tabatière d'argent, façon ovale, et enfin trois pièces d'argent d'Eſpagne appelées piaſtres. Qu'hier elle a reçu par une particulière, qui le lui a remis, un paquet contenant les papiers qu'elle plaignante avoit remis audit Lorin à l'effet de faire faire la publication des bans de leur mariage. Et a appris que ce particulier s'étoit évadé de cette ville et qu'avant de partir il avoit remis la tabatière d'argent ci-deſſus déſignée à une fille du monde nommée La Nourrice, demeurant rue Beaujolais, dans une maiſon neuve ſituée à peu près dans le milieu de cette rue, entre les mains de laquelle particulière cette tabatière a été reconnue par une perſonne de la connoiſſance d'elle plaignante. Et comme elle a intérêt non-ſeulement de ravoir ladite tabatière, mais encore les autres effets ci-deſſous déſignés ainſi que ladite ſomme de 481 livres dix ſols, elle a été conſeillée de venir nous rendre la préſente plainte.

Signé : MAILLOT.

(*Archives des Comm.*, n° 3782.)

Voy. HOUDAILLE.

LORNAIZON (CLÉMENT DE) était en 1787 directeur du spectacle des Bleuettes-Comiques, établi sur le boulevard du Temple. Plus tard, en 1790, en société avec un sieur Desnoyers, il ouvrit sur le boulevard Saint-Martin un autre spectacle qu'il appela le *Théâtre-Français comique et lyrique.*

(Brazier, *Histoire des Petits Théâtres*, I, 119.)

Voy. THÉATRE-FRANÇAIS COMIQUE ET LYRIQUE.

LORTIAS, danseur du spectacle des Grands-Danseurs du Roi en 1789.

L'an 1789, le jeudi 16 avril, neuf heures du matin, nous Mathieu Vanglenne, etc., ayant été requis, nous ſommes tranſporté rue des Marais, paroiſſe St-Laurent, en une maiſon numérotée 2 et de laquelle le ſieur Deshaies eſt principal locataire, et étant monté au ſecond étage de la maiſon, en une chambre ayant vue ſur la cour, nous y avons trouvé et par-devant nous eſt comparu ſieur Jérôme-Henri Rottinghauſzemm, maître tailleur dans la chambre où nous ſommes : Lequel nous a dit que hier, ſur les cinq heures un quart de l'après-midi, le nommé Lortias, danſeur du ſpectacle des Grands-Danſeurs du Roi, eſt tombé ſur le théâtre par une trappe qui étoit ouverte ſur le théâtre et s'eſt bleſſé à la tête. Qu'il a été porté chez le comparant où il eſt mort ce matin ſur les ſept heures un quart. Que comme il ne peut être inhumé ſans que préalablement ſa mort ait été conſtatée, il a requis notre tranſport à cet effet.

Signé : ROTTINGHAUSZEMM.

En conſéquence, après nous être apparu du corps mort dudit Lortias, giſant ſur un lit, nous avons remarqué qu'il a une meurtriſſure conſidérable au-deſſous de la tempe gauche, une autre ſur le tendon du nez; qu'il a une égratignure à la jambe gauche et une meurtriſſure au pouce de la main gauche. Et attendu le flagrant délit, diſons qu'il va en être par nous à l'inſtant informé d'office.

Sieur Gérôme-Henri Rottinghauſzemm, âgé de 28 ans, maître tailleur à Paris, demeurant en la maiſon où nous ſommes, etc. Dépoſe comme deſſus.

Sieur Nicolas Lacroix, âgé de 19 ans, comédien dudit ſpectacle, demeurant à Paris, boulevard du Temple, etc. Dépoſe qu'hier ſur les cinq heures un quart de l'après-midi, étant audit ſpectacle, il a entendu dire que ledit Lortias venoit de tomber ſous le théâtre par une trappe qui étoit reſtée ouverte. Qu'il a aidé à le porter chez ledit ſieur Rottinghauſzemm, où il a paſſé la nuit auprès de lui et qu'il eſt décédé ce matin à ſept heures un quart.

Signé : LACROIX.

Sieur Louis Mellet, âgé de 37 ans, chirurgien à Paris, y demeurant, rue Notre-Dame-de-Nazareth, paroiſſe St-Nicolas-des-Champs, etc. Dépoſe qu'hier ſur les cinq heures du ſoir, il a été requis par le ſieur Nicolet pour donner des ſecours audit Lortias, danſeur dudit ſpectacle, qui venoit de faire une chute d'environ 20 pieds de haut, et qu'après l'avoir viſité, il a trouvé que le ſieur Lortias étoit tombé ſur la partie droite de la tête et qu'il y avoit à craindre pour ſes jours, attendu le refoulement ou commotion du cerveau, ce que la mort dudit Lortias, arrivée douze heures après, a prouvé (1).

Signé : MELLET; VANGLENNE.

(*Archives des Comm.*, nº 5005.)

LOUVAIN (Mlle), actrice du boulevard, faisait en 1786 partie de la troupe de l'Ambigu-Comique, et a joué à ce théâtre le vendredi 5 mai de cette même année *Eglé*, dans *Tout comme il vous plaira, ou la Gageure favorable*, comédie en un acte, en prose, de Sedaine le jeune. L'année suivante, Mlle Louvain

(1) Cet accident, arrivé pendant le temps paſcal, époque où les théâtres étaient fermés au public, eut lieu pendant une répétition et non pendant une repréſentation.

était engagée au spectacle des Petits-Comédiens de S. A. S. M. le comte de Beaujolais, et elle avait un rôle dans le *Nouvel Œdipe, ou l'Homme singulier,* petit drame représenté à ce théâtre en novembre 1787.

(*Mémoires secrets*, XXXVI 198. — Brochure intitulée : *Tout comme il vous plaira*, Paris, Cailleau, 1795.)

LOYSON (GUILLAUME), directeur d'un théâtre appelé le *Rendez-vous des Champs-Élysées,* en 1790, montra ensuite des figures de cire, avec Anne Maurice, sa femme ; arrêtés tous deux en 1793, pour avoir fait voir au public une figure de Charlotte Corday, ils furent enfermés dans la prison des Carmes et comparurent au Tribunal révolutionnaire, qui les condamna à mort le 9 thermidor an II. Ils furent exécutés le même jour.

(*Archives Nationales*, W, 433, n° 973. — *Mémoires de Madame Elliott.*)

Voy. BEAUBOIS.

LUCIER (Mlle), actrice du théâtre des Grands-Danseurs du Roi, y jouait les *amoureuses* en 1782.

(*Journal de Paris*, 1er mai 1782.)

LUZY (DOROTHÉE), née en 1747, actrice de l'Opéra-Comique, où elle débuta en 1757 comme danseuse, a joué entre autres rôles à ce théâtre *Crispin* dans le *Soldat magicien,* opéra comique en un acte, en prose, mêlé d'ariettes et de vaudevilles, paroles d'Anseaume, musique de Philidor, représenté le 14 août 1760. Lors de la réunion de l'Opéra-Comique à la Comédie-Italienne en 1762, Mlle Luzy passa au Théâtre-Français, et y remplit l'emploi des *soubrettes*.

(*Histoire de l'Opéra-Comique*, II, 107. — *Biographie Didot.*)

LYONNOIS, dit *le Basque,* acteur du théâtre des Grands-Danseurs du Roi, où il remplissait divers emplois, tels que les mimes, les travestis. Il jouait dans la perfection du tambour de basque, et ce sont ses exercices sur cet instrument que l'on annonce dans les programmes de Nicolet par ces simples mots : *le Basque.*

(*Almanach forain*, 1773. — *Galerie historique de la troupe de Nicolet*, par de Manne et Ménétrier, 16.)

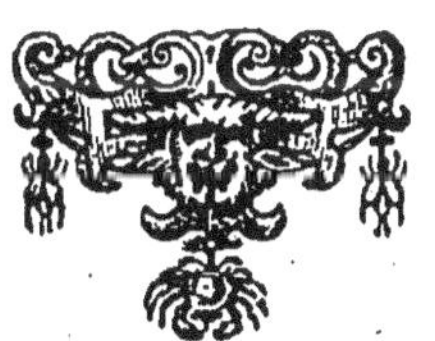

M

AGITO (Philippe), acteur forain et entrepreneur de spectacles, remplissait en 1741 les rôles accessoires dans la *Grande Troupe étrangère*, dirigée par Restier et la veuve Lavigne. C'est ainsi qu'il a joué un *garçon de café* et un *génie infernal* dans *Arlequin et Colombine captifs, ou l'Heureux désespoir*, pantomime de Mainbray, représentée par cette troupe le 3 février 1741 à la foire Saint-Germain. En 1752 et 1753, Magito s'était fait le cornac d'un monstre qu'il promenait et faisait voir pour de l'argent aux foires et sur le quai de l'École; il avait surnommé ce monstre l'*Enfant gras*. L'incendie qui détruisit la foire Saint-Germain en 1762 n'épargna pas l'humble loge où le pauvre saltimbanque cherchait à gagner sa vie; son petit spectacle fut brûlé et il se borna à réclamer une indemnité de cent livres qui, nous l'espérons, lui fut accordée. A partir de cette époque, nous n'avons plus rencontré Magito.

(*Archives des Comm.*, n° 853. — *Dictionnaire des Théâtres*, I, 230.)

L'an 1753, le jeudi 28 juin, cinq heures de relevée, par-devant nous Thomas-Jean-Joseph Regnaudet, etc., est comparu Philippe Magito, Hollandois de nation et comédien, demeurant à Paris, rue de l'Arbre-Sec, paroisse St-Germain-l'Auxerrois : Lequel nous a fait plainte contre le nommé Beckman, aussi Hollandois, père de Christophe Beckman, dit l'Enfant gras, âgé de quatre ans ou environ, lequel on voit par curiosité aux foires St-Germain et St-Laurent et hors les foires au bout du Pont-Neuf, sur le quai de l'École, en une baraque roulante appartenant au ſieur Hachard ci-après nommé, et encore contre ledit Hachard et dit que, ſuivant les conventions verbales d'entre lui plaignant et ledit Beckman qui furent que lui Magito ſeroit chargé dudit enfant pour l'amener et le faire voir au public à Paris et en route et que les bénéfices, enſemble ceux des comédies que repréſenteroit ledit Magito ſeroient partagés par moitié; qu'enſuite lui Magito ſeroit engagé de remettre ledit enfant dans ſon pays et dans ſa famille. Le plaignant étant, avec ſon frère et ſa femme et ledit Enfant gras, qui lui avoit été confié, parti de Hollande au mois de décembre dernier pour ſe rendre en France, et ayant ſéjourné à Anvers où ledit Beckman l'eſt venu joindre avec ſa fille ſix ſemaines ou environ après, lui Magito a fidèlement partagé avec Beckman père les émolumens tant de l'Enfant gras que des repréſentations de comédies et jeux faits par le plaignant et ſon frère en ladite ville d'Anvers, et étant tous arrivés à Paris pour l'ouverture de la foire St-Germain dernière, ils s'y ſont établis et ont continué à faire voir ledit Enfant gras et jouer par le plaignant et ſon frère leurs comédies et voltigemens de corde, le tout roulant ſur le compte du plaignant qui, pour cet effet, a loué les baraques à ladite foire, payé tous les frais d'icelles en pauvres, pain béni et autres ſuivant les quittances qu'il en a retirées, en ſorte qu'il n'y avoit et n'y a encore actuellement d'autre propriétaire connu dudit enfant que lui.

Après la clôture de ladite foire, il a voulu s'en retourner avec ſon frère et ledit Enfant gras en Hollande où ſondit frère, comme comédien, avoit des engagemens pour la Haye et autres villes de Hollande; mais Beckman lui ayant repréſenté qu'ils pouvoient gagner gros en reſtant à Paris pour continuer d'y faire voir ledit Enfant gras; qu'à cet effet ils s'établiroient ſur ledit quai de l'École en une baraque roulante appartenant audit Hachard et qu'il s'aſſocieroit avec eux, le plaignant y ayant conſenti et ſous la promeſſe du traité ci-après, laiſſa partir ſon frère ſeul, ce qui lui a fait un préjudice de plus de trois mille livres.

Suivant les propoſitions de Beckman, il fut fait, le 20 mars dernier, un écrit entre eux, le plaignant et ledit Hachard, portant ſociété, par lequel écrit il eſt dit que Hachard fournira la baraque, les frais autour d'icelle, la permiſſion de faire valoir ladite ſociété dans laquelle il réſultera un quart à ſon profit, ſans être tenu d'aucuns frais, et que leſdits plaignant et Beckman ſeront libres de partir quand ils voudront, ſans pouvoir quitter Hachard que pour leur départ et non pour s'aſſocier avec un autre.

En conſéquence de cet écrit, le plaignant a continué juſqu'à ce jour comme auparavant et a rempli les conditions y portées.

Au préjudice de ces conventions par leſquelles Hachard ne peut non plus faire aucune autre ſociété, le plaignant, qui comptoit ſe rendre auprès de ſon frère en Hollande avec ledit Beckman, ſuivant ſa parole lors dudit écrit de ſociété, a été ſurpris d'apprendre que, par l'infidélité la plus caractériſée, Hachard, dans l'intention de fruſtrer le plaignant des gains et bénéfices de cette ſociété et de l'en évincer, s'eſt accordé, il y a environ huit jours, par écrit ou verbalement, avec Beckman pour aller s'établir à la foire St-Laurent prochaine ou courir le pays avec ledit Enfant gras, et par ce moyen en dépouiller le plaignant contre toute bonne foi et conventions faites entre lui et ledit Beckman : A quoi ce dernier, qui y trouve sans doute une portion plus avantageuse, ayant consenti, ils sont sur le point de partir dans deux jours au plus tard avec ledit Enfant gras dont ils prétendent dépouiller le plaignant. Mais comme il ne seroit pas juste qu'un procédé aussi inique eût lieu, surtout en ce que le plaignant, par sa qualité de comédien, a procuré un bénéfice considérable à ladite société, laquelle ne sera pas aussi avantageuse qu'ils se l'imaginent en étant séparés; que d'ailleurs le retard du départ du plaignant lui cause un préjudice de plus de trois mille livres, comme il l'a ci-dessus observé, et que si le plaignant se trouvoit obligé de partir seul sans ledit Enfant gras, qui est plus que suffisant pour le défrayer sur la route, il se trouveroit hors d'état de le faire, les charges et dépenses ayant, pour ainsi dire, excédé les gains, dans l'intention où il est d'obliger ledit Beckman à tenir la convention ci-dessus et de ne point partir sans lui et ledit enfant ou de rester ensemble sur le même pied, il a été conseillé de nous rendre la présente plainte.

Signé : REGNAUDET.

(*Archives des Comm.*, n° 4461.)

MAGRINI, danseur de corde du théâtre des Grands-Danseurs du Roi en 1785.

(*Journal de Paris*, 20 février 1785.)

MAGUE DE SAINT-AUBIN, auteur dramatique et acteur du boulevard, a joué chez Nicolet aîné, où il débuta par le rôle de *Frontin* dans la *Couturière,* chez Nicolet cadet, dans une troupe de province dirigée par un ancien acteur de Nicolet aîné, nommé Claude Leclair, et enfin à l'Ambigu-Comique, où il débuta dans le *Parisien déniaisé,* pièce dont il était l'auteur. Mague de Saint-Aubin a encore joué à ce théâtre *Carmagnole, premier laquais, rival de Guillot Gorju,* dans *Carmagnole et Guillot Gorju,* tragédie pour rire en un acte, en vers, par Dorvigny et Dancourt, représentée le 2 janvier 1782, et *Dupré père* dans le *Cabinet des Figures, ou le Sculpteur en bois,* comédie en un acte, en prose, dont il était l'auteur, représentée le 25 juillet 1782. En

1783, Mague de Saint-Aubin faisait encore partie de la troupe de l'Ambigu-Comique.

(*Le Chroniqueur désœuvré*, II, 51. — Brochures intitulées : *Carmagnole et Guillot Gorju*. Avignon, Garrigan, 1791 ; *le Cabinet des Figures*. Paris, Cailleau, 1784.)

MAGRINI, danseur de corde du théâtre des Grands-Danseurs du Roi en 1785.

(*Journal de Paris*, 20 février 1785.)

MAILLARD (JEAN-FRANÇOIS CAVÉ, dit),

MAILLARD (JACQUELINE DUMÉE, femme), acteur et actrice de la foire. Maillard, qui avait d'abord porté le petit collet, débuta à la foire Saint-Germain en 1711, au jeu de Nivellon, où il remplissait les rôles de *Scaramouche*. De 1712 à 1716 il fit partie de la troupe de la dame Baron, puis il alla donner des représentations en province. De retour à Paris, en 1721, il entra à la foire Saint-Laurent dans l'association formée par Pierre Alard, Mlle Daigremont, Baxter et Lalauze pour l'exploitation d'un opéra comique. Cette entreprise n'ayant pas réussi, Maillard retourna jouer en province.

Jacqueline Dumée, sa femme, était la fille d'un officier de cuisine de Catinat; elle était raccommodeuse de dentelles quand elle s'engagea au jeu d'Alexandre Bertrand, où elle rencontra Dolet. Celui-ci la fit entrer dans une troupe dirigée par lui et qui donnait des représentations en province dans l'intervalle des foires. C'est pendant une de ces tournées dramatiques qu'elle fit la connaissance de Maillard et qu'elle l'épousa. En 1711 elle jouait avec son mari au jeu de Nivellon, et de 1712 à 1716 elle fut engagée chez la dame Baron, où elle a créé entre autres rôles *Colombine* dans *Colombine Arlequin et Arlequin Colombine*, opéra comique en un acte et en vaudeville, sans prose, par Lesage, représenté sur le théâtre de Belair, exploité par la dame Baron, sous le nom de Baxter et Sorin, à la foire Saint-Germain de 1715. Lors des débuts de Mlle Delisle sur le même théâtre en 1716, Mlle Maillard ne voulant pas soutenir la lutte avec une actrice plus jeune et plus jolie, alla donner des représentations en province avec son mari et ne revint à Paris qu'à la foire Saint-Laurent de 1721, pour entrer avec lui dans la société formée pour l'exploitation de l'Opéra-Comique. Elle mourut des suites d'une chute au mois de septembre de cette même année (1).

(*Mémoires sur les Spectacles de la Foire*, I, 120, 122. — *Dictionnaire des Théâtres*, II, 113 ; III, 291, 292.)

MAILLÉ, acteur de l'Ambigu-Comique (2), a joué à ce théâtre le rôle de *M. Dumont* dans les *Trois Léandres, ou les Noms changés,* comédie en un acte, en prose, par M. S......, représentée le mercredi 22 avril 1786.

(Brochure intitulée : *les Trois Léandres*, Paris, Cailleau, 1786.)

MAILLOT (NICOLAS), danseur de corde, remplissant l'emploi des *Gilles,* faisait partie de la troupe d'Alard en 1701.

Voy. ALARD (6 octobre 1701).

MAILLOT (PIERRE), fils du précédent, danseur de corde, faisait partie de la troupe d'Alard en 1701.

Voy. ALARD (6 octobre 1701).

---

(1) Il existe sur Maillard et sur sa femme une anecdote piquante que Brazier raconte en ces termes, d'après les frères Parfaict : « Une charmante actrice, Mlle Maillard, femme de Maillard, qui jouait les *Scaramouches,* était la meilleure colombine de cette époque. Les scandales ne manquaient pas plus alors qu'aujourd'hui. Maillard, mari de cette colombine, étant un jour à la foire Saint-Laurent, dans la boutique d'un sieur Dubois, limonadier, la demoiselle Maillard vint à passer pour se rendre au théâtre et le salua. On demanda à Maillard s'il connaissait cette jolie actrice : « Eh ! cadédis », répondit-il, « je suis pour le moins son amant ! » — « Touchez là », lui dit un jeune officier qui ne le connaissait pas, « je puis vous en dire autant. » Maillard quitta le ton plaisant pour apprendre à l'indiscret qu'il parlait au mari même de cette actrice. « Ma foi ! » repartit l'officier, « je suis fâché d'avoir été sincère, mais j'ai dit la vérité. » Maillard se battit et fut blessé comme cela devait être. (*Histoire des Petits Théâtres*, I, 253.)

(2) Je ne crois pas me tromper en disant que l'acteur de l'Ambigu-Comique Maillé, et l'auteur dramatique Maillé de Marencourt, qui fit représenter à ce théâtre diverses pièces : *l'Homme noir, ou le Spleen,* comédie en deux actes, en prose, *l'Homme comme il y en a peu,* comédie en deux actes, en prose, et qui travailla aussi pour les Variétés-Amusantes, pour les Ombres-Chinoises de Séraphin, etc., etc., ne sont qu'un seul et même personnage.

MAISONNEUVE, danseur de corde dans le jeu du nommé Sauvat, joueur de marionnettes, à la foire Saint-Laurent de 1754. Ce Maisonneuve changea de nom peu après et se fit appeler Neufmaison.

L'an 1754, le mercredi 25 ſeptembre, une heure de relevée, en l'hôtel et par-devant nous François Bourgeois, etc., eſt comparue Marie-Charlotte Maure, fille âgée de 20 ans, ouvrière en broderie, demeurante actuellement chez la dame Calmejeanne, maîtreſſe ſage-femme, rue Aubry-le-Boucher, paroiſſe St-Leu-St-Gilles : Laquelle nous a dit que s'étant trouvée à la foire St-Germain dans le jeu du ſieur Sauvat, joueur de marionnettes, dans le mois de février dernier, elle y a fait la connoiſſance du nommé Maiſonneuve, maître à danſer, qui danſoit pour ledit Sauvat : Lequel après avoir fait beaucoup d'amitié à la comparante, lui a pluſieurs fois propoſé de lui montrer à danſer. La comparante, qui demeuroit pour lors chez ſa mère, repréſenta audit Maiſonneuve que ſa mère ne ſouffriroit pas qu'elle apprît à danſer, mais ledit Maiſonneuve offrit de lui enſeigner dans la chambre qu'il occupoit au cinquième étage de la maiſon où demeure la veuve Maiſonneuve, ſa mère, maîtreſſe potière d'étain au Marché-Neuf. La comparante a eu la facilité d'aller dans ladite chambre où ledit Maiſonneuve lui a donné environ trente ou quarante leçons et, en les lui donnant, il lui a fait entendre qu'il l'aimoit véritablement et qu'il avoit deſſein de l'épouſer. La comparante, comptant ſur ſes promeſſes, ledit Maiſonneuve eſt venu à bout de la ſéduire en lui réitérant ſes promeſſes de l'épouſer, et la comparante ſe trouve enceinte de ſes œuvres d'environ ſept mois ; que même ledit Maiſonneuve a communiqué à la comparante une maladie vénérienne. La comparante, ſe trouvant tout à la fois attaquée de cette maladie et enceinte, a été obligée de ſe retirer chez ladite dame Calmejeanne où ſon mari, qui eſt chirurgien, l'a traitée et où elle eſt reſtée pour faire ſes couches. Et comme ledit Maiſonneuve refuſe d'épouſer la comparante, même de fournir ce qui eſt néceſſaire pour ſa ſubſiſtance, pour les frais de ſa maladie et de ſes couches, elle s'eſt retirée pardevant nous et nous a fait la préſente déclaration.

Signé : BOURGEOIS.

(*Archives des Comm.*, n° 1227.)

Voy. NEUFMAISON.

MALAGA (Mlle), l'une des plus célèbres danseuses de corde des Grands-Danseurs du Roi, a débuté à ce théâtre le jeudi 4 novembre 1784. Voici en quels termes un écrivain de nos jours, M. V. Fournel, a apprécié cette artiste : « Jeune personne à la physionomie suave et rêveuse, funambule de l'école métaphysique, pleine de poésie et d'expression, qui dansait sur la corde avec les ailes d'une sylphide et les grâces décentes chantées par Horace. »

(*Journal de Paris*, 4 novembre 1784. — V. Fournel, cité dans les *Merveilles de la Force et de l'Adresse*, par G. Depping, 190.)

MALTER (FRANÇOIS-DUVAL), l'un des directeurs du spectacle des Variétés-Amusantes depuis 1779 jusqu'à la fin de 1784, époque où il fut dépossédé par Gaillard et Dorfeuille.

Sur la requête préſentée au Roi étant en ſon Conſeil, par François-Duval Malter, ci-devant premier danſeur de l'Opéra, maître des ballets, propriétaire pour un tiers conjointement avec le ſieur Hamoire et le ſieur Mercier, auſſi chacun pour un tiers, du ſpectacle des Variétés-Amuſantes, contenant qu'un arrêt du propre mouvement de Sa Majeſté qui évoque à elle et à ſon Conſeil les conteſtations nées et à naitre entre les ſupplians et les ſieurs Gaillard et Dorfeuille, leur donne l'avantage de ſe préſenter aux pieds du trône pour réclamer contre les ſieurs Gaillard et Dorfeuille les reſtes malheureux d'une fortune qu'ils ont ſacrifiée à l'établiſſement du ſpectacle des Variétés-Amuſantes dont ils avoient reçu le privilége de la bienſaiſance et de la juſtice de Sa Majeſté.

Le ſieur Léclufe a obtenu, en 1778, le privilége d'élever un ſpectacle forain auquel il a donné ſon nom; mais comme il n'avoit ni la fortune, ni les talens néceſſaires pour réuſſir dans ce genre, ſon ſpectacle ne put ſe ſoutenir. Il devoit 44,822 l. 11 ſ. 10 d. qu'il avoit ſeulement dépenſés en une année. Trop vivement preſſé par ſes créanciers, il fut obligé de ſe réfugier au Temple. Le ſuppliant ſe préſenta avec le ſieur Hamoire pour reprendre ſon privilége. Ils eurent l'agrément du ſecrétaire d'État ayant le département de Paris et celui du ſieur Lieutenant général de police, mais à condition, néanmoins, qu'ils payeroient cette dette du ſieur Léclufe et qu'ils lui feroient une penſion de 4,000 l. par année. Ils furent encore chargés de payer au ſieur Bigotini, à qui on avoit fait eſpérer la direction de ce ſpectacle, une ſomme de 6,000 l. Dès ce moment, le ſuppliant et le ſieur Hamoire ſe mirent en poſſeſſion du ſpectacle du ſieur Léclufe auquel ils donnèrent le nom de Variétés-Amuſantes. Mais, pour le rendre digne du titre qu'ils lui avoient donné, il falloit faire beaucoup de dépenſes. Auſſi, après s'être aſſociés le ſieur Mercier pour faire une partie des fonds, en firent-ils de conſidérables pour établir ou louer et monter les trois ſalles qui ſont néceſſaires, l'une ſur le boulevard, l'autre à la foire St-Germain, et la troiſième à la foire St-Laurent. Comptant ſur la durée de leur privilége qui, ſuivant l'uſage, devoit être au moins de 15 ans, ils ont acheté, avec la permiſſion du miniſtère et du ſieur Lieutenant général de police, une maiſon et un terrain rues de Bondi et de Lancri, pour y conſtruire une ſalle. Elle fut, en effet, conſtruite et ils s'en ſervoient utilement lorſque l'Opéra ayant été établi à la porte St-Martin, il leur fut ordonné de ne pas ſe ſervir de leur ſalle rues de Bondi et de Lancri les jours de l'ouverture de l'Opéra et de ne ſe ſervir, ces jours-là, que de leur ſalle à la foire St-Germain, qui ne tenoit pas alors et qui, conſéquemment, n'étoit pas fréquentée. Pour faire ceſſer cet inconvénient funeſte pour le ſpectacle, le ſuppliant et ſes aſſociés ont été obligés de prendre à bail la ſalle des Élèves de l'Opéra et de vendre, à vil prix, leur terrain et leur ſalle rues de Bondi et de Lancri. Le bail de la ſalle des Élèves eſt du 24 avril 1784, pour neuf ans ; le ſieur Lieutenant général de police l'a approuvé de ſa ſignature. On conçoit aſſez que les conſtructions, les décorations de ces trois ſalles et les habits des acteurs pour chaque rôle, doivent avoir coûté beaucoup : auſſi les ouvriers et les fourniſſeurs ont-ils accordé de longs termes pour les payemens, ſans doute en conſidération de l'excès qu'ils ont mis dans leurs mémoires et par conſidération pour le ſuppliant et ſes aſſociés qui s'étoient réduits à ne toucher que chacun 1,000 l. par année juſqu'à ce qu'ils fuſſent payés. Ce n'étoit pas aſſez d'avoir pourvu aux emplacemens et aux décorations, il falloit des pièces et des acteurs. Le ſuppliant et ſes aſſociés ſavoient que leur ſpectacle ne ſeroit goûté et ſuivi qu'autant que les pièces ſeroient bonnes, honnêtes, décentes et que les acteurs auroient des talens ; ils n'épargnèrent rien pour remplir ces deux objets. Auſſi voit-on qu'ils ont payé aux auteurs 50,000 l. et que les appointemens des acteurs montoient annuellement de 72 à 75,000 l. Tant de ſacrifices ſoutenus de beaucoup de zèle et de complaiſance pour le public, ne purent manquer d'avoir un brillant ſuccès. Le public ſatisfait ſe portoit en foule aux Variétés-Amuſantes. Les recettes étoient conſidérables. Le ſuppliant et ſes aſſociés auroient liquidé leurs dettes en très-peu de tems ; mais Sa Majeſté ayant fait ordonner qu'il ſeroit payé à l'Opéra d'abord 12 livres, enſuite 36 livres par chaque repréſentation, et enſuite aux hôpitaux le quart de toute la recette même ſans déduire aucune des dépenſes, cette double perception montoit par chaque année, la première à plus de 12,000 l., la ſeconde à plus de 51,000 l. Néanmoins, le ſuppliant et ſes aſſociés voyoient encore d'aſſez près le terme où ils devoient avoir ſatisfait leurs créanciers lorſqu'il plut à Sa Majeſté, par lettres patentes du 18 juillet 1784, d'accorder à l'Académie royale de muſique le privilége excluſif d'exercer et faire exercer tous les théâtres forains ; mais, en lui accordant ce privilége, l'intention de Sa Majeſté n'étoit certainement pas qu'elle profitât des dépenſes qu'avoient faites les propriétaires de ces ſpectacles. Tout annonce au contraire que la volonté de Sa Majeſté étoit qu'ils fuſſent indemniſés. Le ſieur Gaillard, ci-devant chanteur aux Italiens, et le ſieur Dorfeuille, laſſés d'avoir inutilement couru la fortune ſur les théâtres de Lyon et de Bordeaux dont ils ont été alternativement les directeurs, voulurent eſſayer s'ils ne ſeroient pas plus heureux à Paris. Ils se présentèrent à l'Académie royale de musique pour prendre à bail les spectacles des Variétés-Amusantes et d'Audinot. Que risquoient-ils? Ils n'avoient rien : ils ne pouvoient rien perdre. Ils offrirent 30,000 l. par année pour chaque théâtre, c'étoit 60,000 l. pour les deux. Cette proposition avantageuse fut favorablement écoutée par l'Académie royale de musique et d'après la procuration du 30 août dernier, le mandement et la décision du sieur secrétaire d'État ayant le département de Paris et l'ordonnance du sieur Lieutenant général de police, il fut passé bail aux sieurs Gaillard et Dorfeuille le 18 septembre 1784. Le suppliant et ses associés auroient désiré connoître cette procuration, ce mandement et cette ordonnance en vertu desquels le bail a été fait. Sans doute, ils y verroient les ordres exprès du ministre d'imposer aux sieurs Gaillard et Dorfeuille l'obligation de les indemniser entièrement. Mais les sieurs Gaillard et Dorfeuille, à qui ces pièces sont sûrement contraires, se sont bien gardés de les leur communiquer, quoiqu'ils en aient été sommés juridiquement. Au reste, on peut juger des ordres du ministre par les clauses mises dans le bail du 18 septembre. Par cet acte « Le sieur Jansen a affermé pour 15 ans, à compter du 1er janvier 1785, aux sieurs Gaillard et Dorfeuille, la portion du privilège accordé à l'Académie royale de musique par l'arrêt du 18 juillet précédent, pour l'exploitation des spectacles connus sous les noms d'Ambigu-Comique et des Variétés-Amusantes, moyennant 60,000 l. de loyer par an, à raison de 30,000 l. par chacun, payables par quartier d'avance. Pour par eux régir et gouverner lesdits spectacles, soit dans leurs emplacemens actuels, si les sieurs Gaillard et Dorfeuille en traitent avec les propriétaires, soit dans tous autres endroits qu'ils se procureront avec l'agrément du sieur Lieutenant général de police et aux charges et conditions auxquelles ils se sont soumis solidairement, savoir : 1° ils se conformeront aux règlemens de police pour l'administration intérieure et extérieure desdits spectacles; 2° ils payeront aux anciens directeurs desdits spectacles les indemnités ou pensions qu'ils ont droit de prétendre légitimement; 3° ils maintiendront et exécuteront tous les marchés faits par les entrepreneurs actuels de l'Ambigu-Comique et des Variétés-Amusantes avec les différens sujets employés à ces spectacles jusqu'à la clôture annuelle et prochaine desdits théâtres; 4° ils s'arrangeront si faire se peut et si bon leur semble avec les propriétaires et créanciers des Variétés-Amusantes et avec le sieur Audinot et autres propriétaires du spectacle de l'Ambigu-Comique et traiteront avec eux tant des salles que de tout ce qui sert à l'exploitation desdits spectacles en quoi qu'il puisse consister, à l'amiable, ou à dire d'experts, de manière que l'on ne puisse rien imputer à l'Académie s'il arrivoit cessation de spectacle. S'obligeant lesdits sieurs Dorfeuille et Gaillard de la garantie de tous événemens à ce sujet. Lesdits Dorfeuille et Gaillard pourront entrer en jouissance dudit privilège pour les Variétés-Amusantes dès le 1er octobre prochain et en user à cette époque, en payant toutefois à ladite Académie royale de musique, entre les mains de son caissier, les trois mois dudit loyer d'avance, sur le pied desdites 30,000 l. convenues pour chaque année dudit bail pour le ſpectacle des Variétés-Amuſantes. A l'égard de l'Ambigu-Comique, ils ne pourront uſer dudit privilége qu'à compter dudit jour premier janvier prochain, juſqu'au quel tems la faculté d'ouvrir ſon ſpectacle eſt laiſſée à l'ancien directeur aux mêmes conditions que par le paſſé. »

On voit régner dans cet acte cet eſprit de juſtice et d'équité qui dirige toutes les déciſions du Conſeil de Sa Majeſté. C'eſt ce même eſprit qui a préſidé à la rétroceſſion faite au ſuppliant et ſes aſſociés en 1779 du privilége du ſieur Léclufe, à la charge de payer ce qu'il avoit dépenſé et devoit et de lui faire une penſion de 4,000 livres. C'eſt enfin ce même eſprit qui a dirigé les clauſes du bail fait par l'Académie royale de muſique aux ſieurs Gaillard et Dorfeuille. D'après ce bail, ils pouvoient, au 1er octobre, exercer le privilége qu'avoit autrefois le ſuppliant et ſes aſſociés, de jouer la comédie ſur le théâtre des Variétés-Amuſantes, mais il eſt clair qu'il falloit d'abord qu'ils payaſſent aux ſupplians les indemnités et penſions que l'acte déclare leur être dues et que, s'ils vouloient ſe ſervir de leurs ſalles et de tout ce qui ſert à l'exploitation de ce ſpectacle, ils commençaſſent par traiter avec eux, cela étoit indiſpenſable; que juſque-là le ſuppliant et ſes aſſociés, qui ne pouvoient pas leur empêcher de jouer la comédie puiſqu'ils en avoient ſeuls le privilége, étoient en droit de leur refuſer leurs ſalles, leurs décorations, leurs habits et leurs pièces. Mais les ſieurs Gaillard et Dorfeuille, au lieu d'exécuter les clauſes de leur bail et de traiter à l'amiable avec le ſuppliant et ſes aſſociés de leurs ſalles et de tout ce qui en dépend, s'en ſont emparés ſans bourſe délier, ſe contentant de leur faire faire, par exploit du 25 ſeptembre, des offres dériſoires de ſatisfaire aux engagemens contractés et autres objets légitimement dus et fondés en titre, le tout d'après l'examen des pièces : comme ſi des offres de cette nature pouvoient tenir lieu de payement et de traité. Le ſuppliant et le ſieur Hamoire lui ont répondu le 30 du même mois par un acte extrajudiciaire dans lequel ils leur ont déclaré quelles étoient et à quoi montoient les indemnités qu'ils exigeoient; ils ont en même tems ſommé les ſieurs Gaillard et Dorfeuille de les leur payer ſinon, ou faute de le faire dans le jour, ils leur ont déclaré qu'ils s'oppoſoient à ce qu'ils ſe ſerviſſent de leurs ſalles et de tout ce qui en dépendoit, à ce que les perſonnes chargées des clefs leur ouvriſſent les portes, enfin à ce qu'on repréſentât aucune de leurs pièces. Ce réquiſitoire fut non-ſeulement ſignifié aux ſieurs Gaillard et Dorfeuille, mais encore à toutes les parties intéreſſées et aux auteurs. Toutes les demandes du ſuppliant et du ſieur Hamoire étoient on ne peut plus juſtes; les ſieurs Gaillard et Dorfeuille ne pouvoient ſe diſſimuler que leur titre de ceſſionnaires du privilége de l'Opéra ne leur donnoit pas le droit de s'emparer des ſalles du ſuppliant et de tout ce qui en dépendoit : ils commencèrent par ſe faire un titre apparent et pour cela ils s'adreſſèrent à la majeure partie des créanciers des ſupplians avec leſquels ils offrirent de traiter de leurs créances. Ces créanciers, qui étoient des fourniſſeurs dont les mémoires non arrêtés étoient ſuſceptibles d'une réduction confidérable, traitèrent facilement avec les fieurs Gaillard et Dorfeuille; et il y a lieu de croire qu'ils diminuèrent de beaucoup leurs prétentions. Ils pafsèrent des actes devant notaires les 1, 5 et 6 octobre par lefquels les fieurs Gaillard et Dorfeuille parurent avoir acheté et payé 116,523 l. de créances, mais l'acte même fournit la preuve qu'ils n'en ont réellement payé que 23,125 livres, fi toutefois cette fomme n'eft pas, comme on doit le croire, le prix des facrifices que les créanciers auront faits; le furplus, montant à la fomme de 93,128 livres, eft annoncé leur avoir été prêté par un homme qui eft leur commis pour leur livre de ferrurerie. C'eft une rufe dont iis fe font fervis pour paroitre être les ceffionnaires des créanciers et diffimuler les conventions fecrètes dont le fuppliant et fes affociés ne doivent jamais être les victimes. Munis d'un acte authentique en apparence, les fieurs Gaillard et Dorfeuille qui n'avoient pas ofé fe mettre en poffeffion des falles du fuppliant et de fes affociés fans cette précaution et qui, conféquemment, n'avoient pu au 1er octobre exercer le privilége que leur avoit concédé l'Opéra de faire jouer la comédie au lieu du fuppliant et de fes affociés, déclarèrent hautement leurs intentions. Ils annoncèrent qu'en qualité de ceffionnaires des créanciers du fpectacle des Variétés-Amufantes, ils avoient des droits certains fur leurs falles de fpectacle. Ils fe fervirent de ce vain titre pour en impofer à l'autorité fupérieure et forcer le fuppliant et fes affociés à leur laiffer tranquillement envahir leur fortune. La foire St-Laurent finiffoit le 10 octobre; ils voulurent jouer le 11 pour la première fois dans la falle des boulevards. Ils s'emparèrent dès le 7 de la falle et du magafin général et enfuite, défirant avoir en apparence les formes de leur côté, ils firent, le 8 octobre, en vertu de l'ordonnance du fieur Lieutenant général de police appofée au bas de la requête qu'ils lui ont préfentée, affigner le fuppliant et fes affociés à comparoir le 11 devant le magiftrat pour voir dire que « 1° Me Vanglenne, commiffaire, procéderoit à l'inventaire de tous les objets mobiliers du fpectacle et étant dans les trois falles et dans les magafins des Variétés, pour, jufqu'à la clôture de cet inventaire, ces objets mobiliers demeurer en la garde de ceux qui en font chargés, être enfuite par eux remis aux fieurs Gaillard et Dorfeuille qui s'en chargeront, récolement préalablement fait; 2° et cependant que dès le jour de cette requête, par provifion et fans attendre la clôture de l'inventaire, attendu l'urgence du cas, ils fuffent autorifés à fe fervir, tant de la falle des boulevards que de fes décorations, habits, uftenfiles, pièces et autres objets pour le jour de la rentrée de ce fpectacle fur les boulevards (11 octobre), de la même manière et ainfi que les créanciers dont ils ont acquis les droits, étoient dans celui de s'en fervir, et à faire même, dès le moment de cette requête (7 octobre), les préparatifs pour l'ouverture, aux offres de ne rien dénaturer jufqu'à la clôture de l'inventaire provifoire, aux offres que les fieurs Gaillard et Dorfeuille ont réitérées, par cette requête, d'exécuter les engagemens et marchés faits avec les acteurs et autres fujets avec lefquels il en a été fait par les précédens entrepreneurs et leurs créanciers unis. » Les fupplians remarqueront en paſſant, pour ſe juſtifier de l'imputation calomnieuſe que les ſieurs Gaillard et Dorſeuille leur ont faite d'élever des conteſtations, que ce ſont eux-mêmes qui ont employé les premiers les ſecours des tribunaux. Cette demande des ſieurs Gaillard et Dorſeuille étoit abſolument inutile. Pourquoi demander l'inventaire et la jouiſſance proviſoire de tout ce qui ſervoit à l'exploitation du ſpectacle des ſupplians puiſqu'à ce moment et dès le 7 du même mois ils s'étoient mis en poſſeſſion de la ſalle des Élèves de l'Opéra qui étoit le magaſin des trois ſalles et qu'ils avoient fait menacer les ſupplians de priſon s'ils paroiſſoient? N'étoit-ce pas une véritable dériſion? A quoi pouvoit ſervir cet inventaire s'il n'étoit pas accompagné d'une priſée? Et qui pouvoit faire cette priſée ſi ce n'eſt les gens de l'art chacun dans leur partie? Le ſuppliant et ſes aſſociés n'ayant pas jugé à propos de comparoître, ſentence eſt intervenue le 11 qui, au principal, renvoya les parties à l'audience et, ſur le proviſoire, adjuge aux ſieurs Gaillard et Dorſeuille leurs concluſions. Les ſieurs Gaillard et Dorſeuille ne purent faire ſignifier cette ſentence que le 11 fort tard et donnèrent en même tems aſſignation au 12 pour être préſens à l'état ordonné. Mais la ſalle fut ouverte pour le public le 11 à 4 heures. Les repréſentations furent faites ce jour; ainſi, quand les ſieurs Gaillard et Dorſeuille n'auroient pas été en poſſeſſion à cette époque, ce qui eſt impoſſible puiſqu'il falloit qu'ils préparaſſent les pièces, les décorations et les acteurs, il eſt bien certain qu'ils avoient mis la main ſur le magaſin du ſuppliant et de ſes aſſociés et ſur tout ce qu'il contenoit avant que l'inventaire ordonné pût être commencé. Le ſuppliant auroit pu, ſans doute, trouver dans les formes et dans les tribunaux ſupérieurs des moyens certains d'arrêter l'exécution de la ſentence du ſieur Lieutenant général de police et d'empêcher les ſieurs Gaillard et Dorſeuille de ſe ſervir de ce qui lui appartenoit, mais les voies de forme et de droit auroient empêché ou retardé l'ouverture du ſpectacle à 5 heures, le ſuppliant ſe ſeroit rendu répréhenſible envers le public et le magiſtrat chargé de la police; on l'avoit d'ailleurs menacé de priſon lui et ſes aſſociés. Le parti qu'il devoit prendre étoit le ſilence; mais le ſanctuaire de la juſtice étoit ouvert à leurs réclamations; ils pouvoient y déférer la conduite des ſieurs Gaillard et Dorſeuille et former contre eux toutes ſortes de demandes : il n'eſt permis à perſonne de s'emparer du bien d'autrui. Les créanciers du ſpectacle commençoient à pourſuivre le ſuppliant et ſes aſſociés. Me Bigot de la Boiſſière, procureur au Parlement, les avoit fait aſſigner au Parlement le 6 octobre, le ſieur Ducheſne leur avoit donné aſſignation au Châtelet le 7 et les ſieurs Gaillard et Dorſeuille avoient ſaiſi le tribunal de la police le 8. Déférés à la fois dans trois tribunaux différens pour des conteſtations qui dérivoient de la même ſource, le ſuppliant, défendeur originaire au Parlement, crut devoir y porter la demande en garantie qu'il avoit droit de former contre les ſieurs Gaillard et Dorſeuille. Il préſenta ſa requête au Parlement et il y prit contre les ſieurs Gaillard et Dorſeuille et contre Me Bigot de la Boiſſière, des concluſions qu'il ſeroit trop long de rapporter ici. Elles tendoient à faire garantir le ſuppliant et ſes aſſociés de toutes actions quelconques relativement au ſpectacle et à leur accorder les indemnités qui leur étoient dues. Cette requête fut répondue d'une ordonnance de *viennent et ſoient parties appelées*. En conſéquence, toutes les parties intéreſſées furent aſſignées au Parlement les 25 et 27 octobre; mais, dans le tems que le ſieur Malter ſe pourvoyoit au Parlement, les ſieurs Gaillard et Dorſeuille s'étoient pourvus au Conſeil et Sa Majeſté a cru devoir rendre, de ſon propre mouvement, un arrêt de ſon Conſeil, le 16 octobre dernier, qui évoque à ſon Conſeil toutes les conteſtations nées et à naitre entre les ſieurs Gaillard et Dorſeuille et les ſieurs Malter, Hamoire et Mercier, circonſtances et dépendances, faiſant déſenſe aux parties de faire, pour raiſon deſdites conteſtations, aucune procédure ailleurs qu'au Conſeil et à tous juges d'en connoître à peine de nullité, caſſation de procédures et jugemens, 1,000 l. d'amende et de toutes pertes, dépens, dommages et intérêts. Si le ſuppliant eût eu, ſur-le-champ, connoiſſance de cet arrêt, il ſe fût donné de garde de préſenter au Parlement ſa requête en garantie contre les ſieurs Gaillard et Dorſeuille; mais il ne lui a été ſignifié que le 27 après midi, et à ce moment l'ordonnance du Parlement étoit rendue et les aſſignations données. Plein de reſpect pour les ordres ſuprêmes de Sa Majeſté, le ſuppliant n'a point été en avant. Il s'adreſſera à Sa Majeſté elle-même puiſque Sa Majeſté ne dédaigne pas de l'entendre; il va ſoumettre à ſa juſtice les réclamations qu'il a droit de faire contre les ſieurs Gaillard et Dorſeuille.

Le ſuppliant et ſes aſſociés étoient-ils propriétaires du ſpectacle des Variétés-Amuſantes, des trois ſalles dans leſquelles ſe donnoit ce ſpectacle et de tous les objets néceſſaires à ſon exploitation? Pouvoient-ils légalement être dépouillés de cette propriété? L'ayant été de fait, pouvoient-ils obtenir des indemnités et quelles doivent être ces indemnités? Telles ſont les queſtions qu'il s'agit d'examiner.

Premièrement, le ſuppliant et ſes aſſociés étoient propriétaires du ſpectacle des Variétés-Amuſantes, des trois ſalles dans leſquelles ſe donnoit ce ſpectacle et de tous les objets néceſſaires à ſon exploitation. C'eſt au Souverain ſeul qu'appartient le droit d'accorder un privilége d'élever et d'exploiter un ſpectacle; ſi la conceſſion s'eſt faite gratuitement, c'eſt un don; ſi elle eſt faite moyennant un prix fixé ou une rente, on doit la regarder comme une véritable vente ou un bail qui eſt lui-même une vente pour un tems et le conceſſionnaire doit s'en regarder comme le propriétaire : il a acheté, il a payé ou paye tous les jours, la choſe lui appartient. Quand Sa Majeſté veut accorder le privilége d'élever un ſpectacle à Paris, le Secrétaire d'État ayant le département de la capitale, donne des ordres au Lieutenant général de police; le Lieutenant général de police fait les conditions et les conventions, et tout ce qu'il fait eſt cenſé émaner de l'autorité ſouveraine. Tels ſont les principes invariables ſur leſquels roulent toutes les opérations du miniſtère. C'eſt de cette manière que le ſuppliant et ſes aſſociés ont obtenu en 1779 la conceſſion du privilége d'un ſpectacle qu'ils ont appelé les Variétés-Amuſantes. Cette conceſſion ne leur a pas été faite à titre gratuit, ce n'étoit donc pas un don. On leur a imposé la condition de payer 44,822 l. 11 f. 6 deniers que devoit le sieur Léclufe, de lui faire en outre une pension viagère de 4,000 l. et de payer 6,000 l. au sieur Bigotini. Le privilége qu'on leur accordoit étoit donc une vente; ils l'ont acheté, ils l'ont payé et le payoient tous les jours : ils en étoient donc propriétaires. A la vérité, le tems que devoit durer cette propriété n'étoit pas fixé, mais elle devoit durer autant que le privilége, et comme tout privilége dure ordinairement 15 ans, le suppliant et ses associés devoient compter sur 15 années de jouissance du spectacle des Variétés-Amusantes; et ce tems n'étoit pas trop long si l'on fait attention aux dépenses considérables que cet établissement devoit occasionner et conséquemment à la difficulté de faire rentrer les deniers avancés. Aussi le suppliant le répète, c'est dans la pleine confiance qu'ils avoient dans les grâces de Sa Majesté et dans la durée de leur privilége qu'ils ont fait les plus grands sacrifices pour bien monter leur spectacle; qu'ils ont fait d'abord construire deux salles et qu'ils en ont loué une troisième; qu'ayant été obligés, par ordre supérieur, d'en abandonner une sur laquelle ils ont perdu beaucoup, ils en ont loué une autre; qu'ils ont décoré ces trois salles; qu'ils ont fait faire des machines, des habits pour les acteurs; qu'ils ont acheté pour 50,000 l. de pièces, qu'ils ont enfin dépensé leur fortune pour payer une partie du prix qu'ont coûté tous ces objets et contracté des engagemens pour acquitter le reste. Il seroit injuste de prétendre que parce que le suppliant et ses associés n'avoient pas par écrit le privilége que leur accordoit Sa Majesté ainsi que le tems de sa durée, leur propriété n'étoit pas certaine et qu'ils ne devoient pas y compter, le suppliant a toujours eu la plus grande confiance dans la parole des ministres de Sa Majesté; il sait qu'elle est invariable comme la loi et pour qu'elle soit exécutée il n'est pas nécessaire qu'elle soit écrite : ainsi loin d'ici toute idée de surprise. Le ministre qui avoit le département de Paris en 1779 n'avoit certainement pas l'intention de ruiner le suppliant et ses associés en leur accordant le privilége d'élever un spectacle; il vouloit qu'ils en jouissent pendant tout le tems que durent ordinairement les priviléges, c'est-à-dire pendant 15 années. Le suppliant et ses associés étoient donc véritablement propriétaires du privilége des Variétés-Amusantes. A l'égard de la propriété des trois salles et de tout ce qui en dépend dont les sieurs Gaillard et Dorfeuille se sont emparés, il n'y a pas lieu de croire qu'on se décide à les contester au suppliant. Car quoique les sieurs Gaillard et Dorfeuille aient annoncé qu'en qualité de concessionnaires des droits des différens créanciers des supplians, ils avoient le droit d'en jouir, ils ne porteront certainement pas la mauvaise foi ou l'aveuglement jusqu'à prétendre que le suppliant et ses associés aient pu en être dépouillés et qu'ils ne doivent pas en être payés. Ainsi à l'époque où Sa Majesté a réuni à l'Académie royale de musique tous les priviléges des spectacles forains, le suppliant ainsi que ses associés devoient donc être regardés comme propriétaires du privilége des Variétés-Amusantes, des trois salles dans lesquelles se donnoit ce spectacle et de tous les objets nécessaires à son exploitation. Secondement, le suppliant et ſes aſſociés ne pouvoient pas être dépouillés de cette propriété; l'ayant été cependant, ils doivent obtenir des indemnités. Les lois qu'il importe le plus de faire obſerver dans tout gouvernement et principalement dans un gouvernement monarchique, ſont celles de la propriété : il eſt eſſentiel au bon ordre général comme au bonheur de chaque individu, que chaque particulier conſerve ce qui lui appartient. Auſſi de tous les tems les propriétés ont-elles été en France regardées comme ſacrées; Sa Majeſté elle-même, quoique revêtue d'une autorité ſouveraine, s'eſt impoſé l'obligation de les reſpecter et même de les défendre lorſqu'elles ſont attaquées. Ces principes fondamentaux de tout gouvernement ſage et éclairé ſe retrouvent dans toutes les ordonnances dictées par la ſageſſe légiſlative. Il n'eſt point de faveur, point de grâces, point de conceſſions émanées de la bienfaiſance royale qui ne réſerve, ſinon explicitement, au moins implicitement, les droits d'autrui. C'eſt d'après ces maximes conſtantes et invariables qu'en tranſportant en 1779 au ſuppliant et à ſes aſſociés le privilége d'élever un ſpectacle forain accordé au ſieur Lécluſe en 1778, Sa Majeſté a ordonné qu'ils indemniſeroient entièrement le ſieur Lécluſe; auſſi ont-ils dû traiter avec lui, ſous l'inſpection du ſieur Lieutenant général de police. Ils ſe ſont obligés à lui payer la ſomme de 44,822 l. 11 ſ. 10 d. qu'il devoit à ſes créanciers, de lui faire une penſion viagère de 4,000 l. par année et de payer au ſieur Bigotini une ſomme de 6,000 l. Le ſieur Lécluſe avoit commencé ſon établiſſement ſans fortune, il devoit abſolument tout ce qu'il poſſédoit, et le ſuppliant et ſes aſſociés, en traitant avec lui de la manière qu'ils viennent de rapporter, lui avoient certainement accordé beaucoup plus qu'il ne pouvoit eſpérer. Auſſi fut-il entièrement ſatisfait et jamais on n'entendit de ſa part aucune plainte. En rendant l'arrêt du Conſeil du 18 juillet dernier, qui réunit à l'Opéra tous les priviléges des ſpectacles forains, en permettant à l'Académie royale de muſique de donner à bail, comme elle a fait, aux ſieurs Gaillard et Dorſeuille, pour 15 années, les deux ſpectacles des ſupplians et d'Audinot, Sa Majeſté n'a certainement pas eu l'intention de déroger à ſa juriſprudence conſtante de n'accorder de priviléges que ſauf les droits d'autrui. Sa Majeſté a porté ſon attention paternelle beaucoup plus loin; car ſi le ſuppliant avoit pu ſe procurer le mandement du ſieur baron de Breteuil, viſé dans le bail, il y auroit infailliblement vu que Sa Majeſté y donnoit des ordres pour qu'à l'exemple du ſieur Lécluſe, le ſuppliant et ſes aſſociés fuſſent entièrement indemniſés : c'eſt du moins ce que les clauſes du bail fait aux ſieurs Gaillard et Dorfeuille, qui doivent être conformes aux volontés ſuprêmes de Sa Majeſté, donnent lieu de penſer. Ce bail enfin, où on reconnoît la juſtice et l'équité royale ſi reſpectable, s'accorde parfaitement avec les grands principes ſur les propriétés qui ont été établis plus haut. Les ſupplians y ramèneront les ſieurs Gaillard et Dorfeuille. Ils le leur montreront comme la règle de leur conduite; ſans doute ils ne ſe plaindront pas qu'on les force à exécuter une loi qu'ils ſe ſont impoſée eux-mêmes. Ce bail commence par déclarer d'abord « que le ſpectacle des Variétés-Amuſantes, celui d'Audinot eſt cédé aux ſieurs Gaillard et Dorfeuille pour 15 années, pour par eux les régir et gouverner ſoit dans leurs emplacemens actuels, ſi les ſieurs Gaillard et Dorfeuille en traitent avec les propriétaires, ſoit dans tous autres endroits qu'ils ſe procureront avec l'agrément du ſieur Lieutenant général de police et aux charges et conditions auxquelles ils ſe ſont ſoumis ſolidairement. » L'Académie royale de muſique n'accordoit donc pas aux ſieurs Gaillard et Dorfeuille le droit de ſe ſervir des trois ſalles du ſuppliant et de ſes aſſociés, elle le leur permettoit ſeulement, mais toutefois en traitant avec eux : ſans l'exécution de cette première condition, il falloit abſolument conſtruire trois autres ſalles, mais alors il falloit obtenir l'agrément du ſieur Lieutenant général de police. Cette clauſe n'avoit abſolument pour objet que d'empêcher les ſieurs Gaillard et Dorfeuille de ruiner les ſupplians ou en ne ſe ſervant pas des trois ſalles ou en faiſant dans le traité une loi trop dure. « Les ſieurs Gaillard et Dorfeuille », continue l'acte, « payeront aux anciens directeurs deſdits ſpectacles les indemnités ou penſions qu'ils ont droit de prétendre légitimement. » L'Académie royale de muſique reconnoiſſoit donc qu'il étoit dû au ſuppliant et à ſes aſſociés des indemnités ou penſions et qu'ils avoient le droit d'en prétendre légitimement. Ces indemnités étoient juſtes. Le ſuppliant et ſes aſſociés avoient le privilége d'exploiter le théâtre des Variétés-Amuſantes; ils avoient été obligés, pour l'exercer, de faire beaucoup de dépenſes, d'acheter des pièces, de faire faire des décorations, des habits; ils devoient retirer des bénéfices qui les auroient dédommagés; ils s'en trouvoient privés par le bail fait aux ſieurs Gaillard et Dorfeuille. Les trois ſalles qu'ils occupoient leur avoient conſidérablement coûté à établir. La perte pour eux étoit réelle, ſoit qu'ils en traitaſſent ou qu'ils n'en traitaſſent pas; il étoit bien juſte qu'on les indemniſât. On ne pouvoit pas équitablement leur refuſer des penſions, ils avoient rendu à l'Opéra et aux hôpitaux des ſervices trop réels et trop importans par leurs travaux et leurs peines. L'Opéra a, pendant quelques années, retiré 12,000 l. par année de leur ſpectacle; par la ſuite il en retira trente. Les regiſtres de recette prouvent que les hôpitaux avoient reçu 51,000 l. pour un an et qu'ils devoient par la ſuite en retirer la même ſomme. Qui plus qu'eux méritoit penſion? Et qui devoit acquitter ces penſions et indemnités?... Les ſieurs Gaillard et Dorfeuille. Ils payeront, dit le bail, aux anciens directeurs deſdits ſpectacles les indemnités ou penſions qu'ils ont droit de prétendre légitimement. Il falloit donc préalablement à toute priſe de poſſeſſion et avant de faire uſage des trois ſalles et même du privilége, régler et payer la quotité des indemnités, régler et aſſurer la quotité et le payement des penſions. Si, ſur la fixation de la quotité, il y avoit des difficultés, il falloit la faire décider par les tribunaux. Voilà la conduite que leſdits ſieurs Gaillard et Dorfeuille devoient tenir. « Ils maintiendront », continue le bail, « et exécuteront tous les marchés faits par les entrepreneurs actuels de l'Ambigu-Comique et des Variétés-Amuſantes, avec les différens ſujets employés auxdits ſpectacles juſqu'à la clôture annuelle et prochaine deſdits théâtres. » Sans l'exécution de cette clauſe, le ſuppliant et ſes aſſociés ſe ſeroient trouvés expoſés à des pourſuites de la part des acteurs; il étoit juſte que les ſieurs Gaillard et Dorfeuille les en garantiſſent, et la plus ſûre manière de ne mécontenter perſonne, étoit de les obliger à les conſerver. D'ailleurs c'étoit leur intérêt et ils n'auroient pu faire autrement. Enfin, la dernière clauſe du bail qui a rapport au ſuppliant et à ſes aſſociés, porte textuellement « qu'ils s'arrangeront ſi faire ſe peut et ſi bon leur ſemble avec les propriétaires et créanciers des Variétés-Amuſantes et avec le ſieur Audinot et autres propriétaires du ſpectacle de l'Ambigu-Comique et traiteront avec eux tant des ſalles que de tout ce qui ſert à l'exploitation deſdits ſpectacles en quoi qu'il puiſſe conſiſter, à l'amiable et à dire d'experts, de manière que l'on ne puiſſe rien imputer à ladite Académie s'il arrivoit ceſſation de ſpectacle : s'obligeant leſdits ſieurs Gaillard et Dorfeuille de la garantie de tous événemens à ce ſujet. » Cette dernière clauſe explique aſſez clairement l'intention et la volonté de l'Académie royale de muſique de reſpecter la propriété du ſuppliant et de ſes aſſociés. Elle leur enlève leur privilége du ſpectacle des Variétés-Amuſantes, mais après avoir, abſtraction faite de la jouiſſance ou de la non-jouiſſance de leurs ſalles et de ce qui en dépend, décidé que les ſieurs Gaillard et Dorfeuille leur payeroient des indemnités et des penſions. Par cette dernière clauſe elle porte ſes vues plus loin. Prévoyant que les ſieurs Gaillard et Dorfeuille ne pourroient ſe diſpenſer de ſe ſervir des ſalles, des décorations et des pièces appartenantes au ſuppliant et à ſes aſſociés, elle les oblige à traiter avec eux, et comment? A l'amiable, ſinon à dire d'experts; c'eſt-à-dire ſuivant l'eſtimation qui en ſeroit faite par des gens de l'art pour chaque partie. De cette manière il ne pouvoit pas y avoir de difficultés entre les ſieurs Gaillard et Dorfeuille et les ſupplians. Enfin, l'Académie connoiſſant le peu de délicateſſe des ſieurs Gaillard et Dorfeuille, craignant qu'ils ne vouluſſent pas ſatisfaire les ſupplians et reconnoiſſant cependant le droit qu'avoient le ſuppliant et ſes aſſociés de former contre elle des actions en garantie, elle charge les ſieurs Gaillard et Dorfeuille de la garantie de tous événemens à ce ſujet. Il faut en convenir, l'Académie royale de muſique s'eſt bien conformée aux volontés de Sa Majeſté; ſes intentions ſont pures, ſa conduite eſt irrépréhenſible; elle juſtifie ce que le ſuppliant a avancé qu'on ne pouvoit pas légalement les dépouiller de la propriété que lui et ſes aſſociés avoient du privilége des trois ſalles et de tout ce qui compoſoit le ſpectacle des Variétés-Amuſantes. Au lieu de reſpecter les propriétés du ſuppliant et de ſes aſſociés, de tranſiger avec eux ſur les indemnités et penſions qui leur étoient dues, les ſieurs Gaillard et Dorfeuille, ſans traiter, ſans s'arranger avec eux et ſans même leur parler, ont annoncé le 25 ſeptembre qu'ils les excluroient et les dépouilleroient le 1er octobre; ils ont en effet exécuté cet étonnant projet le 10 du même mois et même auparavant. Ils ſont alors entrés dans la ſalle ſur le boulevard, qui eſt le magaſin général des trois ſalles, ils ont mis la main ſur tout ce qui y eſt renfermé, ils ſe ſont ſervis de toutes les décorations et des habits néceſſaires pour jouer la comédie, ils ont fait jouer les pièces que le fuppliant et fes affociés avoient payées 50,000 l. C'eft ainfi que les lois de la propriété, que la volonté de Sa Majefté, que les intentions du miniftre équitable chargé du département de Paris, que celles du fieur Lieutenant général de police, que celles de l'Académie royale de mufique ont été violées. En vain ont-ils voulu légitimer leurs ufurpations par des formes inutiles : tout ce qu'ils pouvoient dire, tout ce qu'ils pouvoient faire ne pouvoit jamais réparer leurs torts. Il falloit qu'ils exécutaffent leur bail et qu'ils commençaffent, avant d'entrer en jouiffance, par traiter avec le fuppliant et fes affociés fur les indemnités et fur les dommages et intérêts qu'ils leur devoient légitimement. Mais qu'ils n'efpèrent pas pouffer plus loin leurs intrigues et leurs manœuvres; qu'ils n'efpèrent pas conferver encore longtems la fortune des fupplians qu'ils ont envahie. Sa Majefté veut bien s'abaiffer jufqu'à prendre elle-même connoiffance de leur conduite et les forcera malgré eux à être juftes et à rendre aux fupplians ce qui leur appartient. Le fuppliant a démontré que lui et fes affociés avoient une propriété réelle, que les fieurs Gaillard et Dorfeuille s'en étoient emparés, qu'ils en jouiffent actuellement; il eft de la juftice et de la raifon qu'ils en payent le prix. Telle eft l'intention de Sa Majefté et de fes miniftres. Telle eft la volonté de l'Académie royale de mufique. Il ne s'agit plus maintenant que d'établir et fixer les indemnités qui leur font dues. Troifièmement, quelles font ces indemnités? Le fuppliant et fes affociés avoient le privilége d'élever un fpectacle. Pour faire valoir ce privilége, ils ont été obligés de contracter plufieurs engagemens. Il eft jufte qu'on les délie et qu'on les en garantiffe. Telle eft donc la première efpèce de l'indemnité due aux fupplians. Les fieurs Gaillard et Dorfeuille fe chargeront de continuer et d'exécuter le bail fait de la falle de la foire St-Laurent, lequel a commencé le..... et finit le..... ou ils s'arrangeront avec les propriétaires de manière que le fuppliant et fes affociés n'en soient aucunement inquiétés. Il en fera de même de celui de la foire St-Germain qui a commencé le 4 décembre 1783 et qui doit durer cinq ans, ainfi que de celui de la falle des boulevards dans l'endroit ci-devant occupé par les Élèves de l'Opéra; il a commencé le 24 avril 1784 fur l'approbation et la fignature du fieur Lieutenant général de police et doit durer neuf ans. Les fieurs Gaillard et Dorfeuille maintiendront tous les marchés faits avec les acteurs, les auteurs, tous les ouvriers, fourniffeurs du fpectacle des Variétés-Amufantes ou de ceux qui y font attachés et ils en apporteront décharge et garantie au fuppliant et à fes affociés; ils acquitteront également la rente de 4,000 l. due au fieur Léclufe. Le fuppliant et fes affociés doivent aux fourniffeurs une partie de ce qu'ils ont fourni pour le fpectacle; l'état du montant de ces créances, ainfi que celui des fommes reçues à compte, eft dépofé chez Me Girard, notaire. Les fieurs Gaillard et Dorfeuille feront faire l'épurement du compte; ils fe chargeront d'en payer le reliquat; ils en apporteront acquit et décharge aux fupplians; ils payeront au fieur Duchefne la fomme de 5,000 l. à lui due pour anciens loyers de la falle de la foire St-Germain; ils payeront les penfions et loyers de 600 l. dus à la dame

Alexandre et de 300 l. due au ſieur Lecornu, pour le terrain qu'ils occupoient, à eux appartenant, ſur le boulevard; enfin, ils payeront la ſomme de 19,000 l. reſtante de celle de 24,000 due au ſieur Lancri, pour le terrain de la rue de Bondi qu'ils avoient acheté de lui à l'effet d'y faire conſtruire une ſalle. Toutes ces ſommes ſeront payées ſuivant les mémoires quittancés et autres pièces juſtificatives, les ùnes étant entre les mains du commiſſaire Vanglenne et les autres à juſtifier. La ſeconde eſpèce d'indemnité due au ſuppliant et à ſes aſſociés conſiſte à leur payer toutes les ſommes qu'ils juſtifieront avoir payées eux-mêmes. Le ſuppliant et ſes aſſociés ne devoient pas tout ce qu'ils avoient fait faire et tout ce qu'ils poſſédoient; ils en avoient, au contraire, payé la majeure partie, et puiſque les ſieurs Gaillard et Dorſeuille ſe ſont mis en poſſeſſion de tout, il eſt dans les règles de la juſtice que non-ſeulement ils payent ce que le ſuppliant et ſes aſſociés doivent, mais encore ce qu'ils ont payé à compte des choſes dont ils jouiſſent actuellement. Ces deux ſommes, celle à payer aux créanciers et celle qui a déjà été payée, feront le véritable prix de la fortune du ſuppliant et de ſes aſſociés. Les ſommes payées par le ſuppliant et ſes aſſociés ſont : 1° celle de 44,822 l. 11 ſ. 2 d. que le ſieur Léclufe devoit à ſes acteurs et fourniſſeurs et qu'ils ont payée ſuivant la quittance de Me Morin, notaire, le 19 juillet 1783; 2° celle de 6,000 l. payée au ſieur Bigotini; 3° celle de 50,000 l. payée aux auteurs pour jouer leurs pièces que perſonne ne doit jouer dans aucun ſpectacle public ſans la permiſſion du ſuppliant et de ſes aſſociés, qui en ſont les propriétaires, ſauf à augmenter cet article d'après la communication des actes, pièces et état qui ſont entre les mains de Me Vanglenne ou du ſieur Lemercier, aſſocié, qui les a priſes en communication; 4° celle de 3,000 l. avancée et payée au ſieur Chapelier pour le loyer de ſon terrain pendant neuf ans; 5° celle de 2,800 avancée et payée au ſieur Ducheſne lors du bail du 4 décembre 1783, à imputer ſur la dernière des cinq années de jouiſſance; 6° celle de 3,040 pour différens pots de vin payés à l'occaſion des baux; 7° celle de 2,000 l. avancée à l'ouverture faite en 1781 et non rembourſée; 8° celle de 19,000 l. payée au ſieur Lancri ſur les 24,000 qui lui étoient dues pour ſon terrain. Toutes ces ſommes réunies forment un total de 130,662 livres 11 ſ. 6 d. qu'il faut néceſſairement que les ſieurs Gaillard et Dorfeuille payent au ſuppliant et à ſes aſſociés. La troiſième eſpèce d'indemnité due au ſuppliant et à ſes aſſociés, eſt celle qu'ont droit de réclamer tout propriétaire ou tout locataire dépoſſédé. Le ſuppliant a démontré, dans ſes moyens, que le privilége qui lui avoit été accordé de continuer le ſpectacle du ſieur Léclufe, ne devoit pas être regardé comme un don puiſqu'il n'avoit pas été gratuit, mais qu'il devoit paſſer pour une véritable vente, y ayant eu un prix ſans lequel il n'eût pas été accordé, et que, conſéquemment, les ſupplians devoient s'en regarder comme propriétaires incommutables ou au moins comme bailliſtes pour l'eſpace de 15 années. Nous avons démontré que la juſtice, les principes du gouvernement, l'intention du miniſtre et celle de l'Académie royale de muſique les reconnoiſſoient et les avoient reconnus pour tels; or, non-ſeulement on doit payer à l'ancien propriétaire ou bailliſte tous les objets dont il ſe ſervoit et qu'on veut reprendre et qu'on reprend effectivement; mais on lui doit encore des indemnités pour les pertes et le changement qu'on lui occaſionne. Les indemnités ſont dues en proportion des peines qu'il a priſes, des riſques qu'il a courus pour améliorer la choſe et de l'avantage réel qu'il a procuré. Le ſuppliant et ſes aſſociés qui ont fait revivre le ſpectacle de Lécluſe par le choix des auteurs et des acteurs, par leur intelligence, leurs peines, leurs ſoins, leur probité, ſont bien dans cette circonſtance. Les ſommes que les ſieurs Gaillard et Dorfeuille leur devroient pour cet objet ſeroient conſidérables ſi le ſuppliant réclamoit les indemnités qui ſont dues au propriétaire évincé; mais il veut bien ſe borner à celles dues aux bailliſtes. C'eſt au moins ce qu'il a droit de prétendre; car, quand on ſuppoſeroit, ce qui ne peut être, que la durée du privilége des ſupplians n'eût pas été de 15 ans, au moins ne pourroit-on refuſer de convenir qu'elle devoit être auſſi longue que le bail qui leur a été fait ſous les yeux et du conſentement du ſieur Lieutenant général de police, de la ſalle des Élèves de l'Opéra. Tout ce que le magiſtrat fait en cette qualité eſt, comme on le prouve, cenſé émaner de l'autorité ſouveraine, et comme il a conſenti que les ſupplians fiſſent un bail de neuf ans pour exercer le privilége qui leur étoit accordé d'exploiter le ſpectacle des Variétés-Amuſantes, il faut en conclure que ce magiſtrat, et conſéquemment le gouvernement, a reconnu que ce privilége étoit au moins de 9 années : or, l'uſage du Parlement de Paris, qui ſert comme de droit commun, eſt d'accorder à ceux qui ſont dépoſſédés d'un bail ſimple, une indemnité compoſée de la moitié du revenu annuel du bail. Quel étoit donc le produit annuel du bail du privilége des Variétés-Amuſantes lors de ſa deſtruction arrivée le 18 ſeptembre pour le 1er octobre 1784? Le voici : il étoit payé par année au ſieur Lécluſe 4,000 l.; à l'Opéra, pour les dernières années, 11,376 l.; les hôpitaux ont retiré 51,000 l.; les baux des trois ſalles étoient de 10,000 l. Ces quatre ſommes formoient alors le prix du bail et montent à 76,376 l. La dernière année étoit donc de 38,188 l. Il ſeroit donc juſte que les ſieurs Gaillard et Dorfeuille payent cette ſomme aux ſupplians. Mais la quatrième et dernière eſpèce d'indemnité que les ſupplians réclament n'eſt ni moins juſte, ni moins favorable que les autres. Elle dérive de l'augmentation que le ſuppliant et ſes aſſociés ont fait des revenus de l'Opéra et des ſecours qu'ils ont donnés aux hôpitaux. D'un côté, l'Opéra ne retiroit ci-devant du ſpectacle dont ils avoient le privilége que 12,000 l. par année, il en doit retirer à l'avenir 30,000 l. et, ſuppoſant toujours que ce privilége n'eût duré qu'autant que le bail fait aux ſupplians par les ordres du ſieur Lieutenant général de police, cette augmentation produira de plus au bout de 8 années et demie 158,306 et pour les ſix autres années ſuivantes et neuf mois 121,054 l. L'Opéra retirera donc pendant 15 ans et trois mois que doit durer le privilége des ſieurs Gaillard et Dorfeuille, de plus que par le paſſé, 279,360 l. D'un autre côté, les hôpitaux ont retiré et retireront annuellement du ſpectacle des

Variétés-Amusantes 51,000 l. C'est à la décharge de l'État que le spectacle du suppliant a procuré aux hôpitaux 51,000 l. et que l'Opéra, qui appartient à l'État et qui est à sa charge, retirera à l'avenir 30,000 l. par année. C'est à l'État que le suppliant devroit s'adresser pour obtenir la récompense des services réels ; mais les sieurs Gaillard et Dorfeuille se sont chargés de tout acquitter et de garantir entièrement l'Opéra et, par conséquent, l'État ; c'est donc aux sieurs Gaillard et Dorfeuille que le suppliant doit la demander : il la fixera pour lui à 3,000 l. par année, payables en 12 termes égaux. Cette somme ne paroîtra pas sûrement trop forte eu égard aux avantages qu'ils ont procurés. Enfin, les recettes du spectacle des Variétés-Amusantes étoient considérables : déduction faite des charges à prélever, il restera encore un bénéfice important. Ce bénéfice, dont les sieurs Gaillard et Dorfeuille vont profiter, est l'ouvrage du suppliant et de ses associés. N'est-il pas juste que les sieurs Gaillard et Dorfeuille leur en payent la valeur? Ils se réservent pour cet article à la somme de cent mille livres à partager entre eux. Telles sont les indemnités que les sieurs Gaillard et Dorfeuille ne peuvent se dispenser de payer aux supplians. Le résultat leur en paroîtra sans doute effrayant, mais aussi absorbe-t-il la fortune de trois particuliers honnêtes qui y ont employé non-seulement tout ce qu'ils possédoient alors, mais encore tout ce qu'ils ont gagné depuis. Les sieurs Gaillard et Dorfeuille n'ont aucune dépense à faire, ils vont retirer le fruit des travaux du suppliant et de ses associés : quand on retire les bénéfices, c'est bien le moins qu'on paye les charges. Et pour justifier du contenu en la présente requête, le suppliant produira les pièces qui suivent : la première, des 18 et 25 septembre 1784, est la copie signifiée au suppliant du bail fait par l'Opéra aux sieurs Gaillard et Dorfeuille. La seconde, du 8 octobre suivant, est copie signifiée de la requête présentée par les sieurs Gaillard et Dorfeuille au sieur Lieutenant général de police et l'assignation à comparoir le 11 dudit pardevant ce magistrat. La troisième, du 6 dudit mois d'octobre, est la copie signifiée de l'assignation donnée au suppliant à la requête de Me Bigot de la Boissière à comparoir au Parlement pour lui payer ses frais. La quatrième, du 7 dudit mois d'octobre, est l'assignation donnée au suppliant à la requête du sieur Duchesne, à comparoir au Châtelet. La cinquième, du 25 octobre dernier, est copie imprimée du réquisitoire signifié aux sieurs Gaillard et Dorfeuille. La sixième, du 21 octobre, est copie imprimée du réquisitoire signifié par le sieur Hamoire aux sieurs Gaillard et Dorfeuille. La septième, du 25 octobre, est copie de la requête présentée au Parlement par le suppliant au bas de laquelle est l'ordonnance de *soient parties appelées*. La huitième, du 28 octobre, est l'assignation donnée au suppliant à la requête du sieur Lécluse à comparoir au Châtelet. La neuvième et dernière est un imprimé contenant copie de l'arrêt du Parlement qui permet aux parties d'assigner en cette Cour. Autre copie d'un arrêt de cette Cour qui évoque et fait défenses de procéder ailleurs qu'en cette Cour. Autre copie de l'arrêt du Conseil rendu, du propre mouvement de Sa Majesté, le 16 octobre, qui évoque au Confeil toutes les conteftations des parties, ledit arrêt fignifié le 27 dudit mois d'octobre. Enfin, copie du réquifitoire fignifié par le fieur Hamoire tendant à ce que l'arrêt d'évocation du Confeil foit fignifié à toutes les parties y dénommées ; enfemble la fignification qui en a été faite le..... novembre dernier : Requéroient à ces caufes les fupplians qu'il plût à Sa Majefté leur donner acte de ce que, en exécution et pour fatisfaire à l'arrêt d'évocation du 16 octobre 1784, ils emploient le contenu en ladite requête ; y faifant droit, ordonner : 1° que les fieurs Gaillard et Dorfeuille feront tenus folidairement de garantir, acquitter et indemnifer le fuppliant et les fieurs Hamoire et Mercier, fes affociés, des demandes formées contre eux par Me Bigot de la Boiffière, procureur au Parlement de Paris, et des condamnations qui pourroient intervenir à fon profit en principaux, intérêts et frais. 2° Déclarer nulle et de nul effet l'oppofition faite le 30 feptembre dernier fous les noms des fieurs Marguerit et baron de Courville, dont les fieurs Gaillard et Dorfeuille font les ceffionnaires, ès mains du fieur Marger, caiffier des Variétés-Amufantes ; en tout cas en prononcer la main-levée ainfi que de toutes autres faites ou à faire. 3° Ordonner que dans huitaine, à compter du jour de la fignification de l'arrêt à intervenir, lefdits fieurs Gaillard et Dorfeuille feront tenus de donner quittance et décharge au fuppliant et à fes affociés de tous les droits, actions et créances d'une partie des créanciers des fupplians dont lefdits fieurs Gaillard et Dorfeuille fe font fait faire le tranfport avec fubrogation par les actes paffés devant Girard, notaire à Paris, les premier, cinq et fix octobre dernier, finon et à faute de ce faire dans ledit délai de huitaine et en vertu dudit arrêt fans qu'il en foit befoin d'autre, déclarer lefdits droits, actions, créances et prétentions defdits créanciers folutes et acquittées tant envers le fuppliant et les fieurs Hamoire et Mercier qu'envers lefdits fieurs Gaillard et Dorfeuille. 4° Ordonner que lefdits Gaillard et Dorfeuille feront tenus folidairement d'apporter et juftifier, dans le délai de huitaine, acquit, quittance et décharge aux fupplians de tous les droits, actions et créances des ouvriers dudit fpectacle autres que ceux dénommés dans les ceffions ci-deffus énoncées, finon et à faute de ce faire dans ledit délai, les condamner à acquitter, garantir et indemnifer le fuppliant et les fieurs Hamoire et Mercier de toutes répétitions à ce fujet. 5° Ordonner que les fieurs Gaillard et Dorfeuille feront tenus folidairement, dans un femblable délai de huitaine, d'apporter au fuppliant et aux fieurs Hamoire et Mercier acquit, quittance et décharge de tous les baux et engagemens par eux contractés envers M. de Chavannes, le fieur Duchefne, le fieur Lecornu, la dame veuve Alexandre et tous autres à titre de loyer, penfions ou autrement, à caufe de la location et jouiffance des falles et terrains dudit fpectacle des Variétés-Amufantes, aux boulevards, à la foire St-Germain, à la foire St-Laurent, finon et à faute de ce faire dans ledit délai de huitaine et icelui paffé, condamner folidairement les fieurs Gaillard et Dorfeuille à acquitter, garantir et indemnifer le fuppliant et les fieurs Hamoire et Mercier de tout ce qui fera dû en principaux, intérêts et frais et à juftifier du payement des loyers et penſions à fur et à meſure qu'ils échoiront; et, pour aſſurer leſdits payemens, condamner leſdits Gaillard et Dorſeuille à dépoſer la ſomme qu'il plaira à Sa Majeſté arbitrer ou à fournir bonne et ſuffiſante caution : décharger en tant que de beſoin le ſuppliant et ſes aſſociés de la rente de 4,000 l. due au ſieur Léclufe pour ledit ſpectacle ou, en tout cas, la continuer et en juſtifier les payemens. Comme auſſi les condamner d'exécuter le marché annuel fait avec le ſieur Handrenin pour l'illumination du ſpectacle et tous les autres marchés faits avec les acteurs et ouvriers et autres attachés audit ſpectacle et en apporter décharge au ſuppliant et à ſes aſſociés, ſinon à les garantir et indemniſer de toutes répétitions à cet égard. 6° Condamner les ſieurs Gaillard et Dorſeuille à payer, dès à préſent, en l'acquit et décharge des ſupplians, au ſieur Ducheſne la ſomme de 5,000 l. à lui due de loyers, intérêts et frais. 7° Condamner leſdits ſieurs Gaillard et Dorſeuille ſolidairement à rembourſer au ſuppliant et à ſes aſſociés : 1° la ſomme de 130,662 livres 11 ſols 10 deniers pour l'article des indemnités ci-devant détaillées, ladite ſomme payée par le ſuppliant et ſes aſſociés à différentes perſonnes pour le ſpectacle des Variétés-Amuſantes. 2° La ſomme à laquelle ſe trouveront monter les payemens faits des deniers du ſuppliant et des ſieurs Hamoire et Mercier et de ceux provenant de la recette dudit ſpectacle à la maſſe des créanciers des ſupplians pour ſolde ou à compte tant des conſtructions et réparations faites dans les ſalles dudit ſpectacle que des décorations, uſtenſiles, habillemens et autres choſes compoſant le magaſin dudit ſpectacle, avec les intérêts deſdites ſommes à compter du 20 octobre 1784, jour de la demande. 8° Condamner les ſieurs Gaillard et Dorſeuille à payer aux ſupplians la ſomme de cent mille livres pour, avec la penſion ci-après énoncée, compléter les indemnités qui leur ſont dues. 9° Condamner leſdits ſieurs Gaillard et Dorſeuille ſolidairement à payer au ſuppliant et au ſieur Hamoire une penſion annuelle et viagère de 3,000 l. à chacun, payable en douze termes égaux de mois en mois et ce pour les avantages qu'ils ont procurés à l'Académie royale de muſique et aux hôpitaux, ſauf au ſieur Mercier à s'arranger à cet égard avec leſdits ſieurs Gaillard et Dorſeuille. 10° Ordonner que les ſieurs Hamoire et Mercier ſeront tenus de ſe joindre au ſuppliant pour lui faire adjuger ſes concluſions, ſinon et à faute de ce faire, les condamner à acquitter, garantir et indemniſer chacun pour leur tiers des condamnations qui pourroient intervenir contre eux à ce ſujet en principaux, intérêts et frais, et ce pendant, condamner par corps le ſieur Hamoire à communiquer dans le jour au ſuppliant les titres, pièces, papiers et renſeignemens qu'il a relatifs audit ſpectacle et notamment ceux qu'il a pris en communication de Me Vanglenne, commiſſaire, et aux dommages et intérêts réſultant du retard de ladite communication. 11° Ordonner que l'arrêt à intervenir ſera déclaré commun avec leſdits ſieurs Hamoire et Mercier, le ſieur Ducheſne, la veuve Alexandre, le ſieur Lecornu et tous autres propriétaires deſdites ſalles et terrains ſur leſquels elles ſont conſtruites et avec tous ouvriers, fourniſſeurs ou leurs repréſentans et autres parties intéreſſées. 12° Condamner leſdits ſieurs Gaillard et Dorfeuille en tous les dépens, faits et à faire, et dans le cas où Sa Majeſté, avant faire droit aux parties ſur le principal, jugeroit à propos d'ordonner que la préſente requête feroit communiquée aux ſieurs Gaillard et Dorfeuille et aux autres parties intéreſſées pour y répondre dans le délai du règlement, dans ce cas, condamner par proviſion les ſieurs Gaillard et Dorfeuille ſolidairement et par corps à payer au ſuppliant une ſomme de 12,000 l.

Vu ladite requête ſignée Perdry, avocat du ſuppliant, et les pièces y attachées; ouï le rapport : Le Roi étant en ſon Conſeil a ordonné et ordonne que ladite requête ſera communiquée auxdits ſieurs Gaillard et Dorfeuille, Hamoire, Mercier et autres parties intéreſſées, à l'effet d'y répondre dans le délai du règlement pour ce fait, ou à faute de ce faire dans ledit tems et icelui paſſé, être par Sa Majeſté ſtatué ainſi qu'il appartiendra. Le 22 janvier 1785.

Signé : HUE DE MIROMESNIL.

(*Reg. du Conseil d'État*, E, 2614.)

Voy. GAILLARD; GEORGES; LEMERCIER.

MALTER (PIERRE-CONRAD), danseur au spectacle de l'Ambigu-Comique en 1788.

Mardi 15 avril 1788, 9 heures et demie du ſoir.

François Boishue, ſergent, à la réquiſition du ſieur Arnould, codirecteur du ſpectacle de l'Ambigu-Comique, a arrêté Pierre-Conrad Malter et Jean-Touſſaint Gougibus, danſeurs dudit ſpectacle, pour lui avoir manqué et avoir fait des menaces (1). Relaxés.

(*Archives des Comm.*, n° 5022.)

MANFREDI (JOSEPH), montreur d'animaux et de curiosités aux foires et sur les quais en 1750.

L'an 1750, le jeudi 21 mai, trois heures de relevée, par-devant nous Thomas-Joſeph-Jean Regnaudet, etc., en notre hôtel, eſt comparu Joſeph Manfredi, Piémontois de nation, demeurant depuis quinze ans en cette ville de Paris et actuellement ſur le quai Pelletier : Lequel nous a fait

(1) Ces deux danseurs avaient dit des insolences à Arnould, qui leur reprochait d'être arrivés trop tard et d'avoir failli faire manquer la pantomime annoncée. On jouait ce soir-là à l'Ambigu : *les Quatre fils Aymon*, pantomime en trois actes à grand spectacle, par Arnould-Mussot, précédée du *Manteau* et de l'*Homme noir, ou le Spleen*, comédie de Gernevalde, retouchée par Maillé de Marencourt.

plainte contre le nommé Ogimbel Toſcan, Italien de nation, ſe diſant opérateur, et dit qu'au mois de mars dernier lui plaignant et ledit Toſcan ſe ſont aſſociés enſemble, ſuivant un écrit fait double entre eux, pour faire voir au public pendant trois mois, ſavoir le plaignant un grand lion à lui appartenant et ledit Toſcan un oiſeau rare et curieux, et ce à moitié de gain et moitié de frais et nourriture. Que pour cet effet, le plaignant a loué une boutique ſur ledit quai neuf dont il paye le loyer en ſon nom. Les choſes en cet état, il n'y a ſortes d'injures et de mauvais traitemens dont ledit Toſcan et ſa femme n'accablent continuellement le plaignant et ſa femme pour les obliger à céder leur lion moyennant ce qu'ils voudroient leur donner et de quitter ladite boutique, ce qui ne ſeroit pas raiſonnable, cette boutique ayant été louée, comme dit eſt, au plaignant et non audit Toſcan; que d'ailleurs ce dernier doit au plaignant une ſomme de 92 livres pour ſa moitié tant du loyer de ladite boutique que des tapiſſeries, chaiſes et bancs, dont il ne peut tirer un ſol dudit Toſcan, qui eſt un homme brutal auquel il n'eſt pas poſſible de faire entendre raiſon et dont le but n'eſt uniquement que de fatiguer le plaignant par des injures, menaces et mauvais traitemens qu'il ne ceſſe journellement d'exercer ſur lui et ſa femme, juſque-là même qu'il l'a menacé que ſon lion ne vivroit pas longtems. Et comme le procédé dudit Toſcan ne peut être regardé que comme une tyrannie qu'il exerce ſur le plaignant et ſa femme; que d'ailleurs il a avec lui deux ſinges qui ne ſont pas compris dans la permiſſion que leur a accordée M. le Lieutenant général de police, leſquels deux ſinges ont mordu pluſieurs perſonnes, raiſon pour laquelle le plaignant l'a engagé pluſieurs fois à renfermer leſdits deux ſinges, ainſi que lui plaignant a fait de deux ſinges qu'il a auſſi, ſans que ledit Toſcan en ait voulu rien faire; que d'un autre côté ledit Toſcan arrache les dents dans ladite boutique ſans en avoir non plus la permiſſion, ce qui pourroit encore cauſer de la peine au plaignant dans le cas où ledit Toſcan ſeroit ſaiſi. Dans ces circonſtances, pour parvenir à ſe ſéparer d'avec un homme tel que Toſcan et l'obliger à lui payer ladite ſomme de 92 livres, il eſt venu nous rendre la préſente plainte.

Signé : GIUSEPPE MANFREDI ; REGNAUDET.

(*Archives des Comm.*, nº 1447.)

MANON (Mlle CARRÉ, dite), actrice de l'Ambigu-Comique, puis du théâtre des Grands-Danseurs du Roi en 1773.

(*Almanach forain*, 1773. — *Le Chroniqueur désœuvré*, I, 90.)

MANUEL, danseur de corde du théâtre des Grands-Danseurs du Roi en 1787.

(*Journal de Paris*, juin 1787.)

MARANESI (Cosimo) parut au théâtre de l'Opéra-Comique pendant la foire Saint-Laurent de 1752, et y dansa le pas des *Sabotiers* dans le *Jardin des Fées,* ballet-pantomime de Sodi, avec un grand succès. Il dansa également dans les *Batteurs en grange,* ballet-pantomime du même; dans les *Tailleurs,* pantomime, et dans les *Charbonniers,* ballet.

(*Dictionnaire des Théâtres,* VI, 392, 432, 555, 707, 721.)

MARC, sauteur, est le premier qui ait joué en France le rôle de *Gilles.* Il faisait partie de la troupe d'Alard en 1697.

(*Mémoires sur les Spectacles de la Foire,* I, 6.)

MARCADET (Jean-Rémy), né vers 1755, était acteur au théâtre de l'Ambigu-Comique en 1770.

Du mardi 17 juillet 1770, neuf heures du ſoir, ſur le boulevard.

Jean-Remi Marcadet, âgé de 14 ans et demi, acteur chez le ſieur Audinot, maître de ſpectacle ſur le boulevard, a été courir dans la journée de manière qu'il eſt revenu au jeu pris de boiſſon et hors d'état de pouvoir jouer. Il a été emmené par Pierre-Marie-Joſeph Hurpi, âgé de 25 ans paſſés, et par Auguſtin Jeandro, âgé de 21 ans et demi, tous deux engagés avec ledit ſieur Audinot pour ſon ſpectacle et étant auſſi revenus pleins de boiſſon au point de manquer auſſi leur devoir. Leſdits particuliers ayant promis de ne plus manquer à leur devoir et avoir bonne conduite, ont été relaxés à cette condition.

(*Archives des Comm.,* n° 3777.)

MARCEL, acteur de la troupe de Saint-Edme pendant la foire Saint-Germain de 1718. Il remplissait les rôles d'*amoureux.*

(*Dictionnaire des Théâtres,* III, 304.)

MARGOT (Mlle), danseuse de corde et voltigeuse, débuta à la foire Saint-Laurent de 1709 au jeu tenu par Dolet et Delaplace dans une pantomime intitulée : *les Poussins de Léda.* Cet ouvrage était une parodie de la tragédie des *Tyndarides* de Danchet, et avait été composé par un nommé Faroard ; il rapporta quelque argent à son auteur, qui crut devoir en gratifier Mlle Margot à cause du succès qu'elle avait procuré à la pièce et peut-être aussi à cause de sa jolie figure. A la foire Saint-Germain de 1711, cette danseuse s'engagea dans la troupe de Saint-Edme, où elle recueillit de nombreux applaudissements, et alla donner ensuite des représentations en province.

(*Dictionnaire des Théâtres*, III, 314 ; IV, 223.)

MARIGNY (Mlle), danseuse du spectacle des Variétés-Amusantes en 1782 ; elle était âgée de 7 ans et demi.

(*Journal de Paris*, 4 octobre 1782.)

MARIN, détestable acteur du spectacle des Variétés-Amusantes, renonça au théâtre pour se faire coiffeur.

(*Le Chroniqueur désœuvré*, I, 39.)

MARQUIS (JEAN), précurseur de Séraphin, tenait en 1773, sur le boulevard du Temple, un spectacle d'ombres chinoises en société avec une dame Baron.

L'an 1773, le lundi 7 juin, huit heures du matin, font comparus en l'hôtel et par-devant nous Nicolas Maillot, etc., Jean Marquis, directeur des Ombres chinoifes dont il tient fpectacle fur le boulevard du Temple, Thérèfe Meynère, fa femme, demeurant et logeant rue Boucherat, au Marais, chez le fieur Potin, perruquier et logeur, et Marie-Anne-Antoinette Marquis, leur fille, âgée de 14 ans, demeurant avec eux : Lefquels nous ont rendu plainte contre le nommé Antoine Riguegueri, joueur de mandoline, demeurant fur le boulevard du Temple, maifon de la dame Baron, leur affociée, et dit que le mercredi, 26 mai dernier, dans la matinée, ledit Riguegueri, après avoir fait entendre à la ladite fille Marquis qu'il l'aimoit et qu'il vouloit l'époufer, et après lui avoir fait de grandes promeffes, l'a déterminée à s'en aller avec lui dans un carroffe de place qu'il avoit tout près dans le bout de la rue Charlot et dans lequel il l'a fait monter dans un cabinet à un quatrième ou cinquième étage d'une maifon fituée dans une rue qu'elle ne connoit pas, mais qui lui a paru être occupée par bas par un cordonnier, après lui avoir fait faire différens tours dans Paris, apparemment pour l'empêcher de connoître l'endroit où il la conduisoit. Qu'étant ainsi avec elle dans ce cabinet, il lui a fait différentes propositions et promesses, entre autres de se marier avec elle et obliger ses père et mère, par son absence de chez eux, d'y consentir et de lui donner à elle différens bijoux, comme montre d'or et tabatière d'or, ensemble une mandoline. Qu'il a fait tout son possible, tant par ses promesses que par ses caresses, de la voir charnellement et même, sur sa résistance et s'étant mis en colère, il lui a dit qu'il l'étrangleroit si elle n'y consentoit pas; qu'il l'a même forcée à transcrire une lettre qu'il a faite par laquelle il paroissoit qu'elle l'avoit provoqué à l'enlever de chez ses père et mère et de la conduire où il voudroit. Qu'enfin, en continuant ses caresses et menaces, il l'a vue charnellement contre son gré et l'a retenue dans ce cabinet jusqu'au lendemain. Qu'ayant absolument voulu sortir de ce cabinet et s'en aller, il lui a dit qu'il alloit et il a été effectivement trouver ses père et mère auxquels il a avoué ce qu'il avoit fait et leur a demandé leur fille en mariage, après leur avoir juré et attesté qu'il étoit garçon, parce qu'il passoit pour être marié, en leur ajoutant que si ils n'y consentoient, et ainsi qu'il l'avoit dit à leur fille dans le cabinet, qu'il la retireroit de ce cabinet, l'emmèneroit en campagne où elle seroit ignorée de tout le monde. Qu'eux, père et mère, pour recouvrer leur fille, lui ont fait telles promesses qu'il a voulu; et, sur ces promesses, il a emmené la mère dans une rue à elle inconnue, sans vouloir qu'elle entrât dans aucune maison, l'a fait attendre et enfin lui a amené sa fille qu'elle a emmenée chez elle, où est aussi allé ledit Riguegueri auquel ils ont continué la promesse de lui donner leur fille dans le cas où il ne seroit pas marié. Mais comme il est fort douteux qu'il soit garçon, ainsi qu'il l'a mis en avant, et que, d'ailleurs, il leur est revenu que ledit Riguegueri est un libertin qui a même voulu encore séduire et enlever ladite fille Marquis, ils ont été conseillés de nous rendre la présente plainte.

Signé : JEAN MARQUIS; TÉRÉSA MEYNERA; M. A. MARQUIS; MAILLOT.

(*Archives des Comm.*, n° 3780.)

MARSET (LOUIS-PIERRE), danseur de l'Ambigu-Comique en 1782.

Voy. BEAUPRÉ.

MARTIN (DENIS), né vers 1713, compagnon imprimeur et acteur du jeu de l'Artificier hollandais à la foire Saint-Laurent de 1757.

Voy. ARTIFICIER HOLLANDAIS.

MARTIN (Pierre-Toussaint), né en 1731, praticien de marionnettes chez Sylvestre Leblanc, entrepreneur de spectacles en 1751, épousa plus tard la fille de Nicolas Bienfait II, habile joueur de marionnettes, dont il devint l'associé. Leur théâtre était situé rue Saintonge, près le boulevard du Temple, et porta quelque temps le nom de Petits-Comédiens du Marais. Ils le cédèrent en mai 1762 à un entrepreneur de spectacles nommé Rossignol.

Voy. Bienfait II; Leblanc.

MARVILLE, acteur de l'Opéra-Comique en 1745.

(*Histoire de l'Opéra-Comique*, I, 459.)

MASSON, acteur du théâtre de l'Ambigu-Comique, débuta vers 1781 à la Comédie-Italienne.

(*Le Chroniqueur désœuvré*, I, 98.)

MASSON (Mlle), habile écuyère de la troupe de Hyam, dit *le Héros anglais,* parut avec succès en 1774 au Colysée, et en 1775 au boulevard du Temple.

Voy. Hyam.

MASSON (Joséphine-Louise), actrice du boulevard, fit d'abord partie de la troupe de l'Ambigu-Comique, où elle jouait les *amoureuses* en 1775. En 1777 elle remplit avec un grand succès, à ce théâtre, le principal rôle dans la *Belle au bois dormant*, pantomime à grand spectacle d'Arnould-Mussot, et en 1778, celui de *Colette* dans le *Juge ridicule, ou les Chevilles;* petite pièce de Labussière. En 1780, Mlle Masson était attachée au spectacle des Grands-Danseurs du Roi et y a représenté, entre autres rôles : *Isabelle* dans le *Triomphe de l'amour conjugal*

(22 avril 1780); *Iris* dans *Vénus pèlerine,* comédie de Robineau de Beaunoir (24 avril 1780); et le principal personnage dans le *Chasseur anglais*, grande pantomime à machines (23 juillet 1780). Au mois de mai de l'année 1781, Mlle Masson était rentrée au théâtre de l'Ambigu-Comique. La fin de sa carrière fut bien triste; Brazier nous dépeint en ces termes la profonde misère où elle était tombée au commencement de ce siècle. « Une actrice nommée Louise Masson vint jouer chez Audinot la *Belle au bois dormant,* deux cents représentations ne suffirent pas pour rassasier le public. La cour et la ville, comme on disait alors, voulurent voir cette actrice extraordinaire; les journaux du temps assurent que cette demoiselle Masson était d'une beauté remarquable. Elle reçut les hommages de tout ce qu'il y avait d'aimable et de riche à Paris. Elle dissipa en folles dépenses des sommes considérables, et, après avoir passé par tous les degrés de l'infortune, je l'ai vue, moi, je l'ai vue en 1803, pauvre et misérable, affublée d'une robe de gaze en hiver, chanter avec un ancien comédien de province, sur ce même boulevard, témoin de ses triomphes, les duos du *Tableau parlant* et de *Blaise et Babet.* Tous deux faisaient des gestes, des agaceries comme s'ils eussent encore été sur un théâtre. Quand la scène étoit jouée, le vieillard faisait humblement la quête en disant : « Messieurs, ayez pitié de Mlle Louise Masson « qui a fait courir tout Paris dans la *Belle au bois dormant!* » Ce spectacle faisait peine à voir et j'ai souvent senti mes yeux humides en déposant ma modeste offrande dans la petite tasse de porcelaine. »

(*Almanach forain*, 1776. — *Journal de Paris*, 22, 24 avril; 23 juillet 1780. — Brazier, *Histoire des Petits Théâtres*, I, 178.)

Lundi 3 juillet 1780, 8 heures du soir.

Charles Suti, ſergent de la diviſion commandante, vient de ramener des priſons du For-l'Évêque, Joſéphine Maſſon, actrice de Nicolet, qui y avoit été détenue en vertu des ordres de M. le Lieutenant général de police; comme elle n'étoit pas dans un tems heureux, elle a eſſuyé une révolution qui l'a jetée dans un état de ſpaſmodie étonnant et elle eſt tombée dans des convulſions et des évanouiſſemens conſidérables. Pourquoi nous l'avons fait conduire chez elle à la charge par elle de se représenter au For-l'Évêque quand elle sera rétablie pour y subir la peine due à ses fautes et à ses écarts (1).

(*Archives des Comm.*, nº 5022.)

Voy. BITHEMER; MAYEUR.

MATTHEWS, Anglais, directeur d'une troupe pantomime, donna des représentations sur le théâtre de l'Opéra-Comique, alors momentanément supprimé, pendant la foire Saint-Laurent de 1745. Matthews agissait au nom et sous l'autorité de Favart, directeur de l'Opéra-Comique. Voici les titres de la plus grande partie des pièces qui furent jouées par cette troupe pantomime : *le Désespoir favorable*, pantomime (16 juillet); *l'Œil du Maître*, pantomime (24 juillet); *l'Expédition militaire*, pantomime (7 août); *l'Obstacle favorable*, pantomime (28 août), et *les Vendanges de Tempé*, pantomime de Favart (28 août) qui obtint un immense succès et fut jouée en 1752 à la Comédie-Italienne sous le titre de : *la Vallée de Montmorency, ou les Amours villageois.*

(*Dictionnaire des Théâtres*, II, 285, 469; IV, 15; VI, 69, 469.)

MAUGÉ, acteur de l'Ambigu-Comique, a joué à ce théâtre *Cascaret, confident de Carmagnole*, dans *Carmagnole et Guillot Gorju*, tragédie pour rire de Dorvigny et Dancourt, représentée le 2 janvier 1782.

(Brochure intitulée : *Carmagnole et Guillot Gorju.* Avignon, Garrigan, 1791.)

MAURICE (JEANNE GODEFROY, femme de MORITZ VON DER BEEK, dite la dame, puis la veuve).

Voy. ci-après.

---

(1) Mlle Masson avait été envoyée au For-l'Évêque pour infractions commises, pendant la représentation de la veille, aux ordonnances de police régissant les théâtres. On jouait le 2 juillet 1780, au théâtre des Grands-Danseurs du Roi : *Vénus pèlerine*, comédie de Robineau de Beaunoir, précédée de la *Cacophonie*, pièce du même auteur, et le spectacle se terminait par le Défi des Sauts périlleux, exécuté par les sauteurs, et par la Danse de corde.

MAURICE (MORITZ VON DER BEEK, dit), né vers 1649, fut l'un des plus habiles sauteurs et danseurs de corde de son temps; élève de Charles Alard, il fut acteur dans son jeu et avait un rôle dans la pièce intitulée : *les Forces de l'amour et de la magie*, qui y fut représentée à la foire Saint-Germain de 1678. Dix ans plus tard, à la même foire, Maurice, en compagnie de Jeanne Godefroy qu'il avait épousée le 8 septembre 1672, dirigeait une troupe de saltimbanques formée par lui et se conciliait, paraît-il, par sa merveilleuse agilité, les suffrages du public. Une mort prématurée interrompit en 1694 une carrière qui promettait d'être brillante. Jeanne Godefroy, devenue veuve, n'abandonna pas la profession de son mari et continua d'ouvrir un spectacle aux foires. Elle s'associa en 1700 à Charles Alard, avec lequel elle exploita une entreprise théâtrale jusqu'à la fin de la foire Saint-Laurent de 1706. De 1707 à 1709, la veuve Maurice dirigea seule son jeu, et à la fin de cette dernière année, elle vendit son matériel et ses baux à Levesque de Bellegarde et à Desguerrois, et renonça complétement au théâtre. Il est à croire que cette vente n'était que simulée et destinée seulement à permettre à sa fille Catherine von der Beek, mariée au comédien Étienne Baron, de reprendre la suite de ses affaires sans être inquiétée par les nombreux créanciers de son mari; car le jeu de Levesque de Bellegarde et de Desguerrois fut tenu, pendant toute l'année 1710, par Guillaume Rauly, cousin de la veuve Maurice, et la troupe de Dominique, qui y donnait des représentations, était aux gages de la dame Baron. Pendant la période qui s'étend de 1706 à 1709 et pendant laquelle les directeurs de spectacles forains furent si vivement poursuivis par la Comédie-Française, la veuve Maurice fut relativement peu inquiétée. Elle dut sans doute cette tolérance à des arrangements particuliers avec l'Académie royale de musique et à ses relations personnelles, car, quoique directrice foraine, elle avait contracté un second mariage avec un gentilhomme, Maximilien-Charles de Martinengue, écuyer, qu'elle avait sauvé à une époque où il était sous le coup de poursuites criminelles pour un meurtre commis sur la personne de la gouvernante de son père. Retirée dans sa terre de Vineuf, Mme de Martinengue y mourut, dit-on, en 1710, à peine âgée de 52 ans.

(*Archives des Comm.*, nº 2742. — *Mémoires sur les Spectacles de la Foire*, I, LIII, 7, 18, 22, 102. — *Dictionnaire des Théâtres*, III, 353. — Jal, *Dictionnaire de biographie et d'histoire*, 164.)

I

L'an 1688, le 22e jour d'avril, deux heures de relevée, eſt venu en l'hôtel de nous Étienne Ducheſne, etc., Moritz von der Beck, ſauteur et voltigeur ordinaire du Roi, et Jeanne Godefroi, ſa femme, demeurant faubourg St-Lazare, paroiſſe St-Laurent : Leſquels nous ont rendu plainte à l'encontre de Nantier dit Dupleſſis et ſa femme, et nous ont dit que leſdits accuſés leur ont fait entendre qu'ils ſavoient en Angleterre un jeune cheval provenu de la cavale qui a paru ès foires St-Laurent et St-Germain dernières; qu'il faiſoit des tours extraordinaires et auſſi curieux que ladite cavale; que ce cheval étoit de valeur au moins de la ſomme de 4,000 livres, mais qu'ils l'auroient acheté la ſomme de 2,800 livres monnoie de France ſur laquelle ſomme ils avoient déjà donné vingt guinées, qui valent, réduites en monnoie de France, deux cent quatre-vingts livres; que ſi les plaignans vouloient fournir moitié de ladite ſomme de 2,800 livres, monnoie de France, ils iroient en Angleterre et amèneroient le cheval en France ſur lequel ils feroient un profit conſidérable. Les plaignans s'étant laiſſés perſuader par ces paroles, auroient paſſé acte avec les accuſés par-devant Leſébure et ſon compagnon, notaires au Châtelet, par lequel ils ſe feroient obligés de fournir la moitié de ladite ſomme de 2,800 livres pour l'achat dudit cheval et auroient contracté une ſociété pour le gain qu'ils pourroient faire avec ledit cheval; qu'ils viennent d'apprendre préſentement du nommé Dominique, Italien, qu'il avoit marchandé ledit cheval, qu'il n'étoit pas d'un prix ſi conſidérable et que ſi il l'avoit voulu acheter, il l'auroit eu pour 80 louis au plus. Et comme il y a lieu de croire que ledit Dupleſſis uſe de fineſſe et de dol en faiſant accroire aux plaignans que ce cheval coûte 2,800 livres, quoiqu'il l'ait à bien meilleur marché, ce qui ne pourroit paſſer que pour une friponnerie et un vol, c'eſt pourquoi ils ont été conſeillés de nous rendre la préſente plainte, proteſtant, au cas que le prix dudit cheval ne ſoit de ladite ſomme de 2,800 livres, de ſe pourvoir ainſi qu'ils aviſeront bon être contre l'acte qu'ils ont paſſé avec leſdits accuſés.

Signé : MORITZ VON DER BECK; JEANNE GODEFROI; DUCHESNE.

(*Archives des Comm.*, nº 2308.)

II

L'an 1706, le vendredi 19e jour de février, cinq heures du soir, en l'hôtel de nous Charles Bizoton, etc., sont comparus Paul Poisson et Claude Villot-Dufey, comédiens du Roi, tant pour eux que pour les autres comédiens de la troupe : Lesquels nous ont dit qu'au sujet des contraventions faites à leur privilége, sentences, arrêts et règlemens de police, ils auroient présenté leur requête à M. le Lieutenant général le 10 du présent mois et fait assigner ledit jour la veuve Maurice, Alexandre Bertrand, Christophe Selles, les nommés Rochefort, Restier, Tiquet, tous danseurs de corde et joueurs de marionnettes, par exploit de Jourdain, sergent à verge, à ce que défenses leur fussent faites de représenter des comédies, farces et autres divertissemens qui ne sont pas de leurs jeux : sur laquelle demande sentence seroit intervenue cejourd'hui qui auroit ordonné que nous nous transporterions dans les lieux où les dénommés font actuellement jouer lesdites pièces de comédie, farces et autres. En conséquence de laquelle ils nous requièrent de nous vouloir transporter tant dans le jeu de paume occupé par ladite veuve Maurice que dans les loges qui sont construites dans le préau de la foire, occupées par lesdits Bertrand, Selles, Restier et autres, à l'effet de dresser procès-verbal de leur contravention.

Signé : VILLOT-DUFEY; POISSON.

Sur quoi, nous commissaire, etc., sommes transporté sur les six heures du soir, dans le jeu de paume d'Orléans occupé par la veuve Maurice, dans lequel avons vu un grand théâtre, accompagné de plusieurs loges à droite et à gauche, le jeu ouvrant par la danse et voltigement de corde, et ensuite sur ledit théâtre, la représentation d'un lit duquel sortoient deux hommes en chemise, l'un vêtu en scaramouche et l'autre en arlequin, ledit arlequin se jetant dans un grand pot de chambre, ensuite s'entretenant de plusieurs dialogues et propos interrompus, chansons, et ledit jeu finissant par des sauts avec quelques entr'actes de danse et annonce faite en finissant.

Dont nous avons donné acte auxdits comédiens et avons dressé le présent procès-verbal.

Et le lendemain samedi, 21e jour dudit mois, sur les six heures du soir, nous étant pareillement transporté dans le préau de la foire dans une grande loge, étant au milieu, occupée par le nommé Christophe Selles, y avons trouvé pareillement un théâtre établi et plusieurs loges à droite et à gauche. Et après le jeu des danses de corde fini, nous avons vu représenter une petite farce par plusieurs acteurs, hommes et femmes, entremêlée de danse et intermèdes.

Comme aussi nous étant transporté dans une autre grande loge du même préau, occupée par ledit Bertrand, y avons trouvé même appareil et repréſentation de farces et pièces de comédie mêlées d'italien et françois.

Et dans la loge du nommé Reſtier, pareil ſpectacle.

Dont et de tout ce que deſſus nous avons dreſſé le préſent procès-verbal.

Signé : BIZOTON.

Archives des Comm., n° 2466.)

III

L'an 1707, le jeudi premier jour de ſeptembre, par-devant nous Étienne Ducheſne, etc., en notre hôtel ſis ſur la place de Grève, ſont comparus Paul Poiſſon et Louis Villot, ſieur du Fey, acteurs de la ſeule troupe des Comédiens du Roi, tant pour eux que pour ladite troupe : Leſquels nous ont dit que, ſuivant les règlemens, ſentences et arrêts, il n'y a que leur troupe ſeule, à l'excluſion de toute autre, qui ſoit en droit de repréſenter des tragédies et comédies dans la ville et faubourgs de Paris : Néanmoins, depuis quelques années, la veuve Maurice, à préſent femme du nommé de Martinengue, qui avoit coutume aux foires de St-Germain et de St-Laurent de donner au public un ſpectacle de danſes ſur la corde et de ſauts périlleux, s'eſt aviſée d'introduire dans ſon ſpectacle des acteurs et actrices qui repréſentent ſur un théâtre des pièces dans leſquelles il y a même des ſcènes en paroles et en geſtes contraires aux bonnes mœurs ; qu'ils ſe ſont pourvus tant contre elle que contre pluſieurs autres qui ont fait pareille entrepriſe ; qu'ils ont obtenu pluſieurs ſentences de police qui leur en font de très-étroites défenſes et ſous des peines conſidérables, entre autres celles des 10 février 1690, 15 février 1704, 19 février et 5 mars 1706, leſquelles ſentences ſont confirmées par arrêt de la Cour du 22 février dernier ; qu'au lieu par ladite Maurice de ſe conformer à ces ſentences et arrêts, elle a augmenté ſes contraventions et fait repréſenter des comédies entières. Nous requérant de nous tranſporter cejourd'hui dans la loge à la foire St-Laurent, où ladite veuve Maurice donne des ſpectacles au public, pour être dreſſé procès-verbal des contraventions que nous y trouverons.

Signé : POISSON ; DUFEY.

Sur quoi nous commiſſaire, etc., nous nous ſommes tranſporté à la foire St-Laurent dans une grande ſalle tenue et occupée par la veuve Maurice ; laquelle ſalle eſt conſtruite en ſorte qu'il y a deux étages de loges l'un ſur l'autre, un parterre, un parquet, un orcheſtre et un théâtre accompagné de décorations, perſpectives, luſtres et tel que le théâtre des Comédiens du Roi. Le ſpectacle a commencé par les danſes de corde : après quoi la toile du théâtre ayant été levée, y ont paru pluſieurs ſauteurs. Enſuite il a été commencé la repréſentation d'une pièce de comédie dans laquelle ont paru huit acteurs différens, qui ont : un docteur, un ſcaramouche, un arlequin, un pierrot, un mezzetin, un amoureux ſous le perſonnage d'Octave, deux actrices et un apothicaire. Laquelle comédie eſt compoſée de fragmens de plufieurs pièces du Théâtre-Italien, la plupart des ſcènes de la comédie italienne, qui a pour titre : *la Foire Saint-Germain;* leſdits fragmens ayant néanmoins leur liaiſon et formant un ſujet de comédie et une intrigue menée à ſa fin. Nous n'y avons remarqué aucune différence d'avec les repréſentations des Comédiens du Roi, ſinon que lorſqu'une ſcène ſe paſſe entre deux acteurs qui tiennent entre eux des diſcours liés, celui des deux acteurs qui ceſſe de parler ſe retire dans l'aile pendant que l'autre parle et en revient auſſitôt pour répondre ou ſouvent répond ſans ſortir de l'aile du théâtre, même en quelques ſcènes tous les acteurs reſtent ſur le théâtre et ſe répondent les uns aux autres, en ſorte que la ſcène et l'action ne laiſſe pas d'avoir ſon accompliſſement. La pièce finie, un des acteurs a annoncé pour le lendemain la repréſentation de la pièce de *Arlequin, empereur dans la lune,* avec tous ſes agrémens. Dont et de quoi nous avons dreſſé le préſent procès-verbal (1).

Signé : DUCHESNE.

(*Archives des Comm.*, n° 2330.)

IV

L'an 1707, le 6e jour de ſeptembre, trois heures de relevée, ſont comparus par-devant nous Mathieu de Beaumont, etc., le ſieur Paul Poiſſon, comédien du Roi, et Pierre-Louis Villot, ſieur Duſey, auſſi comédien du Roi, qui nous ont requis de nous tranſporter préſentement dans le jeu et théâtre de la veuve Maurice, dans le préau de la foire St-Laurent, pour leur donner acte de la repréſentation qu'elle fait faire ſur ſon théâtre des pièces de comédie et en dreſſer procès-verbal.

Signé : POISSON; VILLOT-DUFEY.

En conſéquence, ſommes tranſporté à l'inſtant dans le jeu et théâtre de ladite veuve Maurice que nous avons trouvé rempli de monde. Après le jeu et danſe de corde, on a levé une toile et s'eſt fait ſur le théâtre un changement de décoration. Pluſieurs acteurs et actrices ont paru ſous les noms de ſignor Dottor, Arlequin, Scaramouche, Pierrot, Colombine, Octave et autres, qui ont joué et repréſenté la comédie intitulée : *Arlequin, empereur dans la lune,* qui nous a paru être la même que les comédiens italiens ont

(1) *La Foire Saint-Germain*, comédie en un acte, en prose, par Dancourt, avec un divertiſſement, muſique de Gilliers ; *Arlequin, empereur dans la lune*, pièce par Remy et Chaillot, obtint un grand ſuccès et fut repriſe au jeu d'Octave, à la foire Saint-Germain de 1712.

ci-devant repréſentée en françois ſur leur théâtre de l'hôtel de Bourgogne (1). Dans chaque ſcène un acteur parle tout haut, les autres lui répondent par des geſtes dans certains endroits et dans d'autres lui répondent tout haut, après que l'acteur qui vient de parler s'eſt retiré dans une des couliſſes d'où, dans le même inſtant, il reſſort et reparoît ſur le théâtre pour continuer tout haut, comme il fait, la ſuite du diſcours qui forme la pièce et repréſente la comédie ſuivie en ſon entier, la plupart deſdits acteurs parlant chacun à ſon tour haut, quoique ſeul, dans chaque ſcène, ne laiſſe pas d'interpréter tout haut la ſcène muette de l'autre acteur, ce qui compoſe une comédie ſuivie de ſon dénouement. Dont et de quoi nous avons dreſſé le préſent procès-verbal.

Signé : DE BEAUMONT.

(*Archives des Comm.*, n° 4415.)

V

L'an 1707, le mercredi 28e jour de ſeptembre, du matin, en l'hôtel de nous Mathieu de Beaumont, etc., ſont venus ſieurs Georges-Guillaume Lavoy et Antoine Duboccage, comédiens du Roi, tant pour eux que pour leurs confrères, qui nous ont requis de nous tranſporter cejourd'hui dans les jeux que tient la veuve Maurice à la foire St-Laurent pour leur donner acte des repréſentations de comédies qu'elle fait faire ſur ſon théâtre et en dreſſer procès-verbal pour leur ſervir et valoir ce que de raiſon.

Signé : LAVOY ; DUBOCCAGE.

En conſéquence, ſommes ledit jour tranſporté, ſur les cinq heures de relevée, dans le préau de la foire St-Laurent, où étant, ſommes entré dans le jeu de ladite veuve Maurice, à préſent femme du ſieur de Martinengue, qu'avons trouvé rempli de monde. Après le jeu et danſe de corde, on a levé une toile et s'eſt fait ſur le théâtre un changement de décoration ; pluſieurs acteurs et actrices ont paru ſous les noms de Don Juan, d'Arlequin faiſant le rôle de Sganarelle, Pierrot le commandeur, et autres, qui ont joué et repréſenté la comédie intitulée : *le Festin de Pierre,* qui nous a paru être un précis de la même que les comédiens françois ont repréſentée ſur leur théâtre. Dans chaque ſcène un acteur parle tout haut, les autres lui répondent par des geſtes et des ſignes de tête dans certains endroits et dans d'autres lui répondent tout haut après que l'acteur qui a parlé haut s'eſt retiré dans une des couliſſes d'où, dans le même inſtant, il reſſort et reparoît ſur le théâtre

(1) Cette pièce, de Remy et Chaillot, est en effet une imitation de la pièce représentée par les comédiens italiens, le 5 mars 1684, et qui se trouve imprimée dans le tome Ier du *Théâtre-Italien*, de Ghérardi.

pour continuer tout haut, comme il fait, la ſuite du diſcours qui forme la pièce et repréſente la comédie ſuivie, la plupart deſdits acteurs parlant chacun à ſon tour haut, quoique ſeul, dans chaque ſcène, ne laiſſe pas d'interpréter tout haut la ſcène muette de l'autre acteur, ce qui compoſe une comédie ſuivie de ſon dénouement (1). Dont et de quoi nous avons dreſſé le préſent procès-verbal.

Signé : DE BEAUMONT.

(*Archives des Comm.*, nº 4415.)

VI

Le 4 du mois de mars 1708, trois heures de relevée, ſont comparus pardevant nous Simon-Mathurin Nicollet, etc., les ſieurs Dufey et Legrand, comédiens du Roi, qui nous ont requis de nous tranſporter cejourd'hui dans le jeu et théâtre de la veuve Maurice, ſitué à l'encoignure des rues du Cœur-Volant et des Quatre-Vents, près la foire, faubourg St-Germain, pour leur donner acte de la repréſentation qu'elle fait faire ſur ſon théâtre des pièces de comédie et en dreſſer procès-verbal.

Signé : NICOLLET; LEGRAND; VILLOT-DUFEY.

Sur quoi nous commiſſaire, etc., ſommes tranſporté ledit jour 4 mars 1708, ſur les ſix heures de relevée, dans le jeu et théâtre de ladite veuve Maurice, ſitué à l'encoignure des rues du Cœur-Volant et des Quatre-Vents, près la foire, faubourg St-Germain, que nous avons trouvé rempli de monde et où nous avons vu, après le jeu de danſe de corde, qu'on a levé une toile et s'eſt fait ſur le théâtre un changement de décoration : deux acteurs ont paru ſur le théâtre, l'un ſous le nom de Mezzetin et l'autre de Pierrot, lequel Mezzetin a dit qu'il favoriſeroit Pierrot dans ſes amours; à quoi Pierrot a répondu par ſignes. Enſuite eſt ſurvenu Arlequin pour troiſième acteur, leſquels Arlequin, Mezzetin et Pierrot ont joué une ſérénade à Colombine, maîtreſſe d'Arlequin; Arlequin ayant un petit violon, Pierrot une guitare, Mezzetin une baſſe. Jouant laquelle ſérénade, il a paru le docteur qui les a chaſſés. Après quoi Arlequin a paru avec Colombine et ont joué une ſcène par laquelle Colombine a conſeillé à Arlequin de ſe déguiſer en chien pour avoir plus de liberté auprès d'elle dans ſes amours. Arlequin s'étant retiré, le

(1) Il y a plusieurs pièces qui portent ce nom et qui peuvent être celle dont il s'agit ici, ce sont : 1º *le Festin de Pierre, ou le Fils criminel*, tragi-comédie de Villiers, jouée en 1659 à l'hôtel de Bourgogne ; 2º *le Festin de Pierre, ou le Fils criminel*, tragi-comédie de Dorimon, représentée sur le théâtre de la rue des Quatre-Vents, par la troupe de Mademoiselle, en 1661 ; 3º *le Nouveau Festin de Pierre, ou l'Athée foudroyé*, tragi-comédie de Rosimon, représentée sur le théâtre du Marais en 1669. Nous ne comprenons pas dans cette énumération, le *Festin de Pierre* de Molière, impossible à jouer pour des acteurs forains, ni l'opéra comique de Letellier, *le Festin de Pierre*, parce qu'il est postérieur et ne fut représenté qu'en 1713, au jeu d'Octave.

docteur a paru et Colombine lui a fait le récit d'un préfent qu'on lui a fait d'un chien. Arlequin vient déguifé en chien. Enfuite Scaramouche paroît en magicien. Il s'eft joué plufieurs autres fcènes : Arlequin et Mezzetin defcendent aux enfers; Pierrot les fuit. Il s'eft fait plufieurs changemens de décorations et plufieurs fauts et danfes et chanfons burlefques. Dans chaque fcène un acteur parle tout haut, un autre lui répond par des geftes et fignes qu'il fait enfuite entendre tout haut; en forte que cela fait un difcours fuivi et qui forme comédie. En quelques endroits même directement s'échappent dans un dialogue quelques mots tout haut. En d'autres endroits ce qu'un defdits acteurs dit tout bas ne laiffe pas d'être entendu en partie.

Dont et de quoi nous avons dreffé le préfent procès-verbal.

Signé : NICOLLET.

(*Archives des Comm.*, n° 3470.)

VII

L'an 1709, le 7e jour de février, quatre heures de relevée, en notre hôtel et par-devant nous Jean Demoncrif, etc., font venus Fleurant Carton, fieur Dancourt, et Louis Villot, fieur Dufey, comédiens ordinaires du Roi : Lefquels nous ont, tant pour eux que pour les autres comédiens, requis de nous tranfporter heure préfente audit jeu de la veuve Maurice à l'effet de dreffer notre procès-verbal des contraventions par elle commifes aux fentences du Lieutenant général de police et arrêts du Parlement qui lui interdifent de jouer des comédies.

Signé : F. CARTON-DANCOURT; VILLOT-DUFEY; DEMONCRIF.

Suivant lequel réquifitoire nous fommes à l'inftant tranfporté audit jeu tenu par la veuve Maurice à l'encoignure defdites rues des Quatre-Vents et du Cœur-Volant, où étant entré à cinq heures, y avons vu ladite veuve Maurice à la porte en dedans le jeu et appris qu'on y jouoit une pièce qui avoit pour titre : *Pierrot Rolland;* qu'après la danfe de corde il a paru fur le théâtre un particulier qui faifoit le rôle de Pierrot Rolland et un petit garçon qui faifoit le rôle de fon fils; que le premier a chanté plufieurs couplets de chanfons en vers auxquels le fecond a répondu auffi en chantant. Qu'il eft furvenu plufieurs autres acteurs et actrices vêtus tant en habits d'Arlequin, Scaramouche, qu'habits à la romaine, qui ont pareillement chanté, l'un en préfence de l'autre fur le théâtre, plufieurs couplets de chanfons tant en françois qu'en italien, l'une fervant le plus fouvent de demande et l'autre de réponfe. Qu'il eft arrivé plufieurs fois que ledit particulier faifant le rôle de Pierrot Rolland chantoit même des chanfons en profe et fans aucune rime, affectant de marquer le mépris de la défenfe qui leur étoit faite de tenir des dialogues. Que même celui qui fait le perſonnage d'Arlequin, à la fin de ſes chanſons, affectoit auſſi d'en dire quelques-unes ſans chanter et les récitoit en parlant naturellement (1).

Dont et de quoi avons fait et dreſſé le préſent procès-verbal.

Signé : DEMONCRIF.

(*Archives des Comm.*, n° 3829.)

MAUVRÉ (JEAN), directeur d'un spectacle d'animaux sur le boulevard en 1765.

L'an 1765, le vendredi 26 avril, neuf heures du ſoir, a été amené en notre hôtel et par-devant nous Nicolas Maillot, etc., par Jean-Pierre David, caporal de la garde de Paris, de poſte à la grille St-Martin, un particulier qui lui a été remis ès mains par l'eſcouade de jour et de nuit, de poſte à la porte du Temple, où il lui a été dit que ce particulier avoit été arrêté par le ſieur Couturier, inſpecteur du boulevard, pour train et bacchanal par lui fait par récidive cette après-midi ſur les boulevards. Eſt auſſi venu par-devant nous un autre particulier qu'il a trouvé dans ledit corps de garde et qui lui a dit être plaignant contre le particulier arrêté. Le particulier plaignant étant comparu nous a dit ſe nommer Jean Mauvré, montrant ſur le boulevard deux animaux au public, par permiſſion de M. le Lieutenant général de police, dans une loge ſur le boulevard, à côté de Cômus, demeurant dans le Palais-Royal, paſſage aboutiſſant à la rue de Richelieu. Nous a ajouté que le particulier arrêté, nommé Godart, et qui eſt garçon chez lui et chez le nommé Poiré, ſon aſſocié, leur ſervant pour appeler le public, ſe dérange et ſe débauche depuis quelque tems par la boiſſon et les femmes de mauvaiſe vie qu'il a amenées dans la loge ; que ſur les trois heures de l'après-midi ledit Godart a fait du train ſur le boulevard et dans ladite loge ; que ſur ce que lui comparant a voulu lui en impoſer, il l'a maltraité de paroles, lui a dit des injures et ſottiſes, s'eſt jeté ſur lui, lui a déchiré ſa chemiſe, ce qui a fait que la patience lui ayant échappé, il l'a fait arrêter et conduire au corps de garde de la porte du Temple ; que là, après que nous commiſſaire les avons entendus l'un et l'autre, il a été par nous ordonné audit Godart, qui étoit pris de vin, de ſe retirer chez lui et de ne revenir que demain dans la loge pour y ſervir dans le cas où le comparant le voudroit ; ce qu'il n'a pas fait et eſt reſté dans la loge, a recommencé le même train, n'a pas voulu ſe retirer et a même caſſé des clous que lui Mauvré avoit mis à une fenêtre pour qu'elle ne s'ouvrît pas en dehors, et ce par méchanceté : pourquoi il l'a en-

(1) *Pierrot furieux, ou Pierrot Roland*, parodie en un acte, par Fuzelier, de la tragédie lyrique de *Roland*, paroles de Quinault, musique de Lully. Cette parodie fut repriſe à la foire Saint-Germain de 1717, au jeu de la dame Baron.

core ſait arrêter et mener au corps de garde, d'où on l'a amené par-devant nous où il eſt auſſi venu pour nous rendre plainte. Et ayant de ſuite fait comparoître ledit particulier arrêté, il nous a dit ſe nommer Adrien Godart, natif d'Amiens, âgé de 18 ans, appeleur chez ledit Mauvré et ſon aſſocié, logeant chez le nommé Comtois, aubergiſte ou logeur, dans une loge dont il ne ſait pas le nom, vis-à-vis la foire St-Germain. Nous a ajouté qu'il n'a pas fait de train du tout cette après-midi ſur le boulevard. Que c'eſt ledit Mauvré qui lui en veut; qu'il l'a réveillé cette après-midi lorſqu'il dormoit et qu'en ſe réveillant il lui a déchiré ſa chemiſe et qu'enfin on l'a mené au corps de garde de la porte du Temple; que le ſieur Couturier et un commiſſaire lui ont dit d'aller prendre ſon chapeau dans la loge; ce qu'il n'a pas fait et a été arrêté.

Signé : DAVID ; GODART ; MAUVRÉ.

Sur quoi nous commiſſaire, etc., attendu le train que ledit Godart a fait par récidive et ſa déſobéiſſance aux ordres que nous lui avions donnés, l'avons laiſſé ès mains dudit David pour par lui le conduire ès priſons du For-l'Évêque par forme de correction ſeulement.

Signé : DAVID ; MAILLOT.

(*Archives des Comm.*, nº 3772.)

MAYER, danseur du théâtre de l'Ambigu-Comique en 1788.

Mardi 17 juin 1788, huit heures et demie du ſoir.

Antoine Blanc, caporal d'activité au boulevard, à la réquiſition du ſieur Guyot, caiſſier du ſpectacle de l'Ambigu-Comique, a arrêté les nommés Mayer et Gougy, danſeurs dudit ſpectacle, pour indécences par eux commiſes et voies de fait exercées envers pluſieurs de leurs camarades en les attachant ſur une table, et leur ont donné le fouet après les avoir déshabillés nus (1). A l'hôtel de la Force.

(*Archives des Comm.*, nº 5022.)

MAYEUR DE SAINT-PAUL (FRANÇOIS-MARIE), né à Paris le 6 juin 1758, ſur la paroiſſe Saint-Paul, mort dans la même ville le 18 décembre 1818; auteur dramatique et excellent

(1) Cette scène avait retardé quelque peu la représentation de ce jour-là, qui était ainsi composée : *la Musicomanie*, comédie en un acte, par Audinot, précédée du *Sérail à l'encan*, pièce en un acte, de Sedaine de Sarcy, suivie de *Mercure et les Ombres*, comédie en un acte, terminée par l'*Incendie, ou le Bailli en bonne fortune*.

acteur du boulevard, débuta tout enfant à l'Ambigu-Comique, où il jouait les *niais* et les *paysans* et où il resta jusqu'en 1779. A cette époque, il s'engagea dans la troupe des Grands-Danseurs du Roi et en fit partie jusqu'en 1789 (1). Mayeur a joué sur le théâtre de Nicolet : *Gilles* dans la *Cacophonie,* comédie de Robineau de Beaunoir (30 avril 1780); la *Limaille* dans les *Quiproquo de l'Hôtellerie* (10 mai 1780); quatre rôles dans la *Mode et le Goût,* par Mérey (18 mai 1780); la *Comtoise* dans les *Trois fourbes, ou la Comtoise à Paris* (9 juillet 1780); le principal rôle dans l'*Oiseau de Lubin, ou Il n'est pas de souris qui ne trouve son trou,* pièce dont il était l'auteur (5 août 1780); l'*élève* dans l'*Élève de nature,* pièce également composée par lui (6 mars 1781); *Tranchet, ou l'apprenti,* dans *En amour l'argent ne fait rien* (4 mai 1782); *Gilles* dans *le Barbier du village* (30 juin 1782); le *prétendu* dans le *Prétendu sans le savoir* (1er juillet 1782); *Guillot* dans les *Amours de Guillot* (4 octobre 1782); *Claude Bagnolet* dans *Pierre Bagnolet et Claude Bagnolet, son fils,* comédie en prose, par Deville (25 janvier 1784), et le *trouvère* dans le *Trouvère moderne, ou l'Auteur poëte,* monodrame à un seul acteur (28 janvier 1786). Mayeur n'était pas seulement bon comédien, il était aussi habile danseur et il a exécuté avec succès le menuet des *Passions,* en compagnie de la fameuse Mlle Miller (18 décembre 1784). Il a composé en outre divers ouvrages dramatiques dont les plus connus sont : *le Prix de la beauté, l'Oiseau de Lubin* et *l'Élève de nature,* joués tous trois sur le théâtre des Grands-Danseurs du Roi, et *le Baron de Trenck, ou le Prisonnier prussien,* fait historique en vers, représenté à l'Ambigu-Comique. On lui attribue généralement le pamphlet célèbre intitulé : *le Chroniqueur désœuvré, ou l'Espion du boulevard du Temple,* ouvrage qui fit

(1) A partir de 1789, la vie de Mayeur fut excessivement agitée. Il alla jouer la comédie aux colonies, à Bordeaux, à Nantes, revint à Paris en 1795 et s'engagea au théâtre de la Cité. En 1798 il retourna aux colonies, et, après un séjour de quelques années, il revint à Paris et prit la direction du théâtre de la Gaité, qu'il garda un an. Il entra ensuite au théâtre de la Société olympique, puis il se remit à courir la province, fut régisseur du théâtre des Célestins, à Lyon, acteur à Versailles, directeur à Dunkerque et à Bastia, où il fit de mauvaises affaires. Il était à Paris lorsqu'il mourut, comme on l'a dit plus haut, le 18 décembre 1818.

grand bruit lorsqu'il parut et qui renferme, au milieu d'anecdotes scandaleuses et même obscènes, des appréciations piquantes et fines et des détails fort curieux sur le personnel dramatique des différents théâtres du boulevard. Bien que Mayeur se soit toujours défendu d'avoir eu la moindre part à ce livre, néanmoins la manière dont il y est traité semble devoir confirmer l'opinion générale; car, tandis que tous les comédiens et toutes les comédiennes y sont dépeints comme des fripons, des escrocs et des libertins de bas étage, lui seul n'y est pas insulté grossièrement, et l'auteur anonyme du *Chroniqueur désœuvré* se borne à lui reprocher sa suffisance et à s'étonner de ses bonnes fortunes. Nous allons reproduire les passages de ce livre qui le concernent, en retranchant seulement les détails un peu trop vifs : « MAYEUR. On ne peut refuſer à celui-ci un peu d'eſprit. Il en a montré dans quelques pièces qu'il a fait repréſenter aux théâtres d'Audinot et de Nicolet, chez lequel il eſt depuis un an et où il paroit s'ennuyer beaucoup. Pour libertin et mauvais ſujet, il ne l'eſt ſûrement pas moins que les autres, mais au moins a-t-il l'art de cacher ſa conduite ſous une apparence trompeuſe. D'ailleurs on doit toujours ſavoir gré à un jeune homme qui paroît s'occuper à s'inſtruire. J'ai vu ſon *Prix de la beauté*, qui annonce d'heureuſes diſpoſitions; ſon *Oiſeau de Lubin* n'eſt autre choſe que le *Roſſignol*, opéra comique; ainſi il ne faut pas être grand ſorcier pour en faire autant; ſon *Élève de nature* n'eſt qu'une copie très-imparſaite du *Sauvage apprivoiſé* du théâtre d'Audinot, qui lui a fourni ce ſujet. Quant à ſa qualité d'acteur, s'il a jamais fait quelque choſe de prudent et de ſage, c'eſt d'avoir quitté l'emploi des amoureux pour ne jouer que les niais. Il eſt d'une vérité charmante dans les derniers, mais je préférerai toujours Barotteau à lui. Et hors les pantomimes, qu'il rendoit avec aſſez d'intelligence chez Audinot, il n'eſt pas poſſible d'être plus mauvais dans les autres rôles. Je ne vois que Florence à lui oppoſer, ſi toutefois il eſt permis de comparer un acteur françois à un acteur forain. Ce qui m'a toujours étonné, c'eſt de lui voir journellement pour maîtreſſes les plus jolies femmes. Cependant mon étonnement devroit ceſſer en me rappelant le conte de *Joconde* et la folie des femmes de nos jours pour les magots et les ſinges. » Et plus loin : « Après avoir fait connoître ce jeune comédien...... qu'ajouterai-je encore? Peindrai-je ſa ſuffiſance? Ce défaut, qu'il poſſède au ſuprême degré, eſt ſi généralement connu que ma peinture ſeroit inutile et déplacée. Arrêtons-nous ſeulement ſur les bonnes fortunes de ce morveux : qui croiroit, en effet, que nos élégantes françoiſes puiſſent un moment s'arrêter à la chétive apparence de Mayeur, et que cette Alphonſine, ſi connue, ſi renommée pour toujours viſer à l'eſſentiel, ait pu l'adorer pendant quinze jours au moins? J'ai, je crois, dit autre part qu'Audinot en enragea, mais comment faire? Ce directeur verſoit de l'argent à pleines mains, et Mayeur diſoit de jolies choſes. Excédée, fatiguée de l'exiſtence éphémère d'Audinot, qui ne s'occupoit que de ſes plaiſirs ſans ſonger à en donner, la jeune Alphonſine aima mieux notre poupon. La raiſon en eſt ſimple : Sophie (Foreſt) n'avoit pas dédaigné de l'inſtruire et l'avoit mis abſolument au fait de toutes les reſſources de l'art..... Comme comédien, aſſez de vérité dans les *niais;* ſecondé dans ces emplois par dame Nature, il peut dire avec *Euſtache Pointu,* à la ville comme au théâtre : « Je ſuis aſſez dans le caractère de mes rôles. » Mais comme homme de lettres, quelle différence! Cet enfant a quelques diſpoſitions et fait les vers avec aſſez de facilité : Voici le garant de ce que j'avance :

A Mademoiſelle .....

Dois-je croire ce qu'on m'écrit ?
Julie, eſt-il bien vrai ? Quoi ! malgré mon abſence,
La gaîté n'a ceſſé d'animer ton eſprit ;
Voilà quelle eſt ma récompenſe !
Ah ! les abſens ont tort ; je te l'avais bien dit.
Quoi ! le jour d'un départ, paſſer ſon tems à rire
Pas l'ombre même d'un chagrin !
Au moins n'aurois-je eu rien à dire

Si c'eût été le lendemain.
Je pourrois bien, ô ma Julie,
De La Suze ſuivant les pas,
Te faire ici quelque élégie
Qu'à coup ſûr tu ne lirois pas ;
Mais je prends un parti plus ſage
Et ſans me plaindre davantage,
Avec toi volontiers je demeure d'accord
Que rire va ſi bien à l'air de ton viſage
Qu'en riant tu n'as jamais tort.

« Cette légère production décèle à coup ſûr le génie. Il n'en eſt pas de même de l'*Élève de nature,* où, à l'exemple de Ribié, il s'eſt amuſé, un peu moins maladroitement à la vérité, à copier en extraits le roman de M. l'abbé Prévoſt. Ses *Quatre Saiſons,* calquées ſur un aſſez mauvais opéra, témoignent aſſez que Mayeur a plus de préſomption que de diſcernement. Fier avec ſes camarades, il eſſuye parfois quelques mortifications qui ne le corrigent pas. Quand mon premier volume fut jeté comme une bombe au milieu de tout le peuple hiſtrion, les éclats qui ſe diſperſèrent donnèrent lieu à mille conjectures différentes. Mayeur, ſoupçonné, penſa recevoir une remontrance manuelle; moi-même j'échauffois les eſprits et n'aurois pas été fâché de voir paſſer à un autre le fruit mérité de mon travail. Oh! je ne ſuis pas ambitieux, moi! Un peu moins injuſte, je le décharge aujourd'hui de cette fauſſe imputation. Il eſt trop mon ami pour le compromettre, et c'eſt le nœud ſacré qui nous unit qui m'a engagé à traiter ce chapitre. »

(*Almanach forain*, 1773. — *Journal de Paris*, 30 avril, 10-18 mai, 19 juillet, 5 août 1780 ; 6 mars, 11 juillet 1781 ; 4 mai, 30 juin, 1er juillet, 4 octobre 1782 ; 25 janvier, 18 décembre 1784 ; 28 janvier 1786. — *Le Chroniqueur désœuvré*, I, 73 ; II, 71. — *Galerie historique de la troupe de Nicolet*, par de Manne et Ménétrier, 155.)

I

L'an 1778, le jeudi 29 octobre, neuf heures du ſoir, eſt comparu en l'hôtel de nous Nicolas Maillot, etc., ſieur Jean-Baptiſte Lelièvre, adjudant de la garde de Paris : Lequel nous a dit qu'en vertu des ordres particuliers de M. le

Lieutenant général de police dont il eſt chargé, il vient d'arrêter les nommés Mayeur et Picardeaux, acteurs chez le ſieur Audinot, maître de ſpectacle, pour les conduire par-devant nous et, après les avoir interrogés ſur les faits dont ils ſont accuſés, les envoyer en priſon de notre ordonnance.

Signé : LELIÈVRE.

Sur quoi nous commiſſaire, etc., ayant fait comparoître les deux particuliers arrêtés, nous les avons interrogés l'un après l'autre ſur les faits et de la manière qui ſuit :

Premièrement, nous avons enquis le premier deſdits deux particuliers de nous dire ſes noms, ſurnoms, pays, âge, qualité et demeure ?

Lequel, après avoir promis de dire vérité, nous a dit ſe nommer François-Marie Mayeur, natif de Paris, âgé de 20 ans, acteur en chef chez le ſieur Audinot, maître de ſpectacle ſur le boulevard du Temple, demeurant rue Montmartre, paroiſſe St-Joſeph.

Enquis de nous dire s'il n'eſt pas vrai que le jeudi 22 du préſent mois il n'a pas dit ſur la ſcène, ſpectacle du ſieur Audinot, dans la pièce du *Juge ridicule* (1), parlant à la demoiſelle Maſſon, faiſant le rôle de *Colette,* à laquelle on demandoit ſi une cheville étoit bien faite, et qui avoit répondu qu'elle ne s'y connoiſſoit pas : « Elle fait comme ſi elle ne s'y connoiſſoit pas » ?

A dit que non. Qu'il a ſeulement dit : « Oh ! elle fait exprès ! » et qu'il n'a pas eu en cela la moindre intention.

Nous avons enſuite enquis le ſecond deſdits deux particuliers de nous dire pareillement ſes noms, ſurnoms, pays, âge, qualité et demeure ?

Lequel, après avoir auſſi promis de dire vérité, nous a dit ſe nommer Pierre-Louis Picardeaux, natif de Reims, âgé de 21 ans, auſſi acteur dudit ſieur Audinot, demeurant rue St-Pierre, ſur les foſſés du Pont-aux-Choux.

Enquis de nous dire s'il n'eſt pas vrai que le même jour jeudi dernier, il n'a pas dit ſur la ſcène, théâtre dudit ſieur Audinot, parlant de ladite demoiſelle Maſſon faiſant le rôle de *Colette,* après avoir répondu qu'elle ne ſe connoiſſoit pas à la bonne façon des chevilles : « Il ſe peut bien faire qu'elle s'y connoiſſe comme il ſe peut faire qu'elle ne s'y connoiſſe pas. »

A dit que oui et qu'il n'a entendu dire aucun mal ni inſulter perſonne en diſant cela.

Signé : MAILLOT ; PICARDEAUX ; MAYEUR.

Ce fait, nous avons laiſſé les ſuſnommés ès mains dudit Lelièvre pour les conduire ès priſons du For-l'Évêque.

Signé : LELIÈVRE ; MAILLOT.

(*Archives des Comm.*, n° 3785.)

(1) Voici quelle était la composition du spectacle de l'Ambigu le 22 octobre 1778 : *le Juge ridicule, ou les Chevilles,* petite pièce de Labussière ; *Don Quichotte armé chevalier,* pièce du même auteur ; *les Noces de Gamache,* divertissement également du même auteur, et *le Sauvage apprivoisé et la fête du Seigneur,* pantomime.

II

Jeudi, 12 novembre 1778, 9 heures du ſoir.

François-Marie Mayeur, acteur d'Audinot, demeurant rue Montmartre, arrêté par Joſeph Piêtre, brigadier de la garde de Paris, en vertu des ordres du magiſtrat. Pourquoi nous l'avons envoyé au For-l'Évêque (1).

(*Archives des Comm.*, n° 5022.)

III

L'an 1779, le mercredi 18 août, dix heures de relevée, en l'hôtel et par-devant nous Hubert Mutel, etc., eſt comparu Louis-Michel Fortier, ſergent de la diviſion, commandant la garde de Paris : Lequel, en exécution des ordres dont il eſt porteur et en vertu de l'ordonnance de Sa Majeſté concernant les ſpectacles, vient d'arrêter le ſieur Mayeur, acteur du ſpectacle du ſieur Audinot, et l'a conduit par-devant nous à l'effet de conſtater ſa capture.

En conſéquence, avons fait paroître devant nous ledit ſieur Mayeur, lequel enquis par nous de ſes nom, ſurnoms, âge, pays, qualité et demeure, a dit ſe nommer François-Marie Mayeur, âgé de vingt ans, natif de Paris, paroiſſe St-Paul, acteur du ſpectacle du ſieur Audinot, demeurant au faubourg St-Martin, paroiſſe St-Laurent.

Signé : MAYEUR ; MUTEL.

Ce fait, ledit ſieur Fortier s'eſt chargé dudit ſieur Mayeur, pour le conduire ès priſons du For-l'Évêque (2) et l'y recommander en vertu deſdits ordres dont il eſt porteur.

Signé : FORTIER ; MUTEL.

(*Archives des Comm.*, n° 2575.)

IV

Lundi, 18 octobre 1779, 8 heures du ſoir.

François-Marie Mayeur, acteur d'Audinot, arrêté par le ſieur Seigneur, officier de la garde de Paris, pour avoir récité au public un compliment avant

(1) Pour incartade commise pendant la représentation qui se composait ce soir-là de : *Il n'y a plus d'enfants*, petite pièce de Nougaret, suivie de la *Fête de Colette*, divertissement-pantomime, terminée par *Don Quichotte armé chevalier*, pièce de Labussière, et par les *Nôces de Gamache*, divertissement du même auteur.

(2) L'incorrigible Mayeur s'était encore attiré cette sévère punition par son insolence envers son directeur et son sans-gêne avec le public pendant la représentation du 18 août 1779. On jouait ce soir-là à l'Ambigu-Comique : *les Quatre fils Aymon*, pantomime en trois actes, par Arnould-Mussot, précédée de la *Maison à donner*, petite comédie.

une pièce, dont il eſt l'auteur, ſans en avoir prévenu ſon directeur et ſans avoir eu l'agrément de M. Lenoir (1). Pourquoi nous l'avons envoyé au For-l'Évêque.

(*Archives des Comm.*, n° 5022.)

V

L'an 1782, le ſamedi 2 mars, une heure de relevée, en l'hôtel et par-devant nous Benjamin Bourderelle, etc., eſt comparu ſieur Pierre-Joſeph Henry, conſeiller du Roi, inſpecteur de police : Lequel nous a dit qu'en vertu de l'ordre du Roi dont il eſt porteur, il vient d'arrêter une particulière rue du Temple, au coin du boulevard, diſtribuant publiquement une brochure ayant pour titre : *le Déſœuvré, ou l'Eſpion du boulevard du Temple,* imprimée à Londres ſans nom d'auteur ni d'imprimeur ; laquelle particulière il a arrêtée à l'aide de la garde, commandée par le ſieur Bocquin, ſergent, au-devant de l'échoppe qu'elle occupe ſuſdite rue, au coin du boulevard, et qu'il a conduit ladite particulière par-devant nous pour être ordonné ce qu'il appartiendroit.

Sur quoi nous commiſſaire, etc., avons procédé à l'interrogatoire de ladite particulière ainſi qu'il ſuit :

Premièrement avons enquis la particulière arrêtée de ſes nom, âge, qualité, pays et demeure ?

Elle nous a dit, après ſerment par elle fait de dire vérité, ſe nommer Claudine Céſarine, âgée de 27 ans, native de Paris, veuve de Jean-Joſeph Henri, marchand de livres, demeurante rue de Lancry, maiſon du ſieur Labady, peintre, où elle occupe deux chambres au deuxième étage ſur le devant.

A elle demandé ſi elle n'a pas expoſé en vente cejourd'hui à l'échoppe qu'elle occupe rue du Temple, au coin du boulevard, ſous le balcon de Mme de l'Hôpital, des brochures intitulées : *le Déſœuvré, ou l'Eſpion du boulevard du Temple,* imprimées à Londres l'année dernière ſans nom d'auteur ni permiſſion ?

A répondu qu'il eſt bien vrai qu'elle a expoſé en vente ledit ouvrage ce matin, non pas publiquement, mais au contraire ſecrètement.

A elle demandé ſi quelqu'un ne s'eſt pas préſenté ce matin pour acheter ledit ouvrage, combien elle a voulu le vendre et ſi elle en a effectivement vendu ?

A répondu que les nommés Bordier et Picardeaux, acteurs du ſpectacle d'Audinot, ſe ſont préſentés à elle ce matin pour acheter ledit ouvrage et lui ont demandé combien elle vouloit le vendre, à quoi elle leur a dit qu'elle vouloit le vendre trois livres.

(1) On jouait ce soir-là à l'Ambigu-Comique, pour la réouverture du théâtre au boulevard après la foire Saint-Laurent, la 1re représentation de : *la Pomme, ou le Prix de la beauté,* mélodrame de Mayeur, précédé du *Goutteux,* pièce en deux actes.

A elle demandé d'où lui provient ledit ouvrage et ſi elle en connoît l'auteur ?

A répondu que c'eſt le nommé Aubry, marchand libraire, ſon aſſocié, demeurant rue de Lancry, qui le lui a donné à vendre, qu'elle ignore le nom de l'auteur.

A elle repréſenté deux deſdites brochures, et a elle demandé ſi elle les reconnoît pour être celles qu'elle avoit dans ſon échoppe et qu'elle a voulu vendre auxdits Bordier et Picardeaux ?

A répondu que oui.

Signé : C. Cézarinne.

Et à l'inſtant, trois heures de relevée, nous commiſſaire ſuſdit ſommes tranſporté, avec ledit ſieur Henry, en vertu de l'ordre du Roi dont il eſt porteur, ſuſdite rue du Temple, près le boulevard, à l'échoppe occupée par ladite veuve Henri où elle a été conduite en vertu de l'ordre ci-deſſus par ledit ſieur Henry, en préſence de laquelle nous avons fait perquiſition dans ladite échoppe, par l'événement de laquelle il s'eſt trouvé ſix exemplaires en feuilles du *Déſœuvré, ou l'Eſpion du boulevard du Temple,* plus un exemplaire ployé du *Tableau de Paris.*

Sommes enſuite tranſporté rue de Lancry où ladite veuve Henri a été conduite par ledit ſieur Henry en une chambre au deuxième étage, ayant vue ſur ladite rue et ſur des marais dépendant d'une maiſon occupée par bas par une fruitière. Par l'événement de laquelle perquiſition il s'eſt trouvé dans les deux chambres occupées par ladite veuve Henri, un exemplaire en feuilles du *Tableau de Paris, Mémoires de Suzon, ſœur de Dom B....., portier des Chartreux, Lettre de l'abbé Raynal à l'auteur de la Nymphe de Spa.*

Ce fait, tous les livres ci-deſſus décrits ont été laiſſés en la garde dudit ſieur Henry, qui le reconnoît, pour les repréſenter toutes fois et quantes. A l'égard de ladite veuve Henri, elle a été relaxée.

Signé : Henry ; Bourderelle.

(*Archives des Comm.,* 113[illegible].)

VI

L'an 1782, le mercredi 6 mars, de relevée, en l'hôtel et par-devant nous Gilles-Pierre Chenu, etc., eſt comparu ſieur François-Marie Mayeur, correſpondant de la lotterie des Deux-Ponts, demeurant faubourg St-Martin, paroiſſe St-Laurent : Lequel nous a rendu plainte et dit qu'il vient de paroître un livre ſans nom d'imprimeur, intitulé : *le Déſœuvré, ou l'Eſpion du boulevard du Temple,* dans lequel le plaignant eſt aſſez maltraité ; que néanmoins des gens mal intentionnés contre lui ont la méchanceté de lui attribuer ce mauvais ouvrage et de l'en dire hautement l'auteur, dans la vue ſans doute de lui nuire ; que les ſieurs Bordier et Picardeaux entre autres, tous deux attachés au ſpectacle du ſieur Audinot, ont tenu à ce ſujet toutes ſortes de propos déplacés et même menacé d'aſſaſſiner publiquement le plaignant s'ils le rencontroient ; que ſemblables menaces donnent lieu au plaignant d'avoir des inquiétudes, et ayant d'ailleurs beaucoup à ſe plaindre de l'auteur dudit livre relativement aux choſes défavorables qu'il contient ſur le compte du plaignant (1), il eſt venu nous en rendre la préſente plainte ainſi que contre leſdits Bordier et Picardeaux, et tous autres leurs fauteurs, complices et adhérens.

Signé : MAYEUR ; CHENU.

(*Archives des Comm.*, n° 880.)

VII

Samedi 13 mai 1786, 9 heures du ſoir.

François-Marie Mayeur, acteur du ſieur Nicolet, arrêté par Gaſpard Teyſſier, caporal, à la réquiſition dudit ſieur Nicolet, pour être venu à 7 heures au ſpectacle (2), avoir manqué à ſon directeur et à l'officier de garde. A l'hôtel de la Force.

(*Archives des Comm.*, n° 5022.)

MERCEROT (PIERRE-TOUSSAINT), acteur de l'Ambigu-Comique en 1789.

Samedi 4 avril 1789, 9 heures 3/4 ſoir.

Le ſieur Antoine Paitre, ſergent-fourrier de la garde de Paris, a arrêté Pierre-Touſſaint Mercerot, acteur de l'Ambigu-Comique, à la réquiſition du ſieur François Arnould, directeur dudit ſpectacle, pour avoir contracté un engagement avec le ſieur Hus, directeur de la troupe de Nantes, au préjudice d'un autre qu'il a avec ledit ſieur Arnould ; et encore attendu qu'il s'eſt refuſé

(1) Les passages du *Chroniqueur désœuvré*, relatifs à Mayeur, que nous avons donnés plus haut sont loin, comme il le dit ici, de contenir sur son compte « des choſes défavorables ». On le complimente au contraire sur son *génie ;* il est vrai qu'on lui reproche sa suffisance, et qu'on s'étonne de ses bonnes fortunes ; mais certains hommes verraient dans cet étonnement même le plus flatteur des compliments. Bordier au contraire y est traité de *polisson* et d'*escroc*, et Picardeaux d'être *inepte, enseveli dans la fange*. Décidément, plus j'étudie le *Chroniqueur désœuvré*, et plus je me confirme dans l'opinion que Mayeur en est l'auteur.

(2) On jouait ce soir-là aux Grands-Danseurs du Roi : la 14e représentation des *Égyptiens, ou les Diseurs de bonne aventure de qualité*, avec deux divertissements ; la 12e de *Polichinelle protégé par la fortune*, et deux divertissements ; *Madame Tintamarre ; l'Hommage au printemps, ou la Rose et le bouton au temple de l'Hymen*, pantomime en deux actes, mêlée de dialogues, danses et musique, par Robineau de Beaunoir.

à souscrire un acte par lequel il se seroit soumis de tenir l'engagement contracté avec ledit sieur Arnould et d'annuler celui qu'il pouvoit avoir contracté avec ledit sieur Hus. Remis à Martin Peignot, sergent des Enfans-Rouges, pour le conduire à l'hôtel de la Force (1).

(*Archives des Comm.*, n° 5022.)

MÉRINVILLE (Mlle), danseuse de la troupe de Saint-Edme en 1713, était connue sous le pseudonyme de la *comtesse de Tripaillon*, provenant vraisemblablement de quelque rôle joué par elle.

(*Dictionnaire des Théâtres*, III, 411.)

MEUNIER (MICHEL), sauteur chez Nicolet cadet à la foire Saint-Germain de 1765. Dix ans plus tard, Michel Meunier, associé à un nommé Charini, danseur de corde espagnol, avait une loge à la foire Saint-Ovide.

(*Archives des Comm.*, nos 857, 1508.)

Voy. CHARINI.

MEUNIER, habile danseur de corde du théâtre des Grands-Danseurs du Roi, obtenait un grand succès en 1781 par un exercice d'équilibre appelé « l'Équilibre de la plume ».

(*Journal de Paris*, 11 février 1781.)

MICHEL (FRANÇOIS), maître de danse et danseur à l'Opéra-Comique à la foire Saint-Laurent de 1739. Son fils et sa fille parurent aussi sur le même théâtre pendant la même foire.

Voy. DELAMAIN.

---

(1) Mercerot avait en outre refusé de jouer, ce qui avait retardé considérablement la représentation. On donnait le 4 avril 1789 : *la Mort du capitaine Cook à son troisième voyage dans le Nouveau-Monde*, pantomime en quatre actes, par Arnould-Mussot, précédée de la *Dot*, comédie en un acte, et de l'*Embarras comique*, proverbe.

MICHOT (ANTOINE), né en 1759, mort en 1830, acteur du boulevard, puis de la Comédie-Française, débuta en 1781 au théâtre de l'Ambigu-Comique, où il joua avec succès *Guillot Gorju, amant de Margot,* dans *Carmagnole et Guillot Gorju,* tragédie pour rire en un acte, en vers, par Dorvigny et Dancourt, représentée le 2 janvier 1782. En 1785, Michot s'engagea au théâtre des Variétés du Palais-Royal (anciennes Variétés-Amusantes) et y créa une grande quantité de rôles, parmi lesquels on remarque *Déli* dans la *Loi de Jatab, ou le Turc à Paris,* comédie en un acte, en vers, par Dumaniant, représentée le 22 janvier 1787; un *sauvage,* dans le *Français en Huronie,* comédie en un acte, en vers, par Dumaniant, représentée le 30 avril 1787; *Frontin,* dans les *Défauts supposés,* comédie en un acte, en vers, par Sedaine de Sarcy, représentée le 28 janvier 1788; *Halifax,* dans le *Duc de Monmouth,* comédie héroïque en trois actes, en prose, par Bodard de Tézay, représentée le 4 novembre 1788, etc., etc. En 1791, quand les Variétés du Palais-Royal changèrent de nom et prirent le titre de Théâtre-Français de la rue de Richelieu (c'est la Comédie-Française actuelle), Michot ne parut pas déplacé sur cette scène, où brillaient Julie Candeille, Monvel, Talma, Dugazon, etc., et il continua à remplir avec succès les rôles qui exigeaient du naturel, de l'aisance et de la rondeur.

(Brochures intitulées : *Carmagnole et Guillot Gorju,* Avignon, Garrigan, 1791 ; *la Loi de Jatab,* Paris, Brunet, 1787 ; *le Français en Huronie,* Paris, Cailleau, 1787 ; *les Défauts supposés,* Paris, Cailleau, 1788 ; *le Duc de Monmouth,* Paris et Bruxelles, Deboubers, 1789. — *Biographie Didot.*)

Mardi 9 décembre 1783, 9 heures et demie du soir.

Antoine Michault, acteur d'Audinot, arrêté par le sieur Hochereau, officier, en vertu des ordres du magistrat (1). A l'hôtel de la Force par Leterlin, sergent.

(*Archives des Comm.,* n° 5022.)

(1) Michot était arrivé en retard au spectacle, où l'on donnait ce soir-là : *Jacquot parvenu,* pièce en un acte, par Fonpré de Fracansalle, suivie de *Philips et Sara,* pièce en un acte, en vers; *l'Enragé,* proverbe ; *les Bons et les Méchants, ou Philémon et Baucis,* pantomime en deux actes, par Audinot.

MIETTE, entrepreneur de spectacles à la foire Saint-Ovide en 1774.

(*Archives des Comm.*, nº 1508.)

MIGNARD, sauteur et équilibriste, avait une loge à la foire Saint-Laurent de 1727, et y attirait par ses talents une foule nombreuse. Il parut encore à quelques foires suivantes.

(*Mémoires sur les Spectacles de la Foire*, II, 43. — *Dictionnaire des Théâtres*, III, 427.)

MIK-KUCK (LOUIS-JEAN GOUET DE MESNIVILLE, dit), danseur du théâtre de l'Opéra-Comique à la foire Saint-Germain de 1734.

L'an 1734, le mercredi 24 mars 1734, quatre heures de relevée, en l'hôtel de nous Charles-Jacques-Étienne Parent, etc., eſt comparu Louis-Jean Gouet de Meſniville, écuyer, qui danſe ſous le nom de Mik-Kuck, à l'Opéra-Comique, rue de Buſſi, quartier St-Germain-des-Prés, depuis ſon ouverture : Lequel nous a dit que cejourd'hui, heure préſente, s'étant préſenté pour entrer audit Opéra-Comique à ſon ordinaire pour y danſer, ſuivant ce qu'il a fait juſqu'à préſent et ce qui eſt annoncé par les affiches, il auroit été ſurpris qu'on lui auroit refuſé la porte et dit qu'il y avoit ordre de ne le plus laiſſer entrer, pourquoi il ſe feroit retiré avec ſes habits à loyer qu'il nous a repréſentés, ſavoir : un habit de pierrot et un de Hollandois, tous deux complets, et eſt venu nous rendre plainte dudit refus dont il ne peut ſavoir la cauſe ſi ce n'eſt qu'il ſe trouve créancier du ſieur Devienne, entrepreneur, ſavoir de la ſomme de 300 livres pour le reſtant de la foire St-Laurent dernière en deniers ou quittances, et de la ſomme de 300 livres à laquelle le plaignant eſt convenu avec ledit Devienne, en préſence du ſieur Viron, ami dudit Devienne, et lui a auſſi promis de lui payer le vieux. Suivant ces conventions le comparant eſt arrivé à Paris et a danſé depuis l'ouverture dudit Opéra juſqu'à cejourd'hui. Il eſt dû pour loyer d'habits à 50 ſols par jour depuis qu'il danſe, à l'exception des cinq premiers jours que l'on a payé ledit loyer : lequel loyer des habits de caractère où le plaignant a danſé tant à la foire St-Laurent qu'à la foire St-Germain eſt dû aux marchands qui les ont fournis, par ledit ſieur Devienne. Et comme il ne ſait pour quel ſujet ledit Devienne lui a refuſé la porte et qu'il a intérêt d'avoir le payement de ſon dû, il eſt venu nous rendre la préſente plainte.

Signé : DE MESNIVILLE ; PARENT.

(*Archives des Comm.*, nº 2494.)

MILLER (Marie-Élisabeth-Anne BOUBERT, dite), née en 1770, fille d'un musicien des Grands-Danseurs du Roi, débuta encore enfant au spectacle des Variétés-Amusantes et dansait à ce théâtre dans l'*Emménagement de la Folie,* ballet représenté au mois de février 1781. Dès le mois de mai suivant, elle faisait partie de la troupe de Nicolet et a joué sur cette scène dans les *Amusements du mois de mai,* ballet (9 mai 1781); dans les *Amours de Babet* (30 août 1781); dans la *Guinguette flamande* (12 novembre 1781); *Agathe* dans la *Rose et le bouton,* pantomime dialoguée en deux actes (7 juin 1783); dans la *Petite Boiteuse,* ballet (1er juillet 1783); dans la *Fille courageuse et le Château assiégé,* pantomime (7 août 1783); dans la *Petite Jardinière,* pantomime dansante (13 août 1783); dans la *Soirée villageoise,* ballet-pantomime (10 septembre 1783); dans la *Petite Pêcheuse de poissons,* ballet (2 janvier 1784); dans le *Port de Marseille,* pantomime (17 février 1784); dans les *Réconciliés,* petite pantomime dansante (28 février 1784); *Europe* dans le *Ravissement d'Europe,* pantomime héroïque en trois actes (13 mai 1784); dans le *Ruban d'amour,* pastorale en vers (23 août 1784); dans l'*Amour constant et l'Heureux sommeil,* pantomime (11 août 1784), et dans le menuet des *Passions* (18 décembre 1784). Mlle Miller dansa plus tard à l'Académie royale de musique et épousa en 1795 Gardel jeune, acteur de ce théâtre. Elle est morte à Paris le 18 avril 1833.

(*Journal de Paris,* février, 9 mai, 30 août, 12 novembre 1781; 7 juin, 1er juillet, 7-13 août, 10 septembre 1783; 2 janvier, 17-28 février, 13 mai, 11-23 août, 18 décembre 1784. — *Biographie Didot.*)

MION (Jeanne-Marguerite), actrice du boulevard, fut successivement attachée en 1767 au *Spectacle militaire,* théâtre établi en 1767 sur le boulevard du Temple, et en 1769 au jeu de Nicolet cadet.

I

L'an 1767, le dimanche 16 août, deux heures du matin, a été amené en l'hôtel et par-devant nous Nicolas Maillot, etc., par le caporal de l'escouade de Pierre Lehu, sergent de la garde de Paris, un particulier arrêté par la garde du boulevard pour avoir battu et excédé Jeanne-Marguerite Mion, fille travaillant chez le sieur Baldini, maître du spectacle militaire, sur le boulevard du Temple; ladite fille Mion étant aussi venue par-devant nous avec eux : Laquelle nous a dit se nommer effectivement Jeanne-Marguerite Mion, travaillant chez ledit Baldini et logeant chez le nommé Briant, pâtissier sur le boulevard. Elle nous a ajouté qu'ayant été rencontrée sur le boulevard, en se retirant chez elle, par un particulier nommé Desmoëste, logeant aussi chez ledit Briant, ledit Desmoëste l'a insultée en la tutoyant : Et, sur ce qu'elle lui a seulement dit de la laisser tranquillement passer sinon qu'elle lui feroit faire de force, il l'a battue et excédée, et lui a même porté un coup de canne. Et sur les interpellations par nous faites au particulier arrêté, il nous a dit se nommer George Desmoëste, natif de Paris, âgé de 24 ans, metteur en œuvre, logeant avec un perruquier de ses amis chez le nommé Briant, et nous a ajouté qu'il étoit vrai qu'il avoit donné un coup de canne à cette fille Mion. Pourquoi et attendu qu'il nous a rendu fort mauvais compte de sa conduite, nous l'avons remis ès mains dudit Pierre Lehu, sergent de la garde de Paris, pour par lui le conduire ès prison du Grand-Châtelet.

Signé : MAILLOT.

(*Archives des Comm.*, n° 3774.)

II

Du 5 mai 1769, huit heures du soir.

Marguerite Mion, fille, actrice chez Nicolet le cadet, maître de spectacle sur le boulevard du Temple, logeante au Grand-Cerf, rue Boucherat, arrêtée par la garde du boulevard et menée au corps de garde pour avoir refusé de jouer chez ledit Nicolet quoiqu'engagée; ce qu'elle a aussi refusé de faire sous faux prétexte à nous parlant. Pour quoi remise à Charles Chales, caporal de la garde de Paris, pour la conduire au For-l'Évêque et l'y faire écrouer de police par le premier officier du guet requis.

(*Archives des Comm.*, n° 3776.)

MINOT (NANETTE), actrice de l'Opéra-Comique, jouait dans l'*Assemblée des acteurs,* prologue de Panard et Carolet, représenté le 21 mars 1737, et dans le *Repas allégorique, ou la Gaudriole,* opéra comique en un acte, de Panard. Le 9 avril 1740, après la pièce intitulée : *la Barrière du Parnasse,* opéra comique en un acte, de Favart, où elle avait rempli le rôle de *Lucinde,* elle récita avec le petit Boudet le compliment pour la clôture du spectacle.

(*Dictionnaire des Théâtres,* I, 316, 382 ; IV, 426.)

MOËTTE, entrepreneur de spectacles, obtint en 1758 une part de 9,000 livres dans l'administration du théâtre de l'Opéra-Comique qu'il exploita jusqu'en 1762, époque de sa réunion à la Comédie-Italienne, conjointement avec Favart, Dehesse, Corby et Coste de Champeron. Moëtte était le fils de Charles Moëtte, libraire distingué de Paris, qui a édité, entre autres ouvrages, l'*Histoire et recherches des antiquités de la ville de Paris,* par Henri Sauval.

(*Journal de Collé,* publié par H. Bonhomme, II, 126.)

MOLIN (FRANCISQUE).
Voy. FRANCISQUE.

MOLIN (SIMON), frère de Francisque, faisait partie de sa troupe pendant la foire Saint-Germain de 1721, et jouait le rôle d'*Arlequin* dans la *Forêt de Dodone,* pièce en un acte, en prose, mêlée de vaudevilles, par Lesage et Dorneval, musique d'Aubert, représentée au mois de février de cette même année.

(*Dictionnaire des Théâtres,* II, 625.)

MOLIN (Mme), femme du précédent, faisait comme lui partie de la troupe de Francisque.

(*Mémoires sur les Spectacles de la Foire,* I, 222.)

MONNET (JEAN-LOUIS), né vers 1710, mort en 1785, entrepreneur de spectacles à Londres, Lyon et à Paris, où il a dirigé l'Opéra-Comique en 1743 pour la première fois, et pour la seconde fois, de 1752 à 1757. Il a laissé de curieux *Mémoires,* dans lesquels il dépeint en ces termes l'état de l'Opéra-Comique en 1743 : « L'Opéra-Comique avoit ruiné mes prédéceſſeurs. Le ſieur Pontau, alors poſſeſſeur du privilége, homme d'eſprit, mais foible et peu propre aux détails d'une pareille direction, avoit laiſſé tomber ce ſpectacle dans un tel aviliſſement qu'il en avoit abſolument éloigné la bonne compagnie. La livrée y étoit en poſſeſſion du parterre, elle décidoit des pièces, ſiffloit les acteurs, et quelquefois même les maîtres quand ils s'avançoient ſur le devant de la ſcène. Les loges des actrices étoient ouvertes à tout le monde. La ſalle, le théâtre étoient conſtruits à peu près comme les loges des baladins de la foire Saint-Ovide. La garde s'y faiſoit par un officier de police et ſept ou huit ſoldats de robe courte. L'orcheſtre étoit compoſé par des gens qui jouoient aux noces et aux guinguettes. La plupart des danſeurs figuroient avec des bas noirs et des culottes de drap de couleur. Rien en un mot n'étoit ſi négligé, ſi ſale, ſi dégoûtant même que les acceſſoires de ce ſpectacle. Voulant y mettre de la décence et de l'ordre, j'obtins une ordonnance du Roi qui défendoit les entrées à la livrée. Je fis conſtruire un amphithéâtre, réparer et décorer la ſalle à neuf. Il étoit queſtion de trouver des ſujets; on m'indiqua comme la meilleure troupe de province, celle du ſieur Duchemin, à Rouen, où étoit le ſieur Préville, qui rempliſſoit déjà avec diſtinction l'emploi de premier comique. J'en voulus juger par moi-même et j'allai à Rouen. Les talens, l'eſprit, le naturel et la gaieté de cet acteur, firent une ſi grande impreſſion ſur moi, que je n'étois plus occupé que des moyens de l'attacher à mon ſpectacle. Je le laiſſai le maître de ſes appointemens et de faire tout ce qui pourroit lui être agréable dans la place qu'il occuperoit. Auſſi flatté de ces avantages que du déſir d'être à Paris, il s'engagea pour la foire Saint-Laurent. Je fis alors la découverte d'un opéra comique, le *P....... ou la Rofe,* production de la jeuneffe de M. Piron, dont on n'avoit voulu permettre ni l'impreffion, ni la repréfentation à Paris et qu'on avoit laiffé jouer une feule fois fur le théâtre de Rouen. Un magiftrat de cette ville, qui en avoit confervé une copie, me la donna en échange d'un petit recueil de chanfons affez gaies que j'avois en ma poffeffion. » Comme on l'a vu plus haut, ce fut en 1757 que Monnet, alors directeur pour la seconde fois de l'Opéra-Comique, quitta définitivement ce théâtre. Voici ce qu'écrit Collé à ce propos : « Janvier 1758. Le grand Monnet a quitté l'entreprife de l'Opéra-Comique en s'y réfervant feulement une part de 14,000 livres. Il y a fix parts de pareille fomme dans le fond de cette affaire. Deheffe le comédien en a une; Corby, cet écumeur de littérature, qui vole les manufcrits à droite et à gauche et qui a fait imprimer le *Théâtre des boulevards,* en a auffi une; un nommé Moët, une autre. Favart n'a voulu qu'une demi-part de 7,000 livres, mais on lui a fait fur la chofe 4,000 livres d'appointemens par an. Ces nouveaux entrepreneurs vont entrer en jouiffance au mois de février prochain. Ils achèvent le refte du bail de Monnet qui a encore trois ans à courir, je crois. »

(*Biographie Didot. — Journal de Collé,* publié par H. Bonhomme, II, 126. — *Œuvres de Piron,* publiées par Édouard Fournier, notice XL.)

I

Sur la requête préfentée au Roi étant en fon confeil par François Berger, contenant que par arrêt du confeil d'État du 18 mars dernier, il a plu à Sa Majefté de fubroger le fuppliant au lieu et place du fieur de Thuret, auquel Sa Majefté, par arrêt du confeil du 30 mai 1733, avoit accordé le privilége de l'Académie royale de mufique pour 29 années qui reftoient à jouir de ce privilége accordé auparavant au fieur Lecomte, le fuppliant s'eft mis en poffeffion de l'exploitation dudit privilége en conféquence dudit arrêt du 18 mars dernier ; il a trouvé que le fieur de Thuret, par contrat paffé devant Gervais et fon confrère, notaires au Châtelet de Paris, le 28 mars 1743, avoit donné à loyer pour fix années à Louis Monnet, bourgeois de Paris, le droit exclufif d'établir dans la ville de Paris aux foires de St-Germain et de St-Laurent et autres foires qui pourroient s'établir ci-après, le ſpectacle appelé vulgairement l'Opéra-Comique, compoſé de vaudevilles, de danſes, machines, décorations et ſymphonies; mais le ſuppliant a reconnu que ce bail étoit préjudiciable à ladite Académie royale; il a cru qu'il étoit plus convenable à l'intérêt de l'Académie qu'il fit régir par lui-même ledit Opéra-Comique dont Sa Majeſté a accordé le privilége excluſif à l'Académie royale de muſique par ſon arrêt du premier juin 1730, et à cet effet, demander la réſiliation du bail paſſé audit Monnet. La demande du ſuppliant eſt d'autant plus favorable qu'elle a pour objet l'avantage de ladite Académie royale et que d'ailleurs le ſieur de Thuret n'a pu aliéner une portion du privilége au delà du tems qu'il en a été revêtu, c'eſt ce qui a obligé le ſuppliant de recourir à l'autorité de Sa Majeſté. Requéroit à ces cauſes le ſuppliant qu'il plût à Sa Majeſté ordonner que le bail paſſé audit Monnet le 28 mars 1743 demeurera nul et réſolu du jour de l'arrêt qui interviendra, enſemble tous les autres baux et traités qui auroient pu être faits par ledit ſieur de Thuret à raiſon du privilége de ladite Académie royale; faire déſenſe audit Monnet de faire repréſenter à l'avenir aucun ſpectacle aux foires de St-Germain et de St-Laurent; ordonner que l'arrêt qui interviendra ſera exécuté nonobſtant oppoſitions ou appellations quelconques. Vu ladite requête, le Roi, étant en ſon conſeil, a ordonné et ordonne que le bail paſſé audit Monnet par le ſieur de Thuret le 28 mars 1743, demeurera nul et réſolu, enſemble tous les baux et traités qui peuvent avoir été faits par ledit ſieur de Thuret pour raiſon du privilége de ladite Académie royale de muſique, et ce, à compter de cejourd'hui. Fait déſenſe audit Monnet de faire repréſenter à l'avenir aucun opéra comique ou autre ſpectacle auxdites foires de St-Laurent et de St-Germain. Ordonne Sa Majeſté que le préſent arrêt ſera exécuté nonobſtant oppoſitions ou appellations quelconques, dont, ſi aucune intervient, Sa Majeſté s'eſt réſervé la connoiſſance. Le 30 mai 1744.

Signé: DAGUESSEAU.

(*Reg. du Conseil d'État*, E, 2227.)

II

Vu au conſeil d'État du Roi, Sa Majeſté y étant, l'arrêt rendu en icelui ſur la requête du ſieur François Berger, le 30 mai dernier, par lequel il auroit été ordonné que le bail paſſé à Louis Monnet, bourgeois de Paris, par le ſieur de Thuret, le 28 mars 1743, demeureroit nul et réſolu, enſemble tous les baux et traités qui pourroient avoir été faits par ledit ſieur de Thuret pour raiſon de ſon privilége et ce à compter du jour dudit arrêt, avec déſenſe audit Monnet de faire repréſenter à l'avenir aucun opéra comique ou autre ſpectacle aux foires de St-Germain et de St-Laurent et que ledit arrêt ſeroit exécuté nonobſtant oppoſitions quelconques, dont, ſi aucune intervenoit, Sa Majeſté ſe réſervoit la connoiſſance; la requête dudit Monnet tendante à ce que, pour les causes y contenues, il plût à Sa Majesté le recevoir opposant audit arrêt du conseil et, faisant droit sur son opposition, sans avoir égard à la demande dudit sieur Berger dont il seroit débouté, ordonner que le bail de l'Opéra-Comique passé audit Monnet par ledit sieur de Thuret le 28 mars 1743, seroit exécuté selon sa forme et teneur ; ladite requête signifiée le 10 du présent mois : Ouï le rapport et tout considéré, le Roi étant en son conseil, sans avoir égard à l'opposition formée par ledit Monnet à l'exécution de l'arrêt de son conseil d'État du 30 mai dernier dont Sa Majesté l'a débouté, a ordonné que ledit arrêt sera exécuté selon sa forme et teneur. Le 15 juin 1744.

Signé : DAGUESSEAU.

(*Reg. du Conseil d'État*, E, 2227.)

MONTANSIER (SPECTACLE DE LA). Théâtre ouvert le 12 février 1790 au Palais-Royal, dans la salle des Petits-Comédiens de S. A. S. M. le comte de Beaujolais, par Marguerite Brunet, dite Montansier, célèbre directrice de spectacles, qui n'avait jusqu'à ce moment administré que des troupes de province. On y jouait l'opéra et la comédie en vers. Mlle Montansier, née en 1730, est morte en 1820. C'est le théâtre du Palais-Royal qui occupe de nos jours le local de l'ancien spectacle de la Montansier.

MONTIGNY, l'un des meilleurs danseurs du théâtre de Nicolet, où il entra en 1767. Son frère cadet était musicien à l'orchestre du même spectacle.

L'an 1775, le vendredi 18 août, huit heures du soir, en notre hôtel et pardevant nous François-Jean Sirebeau, etc., est comparu sieur Nicolas Dominique Leprieur de Varigni, ci-devant volontaire au régiment du Berri infanterie, demeurant à Paris, rue des Mathurins, hôtel impérial.

Lequel nous a rendu plainte contre les nommés de Montigni, attachés à la direction du sieur Nicolet, l'un en qualité de danseur et l'autre en qualité de joueur de violon, et nous a dit que cejourd'hui en sortant du spectacle dudit sieur Nicolet il a été joindre une voiture à laquelle il avoit donné ordre d'attendre tant pour lui que pour sa compagnie. Que, désirant en jouir, il s'en est trouvé empêché par lesdits de Montigni qui vouloient la lui enlever et s'en servir. Que cette difficulté a fait naître entre eux des propos qui ont été poussés de la part dudit Montigni l'aîné jusqu'à l'insulter en lui faisant outrage à la figure avec son chapeau. Qu'ayant rabattu ce chapeau avec sa canne, ledit Montigni le jeune lui a porté à la poitrine un coup de canne avec tant de violence qu'il en est résulté une tumeur. Qu'ayant eu recours aux officiers de la garde pour se faire rendre justice, les officiers lui ont donné un soldat qui a été avec lui plaignant à la voiture dans laquelle ledit Montigni l'aîné étoit monté, et après l'en avoir fait descendre sans avoir pu joindre ledit Montigni le jeune, ils l'ont conduit au corps de garde pour être entendu; mais l'officier de garde ayant éludé leur différend, ils se sont retirés sans en avoir eu satisfaction.

Et comme le plaignant a intérêt d'avoir raison de pareilles insultes et voies de fait, il est venu nous rendre la présente plainte.

Signé : Leprieur de Varigny ; Sirebeau.

(*Archives des Comm.*, n° 4670.)

Voy. Becquet (Marie-Charlotte).

MONVEL (Jacques-Marie BOUTET de), né en 1745, mort en 1812, auteur dramatique et célèbre acteur de la Comédie-Française, fut attaché de 1786 à 1791 au spectacle des Variétés du Palais-Royal (anciennes Variétés-Amusantes) dirigé par Gaillard et Dorfeuille. Sa femme, Mme Monvel, jouait en 1790 les *utilités* au même théâtre.

(*Biographie Didot.* — Brochure intitulée : *l'Amour et la Raison*. Paris, Cailleau, 1791.)

MORANGE (Anne-Françoise de VILETTE, dite), née en 1737, danseuse du jeu de l'Artificier hollandais à la foire Saint-Laurent de 1757.

Voy. Artificier hollandois (l').

MORANGE (Marie-Antoinette), née en 1755, épouse du sieur Dugard, actrice du théâtre appelé *le Rendez-vous des Champs-Élysées,* en septembre 1790.

Voy. Beaubois.

MOREAU, dit LE PETIT ARLEQUIN, né à Paris vers 1755, mort en 1817 à Marseille, acteur forain, débuta à l'âge de 15 ans (1770) chez Audinot, pour les rôles d'Arlequin. Fils d'un musicien de la Comédie-Italienne, il avait vu souvent jouer Carlin et en avait retenu la manière et les gestes; aussi eut-il un grand succès au boulevard; sa petite taille et sa gentillesse contribuèrent aussi beaucoup à lui gagner les sympathies des spectateurs. En 1780, il était engagé aux Variétés-Amusantes, et joua à ce théâtre les rôles d'*Arlequin* dans la *Corbeille enchantée, ou le Pays des Chimères,* pièce nouvelle ornée de machines, décorations, changements et ballets (4 septembre 1780), et dans le *Jaloux d'Estramadoure,* comédie de Boissel (24 octobre 1780). En 1782, il revenait au théâtre qui avait vu ses premiers succès, et jouait pour sa rentrée un rôle dans le *Répertoire,* prologue représenté chez Audinot le vendredi 12 avril 1782 (1).

(*Journal de Paris,* 4 septembre, 24 octobre 1780; 12 avril 1782. — *Le Chroniqueur désœuvré,* I, 68 ; II, 56. — *Galerie historique de la troupe de Nicolet,* par de Manne et Ménétrier, 161.)

MOREL (JEAN-BAPTISTE), maître de spectacle sur le boulevard du Temple en 1773, y montrait au public des animaux et diverses curiosités.

Voy. ROUSSEAU (CLAUDE-MARC).

(1) Voici en quels termes le *Chroniqueur désœuvré* juge à cette époque le talent de Moreau. « A l'égard de Moreau, que peut-on dire de cet embryon ? On ne doit pas plus être étonné de ses succès, que de la parfaite indifférence avec laquelle le public sourit à son espèce de talent. Quand il parut sur les planches d'Audinot, le peuple cria au prodige; il passa pour la merveille de ce théâtre. Mais il eut le sort de tous les phénomènes de ce genre, il tomba dans l'oubli, et il n'est plus regardé que comme utile à remplir une légère place au théâtre où il parut jadis avec tant d'éclat. » (*Le Chroniqueur désœuvré,* II, 56.) La fin de la vie de ce comédien fut misérable. Au commencement de ce siècle, il joua pendant quelques années au théâtre des Jeunes-Artistes, et Brazier, qui l'y connut, lui a consacré les lignes suivantes : « Il y avait encore un petit acteur du nom de Moreau, qui n'avait que 4 pieds 2 pouces; il avait joué à l'Ambigu en 1786; il était déjà vieux. La misère l'avait réduit en 1809 à se faire voir comme un nain sur les places publiques. Pauvre petit Moreau ! cher petit arlequin ! ayez donc du talent ! arrivez donc à soixante ans, pour que l'on aille vous voir moyennant deux sous ! » (Brazier, *Histoire des Petits Théâtres,* I, 125.)

MOREL, acteur du spectacle des Petits-Comédiens du comte de Beaujolais, au Palais-Royal, était attaché à ce théâtre en 1787. Il se blessa assez grièvement, le 17 novembre de cette année, avec un pistolet en jouant dans un drame intitulé *le Nouvel Œdipe, ou l'Homme singulier.* Une quête en sa faveur, faite immédiatement dans la salle, produisit une somme de 664 livres, et une représentation donnée à son bénéfice, le lendemain, lui valut 2,368 livres.

(*Mémoires secrets*, XXXVI, 198, 200.

MOURICAUD (JOSEPH-ALEXANDRE), né en 1742, cuisinier-pâtissier et danseur chez Gaudon en 1765.

L'an 1765, le jeudi 18 avril, dix heures du ſoir, eſt comparu en l'hôtel et par-devant nous Nicolas Maillot, etc., Nicolas-Jacques Couturier, inſpecteur des foires et des boulevards : Lequel nous a dit qu'en vertu d'un ordre de M. le Lieutenant général de police, il vient d'arrêter dans le ſpectacle de Gaudon, ſur le boulevard, un particulier nommé Mouricaud, comme libertin, pour le conduire au For-l'Évêque : lequel particulier il a conduit par-devant nous pour l'entendre.

Signé : COUTURIER.

Sur quoi nous commiſſaire, etc., avons fait comparoître ledit particulier arrêté, lequel, ſur les interpellations par nous à lui faites, nous a dit ſe nommer Joſeph-Alexandre Mouricaud, natif de Verſailles, âgé de 23 ans, cuiſinier-pâtiſſier, ayant demeuré dans différentes maiſons en cette qualité, ayant logé depuis quelque tems dans différens endroits à Paris. Qu'il croit être arrêté parce que, contre le gré de ſes père et mère, il a quitté ſon métier de cuiſinier-pâtiſſier pour ſe mettre danſeur chez le nommé Gaudon, maître de ſpectacle, qu'il a connu à Verſailles dans les avenues de Saint-Cloud où il étoit établi et qu'il a ſuivi à la foire St-Ovide de l'année dernière et où il entendoit être encore tout le tems des boulevards de cette année. Qu'il ne croit pas qu'il y ait autre ſujet contre lui de ſon arrêt.

Signé : MOURICAUD.

Ce fait, nous avons laiſſé ledit Mouricaud ès mains dudit ſieur Couturier pour le conduire ès priſons du For-l'Évêque.

Signé : MAILLOT ; COUTURIER.

(*Archives des Comm.*, n° 3772.)

MOYLIN (Guillaume), chef de la troupe des Sauteurs du Roi, qui donnait des représentations à la foire Saint-Germain en 1720.

(*Archives des Comm.*, n° 3479.)

MULMAN, danseur de l'Opéra-Comique, y exécuta la danse des *Amours champêtres* dans le *Gage touché*, opéra comique en un acte, de Panard, représenté le 18 mars 1736.

(*Dictionnaire des Théâtres*, III, 3.)

MUSÉE DES ENFANTS. Théâtre établi au Palais-Royal en 1785. Voici en quels termes un auteur du temps s'exprime au sujet du *Musée des Enfants* : « Ce ſpectacle, ſitué à l'extrémité des Galeries de bois, à côté des Variétés, au-deſſus du café, eſt un nouvel établiſſement formé par le ſieur Leteſſier, pour ſervir de cours d'émulation aux enfans de l'un et l'autre ſexe. Toutes les connoiſſances d'utilité et d'agrément, comme géographie, hiſtoire ancienne, mythologie, exercice des armes, déclamation, etc., y ſont miſes en action de manière à préſenter aux petits ſpectateurs la morale ſous une forme agréable et intéreſſante et des modèles dans leurs contemporains. Ce muſée a fait ſon ouverture le 6 octobre 1785, et donne tous les jours à ſix heures après midi une repréſentation de ces différens exercices dans une ſalle décorée avec goût et qui peut contenir environ 250 perſonnes. L'ordre et l'exactitude qui règnent parmi ces petits acteurs, dont le plus âgé a au plus 10 ans, la préciſion avec laquelle ils rendent les petits rôles qu'on leur confie, la fineſſe et les grâces qu'ils y mettent, méritent les ſuffrages du public et font infiniment d'honneur à leurs inſtituteurs et donnent lieu d'eſpérer que cet établiſſement utile et agréable pour les enfans deviendra un jour plus conſéquent. » Ces espérances ne se réalisèrent pas et le *Musée des Enfants* ferma dans les premiers mois de 1787.

(*Guide des Amateurs et des Étrangers voyageurs à Paris*, par Thiéry, I, 272, 733.)

N

AIN. Phénomène que l'on montrait à la foire Saint-Germain de 1751 et qui était annoncé en ces termes : « Le ſieur Albert Nivenoge, Hollandois, eſt arrivé en cette ville et y fait voir un homme ſans pareil, âgé de 36 ans, de la hauteur de 2 pieds 4 pouces. La groſſeur de ſa tête fait la longueur de ſon corps. Il a un très-beau viſage et les cheveux friſés naturellement, et parle pluſieurs langues. On le verra depuis 10 heures du matin juſqu'à 10 heures du ſoir à la foire Saint-Germain-des-Prés, rue Traverſière, à la deſcente du jeu des grands danſeurs de corde, vis-à-vis la chapelle. Il y a des places à 12 et 24 ſols ».

(*Affiches de Paris*, 1751.)

NAIN DES INDES. Se voyait à la foire Saint-Germain de 1775. Cet individu était âgé de 42 ans et n'avait que 27 pouces de hauteur. Il avait été présenté à la famille royale le 16 décembre 1774.

(*Almanach forain*, 1776.)

NAIN GÉANT, monstre que l'on voyait à la foire Saint-Germain de 1779. Ce phénomène était un enfant de 4 ans, conformé aussi heureusement que l'homme le plus robuste, et présentant d'une manière non équivoque les signes de la plus vigoureuse virilité.

(*Mémoires secrets*, XIII, 375.)

NAINE allemande du nom de Stœbert, âgée de 20 ans, et haute de 2 pieds 4 pouces. Se faisait voir à la foire Saint-Germain de 1774. On vendait son portrait en taille-douce dans la loge où elle se montrait.

(*Almanach forain*, 1775. — *Mémoires secrets*, VII, 156.)

NAVARIN, sauteur du théâtre des Grands-Danseurs du Roi, où il débuta à la foire Saint-Germain de 1782.

(*Journal de Paris*, 7 février 1782.)

NÉGRESSE BLANCHE. Elle se faisait voir en 1777 sur le boulevard du Temple, au coin de la rue Charlot, la maison attenant le Cadran bleu. Cette albinos était âgée de 18 ans. L'annonce la disait fille de père et de mère nègres noirs et ajoutait : « Elle a les yeux ſinguliers ainſi que la poſition des oreilles; ſa laine eſt blonde. »

(*Journal de Paris*, 27 juin, 13 août 1777.)

NESSEL (Mlle), actrice de l'Opéra-Comique, où elle débuta le 28 juin 1759 dans le *Retour de l'Opéra-Comique*, pièce où elle remplissait trois rôles différents. Lors de la réunion de l'Opéra-Comique à la Comédie-Italienne en 1762, Mlle Nessel passa à ce dernier théâtre, mais elle y resta très-peu de temps. Grimm a consacré à cette actrice, au moment de sa mort arrivée en septembre 1762, les lignes suivantes : « Nous venons de perdre une actrice charmante et vivement regrettée quoiqu'elle n'ait plus été au théâtre depuis ſix mois. Mlle Neſſel eſt morte fort jeune. Cette actrice avoit fait les délices de Paris l'année dernière pendant la foire Saint-Laurent. Après la réunion de l'Opéra-Comique à la Comédie-Italienne, elle avoit quitté le théâtre pour être de la troupe de M. le prince de Conti. Sans être jolie, elle étoit remplie de grâces, de vérité, de fineſſe, de naïveté, ſans aucune de ces mauvaises manières qui gagnent nos théâtres et qui les perdront. »

(*Histoire de l'Opéra-Comique*, II, 496. — Grimm, *Correspondance littéraire*, édition Taschereau, III, 118.)

NEUFMAISON OU NEUVE MAISON (JEAN-JACQUES MAISONNEUVE, dit DE), né en 1734, maître à danser et danseur chez le nommé Sauvat, joueur de marionnettes à la foire Saint-Germain de 1754; danseur au jeu de l'Artificier hollandais à la foire Saint-Laurent de 1757; danseur chez Nicolet en 1763; tenait un spectacle sur le boulevard du Temple en 1769.

Voy. ARTIFICIER HOLLANDAIS (LE JEU DE L'). GALI. BERNARD. MAISONNEUVE.

NEVEU (LOUIS), acteur de l'Ambigu-Comique en 1781.

Voy. SÉVIN (JEAN).

NICOLET (GUILLAUME), né en 1687, mort le 30 août 1762.

NICOLET (JEANNE MARLONT, femme), née en 1706, morte le 10 juillet 1776.

Entrepreneurs de spectacles et joueurs de marionnettes aux foires Saint-Germain et Saint-Laurent, avaient donné à leur théâtre le nom de *Comédiens de bois*. On connaît les titres de trois pièces qui y furent représentées avec le plus grand succès, ce sont : *l'Une pour l'autre*, pièce en un acte, par Valois d'Orville (foire Saint-Germain de 1742); *la Ligue des opéras*, farce en un acte, et *Polichinelle maître d'école*, parodie, toutes deux par Fuzelier (foire Saint-Laurent de 1744.) Devenu riche et vieux,

Guillaume Nicolet céda ses marionnettes à son fils cadet, François-Paul, et mourut le 30 août 1762 à l'âge de 75 ans. Jeanne Marlont, sa femme, lui survécut quatorze ans et décéda le 10 juillet 1776, à 70 ans.

(Magnin, *Histoire des Marionnettes*, 166, 167, 168. — *Galerie historique de la troupe de Nicolet*, par de Manne et Ménétrier, 2.)

L'an 1751, le samedi 20 février, six heures du soir, nous Antoine-Charles Crespy, etc., sommes, en exécution de l'ordre du Roi, en date du jour d'hier, à l'effet de nous transporter chez les sieur et dame Nicolet, cul-de-sac de l'Opéra-Comique, rue des Quatre-Vents, pour recevoir leur déclaration au sujet d'un vol qui leur a été fait et de constater les effractions qui se sont faites chez eux à ce sujet, transporté avec le sieur Philippe-Édouard Roullier, conseiller du Roi, inspecteur de police, rue des Quatre-Vents, cul-de-sac de l'Opéra-Comique, en une salle par bas occupée par lesdits Nicolet et sa femme, dépendance d'une maison appartenant à la dame Isoré, où étant, ont comparus par-devant nous Guillaume Nicolet, maître à danser, et Jeanne Marlont, sa femme : Lesquels nous ont dit et déclaré qu'hier au soir, vers les neuf heures, rentrant du jeu qu'ils tiennent à la foire St-Germain, ils n'ont jamais été plus surpris de trouver les portes et leur armoire ouvertes, quoiqu'ils les aient fermées, ainsi que le tiroir à droite et le milieu de ladite armoire cassé en partie. Que dans ledit tiroir il y avoit, savoir, dans un sac de toile, 651 livres, dans un autre petit sac environ 20 livres, dans une petite boîte de sapin, 15 livres, et dans une autre petite boîte aussi de sapin, 73 livres dix sols, dans un petit panier d'osier, 48 livres, et dans un autre panier d'osier plus grand, 96 livres; le tout d'argent blanc composé d'écus de 6 livres, 3 livres, pièces de 24 sols et de 12 sols, qu'ils ont trouvé de manque dans ledit tiroir et qu'on leur a pris depuis six heures du soir jusqu'à huit à neuf qu'ils sont rentrés, sans savoir qui c'est ni qu'on leur ait pris leur argenterie qui étoit dans leur armoire ainsi que nombre de linge et autres effets. Que pour entrer chez eux, ce n'a pu être que par la fenêtre d'un petit cabinet servant de laboratoire audit Nicolet et donnant sur la cour de leur maison, parce qu'ils se sont aperçus que cette fenêtre, qui étoit calfeutrée avec du papier, auroit été levée au moyen d'un petit crampon de fer qu'ils ont trouvé déplacé, d'un carreau qu'on leur a levé et du papier qui calfeutroit les châssis et qui avoit été déchiré, etc.

Lesquelles déclarations lesdits Nicolet et sa femme affirment sincères et véritables.

Signé : Nicolet; Marlont; Roullier, Crespy.

(*Archives des Comm.*, n° 3391.)

NICOLET (Jean-Baptiste), fils aîné des précédents et comme eux entrepreneur de spectacles, naquit à Paris, rue du Cœur-Volant, le 16 avril 1728, et mourut dans la même ville, rue des Fossés-du-Temple, le 27 décembre 1796. Dès 1753, Jean-Baptiste Nicolet avait un jeu de marionnettes à la foire Saint-Germain, et quelques années plus tard, il joignit à ses acteurs de bois, des acteurs naturels qui représentaient de petites pièces, où lui-même, après avoir fait la parade extérieurement, remplissait avec talent les rôles d'*arlequins* et de *financiers*. Le succès couronna ses efforts, et en 1759 il s'établit sur le boulevard du Temple, dans la salle précédemment occupée par le spectacle mécanique de Fourré, et y fit représenter des opéras comiques et des pièces du répertoire de la Comédie-Italienne. En 1763, Nicolet changea de local et ouvrit un théâtre plus vaste. Dès lors, grâce à sa prudence, sa sagacité et son esprit d'ordre, son entreprise grandit tous les jours davantage. Et pourtant les obstacles qu'il eut à surmonter furent nombreux. Sans parler des difficultés d'une exploitation théâtrale importante, il lui fallut encore se conduire avec assez d'habileté pour ne pas exciter trop vivement la jalousie et l'envie des grands théâtres, et quand le succès trop éclatant d'une de ses pièces amenait la foule à son spectacle, savoir apaiser la susceptibilité ombrageuse de la Comédie-Française et de la Comédie-Italienne et se sauver du péril en se conciliant les bonnes grâces du lieutenant général de police, chargé spécialement des théâtres forains. Telle fut pendant trente ans, jusqu'au jour où la loi proclama la liberté des théâtres, la situation embarrassante de Jean-Baptiste Nicolet. Jusqu'en 1772, son spectacle avait porté simplement le nom de théâtre de Nicolet; mais à cette époque, sa renommée toujours croissante étant parvenue jusqu'à Louis XV, ce prince désira assister à une de ces représentations où l'intérêt, habilement ménagé, allait toujours en croissant, ce qui avait donné lieu à la phrase devenue proverbiale : *De plus fort en plus fort, comme chez Nicolet*, et où il n'y avait pas moyen de s'ennuyer un seul instant. En conséquence des ordres du roi,

Nicolet fut donc mandé à Choisy, et le 23 avril 1772 il eut l'honneur de dérider un moment le monarque blasé, qui lui permit en retour d'appeler désormais son spectacle, théâtre des Grands-Danseurs du Roi, nom qu'il changea en 1792 pour celui de théâtre de la Gaité. En 1784, les intérêts de Nicolet coururent un grand danger; un arrêt du Conseil d'État avait attribué le privilége des spectacles forains à l'Académie royale de musique et celle-ci l'avait rétrocédé à deux anciens directeurs de théâtre de province, nommés Gaillard et Dorfeuille. Nicolet comprit que l'argent seul le tirerait de ce mauvais pas, et sans se plaindre, sans essayer, comme son confrère Audinot, d'opposer des droits réels à la plus criante des injustices, il paya, et obtint à force d'écus la permission de rester à la tête de l'entreprise qu'il avait fondée, et qui prospérait si bien sous sa direction. Ce ne fut qu'en 1791, lors de la proclamation de la loi sur la liberté des théâtres, que Nicolet se vit enfin déchargé des ennuis dont les théâtres royaux l'avaient rendu si longtemps la victime. Il garda quelques années encore l'administration de son théâtre dont il céda la direction en 1795, un an seulement avant sa mort, à l'un des acteurs de sa troupe, le fameux Ribié. Un homme qui jouissait sur le boulevard du Temple d'une importance aussi grande, ne pouvait être oublié dans la galerie des portraits satiriques que nous a laissés l'auteur du *Chroniqueur désœuvré,* aussi Nicolet y a-t-il son article; mais cet article est évidemment exagéré, car il est représenté comme un idiot, et la manière dont il dirigea toujours son théâtre prouve, au contraire, qu'il était fort intelligent. Nous reproduisons néanmoins les lignes du *Chroniqueur,* car si elles sont injustes, elles sont du moins fort amusantes : « *Les Grands-Danſeurs du Roi.* Comment parlerons-nous de l'immortel directeur de cette troupe? ſera-ce comme homme de lettres, comme philoſophe, comme muſicien, comme comédien ou comme homme d'eſprit? Non. D'abord, comme homme de lettres, cela ne ſe peut pas, puiſqu'il ne ſait ni lire, ni écrire; comme citoyen, ce titre ne peut appartenir à un bateleur; comme philoſophe, encore moins; ou bien quelle eſt ſa philoſophie? Quand il aura pu me l'apprendre, je vous en ferai part. Comme muſicien? comment prendroit-il ce titre, puiſqu'il n'a jamais pu diſtinguer la différence de la clef de ſa chambre avec la clef de gé-ré-ſol? Je vais à propos de ce muſicien rapporter quelques balourdiſes de notre moderne Ragotin qui, ſi elles ne font pas rire de plaiſir, feront au moins rire de pitié. Nous reviendrons toujours bien aux titres de comédien et d'homme d'eſprit. Nicolet a un orcheſtre composé de tant de muſiciens : peu lui importe qu'ils ſoient bons ou mauvais, pourvu qu'ils ſoient le nombre qu'il exige et qu'ils rempliſſent ſon orcheſtre; qu'ils jouent faux ou juſte, il ne s'en aperçoit jamais. Mais quoiqu'il n'ait aucune connoiſſance de cette partie, il ne s'enſuit pas de là qu'il ne veuille point avoir l'air de s'y connoitre et nous allons en voir la preuve. Un ſoir j'aſſiſtai furtivement à une répétition, car il n'y ſouffre perſonne. On étudioit un ballet. Je ne ſais quelle danſeuſe répétoit un pas ſeul; il prit fantaiſie à Nicolet, en eſſuyant le tabac de deſſus ſon habit, de trouver le pas trop long. Il fit taire toute la muſique, et ordonna qu'on en retranchât le quart. Après quelques difficultés de la part du maître des ballets et des muſiciens, ils convinrent qu'il avoit raiſon et qu'ils alloient en retrancher huit meſures. La danſeuſe ſe met en place et recommence : on exécute le pas comme auparavant, ſans y rien changer, et Nicolet de crier bravo, demandant même ſi on ne trouvoit pas que c'étoit beaucoup mieux ainſi. Un autre jour, je ſais ceci d'un de ſes acteurs, on répétoit généralement une pantomime, un muſicien avoit les bras croiſés en attendant que ſon tour vint de jouer ſa partie. Nicolet, qui l'aperçoit, accourt vite, fait tout arrêter, et demande pourquoi il reſte ainſi à ſe repoſer tandis que ſes camarades s'eſcriment de toutes leurs forces? Ce muſicien, qui jouoit de la quinte, lui répond qu'il compte des meſures. « Eſt-ce que je vous paye pour compter des meſures? « Jouez, monſieur, jouez; je paye ici pour qu'on joue. » La réflexion qu'on feroit s'étendroit trop loin, il vaut mieux retourner où nous en étions reſté : c'eſt, je penſe, à le conſidérer comme comédien et comme homme d'eſprit. Il joua la comédie ſur la parade et dans ſon ſpectacle, mais cela ne prouve pas qu'il ſoit comédien, car on peut dire de lui comme de cet acteur de province, qu'il jouoit les *financiers* comme les *arlequins* et les *arlequins* comme les *financiers.* Tel étoit l'emploi de cet histrion. Dieu merci, il ne joue plus; ainſi ſoit-il! Il faut remercier Dieu de tout.......... A propos, il me ſemble que j'ai oublié d'analyſer Nicolet comme homme d'eſprit. O ciel, qu'allois-je faire! C'eſt ici ſon triomphe; il ne faut, pour ne point lui diſputer ce titre, que jeter un coup d'œil ſur ſon affiche : « On donnera aujourd'hui le *Dogue d'Angleterre,* pantomime à machines pour rire. » Sur le répertoire de la ſemaine : « Il y aura aſſemblée générale pour tout le monde. » A ſes valets de théâtre : « Montez là-haut, deſcendez là-bas, ſonnez la ſonnette, allumez la lumière; il faut que l'on répète encore cette pièce afin que la mémoire ne s'oublie pas..... » On ne finiroit jamais ſi l'on vouloit ſcruter toute l'élégance de ſon eſprit.....» Plus loin, le *Chroniqueur* ajoute encore : « NICOLET. Toujours ſur ſon théâtre pendant que les ſauteurs s'eſcriment ou que le Petit Diable danſe ſur la corde, ce qui a donné matière à une excellente critique qu'a repréſentée Audinot cette année ſous le titre de *Rapſodies.* Sifflant à tous momens ſans néceſſité par la grande habitude qu'il en a, dormir dans ſa loge pendant qu'on joue la comédie, ou y amener une petite danſeuſe.... retourner ſiffler pour baiſſer une toile, éteindre lui-même les lumières, balayer ſon théâtre, mettre beaucoup d'amende ſans raiſon, être ſans ceſſe de ſon théâtre ſur le boulevard et du boulevard ſur ſon théâtre, prendre journellement de fortes priſes de tabac, *Ecce homo.* » Dans son tome deuxième, le pamphlétaire continue de prendre Nicolet à partie, et malgré la longueur des citations, nous n'hésiterons pas à transcrire ce qu'il en dit si plaisamment. « Si l'ignorance et la bêtiſe ſont des qualités néceſſaires pour fixer la fortune, on ne ſera pas ſurpris de celle de Nicolet qui les réunit au ſouverain degré; vérité dont il donne journellement des preuves, tant dans la ridicule diſtribution de ſon ſpectacle, que dans la sotte composition de ses affiches, où l'on remarque toujours quelque rare trait de génie de sa part. Depuis quelques années, des sujets assez passables ont rendu les représentations un peu plus supportables; mais avant, tous les acteurs étoient si pitoyables, que ce spectacle n'étoit fréquenté qu'à cause des danseurs de corde et des voltigeurs. Cela n'empêchoit pas Nicolet d'être persuadé du rare mérite de ses acteurs, et de donner en conséquence 30 sols par jour à mons Visage, qui étoit dans ce tems aboyeur en chef dans ce spectacle, pour instruire à pleine voix les passans que tel ou tel acteur rempliroit les principaux rôles de la pièce du jour........... Tout le monde connoît ce grossier directeur, et l'on conviendra facilement qu'il a le chef d'un imbécile : la tête est chauve, les yeux vairons, le regard fauve et l'air farouche d'un Algonquin. Suivez-le au théâtre, sur le boulevard, chez Sophie (Forest), chez Rivière, vous le trouverez toujours le même, c'est-à-dire un personnage ennuyé et ennuyeux. Son plus cher plaisir est de tourmenter continuellement ceux qui lui sont subordonnés, et chaque jour de sa vie se trouve marqué par quelque injustice d'autant plus criante que la lésinerie seule les lui inspire, et que ceux qui en sont les malheureuses victimes n'ont pas même avec lui le droit si naturel de la représentation. Aux preuves. Dans le tems où Nicolet étoit moins fortuné, on souffroit moins avec lui. Il punissoit, mais avec plus d'indulgence; les amendes se rassembloient et servoient à certains jours de relâche à réunir le directeur et ses sujets; mais semblable à ces gourmands qui, sur la fin d'un repas, sont désespérés de ne pouvoir engloutir dans leur estomac les mets restans, Nicolet, au comble de l'opulence, ne trouve pas sa fortune assez considérable et travaille à l'augmenter, voici comment : D'abord, par ordre de police, les amendes, qu'il a grand soin de multiplier, sont actuellement à son profit. Mais ouvrez les yeux sur sa coquinerie et voyez si ce tableau révoltant ne mérite pas l'indignation générale. L'heure vous presse, l'instant de jouer vous appelle au théâtre, vous y montez avec précipitation en oubliant de fermer la porte de votre loge. Que fait Nicolet? Ardent à ſaiſir toutes les occaſions poſſibles de faire du mal, il épie l'inſtant où il ne peut être vu, entre dans votre loge, y rallume la chandelle que vous aurez eu grand ſoin d'éteindre, et vous condamne impitoyablement à l'amende pour une faute dont il eſt ſeul coupable. Et voilà de ſa probité. Autre trait non moins honnête de ſa part : Nicolet, en prenant ſa priſe de tabac, rêve de vous machiner quelque atrocité. Il tire ſa montre et dit : Bon, voici le moment qu'un tel a beſoin au théâtre. Il s'approche de vous, vous frappe ſur l'épaule avec aménité, vous propoſe une partie de dames, que bêtement vous acceptez; le jeu s'enfile, l'heure ſe paſſe, et lorſque vous vous rappelez votre devoir, Nicolet, froidement, vous prévient que le moment eſt paſſé, que vous êtes ſans rappel à l'amende de votre ſemaine, et vous engage avec le même flegme à continuer votre partie. Qu'on s'étonne qu'il ſoit riche. Tout Paris fut témoin de ſon procédé envers un des fondemens de ſa fortune; n'eſt-ce pas le témoignage de l'ingratitude la plus marquée? Taconet, ce bouffon que le public vit toujours avec le plus grand plaiſir, mourut à la Charité dans l'état le plus miſérable pendant que Nicolet prodigue l'or à deux ou trois coquines après leſquelles il court et dont il eſt déteſté... »

(*Le Chroniqueur déſœuvré*, I, 46, 52, 55 ; II, 57. — *Galerie historique de la troupe de Nicolet*, par de Manne et Ménétrier, 1.)

I

L'an 1762, le dimanche 7 mars, ſur les ſept heures et demie du ſoir, nous Gilles-Pierre Chenu, etc., ayant été requis, ſommes tranſporté à la foire St-Germain, au corps de garde, où étant, y avons trouvé trois particuliers portant la livrée de S. A. S. M. le comte de Clermont : leſquels les ſergens de la garde françoiſe nous ont dit avoir été arrêtés pour inſultes par eux faites au ſieur Nicolet, maître de ſpectacle, chez lequel ils vouloient entrer de force ſans payer et s'y placer aux premières, ayant même commis des violences tant contre le ſentinel du guet étant audit jeu de Nicolet que contre le ſentinel de la garde françoiſe, avec beaucoup de menaces ſurtout de la part d'un des trois particuliers qui nous a dit ſe nommer François Lavau, laquais au service de M. de Polignac, premier écuyer de S. A. S., lequel est revenu trois fois audit jeu y faire tapage quoique le sieur Bar, officier du guet et l'un des inspecteurs de ladite foire, lui ait parlé, ainsi qu'il nous l'a déclaré, la première fois qu'il s'y est présenté, voulant lui faire entendre raison, ce qui ne lui a point été possible, quoiqu'il l'eût engagé à justifier de son droit et qu'il est revenu deux autres fois, se disant autorisé de M. Laujon, intendant de S. A. S., ce dont il n'a pu justifier, voulant toujours et avec violence se placer aux premières places ainsi que les deux autres qui ont dit se nommer Pierre Lefebvre, cocher, et Philippe Dubois, postillon de S. A. S., et ont tenu beaucoup de mauvais propos que lesdits Lavau et Dubois, qui nous ont paru pris de vin, ont encore renouvelés en notre présence dans ledit corps de garde; et ayant fait venir ledit Nicolet, il nous a déclaré qu'il n'avoit pas refusé l'entrée auxdits trois particuliers, mais qu'il les avoit voulu faire placer en haut aux places qui leur sont destinées, ce qu'ils avoient refusé, voulant être placés aux premières places où se sont placés MM. les pages et où plusieurs étoient lors; qu'il ne lui a pas été possible de faire entendre raison là-dessus au premier qui est ledit Lavau, et qu'à la suite de ses mauvais propos, les deux autres survenus avoient insisté et même avec violences tant vis-à-vis des gens de la porte de son spectacle qu'ils avoient insultés, même le commis de la recette du quart des pauvres présent, que vis-à-vis le sentinel du guet et celui de la garde françoise. Pourquoi ils avoient été arrêtés et conduits au corps de garde. Et attendu le service desdits trois particuliers portant la livrée de S. A. S. M. le comte de Clermont, nous les avons, par respect pour S. A. S., fait relaxer.

Signé : CHENU.

(*Archives des Comm.*, nº 853.)

II

L'an 1764, le samedi 15 septembre, une heure du matin, en l'hôtel et pardevant nous Denis Gérard, etc., est comparu sieur Jean-Baptiste Nicolet, entrepreneur de spectacles, demeurant cul-de-sac des Quatre-Vents, faubourg St-Germain : Lequel nous a dit qu'il a été averti par un de ses pensionnaires qu'un particulier débitoit et vendoit dans la place Vendôme, foire St-Ovide, devant son spectacle, une brochure faite en son nom; pourquoi il a fait arrêter par la garde de ladite foire ledit particulier et l'a fait conduire en notre hôtel. Nous requiert de faire paroître devant nous ledit particulier, de l'interroger qui lui a donné à vendre ladite brochure, de lui faire rendre tous les exemplaires dont il se trouvera saisi et d'être au surplus fait et ordonné par nous ce qu'il appartiendra, entendant se pourvoir contre les auteurs, imprimeurs et colporteurs de ladite brochure et s'en rapportant à la prudence de M. le procureur du Roi pour la vindicte publique.

Signé : NICOLET.

En conféquence, avons fait paroitre par-devant nous ledit particulier arrêté, lequel, après ferment par lui fait de dire vérité, nous a dit fe nommer Charles Pépin, âgé de 31 ans, natif de Vaux, diocèfe d'Amiens, élection de Mondidier, garçon limonadier, demeurant chez le fieur Maillot, limonadier à Paris, rue Neuve-des-Petits-Champs. Nous a repréfenté huit exemplaires d'une brochure contenant 16 pages, intitulée fur la première : *Placet aux dames préfenté par le fieur Nicolet; à Londres, et fe trouve à Paris chez les libraires du Palais-Royal et du quai de Gefvres*, et en chiffres romains, 1764. Nous a dit avoir acheté douze exemplaires de ladite brochure, le jour d'hier, fur les fix heures du foir, dix fols chacun, d'un particulier place des Victoires, qui en avoit une grande quantité. Qu'il ne connoît pas ledit particulier. A remarqué qu'il pouvoit être de l'âge de 18 à 20 ans, vêtu d'un habit petit gris qui lui a paru être gauffré, portant fes cheveux en queue et fans épée. Et ayant fait fouiller ledit particulier, ne s'eft trouvé fur lui que les huit exemplaires de ladite brochure qu'il vient de nous repréfenter. Nous a déclaré qu'il en avoit vendu 4 exemplaires douze fols chacun à la porte du fpectacle dudit fieur Nicolet, fufdite place Vendôme. Un defquels exemplaires a été du fieur Nicolet, dudit Pépin et de nous paraphé fur la première page.

Signé : PÉPIN.

Sur quoi nous commiffaire, etc., en conféquence de ce que deffus et que ladite brochure a été imprimée fans aucune permiffion; que, par la lecture que nous en avons faite en partie, il nous paroît qu'elle eft une critique indécente contre tous les théâtres de Paris et injurieufe audit fieur Nicolet, nous avons ordonné que ledit Charles Pépin fera conduit ès prifons du Grand-Châtelet pour y efter à droit jufqu'à ce que l'on en ait autrement ordonné, et en avons chargé Pierre Louvet, fous-fergent-major de la garde de Paris, de pofte à la foire St-Ovide.

Et avons fait et dreffé le préfent procès-verbal.

Signé : LOUVET.

(*Archives des Comm.*, n° 3520.)

Placet aux dames, préfenté par le fieur Nicolet. — A Londres, et fe trouve à Paris chez les libraires du Palais-Royal et du quai de Gêvres. M DCC LXIV.

Placet aux dames par leur très-humble et très-obéiffant ferviteur Nicolet; précédé d'une lettre de Mlle Honoré-Juftine Criquet audit fieur Nicolet et de la réponfe dudit fieur Nicolet à la dite demoifelle Honoré-Juftine Criquet.

LETTRE PREMIÈRE.

Mademoiselle Honoré-Juftine Criquet au fieur Nicolet.

Informée de vos talens, monfieur, par la renommée qui, lorfque les chofes en valent la peine, paffe de Paris en province, et confirmée dans l'idée que j'avois conçue de vous par quelques lettres du petit-neveu du frère cadet de mon oncle, qui loge au faubourg St-Marceau et qui, au moyen de nos recommandations, eſt ſur le point de faire ſon chemin, je vous écris ces lignes ſans avoir l'honneur de vous connoître, pour vous féliciter et vous congratuler enfin, vous, monſieur, qui vous appelez le ſieur Nicolet et qui, dans les foires St-Ovide, St-Germain, St-Laurent, ſur les boulevards (ou bouleverds, comme on voudra, car je ne chicane pas ſur les termes); vous, dis-je, qui avez le pouvoir de raſſembler par vos illuſtres parades tout ce que Paris a de plus ſpirituel et de plus profond; vous qui ſavez par vos ſcènes vives et pathétiques, par vos expreſſions fines et choiſies, inſtruire les plus ignorans; vous qui avez l'art d'attacher vos auditeurs par les célèbres repréſentations de l'*Avocat ſavetier*, de l'*Inventaire du pont St-Michel*, de les délaſſer quelquefois par celles de *Sémiramis* et tous ſes agrémens; vous en un mot dont on aime tant à prononcer le nom, que les gens même qui ſont à votre ſolde ſe crèvent à force de crier : *c'eſt ici le ſieur Nicolet.* Ce n'eſt pas, monſieur, pour vous prévenir en ma faveur que je vous dis de ſi belles choſes, c'eſt la force de la vérité qui m'emporte, et je puis vous aſſurer qu'étant une demoiſelle d'honneur, je ſuis incapable de mentir quoique couſant en linge depuis ma plus tendre jeuneſſe; mais je dois vous avouer que ce métier-là m'ennuie et que je ſuis dans le deſſein de vous offrir mes petits ſervices et de m'aſſocier à votre réputation. Je ſuis une fille dont vous pouvez tirer un grand parti et mon couſin l'épicier m'a aſſuré qu'il ne croyoit pas que l'on pût jouer la comédie mieux que moi : cela n'eſt pas étonnant, je joue toujours quand je ne couds pas et je ſais par cœur toutes les belles tragédies de M. Pradon et preſque toutes les comédies de nos auteurs modernes qui, quoiqu'elles ſoient tombées, ne ſont pas moins bonnes ſelon moi. Un de mes parens, qui eſt clerc chez M. notre greffier, m'a appris le françois; je me ſuis perfectionnée dans un volume du *Théâtre de la foire* et je ſuis en état de parler en public : par conſéquent, monſieur Nicolet, vous pouvez faire de moi une reine ou une confidente, une princeſſe ou une femme de chambre; car je crois qu'en termes de l'art femme de chambre c'eſt comme qui diroit ſoubrette. D'après ce petit préambule, monſieur, je vous préviens que comme tout dépend du début, je ne ſerois pas fâchée de commencer par Mérope dans *Rodogune* ou par Athalie dans l'*Enfant prodigue.* Au ſurplus comme il vous plaira et je me confie pleinement et entièrement dans vos lumières : s'il me manque encore quelque choſe pour l'orthographe et la pureté de la langue, vous êtes bien en état de me redreſſer; mais, pour en cas de cet article-là, je ne crois pas que vous ayez beaucoup à refaire à mon endroit, car j'ai toujours reçu des complimens ſur ma manière de m'exprimer et Meſſieurs les avocats de chez nous, qui ſavent tous les beaux mots, viennent quelquefois cauſer avec moi, ce qu'ils ne feroient pas ſi je n'étois point-z-au fait de la conſtruction. A l'égard de ma figure, ma mère étoit fort jolie et j'ai un certain air de famille qui me ſied très-bien, ſurtout lorſque je ſuis parée. Pour ma taille, il n'y a rien à en dire et quand on a cinq pieds quatre, pouces, on peut aller à Paris. J'ai la voix auſſi fort étendue, et quand je m'en mêlerai, je crierai auſſi haut que tout ce qu'il y a de plus fameux en acteurs et en actrices dans l'Europe. J'attends votre réponſe avec la plus grande impatience. Je demeure à Coutances, rue du Cul-de-ſac, chez Mme Criquet, ma mère, ce qui fait que je m'appelle Mlle Criquet. J'ai l'honneur d'être avec tout le reſpect et la conſidération poſſibles, monſieur Nicolet, votre très-humble et très-obéiſſante ſervante

HONORÉ-JUSTINE CRIQUET.

Seconde lettre ou réponſe du ſieur Nicolet à Mlle Criquet.

J'ai reçu votre lettre, Mlle Honoré-Juſtine Criquet, et j'ai vu avec plaiſir que l'on s'entretient de moi à Coutances et que l'on m'y fait gré des efforts que j'ai toujours faits pour amuſer Paris. Je ſerois au comble de ma joie ſi j'étois encore dans le cas de vous obliger et d'enrichir mon ſpectacle d'une fille telle que vous qui me paroiſſez avoir les plus grandes diſpoſitions pour le genre dramatique et qui ſurtout, choſe étonnante dans une petite ville, parlez et écrivez le françois auſſi purement que moi. La manière juſte et ſavante dont vous diſſertez ſur les auteurs tragiques et comiques, me fait voir que vous avez profondément réfléchi ſur le théâtre et vous ſeriez l'âme de mes tréteaux ſi j'avois le bonheur de vous poſſéder. Mais hélas ! vous le dirai-je ! je ne ſuis plus que l'ombre de moi-même, je ne ſuis plus qu'une pauvre et malheureuſe marionnette et moins encore qu'une marionnette puiſque, du moins, Polichinelle a le pouvoir de s'exprimer par un compère et que cette liberté m'eſt interdite ; enfin, pour vous le trancher net, on m'a ôté l'uſage de la parole et je ſuis muet. Vous avez lu les anciens, ſans doute, et vous ſavez ce que c'eſt que la pantomime : tel eſt le genre auquel on m'a reſtreint ; genre qui bannit de mon théâtre toute la dignité que je commençois à y introduire et qui s'y ſeroit ſoutenue par la modeſtie, la décence et la ſageſſe des femmes que j'y employois. On ne voit donc plus ſur ce théâtre, qui autrefois retentiſſoit des plus beaux vers des quatre parties du monde, qu'une colombine à la place d'une Monime, qu'un paillaſſe au lieu d'un Oroſmane : et quel paillaſſe encore ! un poſſédé, qui n'ayant que ſes bras pour ſe faire entendre, ſe met en eau, s'épuiſe, ſe tue à force de ſe remuer et finit ſouvent par ennuyer un parterre qui, à la foire St-Germain dernière, applaudiſſoit au mérite reconnu des Duhamel et des Taconnet. Il eſt bien dur pour un galant homme comme moi, que la nature fit pour les planches, de m'y voir coudre cette langue qui, paſſant tour à tour du grave au ſérieux, faiſoit l'amuſement des grands et des petits, du robin et de l'officier, de la procureuſe et de la conſeillère, en un mot, de toute la capitale. Qu'il eſt malheureux d'avoir du talent et de ne pouvoir l'étendre ! Que deviendrez-vous, mes chers acteurs, et vous, mes charmantes actrices, qui, pour quatre ſols par tête, étiez jour et nuit au public ! Vous qui donniez entrée à tout le monde ſans diſtinction de rangs et de dignités. Oui, ma chère mademoiſelle Criquet, je m'étois réduit à cette modeſte rétribution parce que je ſuis l'ami du peuple, parce que je fais que cet ouvrier qui a travaillé tout le jour a befoin de délaffement et qu'il n'eft pas affez riche pour aller le chercher chez les reines et les princeffes du Théâtre-François. En m'ordonnant de me taire on a donc ôté à ce peuple la reffource que je lui fourniffois : on a privé ce peuple qui, à mon avis, eft la partie la plus confidérable de l'État, des moyens qu'il avoit d'apprendre fa langue, de fe corriger de fes vices, d'épurer fes mœurs en m'écoutant, de puifer dans la force et l'éloquence de mes acteurs, les exemples de vertu que je favois induire de chaque pièce, de chaque acte, de chaque fcène. Peuple malheureux ! je gémis fur les fuites funeftes que mon filence aura pour vous. Qu'allez-vous faire actuellement ? Vous féparer de vos femmes, fréquenter la Courtille et les Porcherons, vous y enivrer et oublier les bonnes et folides inftructions que mon zèle et mes confeils s'efforçoient de vous inculquer.

Je vous entends, Mademoiselle Criquet, vous me demandez quels peuvent être les auteurs de cette fatale fuppreffion. Mais ne le devinez-vous pas ? J'ai des rivaux et des rivaux jaloux. Que font-ils, mes confrères, mes camarades de l'Opéra, des François, des Italiens ? Ils fe plaignent que je me fuis emparé de leurs pièces; mais ces pièces, puifqu'elles font imprimées, ne font-elles pas à moi comme à eux ? Les ai-je eftropiées ou défigurées ? Ai-je avili le coftume ? Que dis-je avili ! Quelle eft la tragédie que je n'ai pas jouée avec toute la pompe néceffaire ? La comédie que je n'ai pas rendue plus comique encore par la manière dont je l'ai repréfentée ? Mais je veux que les trois fpectacles me difputent un fond dont ils prétendent être feuls en poffeffion : n'ai-je pas des ouvrages qui n'appartiennent qu'à moi ? N'ai-je pas des auteurs qui, animés du défir de la véritable gloire, m'ont confacré leurs plumes et leurs veilles ? Ces auteurs toujours parfaits, toujours les mêmes, ont-ils jamais fait de chute fur mon théâtre ? Non, Mademoifelle, et je défie toute l'antiquité de me prouver qu'un poëte ait tombé chez le fieur Nicolet : je pourrois m'en prévaloir et vous prouver par là combien mon fpectacle eft fupérieur à tous les autres; mais l'amour-propre n'eft pas fait pour moi. Je fuis furieux cependant et j'ai lieu de l'être, lorfque je réfléchis qu'en me privant de la parole, on retranche au public le plaifir d'entendre un nombre infini de drames excellens que l'on compofoit tous les jours pour moi. N'eft-il pas affreux, n'eft-il pas criant que l'on précipite dans les abîmes de l'oubli la *Petite Écoffeufe*, le *Juge d'Anières*, l'*Impromptu de la Foire*, l'*Anglois à la Foire*, le *Forgeron*, les *Bonnes Femmes* et mille autres chefs-d'œuvre que moi feul étois digne de jouer ? Vous concevez que je veux parler de vous, illuftre et cher Taconnet; mais confolez-vous, fi vous êtes négligé par vos contemporains, votre place eft marquée dans la poftérité.

Mon zèle m'a emporté malgré moi, Mademoifelle, et je vous ai dit avec confiance une partie de mes raifons que la fublimité de votre efprit vous fera trouver raifonnables : heureux fi je pouvois mettre un jour vos talens en évidence, vous faire jouer tous les rôles poffibles, et vous rendre auffi commune aux foires que fur les remparts ; mais vous fentez fort que ma pofition actuelle met obſtacle à mes déſirs. J'ai cependant une lueur d'eſpérance et, en attendant mieux, je vous envoie un placet que j'ai pris la liberté de préſenter aux dames chez qui le vrai mérite trouve toujours un appui. Adieu, ma chère Mademoiſelle Criquet, continuez vos utiles et ſavantes lectures, vous êtes faite pour aller loin; c'eſt ce que vous préſage celui qui a l'honneur d'être, avec toute la circonſpection poſſible, Mademoiſelle, votre très-humble et très-obéiſſant ſerviteur,

NICOLET, PANTOMIME INDIGNE.

P. S. Dans l'inſtant où je vous écris, Mademoiſelle, je reçois une permiſſion de parler, mais hélas! quelle permiſſion! Celle de jouer quelques petites ſcènes détachées, ſans nœud, ſans intrigue, ſans dénouement : ce ſeroit proſtituer vos talens que de vous offrir des rôles dans de pareilles miſères : vous êtes faite pour les grandes choſes et ſi j'étois aſſez heureux pour que mon *Placet aux dames* pût m'obtenir une permiſſion plus étendue, je vous détacherois auſſitôt un courrier.

PLACET AUX DAMES.

Vous, l'aimant des mortels; vous, de qui les regards
Font naître dans Paris les talens et les arts;
Vous, le centre du goût; vous, de qui le ſuffrage,
A l'auteur le plus foible inſpire du courage;
Vous, qui, dans tous les tems, la nuit comme le jour,
Promenez ſur vos pas les plaiſirs et l'amour;
Vous, par qui tout s'amuſe et ſans qui tout s'ennuie,
Aſtre de notre cœur, ſource de notre vie,
Beau ſexe, permettez que le ſieur Nicolet
Vous préſente aujourd'hui ſon très-humble placet.
Mes honneurs ſont détruits, ma grandeur éclipſée,
On me ferme la bouche et ma langue eſt glacée.
O vous qui concevez juſqu'à quel point, hélas!
Il eſt cruel de vivre et de ne parler pas,
Meſdames, plaignez-moi. Dans les jours de ma gloire,
Je n'avois que pour vous enrichi ma mémoire
Des bons mots de Corneille et des ſublimes riens
Que Meſſieurs des François et des Italiens
Préſentent tous les jours à vos chaſtes oreilles;
Des ennemis jaloux m'enlèvent ces merveilles.
Que devenir? Que dis-je! Ah! par mes jeux nouveaux
Je vais faire, ſur pied, ſécher tous mes rivaux.
Vous ne me verrez plus, ô beautés radieuſes,
Envelopper, cacher ſous des gazes heureuſes
Ces traits fins et piquans, ces couplets délicats
Dont vous pouviez ſourire et ne rougiſſiez pas;

Et ſous le maſque adroit d'une aimable folie
Marier la morale à la plaiſanterie.
Mais, puiſqu'il m'eſt, pour vous, défendu de parler,
Pour vous, de tout mon corps, je vais geſticuler.
Haine, amour, déſeſpoir, ambition, vengeance,
Je ferai tout ſentir dans mon docte ſilence.
Vous viendrez, froids acteurs, vous viendrez ſur mes pas
Apprendre à faire agir et vos yeux et vos bras;
Oui, ſans plus ennuyer et loges et parterre,
Meſſieurs, à mon école, apprenez à vous taire.
Meſdames, cependant, quand, malgré ſes jaloux,
Ledit ſieur Nicolet va tout faire pour vous,
Secondez mes efforts et, par votre préſence,
Chez lui des ſpectateurs augmentez l'affluence.
D'un acteur tel qu'il ſoit vos goûts font les deſtins
Et mon ſort tout entier réſide dans vos mains.
Ainſi de chaque état vous êtes les oracles,
Et tel ſemble, à nos yeux, opérer des miracles,
Qui, ſans vous, ici-bas, n'eût jamais été rien.
Voyez ce ſectateur du célèbre Galien,
Ce petit médecin ſans nom et ſans ſcience
Qui, donnant par haſard une bonne ordonnance,
A deux ou trois beautés a rendu la ſanté,
Voilà de ſon ſavoir tout Paris entêté :
On remplit à l'envi ſon heureuſe boutique,
A ſon apothicaire on donne ſa pratique,
Et la ville et la cour, prenant ſes anodins,
Se diſputent l'honneur de mourir par ſes mains.
Je ſuis ce médecin, ce charlatan ſublime
Dont la voix vous invite à ſuivre ſon régime ;
Meſdames, c'eſt ici ! Vous entrez, et déjà
Robins, marquis, abbés, déſertent l'Opéra
Et ſe font un devoir de venir ſur vos traces
Applaudir conſtamment à mes doctes grimaces;
D'ailleurs, vous le ſavez, on eſt libre chez moi:
On y parle tout haut, on y cauſe à part ſoi;
On y rit, on y bâille, on s'y tait, on y crie;
De mes jeux, en un mot, la contrainte eſt bannie,
Et c'eſt à la faveur de cette liberté,
Qu'après un ſouper fin, ſervi par la gaîté,
Cet élégant chez moi vient tenter la fortune
Et paſſe tour à tour de la blonde à la brune;
Que ce petit robin, en chenille, en plumet,
Vient, en hauſſant l'épaule, y gliſſer ſon bouquet;

Que ce riche ſeigneur, bientôt ſexagénaire,
Mais ſe croyant encor d'âge et de mine à plaire,
Y vient tuer le tems et près de nos tendrons
Chercher de la chaleur et des ſenſations.
Venez donc, ſexe aimable, accourez à la foire;
Rendez-moi ma fortune et mon antique gloire,
Et je prirai l'Amour, ce patron des heureux,
De vous récompenſer en comblant tous vos vœux.
Puiſſiez-vous, par ſes ſoins, au gré de votre envie,
De vos époux ridés tromper la jalouſie,
Tout le jour, en ſecret, voir votre amant chez vous,
Le ſoir, en liberté, le retrouver chez nous.
Puiſſiez-vous conſerver, au ſein de la vieilleſſe,
Les roſes et les fleurs de la verte jeuneſſe;
Dans l'âge le plus mûr avoir toutes vos dents,
Faire encor des rivaux à quatre-vingt-dix ans;
Recevoir des poulets, les lire ſans lunettes,
Y répondre, et ſurtout n'être jamais muettes.

NICOLET (François-Paul), frère cadet de Jean-Baptiste Nicolet, fut, comme son père et son frère, joueur de marionnettes aux foires et directeur de théâtre; mais il n'eut jamais la notoriété de ce dernier. En 1766, après avoir fait plusieurs entreprises théâtrales malheureuses, il en était réduit à jouer la comédie dans la troupe de ſon frère; cependant, peu de temps après, il reprenait la direction d'un spectacle, mais la mauvaise chance poursuivait l'infortuné Nicolet cadet, et, en 1769, son théâtre était fermé par ordre du Parlement à la suite d'une aventure dont voici les détails d'après les *Mémoires secrets :* « 5 mars 1769. Outre le grand Nicolet, il y a à la foire ſon frère, qui a auſſi un jeu de marionnettes, qui vient d'acquérir une grande célébrité par une ſcène qui s'eſt paſſée dans ſon enceinte. Un conſeiller au Parlement, ſe trouvant préſent à ce ſpectacle, a été apoſtrophé par le compère qui l'a pris pour quelque clerc de notaire ou de procureur; il n'a pas tenu compte de l'injonction du perſonnage d'être plus circonſpect et de ne mettre aucun des ſpectateurs en ſcène. Celui-ci a fait de la rumeur au point que

Nicolet eſt allé chercher la garde qui a arrêté le quidam, conſeiller au Parlement, ſous prétexte qu'il troubloit le ſpectacle. Même au corps de garde, il eſt venu un commiſſaire qui, d'après les informations priſes, a fait mettre au cabanon ledit compère; et ſur les plaintes ſubſéquentes du magiſtrat à M. de Sartines, on étoit convenu que le ſoldat qui l'avoit arrêté ſeroit mis au cachot pour avoir fait ſa charge avec une inſolence dans laquelle il ſe croyoit autoriſé par l'incognito du perſonnage. Cette hiſtoire eſt la matière des converſations, ſur laquelle on varie beaucoup, ſuivant l'uſage.....

« L'affaire du conſeiller au Parlement, dont on a parlé, a été plus funeſte au ſieur Nicolet qu'il ne le craignoit. La chambre de ce membre du Parlement s'eſt aſſemblée à cet effet; il a été obligé de faire le rapport de ſon aventure et elle a exigé que le jeu de cet hiſtrion fût fermé. En outre, M. le premier préſident, ayant appris que le ſoldat inſolent n'avoit pas été mis au cachot, comme cela avoit été promis par M. de Sartines, en a écrit à M. le maréchal de Biron, qui lui a donné ſatisfaction ſur-le-champ et lui a répondu que ce malheureux y reſteroit juſqu'à ce qu'il plût à M. le conſeiller de demander ſa grâce. Les officiers aux gardes ſont furieux de cette punition. Ces Meſſieurs, imbus de l'eſprit militaire qui inſpire à cet état un deſpotiſme auſſi abſolu ſur tout le reſte, que ſon obéiſſance eſt aveugle et paſſive pour leur hiérarchie et pour le ſouverain, prétendent que le ſoldat ne pouvoit avoir offenſé un robin, et que, dès qu'il étoit en faction, il ne devoit reconnoître perſonne, que ſes commandans ſuprêmes, c'eſt-à-dire les gens à croix de Saint-Louis, ou portant uniforme. »

Malgré toutes les difficultés que lui suscitait la mauvaise fortune, François-Paul Nicolet ne se découragea pas, et il continua bravement son métier d'entrepreneur de spectacles. On le rencontre encore en 1773 à la foire Saint-Ovide, et en 1775 à la foire Saint-Germain, dirigeant un jeu de marionnettes. Que devint-il ensuite? Je l'ignore. Je sais seulement qu'à l'époque de la foire Saint-Ovide de 1778 il n'existait plus, et que son matériel théâtral était exploité par sa veuve Marianne Coqueret.

(*Archives des Comm.*, n° 1508. — *Almanach forain*, 1776. — *Mémoires secrets*, XIX, 51, 53.)

I

L'an 1757, le mardi 10 mai, une heure de relevée, eſt comparu en l'hôte et par-devant nous Nicolas Maillot, etc., ſieur Nicolas-Louis Berthe, maître en chirurgie à Paris, y demeurant rue des Quatre-Fils, paroiſſe St-Jean-en-Grève : Lequel nous a déclaré et dit que la nuit dernière, entre minuit et une heure ou environ, on l'eſt venu chercher chez lui pour aller panſer un malade dans un jeu qui eſt auprès du café Cauſſin. Qu'il s'y eſt à l'inſtant tranſporté et a trouvé dans une ſalle derrière le théâtre de ce jeu, un grand jeune homme, qui lui a dit ſe nommer Nicolet, appuyé ſur deux perſonnes qui le ſoutenoient. Que ce jeune homme lui a dit être bleſſé d'un coup d'épée. Qu'il lui a trouvé une plaie au-deſſous du mamelon gauche, triangulaire, paroiſſant faite avec une épée à quarreter (*sic*), qu'il croit pénétrante dans la capacité de la poitrine. Qu'il eſtime cette bleſſure très-dangereuſe par les accidens qui paroiſſent et qui peuvent augmenter. Que ce jeune homme lui a dit en outre qu'il avoit été ainſi bleſſé en jouant et en voulànt ſe préſenter ſur la ſcène, et s'étant lui-même imprudemment jeté ſur une épée qu'un autre acteur tenoit nue à la main.

Signé : Berthe ; Maillot.

Information faite par le commiſſaire Maillot.

Du vendredi 20 mai 1757.

Nicolas-Louis Berthe, âgé de 30 ans, maître en chirurgie à Paris, demeurant rue des Quatre-Fils, etc., dépoſe...... (comme ci-deſſus).

Du ſamedi 21 mai.

Jean-Claude Grévin, âgé de 25 ans, acteur du ſieur Nicolet, joueur de marionnettes et pantomimes ſur le boulevart, demeurant rue des Récollets, faubourg St-Martin, maiſon du ſieur Laſne, maître en chirurgie, paroiſſe St-Laurent, etc., a dépoſé que le lundi, 9 du préſent mois de mai, ſur les onze heures du ſoir ou environ, lors de la repréſentation d'une pantomime pour dernier jeu chez ledit Nicolet, lui dépoſant étant ſur la ſcène et jouant, regardant le public ainſi que ſon rôle l'exigeoit, il a eu occaſion dans cet inſtant de ſe retourner et il a vu que Nicolet, qui étoit ſur le bord du théâtre, portoit ſa main ſur la poitrine du côté gauche en faiſant des hélas et diſant qu'il étoit bleſſé. Que dans l'inſtant lui dépoſant a appris que cette bleſſure provenoit de s'être jeté imprudemment ſur une épée que le nommé Second, qui étoit auſſi ſur la ſcène, tenoit nue à la main ſuivant que l'exigeoit ſon rôle.

Signé : GRÉVIN.

Henri Briſmontier, âgé de 21 ans, acteur dudit Nicolet, demeurant chez le ſieur Champion, ſon beau-frère, ſur le pont St-Michel, maiſon du ſieur Monſolon, maître orloger, etc., a dépoſé que le 9 du préſent mois de mai, le ſoir, au dernier jeu dudit Nicolet, lui dépoſant, étant ſur le devant de la ſcène, a vu que celui qui faiſoit le rôle d'amoureux dans la pantomime pourſuivoit Arlequin l'épée à la main qui ſe ſauvoit dans un trou qui repréſente un four. Que ledit Nicolet, qui faiſoit le pierrot, eſt ſorti de la couliſſe et eſt venu ſe jeter imprudemment ſur l'épée de l'amoureux, qui la tenoit à la main en pourſuivant Arlequin.

Signé : BRISMONTIER ; MAILLOT.

Charles-François Petit, âgé de 17 ans, acteur dudit Nicolet, ſur le boulevart, demeurant chez le nommé Saunier, ſon grand-père, rôtiſſeur à la Vallée, quai des Grands-Auguſtins, etc., a dépoſé que le 9 du préſent mois de mai, le ſoir, au dernier jeu dudit Nicolet, ſur le boulevart, lui dépoſant, jouant le rôle de garçon pâtiſſier dans la pantomime et retenant Arlequin qui ſautoit dans un trou ſur le théâtre et allant ſur le bord du théâtre pour relever des plats, il a vu ledit Nicolet qui avoit la main à la poitrine du côté gauche et qui ſe plaignoit d'être bleſſé, et en même tems lui dépoſant a appris qu'il s'étoit ainſi bleſſé en ſe jetant imprudemment ſur l'épée qu'un autre acteur tenoit nue à la main ſur la ſcène en pourſuivant Arlequin.

Signé : PETIT ; MAILLOT.

François Geoffrion dit Lafrance, âgé de 22 ans, acteur dudit Nicolet dans ſon jeu ſur le boulevart, logé chez la nommée Queſnel, logeuſe et charcutière Grande-Rue-du-Faubourg-St-Antoine, à côté de la grille des Enfans-Trouvés, etc., a dépoſé que, le 9 du préſent mois de mai, le ſoir, au dernier jeu dudit Nicolet, lui dépoſant, faiſant le rôle d'Arlequin, étant pourſuivi par un autre acteur qui faiſoit le rôle d'amoureux et qui avoit l'épée nue à la main ſuivant ſon rôle, il eſt ſauté dans un trou qui eſt ſur le théâtre et un inſtant après ſortant de ce trou ſur la ſcène, il y a vu ledit Nicolet qui avoit la main ſur ſa poitrine du côté gauche où il ſe plaignoit d'être bleſſé. Que lui dépoſant a appris qu'il s'étoit ainſi bleſſé en ſe jetant ſur l'épée de l'amoureux qui pourſuivoit lui dépoſant.

Signé : MAILLOT ; GEOFFRION DIT LAFRANCE.

François-Paul Nicolet, âgé de 24 ans, entrepreneur de ſpectacles aux foires et ſur le boulevart, demeurant chez ſes père et mère, rue des Quatre-Vents, cul-de-ſac de ladite rue, paroiſſe St-Sulpice, etc. A dépoſé que le 9 du préſent mois, dans la ſoirée, à ſon dernier jeu, en repréſentant une pantomime ſur ſon théâtre ſur le boulevart, lui étant en pierrot et ſe ſauvant d'Arlequin qui, ſuivant ſon rôle, lui portoit un coup de ſa batte en ſortant d'un trou repréſentant un four dans lequel Arlequin venoit de ſe jeter, il a été imprudemment ſe jeter ſur la pointe de l'épée que tenoit encore à la main un acteur habillé en eſpagnol qui avoit pourſuivi Arlequin lorſqu'il s'étoit ſauvé de lui dans le trou au four, ſuivant l'exigence des rôles qu'ils faiſoient ; de laquelle épée il a été bleſſé à la poitrine. Qu'il ne peut en aucune façon accuſer le nommé Second, qui étoit en eſpagnol et qui avoit cette épée à la main, d'avoir eu volonté de lui porter aucun coup d'épée. Qu'il a été panſé et ſoigné de manière qu'il ſe ſent actuellement très-bien.

Signé : NICOLET ; MAILLOT.

(*Archives des Comm.*, n° 3764.)

II

L'an 1758, le ſamedi 6 mai, trois heures de relevée, eſt comparu en l'hôtel et par-devant nous Nicolas Maillot, etc., François Didier, ſergent des gardes de jour et de nuit, de poſte à la porte du Temple : Lequel nous a dit que heure préſente ayant eu avis qu'il y avoit deux particuliers qui ſe battoient l'épée à la main ſur le boulevart, vers la rue Saintonge, il s'y eſt auſſitôt tranſporté avec ſon eſcouade et a trouvé effectivement deux particuliers qui s'y battoient, dont un étoit le maître d'un jeu de marionnettes à pratique ſur le boulevart, qui ſe plaignoit d'avoir été inſulté chez lui par l'autre particulier avec lequel il ſe battoit. Que ce ſecond particulier s'eſt évadé ; mais une particulière qui étoit la cauſe qu'il avoit inſulté le maître de ce jeu, à ce que tout le monde diſoit, et qui s'eſt trouvée là, a été arrêtée. Pourquoi lui comparant a amené le maître de ce jeu et la particulière par-devant nous pour les entendre.

Signé : DIDIER.

Eſt auſſi comparu François-Paul Nicolet, maître et entrepreneur d'un ſpectacle de marionnettes à pratique ſur le boulevart, y demeurant cul-de-ſac des Quatre-Vents, quartier St-Germain-des-Prés : Lequel nous a rendu plainte contre un particulier nommé Bazin, peintre, et dit que ce particulier eſt venu cette après-midi ſur le boulevart dans ſon jeu lorſqu'il ſe mettoit en devoir de faire une répétition. Qu'il ne ſait à raiſon de quoi ce particulier s'eſt d'abord mis à l'inſulter et à lui dire des injures, le traitant de poliſſon et ſe ſervant d'autres termes auſſi peu convenables. Qu'il crut d'abord que ce particulier, en prenant trop de licence, vouloit badiner avec lui ſur ce mauvais ton ; mais ce particulier ayant continué, lui comparant ne put s'empêcher de lui dire de ſe retirer ; ce que l'autre ayant fait, de deſſus le boulevart où il étoit, il a continué de dire au plaignant différentes injures des plus groſſières en le forçant de ſortir pour ſe battre avec lui et l'appelant à cet effet. Que lui comparant s'eſt trouvé pouſſé de manière à ne pouvoir ſe diſpenſer de ſortir, et effectivement étant ſorti, il a mis l'épée à la main contre ce particulier ; et comme ils ſe battoient, la garde eſt ſurvenue qui les a fait ceſſer et ledit Bazin s'eſt évadé. Mais comme la nommée Duhamel, qu'il occupe comme actrice dans ſon jeu et qui eſt ouvertement la maîtreſſe dudit ſieur Bazin, a été trouvée par la garde ſur ce lieu et que tout le monde diſoit que cette fille étoit cauſe des injures et ſottiſes que ledit Bazin avoit dites au plaignant, ladite garde l'a arrêtée et auſſi amenée par-devant nous. Ajoutant le comparant qu'il eſt à ſa connoiſſance que ledit Bazin a eu ordre, il y a un an ou 18 mois ou environ, de ne point porter l'épée ſous peine d'aller à Bicêtre et que ces jours-ci il ne portoit pas effectivement l'épée et qu'il faut que par deſſein prémédité il ſe ſoit muni d'une épée ce matin pour le venir inſulter chez lui cette après-midi.

Signé : NICOLET.

En ſuite de quoi avons fait comparoître ladite particulière arrêtée, laquelle a dit ſe nommer Marie-Catherine Duhamel, fille native de Paris, âgée de 17 ans et demi, étant de la troupe du ſieur Nicolet pour pantomimes, travaillant dans ſon jeu ſur le boulevart, demeurant faubourg St-Denis, maiſon du ſieur Florat, orfèvre, près l'Écu, chez ſa mère. Avons interpellé ladite particulière de nous dire quelle affinité il y a entre elle et le nommé Bazin, peintre ?

A dit qu'elle connoît un nommé Bazin ſeulement du jeu de deſſus le boulevart.

Enquiſe de nous dire ſi elle n'a pas engagé le nommé Bazin de prendre ſon fait et cauſe contre le ſieur Nicolet, maître du jeu où elle travaille, à raiſon de querelles qu'elle avoit eues hier avec d'autres filles du même ſpectacle et qui avoient été trouvées mauvaiſes par le maître du jeu ?

A dit que non.

Dont et de quoi elle requiert acte.

En conſéquence avons fait relaxer ledit Nicolet et ladite Duhamel, et les avons envoyés à ſe pourvoir ainſi qu'ils aviſeront bon être. Dont et du tout ce que deſſus avons fait et dreſſé le préſent procès-verbal.

Signé : MAILLOT.

(*Archives des Comm.*, n° 3765.)

III

L'an 1759, le mardi 10 juillet, ſix heures de relevée, en notre hôtel et pardevant nous Antoine-Joachim Thiot, etc., eſt comparu Antoine André, apprenti gainier chez le ſieur Ferret, maître gainier à Paris, chez lequel il demeure cul-de-ſac Beaufort, paroiſſe St-Leu et St-Gilles : Lequel nous a rendu plainte contre le nommé Nicolet le cadet, joueur de marionnettes, établi actuellement à la foire St-Laurent, et contre un quidam nommé Gendarmé, ſoit que ce ſoit ſon nom propre ou celui de ſa qualité, et nous a dit qu'il y a environ deux mois le plaignant eut un différend aſſez ſérieux avec ledit Nicolet le cadet et ſon frère aîné ; que leur querelle s'éleva ſur les boulevarts derrière le jeu deſdits Nicolet ; qu'ils en vinrent aux priſes au point que leſdits Nicolet frères tirèrent tous deux l'épée ſur le plaignant qui ſe défendit contre eux avec une canne qu'il avoit à la main, que ledit Nicolet l'aîné caſſa en deux parties ; que quelque tems après ledit Nicolet l'aîné entra en compoſition et promit de lui payer ſa canne en partie ; qu'hier, ſur les neuf heures du ſoir, ledit plaignant étant avec le ſieur Berthier, peintre, à ſe rafraîchir chez le nommé Droux, limonadier à la foire St-Laurent, ledit Nicolet le cadet aborda ledit André et demanda à lui parler : A quoi le plaignant lui répondit qu'il le laiſſât tranquille et qu'il oublioit le paſſé. Sur quoi ledit Nicolet le cadet preſſa ledit plaignant de ſortir de la foire avec lui, lui diſant qu'il avoit quelque choſe de particulier à lui dire ; que ledit plaignant, ne s'attendant à rien moins que de recevoir de nouvelles inſultes dudit Nicolet le cadet, fut dans la dernière des ſurpriſes de voir ledit Nicolet lever l'épée ſur lui plaignant ſitôt qu'ils furent hors de la foire en lui diſant : « Il y a aſſez longtems que je t'en veux, il faut que je te f.... mon épée dans le ventre. » Qu'icelui plaignant s'eſt défendu du mieux qu'il a pu contre ledit Nicolet avec une canne qu'il avoit ; que ne pouvant pas ſuffire à ſa défenſe, il s'eſt auſſi ſervi de ſa main gauche pour parer les coups redoublés que ledit Nicolet lui fourniſſoit avec beaucoup de vivacité ; de façon que, prêt à ſuccomber ſous les coups dudit Nicolet, ledit plaignant a été bleſſé au bras gauche en différens endroits ; qu'à force de défenſe le plaignant a forcé ledit Nicolet cadet de ſe retirer ; qu'auſſitôt ledit Gendarme a remplacé ledit Nicolet et eſt venu pour fondre ſur ledit plaignant. Lequel dit Gendarme ſe mettant en devoir de tirer l'épée ſur lui, le plaignant a été aſſez heureux de ſaiſir l'épée dudit Gendarme, qu'il a caſſée en deux et dont il a jeté les morceaux ; que le plaignant, content de ſe voir délivré, s'en eſt retourné auſſitôt chez le ſieur Ferret. Et comme ces excès de la part deſdits Nicolet frères et dudit Gendarme ne font connoître que trop le deſſein prémédité qu'ils avoient formé d'aſſaſſiner le plaignant et qu'il y a lieu de craindre qu'ils ne prennent de nouvelles précautions pour le mettre à deſſein, le comparant eſt venu nous rendre la préſente plainte.

Signé : ANTOINE ANDRÉ ; THIOT.

(*Archives des Comm.*, nº 3041.)

IV

L'an 1762, le lundi 31 et dernier mai, trois heures du matin, eſt comparu en l'hôtel et par-devant nous Nicolas Maillot, etc., ſieur Jean-François Bard, inſpecteur et commandant la garde du boulevart : Lequel nous a dit qu'en conſéquence des ordres de M. le Lieutenant général de police ayant fait fermer à deux heures après minuit le jeu du nommé Nicolet ſur le boulevart, le nommé Nicolet cadet a tenu pluſieurs mauvais propos devant le public contre lui comparant, murmurant de la régularité qui étoit obſervée. Que lui ſieur Bard ayant voulu lui en impoſer et le faire taire, il n'a pas diſcontinué, ce qui l'a obligé de le faire arrêter et amener par-devant nous.

Signé : Bar.

En ſuite de quoi avons fait comparoître ledit particulier arrêté, lequel, ſur les interpellations par nous à lui faites, a dit ſe nommer François-Paul Nicolet, natif de Paris, âgé de 30 ans, maître à danſer, demeurant cul-de-ſac des Quatre-Vents, chez ſes père et mère, paroiſſe St-Sulpice. Nous a ajouté qu'effectivement le jeu ayant été fait fermer, et le monde qui étoit dedans, renvoyé ſans pouvoir donner le ballet annoncé, il a dit qu'il étoit bien fâcheux de ne pouvoir pas contenter le public en lui donnant ce ballet annoncé ; mais qu'il n'a pas prononcé ces paroles devant ce même public, tout le monde du jeu étant ſorti dans cet inſtant. Qu'il n'a pas entendu indiſpoſer perſonne en tenant ce propos. Qu'il ne méritoit pas de la part dudit ſieur Bar d'être traité de drôle et de poliſſon ainſi qu'il l'a fait. Dont et de quoi il nous requiert acte.

Signé : Nicolet.

Et par ledit ſieur Bard a été dit ſur ce que ledit Nicolet ſe plaint qu'il l'a traité de drôle, qu'il n'a pu s'en empêcher parce qu'il lui a réſiſté devant le public et n'a pas diſcontinué ſes mauvais propos lorſqu'il a voulu le faire taire.

Signé : Bar.

Sur quoi nous commiſſaire, etc., attendu que ledit Nicolet a parlé hautement devant le public en parlant audit ſieur Bard ſur l'ordre qu'il venoit de donner de ne pas repréſenter le ballet parce qu'il étoit trop tard, ce qui pouvoit occaſionner grande rumeur et que d'ailleurs c'étoit réſiſter mal à propos à un ordre émanant du magiſtrat, nous l'avons laiſſé ès mains dudit ſieur

Bard pour le faire conduire au For-l'Évêque par ſimple diſcipline ſeulement. Dont et du tout avons fait et dreſſé le préſent procès-verbal.

Signé : MAILLOT ; BAR.

(*Archives des Comm.*, n° 3769.)

Voy. ARTIFICIER HOLLANDAIS (L'). TÉLOCIN.

NICOLET (ANNE-ANTOINETTE DESMOULINS, femme de JEAN-BAPTISTE), née à Paris le 10 octobre 1743, morte dans la même ville le 8 janvier 1817, actrice foraine et directrice de spectacles. Elle fit ses débuts au théâtre, au jeu de marionnettes de Nicolas Bienfait II, et entra ensuite dans la troupe de Jean-Baptiste Nicolet, où elle remplit avec un talent réel les rôles d'*amoureuses*. Le 10 janvier 1766, Nicolet épousa Anne-Antoinette Desmoulins, avec laquelle il était en liaison depuis plusieurs années déjà, et la fit ainsi directrice d'un théâtre à la prospérité duquel ses succès d'actrice avaient tant contribué. A partir de cette époque, Mme Nicolet cessa de jouer les *amoureuses* pour prendre les rôles à *caractère*, et ce n'est qu'en 1780 qu'elle renonça tout à fait à la scène pour ne plus s'occuper que de l'administration des Grands-Danseurs du Roi, tâche dont elle s'acquitta très-bien, et dans laquelle elle seconda merveilleusement son mari. Le *Chroniqueur désœuvré* a consacré quelques lignes à Mme Nicolet. Il critique, tout en le reconnaissant, le talent de l'actrice et ridiculise de son mieux la directrice. Voici en quels termes il s'explique : « On ne peut refuſer quelques talens à cette femme ; elle débitoit ſes rôles avec beaucoup de facilité et de naturel ; mais depuis quelque tems, Madame, gâtée par les bontés du public, ne jouoit plus qu'avec un air indifférent, parlant à peine pour ſe faire entendre au bord des rampes. Le public, qui accorde ſes faveurs à l'acteur qui paroît chaque jour par de nouveaux efforts capter ſon indulgence, témoigne bientôt ſon dégoût et ſa haine à celui qui ne ſemble plus ſe montrer à lui qu'avec la certitude de plaire, ayant l'air de dire : « Me voilà ! applaudiſſez-moi, je joue « comme un ange. » La dame Nicolet, avec ce ton, déplut aux ſpectateurs au point qu'ils commencèrent par lui crier : *Plus haut!* et finirent par la huer. Outrée, elle promit de ne plus mettre le pied ſur le théâtre, et on ne s'eſt pas encore aperçu de cette perte. » Voilà pour l'artiste. Quant à la directrice, elle est ainsi dépeinte : « Elle ne joue plus et s'eſt retirée, quoique ſes attraits le fuſſent depuis longtems..... Cette créature haute et fière, oubliant qu'elle a raccommodé des bas dans un tonneau, comme la belle Margot, ne vous rend jamais le ſalut que vous êtes aſſez ſot de lui donner, feint par ton d'avoir l'ouïe dure, a l'impudence de ſe mettre dans une loge de ſon ſpectacle et d'y lorgner le public, aſſottée de ſa figure et ſe croyant accomplie.....» Et plus loin : « A force d'obſerver, de faire des recherches et d'écrire, me voici pourtant au but après lequel j'aſpire depuis ſi longtems. Ami lecteur, c'eſt ici que j'ai beſoin de toute ton attention. Suis-moi avec exactitude et tu vas connoître entièrement cette directrice ſi vaine, ſi fière, cette Margot parvenue que je n'ai dépeinte qu'imparfaitement dans mon premier volume, et dont je n'aurois pas parlé dans celui-ci, ſans la petite raiſon que j'ai de m'en plaindre, et voici mes griefs. Lorſque méchamment et comme mal aviſé, je conçus le projet odieux de démaſquer tous les hiſtrions du boulevard, et que le fruit de ce projet fut mûr, Mme de Nicolet, furieuſe, de concert avec la célèbre Jeannette Jouglas (Mme Audinot), furent en robes traînantes et en garnitures à la ducheſſe, eſcortées du fameux François, receveur de billets, domeſtique, cuiſinier, garçon de théâtre et eſpion *ad honores* de Nicolet, chez le sage magiſtrat qui regarde les abus de ce pays comme un mal néceſſaire. Elles ſe répandirent en invectives contre moi : « Où « ſont les mœurs ? » diſoient-elles à M. Lenoir, qui ſait bien qu'elles n'en ont jamais eu et n'en auront jamais ; « qu'eſt devenu le bon « ordre? Eh ! ſera-t-il donc permis de dévoiler impunément des « vérités qui nous humilient et que nous cherchons à enſevelir dans « l'ombre du myſtère ? Ah ! livrez le traitre à notre fureur !..» M. le Lieutenant de police, qui jouit d'un diſcernement inconteſtable, rit de leurs imprécations, et loin de ſeconder leur grandeur apparente, commit à leur égard l'injuſtice la plus révoltante en les quittant pour aller prodiguer des ſoins utiles et des travaux honorables à des citoyens beaucoup plus reſpectables que ne l'eſt la claſſe des bateleurs. Voilà leurs démarches infructueuſes ; mais en ont-elles moins cherché à me nuire, et dois-je m'en tenir au peu d'effets de leurs très-chaudes ſupplications? Non..... La Nicolet, cette petite grande perſonne, ſi grave, ſi fauſſe, ſi réſervée, ſi vive, ſi emportée, ſi modeſte, ſi ſenſuelle, eſt ſans contredit l'exemple le plus bizarre et le plus ridicule de nos lois anciennes..... Vous êtes étonné de ce que j'avance; mais examinez le tableau généalogique que je vous préſente et convenez de bonne foi qu'il n'y a rien de ſi ordinaire d'après les ſituations où elle s'eſt trouvée. Voilà le rideau levé; apercevez dans un coin du tableau l'illuſtre Nicolet placée dans un demi-tonneau et raccommodant au coin de la rue Aumaire les reſtes délabrés de la garde-robe des jeunes gens des environs..... Mais c'eſt ici que la ſcène change et que vous verrez notre héroïne en caſaquin mi-garni, venir offrir à Nicolet ſes talens naiſſans, talens à qui j'enrage d'avoir à rendre quelque juſtice, mais qui cependant ont contribué à ſa fortune. Jetez l'œil en bas du tableau..... Eh! quoi, robe de ſoie, bijoux? Eh! oui, robes et bijoux. Un voluptueux directeur s'enflamme..... Il épouſe, et c'eſt dans ce moment où mon tableau change encore. Miſe avec tout le brillant de la femme du meilleur ton, inſolente, impérieuſe, vous la verrez jeter un regard dédaigneux ſur ſes premiers amans, ſes anciens camarades..... Voilà pourtant quelle eſt cette dame Nicolet que vous voyez paſſer ſur le boulevard avec un air impoſant! » Nicolet et sa femme conservèrent l'administration du théâtre des Grands-Danseurs du Roi, devenu le théâtre de la Gaîté, jusqu'en 1795, époque où ils en cédèrent l'exploitation à un ancien acteur de leur troupe, François Ribié. Mme Nicolet mourut, comme on l'a dit plus haut, le 8 janvier 1817.

(*Le Chroniqueur désœuvré*, I, 48, 54 ; II, 61. — *Galerie historique de la troupe de Nicolet*, par de Manne et Ménétrier, 63.)

NIVELLON (LOUIS), l'un des meilleurs danseurs pantomimes qui aient paru aux foires, où il eut un spectacle en 1707, 1708 et 1711, ne put, malgré son talent et l'habileté d'une troupe choisie avec soin, réussir à faire ses affaires et dut fermer son jeu. Ses acteurs passèrent presque tous chez la dame Baron.

(*Mémoires sur les Spectacles de la Foire*, I, 130.)

I

L'an 1707, le mardi premier jour de mars, six heures du soir, en l'hôtel de nous Charles Bizoton, etc., est comparu Louis Nivellon, danseur de monseigneur, demeurant rue des Fossés-St-Germain, qui nous a fait plainte et dit que, depuis quelques jours, il s'est aperçu que plusieurs particuliers sont entrés dans son jeu de danse de corde avec des billets faux (1), et lorsqu'ils sont entrés ils ressortent du jeu et demandent l'argent desdits faux billets sur lesquels ils entrent ; que cejourd'hui, il y a environ un quart d'heure, plusieurs jeunes gens sont encore venus avec des billets faux pour entrer. Ce que voyant il en a fait arrêter un et l'a fait conduire en notre hôtel et nous a représenté six faux billets qui lui ont été délivrés cejourd'hui ; requérant que ledit particulier soit constitué prisonnier.

Signé : NIVELLON.

Sur quoi nous commissaire, etc., ayant fait venir par-devant nous ledit particulier, il nous a dit après serment par lui fait de répondre vérité, se nommer Louis Duinet, fils du sieur Duinet, tenant l'hôtel de Toulouse, rue St-André, âgé de 19 ans, volontaire au régiment de Péreuse, où il doit servir la campagne prochaine et doit partir vendredi prochain ; qu'il est vrai que, sur les cinq heures après midi, il est entré dans le jeu dudit Nivellon, lui sixième, avec chacun un billet de parterre qui lui a été donné par le nommé Dubourg, garçon imprimeur ; qu'il est entré avec le nommé Delorme, valet de chambre du baron de Vitrac, qui avoit un semblable billet. A l'égard des quatre autres, qui sont entrés sur de pareils billets, il ne sait pas qui les leur avoit donnés. Du reste, il n'a fait aucun tort ni violence en entrant dans ledit jeu.

Signé : DUINET.

Après quoi nous avons remis ledit Duinet entre les mains du sieur de Ri-

(1) Il n'était pas rare de voir des individus entrer avec des billets faux aux Spectacles de la Foire. La dame Baron en 1716 et Saint-Edme en 1718 firent arrêter divers particuliers qui avaient commis ce délit, et en 1784 Nicolet se vit également obligé de sévir contre un quidam qui lui avait présenté un billet falsifié. (*Archives des Comm.*, nos 832 et 883.)

vière, lieutenant de robe courte, pour le faire conduire ès prifons du Châtelet, jufqu'à ce que autrement en ait été ordonné.

Signé : BIZOTON.

(*Archives des Comm.*, n° 2467.)

II

Le mardi 6e jour du mois de mars 1708, cinq heures de relevée, font comparus par-devant nous Simon-Mathurin Nicollet, etc., les fieurs Dufey et Legrand, comédiens du Roi, qui nous ont requis de nous tranfporter cejourd'hui dans le jeu et théâtre du nommé Nivellon, fitué près la porte de la foire St-Germain, au bout de la rue des Quatre-Vents, dans la maifon de la Croix-Blanche, faubourg St-Germain, pour leur donner acte de la repréfentation qu'il fait faire fur fon théâtre des pièces de comédie et en dreffer procès-verbal.

Signé : NICOLLET ; LEGRAND ; VILLOT-DUFEY.

Sur quoi nous commiffaire, etc., fommes à l'inftant tranfporté dans le jeu et théâtre de Nivellon où nous avons vu un théâtre public et dans la falle d'icelui grand nombre de perfonnes. Après les danfes de corde on a levé une toile et ont paru plufieurs acteurs comme un arlequin, un docteur, un scaramouche, une colombine, une fille du docteur, un pierrot, un chanteur et une chanteufe, qui ont formé une efpèce de comédie dont le fujet eft que le docteur, pour raccommoder fes affaires, lève une troupe de comédiens de tous fes domeftiques et répète plufieurs fcènes tirées de différentes comédies et tragédies et parodies burlefques. A chaque fcène un acteur parle feul. Après quoi il fe retire et un autre vient enfuite. Quelquefois ils font deux enfemble fur la fcène ; l'un parle haut et l'autre répond bas. Quelquefois un acteur répond quelques mots derrière la perfpective à celui qui eft fur la fcène et qui parle haut, en forte que le tout enfemble fait voir un fujet de comédie fuivie. Il nous a paru dans toute la pièce qu'on fe moque des comédiens du Roi, ce qui a fait que nous avons entendu dire à plufieurs perfonnes qui étoient autour de nous : « Les comédiens font bien bafoués là-dedans ! » Dans un endroit Arlequin dit que fon maître le docteur eft fou de vouloir faire une troupe de comédiens, qu'il fe ruinera parce que les comédiens ne s'accordent jamais et fe battent toujours. Il dit même dans la première fcène : « Je crois que la répétition de la comédie va commencer parce que les comédiens fe querellent déjà. » Dans une autre, dit qu'il eft au défefpoir de ne pouvoir parler à fa fantaifie, mais que quelques-uns pourroient bien s'en repentir. Dans un autre endroit ils fe battent fur le théâtre et Arlequin crie à la plainte, à la plainte ; enfuite paroiffent plufieurs acteurs et actrices, et un acteur apporte plufieurs livres et lit le titre d'iceux qu'il dit être l'*Art de parler ſeul, inventé par les comédiens françois.* Après quoi ils diſent : « Quand nous ne ſaurons plus que faire, nous annoncerons le *Diable boiteux.* »

Dont et de tout ce que deſſus avons fait et dreſſé le préſent procès-verbal.

Signé : NICOLLET.

(*Archives des Comm.*, n° 3470.)

NIVELLON, fils du précédent et héritier des talents chorégraphiques de son père, joua longtemps en province et ne parut à Paris qu'en 1728. A la foire Saint-Laurent de la même année, il débuta au théâtre de l'Opéra-Comique et exécuta dans la pièce d'*Achmet et d'Almanzine,* opéra comique en trois actes de Lesage et Dorneval, une entrée de paysan en sabots qui parut un modèle de légèreté, de grâce et d'adresse. Nivellon quitta l'Opéra-Comique à la fin de l'année suivante. Sa danse en sabots fut parodiée avec un rare talent, le 27 août 1731, par le petit Boudet, âgé de 4 ans, dans la scène intitulée *la Nièce vengée, ou la Double Surprise,* opéra comique en un acte de Fagan, avec prologue et épilogue de Panard.

(*Dictionnaire des Théâtres*, I, 12 ; III, 493, 505.)

Voy. BOUDET (LE PETIT).

NOEL, physicien, avait un cabinet sur le boulevard du Temple en 1780; on y entrait de 11 heures du matin à 11 heures du soir. L'annonce qu'il faisait de ses exercices est peu intelligible et est ainsi conçue : « Il vient de faire la découverte d'un fluide par le moyen duquel il eſt parvenu à faire les vrais cadrans de communication. Ces cadrans ſe portent où l'on veut, et néanmoins ſe répondent l'un à l'autre. On peut les comparer avec les effets que produiſent l'aimant et l'électricité; cependant ils ne tiennent rien de ces deux fluides, ce qu'on peut éprouver avec une bouſſole. Le ſieur Noël, par l'effet du nouveau fluide, démontre pluſieurs autres expériences de phyſique récréatives et amuſantes pour l'exécution deſquelles il conſtruit lui-même les machines. »

(*Journal de Paris*, 10 juillet 1780.)

NORÈS, danseur du théâtre des Grands-Danseurs du Roi, y parut en 1772, 1773 et 1774.

(*Almanachs forains*, 1773, 1775.)

NORÈS (Mlle), sœur du précédent, était attachée au théâtre des Grands-Danseurs du Roi en 1772, 1773 et 1774, en qualité de soubrette et de danseuse.

(*Almanachs forains*, 1773, 1775.)

NOUVEAU-NÉ AGÉ DE 31 ANS. Phénomène que l'on montrait rue Dauphine en 1747. L'annonce de cette exhibition est conçue en ces termes : « Le public eſt averti qu'au rez-de-chauſſée de l'hôtel impérial, rue Dauphine, on y fait voir à toute heure un enfant mâle, dont toutes les parties ſont bien formées et qui a reſté 31 ans dans le ſein de ſa mère, morte à l'Hôtel-Dieu de Joigny, le 22 juillet dernier, âgée de 62 ans..... On prend 24 ſols par perſonne. On ira chez les gens de condition. » On parlait un jour devant Louise-Henriette de Bourbon-Conti, duchesse d'Orléans, d'un fait analogue arrivé à Toulouse, où une femme du pays était restée grosse pendant vingt ans; on ajoutait qu'à la mort de cette femme, on avait ouvert son corps et qu'on avait trouvé l'enfant comme pétrifié et ayant de la barbe au menton. La duchesse d'Orléans s'écria aussitôt que si pareille chose lui était arrivée, pour ne pas laisser son enfant sans éducation, elle n'aurait pas manqué d'avaler un précepteur.

(*Affiches de Paris*, 1747. — *Journal de Collé*, publié par H. Bonhomme, II, 317.)

NOUVEAU SPECTACLE DE PHYSIQUE; se voyait à la foire Saint-Laurent de 1778, et le reste de l'année, rue de Richelieu. Voici le détail des pièces qu'il renfermait d'après une affiche imprimée et approuvée par le lieutenant-général de police Lenoir :

1° *Un petit Coffre incompréhensible.*

Un petit Coffre qu'on donne ouvert à une personne de la compagnie qui le ferme à clef, garde la clef, le pose sur une table, et qui s'ouvre seul sans le toucher, à la volonté et présentation de la main qui l'a fermé.

2° *Un Nègre Automate qui indique ce qu'on lui demande.*

On pose un petit Nègre sur la table ; on présente deux cadrans couverts : une Dame de la compagnie prend un cadran ; un Monsieur prend l'autre : chacun marque sur ces cadrans une heure à volonté, qui ne peut être connue de personne ; les deux cadrans étant recouverts dans le secret, le petit Nègre, au désir et au moment demandé du Monsieur ou de la Dame, marque d'un mouvement de tête, et sonne distinctement sur un timbre l'heure qui a été marquée secrètement sur ces deux cadrans.

3° *Une Lampe sympathique.*

On allume une lampe à deux branches, qu'on pose sur une table ; on allume ensuite deux bougies ; on porte les deux bougies allumées à trente ou soixante pas d'éloignement de la lampe qui est allumée sur la table ; si l'on éteint la bougie de la droite, la lumière de la lampe qui est sur la même ligne droite s'éteint dans le même instant que la bougie ; le même effet se fait à la gauche.

4° *Fusil unique.*

On présente un fusil, non chargé, à toute la compagnie ; plusieurs personnes l'arment et le désarment autant de fois qu'elles le veulent, sans avoir à craindre de le déranger, ensuite une personne de la compagnie l'arme, le fixe, et le place sur une table ; cette même personne demande qu'il parte seul à une, deux, trois, quatre minutes ou davantage, à son choix ; elle prend sa montre, suit la minute qu'elle a indiquée, et le fusil seul et isolé sur la table, ne tenant à rien, comme toutes les autres pièces, part exactement à la dernière seconde de la minute que la perſonne qui a armé le fuſil a indiquée; mais ſans faire de bruit, n'étant pas chargé.

5° *Un Chaſſeur Automate qui devine la penſée.*

On préſente pluſieurs deviſes : ſix perſonnes en choiſiſſent chacun une et les mettent ſéparément et en ſecret dans ſix boites au haſard, contenues dans une grande boite numérotée 1 à 6, et referment la boîte en ſecret. On porte enſuite le chaſſeur automate ſur la table, armé d'un arc et d'une flèche; on lui préſente ſucceſſivement des cartes numérotées de 1 à 6, et dans le moment que paroît le numéro de la caſe où ſe trouve la deviſe qu'on a déſirée être connue, le chaſſeur iſolé y lance ſa flèche.

Il y a en outre deux autres pièces qui ſont ſi inconcevables et ſi amuſantes, qu'il n'eſt pas poſſible de les rendre ſur le papier, ni rien dire qui puiſſe en préſenter l'idée.

Ce qu'on trouvera de plus ſurprenant, c'eſt que toutes les pièces n'ont aucune communication, et que les perſonnes de la compagnie les placent elles-mêmes ſur la table.

Pendant le tems de la foire ſeulement, il y aura des places à 3 livres et à 1 livre 10 ſols, et après la foire, rue de Richelieu, toutes les places continueront d'être à 3 livres, comme ci-devant.

L'auteur à la foire fera ſes démonſtrations l'après-midi à toute heure, et le matin il en fera de particulières pour les perſonnes qui le déſireront.

(*Affiche imprimée par Gueffier, rue de la Harpe. — Journal de Paris*, 9 mai 1778.)

NOUVEAU SPECTACLE-PANTOMIME. De 1746 à 1749, la Comédie-Française et la Comédie-Italienne parvinrent à obliger le théâtre de l'Opéra-Comique à ne représenter que des pantomimes. De là le nom de *Nouveau spectacle-pantomime* qui lui fut donné alors. Il était administré, pour le compte de l'Académie royale de musique, par les nommés Bigour, Roszet et Damour. Voici les principales pièces qui furent jouées pendant cette période : *les Sculpteurs*, ballet-pantomime (3 juillet 1746); *la Chercheuse d'esprit*, pantomime (3 juillet 1746); *la Chasse galante*, pantomime (3 juillet 1746); *la Guinguette d'intrigue*, pantomime (3 juillet 1746); *Diane et Endymion*, pantomime pastorale (juillet 1746); *les Quatre Coins*, ballet-pantomime (juillet 1746); *la Barbe bleue*, pantomime (juillet 1746); *les Oracles d'Harpocrate, ou le Dieu du silence*, pantomime de Panard (août 1746); *le Chien qui secoue des pierreries*, pantomime (août 1746); *les Amants protégés*, pantomime pastorale (août 1746); *Nicaise*, pantomime (septembre 1746); *le Jugement de Midas, ou le Nouveau Parnasse lyrique*, pantomime ornée de quatre divertissements (septembre 1746); *Arlequin Persée*, pantomime, parodie de la tragédie lyrique de *Persée* (février 1747); *les Fêtes d'Hébé*, divertissement-pantomime, au sujet du mariage du Dauphin avec la princesse de Saxe (février 1747); *la Bohémienne* (mars 1747); *la Servante de sa fille*, parodie-pantomime en un acte, par Valois d'Orville, de la *Gouvernante* de la Chaussée (mars 1747); *Ninna*, pantomime italienne, parodie de *Nanine* (28 juin 1747); *le Polygame*, parodie-pantomime d'*Amestris*, tragédie de Mauger (15 juillet 1747); *la Faim d'Eresichton*, pantomime en un acte, par Valois d'Orville (juillet 1747); *l'École de Salerne*, divertissement-pantomime, par Valois d'Orville (juillet 1747); *Polichinelle maçon*, divertissement (juillet 1747); *les Talents comiques*, pantomime, par Valois d'Orville (10 août 1747); *les Fêtes du bois de Boulogne* (1), pantomime-ballet, par Valois

(1) On chantait, paraît-il, quelques couplets dans ces pantomimes, car c'est dans cette pièce que se trouve la ronde suivante sur un air déjà populaire :

En cachette se rendre ici,
V'là l'plai....sir des dames!
L'une vient surprendre un mari
Et l'autre y vient prendre un ami.
Savoir jouir
Et contenter leurs flammes,
V'là l'plai....sir des dames,
V'là l'plai....sir!

(Notes mises par M. Jules Cousin à la comédie de l'*Oublieux*, de Ch. Perrault, publiée en 1868 par H. Lucas.)

d'Orville (août 1747); *la Coquette sans le savoir,* divertissement (août 1747); *l'Ombre d'Ésope,* pantomime de Panard (août 1747, reprise en juillet 1748, sous le titre du *Tombeau d'Ésope*); *les Amours grivois,* pantomime (août 1747); *le Jaloux dupé,* pantomime (4 septembre 1747); *Colombine et Arlequin prisonniers,* pantomime (septembre 1747); *les Valets préférés,* pantomime italienne, ornée de danses, exécutée par la Grande Troupe turque (3 février (1748); *le Retour de la paix au Temple de Janus* (juin 1748); *le Réveil des vaudevilles,* pantomime (juin 1748); *la Peine du talion, ou le Cabaretier puni,* pantomime (juin 1748); *Arlequin heureux jardinier,* pantomime (juillet 1748); *la Gouvernante,* pantomime (juillet 1748); *le Retour de la Foire,* pantomime (août 1748); *l'Horoscope d'Arlequin,* pantomime en trois actes et un prologue (août 1748); *la Vieillesse amoureuse,* pantomime (9 février 1749); *Arlequin et Colette protégés de Flore,* pantomime (9 février 1749); *les Réjouissances de la paix, ou l'Hommage dû,* ballet héroï-comique (9 février 1749); *Arlequin et Pierrot rivaux,* pantomime (février 1749); *les Réconciliations par la paix,* pantomime (mars 1749); *le Jaloux désabusé,* parodie de *Platée,* ballet d'Autreau, retouché par Balot de Sovot, musique de Rameau (mars 1749), et *la Femme jalouse, ou le Mauvais Ménage,* parodie, par Valois d'Orville, de *Médée et Jason,* tragédie lyrique de l'abbé Pellegrin, sous le nom de Laroque, musique de Salomon. (Foire Saint-Germain de 1749.)

(*Dictionnaire des Théâtres,* I, 68, 136, 232, 248, 269, 377, 457; II, 77, 84, 86, 114, 270, 305, 433, 552, 556; III, 29, 54, 101, 108, 492, 496; IV, 19, 30, 85, 173, 319, 394, 410, 446, 456; V, 20, 97, 150, 330; VI, 30, 34, 212, 339, 458, 554, 560, 664, 694, 712.)

Voy. Opéra-Comique.

NOVERRE (Jean-Georges), né en 1727, mort en 1810, élève du *Grand* Dupré, danseur à l'Opéra-Comique à la foire Saint-Laurent de 1743, y exécuta la pantomime des *Fleurs* dansée à la fin de l'acte IV de l'*Ambigu de la Folie, ou le Ballet des dindons,* parodie en quatre entrées, par Favart, représentée le 31 août de cette même année. Noverre fut aussi maître des ballets de l'Opéra-Comique, et il a composé entre autres ballets les *Fêtes chinoises* (1er juillet 1754) et la *Fontaine de Jouvence* (15 septembre 1754). Les *Fêtes chinoises* obtinrent un succès éclatant, et Collé dans son *Journal* s'exprime ainsi à ce propos : « Ce mois-ci (juillet 1754) tout Paris a couru à un ballet chinois que l'Opéra-Comique a donné. Je n'aime pas les ballets, et mon averſion pour la danſe eſt infiniment augmentée depuis que tous les théâtres ſont infectés de ballets ; mais j'avoue que ce ballet chinois eſt ſingulier, et qu'au moins par ſa nouveauté et par le pittoreſque dont il eſt, il a mérité une partie des applaudiſſemens outrés qu'on lui donne. C'eſt un nommé Noverre qui a deſſiné ce ballet ; c'est un jeune homme de 27 à 28 ans. Il me paroît avoir une imagination étendue et agréable pour ſon métier. Il eſt neuf et abondant, varié et peintre. Ce n'eſt pas par les pas et les entrées qu'il a plu, c'eſt par les tableaux diverſifiés et nouveaux qu'il a eu cette prodigieuſe réuſſite. S'il y a quelqu'un qui puiſſe nous faire ſortir de l'enfance où nous ſommes encore pour les ballets, ce doit être un homme comme ce Noverre. L'Opéra devroit prendre et bien payer un pareil talent ; mais dès qu'il le doit, il n'en fera rien. » Collé ne se trompa pas dans ses prévisions, Noverre quitta l'Opéra-Comique en 1755, et ce ne fut que vingt et un ans plus tard, en 1776, que l'Académie royale de musique s'attacha cet habile chorégraphe.

(*Hiſtoire de l'Opéra-Comique*, II, 323, 324. — *Biographie Didot*. — *Journal de Collé*, publié par H. Bonhomme, I, 428.)

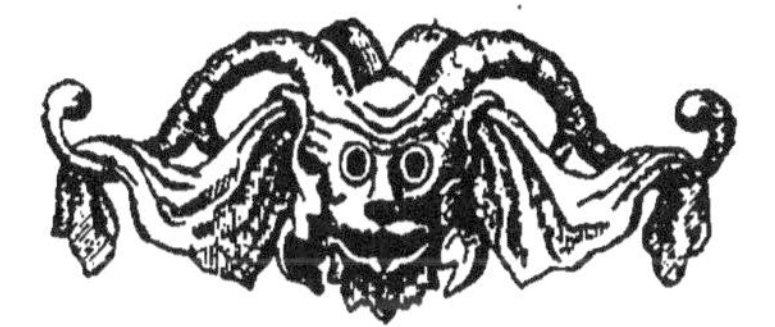

O

OCTAVE (Jean-Baptiste CONSTANTINI, dit), fils de Constantino Constantini, acteur de la Comédie-Italienne, connu sous le nom de *Gradelin,* et frère d'Angelo Constantini, connu au même théâtre sous le nom de *Mezzetin,* fit partie comme son père et son frère de la troupe italienne, dans laquelle il débuta en 1688 pour les seconds amoureux, sous le nom d'*Octavio.* Congédié avec ses camarades en 1697, il ne revint à Paris qu'en 1708, et fut quelque temps inspecteur des barrières de la capitale. En 1712, à la foire Saint-Germain, il recueillit les débris de la troupe d'Alard aîné, mort à la fin de l'année précédente, et ouvrit un spectacle qui ne dut pas obtenir grand succès, car à la foire Saint-Laurent suivante on le trouve engagé comme acteur au jeu de Saint-Edme. En 1713 pourtant, il renouvelle sa tentative, et son théâtre reparaît à la foire Saint-Germain et continue jusqu'à la foire Saint-Laurent de 1716 (1). A cette époque, les comédiens italiens revinrent en France et Octave fut chargé par eux de fonctions administratives dont il s'acquitta mal, paraît-il, car ils furent obligés de le renvoyer. Il quitta alors Paris et se rendit à la Rochelle, où il est mort le 16 mai 1720. Voici les titres de quel-

(1) A cette dernière époque Octave traita avec l'Académie royale de musique et obtint le privilège de représenter l'opéra comique pendant toute la durée de la foire; malheureusement pour lui, le public ne vint pas à son théâtre et il fit fort mal ses affaires.

ques-unes des pièces qui furent jouées chez Octave : *Arlequin empereur dans la lune*, par Rémy et Chaillot (foire Saint-Germain de 1712); *Arlequin au sabbat*, pièce en trois actes, par J. A. Romagnési, musique du divertissement par Lacroix (février 1713); *le Festin de Pierre*, opéra comique en trois actes et en vaudevilles, sans prose, par Letellier (foire Saint-Germain de 1713); *Arlequin jouet de la fortune, ou Arlequin favori de la fortune*, opéra comique en quatre actes et en vaudevilles, par du Vivier Saint-Bon (3 février 1714); *les Aventures de Cythère*, comédie italienne en quatre actes et en vaudevilles, sans prose (foire Saint-Laurent de 1715); *Arlequin gentilhomme malgré lui*, opéra comique en trois actes, avec trois divertissements, par Dorneval, musique d'Aubert (3 février 1716); *Arlequin traitant*, opéra comique en trois actes et en vaudevilles, avec des danses et des divertissements, par Dorneval (mars 1716); etc., etc.

(*Mémoires sur les Spectacles de la Foire*, I, 132. — *Dictionnaire des Théâtres*, I, 199, 229, 244, 250, 288, 334; II, 541; IV, 10.)

I

L'an 1712, le 6e jour de février, sur les quatre heures de relevée, en l'hôtel de nous Simon-Mathurin Nicollet, etc., est venu et comparu sieur Pierre Villot-Dufey, l'un des comédiens ordinaires du Roi, tant pour lui que pour les autres comédiens du Roi, ses confrères : Lequel nous a dit que, nonobstant l'arrêt du Parlement du 2 janvier 1709 qui fait défenses aux danseurs de corde de faire servir leurs théâtres à d'autres usages que ceux de leur profession, et celui du 25 juillet 1710 qui leur fait défense de jouer la comédie par dialogues, colloques, monologue et en quelque manière que ce soit, lesdits danseurs de corde continuent de contrevenir auxdits arrêts ; ce qui fait un tort considérable auxdits comédiens du Roi qui ont un intérêt très-puissant de porter leurs plaintes à la Cour desdites contraventions ; pourquoi il nous requiert de nous transporter le jour d'hui dans le préau de la foire St-Germain, dans la loge où le sieur Octave, ci-devant acteur de la troupe italienne que le Roi a renvoyée, et associé à plusieurs Italiens, fait ses représentations, pour dresser procès-verbal de la contravention pour leur servir et valoir ce que de raison. Requérant au surplus que nous ayons à parapher avec lui une affiche intitulée : « La Grande Troupe représentera vendredi 5e février le *Re-*

tour du véritable Arlequin Italien à la foire St-Germain, etc.», et un livre intitulé : *Le Retour d'Arlequin à la foire, divertiſſement muet*, de 16 feuillets, ſur le recto du bas de la page de chaque feuillet, contenant ledit livre un prologue avec une pièce en trois actes qui a pour titre : *Arlequin baron allemand, ou le Triomphe de la Folie* (1) ; leſquels livre et affiche, ſur ſes réquiſitions, ont été à l'inſtant de lui et de nous paraphés, etc.

Signé : VILLOT-DUFEY.

Inclinant auquel réquiſitoire, nous commiſſaire ſuſdit ſommes tranſporté ledit jour 6 février 1712, ſur les cinq heures de relevée, en la grande loge du préau de la foire St-Germain, la première en entrant par la porte de la rue de Tournon, que l'on nous a dit être celle où le ſieur Octave fait ſa repréſentation. Où étant, avons vu, après pluſieurs danſes ſur la corde, qu'on a levé une toile ſur le théâtre et enſuite avons vu jouer une comédie en trois actes précédée d'un prologue, pareille au livre à nous apporté et paraphé ſuivant le réquiſitoire ci-deſſus : ladite comédie exécutée par un arlequin qu'on nous a dit être Dominique, une Iſabelle, une colombine, un docteur qu'on nous a dit être Paghetti, un pierrot qu'on nous a dit être Belloni, un Scaramouche et autres acteurs, avec pluſieurs changemens de théâtre et différentes entrées de ballets compoſés les uns de deux, les autres de trois, quatre et plus de danſeurs et danſeuſes accompagnés d'un orcheſtre où nous avons remarqué huit inſtrumens. Avons remarqué qu'il n'y a aucun acteur qui ait parlé dans le cours de la pièce ; mais ils ſe ſont ſervis d'écriteaux qui ont ſuppléé à la parole et au moyen deſquels le dialogue eſt ſuivi et les ſcènes liées juſqu'à la fin de la comédie, avec cette ſingularité que le parterre devient acteur et que, prenant le ton de l'orcheſtre, il prête lui-même le chant et la parole aux acteurs qui ſont ſur le théâtre. Nous avons lu ſur leſdits écriteaux et entendu chanter pluſieurs chanſons contraires à la pudeur et aux bonnes mœurs.

Dont et de tout ce que deſſus nous avons donné acte auxdits comédiens ordinaires du Roi et dreſſé le préſent procès-verbal.

Signé : NICOLLET.

(*Archives des Comm.*, n° 3472.)

II

L'an 1714, le lundi 6e août, neuf heures du matin, ſont venus par-devant nous Céſar-Vincent Lefrançois, etc., Jean-Baptiſte Conſtantin dit Octave et Anne-Éliſabeth Conſtantin, femme de Charles-Virgile de Romagneſi : Leſ-

(1) *Arlequin baron allemand, ou le Triomphe de la Folie*, pièce en trois actes et en vaudevilles, par écriteaux, avec des scènes muettes, par Lesage, Fuzelier et Dorneval, avec prologue intitulé : *le Retour d'Arlequin à la foire.*

quels nous ont fait plainte et dit qu'ils ont fait des dépenſes conſidérables pour la continuation du jeu et ſpectacle qu'ils ont toujours repréſenté ruelle St-Laurent, pendant le cours de la foire juſqu'à préſent; qu'ils ont eu le malheur de ne pouvoir obtenir permiſſion à cauſe des ſieur et dame de St-Edme qui leur ont nui pour être les ſeuls à avoir jeu et ſpectacle; et, quoiqu'ils n'aient jamais rien dit qui les pût offenſer, eux ni d'autres, ils menacent les plaignans de les faire arrêter priſonniers par leur crédit. Que ſi, par leurs ſollicitations, ils parvenoient à avoir la permiſſion de jouer, ils emploieroient tout leur crédit, tout leur argent pour ruiner les plaignans de fond en comble. Même leur a été rapporté qu'ils les menaçoient de les faire aſſaſſiner. Entre autres, le nommé Cadet dit publiquement que, ſi ils continuent à ſolliciter pour la permiſſion de repréſenter, on les fera mettre à la Baſtille. Les plaignans ſont avertis qu'on veut les faire aſſaſſiner; en ſorte que, n'étant pas aſſurés de leurs perſonnes, ils ſe trouvent obligés de venir par-devers nous nous rendre plainte.

Signé : OCTAVE; ANNE CONSTANTINI DE ROMAGNESI.

(*Archives des Comm.*, n° 3826.)

III

L'an 1715, le 27 mars, ſur les quatre à cinq heures de relevée, en l'hôtel de nous François Dubois, etc., eſt venu ſieur Charles Botot-Dangeville, l'un des comédiens ordinaires du Roi, faiſant tant pour lui que pour les autres comédiens de Sa Majeſté, demeurant rue des Foſſés-St-Germain : Lequel nous a fait plainte et dit que pluſieurs danſeurs de corde et autres ſe ſont aviſés depuis pluſieurs années d'entreprendre ſur la profeſſion deſdits comédiens ordinaires du Roi et de jouer et faire jouer et repréſenter ſur des théâtres publics des comédies et pièces de théâtre; ce qui eſt entièrement contraire aux lettres de l'établiſſement deſdits comédiens ordinaires du Roi et aux ſentences de police, arrêts du Parlement et du Conſeil que leſdits comédiens ont obtenus contre leſdits danſeurs de corde et autres farceurs. Et comme de telles entrepriſes ſont et cauſent un dommage conſidérable auxdits comédiens du Roi, ils ont intérêt d'empêcher la ſuite et continuation deſdites repréſentations de comédies que leſdits danſeurs de corde font au mépris deſdits arrêts et règlemens qui leur font défenſes expreſſément de jouer et repréſenter des pièces de théâtre ou comédies publiques de quelque manière que ce ſoit ſous les peines y portées, et d'aſſurer la preuve deſdites contraventions auxdits arrêts et règlemens; c'eſt pourquoi il nous requiert de préſentement nous tranſporter en la ſalle et jeu public du ſieur Octave, ſis dans le préau de la foire St-Germain, pour y dreſſer notre procès-verbal de la contravention faite par ledit Octave auxdits arrêts et règlemens par la repréſentation qu'il fait faire publiquement ſur un théâtre public, dans ladite ſalle, de pièces comiques et de comédies.

Signé : DANGEVILLE.

Sur quoi nous commiſſaire, etc., ſommes, ledit jour 27 mars 1715, environ les ſix heures de relevée, tranſporté dans le préau de ladite foire St-Germain, dans la ſalle dudit Octave, et nous y avons vu un théâtre élevé, orné de luſtres et de pluſieurs décorations, avec un orcheſtre dans lequel ſont pluſieurs particuliers jouant d'inſtrumens de muſique ; ſur lequel théâtre pluſieurs acteurs et actrices ont paru et ſe ſont parlé et répondu ſelon le ſujet de la ſcène et pièce qu'ils repréſentent et jouent ; ce qui forme une comédie et pièce de théâtre. De quoi nous avons fait et dreſſé le préſent procès-verbal.

(*Archives des Comm.*, n° 3706.)

IV

L'an 1715, le vendredi 29e jour de mars, ſur les quatre heures de relevée, ſont comparus par-devant nous Louis Poget, etc., les ſieurs Georges-Guillaume Lavoy et Charles Botot-Dangeville, comédiens ordinaires du Roi, tant pour eux que pour les autres comédiens du Roi deſquels ils nous ont dit avoir charge et pouvoir : Leſquels nous ont fait plainte contre le ſieur Octave, chef d'une troupe de danſeurs de corde, le nommé Delaplace et ſes autres camarades, et nous ont requis de nous tranſporter heure préſente dans la loge et ſalle dudit ſieur Octave à la foire St-Germain, où ſe jouent et ſe repréſentent des comédies, à l'effet de dreſſer procès-verbal des contraventions commiſes aux ſentences du Lieutenant général de police et arrêts du Parlement.

Signé : Lavoy ; Dangeville.

En conſéquence nous commiſſaire ſuſdit nous ſommes tranſporté ledit jour 29 mars, ſur les cinq heures du ſoir, en la ſalle et jeu de danſes de corde dudit ſieur Octave, ſituée ſur le préau de la foire St-Germain et où jouent ledit Delaplace et ſes autres camarades ; où, après le jeu de danſes de corde fini, il a été repréſenté ſur un théâtre orné de luſtres et de décorations différentes, une pièce qui a pour titre *les Aventures comiques d'Arlequin*, en trois actes, leſquels roulent ſur le voyage d'Arlequin en l'île de Cythère : Laquelle pièce comique eſt repréſentée par de grands écriteaux moulés et imprimés ſur de grandes toiles, que l'on fait deſcendre dans le milieu du théâtre et ſur leſquels ſont des chanſons qui forment des dialogues ſur le ſujet de la pièce qu'ils repréſentent et qui ſont chantées à haute et intelligible voix par trois particuliers qui ſont dans l'orcheſtre et quelquefois même accompagnés par l'acteur ou l'actrice qui devroit parler et au nom duquel ledit écriteau eſt repréſenté. Et ſont auſſi dans ledit orcheſtre quatre particuliers qui jouent enſemble de chacun un inſtrument de muſique pour donner l'air auxdites chanſons que leſdits trois particuliers chantent et qui les accompagnent. Et nous avons remarqué que pendant tout le cours de ladite pièce, ledit Delaplace, qui fait le rôle d'Arlequin, et généralement tous les acteurs et actrices ſe parlent et ſe répondent en proſe ſur le ſujet de la pièce qu'ils repréſentent, ſans interruption que pour les chanſons qui ſont chantées ; que même ce qui eſt porté par leſdites chanſons donne lieu à des dialogues et des colloques fort longs en proſe entre tous leſdits acteurs et actrices qui paroiſſent pour lors ſur la ſcène, ce qui forme une pièce comique et repréſentée entière ainſi que les comédiens du Roi en repréſentent ſur leur théâtre, ce qui leur fait par conſéquent un tort conſidérable, ayant ſeuls le privilége de la comédie excluſif à tous autres.

Dont et de quoi nous avons fait et dreſſé le préſent procès-verbal.

Signé : POGET.

(*Archives des Comm.*, nº 2753.)

OCTAVIEN (FRANÇOIS), chanteur au jeu d'Alard aîné en 1710.

Voy. PIÈTRE.

OISEAU MÉCANIQUE ; automate que l'on voyait à la foire Saint-Germain de 1772. Son bec versait du vin blanc, rouge ou gris, au gré de la compagnie.

(*Almanach forain*, 1773.)

OLIVIER (FRANÇOISE), née en 1679, danseuse chez Alexandre Bertrand à la foire Saint-Laurent de 1699.

Voy. DUMOUSTIER (CHARLOTTE.)

OLIVIER, entrepreneur de spectacles à la foire Saint-Ovide de 1771.

(*Archives des Comm.*, nº 1508.)

OPÉRA-COMIQUE (Spectacle de l'). A l'époque où les malheureux directeurs forains se trouvaient le plus en butte aux persécutions de la Comédie-Française, en 1708, la veuve Maurice eut l'idée de se constituer une espèce de privilége qui pût la mettre à l'abri des poursuites des comédiens français. Pour y parvenir, elle traita avec l'Académie royale de musique, et obtint, moyennant une certaine redevance, la permission tacite de faire usage sur son théâtre de changements de décorations, de chanteurs, de danseurs, et d'y représenter de petites pièces mêlées de couplets qu'on appela des opéras comiques. La voie était tracée et nombre de directeurs forains s'y engagèrent. Il paraît certain que Levesque de Bellegarde et Desguerrois, acquéreurs du matériel de la veuve Maurice, et dont le théâtre, dirigé par Guillaume Rauly et la dame Baron, avait pour acteurs Dominique, Desgranges et Paghetti, se servirent d'une semblable permission en 1710. Il en fut vraisemblablement de même pour les troupes de Saint-Edme, du chevalier Pellegrin, d'Octave, de Baxter et Sorin, prête-noms de la dame Baron, pendant les années 1711, 1712 et 1713. Ce n'est qu'en 1714 qu'on voit l'Académie royale de musique accorder ostensiblement le privilége d'un opéra comique à Catherine Baron, associée avec Gauthier de Saint-Edme, qui l'exploitèrent pendant le cours des foires Saint-Laurent de 1714 et de 1715. A partir de cette époque, le privilége de l'opéra comique, qui s'accordait pour une foire seulement, fut exercé tantôt par Catherine Baron, tantôt par Gauthier de Saint-Edme, tantôt par Octave, tantôt par l'Académie royale de musique elle-même. Il en fut ainsi jusqu'en 1719, époque où tous les spectacles forains furent supprimés, sauf les Marionnettes. Mais l'année suivante, les spectacles furent rétablis, et une permission tacite d'opéra comique fut accordée à Marc-Antoine Lalauze et à Restier frères. A la foire Saint-Laurent de 1721, cette permission fut changée en un privilége qu'exploita une société d'acteurs forains composée de Pierre Alard, de Baxter, de Mlle d'Aigremont, de Lalauze et autres. Malheureusement le résultat ne répondit pas à leur attente, et les pièces qu'ils jouaient n'obtinrent aucun succès. Ce fut alors qu'un autre entrepreneur de spectacles forains, nommé Francisque, sollicita et obtint l'autorisation d'élever autel contre autel et d'ouvrir pendant la même foire un autre théâtre d'opéra comique qui, plus heureux que le premier, fut extrêmement goûté du public. Cependant deux théâtres d'opéra comique à la fois devaient inquiéter la Comédie-Française, et elle parvint à faire suspendre absolument toute permission nouvelle de ce genre. Il en fut ainsi jusqu'à la foire Saint-Laurent de 1724, époque où un ancien marchand de chandelles, nommé Maurice Honoré, devenu percepteur du droit des pauvres aux théâtres de la foire, et qui sans doute avait pris là le goût du spectacle, obtint en société avec un sieur Pirard le privilége de l'opéra comique qu'il exploita jusqu'en 1727. C'est depuis Honoré que ce spectacle forain prit définitivement le nom du genre de pièces qu'il représentait et qu'on l'appela l'*Opéra-Comique*. A Maurice Honoré succéda, de 1728 à 1732, un auteur dramatique, Florimond-Claude Boizard de Pontau. De 1732 à 1734 ce fut un joaillier de réputation suspecte, nommé Mayer Devienne, qui administra ce théâtre, en société avec le comédien Hamoche et l'ancien directeur Boizard de Pontau, auquel le privilége fut conféré de nouveau en 1734 et qui cette fois le garda neuf ans. En 1743, Jean-Louis Monnet en fut pourvu, mais pour peu de temps, car l'année suivante il fut remplacé par Charles-Simon Favart, auteur dramatique distingué, qui avait déjà fait représenter sur cette scène des pièces charmantes dont le succès avait été très-grand. Ce fut ce succès même qui perdit l'Opéra-Comique, et ce pauvre théâtre, objet de la jalousie des Comédies-Française et Italienne, fut décidément supprimé en 1745. C'est avec la plus grande difficulté que Favart obtint, pour pouvoir remplir les engagements contractés par lui avec les artistes, la permission d'y donner quelques représentations pantomimes; encore lui défendit-on de se servir de son nom, et il fut obligé d'emprunter celui d'un danseur anglais de sa troupe, appelé

Matthews. Le local de l'Opéra-Comique resté vide fut ensuite utilisé par deux troupes foraines, celle de Mme Sandham, qui exécutait des pantomimes et des danses de corde, et celle du Nouveau Spectacle pantomime, qui était administrée, pour le compte de l'Académie royale de musique, par les sieurs Bigour, Roszet et Damour. Cette dernière troupe, qui joua de 1746 à 1749, n'était en réalité pas autre chose qu'un Opéra comique; car les prétendues pantomimes qu'on y représentait renfermaient parfaitement des couplets. Ce n'est qu'en 1752, à la foire Saint-Germain, que l'Opéra-Comique obtint la permission de reparaître sous son nom, avec Jean-Louis Monnet pour directeur. La première représentation eut lieu le 3 février, au milieu d'un concours prodigieux de spectateurs qui applaudirent à outrance les allusions dont était rempli le prologue, intitulé *l'Heureux retour, ou le Retour favorable,* par Fleury, et à la suite duquel on donna une vieille pièce de Lesage, Dorneval et Autreau, les *Amours de Nanterre.* A la fin de l'année 1757, Monnet quitta la direction de l'Opéra-Comique et il fut remplacé, en janvier 1758, par une société formée de Favart, Moët, Corby, Champeron et Dehesse. Mais les jours de l'Opéra-Comique étaient comptés, la Comédie-Italienne avait rêvé sa suppression définitive, et pour y parvenir elle avait résolu de l'absorber en le réunissant à elle; c'est ce qui eut lieu en 1762. On peut reconstituer le catalogue des pièces représentées sur le théâtre de l'Opéra-Comique en consultant le *Théâtre de la Foire,* par Lesage, Fuzelier, Dorneval, le *Dictionnaire des théâtres* et l'*Histoire de l'Opéra-Comique,* par Des Boulmiers.

I

L'an 1729, le lundi 8 août, par-devant nous Nicolas-François Ményer, etc., sont comparus les sieurs Pierre Lenoir de la Thorillière, Charles Botot-Dangeville, Alexis Quinault-Dufresne et Pierre Duchemin, comédiens françois ordinaires du Roi, ayant charge des autres comédiens : Lesquels nous ont dit que par le privilége qu'il a plu au Roi leur accorder ils sont les seuls qui puiſſent repréſenter des comédies françoiſes, et qu'il eſt défendu à tous autres d'en repréſenter aucune, dans lequel privilége ils ont toujours été maintenus ; que pluſieurs particuliers qui fréquentent les foires St-Laurent et St-Germain, danſeurs de corde et autres qui donnent des ſpectacles au public pendant le cours deſdites foires, s'étant donné la liberté de vouloir jouer des comédies, d'autres quelques ſcènes, d'autres des dialogues et des monologues, par différens arrêts défenſes très-expreſſes leur ont été faites de ſe ſervir de leurs théâtres à d'autres uſages que ceux de leur profeſſion qui leur ſont permis, à peine de 1000 livres d'amende et de démolition de leur théâtre, ſans que la peine pût être réputée comminatoire, et aux dommages-intérêts des comédiens françois ; que quelques-uns deſdits particuliers qui fréquentent les foires ayant contrevenu auxdits arrêts, repréſenté quelques ſcènes en françois, d'autres des dialogues et d'autres des monologues, par arrêt du Parlement l'amende de 1000 livres leur a été contre eux déclarée encourue, qu'ils ont été condamnés aux dommages-intérêts des comédiens, ordonné que leurs théâtres ſeroient démolis, avec défenſes à eux de récidiver ſous plus grande peine s'il y échet, leſquels arrêts ſeroient affichés où beſoin ſeroit ; que ces particuliers, ayant mis tout en uſage pour éluder l'exécution deſdits arrêts ſous différens prétextes, et n'ayant pu y réuſſir, ont tenté de repréſenter des pièces en muſique pour avoir occaſion, ſous ce prétexte, d'entremêler leurs chants de ſcènes et de dialogues où ils parleroient, et pour cet effet ont tâché d'obtenir de l'Académie de muſique la permiſſion de chanter : Dont le feu roi ayant été informé, par arrêt de ſon conſeil du 17 avril 1709, en confirmant le privilége de l'Opéra ancien, a expreſſément défendu aux donataires dudit privilége d'accorder aucune permiſſion de chanter des pièces de muſique entières ou autrement aux danſeurs de corde ou autres gens publics dans la ville de Paris ; qu'au préjudice de tous ces arrêts et défenſes y portées, quelques-uns deſdits particuliers prétendant avoir obtenu la permiſſion de l'Académie de muſique, repréſentent actuellement des pièces entières dans la foire St-Laurent qu'ils appellent opéras comiques, entremêlés de chants et de paroles ; que la permiſſion qu'ils prétendent avoir de l'Académie de muſique de chanter ne les peut pas autoriſer, puiſqu'il eſt expreſſément défendu à cette Académie de leur en accorder, et quand même elle auroit cette faculté, elle ne pourroit au plus s'étendre qu'à la liberté de chanter non pas de parler, puiſque l'Académie de muſique ne l'a pas elle-même, mais les ſeuls comédiens françois. Et comme l'entrepriſe deſdits particuliers eſt une déſobéiſſance manifeſte aux ordres du Roi et aux arrêts de la Cour et une contravention qui fait un tort conſidérable aux comédiens françois, ils ont été conſeillés de nous en porter leur plainte de laquelle ils requièrent acte, et pour conſtater la contravention deſdits particuliers, de requérir qu'il nous plût nous tranſporter à lafoire St-Laurent, dans le lieu où leſdits particuliers font leur repréſentation, pour être par nous dreſſé procès-verbal des contraventions auxdits arrêts.

Signé : De La Thorillière ; Botot-Dangeville ; Quinault de Fresne ; du Chemin.

Sur quoi nous commiſſaire ſuſdit avons donné acte aux deſſus nommés de leur plainte et, ayant égard à leur réquiſitoire, ſommes tranſporté ſur les cinq heures à la foire St-Laurent, où étant, ſommes entré dans une grande loge conſtruite dans le préau de ladite foire, appelée l'Opéra-Comique, dans laquelle eſt un théâtre avec des décorations, un orcheſtre, un amphithéâtre, un parquet, des loges et un parterre ornés et décorés comme les théâtres de l'Opéra et de la Comédie-Françoiſe ; le théâtre, les loges, parquet, amphithéâtre et parterre remplis de nombre de perſonnes. Sur lequel théâtre nous avons vu repréſenter une pièce en trois actes qui a pour titre : *Pierrot-Céladon*, laquelle eſt jouée par des hommes et femmes dont le principal acteur eſt Pierrot-Céladon, vêtu à la manière du Pierrot de la Comédie-Italienne et joué dans le même goût. Les actes de laquelle pièce ſont diviſés en ſcènes où les acteurs chantent chacun ce qui eſt de leur rôle et où dans les entr'actes il y a des danſes. Et nous avons remarqué que preſque dans toutes les ſcènes les acteurs, ceſſant de chanter, continuent la ſcène en parlant pendant un petit eſpace de tems, principalement Pierrot-Céladon, qui eſt celui qui y joue le principal perſonnage, et celui ou celle à qui il parle lui répond pareillement en parlant, et après avoir parlé, dans chaque ſcène, et déclamé pluſieurs phraſes, continuent la ſuite de la ſcène en chantant. Dont et de quoi nous avons dreſſé procès-verbal.

(*Archives des Comm.*, n° 839.)

II

L'an 1729, le mardi 17e jour d'août, huit heures du matin, en notre hôtel et par-devant nous Louis-Pierre Blanchard, etc., ſont comparus les ſieurs Charles Botot-Dangeville, Pierre Duchemin et Alexis Quinault-Dufreſne, tous trois comédiens ordinaires du Roi, demeurant, ſavoir leſdits Dangeville et Duchemin, rue des Foſſés-St-Germain, paroiſſe St-Sulpice, et ledit ſieur Dufreſne, rue de Condé, ſuſdite paroiſſe, et chargés des affaires de ladite troupe : Leſquels nous ont fait plainte contre les entrepreneurs de l'Opéra-Comique et dit qu'au préjudice des ſentences rendues par M. le Lieutenant général de police et arrêts du Parlement confirmatifs d'icelles par leſquels il leur eſt fait défenſe de parler dans les pièces qu'ils jouent, ils parlent dans beaucoup d'endroits deſdites pièces, ce qui leur fait un tort conſidérable ; pourquoi ils requièrent que nous ayons à nous tranſporter à la foire St-Laurent où ſe tient l'Opéra-Comique, à l'effet, par nous, d'examiner les acteurs qui jouent dans la pièce intitulée : *Pierrot-Céladon*, et enſuite être par nous conſtaté s'ils parlent par notre préſent procès-verbal.

Signé : BOTOT-DANGEVILLE ; QUINAULT-DEFRESNE.

Sur quoi nous commiſſaire, etc., ſommes tranſporté le lundi 23 du préſent mois, étant environ les 5 heures de relevée, à la foire St-Laurent; où étant, sommes entré en un endroit nommé l'Opéra-Comique et où l'on jouoit une pièce intitulée du *Corsaire de Salé* et des *Spectacles malades*, suivies de la *Noce angloise* (1), dans le premier et second acte de laquelle avons remarqué que la plus grande partie des acteurs qui la composent ont parlé dans plusieurs endroits et surtout au commencement de leur rôle ou personnage : ce qui est contre les arrêts confirmatifs des sentences de police et règlemens de la Cour sur ce rendus.

Dont et de tout ce que dessus avons fait et dressé le présent procès-verbal.

Signé : BLANCHARD.

(*Archives des Comm.*, n° 3588.)

III

L'an 1760, le samedi 13 septembre, sur les sept heures du soir, nous Michel-Martin Grimperel, etc., étant à la foire St-Laurent, est comparu par-devant nous Joseph Faillou, brigadier du guet, lequel nous a dit qu'il a été averti que plusieurs personnes s'introduisoient souvent au spectacle de l'Opéra-Comique sans payer; que cejourd'hui la pièce du *Médecin d'amour* étant au commencement, s'est présenté au parterre un jeune homme qui n'avoit pas payé pour entrer, ni donné de billet à cet effet; que le sieur Ponsart, préposé pour recevoir les billets de parterre, a demandé au jeune homme son billet; qu'au lieu de le donner, il a répondu qu'il étoit entré avant la première pièce; que lui ayant demandé quelle pièce il a vue, il a répondu qu'il avoit vu le *Médecin d'amour*, quoique cette pièce ne fît que commencer et que l'on eût joué pour première pièce la parodie de l'*Écossoise* (2). Pourquoi lui comparant l'a fait conduire au corps de garde où, nous étant transporté, aurions interpellé ledit jeune homme de nous dire ses nom, surnom, âge, qualité, pays et demeure? Il nous a dit se nommer Louis-François Lhéritier, âgé de 21 ans, fils de René-Louis Lhéritier, ancien garde de la porte, demeurant chez son père, rue Beaubourg, cul-de-sac Berthaut. Lui ayant demandé pourquoi il est entré au spectacle sans payer? A fait réponse qu'il a payé. Lui ayant demandé pourquoi il n'a pas donné de billet? Il nous a dit qu'il en avoit donné. Et lui ayant été soutenu par Joseph Ponsart, chargé de recevoir les billets de

---

(1) Le *Corsaire de Sallé*, opéra comique en un acte et en vaudevilles, mêlé de prose et de vers, par Lesage, Fuzelier et Dorneval; les *Spectacles malades*, prologue de Lesage et Dorneval; la *Noce anglaise*, ballet-pantomime exécuté par les sieurs Nivellon, Roger, Renton, Boudet et par Mlle Rabon.

(2) *Le Médecin de l'amour*, opéra comique en un acte, en vers, mêlé d'ariettes et de vaudevilles, paroles d'Anseaume et Marcouville, musique de Laruette. Cet ouvrage obtint un grand succès lors des premières représentations données à la foire Saint-Laurent en septembre 1758. — *L'Écosseuse*, parodie, par Poinsinet et Davesne, de l'*Écossaise*, de Voltaire.

parterre, et la demoiſelle épouſe du ſieur Labarre, qu'il n'en avoit pas donné, joint à ce que ledit Lhéritier a dit lorſqu'on lui a ſoutenu qu'il n'avoit pas de billet : « Eſt-ce que vous vous f..... de moi ? » ledit Lhéritier eſt reſté, ainſi que ſon épée, en la garde et poſſeſſion dudit Faillou qui s'en eſt chargé pour, en exécution de l'ordonnance du Roi concernant la police des ſpectacles, le conduire ès priſons du For-l'Évêque.

Signé : LHÉRITIER ; FAILLOU ; PONSARD.

(*Archives des Comm.*, nº 2671.)

IV

Documens relatifs à la réunion du ſpectacle de l'Opéra-Comique à la Comédie-Italienne.

(Voici ce que pensaient les Comédiens Italiens au sujet de l'Opéra-Comique avant la réunion définitive, car il y avait eu déjà des tentatives de fusion.)

« . . . La ſeconde cauſe (des dettes immenſes dont les théâtres ſont accablés) provient d'un quatrième ſpectacle qui eſt l'Opéra-Comique, ſpectacle qui ne ſert qu'à détruire le bon goût et à corrompre le talent de pluſieurs auteurs qui l'auroient utilement employé à d'autres théâtres, ſpectacle forain qui, dans ſon origine, n'avoit droit de jouer que trois mois par an, ſavoir : ſix ſemaines pendant la foire St-Laurent et ſix ſemaines pendant la foire St-Germain. Il dure actuellement plus de ſix mois et obtient chaque année de nouvelles permiſſions pour prolonger ſes repréſentations.

. . . .

« Le projet de réunion de l'Opéra-Comique à la Comédie-Italienne qui, malheureuſement, n'a pas eu d'effet, a été un nouvel aiguillon pour le public, qui s'eſt porté plus que jamais à ce ſpectacle. On peut le dire à la honte de la nation, tandis que la Comédie-Françoiſe, avec de bonnes pièces et ſes meilleurs acteurs, ne faiſoit pas ſes frais, les cenſeurs mêmes prépoſés par la police pour l'examen des pièces, ont paru être d'une indulgence plus qu'extrême pour celles qui devoient paroître ſur le théâtre de l'Opéra-Comique, comme s'il devoit être privilégié et que les équivoques les plus fortes et qui ſouvent ne deviennent que trop claires par le jeu des acteurs, puſſent être entendues ſans rougir dans quelque lieu que ce ſoit (1).

(1) Il y a ici une allusion à l'approbation donnée le 16 août 1726 par l'abbé Cherrier, censeur des théâtres, à une pièce de Piron intitulée : *le P......, ou la Rose*, et qui s'appelle depuis : *les Jardins de l'hymen, ou la Rose*. Malgré l'approbation du censeur, la pièce ne fut pas représentée alors et ce ne fut qu'en 1744 que Monnet la fit monter et jouer à l'Opéra-Comique. Au reste, voici la lettre que l'abbé Cherrier a écrite au lieutenant de police à ce sujet et dans laquelle il se montre franchement favorable à l'ouvrage : « Monſieur, la pièce intitulée : *la Roſe*, paſtorale comique, repréſente allégoriquement une jeune fille indéciſe ſur le choix de pluſieurs amans et qui ne ſe détermine que par l'inſpiration de l'Hymen : ainſi la conduite de la pièce ne mène qu'à une décence

« On ne peut rien reprocher à cet égard à aucun des autres ſpectacles, où les acteurs ſe font une loi d'obſerver la bienſéance et la modeſtie convenables. Et ſi l'on vouloit juger ſans partialité, on reconnoîtroit aiſément qu'ils ſont une école de bon goût et de bonnes mœurs et que l'Opéra-Comique en eſt une au moins de frivolité.

« La bonne compagnie, qui ignoroit autrefois le langage trivial et groſſier, eſt obligée de ſe tranſporter aujourd'hui pour ſuivre le torrent qui l'entraîne dans la boutique de *Blaiſe le Savetier* (1) pour voir s'il a l'eſprit, le jargon et le dégoûtant de ſon état, tandis que nos plus belles pièces ſont abandonnées.

« L'Opéra pourroit-il d'ailleurs ſe faire illuſion ſur le tort réel que lui fait l'Opéra-Comique ? Les directeurs de ce ſpectacle tiendroient-ils à la petite rétribution qu'ils en retirent, la regarderoient-ils comme un dédommagement ? Ce ſeroit une erreur bien groſſière. L'abandon preſque général de leur ſpectacle, l'inutilité des efforts qu'ils ont faits juſqu'à préſent pour y ramener le public, leur prouve combien le mauvais goût a gagné ſur lui. La muſique de ſes plus beaux ouvrages ne le flatte plus et bien des partiſans de l'Opéra-Comique trouveroient ſans doute les prétentions de Rameau outrées, s'il oſoit s'égaler à l'auteur du *Maître en droit* (2). La *Boutique du maréchal* (3) fait plus d'effet que n'en feroient le *Palais d'Armide* (4) et le *Temple du ſoleil.* Ses actrices, qu'on ne devroit peut-être pas honorer de ce nom, ſont miſes à côté des Clairon, des Arnould. Toutes les têtes ſont renverſées, on eſt dans le délire, le mal gagne et la contagion peut devenir funeſte. Les étrangers, de qui nous étions les maîtres, vont devenir nos modèles, et nous touchons à la barbarie ſi l'on ne s'occupe très-ſérieuſement à ramener le goût par le ſacrifice d'un ſpectacle tout à fait vide de choſes. Le projet de réunion

---

et une régularité qu'il eſt difficile de critiquer. Le nom et le titre de *la Roſe* ne jette aucune idée ſale par lui-même : on dit tous les jours dans le commerce du beau monde, *cueillir la roſe,* quand on parle d'un galant qui a ſaiſi les premières faveurs d'une jeune perſonne ; ainſi on ne peut attaquer le titre. Il n'en eſt pas de même des autres termes qui ſont répandus dans la pièce et qui peuvent faire naître quelques applications dangereuſes ; ces termes ſont : *Roſe, jardin, houlette, voir le loup.* Je ne crois pas qu'il faille les retrancher par rapport à la malignité dont on peut être affecté, d'autant plus que ſi on retranche ces mots ou les phraſes qui contiennent ces mots, il faudra retrancher toute la pièce. Scène XII, vers la fin, j'ai retranché ces mots : « *Juſqu'à la vache du compère Panier dont on parlera à jamais en diſant qu'il n'en faut pas parler* », parce que j'ai eu peur de l'application. Au reſte, plus j'examine la pièce et plus je la trouve dans les bienſéances du théâtre : toutes les malignes interprétations que l'on peut donner à la *Roſe,* à la *Houlette,* ne ſont que des interprétations. Il faut dans les ouvrages s'attacher au ſens que les paroles donnent par elles-mêmes et ne pas s'attacher à la torture et à la violence que les eſprits de travers peuvent donner. »

(*Dictionnaire des Théâtres,* III, 116.)

(1) *Blaiſe le Savetier,* opéra comique en un acte, en proſe, mêlé d'ariettes et de vaudevilles, tiré d'un conte de La Fontaine, paroles de Sedaine, musique de Philidor, joué le 9 mars 1759.

(2) *Le Maître en droit,* pièce en deux actes, tirée d'un conte de La Fontaine, paroles de Monnier, musique de Monsigny, jouée le 13 février 1760.

(3) *Le Maréchal,* opéra comique en deux actes, en proſe, mêlé d'ariettes et de vaudevilles, musique de Philidor, plan de l'ouvrage par Serrière, ariettes par Anseaume et Quétant, joué le 22 août 1761.

(4) *Armide,* tragédie lyrique en cinq actes et un prologue, paroles de Quinault, musique de Lully, repréſentée pour la première fois à l'Académie royale de muſique le 15 février 1686.

de la Comédie-Italienne à l'Opéra-Comique ayant lieu, on y trouveroit ce ſpectacle, mais épuré de tout ce qu'il a de dangereux pour l'eſprit et pour le cœur, et les auteurs attachés à ce genre épureroient eux-mêmes leur ſtyle. La Comédie-Italienne ſe chargeroit des frais de cette réunion que l'on croit également avantageuſe à l'Opéra et à la Comédie-Françoiſe, dans l'eſpérance qu'il plaira au Roi de ſupprimer le quart des pauvres, ſans quoi il ſeroit impoſſible à la Comédie-Italienne de joindre aux dettes dont elle eſt accablée, de nouveaux engagemens indiſpenſables pour l'exécution d'un pareil projet.

« En ſupprimant le quart des pauvres, la Comédie-Italienne ne paiera rien à l'Opéra pour ſon privilége, l'Opéra étant ſuffiſamment dédommagé par cette réunion, la Comédie-Françoiſe jouira de la grâce en entier. On ajoute à cela que cette réunion produiroit un autre avantage qui ſeul pourroit déterminer : ce ſeroit d'offrir quelquefois aux regards du Roi et de la cour, ces ſortes de ſpectacles bien épurés, ce qui ſe ſeroit ſans embarras et ſans dépenſes extraordinaires............. »

(*Rég. du Ministère de la Maison du Roi*, O[1], 851.)

V

Mémoire aux premiers gentilshommes de la Chambre par les Comédiens Italiens, avant leur réunion à l'Opéra-Comique.

. . . .

Le tort que l'Opéra-Comique fait auſſi bien à l'Académie royale de muſique qu'aux ſpectacles françois et italiens, s'eſt accru au point qu'au premier ſoupçon de la réunion que l'on propoſe, ils ont été tous trois preſque déſerts. On peut dire, ſans crainte d'être démenti, qu'en donnant leurs plus belles pièces par les meilleurs acteurs, ils ne retiroient pas tous leurs frais, tandis que, à cet autre ſpectacle, on étouffoit dans la foule des ſpectateurs trois heures avant le commencement des pièces et que ce délire, ce goût de frivolités et d'équivoques a gagné juſqu'aux auteurs. Qu'on compulſe les regiſtres de caiſſe des trois ſpectacles qui ſouffrent et tirent à leur fin, on en trouvera la recette diminuée conſidérablement depuis le rétabliſſement de l'Opéra-Comique, malgré les dépenſes immenſes que les acteurs ont faites pour en empêcher la chute. Qu'on compare en même tems les pièces données avant le rétabliſſement de ce quatrième ſpectacle par les auteurs aux trois autres ſpectacles, avec les tragédies et comédies qu'ils ont préſentées après ce nouvel établiſſement, la différence ſera énorme par rapport au nombre et au mérite des unes et des autres et pour le moins auſſi conſidérable à l'Opéra qu'aux Comédies-Françoiſe et Italienne. C'eſt pourquoi on croit pouvoir ſe flatter que les directeurs de l'Académie royale de muſique ne s'oppoſeront pas, pour l'appât d'une indemnité qu'ils ont perdue au centuple, aux diſpoſitions des perſonnes en place qui n'ont en vue que le bien des anciens ſpectacles et de la nation en propoſant la réunion de l'Opéra-Comique à la Comédie-Italienne où les pièces feroient jouées avec la décence convenable dont ſes acteurs ne ſe ſont jamais écartés.

Cette réunion généralement déſirée par les bons patriotes devant produire un avantage réel à l'Opéra et à la Comédie-Françoiſe et étant le ſeul moyen qui, avec la ſuppreſſion du quart des pauvres, peut indemniſer la troupe italienne des frais qu'elle lui occaſionnera et la mettre en état de payer ſes dettes, elle eſpère que Meſſieurs les premiers gentilshommes de la Chambre du Roi approuveront ſa demande d'autant plus volontiers qu'ils pourront faire offrir de tems en tems aux regards de Sa Majeſté et de toute la Cour, ſans dépenſes extraordinaires, l'opéra comique bien épuré.........

(*Reg. du Ministère de la Maison du Roi*, O[1], 851.)

VI

Mémoire pour la réunion de l'Opéra-Comique.

Pour parvenir à la réunion de l'Opéra-Comique à la Comédie-Italienne, il faut 1° rembourſer le ſieur Corbi et ſes aſſociés des fonds qu'ils ont faits tant pour la conſtruction de la ſalle que pour les fonds des magaſins et décorations dont il faut leur demander l'inventaire; c'eſt un objet de 54,000 l. Moyennant cette ſomme, la Comédie-Italienne acquerra la conſtruction de la foire St-Laurent qu'il ſera important de détruire afin d'empêcher que d'autres ſpectacles ne puiſſent s'y établir. On peut trouver à vendre les démolitions de cette ſalle ainſi que les décorations et fonds de magaſin qui feroient inutiles à la Comédie-Italienne. 2° Il faut aſſurer la penſion viagère du ſieur Monnet, dont les directeurs actuels ſont chargés. 3° Le ſieur Corbi, en dédommagement de la ceſſion de ſon privilége, demande une penſion viagère de 8,000 livres dont moitié réverſible ſur la tête de ſa femme.

On ne parle point de ce qui doit être donné à l'Opéra, qui retire actuellement 20,000 livres de ſon privilége, car l'on ſuppoſe toujours que le dédommagement du quart des pauvres aura lieu, qu'ainſi l'Opéra n'aura plus rien à prétendre, autrement il ne faudroit pas ſonger à la réunion : la Comédie-Italienne feroit dans l'impoſſibilité de s'en charger puiſqu'il eſt démontré qu'il faudroit qu'elle fit 80,000 livres de recettes de plus qu'elle ne fait ordinairement pour que ſes acteurs euſſent le même état dont ils jouiſſent à préſent.

La réunion ayant donc lieu, l'on penſe qu'il conviendroit d'augmenter les parts de la Comédie-Italienne et de les porter à 20. Ces cinq parts d'augmentation ſerviroient 1° au traitement qui feroit fait au ſieur Corbi. 2° Aux ſujets que l'on jugeroit à propos de recevoir ou de mettre aux appointemens.

Moyennant ces cinq parts on compléteroit aussi la comédie pour le genre italien, car on a besoin de sujets. D'abord le produit seroit mis en séquestre pour acquitter les 54,000 l. qu'il faut pour rembourser le sieur Corbi et ses associés et même ces parts d'augmentation pourroient faciliter l'emprunt desdits 54,000 l.

Comme l'on doit s'attendre à beaucoup de cabales tant de la part, non des amateurs de l'Opéra-Comique, mais bien du lieu où il se donne, qu'il y en aura aussi beaucoup même de la part des acteurs de l'ancien Opéra-Comique, l'on pense qu'il conviendroit de laisser désirer pendant quelque tems au public les pièces qu'il est accoutumé de voir à l'Opéra-Comique : pendant ce tems il oubliera les acteurs qui, eux-mêmes, prendront parti dans la province. L'on croit donc qu'il conviendroit d'être trois ou quatre mois, au moins, sans que l'on parlât des anciens opéras comiques à la Comédie-Italienne et que l'on les réservât pour l'été qui est une saison morte. Moyennant cet arrangement, les comédiens italiens auront le tems d'apprendre les pièces pour les donner d'une manière satisfaisante au public, car il faudra prendre garde de ne leur laisser donner aucune pièce qu'elle ne soit si bien concertée que l'on n'ait rien à regretter dans les anciennes représentations; cela mérite la plus grande attention.

Il n'est pas douteux que les acteurs de l'Opéra-Comique n'emploient toutes les plus grandes protections pour entrer à la Comédie-Italienne, on croit qu'on ne sauroit se tenir trop en garde contre. La Comédie-Italienne a tous les sujets nécessaires pour donner avec agrément les opéras comiques : ceux que l'on pourroit ajouter ne serviroient qu'à faire naître des troubles et des divisions et à charger la troupe mal à propos. Pour s'en convaincre, il n'y a qu'à comparer chaque acteur en particulier d'un spectacle à un autre du même genre dans l'autre.

(*Reg. du Ministère de la Maison du Roi*, O[1], 851.)

VII

Décision de Messieurs les premiers gentilshommes de la Chambre.

Il a été convenu que les sieurs Laruette, Audinot et Clairval et les demoiselles Deschamps et Neissel seroient admis dès ce moment dans la troupe des comédiens ordinaires du Roi et que, jusque à Pâques, ils jouiroient des appointemens portés par leurs engagemens de l'Opéra-Comique. Ils assisteront aux assemblées avec voix délibérative et auront droit de jeton suivant l'usage. Ils ouvriront le théâtre à la Comédie-Italienne mercredi prochain, 3 février, par *On ne s'avise jamais de tout* (1) et *Blaise le Savetier* (2). La

(1) Opéra comique en un acte, en prose, paroles de Sedaine, musique de Monsigny.

(2) Opéra comique en un acte, en prose, paroles de Sedaine, musique de Philidor.

réunion de l'Opéra-Comique à la Comédie-Italienne n'ajoutera aucune entrée à celles qui exiſtent actuellement à la Comédie et dorénavant les auteurs des opéras comiques, tant de la muſique que des paroles, n'auront droit de donner qu'un billet chacun par repréſentation de leurs pièces.

Arrêté ce 29 janvier 1762.

(*Reg. de la Maison du Roi*, O[1], 851.)

VIII

Arrêté le 29 janvier 1762.

Fonds à rembourſer :

M. de Champeron,	aſſociés pour l'Opéra-Comique . .	14,000 fr.
M. Corbi,		10,000
M. Mouette,		9,000
M. Favart,		7,000
M. Deheſſe,		14,000
	Total.	54,000

Il ſera donné juſqu'à Pâques pour appointemens :

A la demoiſelle Neiſſel	1,500
A la demoiſelle Deſchamps	1,500
Au ſieur Laruette.	1,350
Au ſieur Audinot.	1,200
Au ſieur Clairval et à ſa femme pour danſer.	1,700

Il ſera rembourſé à M. Corbi les avances qu'il en aura faites ſur le mémoire qu'il en fournira.

La ſalle de la foire St-Laurent ſera détruite inceſſamment. On tâchera de ſe défaire des matériaux le plus avantageuſement qu'il ſera poſſible.

(*Reg. du Ministère de la Maison du Roi*, O[1], 851.)

OPLOO (Mlle), actrice de la *Grande Troupe étrangère*, dirigée par Restier et la veuve Lavigne, pendant les foires Saint-Germain de 1740 et 1741. Elle joua à ce spectacle les rôles de *Colombine* dans les pièces suivantes, toutes composées par Mainbray, de Londres : *les Dupes, ou Rien n'est difficile en amour*, pantomime (3 février 1740); *la Fête anglaise, ou le Triomphe de l'Hymen* (14 mars 1740), et *Arlequin et Colombine captifs, ou l'Heureux Désespoir*, divertissement (3 février 1741).

(*Dictionnaire des Théâtres*, I, 230; II, 352, 542.)

OPTIQUE. On voyait à la foire Saint-Germain de 1750 un optique que son propriétaire annonçait au public ainsi qu'il suit : « Il eſt arrivé de Londres une pièce d'optique, la plus curieuſe et la plus ſurprenante que l'on puiſſe voir en ce genre, exécutée ſur les mémoires du célèbre M. Newton, philoſophe, mathématicien anglois. Cette pièce, qui a été vue du Roi avec ſatisfaction, repréſente fidèlement dans toute l'étendue de la réalité des vues et perſpectives de ports de mer, maiſons royales, jardins, les châteaux de Fontainebleau, Trianon, Choiſy, Chantilly, Sceaux, l'entrée du port de Marſeille avec le grand Cours, la vue de l'ile de Malte avec l'entrée du grand port, l'Égliſe Saint-Pierre de Rome, une vue d'Angleterre, les châteaux de Antoncourt (*sic*), Kinſington la Montagne, la maiſon de milord Cobſen, le pont de Weſtminſter ſur la Tamiſe, à Londres, et enfin un vaiſſeau en feu. »

(*Affiches de Paris*, 1750.)

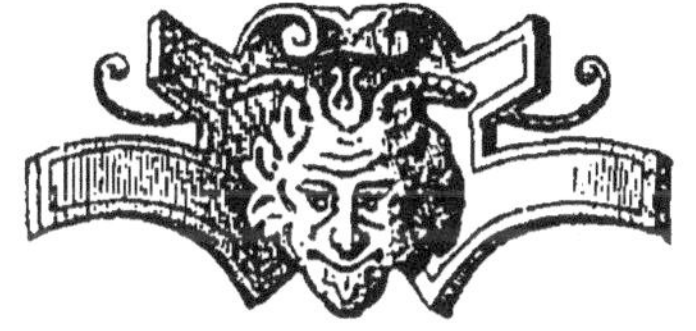

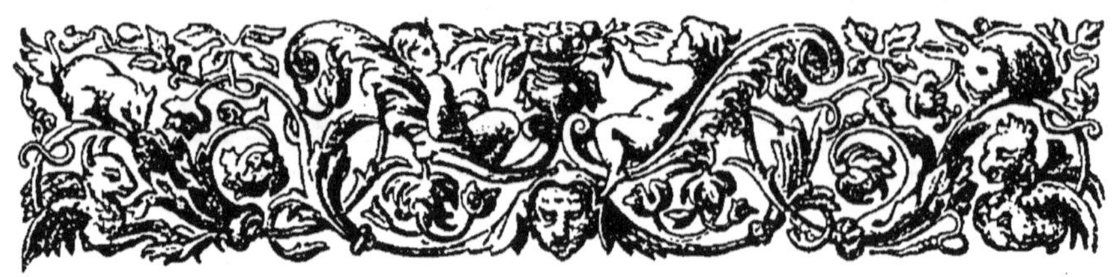

P

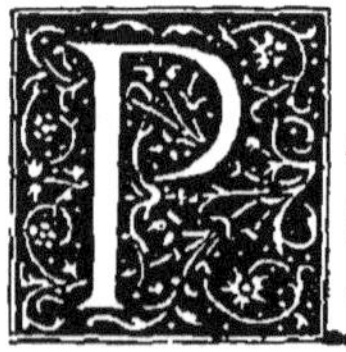ADEVANT, directeur d'une ménagerie, faisait voir, à la foire Saint-Germain de 1777, des animaux vivants très-singuliers.

(*Journal de Paris*, 3 février 1777.)

PAGHETTI (PIERRE), excellent acteur forain, né à Brescia, fut d'abord comédien dans différentes troupes de province, vint à Paris vers 1710, entra dans la troupe de Dominique, qui jouait sous les noms de Rauly et de la dame Baron, chez Levesque de Bellegarde et Desguerrois à la foire Saint-Germain de 1710. En 1712, il était engagé au jeu d'Octave et remplissait les rôles de *docteurs;* à la foire Saint Laurent de 1714, il était acteur chez Saint-Edme. En 1720, il débuta à la Comédie-Italienne avec succès, et mourut au mois de novembre 1732.

(*Mémoires sur les Spectacles de la Foire*, I, 143. — *Dictionnaire des Théâtres*, IV, 52.)

Voy. OCTAVE ; RAULY ; SAINT-EDME.

PALAIS MAGIQUE. Spectacle que l'on voyait à la foire Saint-Laurent de 1747 et à la foire Saint-Germain de 1748. Il était annoncé en ces termes : « Par permiſſion du Roi et de M. le Lieutenant général de police, *au Coq qui chante*, à la foire Saint-Laurent, rue Princeſſe, cabinet curieux et divertiſſant, digne de l'admiration du public. On y voit à tout inſtant, depuis trois heures de l'après-midi juſqu'à neuf heures du ſoir, un Palais magique, où il ſe paſſe des effets extraordinaires qui ont fait le divertiſſement de la famille royale et des ſeigneurs et dames de la Cour, tant par les différentes manœuvres des eſprits inviſibles qui travaillent continuellement dans ce palais, que les fortunes ou infortunes qu'ils préſentent aux humains qui les conſultent. L'on démontre auſſi pluſieurs autres pièces de phyſique et mécanique fort amuſantes, à la portée de tout le monde. Enfin l'on fait voir pluſieurs beaux phénomènes d'électricité avec la nouvelle danſe des pantins et la courſe des vaiſſeaux électriques. L'auteur démontrera la mécanique de toutes les pièces après la repréſentation, et l'on fera voir ces eſprits inviſibles qui ſatisferont entièrement tous les connoiſſeurs. On y repréſente extraordinairement en avertiſſant la veille. » L'année suivante, on voyait dans ce Palais magique « d'heure en heure, depuis une heure de l'après-midi juſqu'à dix heures du ſoir, *un Mercure galant*, automate plaiſant dont les effets mécaniques, portés à un degré qu'on avoit cru juſqu'ici impoſſible, ſe dirigent ſuivant le vouloir d'un chacun, répondant aux queſtions qu'on lui fait en négative ou affirmative. Son talent va juſqu'à ſavoir les penſées et deviner ce qu'on a fait. Abrégeons ! Il eſt l'incomparable pour récréer une compagnie. Deſſous l'amphithéâtre de cet automate, il ſe voit ſix ſalles par la même porte ; chacune de ces ſalles contient autant d'étendue que le corps où elles ſont toutes, opération d'autant plus belle que vous voyez celle de ces ſalles que vous déſirez, après avoir eu la réponſe de l'eſprit à qui vous avez demandé de vous les faire venir. Il ſuffit de frapper à la même porte, le ſuiſſe tire le cordon et vous voyez. Dans ce corps de bâtiment ſe voit une perſpective en forêt de M. Servandoni, point d'optique et catoptrique très-beau..... Le curieux eſt averti qu'il pourra mettre des cartons entre les pieds des tables et le plancher pour s'aſſurer de la vraie mécanique. »

(*Affiches de Paris*, 1747 et 1748.)

PALATIN, prestidigitateur, faisait des tours de magie blanche à la foire Saint-Germain de 1777, et exhibait aussi une jeune personne.

(*Journal de Paris*, 3 février 1777.)

PANIER (Mme), actrice des Variétés-Amusantes en 1782. Le *Chroniqueur désœuvré* fait d'elle un portrait peu flatteur : « Que vous dirai-je de cette petite créature qui eſt à peine haute de trois pieds et demi ? Vous parlerai-je de ſes talens ? Elle n'en a jamais eu et n'en aura jamais. De ſes mœurs ? Eh bien ! elle reſſemble aux autres ou du moins à la plupart, faiſant valoir ſes appas du mieux qu'elle peut..... Orgueilleuſe, acariâtre, mauvaiſe camarade, on eſt chaque jour étonné de voir loger tant d'imperfections dans un auſſi petit individu. »

(*Le Chroniqueur désœuvré*, II, 43.)

PANTHÉON. En 1785, au moment où le Palais-Royal devint le rendez-vous de la mode, le Wauxhall d'hiver de la foire Saint-Germain crut devoir se rapprocher du centre des plaisirs en s'établissant rue Saint-Thomas-du-Louvre. Il prit alors le nom de Panthéon. Comme au Wauxhall d'hiver, les distractions que le Panthéon offrait au public consistaient en bals et concerts. Il y avait deux rangs de loges et trois sortes de places, le parterre à 40 sols, les premières loges à 6 livres et les secondes à 3 livres. On y vit aussi en 1787 un singulier feu d'artifice, donné par un nommé Diller, et qui obtint un grand succès. *Les Mémoires secrets* donnent à ce propos les détails suivants: « 27 juin 1787. Le ſieur Diller, démonſtrateur de phyſique à La Haie, a donné lundi dernier, 25 de ce mois, au Panthéon, le ſpectacle tout à fait neuf d'un feu d'artifice à air inflammable, ſans fumée, ſans odeur, et qui efface l'éclat des feux d'artifice connus.

« L'Académie des ſciences avoit été invitée à ce nouveau genre d'expérience, et cette compagnie, quoique bien familiariſée avec les phénomènes de la phyſique et de la chimie, a ſingulièrement applaudi au talent de l'artiſte, à l'élégance de ſes machines, et à la perfection de ſes moyens.

« Les perſonnes qui aiment le bruit accompagnant un feu d'artifice, ont trouvé celui-ci un peu ſilencieux; mais auſſi n'offre-t-il aucun des inconvéniens des autres : d'ailleurs, on peut y joindre des fuſées volantes, des bombes, des pétards comme acceſſoires. »

(*Mémoires secrets*, XXX, 112, 120. — XXXV, 282.)

Voy. VAUXHALL.

PARENNE, acteur du spectacle des Grands-Danseurs du Roi en 1781, jouait à ce théâtre le rôle de *Blaise* dans l'*Ile des Oiseleurs,* pièce pantomime ornée de danses, représentée au mois d'avril de cette même année.

(*Journal de Paris*, avril 1781.)

PARENT, acteur de l'Opéra-Comique, était attaché à ce théâtre à la foire Saint-Laurent de 1743, et remplissait le rôle de *Fut-Fat* dans l'*Astrologue de village,* parodie en un acte, de Favart, représentée le 5 octobre de cette année. Parent faisait encore partie de la troupe de l'Opéra-Comique lors de la réunion de ce spectacle à la Comédie-Italienne (1762).

(*Dictionnaire des Théâtres*, I, 320. — *Histoire de l'Opéra-Comique*, II, 555.)

PARIS (ALEXANDRE), entrepreneur de spectacles à la foire Saint-Ovide en 1774.

(*Archives des Comm.*, nº 1508.)

L'an 1774, le dimanche 14 août, cinq heures du soir, ayant été requis, nous sommes transporté à la foire St-Ovide, dans le spectacle du sieur Pâris, étant dans l'avenue de la foire du côté du quai; où étant avons remarqué que l'amphithéâtre dudit spectacle étoit écroulé par le défaut de construction de la part du nommé Bernard, maitre menuisier, qui a fait la bâtisse, d'avoir mis des supports suivant la demande qui lui en avoit été faite par ledit Pâris de l'avis du sieur Égresset, par qui la visite de ladite salle a été faite le onze de ce mois.

En conséquence, étant entré dans ledit spectacle nous avons trouvé l'amphithéâtre tombé et plusieurs personnes blessées, lesquelles nous avons fait conduire en la chambre syndicale de ladite foire où nous nous sommes transporté. Où étant est comparu Charles-Antoine-Louis Thomas, âgé de 23 ans, natif de Nogent-le-Roi, près Langres, ci-devant clerc de Me Joblin, ancien procureur au Parlement, de présent sans étude, logé à Paris rue des Cinq-Diamans, en chambre garnie, dans l'hôtel de la Croix-de-Malte, lequel a eu les deux jambes écorchées, sa culotte déchirée, plus déclare avoir perdu un écu de trois livres qui étoit dans le gousset de sa culotte; Michel Liger, âgé de 24 ans, garçon marchand de vins, rue de l'Arbre-Sec, à l'enseigne des Bons-Enfans, chez le sieur Beau, a eu la jambe droite écorchée en deux endroits; Robert Colantier, âgé de 17 ans, domestique au service de madame la comtesse de Duras, demeurant chez ladite dame, rue du Faubourg-St-Honoré, a eu la jambe gauche écorchée; Jacques-Roland Maugeni, âgé de 16 ans, natif de Paris, domestique au service de madame la comtesse de Bournelle, demeurant chez ladite dame, rue Montmartre, près celle de Notre-Dame-des-Victoires, a eu une contusion au-dessous de l'œil gauche; Anne Basanton, âgée de 55 ans, femme de Roland Maugeni, cocher de ladite dame de Bournelle, elle portière de ladite dame, a eu la jambe un peu écorchée.

De quoi les susnommés ont requis acte.

Signé: SIREBEAU.

Voy. LAMY.

(*Archives des Comm.*, nº 4668.)

PARISAU (PIERRE-GERMAIN), auteur dramatique, entrepreneur de spectacles et acteur du boulevard, né à Paris le 13 août 1752, succéda à Abraham et à Tessier, comme directeur du spectacle des Élèves de l'Opéra, et joua lui-même à ce théâtre.

En 1779, il fit représenter, à propos de la prise de Grenade, une pièce de sa composition, intitulée : *Veni, vidi, vici,* et dans laquelle il remplissait le rôle du héros, le comte d'Estaing. Ce dernier, alors malade, n'assista pas à la représentation, et Parisau, qui s'était rendu chez lui pour lui présenter ses hommages, n'ayant pu le voir, lui laissa en guise de carte de visite les vers qui suivent :

Foin de votre portier mauſſade !
Brave d'Eſtaing ; je crois qu'il faut
Dans votre hôtel entrer d'aſſaut,
Ainſi que vous à la Grenade.
Je ſuis jaloux de voir vos traits,
J'accours en hâte, et l'on me chaſſe.
Les Anglois vous ont vu de près,
Accordez-moi la même grâce.
C'eſt moi qui tous les jours du mois,
Auteur, acteur tout à la fois,
Aux yeux des dames amuſées
Mets la Grenade ſous mes loix
Avec du guet et des fuſées.
Nous recueillons pareillement
Un très-juſte tribut d'éloges ;
Nous avons l'applaudiſſement
Vous de l'Europe et moi des loges.
Ainſi donc daignez recevoir
Mon foible, mais ſincère hommage ;
Daignez conſentir à me voir,
Car enfin je voudrois ſavoir
Comment j'ai ſaiſi votre image.
Si l'on attaque mon maintien
Et le langage de mon zèle,
Votre copiſte eſt infidèle ;
C'eſt ma faute, car je ſais bien
Que rien ne manque à mon modèle.

Malgré le succès obtenu par cette pièce, à laquelle assista un soir le fameux Paul Jones, Parisau, qui menait une vie désordonnée, fut bientôt assailli par une nuée de créanciers, et forcé de renoncer à la direction du spectacle des Élèves de l'Opéra. Le *Chroniqueur désœuvré* a donné à ce propos quelques détails intéressants que nous reproduirons ici : « Au ſortir du Café turc, je m'arrêtai un jour devant la ſalle des Élèves de l'Opéra. J'examinois ce bâtiment quand je fus accoſté par un homme aſſez médiocrement couvert, qui lia converſation avec moi en me diſant : « Eh bien, monſieur, n'eſt-ce pas dommage qu'un ſi joli théâtre reſte ainſi abandonné?... — Oui », lui répondis-je, pour entrer dans ſes vues et voir ce qu'il avoit dans l'âme; « monſieur apparemment y étoit attaché? — Oui, monſieur », répondit mon homme qui ne demandoit qu'à babiller, « j'étois receveur de billets, et mon fils danſeur. » Je lui demandai ſon nom; il m'apprit qu'il ſe nommoit Guérot. « Eh bien, monſieur », ajoutai-je « pourquoi ce ſpectacle a-t-il été interrompu? — Ah! monſieur, pourquoi? La mauvaiſe conduite du directeur..... Si nous n'avions point eu ce libertin Pariſau, ce théâtre ſubſiſteroit encore; mais ce gueux-là (ce ſont ſes propres termes) a tout mangé. Les premiers directeurs étoient Abraham, danſeur à l'Opéra, Teſſier, ancien acteur de province, qui avoient obtenu le privilége. L'un devoit compoſer les ballets, l'autre faire répéter les pièces, et un troiſième nommé Lebœuf, auſſi cabotin de province, étoit chargé de monter les pantomimes. C'eſt de lui ce fouillis qu'il appeloit *la Jéruſalem délivrée,* ſur laquelle l'écervelé de Pleincheſne a donné chez Audinot une plate parodie intitulée : *la Montagne qui enfante une ſouris*. Ce ſpectacle ſe ſoutint pendant quelques mois, que les recettes étoient bonnes; mais le public, las de toujours voir la même choſe, et eux n'ayant pas le moyen de donner du nouveau, ils ont bientôt vu leur ſalle déſerte.

Il falloit pourtant payer leurs ſujets, ou ils alloient ſe retirer. Que faire? Pariſau, intrigant, n'avoit pas un ſou; mais, en revanche, il déſiroit beaucoup être directeur. Comme il falloit à Teſſier et Abraham quelqu'un qui leur fournît des fonds, il fit tant et tant, que par ſon langage inſinuant pluſieurs perſonnes lui délièrent leurs bourſes. Il y puiſa ſix mille francs, avec leſquels il entra aux Élèves en qualité d'un des directeurs. Abraham lui cédant ſon droit, moyennant une rente de cent louis, voilà notre remuant Parisau directeur. Il change toute la face de ce spectacle; il renvoie les uns, diminue les autres, veut jouer la comédie et ne la jouer que lui seul. Sa devise étoit : *Audite hoc, omnes gentes.* Il accepte des pièces de différens auteurs qu'il donne sous son nom.

Enfin le voilà chef des Elèves de l'Opéra, et ce spectacle se trouve dans un dépérissement où on ne l'a jamais vu. Mais Parisau, au lieu de donner de tems en tems aux créanciers et au peu d'acteurs qui lui restoient, devient amoureux de la petite Bernard, danseuse de ce théâtre, et dépense avec elle le produit des recettes qu'il fait chaque jour. Bientôt il doit de toute part, les assignations l'assiégent; il se voit réduit vingt fois à se dérober aux griffes des archers en s'évadant par une porte de derrière, une autre fois par une fenêtre en se sauvant sur les toits. Quelques âmes charitables, s'imaginant bonnement que ce n'étoit pas la mauvaise conduite de Parisau qui le réduisoit à cette extrémité, lui offrirent encore leurs bourses, ne voyant en lui qu'un homme malheureux de s'être chargé d'une telle entreprise : mais comme notre Parisau se moquoit d'eux quand, rentré chez la petite Bernard, il comptoit l'or qu'on venoit de lui donner pour ses créanciers en en donnant la moitié à sa concubine et gardant l'autre pour des parties de plaisir!

Tant va la cruche à l'eau, qu'enfin elle se casse, a dit Sancho. Il falloit que tant de friponneries prissent fin; aussi cela ne manqua-t-il pas. Le magistrat, étourdi et rebuté par tous les mémoires donnés contre Parisau, tant des sujets que des fournisseurs qui ne recevoient pas un sol, il interdit ce spectacle qui, pour le bonheur de vingt créatures, auroit dû l'être un an plus tôt. » Le théâtre des Élèves pour la danse de l'Opéra ferma en septembre 1780, et le directeur, qui avait un instant songé à débuter à la Comédie-Italienne, s'estima très-heureux d'entrer en qualité de répétiteur au spectacle de l'Ambigu-Comique. C'est pendant qu'il remplissait ces modestes fonctions que Parisau a composé pour ce théâtre et pour celui des Grands-Danseurs du Roi plusieurs petites pièces qui furent bien accueillies du public (1). Il a aussi écrit quelques ouvrages pour la Comédie-Française et la Comédie-Italienne. En 1785, lors du procès soutenu par Audinot contre Gaillard et Dorfeuille, qu'un arrêt du Conseil d'État avait substitués à l'administration de l'Ambigu-Comique, Parisau crut devoir prendre parti pour les nouveaux administrateurs du théâtre; mais ces derniers n'ayant pas tardé à signer un arrangement amiable avec Audinot, celui-ci, en rentrant dans l'exercice de ses droits, se hâta de congédier son répétiteur, et il expulsa l'ingrat Parisau. Il se fit alors journaliste, et lors de la Révolution, il défendit avec ardeur le parti monarchique. Arrêté et emprisonné au Luxembourg, il fut traduit au tribunal révolutionnaire, condamné à mort et exécuté le 21 messidor an II.

(*Archives nationales*, W, 411, n° 945. — *Le Chroniqueur désœuvré*, I, 20. — *Mémoires secrets*, XIV, 369. — *Galerie historique de la troupe de Nicolet*, par de Manne et Ménétrier, 107.)

Voy. BONNET (Mlle). ÉLÈVES DE L'OPÉRA (Spectacle des).

PARVILLÉ, danseur du spectacle des Grands-Danseurs du Roi en 1774.

(*Almanach forain*, 1775.)

PAUL (GABRIELLE), née en 1744, actrice du spectacle de Nicolet en 1768.

L'an 1768, le samedi 26 octobre, une heure de relevée, est comparu en l'hôtel et par-devant nous Nicolas Maillot, etc., sieur Nicolas-Jacques Couturier, officier de la garde de Paris et ayant l'inspection des jeux du boulevard : Lequel nous a dit qu'au moyen d'une lettre anonyme qui lui a été remise par la demoiselle Paul, actrice dans le jeu de Nicolet, maître de spectacle

---

(1) Citons entre autres, à l'Ambigu : *le Repentir de Figaro*, comédie en prose ; *Lucy, ou la Fille soldat*, pantomime, etc. Aux Grands-Danseurs du Roi : *Sophie de Brabant*, pantomime en trois actes ; *la Dinde du Mans*, comédie ; *les Deux font la paire, ou les Bottes de foin*, comédie en prose etc., etc.

ſur le boulevard, contenant diffamations contre elle miſes en chanſon et qui lui avoit été remiſe par un particulier de ſa connoiſſance à l'adreſſe duquel elle eſt, ayant ſu que c'étoit le nommé Angelot qui avoit fait cette chanſon, lui comparant, pour maintenir le bon ordre, vû que ledit Angelot eſt acteur dans un autre jeu du boulevard, l'a arrêté et conduit par-devant nous où eſt auſſi venue ladite Paul, le tout pour les entendre et ordonner ce qu'il appartiendra. Nous ayant à l'inſtant remis la lettre en chanſon en queſtion.

Signé : COUTURIER.

Eſt auſſi comparue Gabrielle Paul, fille âgée de 24 ans, actrice chez Nicolet, maître de ſpectacle ſur le boulevard, demeurant rue Saintonge, paroiſſe St-Nicolas-des-Champs : Laquelle nous a dit et déclaré que mercredi dernier il lui a été remis par un particulier de ſa connoiſſance, nommé Boucharlat, graveur, travaillant chez un maître graveur nommé Dorival, place Dauphine, une lettre à l'adreſſe dudit ſieur Dorival, contenant une chanſon infamante contre elle relativement au rôle de la Bourbonnoiſe qu'elle a accepté de jouer dans le jeu dudit Nicolet (1) et qu'elle a appriſe avoir été faite et formée tant par ledit Angelot que par autres et envoyée à l'adreſſe dudit ſieur Dorival pour qu'il la remît audit Boucharlat pour la perdre de réputation avec lui. Que cette lettre contenant des infamies contre elle débitées mal à propos a été remiſe par elle audit ſieur Couturier en lui indiquant que c'étoit le ſieur Angelot qui l'avoit faite et formée avec d'autres particuliers auſſi mal intentionnés que lui. Pour quoi elle nous requiert d'agir ainſi qu'il appartiendra.

Signé : PAUL.

Enſuite de quoi nous avons fait comparoître par-devant nous ledit particulier arrêté, lequel, ſur les interpellations par nous à lui faites, nous a dit ſe nommer Jean-d'Amiens Angelot dit Bourguignon, acteur dans l'ancien jeu de la demoiſelle Gaſſerent, ſur le boulevard, qu'il tient lui troiſième après l'abſence de ladite demoiſelle Gaſſerent, demeurant ſur le boulevard du Temple, maiſon du ſieur Dormis. Nous a ajouté que dans les premiers jours de cette ſemaine, étant dans la chambre du nommé Leclerc, ci-devant acteur chez le ſieur Nicolet, ſon voiſin, ledit Leclerc le pria de vouloir bien écrire une chanſon qu'il avoit par couplets ſéparés et de l'adreſſer au ſieur Dorival, parce qu'il ne vouloit pas que ſon écriture parût. Qu'il a tranſcrit cette chanſon, quoiqu'il vît qu'elle injurioit une actrice de chez ledit Nicolet, en y ajoutant même par lui comparant quelques couplets qu'il a faits ; et, après en avoir écrit l'adreſſe auſſi de ſa main, il l'a laiſſée audit Leclerc qui l'a apparemment miſe à la petite poſte. Et ſur la repréſentation qui lui a été par

(1) *La Bourbonnaise*, farce-comédie, de Robineau de Beaunoir, représentée en 1768, avec un grand succès, sur le théâtre de Jean-Baptiste Nicolet.

nous faite de la lettre qui vient de nous être remise par ledit sieur Couturier, il l'a reconnue pour être la même qu'il a écrite à la prière dudit Leclerc, contenant chanson de différens couplets dont plusieurs ont été par lui fabriqués (1), etc.

Signé : ANGELOT.

Sur quoi nous commissaire, etc., avons ordonné que ledit Angelot sera conduit ès prisons du For-l'Évêque pour y être écroué de notre ordonnance par le premier officier du guet requis, et de l'exécution de notre ordonnance nous avons chargé Jean Picot, sergent de la garde de Paris de poste aux Enfans-Rouges.

Signé : MAILLOT ; PICOT.

Et le dimanche 13 novembre, audit an 1768, du matin, est comparue en l'hôtel et par-devant nous commissaire susdit ladite Gabrielle Paul, dénommée et qualifiée au procès-verbal de l'autre part : Laquelle nous a dit qu'elle se désiste purement et simplement de la plainte par elle à nous rendue contre ledit Angelot dit Bourguignon, le 29 octobre dernier. Consentant qu'elle soit et demeure nulle, comme non faite, et que ledit Angelot soit mis hors des prisons du For-l'Évêque où il a été constitué prisonnier, etc. Dont et de quoi nous requiert acte.

Signé : G. PAULE.

(*Archives des Comm.*, n° 3775.)

PAULIN (Mlle), actrice des Élèves de l'Opéra en 1780, jouait le rôle de *Galathée* dans l'*Anti-Pygmalion, ou l'Amour Prométhée,* scène lyrique de Poultier-Delmotte, représentée le 9 juin de cette même année.

(*Journal de Paris*, 9 juin 1780.)

PAULINI, physicien italien, donnait des représentations à la foire Saint-Germain en 1747. Il faisait principalement des expériences sur l'électricité.

(*Affiches de Paris*, 1747.)

---

(1) La chanson est jointe au procès-verbal. Elle se compose de vingt couplets trop plats pour être reproduits ici ; qu'il suffise de savoir que les mœurs de la plaignante y sont fortement incriminées.

PAULMIER, prestidigitateur et physicien, ouvrit son spectacle de physique et de tours d'adresse, depuis le 12 avril 1789 jusqu'à la Quasimodo, au théâtre des *Bleuettes-Comiques*, boulevard du Temple, vis-à-vis la rue Saintonge.

(*Journal de Paris*, 12 avril 1789.)

PAYSAN DE NORT-HOLLAND (LE FAMEUX), physicien et prestidigitateur, avait un spectacle aux foires en 1746 et 1747. Le détail des amusements qu'il offrait au public est consigné dans une annonce rédigée par lui, et qui est digne de figurer ici : « Par permiſſion du Roi et de M. le Lieutenant général de police, le public eſt averti qu'il eſt arrivé en cette ville le Fameux Payſan de Nort-Hollande, qui a eu l'honneur l'année paſſée de mériter les applaudiſſemens du public par ſes premières expériences d'électricité; mais comme il en invente tous les ans de nouvelles, et que le nombre en eſt ſi grand, qu'il ſeroit impoſſible de les inſérer dans cet imprimé, il ſe contentera de n'y mettre que quelques articles qui ſuivent : 1° Il y a un pot de fleur philoſophe dans lequel il fait naitre, ſur la table où il eſt expoſé, des arbres qui croiſſent en préſence de l'aſſemblée, fleuriſſent, enſuite les fleurs tombent et le fruit paroît dans ſa maturité, de façon qu'on le préſente au public pour en manger; 2° il fait des expériences de phyſique avec des animaux vivans, et pareillement avec du feu, de l'eau et pluſieurs liqueurs, avec des oiſeaux étrangers, et fait des changemens particuliers avec toutes ſortes de métaux, des œufs et du lait; 3° il donne quelque choſe à quelqu'un de la compagnie, qui le fait changer en tel animal que l'on ſouhaite, à deux ou quatre pieds; 4° il pile un oiſeau dans un mortier et le fait revivre quand on lui ordonne; 5° on met une bague dans un gobelet avec lequel il fait des exercices très-curieux; 6° il a un oiſeau indien vivant qui, par ſon ordre, fait des exercices très-curieux; 7° il a une figure indienne qui fait ce qu'un homme vivant peut faire. Il eſpère enfin mériter l'honneur de vos applaudiſſemens. C'eſt à la foire Saint-Germain, dans la loge qui eſt vis-à-vis le grand jeu du ſieur Reſtier. On prendra 24 ſols au théâtre, 12 ſols aux loges et 6 ſols aux galeries. Ceux qui voudront retenir des places, s'adreſſeront à l'hôtel de la *Gazette*, rue du Four, faubourg Saint-Germain. On commencera à toute heure de l'après-midi. » Deux ans plus tard, à la foire Saint-Germain de 1751, on voit reparaître le *Fameux Paysan de Nort-Holland*, avec un programme plus varié encore que celui qu'on vient de lire, et qu'il est intéressant de reproduire en entier : « On avertit le public que le Payſan de la Nort-Hollande, fameux par ſa ſcience extraordinaire, eſt arrivé à Paris. Il fera voir à la foire Saint-Germain ſon art merveilleux et ſon adreſſe ſurprenante : 1° Il ſuſpend un pigeon vivant par la tête à un ruban ou à une corde tendue; à la faveur d'une chandelle ou d'une lampe, l'ombre du pigeon ſe réfléchit ſur une toile attachée à la muraille; dès qu'il touche avec la pointe de ſon poignard l'ombre de cet oiſeau, le pigeon, dont il eſt cependant fort éloigné, exprime par ſes mouvemens qu'il eſt ſenſible à ſes piqûres. Il perce l'ombre, et le ſang du pigeon coule dans un plat qu'on a mis ſous lui, comme ſi l'animal avoit été frappé lui-même par le coup. Enfin le Payſan de la Nort-Hollande donnera trois coups du tranchant de ſon poignard dans l'ombre du col du pigeon; au troiſième coup, le corps du pigeon tombe, la tête reſte au cordeau ſans que perſonne ait touché l'animal ou qu'il ait reçu aucune impreſſion d'ailleurs; 2° un poulet rôti accommodé ſur une aſſiette avec du beurre et du perſil, ſe ranimera aux yeux des ſpectateurs par l'effet de certaines paroles. Il ſe lèvera, marchera, chantera, enſuite il diſparoîtra; 3° un des ſpectateurs à qui l'on préſentera un plat rempli de terre, y répandra à ſon choix de la ſemence de ſalade ou du perſil; dans l'eſpace de deux ou trois minutes, on pourra recueillir avec des ciſeaux le fruit de la ſemence; 4° il fera couper par un des aſſiſtans la tête d'un coq ou d'une poule, et par le moyen de quelques paroles, il remettra la tête de l'animal et lui rendra la vie; 5° une poule pondra un œuf au milieu de l'aſſemblée; on trouvera dans cet œuf ce que quelqu'un aura penſé; 6° une perſonne de la compagnie jettera ſa bague dans un verre, et cette bague fera clairement entendre par ſes différens ſons des réponſes ſur toutes les queſtions qu'on pourra lui faire; 7° cette même bague rendue à la perſonne qui l'aura prêtée diſparoîtra de ſes mains et ſe retrouvera ſur-le-champ au fond d'une tabatière enfermée dans 3, 4 ou 5 boîtes, toutes ſans charnières, entre le chapeau et la perruque de l'auteur de ces tours, ſans qu'il ait quitté ſa place; on le verra toujours debout au milieu des ſpectateurs; 8° il donnera quelque choſe dans la main d'un des aſſiſtans et il le fera changer en un animal vivant de 2 ou 4 pieds; 9° il repréſentera par l'optique une carte que quelqu'un aura penſée; 10° il remet dans leur premier état des mouchoirs de toutes couleurs qu'il aura fait déchirer en préſence de la compagnie; mais ce qui paroîtra plus ſurprenant encore, il fait couper un habit par morceaux, il en brûle les différentes pièces, et avec les cendres il rétablit l'habit dans ſon entier; 11° il fait un tour fort curieux avec une oie; 12° une figure habillée à la tyrolienne devine les penſées et l'âge des ſpectateurs; 13° il fait courir des œufs d'un endroit à un autre ſans les toucher; 14° il fait voltiger des cartes en l'air; elles font à ſon commandement des tours, des changemens ſinguliers, des marches et des contremarches; 15° il fait ſortir des oiſeaux d'un ou pluſieurs œufs qu'il fait voir auparavant aux ſpectateurs à la lueur d'une chandelle. Il prend des oiſeaux, les pile dans un mortier, leur rend la vie, puis il les renvoie dans un autre œuf; ils s'envolent enſuite avec la coque juſqu'à ce qu'ils diſparoiſſent à la vue de la compagnie; 16° il jette un jeu de cartes contre un bâton poſé perpendiculairement ſur une table. Chacun des ſpectateurs peut appeler à lui la carte qu'il aura penſée ou tirée du jeu et la renvoyer à ſa place, elle y viendra et s'en retournera naturellement ſans qu'on y touche; 17° il fait couper un morceau du goſier d'une poule et la fait revivre enſuite; 18° il allume des chandelles par des caractères; 19° les flambeaux et les lumières marchent ſur la table à ſon ordre; 20° il avalera un pigeon vivant jusqu'aux grosses plumes qu'il ressoufflera hors de sa bouche; 21° il fera voir un oiseau indien qui a une couronne sur la tête, qui joue aux cartes, fait des tours d'équilibre, des révérences et autres choses; 22° il représentera à la faveur de certaines lampes de la Bactriane toutes sortes d'objets; 23° il éteint et allume les chandelles à coups de pistolet; 24° il changera des pièces de monnaie de toute espèce en créatures vivantes. C'est à la foire Saint-Germain, vis-à-vis des Danseurs de corde. Ceux qui voudront arrêter des places auront la bonté de s'adresser à son bureau dans sa loge. Il fera des exercices tous les jours quatre fois. On prendra au premier rang 40 sols, au second 24 et à la galerie 12. Il demeure rue des Quatre-Vents, à l'hôtel de Clermont, au premier sur le devant, où il donnera des leçons aux curieux tous les jours depuis 10 heures jusqu'à midi. »

(*Affiches de Paris*, 1747, 1751.)

PÉCLAVÉ, prête-nom du chevalier Pellegrin pour l'exploitation d'un spectacle forain de 1711 à 1718. En sa qualité de chevalier de Saint-Louis, il eût été peu convenable que Pellegrin se déclarât ouvertement entrepreneur de spectacle, aussi s'abrita-t-il derrière Péclavé. Mais c'était là le secret de la comédie et le public savait très-bien que le jeu de Péclavé appartenait en réalité au chevalier Pellegrin et qu'il était dirigé par lui.

(*Mémoires sur les Spectacles de la Foire*, I, 128, 217.)

PÉLICAN. Oiseau rare que l'on montrait à la foire Saint-Germain de 1750 et qui était annoncé ainsi : « Le public est averti que le sieur Chequer, venant de Turquie, amène un pélican vivant, lequel n'a jamais paru en France, qui se saigne pour nourrir ses petits. Le pélican est un animal qui ne se trouve pas selon l'histoire; cependant on le voit à la foire St-Germain-des-Prés, rue Mercière, en descendant du côté du sieur Osouf, et les fêtes et dimanches, vis-à-vis les Grands-Danseurs de corde. »

(*Affiches de Paris*, 1750.)

PÉLISSIER, entrepreneur de spectacles en 1688.

Voy. LENFANT.

PELLEGRIN (JACQUES), ancien officier des galères et chevalier de Saint-Louis, directeur d'un théâtre forain qu'il tint, sous le nom d'un sieur Péclavé, depuis la foire Saint-Laurent de 1711 jusqu'à la fin de la foire Saint-Laurent de 1718, époque où tous les théâtres forains furent supprimés, à l'exception des danseurs de corde et des marionnettes. Voici le titre de quelques-unes des pièces représentées au jeu du chevalier Pellegrin, avant sa supression, pendant la foire Saint-Laurent de 1718 : *Qui dort dîne*, opéra comique en trois actes de vaudevilles mêlés de prose; *le Fourbe sincère*, pièce en deux actes, précédée d'un prologue intitulé : *Jupiter pris en flagrant délit*, par Desgranges; *Jupiter amoureux d'Io*, pièce en deux actes, avec un prologue par Charpentier, et *le Pied de nez*, pièce en trois actes et par écriteaux, de l'abbé Pellegrin, composée à l'occasion d'un procès que la dame Baron et Saint-Edme, alors associés pour l'exploitation de l'Opéra-Comique, intentèrent à Pellegrin, dont le théâtre nuisait, disaient-ils, à l'exécution de leur privilége. Cette étrange prétention fut repoussée par la justice, et Pellegrin fit représenter le *Pied de nez*, où les entrepreneurs de l'Opéra-Comique étaient tournés en ridicule; malheureusement la pièce était si mauvaise qu'elle tomba à plat, et le public ne goûta pas du tout la plaisanterie. L'année suivante, la Comédie-Française se chargea de mettre les deux parties d'accord en supprimant, comme on l'a dit plus haut, tous les théâtres de la foire.

(*Mémoires sur les Spectacles de la Foire*, I, 128, 217. — *Dictionnaire des Théâtres*, II, 633 ; III, 247, 251 ; IV, 139, 351.)

I

L'an 1714, le ſamedi 22ᵉ jour de ſeptembre, environ les quatre heures de relevée, eſt comparu par-devant nous Louis Poget, etc., Étienne Milache, ſieur de Moligni, comédien ordinaire du Roi, tant pour lui que pour les autres comédiens du Roi, deſquels il nous a dit avoir charge et pouvoir : Lequel nous a fait plainte contre le ſieur Pellegrin, chef d'une troupe de danſeurs de corde, et dit que, au préjudice de pluſieurs ſentences rendues par M. le Lieutenant général de police, arrêts confirmatifs d'icelles et règlemens du Parlement et arrêts du Conſeil qui font défenſe à tous danſeurs de corde de jouer et repréſenter ſur des théâtres publics aucune pièce en comédie par dialogues, colloques, monologues, ni de quelque autre manière que ce puiſſe être, ſous les peines y portées, même de démolition des théâtres; néanmoins ledit ſieur Pellegrin et autres chefs de troupe de danſeurs de corde, au mépris deſdits arrêts et règlemens, ne laiſſent pas de faire jouer et repréſenter publiquement et journellement des pièces de théâtre et comédies ſuivies par ſcènes et actes ſur des théâtres publics qu'ils ont fait élever à cet effet aux environs de la foire St-Laurent, dans leſquelles pièces les acteurs et actrices ſe parlent et ſe répondent les uns aux autres en proſe ſelon le ſujet de la pièce comique qu'ils repréſentent et jouent, ce qui forme des comédies complètes et eſt abſolument contraire auxdits arrêts. Pourquoi il nous requiert de nous tranſporter heure préſente dans la loge et ſalle dudit ſieur Pellegrin à la foire St-Laurent, où ſe jouent et ſe repréſentent leſdites comédies, à l'effet de dreſſer procès-verbal deſdites contraventions auxdits arrêts et règlemens, ce qui fait un tort d'autant plus conſidérable auxdits comédiens du Roi et contraire aux privilèges qu'il a plu à Sa Majeſté de leur accorder pour leur établiſſement, qu'ils ſont obligés de ſoutenir avec de grands frais et dépenſes l'hôtel de la Comédie, rue des Foſſés-St-Germain, dans le fonds duquel ils ſe trouvent tous engagés pour plus de 300,000 livres.

Signé : E. M. DE MOLIGNI.

En conſéquence, nous ſommes tranſporté ledit jour 22 ſeptembre, ſur les cinq heures du ſoir, en la ſalle et jeu de danſe de corde dudit ſieur Pellegrin, en la foire St-Laurent où, après le jeu de danſe de corde fini, il a été repréſenté ſur un théâtre orné de luſtres et de décorations différentes, une pièce comique qui a pour titre : *Amphytrion, ou les Deux Arlequins* (1), en pluſieurs

(1) *Amphytrion*, parodie en trois actes et en vaudevilles, de la pièce de Molière du même nom, par Raguenet, acteur forain. A la fin de la parodie, Amphytrion veut tuer Jupiter d'un coup de fusil, mais celui-ci pour le calmer chante le vaudeville suivant :

Cocu n'est pas un fort beau nom,
C'est un titre qui blesse
Mais des cornes de ma façon
Sont titres de noblesse !

Raguenet ouait très-vraisemblablement le principal rôle dans la pièce.

actes et fcènes que les acteurs et actrices chantent, et pendant le cours de ladite pièce tous lefdits acteurs fe parlent et fe répondent fur le même fujet de la pièce qu'ils repréfentent par de courts dialogues et colloques en profe et ce dans prefque toutes les fcènes de ladite pièce, et particulièrement les acteurs qui font les rôles de *Jupiter* et d'*Amphytrion* et encore ceux qui font les rôles d'*Arlequin* et de *Mercure*, qui fe parlent prefque autant en profe par de petits difcours fuivis, comme ils chantent. Avons auffi remarqué qu'il y a dans ladite pièce comique plufieurs machines différentes : Et a ledit fieur Pellegrin, dans la falle où il repréfente ladite pièce, un orcheftre rempli de plufieurs particuliers qui jouent enfemble de chacun un inftrument de mufique. Dont et de quoi nous avons fait et dreffé le préfent procès-verbal.

Signé : POGET.

(*Archives des Comm.*, n° 2752.)

II

L'an 1714, le vendredi 28 feptembre, neuf heures du matin, par-devant nous Louis-Jérôme Daminois, etc., en notre hôtel eft comparu Étienne Milache, fieur de Moligny, comédien du Roi : Lequel, tant pour lui que pour les autres comédiens du Roi, nous a fait plainte et nous requiert de vouloir nous transporter aujourd'hui de relevée, dans le jeu du fieur Pellegrin, où il fait repréfenter des pièces comiques, à l'effet de lui donner acte des contraventions aux arrêts et règlemens.

Signé : ÉTIENNE MILACHE DE MOLIGNI.

Sur quoi nous commiffaire, nous fommes ledit jour, environ les cinq heures et demie de relevée, tranfporté fufdite foire St-Laurent, en la falle et jeu de corde nouvellement bâtis dudit fieur Pellegrin où, après le jeu de danfes et de cordes fini, nous avons vu jouer et repréfenter fur un théâtre orné de luftres, machines et décorations différentes, par différens acteurs et actrices, une pièce comique qui a pour titre : *Amphitryon, ou les Deux Arlequins*, qui eft une imitation de celle que l'on joue à la Comédie fous le titre d'*Amphitryon* ; laquelle pièce, partagée en actes et fcènes différentes, a été chantée par lefdits acteurs et actrices. Avons obfervé que, pendant le cours de la pièce où deux acteurs font l'un le perfonnage de Jupiter déguifé en Valère, l'autre celui de Valère, deux autres font celui de Mercure déguifé en arlequin et l'autre l'Arlequin, tous lefdits acteurs et actrices fe parlent et fe répondent en profe fur le fujet de ladite pièce par de courts dialogues et monologues pendant environ le quart de la pièce, et que l'orcheftre eft compofé de dix particuliers jouant chacun d'un inftrument de mufique. Dont et de quoi nous avons fait et dreffé le préfent procès-verbal.

Signé : DAMINOIS.

(*Archives des Comm.*, n° 927.)

III

L'an 1715, le mercredi 27 mars, ſur les quatre heures de relevée, ſont comparus par-devant nous Louis Poget, etc., les ſieurs Georges-Guillaume Lavoy et Charles Botot-Dangeville, comédiens ordinaires du Roi, tant pour eux que pour les autres comédiens du Roi, deſquels ils nous ont dit avoir charge et pouvoir : Leſquels nous ont fait plainte contre le ſieur Pellegrin, chef d'une troupe de danſeurs de corde, le nommé Franciſque et ſes autres camarades, et nous ont requis de nous tranſporter heure préſente dans la loge et ſalle du ſieur Pellegrin, à la foire St-Germain, où ſe jouent et repréſentent des comédies, à l'effet de dreſſer procès-verbal des contraventions par lui commiſes aux ſentences du Lieutenant de police et arrêts du Parlement.

Signé : Lavoy; Dangeville.

En conſéquence, nous commiſſaire ſuſdit, ſommes tranſporté ledit jour 27 mars, ſur les cinq heures du ſoir, en la ſalle et jeu de danſes de corde du ſieur Pellegrin, ſituée au grand jeu de paume d'Orléans, au bout de la rue du Cœur-Volant, à l'encoignure de la rue des Quatre-Vents, et où jouent ledit Franciſque et ſes camarades; où, après le jeu de danſes de corde fini, il a été repréſenté ſur un théâtre orné de luſtres et de décorations différentes, une pièce comique qui a pour titre : *Le Triomphe de Momus et d'Arlequin,* à laquelle pièce ils ont joint la ſcène du *Berceau* et celle de l'*Ombre d'Arlequin,* en pluſieurs actes et ſcènes : Laquelle pièce comique et leſdites deux ſcènes ſont repréſentées ſur de grands écriteaux montés et imprimés ſur de grandes toiles que l'on expoſe dans le milieu du théâtre et ſur leſquels ſont des chanſons qui forment des dialogues ſur le ſujet de la pièce qu'ils repréſentent et qui ſont chantées par les acteurs mêmes et actrices tous enſemble, ce qui forme un chœur de voix. Et dans l'orcheſtre ſont trois particuliers qui jouent enſemble de chacun un inſtrument de muſique pour donner l'air auxdites chanſons que leſdits acteurs et actrices chantent et qui les accompagnent. Et nous avons remarqué que pendant le cours de ladite pièce et deſdites deux ſcènes, tous leſdits acteurs et actrices et particulièrement ledit Franciſque qui fait le rôle d'Arlequin, celui qui fait le rôle de Pierrot et celui qui fait le rôle de Mezzetin ſe parlent et ſe répondent en proſe ſur le ſujet de la pièce qu'ils repréſentent pendant tout le cours de ladite pièce et ſans aucune interruption que par les chanſons qu'ils chantent, ce qui forme une pièce comique et repréſentée en entier par des dialogues et colloques ainſi qu'il en eſt repréſenté ſur le théâtre des comédiens du Roi, ce qui leur eſt tout à fait préjudiciable et contraire aux ſentences, arrêts et règlemens, etc.

Dont et de quoi nous avons fait et dreſſé le préſent procès-verbal.

Signé : Poget.

(*Archives des Comm.*, nº 2753.)

PELLETIER (François), entrepreneur d'un petit spectacle mécanique, qui fut entièrement brûlé lors de l'incendie de la foire Saint-Germain de 1762. Pelletier perdit dans ce désastre plusieurs machines d'un grand prix, parmi lesquelles on remarquait surtout « un carillon, le rocher de M. le duc de Bourgogne, une grande pièce mécanique pour le concert des menus plaisirs du Roi », et réclama une indemnité de 35,000 livres. Il ouvrit ensuite à Paris un cabinet où il donnait des leçons de physique amusante. En 1787, il demeurait rue de la Tabletterie, n° 6.

(*Archives des Comm.*, n° 853. — *Guide des amateurs et des étrangers voyageurs à Paris*, par Thiéry, I, 495.)

PENANCIER, acteur de l'Ambigu-Comique, où il jouait les rôles accessoires, a paru dans les *Trois Léandres, ou les Noms changés,* comédie en un acte, en prose, de M. S...., représentée le 22 avril 1786, et dans *Tout comme il vous plaira, ou la Gageure favorable,* comédie en un acte, en prose, par Sedaine le jeune, représentée le vendredi 5 mai 1786.

(Brochures intitulées : *les Trois Léandres*, Paris, Cailleau, 1786, et *Tout comme il vous plaira*, Paris, Cailleau, 1795.)

PEREIN (Louise-Mathurine), femme de Jean-Pierre Lamy, comédien chez Second, elle comédienne chez Gaudon en 1763.

Voy. Lamy.

PÉRICO (Carlo), entrepreneur de spectacles aux foires et sur le boulevard du Temple, avait une loge à la foire Saint-Germain lors de l'incendie de 1762. Plus heureux que beaucoup de ses confrères, Périco ne perdit qu'une cuiller, une petite épée d'argent servant à une marionnette et quelques pièces de monnaie, pertes légères dont il ne demanda même pas à être indemnisé. En 1764, on le rencontre à la foire Saint-Ovide, dirigeant le jeu des *Fantoccini,* et en 1778 on le retrouve au boulevard du Temple, « ſalle du ſieur d'Ormetz, entre le ſieur Comus et le cabinet du ſieur Curtius », faisant représenter *Arlequin ramoneur, astrologue, statue, enfant, squelette, perroquet, lune,* pièce dans laquelle Arlequin mangeait la soupe à l'italienne et du macaroni. Les places coûtaient 30 sols aux premières et 24 sols aux secondes. Périco donnait deux représentations par jour, à sept heures et à 10 heures et demie du soir. L'année suivante les *Fantoccini* changèrent de local et s'établirent entre « le café de madame Alexandre et la manufacture de papiers peints ». Leur principale pièce fut en 1779 le *Combat des fourberies entre Arlequin et Scapin,* ouvrage qui paraît avoir obtenu un assez grand succès. Ce gentil petit théâtre de marionnettes était très-fréquenté, et une grande artiste, Mme Vigée-Lebrun, n'a pas dédaigné de lui consacrer quelques lignes dans ses *Souvenirs.* Voici comment elle en parle : « Plus tard, longtemps après mon mariage, j'ai vu sur le même boulevard (du Temple) divers petits spectacles. Le seul où j'aie été souvent et qui m'amusait beaucoup était celui des *Fantoccini* de Carlo Périco. Ces marionnettes étaient si bien faites et leurs mouvements si naturels qu'elles faisaient parfois illusion. Ma fille, qui avait au plus six ans et que j'y menais avec moi, ne doutait pas d'abord que ces personnages ne fussent vivants. Quand je lui eus dit le contraire, je me rappelle que je la menai peu de jours après à la Comédie-Française où ma loge était assez éloignée du théâtre : « Et ceux-là, maman », me dit-elle, « sont-ils vivants ? » Carlo Périco continua pendant quelques années encore l'exhibition de ſes *Fantoccini.* On ignore l'époque de ſa mort.

(*Archives des Comm.*, n°s 853, 1508. — *Journal de Paris,* 27 juillet 1778 ; 23 mai 1779. — *Souvenirs de madame Vigée-Lebrun,* I, 33, ancienne édition.)

PÉRIER, acteur de l'Opéra-Comique, où il joua pendant les foires Saint-Laurent de 1732 et 1733, a rempli le rôle du *Suisse* dans la *Lanterne véridique,* opéra comique en un acte, avec un divertissement et un vaudeville, par Carolet et Gilliers, représenté le 19 août 1732. Périer avait épousé Mlle Gautier, actrice du même théâtre.

(*Dictionnaire des Théâtres*, III, 259 ; IV, 103.)

PERRET, entrepreneur de spectacle à la foire Saint-Ovide de 1772.

(*Archives des Comm.*, n° 1508.)

PERRIN, prestidigitateur et physicien, se montra successivement, de 1785 à 1789, aux foires, sur le boulevard du Temple et au Palais-Royal. Le prix de ses places était ainsi fixé : premières loges 3 livres, parquet 30 sols, secondes 1 livre. Sa principale curiosité était sa petite chienne savante qui lisait le français et l'anglais et faisait des tours de physique.

(*Journal de Paris*, 27 février, 28 mars 1785 ; 25 mai 1786; mars 1789 ; avril 1789.)

PETIT (ANDRÉ), praticien de marionnettes dans le jeu tenu en 1758, sur le boulevard du Temple, au nom de Pierre Gilbert Gourliez dit Lamotte.

L'an 1758, le mardi 27 juin, neuf heures du soir, a été amené en l'hôtel et par-devant nous Nicolas Maillot, etc., par François Didier, sergent des gardes de jour et de nuit, de poste à la porte du Temple, un particulier qui nous a dit se nommer André Petit, joueur de marionnettes sur le boulevart, dans un jeu qui est tenu au nom de Pierre Gourliez dit Lamotte, arrêté dans un cabaret sous ledit jeu de marionnettes où ledit Didier nous a dit s'être transporté à la réquisition dudit Lamotte, pour raison de discussion qu'ils avoient entre eux à cause que ledit Petit refusoit de jouer son jeu de marionnettes sous prétexte de défaut de payement ; et que lui Didier ayant demandé raiſon audit Petit de ce refus, ledit Petit, au lieu de s'expliquer, l'a injurié, inſulté et lui a porté un coup de pied ſur l'os de la jambe. Pourquoi lui Didier l'a arrêté, fait ganter et amener par-devant nous. Lequel Petit, nous commiſſaire, attendu ſa réſiſtance et ſes mauvais déportemens contre ledit Didier, qui étoit en garde montée, nous avons laiſſé ès mains dudit Didier pour, par lui, le remettre au guet et être conduit de police ès priſons du Grand-Châtelet.

Signé : MAILLOT.

(*Archives des Comm.*, n° 3765.)

PETIT (CHARLES-FRANÇOIS), né en 1740, acteur du spectacle de Nicolet cadet en 1757.

Voy. NICOLET (FRANÇOIS-PAUL).

PETIT (Mlle), actrice du théâtre des Grands-Danseurs du Roi en 1772, 1773 et 1774, y jouait les rôles de *soubrettes* et paraissait dans les ballets.

(*Almanachs forains*, 1773, 1775.)

PETIT ANGLAIS (LE), danseur forain, faisait partie de la troupe de Delamain qui jouait à l'Opéra-Comique, à la foire Saint-Germain de 1739.

Voy. DELAMAIN.

PETIT DIABLE (PAULO RÉDIGÉ, dit POL, dit le), excellent danseur de corde et l'un des plus étonnants sauteurs du théâtre des Grands-Danseurs du Roi, où il fit ses débuts à la foire Saint-Germain de 1779. Son succès fut éclatant et le bruit en parvint jusqu'à Versailles. Désireux d'admirer le *Petit Diable*, le comte d'Artois ne craignit pas d'assister à une de ses représentations dans la loge enfumée de Nicolet, et, le trouvant de tout point à la hauteur de sa réputation, il se fit donner par lui des leçons de danse de corde. Cet inimitable artiste ne joua pas seulement à Paris, il se rendit plusieurs fois en Angleterre avec son camarade Placide, et tous deux reçurent souvent à Londres les applaudissements des Anglais pour l'adresse et l'agilité qu'ils déployaient dans leurs périlleux exercices. Un de leurs émules, le sauteur anglais Joë Grimaldi, descendant de ce fameux Nicolini Grimaldi dit *Jambe de fer,* qui parut avec éclat en 1740, 1741 et 1742 aux foires Saint-Germain et Saint-Laurent à Paris, a rendu justice, dans ses curieux *Mémoires* (1) récemment publiés par Charles Dickens, au talent prodigieux du *Petit Diable* et de Placide. Après plusieurs mois passés en Angleterre et à la suite d'une mésaventure dont on va lire plus bas les détails, le *Petit Diable* revint à Paris et reparut en 1781 sur le théâtre des Grands-Danseurs du Roi. Il y fut reçu par le public parisien avec de vigoureux applaudissements et y resta jusqu'en 1789, époque où il passa définitivement à l'étranger. Le *Chroniqueur désœuvré* a parlé en ces termes du *Petit Diable :* « Je me contenterai de dire un mot des ſieurs Placide et Pol, ſurnommé le *Petit Diable,* les premiers qui aient pouſſé ſi haut l'art du danſeur de corde; mais autant ces deux vagabonds ſont recherchés pour leur talent, autant on fuit leur ſociété. Les filles qui d'habitude compoſent journellement le ſpectacle des Grands-Danſeurs du Roi leur doivent chacune une nuit; ils font avec elles ce que font les officiers de garniſon envers les femmes des bourgeois; tant qu'ils ſont dans une ville, les beautés qui y demeurent leur appartiennent de droit. Ils ſont maintenant en Angleterre où ils ont manqué de ſe faire lapider. Placide, frère de la Billioni des Italiens... eut la bêtiſe de danſer ſur la corde, devant tous les *Goddems* aſſemblés, avec un drapeau aux armes de France. Il a fallu qu'ils demandaſſent pardon, comme fit le beau Veſtris pour une circonſtance qu'il eſt inutile de rapporter puiſque tous

(1) C'est par les *Mémoires* de Joë Grimaldi que nous apprenons que le *Petit Diable* s'appelait Paulo Rédigé. Jusqu'ici on ne lui connaissait d'autre nom que celui de Pol. Son père était un saltimbanque du boulevard, nommé Jean Rédigé, à qui nous avons consacré plus loin un article, et sa sœur, dite *la Petite Saxonne,* faisait assez habilement des exercices d'équilibre.

les journaux en ont fait mention, et il en a été quitte ainſi que ſon cher camarade pour quelques coups de bâton. Si l'on ne connoiſſoit pas ces gens-là pour être des danſeurs de corde de Nicolet, on croiroit être dans un bois, au milieu d'aſſaſſins, quand on les rencontre ſur les boulevards. Des pantalons, de longues lévites, un large manteau, chapeau rabattu, cheveux retrouſſés en nattes et un gros bâton noueux à la main, voilà la miſe de ces meſſieurs : inſulter tout le monde, faire tort à ceux à qui ils doivent, bacchanaler chez tous les marchands de vins du rempart, s'y ſoûler avec des gredins, voilà leur conduite. »

(*Le Chroniqueur désœuvré*, I, 75. — *Mémoires secrets*, XIII, 383. — *Journal de Paris*, octobre et novembre 1781. — *Revue des Deux-Mondes*, numéro du 15 mars 1854. — *Galerie historique de la troupe de Nicolet*, par de Manne et Ménétrier, 17.)

PETIT PETIT DIABLE (LE), enfant âgé de 7 ans et 8 mois, faisait partie de la troupe des Enfants-Espagnols qui débuta sur le théâtre des Grands-Danseurs du Roi le mercredi 8 mai 1781. Il exécutait la danse de corde avec des sabots, faisait les châssis, les écarts et le saut du cheval comme le *Petit Diable* et comme Placide, le tout sans balancier.

(*Journal de Paris*, 8 mai 1781.)

PETITPAS (Mlle), actrice foraine, fit d'abord partie de la troupe de Dolet et Delaplace et débuta à leur théâtre, à la foire Saint-Germain de 1723. Elle fut engagée ensuite à l'Opéra-Comique et y joua, à la foire Saint-Laurent de 1725, le rôle de *Jeannette* dans *le Triomphe de l'Hymen,* opéra comique en deux actes, de Bailly, représenté le 6 juillet de cette même année. En 1727, Mlle Petitpas entra à l'Opéra et mourut en 1740.

(*Mémoires sur les Spectacles de la Foire*, II, 12. — *Dictionnaire des Théâtres*, V, 551.)

PETITS COMÉDIENS DU MARAIS, théâtre de marionnettes situé rue de Saintonge, près le boulevard du Temple, dirigé en 1749 par Nicolas Bienfait II.

Voy. BIENFAIT II.

PHILIPS, arlequin anglais, parut sur le théâtre de l'Opéra-Comique pendant la foire Saint-Laurent de 1737 et joua dans un divertissement représenté à la suite de la *Fée Brochure,* opéra comique de Carolet (26 juin), et dans une pantomime intitulée: *A new entertainment of dancing of singing* (9 août).

(*Mémoires sur les Spectacles de la Foire,* II, 121. — *Dictionnaire des Théâtres,* II, 420, 500.)

PHILIPS (Mlle), fille du précédent, actrice anglaise, parut sur le théâtre de l'Opéra-Comique pendant la foire Saint-Laurent de 1737 et remplit avec talent des rôles dans les divertissements cités à l'article précédent.

(*Mémoires sur les Spectacles de la Foire,* II, 122. — *Dictionnaire des Théâtres,* I, 420, 500.)

PHOQUE, animal vivant que l'on voyait à la foire Saint-Germain et au boulevard du Temple en 1779. Le 2 du mois de juin de cette année, le Phoque mourut et son cadavre embaumé se montrait encore sur le boulevard à cette époque.

(*Journal de Paris,* 18 mai, 6 juin 1779.)

L'an 1779, le vendredi 25 juin, neuf heures et demie du foir, en l'hôtel et par-devant nous Mathieu Vanglenne, etc., font comparus fieur Léopold Poli de Blanchet, médecin, et Jeanne-Jofeph Lami, veuve du fieur Claude-Antoine Granjean, officier fuiffe, demeurant à Paris, rue Saintonge, paroiffe St-Nicolas-des-Champs, chez le fieur Lahauffe, perruquier, ledit fieur Poli de Blanchet et ladite veuve Granjean affociés pour leurs affaires perfonnelles: Lefquels nous ont rendu plainte contre le nommé Pierre Compagnon-Defmarais et nous ont dit que, le 14 du courant, ils ſont convenus avec ledit Compagnon-Deſmarais d'acheter conjointement pour moitié un grand poiſſon nommé le Phoque, mort et embaumé, moyennant 700 livres, à l'effet de le faire voir au public moyennant la rétribution fixée, ſous l'agrément de M. le Lieutenant général de police. Que, pour tenir compte audit Compagnon-Deſmarais des 350 livres pour la moitié dans le prix dudit poiſſon, le plaignant a remis audit Compagnon-Deſmarais une tabatière d'or de quatre couleurs, de forme ovale, à uſage de femme, appartenant à ladite veuve Granjean, pour laquelle ledit marché a été fait. Que ledit Compagnon-Deſmarais a paru ſeul dans le contrat de vente qui a été fait ſous ſeing privé dudit poiſſon, parce que le plaignant ne vouloit pas paroître ni faire paroître ladite veuve Granjean audit marché; mais que, au préjudice de la convention verbale faite entre le plaignant, ladite veuve Granjean et ledit Compagnon-Deſmarais que le poiſſon nommé Phoque devoit appartenir pour moitié audit Deſmarais et pour l'autre moitié au plaignant pour ladite veuve Granjean qui avoit fourni ſa moitié dudit prix en une tabatière qu'il devoit retirer cette ſemaine en fourniſſant en deniers comptans la moitié dudit prix et en tenant compte par ledit Deſmarais du produit de la moitié du montant des recettes journalières, ledit Deſmarais refuſe d'admettre le plaignant et ladite veuve Granjean en ſociété avec lui pour le prix principal du poiſſon ainſi que de tenir compte du produit de la recette journalière, quoique juſques à préſent cette même recette ait été faite journellement et arrêtée tous les ſoirs conjointement par les plaignans et ledit Deſmarais, comme il nous eſt apparu par le bordereau qui nous a été repréſenté par ledit ſieur plaignant qui l'a repris en ſa poſſeſſion. Et comme c'eſt un abus de confiance intolérable de la part dudit Compagnon-Deſmarais et que le plaignant eſt en état de prouver que cette ſociété a été conſentie par ledit Compagnon-Deſmarais qui a donné au plaignant mardi dernier ſur les midi 4 louis à-compte ſur ce qui lui revenoit dans le produit de la recette journalière et que ſi les plaignans ne ſont pas dénommés dans la vente ſous ſeing privé, cela étoit convenu entre eux, ledit Deſmarais et le vendeur, il a été conſeillé de venir nous rendre la préſente plainte.

Signé : Poli de Blanchet; J. J. Lami; Vanglenne.

(*Archives des Comm.*, n° 4984.)

PICARDEAU (Pierre-Louis), né vers 1758, acteur du boulevard, successivement attaché à l'Ambigu-Comique de 1770 à 1774, au théâtre des Grands-Danseurs du Roi en 1780, puis de nouveau à l'Ambigu-Comique à partir de 1781; il y était encore en 1790 (1). Ce très-médiocre comédien a joué entre autres rôles à ce dernier théâtre : *Duciseau, sculpteur en bois,* dans le *Cabinet des figures, ou le Sculpteur en bois,* comédie en un acte, en prose, de Mague de Saint-Aubin, représentée le jeudi 25 juillet 1782, et un *médecin, amant d'Églé,* dans *Tout comme il vous plaira, ou la Gageure favorable,* comédie en un acte, en prose, de Sedaine le jeune, représentée le vendredi 5 mai 1786.

(*Almanachs forains,* 1773, 1775. — *Le Chroniqueur désœuvré,* II, 52. — Brochures intitulées : *le Cabinet des figures,* Paris, Cailleau, 1784 ; *Tout comme il vous plaira,* Paris, Cailleau, 1795.)

I

Lundi 3 janvier 1780, 7 heures du ſoir.

Le nommé Picardeau, acteur de Nicolet, arrêté par Rigaut, ſergent, à la réquiſition dudit Nicolet, pour avoir cauſé du ſcandale ſur le théâtre (2). Relaxé.

(*Archives des Comm.,* n° 5022.)

II

Vendredi 1er février 1788, huit heures et demie du ſoir.

Le ſieur Paitre, ſergent-fourrier, à la réquiſition du ſieur Picardeau, acteur du ſieur Audinot, a arrêté le ſieur Pompigni, prépoſé pour le ſervice dudit ſpectacle, pour s'être battus dans le ſpectacle (3). Renvoyés à ſe pourvoir.

(*Archives des Comm.,* n° 5022.)

Voy. Mayeur (29 octobre 1778 et 6 mars 1782).

---

(1) Picardeau devint plus tard directeur de l'Ambigu-Comique, qu'il administra fort mal. Sa bêtise était proverbiale. C'est lui qui répondit à l'un de ses acteurs qui lui demandait un à-compte sur son traitement pour sa femme en couches : « Pourquoi ta femme accouche-t-elle ? » et à un autre qui sollicitait une avance de fonds pour sa famille malheureuse : « Pourquoi as-tu habitué ta femme et tes enfants à manger ? »

(2) Le 3 janvier 1780, Picardeau était venu au théâtre complétement ivre. On donnait ce jour-là : *la Ceinture merveilleuse ; le Calendrier des Vieillards,* et un divertissement, *Ce qui vient de la flûte retourne au tambour,* comédie de Beaunoir, précédée des *Visites du jour de l'an* et terminée par le *Triomphe de l'amour conjugal,* pantomime à machines.

(3) Maurin de Pompigny, auteur dramatique assez estimé du boulevard, était en même temps régisseur de la scène à l'Ambigu. Le 1er février 1788, Picardeau arriva en retard au théâtre et le public murmurait déjà. A une observation faite par Maurin de Pompigny il répondit par une insolence, et Pompigny lui donna un soufflet auquel Picardeau riposta par un coup de poing. On jouait ce soir-là à l'Ambigu-Comique : *l'Incendie, ou le Bailli en bonne fortune,* pantomime en un acte, précédée de *Brindavoine,* et de la *Lanterne magique,* comédie en un acte.

PIERRET (Alexandre-Isidore), acteur du spectacle des Associés en 1787.

Mercredi 6 juin 1787, 9 heures du soir.

Le sieur Jouan, sergent-fourrier de la garde de Paris, à la réquisition du sieur Sallé, directeur des Associés, a arrêté Alexandre-Isidore Pierret, acteur, pour être venu trop tard au spectacle, ce qui a occasionné beaucoup de rumeur. A l'hôtel de la Force.

(*Archives des Comm.*, n° 5022.)

PIÊTRE (François), acteur forain, faisait partie, en qualité de danseur, de la troupe d'Alard à la foire Saint-Germain de 1710.

L'an 1710, le lundi 10e jour de février, du matin, par-devant nous Charles Bourdon, etc., est comparu François Piètre, maître à danser, demeurant cour du Palais : Lequel nous a fait plainte et dit que le jour d'hier à la sortie du jeu du sieur Allard l'aîné, où il est engagé en qualité de danseur pour la foire St-Germain et celle de St-Laurent prochaine, il fut boire au cabaret de la Roche-Guyon avec le sieur Delaporte, un de ses camarades. Dans lequel cabaret ils firent rencontre du sieur François Octavien, peintre de profession, chanteur et parent dudit sieur Allard, lequel étoit accompagné d'un particulier vêtu de noir, inconnu au plaignant et qu'il a su par la suite être frère dudit Octavien, lesquels étoient à boire dans ledit cabaret, à la table desquels le plaignant se mit à la sollicitation dudit Delaporte. Ils burent ensemble cinq à six bouteilles de vin que le plaignant paya; ensuite ils montèrent dans une première chambre pour se séparer d'une compagnie qui étoit survenue et qui paroissoit turbulente. Dans laquelle première chambre ils brûlèrent un fagot et un cotteret et burent encore trois ou quatre bouteilles de vin que le plaignant paya encore. Après quoi ils sortirent dudit cabaret sans aucun différend, vinrent sur le pont au Change en la maison de Simon, limonadier, avec deux particuliers inconnus au plaignant qui les avoient suivis dudit cabaret, bûrent chez ledit Simon du café et des liqueurs, ayant resté jusque sur les trois à quatre heures du matin qu'ils en sont sortis. Le plaignant auroit accompagné lesdits Octavien frères et ledit Delaporte jusqu'à la place de Grève, lieu de leur demeure, et n'ayant pu avoir l'ouverture de chez eux, ils auroient été tous quatre ensemble dans un échaudoir, près la porte de Paris, où ils ont acheté trois têtes de mouton et les langues pour 24 sols, qu'ils ont été faire apprêter et manger au cabaret de la Pantoufle à la porte de Paris, ayant dépensé en tout cent sols que le plaignant a payés. En fin duquel repas, malgré la manière honnête dont le plaignant en avoit agi, le frère cadet dudit Octavien donna au plaignant un soufflet sans aucun sujet sinon qu'il demandoit à la compagnie son tabac. Ledit François Octavien s'est scandalisé contre son frère, blâmant icelui de sa brutalité. Le plaignant, pour éviter le bruit, seroit sorti du cabaret et rentré à la sollicitation d'un des garçons dudit cabaret, qui le vint prier de la part de sa compagnie de ne plus penser à ce qui s'étoit passé. De sorte qu'étant remonté dans la chambre au premier étage où ils étoient, ils en seroient sortis tous ensemble cejourd'hui, sur les six heures du matin, bons amis en apparence et passant leur chemin par la rue St-Germain-l'Auxerrois, prenant prétexte de reconduire le plaignant chez lui, il auroit été surpris que lesdits Octavien et Delaporte, auprès du premier abreuvoir, se sont jetés sur lui, maltraité de coups, arraché sa canne de jais qu'il tenoit à la main, et à l'instant mis contre lui l'épée nue à la main pour le percer. Lequel plaignant, pour garantir sa vie du mauvais dessein qu'ils avoient prémédité de l'assassiner, s'est mis en défense, mais ayant été assailli et environné par les accusés, il a été obligé de leur abandonner son épée qui est sautée de sa main et de prendre la fuite sans quoi il auroit été assassiné. Et attendu que cette action mérite punition ainsi que la rétention qu'ils font de ses canne et épée, pourquoi a été conseillé de nous rendre la présente plainte.

Signé : PIÈTRE ; BOURDON.

(*Archives des Comm.*, nº 20.)

PIETRO, danseur de l'Opéra-Comique, parut ainsi que sa femme et son fils dans les ballets de ce théâtre vers 1752.

(*Dictionnaire des Théâtres*, VI, 656.)

PIGAULT-LEBRUN (CHARLES-ANTOINE-GUILLAUME PIGAULT DE LÉPINOY, dit), né en 1753, mort en 1836, romancier et auteur dramatique, fut quelque temps régisseur, metteur en scène et acteur au théâtre des Variétés du Palais-Royal (ancien spectacle des Variétés-Amusantes) en 1789.

(*Biographie Michaud.*)

PINETTI, escamoteur et prestidigitateur, donnait des représentations en 1783 sur le théâtre des Menus-Plaisirs du Roi, faubourg Poissonnière. Les places coûtaient 6 livres aux premières et au parquet, 3 livres aux secondes et 1 livre 10 sols au parterre. Voici en quels termes les *Mémoires secrets* parlent de ce physicien à la date du 1er janvier 1784 :

« Le ſieur Pinetti attire un monde prodigieux de la plus haute volée. Ses tours ſont auſſi variés que ſurprenans, et s'il n'étoit pas étranger et qu'il s'énonçât plus facilement dans noſtre langue, il ſéduiroit infiniment.

« On admire ſurtout une petite tête d'or, groſſe comme une noix, qui, miſe dans un verre tranſparent et fermé d'un couvercle d'argent, devine tout ce qu'on lui demande et l'indique par des ſignes.

« La pièce que cet habile eſcamoteur appelle le Bouquet philoſophique eſt un arbre compoſé de petites branches d'oranger dont les feuilles ſont fraîches et naturelles. Il les met ſous une bouteille de criſtal, et en lui jetant de loin quelques gouttes d'une eau de ſa compoſition, les feuilles changent, le bouquet donne des fleurs et enfin des fruits. L'illuſion que produit ce morceau ne laiſſe rien à déſirer.

« M. Pinetti préſente aux ſpectateurs un jeu de cartes neuves; pluſieurs perſonnes de la compagnie en penſent ou en cachent une, après quoi le jeu eſt inſéré dans une petite boite d'argent ouverte dans ſa partie ſupérieure et dont la partie inférieure eſt terminée en un petit tuyau qu'on introduit dans le goulot d'une bouteille, laquelle préalablement eſt livrée à l'examen des ſpectateurs et placée enſuite ſur une table iſolée; au commandement, les cartes ſortent du jeu et s'élancent en l'air.

« Il fait ſortir d'un œuf un ſerin vivant auquel il donne alternativement la vie et la mort. A l'aide d'une commotion électrique qu'il paroît communiquer avec une bande de papier ordinaire, il tranche le col d'un pigeon vivant ſans qu'il y ait aucune goutte de ſang répandu.

« M. Pinetti exécute 50, 100, 1,000 tours de cette eſpèce qu'on ne finiroit pas de détailler, mais il promet une merveille ſupérieure : il fait l'annonce d'un ferin organifé qui exécutera les pièces de mufique qu'on lui offrira. L'oifeau fera ifolé et ne contiendra rien de ce qui pourroit le faire affimiler à une ferinette.

« Au furplus, M. Pinetti refte conftamment en préfence des fpectateurs pendant toutes ces opérations, et il eft difficile de deviner quelle eft la communication établie entre lui et les différens objets qu'il offre à la curiofité de la compagnie. »

En 1785, Pinetti était encore à Paris.

(*Journal de Paris*, 20 décembre 1783, 18 mars 1785. — *Mémoires secrets*, XXIV, 103. XXV, 9.)

PIRARD, associé pour moitié dans le privilége de l'Opéra-Comique exploité en 1724 par Maurice Honoré.

L'an 1724, le deuxième jour de juin, eft venu par-devant nous Jofeph Langlois, etc., le fieur Jean Levié, bourgeois de Paris, y demeurant rue de Grenelle, paroiffe St-Euftache : Lequel nous a rendu plainte contre le fieur Pirard, auffi bourgeois de Paris, et fa femme, et dit qu'ayant, lui plaignant, fait préfenter, il y a environ un an, un mémoire à feu monfeigneur le duc d'Orléans, lors régent, pour avoir le privilége de faire jouer à Paris un Opéra comique dans les foires St-Laurent et St-Germain dont ledit Pirard devoit être de fociété avec lui, ledit mémoire auroit été rejeté lors; mais depuis la mort de mondit feigneur le régent, ledit Pirard ayant, fur les mémoires du plaignant, fait de nouvelles follicitations tant auprès de Son Alteffe féréniffime Monfieur le Duc, qu'autres perfonnes de faveur et de crédit, pour avoir ledit privilége, il l'auroit enfin obtenu, et l'ayant fait favoir au plaignant, même à icelui mandé par un billet écrit de fa main de le venir trouver chez lui pour une affaire qu'il avoit à lui communiquer qui étoit celle dudit Opéra, ne pouvant pas ledit Pirard fortir lors de chez lui à caufe d'une incommodité qu'il avoit. Le plaignant fe feroit, fur ledit billet, rendu chez lui, où là, ayant témoigné audit plaignant qu'il étoit jufte de l'affocier avec lui dans ledit Opéra, mais qu'il ne le pouvoit faire que pour un tiers parce qu'il y avoit déjà affocié un autre particulier nommé le fieur Honoré, le plaignant auroit acquiefcé à fa propofition. Et depuis ledit Pirard lui ayant dit que ledit Honoré, à qui il en avoit parlé, ne vouloit rien céder de la moitié qu'il avoit dans la fociété par lui contractée avec ledit Pirard, icelui Pirard auroit propofé audit plaignant de lui donner une moitié dans fa moitié et qu'il leur falloit qu'il leur fit prêter une fomme de 4,000 livres comptant dont ils avoient befoin pour l'entreprife dudit Opéra; laquelle propofition ayant été acceptée par ledit plaignant, icelui plaignant s'eft donné des mouvemens pour leur faire prêter ladite ſomme ſur l'obligation ſolidaire tant de lui et de ſa femme que deſdits Pirard et Honoré et de leurs femmes. Lors du prêt de laquelle ſomme, dont l'acte a été paſſé il y a environ un mois par-devant notaires, ledit Pirard fit ſon billet ſous ſeing privé audit plaignant portant promeſſe de l'aſſocier avec lui pour moitié dans ſa moitié audit Opéra-Comique et de lui en paſſer acte de ſociété par-devant notaires toutes fois et quantes. Sur le fondement duquel écrit et de l'emprunt par eux tous ſolidairement fait deſdites 4,000 livres pour fournir aux avances qu'il convient faire pour ledit Opéra, ledit plaignant ſe regardait comme aſſocié deſdits Pirard et Honoré comme en effet il le doit être. Il a en particulier fourni et avancé pour ladite ſociété juſqu'à concurrence de la ſomme de 308 livres tant en argent que vin en bouteille et repas donnés à des acteurs qu'il a fallu choiſir et attirer pour jouer audit Opéra, ce qu'il n'a fait que de concert avec ledit Pirard dont il a même un billet qui eſt écrit, ſigné de lui, daté du 3 mai dernier, par lequel entre autres choſes il le prie de lui envoyer un louis d'or pour achever de payer une ſomme de 250 livres à un acteur. Depuis toutes ces choſes ainſi faites, le plaignant ayant ſollicité ledit ſieur Pirard de lui donner un acte en forme de ladite ſociété paſſé devant notaires, conformément à la promeſſe de ſon écrit ſous ſeing privé, et un état qu'il lui avoit promis tant de l'emploi par lui fait deſdites quatre mille livres qui ont été empruntées pour ledit Opéra que des autres dépenſes faites pour ledit ſujet, ledit Pirard auroit attiré chez lui ledit plaignant il y a deux à trois jours ſous prétexte de lui donner ſatisfaction ; où étant avec ſa femme, ſans avoir aucune méfiance dudit Pirard ni de ſa femme qu'ils ne croyoient pas capables de commettre l'action ci-après dite, ladite femme Pirard ayant demandé audit plaignant à voir le billet que ſon mari lui avoit fait pour l'intéreſſer dans ladite ſociété, ledit plaignant auroit auſſitôt tiré de ſa poche ledit billet et l'ayant préſenté à ladite femme Pirard, icelle femme l'a dans l'inſtant déchiré et lacéré en morceaux, ce qui auroit fort ſurpris ledit plaignant et ſa femme ; leſquels étant tout émus d'une pareille action, ledit Pirard, pour ſuſpendre dans ce moment l'eſprit du plaignant et l'empêcher de ſe porter à quelque extrémité violente où quelque autre moins prudent que lui auroit pu ſe porter, lui dit qu'il étoit honnête homme et que quoique ledit billet fût déchiré, il ne ſeroit pas moins aſſocié avec lui et qu'il lui donneroit ſatisfaction ſur cela, ce que ledit ſieur Levié croyant encore volontiers lors, il auroit différé de nous en porter plainte. Et comme ledit ſieur Pirard perſévère toujours dans le refus de lui donner ledit acte de ſociété avec l'état qu'il lui a promis de tous les emprunts et créances qui ont été faits pour ladite ſociété auxquels il eſt prêt de contribuer pour ſa part et portion, il a été conſeillé de nous rendre contre lui la préſente plainte.

Signé : LEVIEZ ; LANGLOIS.

(*Archives des Comm.*, n° 4531.)

PLACIDE (Mlle OLIVIER, dite), danseuse de corde chez Restier en 1753.

PLACIDE (ALEXANDRE-PLACIDE BUSSART, dit), l'un des meilleurs sauteurs et danseurs de corde du théâtre de Nicolet, où il parut vers 1770, était en même temps auteur de diverses pantomimes qui ont obtenu de grands succès. On cite *Arlequin, dogue d'Angleterre, Colombine invisible, Arlequin Péruvien,* le *Malade jaloux,* où il remplissait le rôle de *Pierrot,* et les *Amours du Bûcheron et de Nicodème, ou l'Heureux Engagement.*

Comme son camarade Paulo Rédigé, dit le Petit Diable, Placide donna de nombreuses représentations en province et à l'étranger, et surtout à Londres. Il revenait par intervalles chez Nicolet, et c'est ainsi qu'il y reparut en 1779 et en 1781. En 1785, il cessa de faire partie de la troupe où il avait si longtemps brillé, et en 1788, dans un document transcrit plus bas, nous le voyons se qualifier non plus d'acteur chez Nicolet, mais bien de danseur du Roi; c'est là en effet un titre qu'il revendiquait, et dans un débat qu'il eut avec son ancien directeur, il rappelait avec orgueil que ce titre de danseur du Roi lui appartenait à lui seul et que c'était à tort que Nicolet l'avait pris. Que devint Placide? resta-t-il à Paris ou alla-t-il jouer à l'étranger? C'est ce qu'on ne saurait dire. MM. de Manne et Ménétrier racontent qu'il y avait en 1830, au petit théâtre des Funambules, un vieil acteur nommé Placide qui jouait les *Cassandres* et qui malgré son âge faisait preuve d'une grande souplesse; cet acteur fut trouvé mort un matin sur un banc du boulevard où il s'était couché la veille pris de boisson, et ils se demandent, non sans mélancolie, si ce vieillard misérable n'est pas le même que le brillant Placide du théâtre de Nicolet.

(*Le Chroniqueur désœuvré,* I, 75. — *Journal de Paris,* 22 avril 1780, 25 janvier, 27 octobre 1781. — *Galerie historique de la troupe de Nicolet,* par MM. de Manne et Ménétrier, 18.)

I

Mercredi 18 juin 1777, 6 heures du ſoir.

Henri-Maximin Roſman, ancien gendarme du Roi, demeurant rue Fontaine, arrêté par Lebel, caporal de poſte aux Enfans-Rouges, à la réquiſition d'Alexandre-Placide Buffart, danſeur chez Nicolet, pour avoir fait tapage et avoir battu ledit Buffart (1). Relaxé.

(*Archives des Comm.*, nº 5022.)

II

L'an 1780, le ſamedi 16 ſeptembre, quatre heures du matin, nous Auguſtin-Charles Pierre, etc., ayant été averti par un ſoldat de la garde de Paris, nous ſommes tranſporté rue Ste-Anne, à l'hôtel de la République de Gênes, tenu garni par le ſieur Lebreton, à la porte duquel nous avons trouvé Étienne Girard, caporal de la garde de Paris, de poſte à la barrière des Sergens : Lequel nous a dit avoir été requis de ſe tranſporter audit hôtel par le domeſtique d'un officier qui a eu querelle avec un autre particulier et qui s'eſt battu; pourquoi et parce qu'il ne peut entrer ſans notre aſſiſtance dans ledit hôtel, il a requis notre tranſport pour être ordonné ce que de raiſon.

Eſt auſſi comparu Jean-Marie de Bauri, colonel d'infanterie au ſervice des États-Unis de l'Amérique, logé préſentement audit hôtel : Lequel nous a dit qu'ayant ſu ce ſoir que le ſieur Placide, danſeur chez Nicolet, voyoit fréquemment la demoiſelle Quéli, logée audit hôtel, ſur les lettres de laquelle le comparant s'eſt rendu à Paris il y a quelque tems et avec laquelle il vit préſentement, et fâché d'être compromis avec ledit Placide, il lui a répondu à ſon offre de lui remettre la clef de la demoiſelle Quéli, qu'il n'avoit pas affaire à lui. Que cette réponſe a ſuſcité entre eux des propos, et ledit Placide ayant jeté ſur le comparant une canne dont il eſt ſorti un dard, le comparant a été obligé de ſe ſervir de la ſienne dans laquelle eſt une lame d'épée pour ſe défendre. Que le monde de l'hôtel eſt ſurvenu à ce bruit et le comparant a requis la garde. Pourquoi il nous a rendu contre ledit Placide la préſente plainte.

Signé : De Baury.

Ayant enſuite été introduit par le ſieur Lebreton dans une chambre au troiſième étage occupée par la demoiſelle Quéli, nous y avons trouvé

(1) Ce gendarme avait insulté Placide sur le théâtre pendant la représentation. On donnait ce soir-là au spectacle des Grands-Danseurs du Roi : *Madame Brouilletout, ou Erreur n'est pas compte, la Soirée villageoise*, divertissement précédé du *Bal masqué*, et un divertissement : *Arlequin dans les Iles*, grande pantomime à machines avec un divertissement chinois.

Alexandre Placide, premier danſeur du ſieur Nicolet, demeurant rue du Pont-aux-Choux, à l'Hôtel Royal : Lequel nous a dit que, ſachant que ledit de Bauri fréquentoit la demoiſelle Quéli et pour éviter le bruit, il a remis ſur l'eſcalier la clef de ſa chambre audit Bauri avec lequel il eſt remonté chez la demoiſelle Quéli, que ledit Bauri a frappée en préſence du comparant qui a voulu la défendre; mais que ledit Bauri a tiré à l'inſtant ſur lui une lame d'épée hors de ſa canne. Que le comparant a eu à peine le tems de barrer et de rompre. Qu'il eſt faux qu'il ait eu une canne avec un dard; qu'il n'avoit qu'une canne d'épine ſans apprêt et ne ſait ce qu'elle eſt devenue.

Signé : A. Placide.

Nous avons auſſi trouvé dans ladite chambre Antoine Varet, portier dudit hôtel, qui a dit être accouru au bruit qu'il a entendu et a vu ledit Placide qui étoit entré avec une canne, en allonger un coup ſur ledit Bauri, et les a ſéparés. Le ſieur Lebreton et la femme Reine ont de même dit être venus au bruit qui s'eſt fait dans ladite chambre et ont ſéparé leſdits Bauri, et Placide, qu'ils ont été ſurpris de trouver avec la demoiſelle Quéli, attendu que c'eſt contre leurs ordres ſi quelqu'un va coucher avec elle et qu'ils ignoroient qu'il y vint perſonne la nuit.

Signé : Lebreton; Lacour.

Attendu ce qui réſulte de ce que deſſus, nous avons ordonné que ledit Placide ſera conduit comme perturbateur du repos public ès priſons du Grand-Châtelet et que ledit Girard s'en chargera pour le remettre au premier officier du guet requis; ce qu'il a à l'inſtant fait.

Signé : Pierre.

(*Archives des Comm.*, n° 4308.)

III

De par le Roi

Il eſt ordonné à M. Guyot, commiſſaire au Châtelet, de ſe tranſporter accompagné du ſieur Poiſſon, inſpecteur de police, dans le logement du nommé Placide, à l'effet de faire une exacte perquiſition dans ſes hardes et effets, de ſaiſir tous les objets qui lui paroîtroient être à l'uſage de femme (autres que ceux qui ſeront reconnus appartenir à la demoiſelle Sophie Edwards, leſquels ſeront remis à ladite demoiſelle) et du tout dreſſer procès-verbal.

Signé : Louis.

Et plus bas : Le baron de Breteuil.

L'an 1788, le vendredi 29 février, ſept heures du matin, nous Michel-Pierre Guyot, etc., en vertu de l'ordre du Roi à nous adreſſé par M. le

Lieutenant général de police, nous sommes transporté, accompagné du sieur Jacques-Gabriel Poisson, conseiller du Roi, inspecteur de police, rue du Petit-Lion, à l'hôtel de Provence, tenu garni par la femme Dodet, où étant entré dans une chambre au second, ayant vue sur la rue, occupée par le sieur Placide, danseur du Roi, nous y avons trouvé ledit sieur Placide auquel ayant expliqué le sujet de notre transport, ledit sieur Placide nous a dit que sa femme l'a quitté il y a trois mois, a emmené son enfant et a emporté avec elle toutes ses hardes et effets; qu'il n'a aucune chose à elle appartenante; qu'il est prêt et offre de nous ouvrir sa commode et coffres à l'effet d'y faire perquisition.

Ouverture par lui faite de sa commode et coffre, nous y avons fait perquisition par l'événement de laquelle nous n'y avons trouvé aucun objet à usage de femme. Nous observe que depuis son départ il a mis au mont-de-piété des effets à elle appartenant qui y sont engagés pour huit louis d'or; que sa femme lui ayant fait énormément de dettes, il a été obligé de prendre ce parti pour payer portion de la dépense qu'elle avoit faite à l'hôtel du Bord où elle avoit logé.

Le sieur Poisson a interpellé ledit sieur Placide de déclarer où est actuellement la nommée Sophie Edwards qu'il a emmenée de Londres et sommé de la représenter.

Ledit sieur Placide nous a dit qu'il n'a pas emmené cette petite fille, qu'elle est fille du cocher de sa femme qui l'a emmenée avec elle en venant à Paris, que depuis trois semaines elle est entre les mains de son père, qu'il est prêt et offre de conduire ledit sieur Poisson en la demeure de ce particulier, rue du Colombier, au Café anglois.

Ledit sieur Poisson est parti à l'instant avec ledit sieur Placide et est revenu une demi-heure après avec ledit Placide, la demoiselle Edwards et son père, et les a fait paroître devant nous.

Le père ne sachant pas parler françois n'a pu répondre aux différentes questions que nous lui avons faites que par le truchement dudit sieur Placide, avec lequel il a paru être parfaitement d'accord.

Il résulte des réponses de la petite fille aux questions que nous lui avons faites que ledit Placide ne l'a point enlevée; que ladite dame Placide l'a amenée à Paris comme étant à son service et fille de son cocher; qu'elle n'a aucun reproche à faire audit sieur Placide qui l'a remise entre les mains de son père il y a environ trois semaines, et à son arrivée d'Orléans, et qu'elle est âgée de 13 ans et demi.

Signé : Sophie Edwards.

Avons de tout ce que dessus dressé procès-verbal.

Signé : Guyot; Poisson; Alexendre (*sic*) Placide.

(*Archives des Comm.*, n° 2861.)

Voy. Petit Diable (Paulo Rédigé, dit Pol, dit le).

PLANCHER VALCOUR (Philippe-Aristide-Louis-Pierre), né en 1751, mort en 1815, auteur dramatique et comédien du boulevard, fonda en 1785 le spectacle des Délassements-Comiques sur le boulevard du Temple et fut le principal acteur de ce petit théâtre qu'un incendie consuma le 30 décembre 1787. Les Délassements-Comiques furent reconstruits en 1788 et en butte, comme les autres spectacles forains, à la jalousie de la Comédie-Française et de l'Académie royale de musique; mais ici la persécution atteignit les dernières limites du grotesque: il fut interdit au directeur des Délassements de jouer autre chose que des pantomimes, de faire paraître sur le théâtre plus de trois acteurs à la fois, et ces acteurs devaient être séparés du public par un rideau de gaze. Heureusement que le terme de ces persécutions était proche; le 14 juillet 1789, jour de la prise de la Bastille, Plancher Valcour, étant en scène, creva la gaze en criant : Vive la Nation ! et inaugura ainsi le régime de la liberté théâtrale qui fut établi quelques mois plus tard.

(*Biographies Michaud et Didot; Curiosités théâtrales*, par V. Fournel, 309.)

POINT DU JOUR. Spectacle mécanique que l'on voyait à la foire Saint-Germain de 1751. L'annonce de l'entrepreneur de ce spectacle explique quelle en était la nature : « Il eſt arrivé à la foire Saint-Germain un théâtre repréſentant le Point du jour par cent figures habillées et toutes mouvantes qui imitent parfaitement la nature. On montrera tous les jours cette pièce à toute heure jusqu'à 10 heures du ſoir à l'Opéra-Comique. Il y aura trois ſortes de places. »

(*Affiches de Paris*, 1751.)

POMPÉE (Jean-Étienne-Bernard LECAT, dit) jouait en 1787 au spectacle des Associés dont il était le premier sujet. Pompée était très-aimé du public qui fréquentait ce théâtre. Brazier, parlant de ce comédien, s'exprime ainsi : « Quand on donnait le *Grand festin de Pierre ou l'Athée foudroyé*, joué par Pompée, premier sujet de la troupe, le directeur Sallé faisait l'annonce lui-même et criait : « Prrrrnez vos billets !... M. Pompée jouera ce soir avec toute sa garde-robe.... Faites voir l'habit du premier acte ! » Et l'on montrait l'habit du premier acte. « Entrez ! Entrez !.... M. Pompée changera douze fois de costumes. Il enlèvera la fille du Commandeur avec une veste à brandebourgs et sera foudroyé avec un habit à paillettes !... »

(*Histoire des petits Théâtres*, par Brazier, I, 57.)

L'an 1787, le lundi 16 juillet, cinq heures et demie du matin, en notre hôtel et par-devant nous Mathieu Vanglenne, etc., eſt comparu Nicolas Luci, ſergent de la garde de Paris, de poſte à la barrière du Temple : Lequel nous a dit qu'il vient d'arrêter un particulier à la réquiſition de deux autres qui ſe ſont plaints d'avoir été inſultés et maltraités ainſi que leurs femmes ſur le boulevard par ledit particulier qu'il a amené en notre hôtel pour être par nous ordonné ce qu'il appartiendra.

Signé : Luci.

Sont auſſi comparus ſieur Jean-Étienne-Bernard Lecat, dit Pompée, et demoiſelle Marie Sollange, ſon épouſe, et ſieur Jean-Pierre-Adrien Deriſſart, dit Derci, et demoiſelle Marie Sorelle, ſon épouſe, tous acteurs et actrices du ſpectacle des Aſſociés, demeurant boulevard du Temple, paroiſſe St-Laurent : Leſquels nous ont dit qu'il y a environ une demi-heure, étant ſur le boulevard du Temple vis-à-vis ledit ſpectacle, ils ont été inſultés par une compagnie de 12 perſonnes tant hommes que femmes qui ſe ſont mis à crier : « Tiens ! voilà les acteurs du ſpectacle de la grimace, il faut les faire monter et pour 2 ſous nous nous ferons amuſer par eux. » Que ledit ſieur Deriſſart a été à eux et leur a dit qu'ils étoient malhonnêtes et qu'ils paſſaſſent leur chemin, qu'alors le particulier arrêté lui a répondu qu'il falloit finir la querelle à coups de poing, et auſſitôt un deſdits particuliers a ſauté ſur l'épouſe dudit ſieur Deriſſart et lui a porté pluſieurs coups de paraſol ſur la tête et ſur les bras. Que ledit particulier arrêté eſt tombé ſur ledit ſieur Deriſſart et lui a porté pluſieurs coups d'une canne qu'il tenoit à la main. Que deux autres particuliers de la compagnie de celui qui eſt arrêté ont porté pluſieurs coups de canne auxdits ſieur et dame Pompée. Que les plaignans ayant appelé au ſecours, la garde eſt ſurvenue qui a arrêté l'un deſdits particuliers, les autres ayant pris la fuite. Qu'il réſulte de ces mauvais traitemens que ledit ſieur Deriſſart a pluſieurs meurtriſſures au viſage et ſur le bras gauche ; que la dame ſon épouſe a auſſi des meurtriſſures ſur le bras droit; que ſon peigne eſt caſſé et ſon mantelet déchiré, le tout ainſi qu'il nous eſt apparu : nous rendant plainte deſdits faits contre leſdits particuliers.

Signé : DERISSART-DERCY ; M. SORELLI ; M. ROUSSELOT, DITE SOLANGE ; J. E. B. LECAT, DIT POMPÉE.

En conſéquence, ayant fait comparoître ledit particulier arrêté, il nous a dit ſe nommer Louis-François Biſton, modeleur, demeurant rue St-Nicolas, et après l'avoir entendu en ſes défenſes, attendu les faits contenus en ladite plainte, nous avons ordonné que ledit Biſton ſera conduit ès priſons de l'hôtel de la Force.

Signé : VANGLENNE.

(*Archives des Comm.*, nº 5002.)

Voy. SALLÉ.

PONCET (JEANNE-BARBE), actrice du jeu d'Octave pendant la foire Saint-Germain de 1714.

L'an 1714, le ſamedi 17 mars, environ les ſept heures du ſoir, nous César-Vincent Lefrançois, etc., nous étant trouvé dans le préau de la foire St-Germain, au jeu d'Octave, étant prêt à ſortir du jeu, s'eſt préſentée à nous Jeanne Barbe Poncet, femme de Jacques Amiot, perruquier, demeurant rue Dauphine : Laquelle nous a fait plainte et dit qu'elle s'eſt engagée avec le ſieur Octave pour la repréſentation de ſes jeux et chanter les couplets qui lui ſeroient donnés; ce qu'elle a exécuté avec le plus d'exactitude qu'il lui a été poſſible et avec toute la décence convenable à des ſpectacles publics. Elle a été obligée de ſe trouver ſur la ſcène à pluſieurs repréſentations avec le nommé Delaplace, faiſant le perſonnage d'Arlequin, lequel, pour l'inſulter, au lieu de chanter les couplets de ſon perſonnage, diſoit : « Fi ! fi ! cela eſt connu. » S'en étant plainte pluſieurs fois au ſieur Octave, n'étant pas dans le déſordre et femme vivant bien avec ſa famille, ledit Delaplace n'a pas laiſſé de continuer et de l'inſulter juſqu'à ce jour qu'il s'eſt écrié, en faiſant des poſtures indécentes et déshonnêtes : « Fi ! fi ! cela eſt connu de tout le monde, c'eſt de la rue Fromenteau. » La pourſuivant le long du théâtre avec une indécence qui a excité une riſée et un ſcandale de toute l'aſſemblée. Et comme il a menacé la plaignante qu'elle n'étoit pas encore au bout, la raillant, diſant que c'étoit un lazzi de théâtre, c'eſt ce qui l'oblige de venir par-devers nous nous rendre plainte.

Signé : JEANNE-BARBE PONCET.

(*Archives des Comm.*, nº 3826.)

PONCHARD (Louis), premier danseur du théâtre des Grands-Danseurs du Roi en 1784.

Voy. Despant.

PONCHIN, danseur du théâtre des Grands-Danseurs du Roi en 1784, avait un rôle dans le ballet des *Réconciliés,* représenté le 1er mars de cette année.

(*Journal de Paris,* 1er mars 1784.)

PORTUGAIS (le), voltigeur du théâtre des Grands-Danseurs du Roi, où il parut en 1784, luttait d'adresse et d'agilité avec le *Petit Anglais.*

(*Journal de Paris,* 3 janvier 1784.)

POTIER, danseur à l'Opéra-Comique pendant la foire Saint-Laurent de 1737, avait un rôle dans le ballet intitulé : *A new entertainment of dancing of singing,* représenté le 9 août de cette année.

(*Dictionnaire des Théâtres,* II, 420.)

PRÉVILLE (Pierre-Louis DUBUS, dit), né en 1721, mort en 1799, célèbre acteur de la Comédie-Française, commença par jouer en province. Il était à Rouen, dans la troupe de Duchemin, quand le directeur de l'Opéra-Comique Monnet, qui avait été frappé de son talent, l'attacha à son théâtre, où il débuta à la foire Saint-Laurent de 1743. Il y resta peu de temps et alla ensuite à Lyon y administrer le Grand-Théâtre. Ce ne fut qu'au mois de septembre 1753 que Préville fit ses débuts à la Comédie-Française, où il remplaça François-Arnould Poisson.

(*Dictionnaire portatif des théâtres,* par de Léris. — *Biographie Didot.*)

PRÉVOST, acteur forain, faisait partie de la troupe de Selles, en 1707, quand il épousa la demoiselle Babron, actrice du jeu d'Alexandre Bertrand, Dolet et Delaplace, à la foire Saint-Germain de 1708. Prévost quitta Selles et s'engagea au même théâtre que sa femme pour les rôles de paysans. En 1709, il abandonna Paris et alla donner des représentations en province.

(*Mémoires sur les Spectacles de la Foire*, I, 60.)

PRÉVOST, acteur de la *Grande Troupe étrangère*, dirigée par Restier et la veuve Lavigne, qui donnait des représentations à la foire Saint-Germain de 1740, remplissait le rôle d'*un paysan jouant du fifre* dans la *Fête anglaise, ou le Triomphe de l'hymen*, pantomime de Mainbray, représentée le 14 mars de cette année.

(*Dictionnaire des Théâtres*, II, 542.)

PRÉVOST (Mlle), sœur ou femme du précédent et actrice de la même troupe, remplissait le rôle d'*une paysanne* dans la pantomime indiquée ci-dessus.

(*Dictionnaire des Théâtres*, II, 540.)

PRÉVOST (JEAN), entrepreneur de marionnettes dans les rues et aux foires de Paris dès 1741, ouvrit à la foire Saint-Germain de 1749, rue de la Lingerie, son spectacle par une grande pièce qu'il faisait annoncer ainsi : « La revue générale des houlans commandée par M. le maréchal de Saxe, nouveau ſpectacle repréſenté devant Leurs Majeſtés, monſeigneur le Dauphin, Mme la Dauphine, les princes et les princeſſes de la Cour, le 28 novembre 1748, et donné à la foire Saint-Germain, le tout en figures mouvantes, nouvelles par chaque eſcadron, qui caracolent, suivi des *Amuſements comiques de Polichinelle.* » Peu après, Prévost céda son théâtre ou s'associa avec Nicolas Bienfait II, directeur des *Petits-Comédiens du Marais*, rue Saintonge, près le boulevard.

(*Dictionnaire des Théâtres*, VI, 554. — Magnin, *Histoire des Marionnettes*, 172.)

I

L'an 1741, le premier janvier, huit heures du soir, par-devant nous Louis Cadot, etc., est comparu Jean Prévost, joueur de marionnettes, à l'entrée de la rue Neuve-des-Petits-Champs : Lequel nous a dit que deux domestiques se sont présentés pour voir ses marionnettes, que l'un d'eux auroit payé 6 sols et l'autre 4 sols; que ce dernier avoit voulu entrer aux places à 10 sols et que, sans sujet, comme des ivrognes, ils ont proféré des juremens effroyables, traitant le plaignant de Jean f..... en présence de plus de 20 personnes qui étoient entrées dans la salle pour voir ses marionnettes, ce qui a engagé lui comparant de leur faire rendre leur argent et en voulant les faire retirer pour empêcher aucune dispute; qu'après avoir reçu leur argent, l'un d'eux l'auroit poussé violemment dans la rue et seroient ensuite tous deux tombés sur lui à coups de poing et de pied et lui ont déchiré sa chemise et sa veste de droguet de camelot gris, et que, sans le secours du guet qui est venu aux cris que le public a faits, il étoit exposé d'être assommé par lesdits deux domestiques qui ont été arrêtés; et qu'il est survenu un autre particulier qui, impudemment, auroit dit au sergent du guet qu'il n'emmèneroit pas les deux domestiques qu'il n'eût rendu le chapeau à l'un d'eux. Lequel sergent, pour prévenir rébellion, auroit voulu arrêter ledit particulier qui s'est jeté sur ledit sergent, l'a terrassé, lui a déchiré son habit, ainsi que ledit sergent nommé Martial Corby nous l'a réitéré et fait voir son habit déchiré à l'épaule gauche d'environ de 5 ou 6 pouces; dont il nous rend plainte ainsi que ledit Prévost des faits ci-dessus.

Signé : J. P ; Corby.

Et ledit Prévost a seulement fait deux lettres qui font un J et un P qu'il nous a dit être sa signature ordinaire. De signer sa signature entière l'avons sommé, ce qu'il nous a déclaré ne savoir.

(*Archives des Comm.*, n° 1425.)

II

L'an 1748, le lundi 18 novembre, quatre heures de relevée, en notre hôtel et par-devant nous François Merlin, etc., sont comparus messire André

Liesse, prêtre du diocèse de Paris, Marie-Marguerite Hébert, veuve du sieur Claude François, marchande mercière, demeurant quai de la Mégisserie, Pierre Bertin, marchand mercier, Pierre Viart, bourgeois de Paris, demeurant rue de la Saunerie, paroisse St-Germain-l'Auxerrois, tant pour eux que pour les autres voisins : Lesquels nous ont rendu plainte contre un particulier qui, depuis environ trois semaines, est venu s'établir dans la boutique dépendant de la maison du sieur Olivier, susdite rue de la Saunerie, où il fait voir des marionnettes (1), et nous ont dit que depuis le tems que ledit particulier est venu dans ladite rue, il y cause un désordre et un scandale considérables par les représentations, parades et appels qu'il fait par deux gagnedeniers qui crient à haute voix dans toute l'après-midi et au son du tambour tant dans ladite rue de la Saunerie que sur le quai ; que le concours de populace que ramassent ces parades et représentations cause un grand désordre et expose les marchands à être volés, et non-seulement empêche le commerce des marchands de ladite rue, mais encore occasionne des accidens par les voitures qui passent par le quai et par la rue, où la voie publique se trouve interrompue; qu'ils observent encore une circonstance qui mérite l'attention des magistrats, c'est qu'au-dessus de la porte de la boutique où se font ces représentations est exposée une image de la Sainte Vierge, en sorte que le scandale qui se commet dans ce lieu en est d'autant plus répréhensible. De laquelle déclaration ils nous ont requis acte.

Signé : Liesse; Merlin; etc.

(*Archives des Comm.*, n° 2215.)

PRÉVOST (Jacques-Augustin), acteur du boulevard et entrepreneur de spectacles, né en 1753, mort en 1830, commença par montrer un optique aux foires. En 1788, il fut nommé instructeur géographe des Enfants de France; mais la prise de la Bastille fit évanouir les espérances que cette nomination avait fait concevoir à Prévost qui, au mois d'août 1789, s'engagea comme acteur et comme décorateur au théâtre des Associés, où il fit aussi représenter quelques petites pièces. Ses occupations théâtrales ne lui firent pas cependant abandonner son premier métier, et si le soir il montait sur les planches, dans la journée il faisait voir aux curieux un optique représentant des vues d'Eu-

(1) Ce joueur de marionnettes n'était autre que Jean Prévost; c'est ce que nous apprend la note mise sur le document par le commissaire Merlin.

rope et d'Asie dessinées en couleurs. Prévost, dont Brazier nous a laissé un touchant portrait, prit après Sallé la direction du théâtre des Associés, et lui donna le nom de Théâtre sans prétention.

(Brazier : *Histoire des petits Théâtres*, I, 57. — *Galerie historique de la troupe de Nicolet*, par de Manne et Ménétrier, 112.)

PRIEUR (Mlle), actrice de la troupe de Lécluze en 1778, puis des Variétés-Amusantes en 1779, était encore attachée au théâtre des Variétés du Palais-Royal en 1788. Pendant cette période de dix années, Mlle Prieur a joué une multitude de rôles; nous citerons seulement: *Madame Lerond* dans *Christophe Lerond,* comédie en un acte, en prose, de Dorvigny (2 janvier 1782); *une paysanne* dans *Ésope à la foire,* comédie épisodique en un acte, en vers, de Landrin (30 juillet 1782); *Madame Dupuis* dans *Churchill amoureux, ou la Jeunesse de Marlborough,* comédie en deux actes, en prose, par Guillemain (7 août 1783); *Madame Thomas, poissarde,* dans les *Cent Écus,* drame poissard en un acte, en prose, par Guillemain (20 novembre 1783); *Proserpine, déesse des Enfers,* dans les *Caprices de Proserpine, ou les Enfers à la moderne,* pièce épisodi-comique en un acte, en vers, par Pujoulx (16 juillet 1784); *Madame Dorval* dans les *Défauts supposés,* comédie en vers et en un acte, par Sedaine de Sarcy (28 janvier 1788), etc., etc. Dans le pamphlet intitulé: *le Chroniqueur désœuvré, ou l'Espion du boulevard du Temple,* Mlle Prieur est dépeinte comme une femme en proie aux plus abominables vices, et il est impossible de citer une seule ligne des deux articles qui lui sont consacrés dans ce livre. Mlle Prieur a été appelée quelquefois Leprieur.

(*Le Chroniqueur désœuvré*, I, 106; II, 37. — Brochures intitulées: *Christophe Lerond*, Paris, Cailleau, 1788; *Ésope à la Foire*, Amsterdam et Paris, Cailleau, 1782; *Churchill amoureux*, Paris, Cailleau, 1783; *les Cent Écus*, Avignon, Garrigau, 1791; *les Caprices de Proserpine*, Paris, Cailleau, 1785; *les Défauts supposés*, Paris, Cailleau, 1788.)

PRIN, acteur forain de la troupe de la veuve Maurice, où il jouait les *arlequins* en 1698, se retira du théâtre en 1704. Cet acteur excellait, dit-on, à jouer de la trompette marine.

(*Mémoires sur les Spectacles de la Foire*, I, 12.)

PROCÈS DES COMÉDIENS FRANÇAIS ET DES COMÉDIENS FORAINS. Ce fut Alexandre Bertrand qui essuya les premières poursuites de la Comédie-Française. Encouragé par les succès qu'obtenaient ses marionnettes, il crut pouvoir ajouter des acteurs véritables à ses acteurs de bois. Les Comédiens français, informés de ce fait, s'adressèrent au lieutenant de police de la Reynie, et celui-ci rendit, le 10 février 1690, une sentence ordonnant la démolition du théâtre d'Alexandre Bertrand, et qui fut mise à exécution le jour même par le commissaire Gazon. En 1699, Bertrand ayant commis de nouvelles contraventions, d'Argenson, alors lieutenant de police, rendit deux sentences, l'une en date du 20 et l'autre du 27 février, portant défense à tout particulier de représenter aucune comédie ou farce, et pour y avoir contrevenu condamnant Alexandre Bertrand, Maurice von der Beck et Alard à 1,500 livres de dommages-intérêts envers les Comédiens du Roi. Les trois directeurs forains appelèrent de ces sentences au Parlement, où l'affaire resta longtemps pendante. Elle y était encore en suspens au moment de la foire Saint-Laurent de 1702, époque où les Comédiens français obtinrent encore du lieutenant général de police deux nouvelles sentences contre les forains. Ceux-ci joignirent l'appel de ces deux sentences à celui qu'ils avaient déjà formé contre les deux premières, et le 26 juin 1703 un arrêt du Parlement leur donna tort, en confirmant les condamnations prononcées par d'Argenson. Déçus dans leur espoir et ne sachant plus à quel parti s'arrêter, les malheureux forains eurent alors l'idée de ne plus représenter que des scènes détachées qui cependant formaient par le dénouement une espèce de pièce; ils espéraient que ces parades paraîtraient inoffensives à leurs ennemis; ils se trompaient. Ces derniers, furieux de voir la foule se rendre aux théâtres forains et y applaudir des choses informes, résolurent d'en finir à tout prix avec ces entêtés qui leur enlevaient leurs spectateurs, et le 15 janvier 1704 ils obtinrent une sentence du lieutenant de police qui interdisait absolument ce nouveau genre de spectacle. Les Comédiens forains en appelèrent au Parlement; c'était leur ressource habituelle, et la lenteur des procédures à cette juridiction leur permit de continuer leurs représentations pendant les foires Saint-Germain et Saint-Laurent de 1704 et de 1705. A la foire Saint-Germain de 1706, les Comédiens français, exaspérés de ne pouvoir en finir avec des adversaires aussi tenaces, s'adressèrent de nouveau au lieutenant de police qui, le 19 février et le 5 mars, rendit deux sentences interdisant à la veuve Maurice, à Alexandre Bertrand, à Christophe Selles et à Gilles Tiquet de jouer aucune comédie, les condamnant chacun à 300 livres de dommages-intérêts envers les Comédiens français et à 20 livres d'amende envers le Roi. Les sentences portaient en outre qu'en cas de contraventions nouvelles, il serait loisible aux Comédiens français de démolir le théâtre de celui qui s'en serait rendu coupable. Pour conjurer l'orage qui les menaçait, la veuve Maurice, Bertrand et les autres eurent l'idée de se mettre sous le patronage d'un puissant prince de l'Église, dans l'espérance que le Parlement alors se montrerait moins rigoureux; ils firent appeler de ces sentences par le receveur des revenus de l'abbaye de Saint-Germain-des-Prés, en lui faisant alléguer que l'interdiction faite aux Comédiens forains de représenter aucune pièce sur leurs théâtres causait un préjudice énorme au cardinal d'Estrées, abbé de Saint-Germain-des-Prés et propriétaire des terrains où leurs théâtres étaient construits. Ils firent même tant et si bien que le cardinal lui-même intervint au procès pour revendiquer les franchises de la foire. Quant à eux, parties intéressées, ils durent faire de leur côté une requête d'intervention. Le tout fut joint. Mais décidément les forains n'avaient pas de bonheur, car le 22 février 1707 le Parlement rejeta les requêtes du cardinal d'Estrées et de son receveur et confirma purement et simplement les sentences du lieutenant de police. La situation était grave : l'arrêt interdisait aux farceurs et danseurs de corde de la foire de représenter aucune comédie, colloque ou dialogue, et les réduisait par conséquent au monologue. Il était bien difficile dans de pareilles conditions de pouvoir jouer quoi que ce fût d'intéressant; ils l'essayèrent pourtant, et soutenus dans leur entreprise par le public, que cette lutte intéressait et qui leur donnait évidemment raison contre la Comédie-Française, ils parvinrent encore à attirer dans leurs salles un nombre très-satisfaisant d'auditeurs. Ce n'était pas là ce qu'espéraient les Comédiens français; aussi, sous prétexte de quelque infraction à l'arrêt du 22 février 1707 commis par la troupe de Delaplace et Dolet qui jouait chez Alexandre Bertrand, ils firent dresser procès-verbal les 11 et 30 août 1707 par les commissaires Cailly et Dubois et assignèrent Bertrand, Dolet et Delaplace devant le lieutenant général de police. Ce dernier rendit le 9 septembre la sentence suivante : « Sentence rendue par le lieutenant général de police du Châtelet de Paris entre les Comédiens français, demandeurs en requête du 30 août 1707 à ce que : attendu les contraventions faites par Dolet, Laplace et autres aux ſentences, arrêts et règlemens, le lieu où ils font leurs repréſentations ſera fermé et leur théâtre abattu et démoli ; même permis aux comédiens à toutes autres contraventions, ſoit à la foire Saint-Laurent, ſoit à la foire Saint-Germain, de faire abattre et démolir les théâtres qu'ils pourront conſtruire. Et attendu la récidive, qu'ils ſeront condamnés ſolidairement et par corps en 6,000 livres de dommages-intérêts et en tous les dépens ; d'une part. Et leſdits Dolet et Delaplace et autres, défendeurs d'autre part : par laquelle ouïs les commiſſaires Dubois et Cailly en leur rapport, leſdits Dolet et Delaplace ont été condamnés ſolidairement avec tous les acteurs en 500 livres de dommages et intérêts envers les Comédiens pour les contraventions par eux commiſes aux arrêts et règlemens et en tous dépens. » Suivant leur habitude, les Comédiens forains formèrent immédiatement appel au Parlement et rédigèrent un mémoire justificatif de leur conduite. Autant en firent de leur côté les Comédiens français, et le procès fut jugé le 21 mars 1708 par le Parlement, qui donna complétement tort aux forains. Ceux-ci alors payèrent d'audace, et à la foire Saint-Laurent de 1708 ils ouvrirent bravement leurs salles de spectacle. Forts de leurs droits, les Comédiens français firent constater le 3 août la contravention, et présentant requête au Parlement, ils obtinrent le 20 un arrêt par défaut auquel Dolet et Delaplace firent opposition le 28, et gagnant ainsi du temps, ils arrivèrent sans encombre jusqu'à la fin de la foire Saint-Laurent. Enfin, le 2 janvier 1709, le Parlement rendit un arrêt définitif ordonnant l'exécution des précédentes sentences et des arrêts rendus sur ce point. Les forains en étaient donc décidément réduits à la danse de corde et aux marionnettes; c'était dur pour eux qui avaient formé des troupes où l'on comptait d'excellents acteurs et qui avaient un matériel théâtral relativement considérable, le tout acquis au prix de grands sacrifices. L'approche de la foire Saint-Germain les rendit inventifs, et c'est alors que la nécessité leur fournit un moyen excellent, celui de faire naître un conflit de juridiction. Alexandre Bertrand fit une vente simulée de ses loges, décorations, etc., à deux Suisses de la maison du Roi nommés Holtz et Godard, qui se partagèrent les deux troupes dirigées l'une par Dolet et Delaplace, l'autre par Christophe Selles. Devenus directeurs de spectacles forains, Holtz et Godard sollicitèrent alors de la police la permission nécessaire pour donner des représentations à la foire Saint-Germain. On la leur accorda; mais la veille de l'ouverture de la foire, le lieutenant de police, averti sans doute de la manœuvre, leur retira la permission de jouer des pièces et les restreignit aux danses de corde et aux marionnettes. Ceci ne faisait nullement le compte des Comédiens forains; aussi mettant leurs prête-noms en avant, ils se pourvurent contre la sentence du lieutenant de police en la Prévôté de l'Hôtel, juridiction où se jugeaient les causes des commensaux de la maison du Roi et où, comme tels, Holtz et Godard avaient le *Committimus*. C'était habile, mais ils ne réussirent pas; car la Prévôté de l'Hôtel les débouta de leur opposition. Holtz et Godard alors en appelèrent au Grand-Conseil et y assignèrent les Comédiens français. Ceux-ci déclinèrent la juridiction en déclarant qu'ils avaient leurs causes au Parlement, et comprenant le but de cette assignation, présentèrent immédiatement requête au Parlement pour l'exécution de l'arrêt du 2 janvier précédent. Leurs conclusions furent adoptées dans un arrêt par défaut rendu par le Parlement contre Holtz et Godard et qui devint exécutoire faute d'opposition de la part de ces derniers. En conséquence, le samedi 20 février 1709, à l'heure de la sortie du spectacle, une troupe d'acteurs, escortée d'huissiers du Parlement, se rendit à la foire Saint-Germain, dans la loge occupée par Holtz, et signification fut faite de l'arrêt qui ordonnait la destruction du théâtre. A ce moment, deux huissiers du Grand-Conseil lurent aux agents de la justice du Parlement un arrêt du Grand-Conseil rendu le jour même, qui cassait l'arrêt en vertu duquel on voulait procéder à la démolition du théâtre. Mais la force resta aux gens du Parlement, et en dépit de tout la démolition du théâtre fut commencée. La nuit seule vint intèrrompre le travail, et les acteurs durent se retirer, suivis des huissiers. Alors Holtz reparut, et, aidé par une multitude d'ouvriers, il fit reconstruire entièrement son théâtre, qu'il ouvrit le lendemain comme si de rien n'était et dans lequel il donna une représentation, l'une des plus brillantes des annales de la foire. Le jour même, les gens du Parlement revinrent et firent complétement démolir le théâtre, sur les ruines duquel ils laissèrent des acteurs en garnison. Ils se rendirent ensuite à la loge de Godard et simulèrent un commencement de démolition. Holtz et Godard firent alors dresser procès-verbal de ces faits et le joignirent à une requête qu'ils adressèrent au Grand-Conseil auquel ils demandèrent justice. Le 14 mars 1709, cette juridiction leur donna gain de cause et condamna les Comédiens français à 6,000 livres de dommages-intérêts et à 600 livres d'aumône. Aussitôt Holtz et Godard firent rebâtir leur théâtre et reprirent leurs représentations, à la grande joie du public; puis le 21 ils firent signifier l'arrêt aux Comédiens français. Ceux-ci n'ayant pas donné signe de vie, Holtz et Godard firent pratiquer une saisie à l'Hôtel de la Comédie-Française pour sûreté des sommes à eux attribuées par le Grand-Conseil. Les Comédiens forains triomphaient alors et se vengeaient des humiliations qui leur avaient été si longtemps infligées; leur triomphe fut cependant de courte durée, car les Comédiens français, qui pour se débarrasser désormais de la saisie avaient été obligés de déposer chez un notaire les sommes qu'ils avaient été condamnés à payer, en appelèrent à la juridiction suprême, au Conseil privé, sorte de cour de cassation qui jugeait les procès en dernier ressort. En vertu de cet appel, le 15 avril 1709, le Conseil privé rendit un arrêt qui renvoya l'affaire par-devant le Conseil d'État, où le 11 mars 1710 les comédiens forains eurent la douleur de perdre absolument et définitivement un procès qu'ils avaient soutenu avec une ténacité et une énergie remarquables. Holtz et Godard, qui en réalité n'avaient pas grand intérêt dans toutes ces querelles, résilièrent alors la vente qui leur avait été faite par Alexandre Bertrand, et Christophe Selles, dégoûté de tant d'obstacles, quitta Paris. Quant à Dolet, Delaplace et Bertrand, ils tinrent bon et continuèrent leurs représentations; mais ils furent obligés de jouer à la muette, c'est-à-dire sans parler, avec des écriteaux ou cartons sur lesquels on imprimait en gros caractères les parties des rôles qu'il était impossible aux acteurs de faire comprendre par leurs gestes ou le jeu de leur physionomie. Ces cartons enroulés étaient placés dans la poche droite de chaque artiste qui, selon les besoins du rôle qu'il jouait, les exposait aux yeux des spectateurs et les remettait après s'en être servi dans la poche gauche. Quelquefois sur ces cartons étaient écrits des couplets que des gens payés exprès et placés dans la salle chantaient tout haut, accompagnés par l'orchestre. Plus tard et pour la commodité des acteurs et des spectateurs, on supprima les écriteaux dans la poche et on les fit descendre du plafond du théâtre. Tel est en résumé l'historique de la grande lutte soutenue, au commencement du dix-huitième siècle, par les Comédiens forains contre la Comédie-Française. A vrai dire, le combat des théâtres libres contre les théâtres privilégiés ne cessa qu'à la Révolution, et l'on en trouvera des preuves évidentes en maint endroit de ce livre; mais jamais les hostilités ne furent si vivement engagées, et surtout à aucune époque le public ne s'intéressa autant à la lutte, témoignant en toute occasion de ses sympathies pour les pauvres Comédiens des foires, que de puissants rivaux voulaient écraser dans le seul but d'attirer à la Comédie-Française les spectateurs qui avaient le mauvais goût d'oser s'amuser ailleurs. On trouvera ci-après, *in extenso*, les pièces originales qui ont servi à composer cette notice.

I

Sur la requête préſentée au Conſeil par Alexandre Bertrand, Chriſtophe Selles, Rochefort, Reſtier et leurs aſſociés, ſauteurs et danſeurs de corde ſaiſant leurs exercices dans le préau de la foire St-Germain-des-Prés-lès-Paris, tendante à ce qu'il plaiſe au Conſeil caſſer et annuler la ſentence du Lieutenant général de police du Châtelet de Paris, du 5 du préſent mois de mars, et ordonner que les parties en viendront à l'échéance des aſſignations au Conſeil pour y procéder ſur leurs demandes, avec déſenſe de ſe pourvoir ni faire pourſuites ailleurs qu'au Conſeil, à peine de nullité, caſſation de procédures, 1,500 l. d'amende, dépens, dommages et intérêts :

Vu par le Conſeil ladite requête; copie de ſentence de police du Châtelet de Paris obtenue par les comédiens de la troupe du Roi établie à Paris, contre leſdits danſeurs de corde, par laquelle en tant que touche la veuve Maurice elle ſera tenue de ſe conformer aux ſentences et règlemens de police, et ſuivant iceux, défenſes ſont faites à tous ſauteurs et danſeurs de corde de repréſenter aucune comédie, ni même aucun colloque; pareilles défenſes leur ſont faites de proférer aucune parole qui ſoit contraire à la pureté des mœurs, à peine de démolition de leur théâtre et de punition corporelle, et la ſentence affichée dans le préau de la foire et lieux circonvoiſins, et eſt enjoint au commiſſaire Bizoton d'y tenir la main : Et à l'égard dudit Bertrand il eſt dit que la ſentence de 1690 ſera exécutée, du 19 février 1706; requête verbale deſdits danſeurs de corde à ce qu'ils ſoient reçus oppoſans à l'exécution de ladite sentence et le tout déclaré nul, du 4 mars 1706; acte de dénonciation faite par lesdits danseurs de corde à Mathieu Blanpignon, sieur Despojet, receveur général du temporel de ladite abbaye de St-Germain-des-Prés, des procédures contre eux faites devant ledit Lieutenant général de police par lesdits comédiens, dudit jour 4 mars 1706; copie de requête présentée au Conseil par messire César, cardinal d'Estrées, évêque de Laon, abbé de ladite abbaye de St-Germain-des-Prés, à ce qu'il lui soit permis d'y faire assigner lesdits danseurs et sauteurs de corde et le nommé Blanpignon, pour y procéder sur leurs demandes qui demeureront évoquées au Conseil; exploit d'assignation étant ensuite, des 5 desdits mois et an; sentence du Lieutenant général de police qui ordonne l'exécution des précédentes sentences, fait défenses à la veuve Maurice de représenter sur son théâtre aucun spectacle où il y ait des dialogues, et est ordonné que la représentation désignée sur le procès-verbal du commissaire Bizoton sera réformée, défense d'en faire à l'avenir aucune qui soit contraire à la bienséance et à la pudeur, dudit jour 5 mars 1706, et autres pièces attachées à ladite requête :

Le Conseil, ayant égard à ladite requête, sans s'arrêter à la sentence du Lieutenant général de police du Châtelet de Paris du 5 du présent mois de mars, a ordonné et ordonne que les parties en viendront à l'échéance des assignations pour y procéder sur leurs demandes; enjoint aux supplians de ne dire ni faire aucune chose qui soit contraire à la bienséance et la pureté des mœurs : a fait défenses aux parties, pour raison de ce que dessus, circonstances et dépendances, de se pourvoir ni faire poursuites de procédures ailleurs qu'au Conseil, à la peine de nullité, cassation de procédures, 1,500 l. d'amende, dépens, dommages et intérêts. Fait au Conseil, à Paris, le 11 mars 1706.

Signé : DE VERTHAMON; OLIER.

(*Grand-Conseil*, V[5], 682.

II

Vu par la Cour la requête présentée par les comédiens de la troupe du Roi établie à Paris à ce qu'ils fussent déchargés des poursuites contre eux faites au Grand-Conseil à la requête d'Alexandre Bertrand, les nommés Selles, Rochefort, Restier, Tiquet et sa femme, tous danseurs de corde et joueurs de marionnettes; et, en conséquence, malgré les défenses portées par l'arrêt du Grand-Conseil du 11 mars dernier, qu'il fût ordonné que les parties procéderoient en première instance, pour raison des contraventions faites aux ordres du Roi, par-devant le Lieutenant général de police jusques à et par appel à la Cour; que défenses fussent faites aux parties de procéder au Grand-Conseil à peine de cassation, 3,000 l. d'amende, dépens, dommages et intérêts : vu aussi les pièces attachées à ladite requête, signée Delacour, procureur, conclusions du procureur général du Roi, ouï le rapport de messire Hiérosme Mérault, tout considéré; la Cour a déchargé les supplians des assignations à eux données au Grand-Conseil, ce faisant, ordonne que les parties procéderont en première instance au Châtelet suivant les derniers erremens et par appel en la Cour. Fait défense de se pourvoir et faire poursuites ailleurs à peine de nullité et de tous dépens, dommages et intérêts. Fait en Parlement le 15 juin 1706.

Signé : LE PELETIER ; MÉRAULT.

(*Parlement*, X, 3072.)

III

Sur la requête présentée au Conseil par messire César, cardinal d'Estrées, ancien évêque de Laon, pair de France, commandeur des ordres du Roi, abbé de l'abbaye de St-Germain-des-Prés-lès-Paris, tendante à ce que, sans avoir égard à l'arrêt du Parlement du 15 juin dernier, il soit ordonné que l'arrêt du Conseil du 11 mars précédent sera exécuté selon sa forme et teneur, en conséquence les nommés Bertrand, Selles, Rochefort et consors, associés, sauteurs et danseurs de corde, soient déchargés des assignations qui leur ont été données le 23 dudit mois de juin dernier, à la requête des comédiens du Roi établis à Paris; que défenses soient faites aux parties de se pourvoir ni faire poursuites ailleurs qu'au Conseil et à tous huissiers et sergens de mettre, ni faire mettre à exécution la sentence obtenue par lesdits comédiens au Châtelet de Paris le 5 mars 1706, contre lesdits sauteurs et danseurs de corde et de faire aucune contrainte et exécution, ni d'attenter à leurs personnes à peine de nullité, cassation de procédure, 1,500 livres d'amende, dépens, dommages et intérêts; ce faisant, casser, révoquer et annuler les commandemens, saisies et exécutions faites sur lesdits sieurs Bertrand et consors les 6 et 12 du présent mois de juillet : en conséquence, que le gardien des meubles saisis soit et demeure bien et valablement déchargé, avec défense aux parties de faire poursuites ailleurs qu'au Conseil à peine de nullité, cassation de procédure, 1,500 l. d'amende, dépens, dommages et intérêts.

Vu par le Conseil ladite requête, ledit arrêt du Conseil dudit jour, 11 mars 1706, rendu sur la requête desdits danseurs et sauteurs de corde par lequel, sans s'arrêter à la sentence du Lieutenant général de police au Châtelet de Paris du 5 mars 1706, il est ordonné que les parties en viendront à l'échéance des assignations; copie dudit arrêt du Parlement de Paris dudit jour 15 juin 1706, rendu sur la requête desdits comédiens, qui les décharge des assignations à eux données au Conseil, signifié le 23 desdits mois et an; lesdits commandemens et saisies en exécution desdits jours 6 et 12 juillet 1706;

ladite exécution faite fur ledit Bertrand, et autres pièces attachées à ladite requête.

Le Confeil, ayant égard à ladite requête, fans avoir égard à l'arrêt du Parlement de Paris du 15 juin 1706, a ordonné et ordonne que l'arrêt du Confeil du 11 mars audit an fera exécuté felon fa forme et teneur ; ce faifant, a déchargé lefdits Bertrand, Selle, Rochefort et confors des affignations à eux données audit Parlement de Paris le 23 dudit mois de juin 1706 à la requête defdits comédiens ; en conféquence a caffé, révoqué et annulé les commandemens, faifies et exécutions faites à la requête defdits comédiens fur lefdits danfeurs et fauteurs de corde les 6 et 12 du préfent mois de juillet, leur fait pleine et entière main-levée defdites faifies et exécutions, a déchargé les gardiens des meubles et chofes exécutées, a fait défenfe aux parties, pour raifon de ce que deffus, circonftances et dépendances, de fe pourvoir ni faire pourfuites et procédures ailleurs qu'au Confeil, à peine de nullité, caffation de procédure, 1,500 livres d'amende, dépens, dommages et intérêts. Fait au Confeil, à Paris, le 17 juillet 1706.

Signé : DE VERTHAMON ; HERVÉ.

(*Grand-Conseil*, V⁵, 683.)

IV

Entre Jacob du Frefnay, receveur général de l'abbaye de St-Germain-des-Prés-lès-Paris, demandeur aux fins de la requête préfentée à la Cour le 11 février 1707 à ce qu'il fût reçu appelant des fentences rendues par le Lieutenant général de police du Châtelet des 19 février et 5 mars 1706 et de tout ce qui s'en eft enfuivi en ce que par icelle on a autorifé la veuve Maurice de faire jouer feule fauteurs et danfeurs de corde et fes autres jeux dans le jeu de paume de la rue des Quatre-Vents ; en ce que par icelle il eft fait défenfes à tous autres fauteurs et danfeurs de corde de repréfenter des comédies ni autres colloques dans le préau de ladite foire de St-Germain ; et encore en ce que on les a condamnés en des amendes : tenir le fuppliant bien relevé, lui permettre de faire intimer fur ledit appel et affigner en la Cour ladite veuve Maurice, les comédiens ordinaires du Roi et tous autres qu'il appartiendra pour voir infirmer lefdites fentences ; et, ce pendant, faire défenfes de les exécuter et à la veuve Maurice et à tous autres forains de faire leur commerce, jeux et repréfentations ailleurs que dans l'enclos de la foire et préau d'icelle, paffer outre et faire pourfuite ailleurs qu'en la Cour à peine de 1,000 l. d'amende, d'une part ; et les comédiens ordinaires du Roi, défendeurs et intimés, d'autre part ; et entre meffire Céfar d'Eftrées, cardinal de la fainte Églife romaine, évêque de Laon, pair de France, abbé de l'abbaye de St-Germain-des-Prés-lès-Paris, demandeur aux fins de la requête par lui préfentée à la Cour le 12 du même mois de février, à ce que, attendu la dénonciation et sommation à lui faite par ledit du Fresnay, fermier général des revenus de ladite abbaye de St-Germain-des-Prés, et qu'il s'agit des droits, privilèges et franchises de la foire St-Germain appartenante à ladite abbaye, il plût à la Cour le recevoir partie intervenante en la cause d'entre ledit du Fresnay, les comédiens et autres : y faisant droit, acte lui soit donné de ce qu'il adhère aux appellations et conclusions prises par ledit du Fresnay, son fermier; et, en conséquence, que défenses fussent faites d'exécuter les sentences du Lieutenant général de police aux chefs dont ledit du Fresnay est appelant, et, au surplus, que les conclusions prises par ledit du Fresnay lui soient adjugées, d'une part; et les comédiens ordinaires du Roi, défendeurs, d'autre; et encore entre Alexandre Bertrand, Christophe Selles, Pierre Michu de Rochefort,....... Restier, Gilles Tiquet et consors, demandeurs en requête du 19 du présent mois de février à ce qu'ils fussent reçus parties intervenantes en la cause d'entre ledit sieur cardinal d'Estrées, abbé de ladite abbaye de St-Germain-des-Prés, le sieur du Fresnay, son receveur, et les comédiens ordinaires du Roi sur l'appel des sentences du Lieutenant général de police des 19 février et 5 mars 1706, y faisant droit, les recevoir appelans desdites sentences des 19 février et 5 mars 1706 et 18 du présent mois de février; ce faisant, prononçant sur ledit appel, mettre l'appellation et ce dont a été appelé au néant; émendant, les décharger des condamnations contre eux prononcées par les sentences dont est appel au profit des comédiens ordinaires du Roi et des amendes auxquelles ils ont été condamnés par lesdites sentences : ordonner que les sommes par eux payées en vertu d'icelles, leur seront rendues par les voies de droit, à ce faire les dépositaires contraints; et que, conformément aux privilèges et franchises de la foire, il leur sera permis, pendant le tems d'icelle, de représenter petites comédies et farces conformes à la bienséance; condamner les comédiens ordinaires du Roi aux dépens tant des causes principales que d'appel, d'une part; et ledit sieur cardinal d'Estrées, abbé de l'abbaye de St-Germain-des-Prés, ledit Jacob du Fresnay, receveur général de ladite abbaye, défendeurs; et lesdits comédiens ordinaires du Roi, aussi défendeurs et intimés sur ledit appel, d'autre part; et entre ledit Jacob du Fresnay, receveur général de ladite abbaye de St-Germain-des-Prés, demandeur aux fins de la requête du 21 du même mois de février à ce qu'il fût reçu appelant de la sentence rendue par le Lieutenant général de police du Châtelet le 18 dudit mois de février en adhérant à ses premières appellations des sentences du même juge des 19 février et 5 mars 1706; ce faisant, en prononçant sur lesdites appellations, icelles mettre et ce dont a été appelé au néant, en ce qu'on a autorisé la veuve Maurice de faire jouer sauteurs et danseurs de corde dans le jeu de paume de la rue des Quatre-Vents, quoique les franchises et privilèges appartiennent au seul propriétaire de la foire et que les particuliers n'en doivent jouir que dans l'enclos et préau d'icelle : et en ce qu'il est fait défense par ladite sentence à tous autres sauteurs et danseurs de corde de représenter des comédies ni aucun colloque sur leur théâtre dans le préau de ladite foire; émendant, débouter lesdits comédiens ordinaires du Roi de leur requête par eux préſentée au Châtelet le 11 février 1706, ſur laquelle la ſentence du 19 a été obtenue : ordonner qu'il ſera permis audit Bertrand et à tous autres de repréſenter dans l'enclos et préau de la foire des pièces et petites comédies, pendant le tems ſeulement de la foire, en vertu des franchiſes et priviléges d'icelle, et faire défenſe à la veuve Maurice et à tous autres forains de s'établir et faire leurs jeux et repréſentations ailleurs que dans l'enclos et préau d'icelle, les comédiens condamnés aux dépens, d'une part; et leſdits comédiens ordinaires du Roi, défendeurs et intimés ſur ledit appel, d'autre part;

Après que Détroyes, avocat de du Freſnay; Gui, avocat du cardinal d'Eſtrées; Châtelain, avocat de Bertrand et conſors, intervenans, et Dumont, avocat des comédiens du Roi, ont été ouïs, enſemble Portail pour le procureur général du Roi : la Cour a reçu et reçoit la partie de Gui, partie intervenante, et, ſans s'y arrêter, ni aux requêtes des parties de Détroyes et de Gui, a mis et met les appellations au néant, ordonne que ce dont a été appelé ſortira effet, condamne les appelans en l'amende de 12 livres et aux dépens. Fait le 22 février 1707.

(*Parlement*, X, 7264.)

V

Entre Charles Dolet, Antoine de Laplace et Alexandre Bertrand, danſeurs de corde et joueurs de marionnettes, appelans d'une ſentence rendue au Châtelet de Paris par le Lieutenant général de police le 9 ſeptembre 1707, d'une part; et les comédiens ordinaires du Roi, intimés et demandeurs en requête du 5 du préſent mois de mars à ce que, en venant plaider ſur l'appel interjeté par leſdits de Laplace, Dolet et Bertrand, de la ſentence du Lieutenant général de police du 9 ſeptembre 1707 et icelle confirmant avec amende et dépens, ordonner que la ſentence et arrêt de la Cour ſeront exécutés; ce faiſant, que défenſes leur ſeront faites et à tous autres, de quelque qualité et condition qu'ils ſoient, de jouer tant dans l'enclos des foires de St-Laurent et de St-Germain que dans la ville de Paris aucune comédie, farce, dialogue et autres divertiſſemens qui aient rapport à la comédie, ſous prétexte de privilége et franchiſe des foires, à peine contre les contrevenans de 1,500 livres d'amende et priſon : ordonner qu'après la ſignification de l'arrêt qui interviendra, lequel ſera lu, publié et affiché, ils ſeront tous tenus de faire démolir leurs théâtres, leur faire défenſe d'en conſtruire d'autres à l'avenir, ſous peine de déſobéiſſance, les condamner aux dommages et intérêts des comédiens, d'une part; et leſdits Dolet, de Laplace et Bertrand, défendeurs et demandeurs en requête du 9 du même mois de mars tendante à ce que, attendu que le ſieur cardinal d'Eſtrées et les receveurs du revenu temporel de l'abbaye de St-Germain-des-Prés ſont leurs garans formels, leſquels ne peuvent défendre de leur chef à la demande desdits comédiens, ordonner qu'ils auront les délais accordés par l'ordonnance de 1667 à l'effet de mettre l'instance de garantie en état avec ledit sieur cardinal d'Estrées et ses receveurs, et, en cas de contestations, condamner lesdits comédiens, d'une part; et lesdits comédiens ordinaires du Roi défendeurs et demandeurs en requête du 17 du même mois de mars tendante à ce qu'il plût à la Cour les recevoir incidemment appelans de la même sentence rendue par le Lieutenant de police du Châtelet, le 9 septembre 1707, dont lesdits Dolet, de Laplace et Bertrand sont appelans, en ce que par icelle il n'a pas été prononcé sur la demande des comédiens du 30 août précédent qui s'y trouve visée et, suivant icelle, que conformément aux précédentes sentences rendues par le même Lieutenant général de police, confirmées par la Cour, leurs théâtres seront démolis et autres peines demandées par lesdits comédiens; ce faisant, mettre l'appellation et ce dont est appel au néant, émendant, adjuger aux comédiens les conclusions par eux prises par leur requête dudit jour 5 du présent mois de mars, avec dépens, d'une part; et lesdits Dolet, de Laplace et Bertrand, défendeurs et demandeurs en deux requêtes des 17 et 19 du même mois de mars, la première tendante à ce qu'il leur fût donné acte de ce qu'ils contresomment aux comédiens tant leur demande par eux formée par leur requête du 5 que les procès-verbaux et procédures faites à leur requête depuis ledit jour 5 mars, et, en conséquence, débouter les comédiens de leurs demandes, avec dépens; et, attendu que la preuve de leur demande en contresommation dépend de l'écrit que les comédiens leur ont fait donner par Paul Poisson, l'un d'eux et leur agent d'affaires, moyennant cause lucrative, ledit écrit déposé ès mains de Monet, notaire au Châtelet, ordonner que ledit écrit sera représenté et apporté ès mains de M. Joli de Fleuri, avocat général, le mardi 20 du présent mois, à quoi faire contraints par corps et tenu en son nom de leurs dommages et intérêts faute de faire ladite représentation; comme aussi que ledit Monet sera tenu de se trouver tant au parquet de MM. les gens du Roi qu'à l'audience de la Cour. La seconde, à ce qu'il leur fût donné acte de ce qu'ils mettent en fait : 1° que pendant plusieurs jours ledit Paul Poisson les a fait solliciter par un homme qui a été autrefois à l'Opéra, d'entrer en composition pour avoir la faculté de représenter des pièces entières par dialogues et colloques pendant le cours de la foire; 2° que deux ou trois jours avant l'écrit déposé chez Monet, notaire, ledit Paul Poisson envoya le même homme les chercher et leur dire que, après le jeu fini, ledit Poisson les attendoit dans un cabaret où s'étant rendus ils ne trouvèrent pas ledit Poisson, mais ils apprirent qu'il reviendroit incessamment; 3° que ledit Poisson étant arrivé, il leur proposa de leur donner la permission dont il leur avoit parlé en lui donnant 2,000 l. d'argent comptant ou une caution solvable; à quoi ayant répondu que cette somme étoit exorbitante, après plusieurs diminutions ledit Poisson les fit convenir d'une somme fixe de 50 l. par jour que ledit Poisson iroit recevoir ou qui lui seroit portée chez lui. Après quoi, le souper fini, ledit Poisson tira un louis d'or de sa poche qu'il voulut obliger de faire prendre au garçon du cabaret, à quoi ils s'oppofèrent; 4° que le jeudi 8 du préfent mois de mars, le même particulier qui les avoit affemblés, vint les trouver à leur jeu et leur dit de fe trouver le lendemain matin chez lui et que Poiffon s'y trouveroit pour terminer l'affaire concertée; 5° que le vendredi 9 s'étant trouvés à l'heure indiquée où étoit déjà ledit Poiffon, il fit un écrit qu'il fut porter avec Antoine de Laplace, l'un d'eux, chez Monet, notaire; que ledit Monet ayant lu ledit écrit, dit à Laplace qu'il n'étoit pas fuffifant pour fa fûreté, ce qui obligea ledit Poiffon à le déchirer et à en faire un autre qui fut agréé par ledit Monet et par lui reçu en dépôt. Après quoi lefdits fieurs de Laplace, Dolet, Poiffon et l'entremetteur furent dîner enfemble et la dépenfe payée par ledit Poiffon des deniers par lui reçus; 6° que depuis ce tems ils ont porté audit Poiffon la fomme convenue journellement; 7° que depuis quelques jours ledit Poiffon a été avec un procureur de la Cour chez ledit Monet, notaire, le prier de ne pas repréfenter ledit écrit dépofé entre fes mains pour leur fûreté; enfin que ledit Poiffon a pareillement été chez leur confeil, avec le même procureur de la Cour, le prier de ne fe point fervir dudit écrit. En cas de dénégation, leur permettre d'en faire preuve par-devant tel de Meffieurs qu'il plaira à la Cour de commettre, pour l'enquête faite et rapportée, être ordonné ce que de raifon, d'une part; et les comédiens ordinaires du Roi, défendeurs, d'autre; après que Borderel, avocat de Dolet et autres, et Dumont, avocat des comédiens, ont été ouïs pendant deux audiences, enfemble Joli pour le procureur général du Roi : La Cour, fans s'arrêter aux requêtes des parties de Borderel dont elle les déboute, a mis et met l'appellation au néant, ordonne que ce dont a été appelé fortira effet, condamne les parties de Borderel en l'amende de 12 livres; et ayant aucunement égard à la requête des parties de Dumont, a mis et met l'appellation et ce dont a été appelé au néant, émendant, ordonne que les fentences de police, arrêts et règlemens de la Cour feront exécutés. Ce faifant, fait défenfe aux parties de Borderel d'y contrevenir, à peine de 1,000 l. d'amende et de démolition de leurs théâtres en cas de nouvelle contravention, fans que la peine puiffe être réputée comminatoire, et pour la nouvelle contravention les condamne en 100 liv. de dommages et intérêts envers les parties de Dumont et en tous les dépens.

Fait le 21 mars 1708.

(*Parlement*, X, 7282.)

VI

Vu par la Cour le défaut faute de comparoir obtenu en icelle par les comédiens ordinaires du Roi, demandeurs aux fins des requêtes et exploits du 29 mars 1708, contre les nommés Reftier, Selles, Alard et Nivellon, danfeurs de corde et joueurs de marionnettes, défendeurs et défaillans à faute de comparoir après que le délai de l'ordonnance eſt expiré; la demande ſur le profit du défaut; tout ce qui a été mis et produit et tout conſidéré : Ladite Cour déclare le défaut bien et dûment obtenu, et adjugeant le profit d'icelui, déclare l'arrêt du 21 mars dernier rendu au profit des demandeurs contre les nommés Bertrand, de Laplace et Dolet, commun avec les défaillans pour être exécuté ſelon ſa forme et teneur; et, en conſéquence, fait défenſe aux défaillans et à tous autres de jouer, tant dans l'enclos des foires de St-Laurent et de St-Germain que dans la ville de Paris, aucune comédie, farce, dialogue par monologue ou autrement, ou autres divertiſſemens qui aient rapport à la comédie, à peine contre les contrevenans de mille livres d'amende et de démolition de leurs théâtres, ſans que ladite peine puiſſe être réputée comminatoire conformément audit arrêt, condamne les défaillans aux dépens de l'inſtance dudit défaut et de tout ce qui s'en eſt enſuivi.

Fait en Parlement le 20 juin 1708.

Signé : DE MESMES; BOCHART.

(*Parlement*, X, 3094).

VII

Entre les comédiens ordinaires du Roi, demandeurs en deux requêtes des 2 et 14 août 1708, la première tendante à ce qu'il plût à la Cour ordonner que l'arrêt contradictoire de la Cour du 21 mars précédent ſera exécuté; ce faiſant, attendu la contravention commiſe par les défendeurs ci-après nommés, ainſi qu'il eſt prouvé par le procès-verbal des huiſſiers Girault et Roſeau, du 3 dudit mois d'août, ordonner que leur théâtre ſera démoli, et pour l'exécution de l'arrêt qui interviendra qu'il plût à la Cour commettre tels huiſſiers qu'il lui plaira auxquels ſera permis de faire faire ouverture des portes : la ſeconde, à ce que en venant par les parties plaider ſur ladite requête et adjugeant aux demandeurs les concluſions qu'ils y ont priſes, il plût à la Cour déclarer contre leſdits défendeurs l'amende de 1,000 l. contre eux prononcée encourue, et pour la nouvelle contravention, qu'ils ſeroient condamnés ſolidairement envers les demandeurs en 3,000 l. de dommages-intérêts, et en cas de récidive ou de déſobéiſſance à l'arrêt qui interviendra, qu'ils ſeront empriſonnés et condamnés aux dépens, d'une part; et Charles Dolet, Antoine de Laplace et Alexandre Bertrand, danſeurs de corde et joueurs de marionnettes, défendeurs et demandeurs en trois requêtes des 20, 28 du même mois d'août et 18 décembre ſuivant, la première tendante à ce qu'il leur fût donné acte de ce qu'ils dénient avoir formé aucun dialogue ni colloque ſur leur théâtre depuis que la foire St-Laurent eſt ouverte, et au cas que leſdits comédiens perſiſtaſſent à ſoutenir le contraire, qu'il leur fût donné acte de ce qu'ils conſentoient que par-devant tel de Meſſieurs qu'il plairoit à la Cour commettre, il ſeroit fait preuve des faits affirmatifs et négatifs des parties, pour ladite enquête faite et rapportée, être ordonné ce que de raiſon. La ſeconde, à ce qu'ils fuſſent reçus oppoſans à l'arrêt par défaut obtenu par les comédiens le 20 dudit mois d'août, ſignifié le même jour, faiſant droit ſur l'oppoſition que la procédure ſeroit déclarée nulle, et, au principal, qu'il leur fût donné acte de ce qu'en conformité de l'arrêt du 21 mars 1708, ils n'entendoient repréſenter ſur leurs théâtres que de ſimples monologues, des ſcènes détachées les unes des autres ſans intrigues et ſans dénoûment; et, en conſéquence, défenſes ſeroient faites aux comédiens et à toutes autres perſonnes, de quelque qualité et condition qu'ils ſoient, de les troubler dans les repréſentations deſdits ſpectacles et monologues, ſous telles peines qu'il plaira à la Cour commettre. Et la troiſième à ce que, en venant par les parties plaider ſur leurs requêtes reſpectivement préſentées et adjugeant auxdits Dolet, de Laplace et Bertrand leurs requêtes des 20 et 28 août, il leur fût donné acte de ce qu'ils conſentent à ce que à l'avenir il ſoit pris, par chaque repréſentation qu'ils feront aux foires de St-Germain et de St-Laurent, un ſixième du profit qu'ils retireront, toutes charges déduites, pour être le ſixième employé à la ſubſiſtance des pauvres : les comédiens condamnés aux dépens, d'autre part; et leſdits comédiens ordinaires du Roi, défendeurs, d'autre part : après que Dumont, avocat des comédiens, et Borderel, avocat de Bertrand et autres, ont été ouïs, enſemble Joli pour le procureur général du Roi : la Cour reçoit les parties de Borderel oppoſantes à l'arrêt par défaut, ſans s'arrêter à leurs requêtes dont elle les déboute. Ayant aucunement égard aux requêtes des parties de Dumont, ordonne que les arrêts confirmatifs des ſentences de police, arrêts et règlemens de la Cour ſeront exécutés, et pour les nouvelles contraventions faites par les parties de Bourderel, déclare l'amende de mille livres encourue et les condamne à la payer et en 300 livres de dommages et intérêts envers les parties de Dumont : leur fait défenſes et à tous autres de faire ſervir leurs théâtres à autres uſages que ceux de leur profeſſion et permis par les règlemens, et, en cas de nouvelle contravention, permet de démolir les théâtres et ſous plus grande peine, s'il y échet. Permet aux parties de Dumont de faire afficher le préſent arrêt où beſoin ſera, et condamne les parties de Borderel en tous les dépens. Fait le 2 janvier 1709.

(*Parlement*, X, 7294.)

VIII

Entre Chriſtophe Selles et..... Nivellon, danſeurs de corde et joueurs de marionnettes, oppoſans à l'arrêt par défaut du 21 juin 1708, ſavoir Selles ſuivant la requête judiciaire faite à l'audience, d'une part : et les comédiens ordinaires du Roi, défendeurs et demandeurs en requête du 16 février préſent mois, tendante à ce qu'il plût à la Cour que les arrêts de la Cour confirmatifs des ſentences de police ſeront exécutés; ce faiſant, attendu les contraventions commifes par Nivellon et fes affociés à l'arrêt dudit jour 21 juin 1708, déclarer contre eux encourue l'amende de mille livres prononcée par ledit arrêt et les condamner à la payer, ordonner que dès à préfent leur théâtre fera démoli, comme auffi, attendu les nouvelles contraventions commifes par Bertrand, Laplace et Dolet, et par Chriftophe Selles et fes affociés, à l'arrêt du 2 janvier dernier, et le déboutant de l'oppofition par lui formée à l'arrêt du 21 juin 1708, ordonner que, conformément auxdits arrêts, leurs théâtres feront démolis, ladite démolition faite en vertu de l'arrêt qui interviendra et fans qu'il en foit befoin d'autre, lequel fera exécuté nonobftant oppofition, permettre d'emprifonner les contrevenans, et pour l'exécution d'icelui, commettre tel des huiffiers de la Cour qu'il lui plaira auquel fera permis de faire faire ouverture des portes en préfence du commiffaire du quartier, faire défenfe auxdits Dolet, Laplace, Bertrand, Selles, Nivellon et tous autres danfeurs fur corde et joueurs de marionnettes de récidiver, à peine de défobéiffance et de prifon et fous telles autres peines qu'il plaira à la Cour prefcrire, les condamner pour la nouvelle contravention en 1,000 livres d'amende et folidairement en 6,000 livres de dommages et intérêts envers les demandeurs et aux dépens, d'une part; et Chriftophe Selles et fes affociés Charles Dolet, Antoine de Laplace et Alexandre Bertrand, défendeurs, d'autre;

Après que Dumont, avocat des comédiens, a demandé avantage : ouï Daunart, avocat de Nivellon, et Joli pour le procureur général du Roi : La Cour reçoit la partie de Daunart oppofante à l'exécution de l'arrêt par défaut en répondant des dépens; au principal, lui donne acte de fa déclaration qu'elle entend exécuter les arrêts, dépens néanmoins compenfés à fon égard, a donné congé-défaut contre les défaillans : et, pour le profit, déboute le nommé Selles de l'oppofition à l'arrêt du 21 juin dernier, déclare contre lui encourues les peines prononcées par l'arrêt du 2 janvier auffi dernier. Ce faifant, ordonne que par l'huiffier Girault, les théâtres des défaillans feront démolis, auquel fera permis de faire faire ouverture des portes en préfence du commiffaire du quartier. Fait itératives défenfes à Dolet, Laplace, Bertrand, Selles, Nivellon et tous autres de contrevenir aux arrêts à peine de prifon, les condamne en 1,000 l. d'amende et en 3,000 de dommages et intérêts envers les parties de Dumont, et condamne les défaillans aux dépens (1).

Fait le 19 février 1709.

(*Parlement*, X, 7296.)

(1) Le même jour l'huissier Girault signifia l'arrêt à Bertrand, Dolet et Delaplace en leur loge, parlant à la servante portière; à Nivellon en son domicile, parlant à son garçon; et à Selles en sa loge, préau de la foire, parlant à sa servante portière.

IX

Sur la requête préſentée au Conſeil par Henri Holtz et Jean Godard, ſuiſſes de la garde ordinaire de Son Alteſſe M. le duc d'Orléans, propriétaires de pluſieurs loges ſituées dans le préau de la foire St-Germain-des-Prés, tendante à ce qu'acte leur ſoit donné de leur priſe de fait et cauſe pour les nommés Dolet, Laplace, Bertrand et Selles; et, en conſéquence de l'inſtance pendante au Conſeil, caſſer, révoquer et annuller toute la procédure faite par les comédiens au Parlement de Paris, et l'aſſignation qu'ils y ont fait donner le 16 du préſent mois, comme attentatoire à l'autorité du Conſeil : Ce pendant que défenſes ſoient faites auxdits comédiens de ſe plus pourvoir audit Parlement, ni d'exercer aucune contrainte à peine de nullité, caſſation de procédures, 1,500 livres d'amende, dépens, dommages et intérêts; ce qui ſera et demeurera encouru à la première contravention :

Vu par le Conſeil ladite requête; extrait du livre du juré-crieur du Châtelet de Paris contenant une ſentence dudit Châtelet portant entre autres choſes permiſſion aux danſeurs de corde de repréſenter myſtères profanes, licites et honnêtes, du 14 ſeptembre 1707; arrêt du Conſeil rendu ſur la requête de meſſire Céſar cardinal d'Eſtrées, abbé de St-Germain-des-Prés, portant que ſans avoir égard à l'arrêt du Parlement de Paris du 15 juin 1706, ordonne que l'arrêt du Conſeil du 11 mars audit an ſera exécuté; ce faiſant, leſdits Bertrand, Selles, Rochefort et conſors déchargés des aſſignations à eux données audit Parlement à la requête deſdits comédiens et, en conſéquence, les commandemens et exécutions faites à la requête deſdits comédiens ſur les danſeurs de corde caſſés, révoqués et annullés avec défenſes de faire pourſuites ailleurs qu'au Conſeil, du 17 juillet 1706, ſignifié ledit jour; requête préſentée en la prévôté de l'hôtel par ledit Holtz à fin d'y faire aſſigner leſdits comédiens pour voir dire que les farceurs ou comédiens de campagne, occupant la loge dont ledit Holtz eſt propriétaire, ſeront gardés et maintenus dans le droit qu'ils ont toujours eu dans le cours de la foire St-Germain; ordonnance étant enſuite de permiſſion d'aſſigner; exploit d'aſſignation en conſéquence, du 22 janvier 1709; copie de la ſentence de la prévôté de l'hôtel rendue contre leſdits comédiens et leſdits Holtz et Godard, par laquelle, en conſéquence des ſentences et ordonnances de police, arrêts et règlemens du Parlement, leſdits Holtz et Godard ſont déboutés de leur demande et condamnés aux dépens, du 5 février 1709; requête préſentée au Conſeil par leſdits Holtz et Godard à fin d'être reçus appelans de ladite ſentence de la prévôté de l'Hôtel; ordonnance du Conſeil étant enſuite portant ſoit reçu appelant, permis d'intimer et ce pendant défenſes de faire pourſuite ailleurs qu'au Conſeil, du 11 du préſent mois de février; exploit d'aſſignation donné en conſéquence auxdits comédiens, du 13 dudit mois; copie de requête préſentée au Parlement de Paris par leſdits comédiens à ce qu'il ſoit ordonné que les arrêts y rendus feront exécutés; ordonnance étant enfuite *de viennent*, du 16 février audit an et autres pièces attachées à ladite requête :

Le Confeil, ayant égard à ladite requête, a donné acte aux fupplians de leur prife de fait et caufe pour lefdits Dolet, Laplace, Bertrand et Selles; en conféquence de l'inftance pendante au Confeil, a caffé, révoqué et annullé toute la procédure faite par lefdits comédiens au Parlement de Paris et l'affignation donnée auxdits fupplians le 16 du préfent mois de février, comme le tout fait par attentat à l'autorité du Confeil et aux défenfes dudit Confeil. Et ce pendant a fait et fait défenfe auxdits comédiens de fe plus pourvoir audit Parlement de Paris, ni d'exercer aucune contrainte contre lefdits fupplians, faire pourfuites et procédures ailleurs qu'au Confeil à peine de nullité, caffation de procédures, 1,500 livres d'amende et de tous dépens, dommages et intérêts. Fait au Confeil à Paris le 20 février 1709.

Signé : DE VERTHAMON ; CHAUVELIN.

(*Grand-Conseil*, V[5], 688.)

X

Sur la requête préfentée au Confeil par Henri Holtz et Jean Godard, fuiffes de la garde ordinaire de M. le duc d'Orléans, propriétaires chacun d'une loge fituée dans le préau de la foire St-Germain-des-Prés, tendant à ce qu'il plaife au Confeil leur dônner acte de la plainte qu'ils rendent au Confeil des violences et voies de fait, entreprifes, attentats et vols contenus tant aux procès-verbaux dreffés par les nommés Lemaignan et Choblet ledit jour 2 du préfent mois de mars, qu'en ladite requête, circonftances et dépendances, leur permettre d'en faire informer de l'autorité du Confeil par-devant tel des confeillers du Confeil qu'il leur plaira commettre et députer à cet effet, requérant à cette fin la jonction du procureur général du Roi, fans préjudice des autres droits, actions, dommages et intérêts des fupplians. Et, dès à préfent, attendu l'attentat commis par lefdits comédiens à l'autorité du Confeil au mépris de fes défenfes portées par ledit arrêt du 20 février dernier, déclarer l'amende de 1,500 livres y portée par eux encourue, au payement de laquelle ils feront contraints folidairement et par corps, leur faire itératives défenfes de plus récidiver en mettant ou faifant mettre ledit arrêt par défaut du Parlement de Paris du 19 février dernier à exécution foit contre les fupplians, foit contre les fieurs Dolet, Laplace, Selles et autres leurs gagiftes dont les fupplians ont pris le fait et caufe, ni de fe pourvoir ailleurs qu'au Confeil, à peine de nullité, caffation de procédure, 3,000 livres d'amende et de prifon et en cas de contravention à tous les dépens, dommages et intérêts. Et pour éviter à l'avenir les attentats dont les comédiens font des menaces publiques, ordonner que les fupplians demeureront fous la protection du Confeil, enjoindre aux huiffiers du Confeil de tenir la main à l'exécution de l'arrêt qui interviendra et de prendre main-forte pour faire que le Conſeil ſoit obéi et que la force demeure à juſtice.

Vu par le Conſeil ladite requête, copie de l'arrêt du Conſeil obtenu par les ſupplians ſur requête qui leur donne acte de leur priſe de fait et cauſe pour leſdits de Laplace, Bertrand et Selles en conſéquence de l'inſtance pendante au Conſeil; caſſe, révoque et annule toute la procédure faite par leſdits comédiens au Parlement de Paris et l'aſſignation donnée auxdits ſupplians audit Parlement le 16 février dernier, comme le tout fait par attentat à l'autorité du Conſeil. Et cependant fait défenſe auxdits comédiens de ſe plus pourvoir au Parlement de Paris, ni d'exercer aucune contrainte contre leſdits ſupplians, faire pourſuite et procédure ailleurs qu'au Conſeil à peine de nullité, caſſation, 1,500 livres d'amende et de tous dépens, dommages et intérêts, du 20 février 1709; enſuite eſt copie de la ſignification dudit arrêt auxdits comédiens le 20 février 1709; procès-verbaux faits par Lemaignan et Choblet, huiſſiers au Conſeil, à la requête de Henri Holtz, ſuiſſe de M. le duc d'Orléans, contenant les violences et rupture des théâtres des ſupplians par les y nommés à la requête des comédiens du 2 mars 1709, avec les pièces attachées à ladite requête : Le Conſeil, ayant égard à ladite requête, a permis et permet auxdits ſupplians de faire informer des faits contenus auxdits procès-verbaux dreſſés par leſdits Lemaignan et Choblet, huiſſiers au Conſeil, le 2 de ce mois, et en ladite requête, procéderont pardevant meſſire Louis-Germain Chauvelin, conſeiller au Conſeil, que le Conſeil a commis et commet à cet effet. Fait itératives défenſes auxdits comédiens de mettre ni faire mettre ledit arrêt par défaut dudit Parlement de Paris du 19 février dernier à exécution contre les ſupplians et leſdits Dolet, Laplace, Selles et autres leurs gagiſtes, dont ils ont pris le fait et cauſe et de ſe pourvoir ailleurs qu'au Conſeil, à peine de nullité, caſſation de procédures, 1,500 livres d'amende, dépens, dommages et intérêts. Fait audit Conſeil à Paris le 4 mars 1709.

Signé : DE VERTHAMON; CHAUVELIN.

(*Grand-Conseil*, V[5], 688.)

XI

Sur la requête préſentée au Conſeil par Henri Holtz et Jean Godard, ſuiſſes de la garde ordinaire du Roi, tendante à ce qu'il plaiſe au Conſeil leur donner acte de la nouvelle plainte qu'ils rendent au Conſeil des nouveaux attentats, violences, voies de fait et vols commis par les comédiens du Roi, Girault, huiſſier, archers, exempts et autres leurs adhérens, contenus et ſpécifiés tant au procès-verbal dreſſé par Boucher, huiſſier au Conſeil, et par Choblet, ſon confrère, le 4 mars 1709, qu'en ladite requête, circonſtances et dépendances, leur permettre d'en faire informer par addition de l'autorité du Confeil par-devant tel des confeillers du Confeil qu'il leur plaira commettre et députer à cet effet, pour ladite information faite et rapportée, prendre telles conclufions qu'ils aviferont bon être; et, dès à préfent, à l'effet de connoître les violences et dégâts commis dans lefdites loges et dont eft queftion, ordonner que l'un des confeillers qui fera pareillement commis et député, fe tranfportera inceffamment dans lefdites loges pour être en fa préfence dreffé procès-verbal des bris et fractures et de l'état d'icelles, permettre aux fuppliaus de les faire rétablir pour de fuite continuer comme auparavant d'y faire leurs repréfentations et jeux pendant la durée de ladite foire St-Germain, même d'avancer les frais néceffaires pour parvenir audit rétabliffement fauf à en dreffer état définitif fuivant les quittances des ouvriers qui y travailleront. Au furplus, ordonner que la garnifon mal à propos et par attentat établie par lefdits comédiens dans lefdites loges en fera chaffée, levée et ôtée par l'un des huiffiers du Confeil, faire itératives défenfes auxdits comédiens de mettre ou faire mettre les arrêts du Parlement à exécution et de fe pourvoir, ni faire aucune pourfuite ailleurs qu'au Confeil à peine de nullité, caffation de procédure, 3,000 livres d'amende, dépens, dommages et intérêts :

Vu par le Confeil ladite requête avec la requête préfentée au Confeil par lefdits Holtz et Godard d'oppofition à l'arrêt par défaut obtenu par les comédiens le 25 février 1709, fignifiée le 4 mars 1709 à Me Maffi, procureur defdits comédiens, enfuite de laquelle eft un procès-verbal fait par Choblet et Boucher, huiffiers au Confeil, du 4 mars 1709 : Le Confeil a permis et permet auxdits fupplians de faire informer par addition contre lefdits comédiens des faits contenus audit procès-verbal defdits Choblet et Boucher, huiffiers au Confeil, du 4 du préfent mois, et en ladite requête, circonftances et dépendances par-devant meffire Germain Chauvelin, confeiller au Confeil, que le Confeil a commis et commet à cet effet, pour ce fait et rapporté être ordonné ce que de raifon. Et cependant fait itératives défenfes auxdits comédiens de mettre ni faire mettre ledit arrêt du Parlement de Paris du 19 février dernier à exécution et de fe pourvoir ni faire aucune pourfuite, ni procédure ailleurs qu'au Confeil à peine de nullité, caffation de procédure, 1,500 livres d'amende, dépens, dommages et intérêts.

Fait au Confeil à Paris le 5 mars 1709.

Signé : DE VERTHAMON; CHAUVELIN.

(*Grand-Conseil*, V[8], 688.)

XII

Entre Henri Holtz, fuiffe de la garde ordinaire de M. le duc d'Orléans, appelant de la fentence contre lui rendue en la prévôté de l'Hôtel, le 5 février dernier, au profit de la troupe des comédiens du Roi, et de tout ce qui s'en est ensuivi, suivant sa requête présentée au Conseil le 4 dudit mois de février; l'exploit fait en conséquence le 13 du même mois, contrôlé à Paris le 14, à ce que ladite sentence soit infirmée et annulée avec dommages-intérêts et dépens, d'une part; et lesdits comédiens du Roi, intimés, d'autre.

Et entre lesdits Holtz et Jean Godard, aussi suisse de la garde ordinaire de M. le duc d'Orléans, propriétaires de deux loges situées dans le préau de la foire de St-Germain-des-Prés, prenant le fait et cause des nommés Dolet, Laplace, Bertrand et Selles, demandeurs, en exécution de l'arrêt par eux obtenu, sur leur requête au Conseil le 20e février dernier, signifié auxdits comédiens par exploit du même jour, contrôlé à Paris ledit jour, et défendeurs, d'une part; et lesdits comédiens du Roi, défendeurs et demandeurs suivant la requête par eux présentée au Conseil ledit jour 20 février, à ce qu'ils soient reçus opposans à l'exécution dudit arrêt du Conseil, faisant droit sur leur opposition, la procédure déclarée nulle et au principal les conclusions desdits comédiens à eux adjugées avec dépens, d'autre. Et entre lesdits comédiens du Roi, demandeurs en exécution de l'arrêt du Conseil par eux obtenu par défaut le 25 dudit mois de février, signifié ledit jour, et défendeurs, d'une part;

Et lesdits Holtz et Godard esdits noms et qualités, défendeurs et demandeurs suivant la requête par eux présentée au Conseil le 2 du présent mois de mars, signifiée le 4 dudit mois, à ce qu'ils soient reçus opposans à l'exécution dudit arrêt, faisant droit sur leur opposition, déchargés des condamnations y portées avec dépens, dommages et intérêts, d'autre;

Et entre lesdits Holtz et Godard esdits noms, demandeurs et complaignans, suivant leurs requêtes insérées dans les arrêts du Conseil des 4 et 5 mars présent mois, par le premier desquels il leur est permis de faire informer des faits contenus aux deux procès-verbaux dressés par Lemaignan et Choblet, huissiers au Conseil, le 2 du présent mois de mars, et en leur requête, par-devant messire Germain-Louis Chauvelin, conseiller au Conseil, commis à cet effet, avec itératives défenses faites auxdits comédiens de mettre ni faire mettre l'arrêt par défaut du Parlement du 19 février dernier à exécution contre lesdits Holtz et Godard et lesdits Dolet, Laplace et autres leurs gagistes, dont ils ont entrepris le fait et cause, ni de se pourvoir ailleurs qu'au Conseil à peine de nullité, cassation de procédures, 1,500 livres d'amende, dépens, dommages et intérêts; et, par le second desdits arrêts, il est aussi permis auxdits Holtz et Godard de faire informer par addition contre lesdits comédiens des faits contenus au procès-verbal de Choblet et Boucher, huissiers au Conseil, du 4 dudit mois, et à leur requête, circonstances et dépendances par-devant ledit sieur Chauvelin et lesdites défenses réitérées, et défendeurs, d'une part;

Et lesdits comédiens, défendeurs et demandeurs suivant leur requête présentée au Conseil le 8 dudit mois de mars à ce qu'en adhérant à leur précédente opposition, ils soient reçus en tant que de besoin opposans audit arrêt du Confeil obtenu fur requête par lefdits Holtz et Godard; faifant droit fur l'oppofition, la procédure déclarée nulle avec dépens, d'autre;

Et entre lefdits Holtz et Godard, demandeurs fuivant leur requête préfentée au Confeil, le 11 mars préfent mois, à ce que, en les recevant appelans de ladite fentence de la prévôté de l'hôtel du 5 février dernier, ils foient pareillement reçus en tant que de befoin à l'exécution des prétendues fentences, règlemens de police et arrêts du Parlement, notamment des 22 février 1707, 21 mars 1708, 2 janvier 1709, et tous autres énoncés en ladite fentence de la prévôté de l'Hôtel; faifant droit fur le tout, l'appellation et ce dont eft appel mis à néant; émendant et corrigeant, fans avoir égard auxdits prétendues fentences de police et arrêts du Parlement, adjuger auxdits Holtz et Godard les fins et conclufions qu'ils ont prifes en caufe principale en ladite prévôté de l'Hôtel; et, fans s'arrêter aux oppofitions formées par lefdits comédiens à l'exécution des arrêts du Confeil, ordonner que lefdits arrêts feront exécutés felon leur forme et teneur; et, en conféquence de la preuve réfultante des procès-verbaux dreffés par Lemaignan, Choblet et Boucher, huiffiers du Confeil, des 2 et 4 du préfent mois de mars et des charges et informations faites de l'autorité du Confeil, à la requête defdits Holtz et Godard, en exécution defdits arrêts des 4 et 5 du préfent mois de mars, de tous les attentats, violences, voies de fait et vols commis par lefdits comédiens et autres leurs adhérens, enfemble de toutes les contraventions aux arrêts du Confeil, lefdits comédiens foient condamnés folidairement et par corps à rétablir inceffamment les loges defdits Holtz et Godard et les remettre en pareil et femblable état qu'elles étoient auparavant les bris, ruptures et brûlemens que lefdits comédiens ont faits et fait faire des théâtres, décorations, loges, plafonds, luftres, bancs et autres uftenfiles étant dans lefdites loges fi mieux n'aiment payer la valeur des dégâts par eux faits, fuivant l'eftimation qui en fera faite par experts et gens de connoiffance dont les parties conviendront; même à rendre et reftituer les habits, hardes des gagiftes defdits fieurs, mal pris, volés et emportés par lefdits comédiens et leurs adhérens et les coffres et caffettes dans lefquels ils étoient enfermés. Comme auffi lefdits comédiens condamnés folidairement et par corps aux dommages et intérêts foufferts et à fouffrir par les demandeurs réfultant defdits excès, violences, bris, ruptures et incendies et du chômage defdites loges et gagiftes des demandeurs. Pour quoi ils fe reftreignent à la fomme de 30,000 l. fuivant l'état qui en fera par eux fourni, faire défenfe auxdits comédiens de plus ufer de femblables voies à peine de punition corporelle et condamnés en tous les dépens, et, dès à préfent, ordonné que les demandeurs feront inceffamment réintégrés et remis en la poffeffion et jouiffance defdites loges à eux appartenantes dont ils ont été expulfés par les voies de fait et par la garnifon mal à propos établie en icelles par lefdits comédiens, et, à l'effet de ladite réintégrande, ordonner que par l'un des huiffiers du Confeil, qui fe tranfportera préalablement dans lefdites loges, il fera dreffé procès-verbal des bris, fractures, dégâts et détériorations faits dans icelles, permis même aux demandeurs de les faire rétablir et remettre au même état qu'elles étoient auparavant, même d'avancer tous les deniers néceſſaires pour parvenir auxdits rétabliſſements ſauf à répéter ſuivant les quittances des ouvriers qui y travailleront et qui ſeront rapportées par les demandeurs, ſauf au procureur général du Roi, pour la vindicte publique, à prendre telles concluſions qu'il lui plaira contre leſdits comédiens et leurs adhérens, d'une part; et leſdits comédiens défendeurs, d'autre.

Et entre leſdits Holtz et Godard, demandeurs en requête par eux préſentée au Conſeil le 13 préſent mois à ce qu'en adhérant par eux à l'appel qu'ils ont interjeté et relevé au Conſeil de la ſentence rendue à leur préjudice en la prévôté de l'hôtel le 5 février dernier, ils ſoient pareillement reçus appelans en tant que beſoin de toutes les ſentences rendues au Châtelet de Paris, énoncées en celle ſuſdite de la prévôté de l'hôtel et de tout ce qui s'en eſt enſuivi; ce faiſant, en mettant les appellations et ce dont eſt appel au néant, émendant et corrigeant, les concluſions qu'ils ont priſes contre leſdits comédiens tant en cauſe principale que d'appel leur ſoient adjugées avec dépens, dommages et intérêts, d'une part; et leſdits comédiens intimés et défendeurs, d'autre;

Après que Barbier, avocat pour leſdits Holtz et Godard, aſſiſté de Chriſtophe, leur procureur, a conclu en ſes oppoſitions, appel et requête;

Chevalier, avocat pour leſdits comédiens, aſſiſté de Maſſi, leur procureur, a été ouï et conclu en ſes oppoſitions et requête;

Et que de Benoit de St-Port, pour le procureur général du Roi, a été auſſi ouï et fait récit des charges :

Le Conſeil a reçu les parties de Barbier oppoſantes à l'exécution de l'arrêt par défaut du Conſeil du 25 février dernier et, ſans s'arrêter aux oppoſitions des parties de Chevalier aux arrêts du Conſeil du 20 février, 4 et 5 mars dernier, ni à l'appel interjetté par les parties de Barbier des ſentences du Châtelet de Paris, a mis et met l'appellation de ladite ſentence de la prévôté de l'Hôtel du 5 février dernier au néant; ordonne que ladite ſentence de la prévôté de l'hôtel ſera exécutée ſelon ſa forme et teneur, enſemble celles du Châtelet de Paris : Et, ayant aucunement égard aux requêtes des parties de Barbier à fin de dommages et intérêts et de rétabliſſement, condamne leſdites parties de Chevalier ſolidairement et par corps, en 6,000 l. de dommages et intérêts envers les parties de Barbier; condamne Dancourt, Poiſſon et Dufey en 300 livres d'aumône applicables moitié à la chapelle du Conſeil, et moitié au pain des priſonniers détenus de l'autorité du Conſeil; enjoint auxdits Rivière, Pannetier et Leroux, exempts, et Girault, huiſſier, d'obſerver les ordonnances et leur fait déſenſes de prêter main-forte aux exécutions faites nuitamment dans les affaires civiles. Et, ſur le ſurplus des demandes des parties, enſemble ſur l'extraordinaire, a mis et met les parties hors de cour, condamne les parties de Barbier aux amendes deſdites appellations, tous dépens néanmoins compenſés entre les parties, excepté toutefois pour les dépens de la procédure extraordinaire eſquels le Conſeil a condamné et condamne les parties de Chevalier envers les parties de Barbier. Le 14 mars 1709.

(*Grand-Conseil*, V[5], 688.)

XIII

Sur ce qui a été repréſenté au Roi étant en ſon Conſeil par les comédiens françois de Sa Majeſté, qu'ils ſe ſont pourvus en caſſation contre l'arrêt du Grand-Conſeil du 14 du préſent mois par lequel, entre autres choſes, ils ont été condamnés ſolidairement et par corps en 6,000 livres de dommages et intérêts envers les nommés Holtz et Godard pour un fait qui n'eſt pas de la compétence dudit Grand-Conſeil; mais, appréhendant quelque violence de la part de ces particuliers et ne pouvant, à cauſe des fêtes, pourſuivre ladite caſſation avec autant de diligence que la choſe le requiert, ils auroient très-humblement ſupplié Sa Majeſté de ſurſeoir pendant tel tems qu'il lui plaira aux contraintes par corps, aux offres qu'ils font de conſigner ladite ſomme de 6 mille livres ès mains de tels notaires qu'il ſera aviſé.

A quoi ayant égard, Sa Majeſté étant en ſon Conſeil, a ordonné et ordonne qu'il ſera ſurſis pendant un mois à compter de cejourd'hui, à toutes contraintes par corps contre leſdits comédiens pour raiſon de la condamnation de 6,000 livres portée par ledit arrêt du Grand-Conſeil du 14 du préſent mois, à condition pour eux de conſigner inceſſamment ladite ſomme de 6,000 livres ès mains de Durant, notaire, pour être remiſe à qui il ſera ordonné par juſtice. 27 mars 1709.

Signé : PHÉLYPEAUX.

(*Conseil d'État*, E, 1947.)

XIV

Vu au Conſeil d'État privé du Roi les requêtes préſentées en icelui par les comédiens du Roi, la première contenant qu'ils ſont obligés de ſe pourvoir contre un arrêt du Grand-Conſeil du 14 mars 1709, par lequel ils ſont condamnés ſolidairement par corps en 6,000 l. de dommages et intérêts pour avoir fait exécuter un arrêt du Parlement de Paris. Dans le fait, Sa Majeſté en réuniſſant, au mois d'octobre 1680, les deux troupes de comédiens établis à Paris, à l'hôtel de Bourgogne et dans la rue Guenegaud, défendit expreſſément par ſon ordonnance des 21 deſdits mois et an, à tous autres comédiens françois de s'établir en la ville et faubourgs de Paris ſans un ordre exprès et enjoignit au Lieutenant général de police de tenir la main à l'exécution de ladite ordonnance. Depuis ce tems-là, les nommés Bertrand, joueur de marionnettes, Selles, Dolet et Laplace, danſeurs de corde, ayant entrepris de jouer pendant le temps des foires de St-Laurent et de St-Germain, des farces et petites comédies, les fupplians fe pourvurent devant le fieur Lieutenant de police et obtinrent contre eux plufieurs fentences, quelques-unes defquelles furent confirmées par des arrêts contradictoires du Parlement de Paris qui défendirent expreffément à ces particuliers et à tous autres de jouer aucune pièce, ni farce quelles qu'elles puffent être; et, fur ce qu'ils prétendirent éluder en diverfes façons ces défenfes, il intervint un arrêt contradictoire au Parlement de Paris le 2 janvier 1709 par lequel, entre autres chofes, la cour ordonna que les arrêts confirmatifs des fentences de police et règlemens feroient exécutés, leur fit défenfe, et à tous autres, de faire fervir leurs théâtres à autres ufages qu'à ceux de leur profeffion, et en cas de nouvelle contravention, permit de démolir les théâtres. Pour tâcher d'éluder la difpofition de cet arrêt, ces baladins, fous le nom des nommés Holtz et Godard, fuiffes de Son Alteffe Royale M. le duc d'Orléans, auxquels ils fuppofoient avoir vendu les loges qui leur appartenoient dans le préau de la foire St-Germain et aux gages defquels ils fe fuppofoient être, préfentèrent requête en la prévôté de l'Hôtel pour y furprendre une permiffion de continuer leurs contraventions : cela n'étoit fait que pour donner lieu à un conflit pendant le cours duquel ils efpéroient profiter du tems de la foire St-Germain. Un des fupplians, à l'infu et fans la participation des autres, crut qu'il n'y avoit point de danger de reconnoître cette juridiction : il y fit préfenter un procureur, et par fentence contradictoire du 5 février 1709, les fuiffes furent déboutés de leur demande et il fut ordonné que la fentence de police et les arrêts de la cour de Parlement feroient exécutés felon leur forme et teneur. Holtz et Godard en interjettèrent appel et l'élevèrent au Grand-Confeil. Le même, qui avoit déjà reconnu la prévôté de l'Hôtel, pourfuivit encore le jugement de cette appellation et fit confirmer la fentence par un arrêt par défaut du 25 février. Pendant que cela fe paffoit, Selles, Nivelon, Dolet, Laplace et Bertrand affichoient et jouoient ouvertement tous les jours. Les fupplians firent tranfporter chez eux des commiffaires qui en dreffèrent leurs procès-verbaux; ils les firent enfuite affigner au Parlement de Paris, et comme les contraventions et la défobéiffance étoient évidentes, il intervint un arrêt le 19 février, contradictoire avec Nivelon et par défaut contre les autres, qui donne acte à Nivelon de ce qu'il offroit d'exécuter les arrêts de la cour, déclara les peines prononcées par l'arrêt du 2 janvier encourues par les autres; ce faifant, ordonna qu'attendu leur défobéiffance, leurs théâtres feroient démolis par l'huiffier Giraud auquel il fut permis de faire faire ouverture des portes en préfence du commiffaire du quartier. Ce même arrêt fait itératives défenfes à Dolet, Laplace et Bertrand et à tous autres d'y contrevenir à peine de prifon, les condamne en 1,000 livres d'amende et en 3,000 livres de dommages et intérêts envers les fupplians. Dès que cet arrêt eut été rendu, Selles, Dolet, Laplace et Bertrand furprirent au Grand-Confeil un arrêt, fous le nom des deux fuiffes, qui donne acte à ceux-ci de ce qu'ils prenoient le fait des autres et qui caffe toute la procédure faite contre eux au Parlement. Cet arrêt ne pouvoit les mettre à couvert de la peine qu'ils méritoient pour avoir contrevenu aux arrêts du Parlement dont l'exécution ne pouvoit être fufpendue que par une oppofition en forme fignifiée de la part de ceux qui y étoient parties, dans le tems prefcrit par l'ordonnance. Il n'y en eut aucune et c'eft ce qui obligea les fupplians à faire mettre, le 2 mars, l'arrêt à exécution. L'huiffier Giraud fe tranfporta fur les lieux avec le commiffaire Chevalier et des officiers et archers du Lieutenant criminel de robe courte. Il fit abattre le théâtre de Selles et ne voulut pas toucher à celui de Dolet, Laplace et Bertrand parce qu'il apprit que M. le duc d'Orléans devoit y aller ce jour-là. Selles fit rétablir fon théâtre le même jour. Il y joua le foir même une comédie en trois actes après laquelle un des acteurs vint annoncer pour le lendemain: *Le Feftin de Pierre,* et promit au premier jour une pièce nouvelle. Le théâtre de Dolet, Laplace et Bertrand fut démoli le foir. Ils le firent rétablir la nuit et le dimanche ils y firent repréfenter une farce. Cela eft juftifié par les procès-verbaux des commiffaires Dubois et Moncrif. L'huiffier Giraud, en vertu de l'arrêt du 19 février, y retourna le lundi matin, fit abattre le théâtre; et, pour empêcher qu'ils ne jouaffent le foir comme ils fe vantoient de le faire, il y laiffa garnifon. Selles, Laplace, Dolet et Bertrand, fous le nom des deux fuiffes, fe pourvurent ce même jour au Grand-Confeil : ils y avoient formé oppofition dès le 2 à l'exécution de l'arrêt par défaut du 25 février. Ils y demandèrent permiffion d'informer contre les fupplians des prétendues violences qui avoient été faites. Ils y conclurent en 30,000 livres de dommages et intérêts; et, quoique les fupplians, qui avoient été avertis de cette procédure, euffent donné des ordres précis de ne point reconnoître, à cet égard, le Grand-Confeil et de n'y procéder que fur l'appel de la fentence de la prévôté de l'Hôtel, il intervint fur le tout un arrêt contradictoire le 14 mars, par lequel les fentences de la prévôté de l'Hôtel et du Châtelet, dont Holtz et Godard avoient interjetté appel, furent confirmées; ce faifant, condamne les fupplians folidairement et par corps en 6 mille livres de dommages et intérêts, Dancourt, Poiffon et Dufey, trois des fupplians, en trois cens livres d'aumône applicables moitié à la chapelle du Grand-Confeil, moitié au pain des prifonniers, enjoint à Rivière, lieutenant, et à Pannetier et Leroux, exempts de la compagnie du Lieutenant criminel de robe courte, d'obferver les ordonnances et leur fait défenfe de faire et prêter main-forte aux exécutions faites nuitamment dans les affaires civiles; fur le furplus des demandes, enfemble fur l'extraordinaire, met les parties hors de cour, condamne les fuiffes aux amendes des appellations, tous dépens compenfés, autres toutefois que les dépens de la procédure extraordinaire auxquels les fupplians font condamnés. C'eft contre cet arrêt, qui a été fignifié le 21 mars dernier, que les fupplians font obligés de fe pourvoir. Ils obfervent d'abord qu'ayant été rendu au préjudice des ordres qu'ils avoient donnés de ne point reconnoître en cela la juridiction du Grand-Confeil, ils font en droit de défavouer tout ce qui y a été fait et de foutenir qu'il n'y a que le Parlement de Paris qui puiffe connoître valablement de l'exécution des arrêts qu'il a rendus; mais, ſans ſe départir de ce moyen qu'ils pourront faire valoir en tems et lieu, ils ſoutiennent que l'arrêt qui a été rendu eſt contraire aux ordonnances et ne ſauroit, par conſéquent, ſubſiſter; leurs moyens de caſſation ſont aiſés à établir : 1° cet arrêt condamne les ſupplians par corps en 6,000 livres de dommages et intérêts; cette diſpoſition eſt contraire à l'ordonnance de 1664, titre 34 : *De la décharge des contraintes par corps.* L'article 1er de ce titre abroge abſolument ces contraintes et défend aux cours de les ordonner à peine de nullité et à tous huiſſiers et ſergens de les exécuter. L'article 2 les permet ſeulement après les 4 mois pour les dépens et pour les dommages et intérêts, et l'article 10 preſcrit les formalités qu'il faut obſerver pour y parvenir. Le Grand-Conſeil n'a donc pu, ni dû prononcer contre les ſupplians une condamnation par corps, et l'arrêt qu'il a rendu, dans lequel ſe trouve cette condamnation abrogée par l'ordonnance, ne peut être excuſé. On voudra peut-être dire que cette condamnation eſt une ſuite de la procédure extraordinaire qui a été faite; mais, à cela, deux réponſes : la première, que, ſur l'extraordinaire, le Grand-Conſeil a mis les parties hors de cour, donc l'affaire n'a pu être jugée comme affaire criminelle, mais comme affaire civile. La ſeconde, c'eſt qu'en matière criminelle les dommages et intérêts ne vont pas par corps à moins que le jugement ne les caractériſe réparation civile, ce qui ne ſe trouve point dans l'arrêt dont la caſſation eſt demandée. Le ſecond moyen de caſſation ſe tire encore de ce que l'arrêt a contrevenu à l'article 8 du même titre de l'ordonnance de 1667 qui décharge les femmes et filles de la contrainte par corps, ſi elles ne ſont marchandes publiques, pour le fait de leurs marchandiſes ou pour cauſe de ſtellionnat procédant de leur fait. Or, l'arrêt du Grand-Conſeil condamne toute la troupe des comédiens ſolidairement et par corps au payement de ces ſix mille livres de dommages et intérêts; la troupe eſt compoſée de 13 acteurs et de quinze actrices. Ces quinze femmes ou filles ſe trouvent donc, contre les termes précis, condamnées par corps, en quoi il n'eſt pas ſoutenable. Le troiſième moyen ſe tire de ce que le Grand-Conſeil fait, par un arrêt, un règlement par rapport aux officiers qui ont exécuté l'arrêt du 19 février 1709, en leur enjoignant de ne plus faire et de ne plus prêter main-forte aux exécutions faites nuitamment dans les affaires civiles, en quoi il a entrepris viſiblement ſur l'autorité du Parlement de Paris, dont les officiers avoient exécuté l'arrêt et ſuivi en cela les ordres qui leur avoient été donnés. Au reſte, l'arrêt du Grand-Conſeil contient une injuſtice manifeſte. Il déboute les parties adverſes de leurs prétentions au fond, il confirme les ſentences qui défendent à Dolet, Laplace, Bertrand et Selles de parler ſur leurs théâtres et juge, de cette manière, qu'ils n'ont pu ni dû parler; qu'ils n'ont pu jouer ni farces ni comédies et qu'ils n'ont pas dû contrevenir, comme ils ont fait, aux arrêts du Parlement qui le leur défendoient expreſſément : cependant il condamne en des dommages et intérêts conſidérables les ſupplians pour avoir fait exécuter ces arrêts du Parlement; il récompenſe la déſobéiſſance de ces baladins et le mépris formel qu'ils ont fait des arrêts rendus contre eux; il prononce une efpèce de note contre des officiers qui ont exécuté les arrêts émanés d'une cour fupérieure à laquelle feule ils doivent rendre compte de leur conduite; enfin il expofe les fupplians aux infultes de gens qui n'ont rien à perdre ou à demeurer chez eux jufqu'à ce qu'il ait plû à Sa Majefté les mettre à couvert de leurs violences. A ces caufes requéreroient qu'il plût à Sa Majefté caffer, révoquer et annuler ledit arrêt du Grand-Confeil du 14 mars 1709 et tout ce qui s'en eft enfuivi; ce faifant, renvoyer les parties au Parlement de Paris pour y procéder, fur leurs demandes et prétentions refpectives comme auparavant ledit arrêt, et condamner lefdits Holtz et Godard aux frais de l'arrêt qui interviendra. Ladite requête fignée Bairé, avocat des fupplians, et Daudoul et Perrin, anciens avocats, avec les pièces juftificatives d'icelle y attachées et notamment l'arrêt du Confeil d'État rendu, Sa Majefté y étant, le 27 mars 1709 par lequel Sa Majefté auroit ordonné qu'il fera furfis pendant un mois à compter du jour dudit arrêt à toutes contraintes par corps contre lefdits comédiens pour raifon de la condamnation de la fomme de 6,000 l. portée par l'arrêt du Grand-Confeil du 14 dudit mois de mars, à condition par eux de configner inceffamment ladite fomme de 6,000 l. ès mains de Durand, notaire, pour être remife à qui il fera ordonné par juftice; au bas duquel eft la fignification qui en a été faite le 28 mars 1709; l'acte de dépôt et configuation faite de ladite fomme de 6,000 l. le 28 mars 1709, en exécution dudit arrêt du Confeil d'État, fans approbation néanmoins dudit arrêt du Grand-Confeil du 14 mars audit an contre lequel ils déclarent qu'ils fe font pourvus en caffation; l'exploit de fignification de l'acte dudit dépôt et configuation faite ledit jour 28 mars 1709, à la requête des comédiens; la copie dudit arrêt du Grand-Confeil fignifié auxdits comédiens le 23 dudit mois de mars, par lequel il reçoit les parties de Barbier oppofantes à l'exécution de l'arrêt par défaut du 25 février dernier, et fans s'arrêter aux oppofitions des parties de Chevalier, aux arrêts dudit Grand-Confeil du 20 février, 4 et 5 mars dernier, ni à l'appel interjeté par les parties de Barbier des fentences du Châtelet de Paris, a mis et met l'appellation de ladite fentence de la prévôté de l'Hôtel du 5 février dernier au néant, ordonne que ladite fentence fera exécutée felon fa forme et teneur, enfemble celles du Châtelet de Paris. Et, ayant égard aux requêtes des parties de Barbier à fin de dommages et intérêts et de rétabliffement, condamne lefdites parties de Barbier, folidairement et par corps, en 6,000 l. de dommages et intérêts envers les parties de Barbier; condamne Dancourt, Poiffon et Dufey en 300 l. d'aumône, etc., etc., etc.

La feconde requête defdits comédiens contenant que, dans la requête qu'ils ont déjà préfentée au Confeil en caffation de l'arrêt rendu contre eux au Grand-Confeil le 14 mars dernier, ils ont fait voir qu'en les condamnant folidairement et par corps en 6,000 l. de dommages et intérêts envers Holtz et Godard, et trois d'entre eux en une amende de 300 l. pour avoir fait exécuter un arrêt du Parlement de Paris du 19 février précédent, auquel il n'y avoit pas d'oppofition, cet arrêt a contrevenu à l'ordonnance et leur a ſait une injuſtice manifeſte et criante. Ils ne répéteront rien de ce qu'ils ont déjà dit à cet égard, ils ajouteront ſeulement une obſervation importante et un moyen de caſſation qui leur avoit échappé, et ils expliqueront ce qui s'eſt paſſé depuis que leur requête en caſſation a été remiſe entre les mains du ſieur Maboul, maître des requêtes. L'obſervation qu'il leur eſt important de faire eſt que le Grand-Conſeil, en outrant à leur égard l'injuſtice par l'arrêt dont il s'agit, les a mis heureuſement en état de ſe faire rendre la juſtice qui leur eſt due : il a prononcé contre eux des dommages et intérêts et les a liquidés à 6,000 l. pour avoir fait abattre deux théâtres dont le Parlement de Paris avoit ordonné expreſſément la démolition, il a condamné tous les ſujets ſolidairement et par corps au payement de ces 6,000 livres; dans cette condamnation ſolidaire et par corps, treize femmes ou filles ſont compriſes : l'ordonnance les excepte précíſément de ces contraintes. Il a encore condamné en une aumône trois des ſupplians pour un fait civil, car par le même arrêt on met ſur l'extraordinaire les parties hors de cour. Tout cela joint enſemble prouve évidemment que le Grand-Conſeil, en condamnant en 6,000 l. de dommages et intérêts, n'a pas cherché à récompenſer les parties adverſes du tort qu'elles ſuppoſoient avoir ſouffert, mais qu'ils ont voulu faire connoître ou publier qu'il eſt dangereux de faire exécuter un arrêt du Parlement de Paris contre des gens à qui le Grand-Conſeil a accordé ſa protection. Cette condamnation d'aumône dont il vient d'être parlé fournit encore aux ſupplians deux moyens de caſſation contre l'arrêt du 14 mars dernier. Le Grand-Conſeil a condamné en une aumône pour un fait civil. Il a appliqué partie de cette aumône à ſon utilité particulière. Cela eſt expreſſément défendu par la déclaration de Sa Majeſté du 21 janvier 1685. Elle porte que les cours ne pourront condamner les accuſés en des aumônes que dans le cas où il aura été commis ſacrilége ou pour les autres cas eſquels il n'échet point d'amende, et elle ajoute que ces aumônes ne pourront être appliquées à d'autres uſages qu'au pain des priſonniers ou au profit de l'Hôtel-Dieu, hôpitaux généraux des lieux religieux, ou religieuſes mendiantes et autres lieux pitoyables à peine de déſobéiſſance. Il eſt donc certain que, pour être condamné en une aumône, il faut être accuſé et convaincu de crime; il eſt donc conſtant qu'on ne peut y être condamné quand il n'y a ni crime, ni accuſation; par conſéquent, n'y ayant en l'eſpèce particulière de la cauſe, ni crime, ni accuſation ſubſiſtante puiſque le Grand-Conſeil a confirmé par ſon arrêt les ſentences de police dont le Parlement auroit ordonné l'exécution et que, ſur la procédure extraordinaire, les parties ont été miſes hors de cour, on n'a pu ni dû prononcer d'aumône : et que l'arrêt qui y a condamné trois des ſupplians eſt abſolument inſoutenable. Il faut, à préſent, expliquer ce qui s'eſt paſſé dans le cours de l'affaire depuis que les ſupplians ont remis leur requête en caſſation contre l'arrêt du 14 mars 1709. Cet arrêt ne leur fut ſignifié que le jeudi 21 dudit mois de mars. Ils préſentèrent le 23 leur requête, mais comme il n'y a point eu, depuis ce tems-là, de bureau de caſſation et qu'on exerçoit contre eux les plus rigoureuſes contraintes, ils ont eu recours à Sa Majeſté qui a eu la bonté de leur accorder un arrêt en commandement, le 27 mars, portant ſurſéance pour un mois, en conſignant inceſſamment, ſuivant leurs offres, la ſomme de 6,000 l. entre les mains de Durand, notaire à Paris. Cet arrêt fut ſignifié le 28. Le même jour, à dix heures du matin, la conſignation fut faite et l'acte en fut ſignifié aux parties, ainſi qu'il réſulte de la ſignification. Cependant les huiſſiers du Grand-Conſeil, ſous prétexte que l'arrèt ne portoit pas de ſurſéance, ſe tranſportèrent le même jour chez Dancourt, l'un des ſupplians, en vertu d'une contrainte de Ferreau, fermier général, pour l'aumône à laquelle Dancourt, Duſey et Poiſſon avoient été condamnés par l'arrêt. Ils lui firent ſignifier la vente de ſes meubles ſans préjudice à eux d'exercer la contrainte par corps contre lui et contre les deux autres. Cette ſignification fut faite en parlant à ſa perſonne. Il fit ſes proteſtations et contre la contrainte, et contre tout ce qui avoit été fait en conſéquence. Il ſoutint que Ferreau n'étant plus fermier général et ayant été dépoſſédé par un arrêt qui avoit commis Iſambert, qui l'eſt actuellement, la contrainte étoit nulle; mais comme on ne cherchoit qu'à lui faire inſulte, il conſigna, ſans approbation de l'arrêt et de tout ce qui auroit été fait, la ſomme de 360 livres entre les mains de l'huiſſier et s'oppoſa à la délivrance juſqu'à ce que, par Sa Majeſté, en eût été autrement ordonné. Après quoi les huiſſiers ſe retirèrent et enlevèrent la garniſon qu'ils avoient établie tant chez lui que chez les deux autres. Ces pourſuites obligent les ſupplians d'ajouter à leurs précédentes concluſions parce que, ſi Sa Majeſté trouve à propos de caſſer ſur-le-champ l'arrêt inſoutenable qui a été rendu contre eux et de renvoyer les parties au Parlement de Paris, ainſi qu'ils y ont conclu par leur première requête, il eſt des règles de caſſer tout ce qui a été fait en conſéquence et d'ordonner que les ſommes par eux conſignées leur ſeront reſtituées. Si, d'un autre côté, Sa Majeſté ordonne ſeulement un aſſigné, les ſupplians ont lieu de croire qu'ayant conſigné une ſomme de 6,360 l. entre les mains de Durand, notaire, et d'Inſelin, huiſſier au Grand-Conſeil, elle aura la bonté d'ordonner que toutes choſes demeureront en état, puiſque ſans cela le Grand-Conſeil ne manqueroit pas d'ordonner, auſſitôt que la ſurſéance ſeroit expirée, que les deniers conſignés ſeroient délivrés. Après quoi les ſupplians ne pourroient jamais les recouvrer puiſqu'il n'y a aucun recours à eſpérer contre les parties adverſes. A ces cauſes requéreroient qu'il plût à Sa Majeſté leur donner acte de ce que, pour plus amples moyens, ils emploient le contenu de ladite requête; ce faiſant et leur adjugeant définitivement les concluſions qu'ils ont déjà priſes, ordonner que la ſomme de 6,000 l. et celle de 360 l. qu'ils ont conſignées le 28 mars dernier entre les mains de Durand, notaire, et d'Inſelin, huiſſier au Grand-Conſeil, leur ſoient rendues et reſtituées; à ce faire, les dépoſitaires contraints par les voies ordinaires, quoi faiſant déchargés : ce qui ſera exécuté nonobſtant oppoſitions ou appellations quelconques pour leſquelles ne ſera différé, et condamner leſdits Holtz et Godard aux frais de l'arrêt qui interviendra. Et au cas que Sa Majeſté ne voulût pas prononcer préſentement la caſſation demandée et qu'elle jugeât à propos d'ordonner que les parties, ſur les fins des requêtes, fuſſent aſſignées au Conſeil, ordonner que toutes choſes demeureront en l'état juſqu'à ce que par elle en fin de cauſe en eût été ordonné : ladite requête ſignée Bairé ; la déclaration de Sa Majeſté du 21 janvier 1685 ; l'itératif commandement fait le 28 mars 1709 audit ſieur Dancourt de payer ladite ſomme de 360 l. pour ladite aumône, contenant le payement fait de ladite ſomme pour éviter la continuation des contraintes, violences et vexations faites et à faire, par forme de conſignation, aux proteſtations faites par ledit ſieur Dancourt et contenant ſon oppoſition à la délivrance de ladite ſomme, le tout juſqu'à ce qu'autrement, par Sa Majeſté, en ait été ordonné et ſans l'approbation de l'arrêt du 14 mars 1709 contre lequel les comédiens ſe ſont pourvus en caſſation, et de la contrainte donnée en conſéquence, et tout ce qui a été remis par leſdits comédiens par-devant le ſieur Maboul, conſeiller du Roi en ſes conſeils, maître des requêtes ordinaire de ſon hôtel qui en a communiqué au bureau du ſieur Pelletier, conſeiller d'État ordinaire. Ouï ſon rapport et tout conſidéré : Le Roi en ſon Conſeil a ordonné et ordonne qu'aux fins deſdites requêtes leſdits Holtz et Godard ſeront aſſignés au Conſeil dans le délai de l'ordonnance. Le 15 avril 1709.

Signé : Phelypeaux ; Maboul ; Le Peletier.

(*Conseil privé*, V[e], 815.)

XV

Sur la requête préſentée au Roi étant en ſon Conſeil par les comédiens françois de Sa Majeſté, contenant qu'ayant été condamnés par arrêt du Grand-Conſeil du 14 mars dernier, à payer ſolidairement et par corps 6,000 l. de dommages et intérêts aux nommés Holtz et Godard, ſuiſſes, et trois d'entre eux en 300 livres d'aumône pour avoir fait exécuter à la lettre un arrêt du Parlement de Paris ; Sa Majeſté, attendu que les ſupplians s'étoient pourvus en caſſation contre cet arrêt, eut la bonté de leur accorder, le 27 dudit mois de mars, une ſurſéance d'un mois en conſignant la ſomme de 6,000 l. entre les mains de Durand, notaire : Cette conſignation fut faite le 28. Ils conſignèrent auſſi la ſomme de 300 livres d'aumône parce que, nonobſtant la ſurſéance, on voulut les contraindre à la payer, et ils ſe ſont oppoſés à la délivrance de ces ſommes ; ils ont enſuite preſſé l'entérinement de leur requête en caſſation. Elle a été admiſe par arrêt du Conſeil privé du 15 du préſent mois qui leur permet d'aſſigner les deux ſuiſſes au Conſeil ; mais comme, pendant l'inſtance en caſſation, les parties adverſes ne manqueront pas de pourſuivre la délivrance des deniers conſignés et l'exécution de l'arrêt du Grand-Conſeil dont la caſſation eſt demandée, les ſupplians prennent la liberté de ſupplier Sa Majeſté de vouloir bien leur continuer la ſurſéance qu'elle leur a déjà accordée parce que, ſans cela, la grâce que Sa Majeſté leur a faite deviendroit inutile, les ſommes conſignées ſeroient enlevées et il ne ſeroit pas poſſible de les retirer. A ces cauſes requéroient qu'il plût à Sa Majeſté proroger, pour tout le tems que durera l'inſtance en caſſation, la ſurſéance accordée par l'arrêt du 27 mars dernier et faire défenſe à Holtz et Godard et à tous autres de faire pour raiſon de ce aucune pourſuite à peine de déſobéiſſance. Vu ladite requête, l'acte de conſignation de 6,000 l. faite entre les mains de Durand, notaire, par les comédiens en conſéquence dudit arrêt du Conſeil du 27 mars dernier et tout conſidéré :

Sa Majeſté étant en ſon Conſeil, a prorogé et proroge pour un mois la ſurſéance portée par ledit arrêt du 27 mars dernier; pendant lequel tems il ne pourra être exercé aucune contrainte par corps contre leſdits comédiens pour raiſon de la condamnation de 6,000 l. portée par ledit arrêt du Grand-Conſeil du 14 dudit mois de mars, à la charge que ladite ſomme de 6,000 l. demeurera conſignée entre les mains de Durand, notaire, juſqu'à ce qu'il en ait été ordonné par juſtice. Le 27 avril 1709.

Signé : PHELYPEAUX.

(*Conseil d'État*, E, 1947.)

XVI

Vu par le Roi, étant en ſon Conſeil, la requête préſentée à Sa Majeſté par Henri Holtz et Jean Godard, ſuiſſes de la garde ordinaire de M. le duc d'Orléans, contenant qu'en qualité de propriétaires de deux loges ſituées dans le préau de la foire de St-Germain-des-Prés et prenant le fait et cauſe de Charles Dolet, Antoine de Laplace, Alexandre Bertrand et Chriſtophe Selles et autres leurs gagiſtes, ils ont eu une conteſtation portée et liée au Grand-Conſeil avec les comédiens françois au ſujet des divertiſſemens et jeux que les ſupplians font donner au public et que les comédiens entreprennent de troubler; ſur ce différend, les comédiens ne ſe ſont pas contentés de comparoître au Grand-Conſeil, mais ils y ont encore formé des demandes et pourſuivi l'arrêt contradictoire qui a prononcé ſur toutes les prétentions des parties le 14 mars 1709 à l'audience; mais quoique par cet arrêt, les comédiens aient gagné leur cauſe ſur le fond et que les ſupplians n'aient rien entrepris au préjudice de ſa déciſion, les comédiens, par une ſurpriſe inexcuſable, ſe ſont pourvus d'un côté au Conſeil d'État où, ſous prétexte de la demande qu'ils diſent avoir faite au Conſeil privé en caſſation de l'arrêt contradictoire du Grand-Conſeil du 14 mars dernier, ils ont obtenu des défenſes de l'exécuter pendant un mois par arrêt du Conſeil d'État du 27 mars 1709 : d'un autre côté, pendant qu'ils ſuſpendent ainſi l'exécution d'un arrêt contradictoirement intervenu avec eux au Grand-Confeil, ils ont repris au Parlement une procédure qu'ils y avoient fecrètement commencée le 7 du même mois de mars et qu'ils avoient depuis abandonnée pour procéder au Grand-Confeil; et, fur cette procédure, fans qu'il foit rien furvenu de nouveau, ils ont obtenu le 16 mars dernier au Parlement de Paris, un arrêt qui décrète de prife de corps Dolet, Laplace, Selles, Bertrand et autres qui font aux gages des fupplians, qui font par eux employés dans la repréfentation des divertiffemens qu'ils donnent au public et dont, par cette raifon, les fupplians ont pris le fait et caufe au Grand-Confeil. Comme cet arrêt eft vifiblement infoutenable dans l'état où fe trouvent les différends des parties et qu'on ne peut douter qu'il foit rendu par des juges, dont ceux même qui l'ont furpris ont reconnu l'incompétence, les fupplians en ont demandé la caffation au Confeil d'État privé; mais, comme pendant qu'ils la pourfuivent, il ne feroit pas jufte que ce décret les mît hors d'état de tirer de Dolet, Laplace, Selles et de leurs autres gagiftes le fervice qu'ils ont loué aux fupplians, d'où il arriveroit que, non-feulement les fupplians feroient expofés à de grands dommages et intérêts envers ces particuliers, mais encore que ceux-ci pour s'être loués aux fupplians fe trouveroient dans l'impuiffance de fubfifter avec leur famille : les fupplians qui ont grand intérêt d'arrêter le cours d'une telle vexation, font obligés de fe pourvoir. Ils efpèrent de cette fouveraine juftice que Sa Majefté diftribue toujours avec tant d'égalité à fes fujets que, jufqu'à ce que le Confeil d'État privé prononçant fur la caffation que les parties demandent refpectivement, les comédiens de l'arrêt du Grand-Confeil, les fupplians de l'arrêt du Parlement de Paris, elle voudra bien accorder aux fupplians, contre un arrêt furpris incompétemment au Parlement fans qu'ils aient été entendus ni pu l'être, le même fecours de la furféance qu'il lui a plu d'accorder aux comédiens contre l'arrêt rendu contradictoirement avec eux au Grand-Confeil le 14 mars 1709. A ces caufes requéroient les fupplians, en la qualité qu'ils procèdent de prenans fait et caufe de Dolet, Laplace, Selles et Bertrand, furfeoir l'exécution de l'arrêt furpris incompétemment au Parlement de Paris par les comédiens françois jufqu'à ce que, par le Confeil d'État privé, il ait été fait droit fur la caffation qui y eft requife par les fupplians de cet arrêt; l'arrêt du Confeil du 27 mars dernier par lequel Sa Majefté auroit accordé à fes comédiens furféance pendant un mois à toutes contraintes par corps contre lefdits comédiens pour raifon de la condamnation de 6,000 livres portée par l'arrêt du Grand-Confeil du 14 dudit mois de mars, à condition par eux de configner ès mains de Durand, notaire, ladite fomme de 6,000 livres pour être remife à qui il fera ordonné par juftice; autre requête defdits comédiens par laquelle ils auroient repréfenté à Sa Majefté que mal à propos ils ont été traduits à la prévôté de l'Hôtel par lefdits Holtz et Godard, qui auroient dû les pourfuivre par-devant les juges ordinaires ou par-devant ceux devant lefquels ils peuvent procéder au moyen du committimus : que cependant lefdits comédiens ayant été affez mal confeillés pour fuivre la juridiction de la prévôté de l'Hôtel, ils n'ont plus que la voie du Conſeil où l'inſtance en queſtion a été introduite, et, pour la pourſuivre, ils auroient conclu à une nouvelle ſurſéance à cauſe de la brièveté du tems; requête deſdits Holtz, Godard, Dolet et autres tendante à ce qu'il plaiſe à Sa Majeſté leur accorder ſurſéance aux contraintes par corps obtenues contre eux par leſdits comédiens; l'arrêt du Conſeil d'État du 27 avril dernier par lequel Sa Majeſté auroit prorogé pour un mois le délai porté par celui du 27 mars précédent aux mêmes conditions et tout conſidéré :

Le Roi, étant en ſon Conſeil, ſans préjudice de l'inſtance pendante au Conſeil privé entre leſdits Holtz, Godard, Dolet et autres, d'une part, et leſdits comédiens, d'autre; a fait défenſe auxdits Holtz et Godard de ſe pourvoir dorénavant en la prévôté de l'Hôtel pour raiſon des conteſtations qu'ils peuvent avoir à moins qu'ils ne ſoient à la cour et ſuite de Sa Majeſté, ſauf à eux à ſe pourvoir devant les juges ordinaires ou en vertu de leur committimus ainſi qu'il appartiendra. Faiſant Sa Majeſté défenſes au prévôt de ſon hôtel ou ſon lieutenant, de connoître de pareilles conteſtations à peine de nullité, et pour pourſuivre par leſdits comédiens Holtz, Godard, Dolet et autres, l'inſtance pendante entre eux au Conſeil, Sa Majeſté a ſurſis pendant un mois à toutes contraintes par corps qu'ils peuvent avoir reſpectivement obtenues les uns contre les autres.

Le 6 mai 1709.

Signé : PHELYPEAUX.

(*Conseil d'État*, E, 1947.)

XVII

Sur la requête préſentée au Roi en ſon Conſeil par la troupe des comédiens de Sa Majeſté contenant qu'encore que, par les arrêts du Parlement des 2 janvier 1709, 25 juillet 1710, par leſquels il eſt fait défenſe aux danſeurs de corde et à tous autres de faire ſervir leurs théâtres à autres uſages qu'à ceux de leur profeſſion, de repréſenter et jouer aucune comédie ſoit par colloques et monologues ou en quelque autre manière que ce ſoit, néanmoins les danſeurs de corde qui s'établiſſent aux foires de St-Germain et de St-Laurent, ont introduit ſur leurs théâtres des perſonnages de la Comédie-Italienne qui jouent actuellement pluſieurs pièces différentes mêlées de ballets, ſe ſervant même de décorations et de machines pour l'exécution de leurs comédies, après que les danſeurs de corde ont fini leur exercice; ce qui étoit directement contraire tant au brevet qu'il a plu à Sa Majeſté d'accorder aux ſupplians qu'à l'arrêt du Conſeil du 17 avril 1709, qui fait défenſe au ſieur Guyenet, directeur de l'Académie de muſique, de donner aucune permiſſion aux danſeurs de corde et autres gens publics de chanter des pièces de mufique entières ou autrement, requéroient à ces caufes qu'il plût à Sa Majefté faire défenfe à toute perfonne autre que lefdits comédiens, de jouer aux foires et dans la ville et faubourgs de Paris aucune comédie, tant par monologue que par geftes et pantomime; qu'on ne pourra même repréfenter des fcènes détachées, fans fuite, liaifon, ni dénouement foit par monologues, foit par le moyen d'acteurs muets : défenfe de fe fervir d'écriteaux où l'on mette des chanfons dont les unes répondant aux autres forment une fuite et, toutes enfemble, compofent une pièce que les acteurs repréfentent par leurs geftes et par leurs habits, et que les fpectateurs chantent pour eux; que les danfeurs de corde ne pourront plus avoir de théâtre, ni donner au public d'autre fpectacle que ceux de danfer fur la corde, de voltiger et de faire des fauts périlleux, et qu'au furplus il plaife à Sa Majefté en interprétant l'arrêt du Confeil du 17 avril 1709, faire défenfe au donataire du privilége de l'Opéra de permettre ni tolérer aux danfeurs de corde et à tous autres de faire ni danfes, ni ballets, ni d'avoir machines et décorations et qu'à faute par lefdits donataires de s'oppofer auxdites contraventions que les fupplians feront autorifés à pourfuivre les contrevenans aux dépens defdits donataires, veu la requête et tout confidéré: Le Roi étant en fon Confeil a renvoyé tant les comédiens que les danfeurs de corde, à fe pourvoir en fa cour du Parlement fur leurs demandes et prétentions refpectives, comme ils auraient pu faire avant l'arrêt du 17 avril 1709, pour leur y être fait droit fur le tout ainfi qu'il appartiendra.

Le 21 décembre 1711.

Signé : PHELYPEAUX.

(*Conseil d'État*, E, 1947.)

PROST (ANNE-MARIE), danseuse du théâtre de l'Ambigu-Comique en 1784.

Mardi 13 janvier 1784, 9 heures du foir.

Anne-Marie Proft, danfeufe d'Audinot, arrêtée par Duffaut, fergent, à la réquifition de Jean-Antoine Defprez, danfeur d'Audinot, pour lui avoir donné un foufflet (1). Relaxée.

(*Archives des Comm.*, n° 5022.)

(1) En plein théâtre où l'on jouait la 10e représentation de *Mercure et les ombres*, pièce épisodique en un acte, précédée des *Troix Rivaux*, pièce en un acte, terminée par les *Noces de Thétis et de Pélée*, pastorale en deux actes, mêlée de musique et de danses.

PRUDHOMME (Mlle), danseuse de l'Opéra-Comique en 1756.

(*Dictionnaire des Théâtres*, VI, 685.)

PUVIGNÉ (Mlle), danseuse de l'Opéra-Comique à la foire Saint-Laurent de 1743, avait un rôle dans le ballet-pantomime des *Fleurs,* exécuté à la suite de l'*Ambigu de la Folie, ou le Ballet des dindons,* parade en quatre entrées, de Favart, représentée le 31 août de cette même année.

(*Dictionnaire des Théâtres*, I, 99.)

PYGMÉES (LA TROUPE ROYALE DES). Le 31 mars 1675, Louis XIV permit à Dominique de Normandin, écuyer sieur de la Grille, par lettres patentes enregistrées au Parlement de Paris le 7 septembre 1675, de faire jouer en public, sous le nom de *Troupe Royale des Pygmées,* dans la ville et faubourgs de Paris, des marionnettes « qui ne feront pas feulement d'une grandeur extraordinaire mais même repréfenteront des comédies avec des décorations et des machines très-curieufes et en outre imiteront parfaitement la danfe, le chant et la voix humaine et feront d'ailleurs tous les exercices qui s'apprennent dans les Académies. » Ce théâtre s'ouvrit l'année suivante au Marais et donna pour première pièce : *les Pygmées,* tragi-comédie en cinq actes, ornée de musique, de machines et de changements de théâtre. Le programme imprimé de cette pièce portait que la troupe Royale des Pygmées la représentait « en fon hôtel Royal au Marais du Temple ». Et, ajoutait-il : « Ce qui n'a pas d'exemple jufqu'ici, on verra des figures humaines de quatre pieds de haut, richement habillées et en très-grand nombre repréfenter fur un vafte et fuperbe théâtre des pièces en cinq actes ornées de mufique, de ballets, de machines volantes et de changemens de décorations, réciter, marcher, actionner comme des perſonnes vivantes ſans qu'on les tienne ſuſpendues. » La *Troupe Royale* représenta ensuite les *Amours de Microton, ou les Charmes d'Orcan,* pastorale enjouée. En 1677, ce spectacle changea de nom et s'appela l'*Opéra des Bamboches.* L'*Encyclopédie* n'a pas dédaigné de s'occuper de ce petit spectacle et voici ce qu'elle en dit : « C'étoit un opéra ordinaire avec la différence que la partie de l'action s'exécutoit par une grande marionnette qui faiſoit ſur le théâtre les geſtes convenables aux récits que chantoit un muſicien dont la voix ſortoit par une ouverture ménagée dans le plancher de la ſcène. » Toutefois la nouvelle dénomination de ce théâtre ne remplaça pas tout à fait l'ancienne dans la pratique usuelle, car à la foire Saint-Laurent de 1678 nous voyons figurer la *Troupe Royale des Pygmées.* Peu de temps après, ce théâtre, qui avait eu l'honneur d'exciter la jalousie de l'Académie royale de musique, fut complétement supprimé.

(*Reg. du Parlement,* X1ᵃ, 8672. — *Encyclopédie,* article du chevalier de Jaucourt. — Magnin, *Histoire des Marionnettes,* 142.)

PYGMÉES FRANÇOIS (SPECTACLE DES). Les succès obtenus par les *Fantoccini français,* marionnettes qu'un nommé Caron faisait voir sur le boulevard du Temple, engagèrent quelques spéculateurs à faire construire en 1785, au Palais-Royal, un théâtre qu'ils nommèrent les *Pygmées français,* et d'y faire jouer Caron et ses marionnettes. Ils inaugurèrent leur salle par le *Nouveau Prométhée,* prologue en un acte avec couplets, et par *Arlequin protégé par Momus,* vaudeville en trois actes. Les marionnettes qu'on y montrait n'avaient que douze ou quatorze pouces de hauteur, et, comme à l'ancienne *Troupe Royale des Pygmées,* un acteur placé dans la coulisse parlait et chantait pour elles. Malgré la gentillesse de ces petits comédiens et l'habileté de Caron qui les conduisait malgré les feux, cascades, bouquets, gerbes, fusées et illuminations pyrrhiques dont le spectacle était enjolivé, les Pygmées français n'obtinrent aucune réussite (1).

(*Guide des amateurs et des étrangers voyageurs à Paris*, par Thiéry, I, 284. — Magnin, *Histoire des Marionnettes*, 180.)

(1) Ce spectacle avait deux directeurs, l'un se nommait Jean-François Spits, graveur des médailles et monnaies de France, et l'autre Baudin, facteur de clavecins. Des discussions d'intérêts s'élevèrent entre eux, et un procès s'engagea. L'une des pièces de la procédure nous fournit l'indication de presque tout le personnel attaché aux *Pygmées français*. Nous transcrivons ici leurs noms ; c'étaient : 1° Jean-François Féron, âgé de 33 ans, musicien ci-devant attaché au spectacle des *Pygmées*, et à présent attaché à celui d'Asthley, demeurant rue du Faubourg-Sainte-Anne, à l'hôtel de Charolois ; 2° François Gressier, âgé de 48 ans, musicien, demeurant place des Victoires ; 3° Pierre-Marie-Joseph Hurpy, âgé de 42 ans, machiniste, demeurant rue du Faubourg-du-Temple, acteur des *Pygmées* ; 4° demoiselle Marguerite Galimard, âgée de 25 ans, épouse du sieur Boudin, maître chandelier, actrice attachée au spectacle des *Pygmées français*, aux appointements de 700 livres, demeurant rue Montmartre ; 5° Pierre Hurpy fils, coiffeur et ci-devant acteur au spectacle des *Pygmées*, aux appointements de 600 livres, demeurant au Palais-Royal ; 6° Pierre Gruier, âgé de 22 ans, musicien ci-devant attaché au théâtre des *Pygmées*, aux appointements de 600 livres, actuellement à celui de Beaujolais, demeurant rue Saint-Denis ; 7° Pierre-Siméon Caron, âgé de 28 ans, demeurant sous les arcades, acteur au théâtre des *Pygmées*, aux appointements de 600 livres et 3 louis de gratification ; 8° Sophie Walmont, âgée de 28 ans, épouse du sieur Jean de Romainville, acteur de province, elle attachée au théâtre des *Pygmées français*, aux appointements de 500 livres, demeurant rue Neuve-Saint-Sauveur ; 9° Pierre-Louis Mozin, âgé de 18 ans, musicien, demeurant au Palais-Royal, au théâtre des *Ombres chinoises*, ancien violon du spectacle des *Pygmées*, aux appointements de 600 livres ; 10° Laurent Saint-Charles, musicien, âgé de 24 ans, demeurant au spectacle des *Ombres chinoises*, au Palais-Royal, ancien premier violon du spectacle des *Pygmées*, aux appointements de 40 sols par jour ; 11° Jean-Baptiste Fressancourt, âgé de 24 ans et demi, musicien, demeurant rue Coquillière, ancien joueur de clavecin au spectacle des *Pygmées*. (*Archives des Comm.*, n° 1264.)

Q

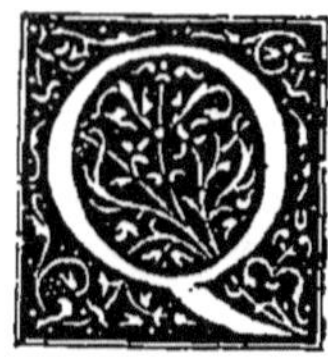

QUENSELY (Georges), montreur de curiosités, faisait voir à la foire Saint-Laurent de 1708 un cheval savant.

L'an 1708, le jeudi 13 ſeptembre, environ les 6 heures du ſoir, nous Céſar-Vincent Lefrançois, etc., étant à la foire St-Laurent pour obſerver ce qui s'y paſſe, avons été averti qu'il y avoit du bruit dans le préau du côté du cabaret de l'Épée royale : Nous y étant à l'inſtant tranſporté, avons vu devant la loge de Georges Quenſely, Allemand, qui fait faire l'exercice à un cheval, une grande populace amaſſée, s'eſt préſenté à nous un particulier ſans perruque qui nous a dit ſe nommer Louis Prévoſt, marchand de chevaux, demeurant rue St-Martin, à la fleur de Lis, étant bleſſé au haut de la tête, ſaignant beaucoup. Nous a montré ſon bras meurtri et nous a fait plainte et dit que cejourd'hui, environ les deux heures de relevée, trois ou quatre laboureurs de la France étant venus le voir pour acheter des chevaux, ils ont bu un coup enſemble. Enſuite ſont venus à la foire ayant envie de voir faire l'exercice et tours au cheval inſtruit par un Allemand; ils ſe ſont adreſſés audit Allemand, que le plaignant a prié de leur faire voir ledit cheval dans le moment parce que ceux de ſa compagnie étoient bien aiſes de s'en retourner, ledit Allemand, en ſon langage, les a envoyés voir les chiens de la foire, leurs camarades. Un de la compagnie ayant inſiſté et lui demandoit ce qu'il falloit, voyant qu'il le rebutoit ainſi que l'archer de la porte et le particulier qui appelle le monde, il lui auroit dit : « Allons-nous-en et laiſſons là ſon cheval. » Il a été ſurpris qu'auſſitôt ledit Allemand lui a déchargé pluſieurs coups de canne ſur la tête et ſur les bras qui l'auroient bleſſé de la manière qu'il nous eſt apparu. Que l'archer avec ſa pertuiſane et ſon homme qui appelle, ſont venus ſur lui et auroient continué à le maltraiter, ſi préſentement la garde n'étoit ſurvenue avec nous, de manière qu'ils ſe ſont retirés. De ce que deſſus nous requiert acte.

Signé : LEFRANÇOIS; LOUIS PRÉVOST.

(*Archives des Comm.*, n° 3821.)

QUESNEL, acteur du théâtre des Grands-Danseurs du Roi en 1772.

(*Almanach forain*, 1773.)

QUETTEVILLE (SUSANNE), née en 1661, associée avec le nommé Cadet pour faire voir la *Tête parlante* à la foire Saint-Laurent de 1689.

Voy. LEGRAND (CHARLES).

QUINAULT, acteur du théâtre de l'Opéra-Comique vers 1738.

(*Dictionnaire des Théâtres*, III, 133.)

QUINAULT (Mlle FRANCASSANI, femme), fille de l'acteur forain Francassani, dansait au théâtre de l'Opéra-Comique sous le nom de Mlle Lejeune en 1738. C'est là qu'elle connut et épousa un comédien du même théâtre nommé Quinault. A la foire Saint-Germain de 1742, Mme Quinault faisait partie de la *Grande Troupe étrangère* dirigée par Restier et la veuve Lavigne, et joua le rôle de *Colombine* dans deux pantomimes de Mainbray, *A Trompeur, Trompeur et demi* et le *Diable boiteux*, représentées le 3 et le 15 février de la même année.

(*Dictionnaire des Théâtres*, I, 322. II, 304. III, 132.)

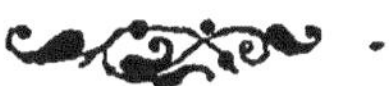

R

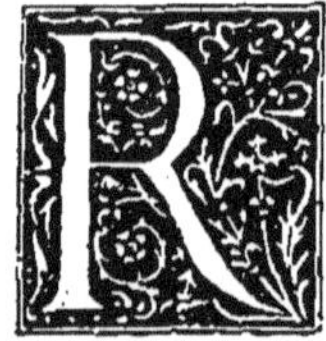

RABIQUEAU, directeur d'un spectacle mécani-physique, à l'enseigne du *Grand Druide,* que l'on pouvait voir en 1774, moyennant 3 livres aux premières places et 24 sols aux deuxièmes. Pour douze livres on avait ses entrées durant toute l'année.

(*Almanach forain,* 1775.)

RABON (Mlle), danseuse à l'Opéra-Comique à la foire Saint-Laurent de 1729, avait un rôle dans la *Noce anglaise,* ballet-pantomime exécuté le 16 août de cette année. Elle entra ensuite à l'Opéra.

(*Mémoires sur les Spectacles de la Foire,* II, 53. — *Dictionnaire des Théâtres,* III, 506.)

RADIS (AUGUSTINE), née en 1748, actrice en 1767 dans un spectacle tenu sur le boulevard du Temple, par Mlle Gasserent.

L'an 1767, le samedi 12 décembre, neuf heures du matin, est comparue en l'hôtel et par-devant nous Nicolas Maillot, etc., Augustine Radis, fille âgée de 19 ans, actrice chez la demoiselle Gasserent, maîtresse de spectacle ſur le boulevard, logeante chez le nommé Luxembourg, logeant rue du Temple, près la rue Meſlai, entre un perruquier et un limonadier : Laquelle nous a déclaré et dit qu'il y a aujourd'hui trois ſemaines, ſur le ſoir, elle eſt accouchée d'une fille dont elle étoit enceinte des œuvres du nommé Briſmontier, acteur chez le ſieur Nicolet, auſſi maître de ſpectacle ſur ledit boulevard. Que la ſage-femme qui l'a accouchée, nommée Perrier et demeurante dans le nouveau marché St-Martin, près le corps de garde, et qui étoit venue dès avant lui dire qu'elle étoit charmée d'avoir l'occaſion de l'accoucher, parce qu'elle connoiſſoit une dame de conſidération qui étoit accouchée et qui avoit fait vœu de ſoulager et ſecourir une pauvre accouchée et d'avoir ſoin de ſes enfans. Cette ſage-femme, auſſitôt ſon accouchement, a pris ſon enfant et l'a emporté ſous prétexte de le porter voir à la dame en queſtion, en répétant à la comparante ce qu'elle lui avoit dit avant ſon accouchement et en lui ajoutant qu'elle ne s'embarraſſât pas, qu'elle ne manqueroit de rien. Que cependant, non-ſeulement elle n'a reçu aucun ſecours de la part de cette ſage-femme ni de la dame en queſtion, mais encore elle ne ſait ce qu'eſt devenu ſon enfant. Qu'elle en a demandé des nouvelles à cette ſage-femme différentes fois et elle a toujours tergiverſé et éludé, et n'a jamais fait paroître la dame en queſtion, ni ſon enfant duquel elle eſt des plus en peine. Pourquoi elle a été conſeillée de venir nous faire la préſente déclaration (1).

Signé : MAILLOT.

(*Archives des Comm.*, nº 3774.)

RAGUENET (JEAN-BAPTISTE), acteur forain, fils du maître chandelier de la Comédie-Française, joua d'abord la comédie en province, puis entra, à la foire Saint-Germain de 1711, dans la troupe de Dolet, Delaplace et Bertrand, associés, et y brilla à la fois comme acteur et comme auteur, car il y fit représenter les *Aventures comiques d'Arlequin, ou le Triomphe de Bacchus et de Vénus,* pièce en trois actes et par écriteaux. En 1713, Raguenet s'engagea au jeu d'Octave et débuta par le rôle de *Don Juan* dans le *Festin de Pierre*, opéra comique en trois actes, de Letellier. Entre les foires Saint-Germain et Saint-Laurent de 1714, il alla avec Paghetti et Hamoche donner des représentations à Lyon. De retour à

(1) Dans l'information qui fut faite ensuite de cette plainte par le commissaire Maillot, on entendit comme témoin Marie-Jeanne Gasserent, âgée de 22 ans, maîtresse de spectacle sur le boulevard, logeant rue de Périgueux, au Marais, à l'hôtel de la Paix, avec sa mère.

Paris il s'engagea pour la foire Saint-Laurent de la même année au jeu du chevalier Pellegrin. En 1728, Raguenet faisait partie de la troupe de l'Opéra-Comique et il joua à ce théâtre le rôle du *député de la Grafagnade* dans l'*Antre de Laverna,* opéra comique en un acte, de Lesage et Fuzelier, représenté le 28 août de cette année. Ce rôle composé à son intention par les auteurs faisait allusion à une friponnerie dont il s'était rendu coupable envers un grand seigneur. En même temps qu'il était acteur, Raguenet était aussi marchand de tableaux, et il avait vendu un jour une copie pour un original à un riche amateur; celui-ci s'aperçut du vol et au lieu de faire condamner le voleur par les tribunaux, il préféra le punir en le forçant à représenter au théâtre une scène qu'il avait jouée au naturel, de là le personnage de la pièce et une série d'aveux humiliants que le malheureux acteur était obligé de faire au public, en confessant humblement qu'il n'était qu'un fripon. Malgré cet épisode, la pièce n'eut aucun succès et ne fut jouée qu'une seule fois. En 1730, Raguenet quitta le théâtre et ne s'occupa plus que de son industrie.

(*Mémoires sur les Spectacles de la Foire*, I, 126, 154. — *Dictionnaire des Théâtres*, I, 333; II, 540; III, 263; IV, 368.)

L'an 1714, le 15 juin, dix heures et demie du matin, par-devant nous Jean Hubert, etc., en notre hôtel, eſt comparu le ſieur Jean-Baptiſte Raguenet, bourgeois de Paris, y demeurant rue de la Planche, paroiſſe St-Sulpice : Lequel nous a fait plainte à l'encontre des ſieurs Paghetti et Hamoche, comédiens italiens et chefs de troupe à Lyon, et dit qu'étant à Paris à la foire St-Germain dernière, leſdits Paghetti et Hamoche l'engagèrent de partir avec eux pour aller à Lyon repréſenter les rôles de Mezzetin et des Vieillards dans les pièces italiennes et dans les françoiſes les rôles qui lui conviendroient. Que le plaignant étant convenu avec eux pour la campagne d'été à 400 livres, par écrits ſous leurs ſignatures privées, il partit avec eux à l'expiration de ladite foire pour ſe rendre à Lyon où il a exécuté de point en point ce dont il étoit convenu et même a rempli le premier rôle, qui eſt celui d'amoureux, dans le françois, et que devoit repréſenter le ſieur Roſidor, qui a quitté les ſieurs Paghetti et Hamoche avant l'ouverture de leur théâtre par les mauvais traitemens que le ſieur Roſidor en avoit reçus et faute d'argent. Le plaignant ayant donc fait plus qu'il ne devoit et ne pouvoit, joint au chagrin que lui ont cauſé les menaces de la demoiſelle femme dudit Paghetti, chef de ladite troupe, de le faire aſſaſſiner, comme il le prouvera par témoins, n'en ſachant pas la cauſe, eſt tombé malade, ce qui l'a empêché et mis hors d'état de jouer les rôles françois. Et comme le plaignant avoit beſoin d'argent pour s'alimenter, il en demanda auxdits Paghetti et Hamoche qui dirent au plaignant qu'ils n'en avoient pas pour lors, et que, puiſqu'il ne pouvoit jouer les rôles françois, il n'avoit qu'à s'en aller et qu'ils le payeroient à Paris, ce que le plaignant accepta quoiqu'après avoir fait des avances pour eux et qu'il n'ait pas été payé de ſa campagne et obligé de mettre ſes hardes en nantiſſement tant pour vivre pendant ſon ſéjour à Lyon que pour ſon voyage de Lyon à Paris. Mais le plaignant, qui s'eſt fié à leur bonne foi, a été bien ſurpris d'apprendre par une lettre, qu'il nous a dit lui avoir été donnée par la fille du ſieur Châteauneuf, comédien de ladite troupe de Lyon, ſuivant l'ordre que lui en a donné ſon père, qui eſt actuellement à Lyon, laquelle lettre il nous a repréſentée, ſignée Châteauneuf, et requis icelle être de nous paraphée *ne varietur* et à lui rendue, que, pour ſe diſculper par leſdits Paghetti et Hamoche de le payer, ils auroient fait des pourſuites à Lyon contre le plaignant, au préjudice du congé verbal qu'ils lui avoient donné et de la promeſſe qu'ils lui avoient faite de le payer à Paris ſuivant leurs conventions. Et comme il a tout lieu de craindre quelque ſurpriſe de leur part, il a été conſeillé, pour prévenir même l'exécution des menaces de ladite femme dudit Paghetti, de venir par-devant nous nous rendre la préſente plainte.

Signé : RAGUENET ; HUBERT.

(*Archives des Comm.*, n° 3316.)

RAIMOND (MARIE-ANNE), née en 1713, actrice de l'Opéra-Comique, a rempli à ce théâtre les rôles de *Mathurine* dans les *Bateliers de Saint-Cloud,* opéra comique de Favart (10 septembre 1741) ; *une actrice* dans le prologue mis par Panard en tête de la *Servante justifiée,* de Panard et Fagan (3 février 1742) ; *Madame Rapé,* dans le *Coq du village,* opéra comique de Favart (31 mars 1743) ; *Damon, officier français,* dans l'acte III de l'*Ambigu de la folie, ou le Ballet des Dindons,* parodie en quatre entrées, du même auteur (31 août 1743).

(*Dictionnaire des Théâtres*, I, 97, 389 ; II, 108 ; V, 140.)

RAISIN, organiste de Troyes, avait une loge à la foire Saint-Germain de 1662, où il faisait voir une épinette à trois claviers dont un des trois répétait seul les airs que l'on touchait sur les deux autres. M. Deschanel, dans la *Vie des Comédiens,* a donné d'après Grimarest l'explication de ce fait : « Un organiste de Troyes, nommé Raisin, avait quatre enfants tous jolis, deux garçons et deux filles. Il leur avait appris à jouer de l'épinette, puis en ayant fait fabriquer une à trois claviers, longue à peu près de trois pieds et large de deux et demi, avec un corps un peu plus grand que celui des épinettes ordinaires, il vint à la foire Saint-Germain et annonça au public un miracle de mécanique, une épinette obéissante qui jouait à commandement. Tout le monde y courut et fut émerveillé. En effet, pour commencer, le petit Raisin l'aîné et sa petite sœur Babet se mettaient chacun à son clavier et jouaient ensemble un morceau, puis ils levaient les bras et alors le troisième clavier répétait seul tout le morceau d'un bout à l'autre. Ou bien Raisin criait tout à coup : « Arrêtez-vous, épinette ! » et l'épinette s'arrêtait. « Continuez, épinette ! » et l'épinette continuait. « Jouez tel autre morceau » et l'épinette le jouait. « Taisez-vous, épinette ! » et elle se taisait. On était confondu d'étonnement. De temps en temps Raisin prenait une grande clef avec laquelle il montait l'épinette par le moyen d'une roue qui faisait un vacarme terrible dans le corps de l'instrument, comme si elle eût mis en mouvement d'innombrables rouages nécessaires pour l'exécution des morceaux. Il avait soin aussi de changer souvent de place l'épinette, de peur qu'on ne supposât quelque communication avec le dessous de la salle. Raisin à cette exhibition gagna, dit-on, plus de 20,000 livres. La cour, sur le bruit de ce prodige, fit venir Raisin et son épinette. Le roi l'admira et voulut en donner le spectacle à la reine. La surprise de la reine alla jusqu'à la frayeur ; si bien que le roi ordonna que l'on ouvrît le corps de l'épinette « d'où l'on vit sortir, dit Grimarest, un petit enfant de cinq ans, beau comme un ange ; c'était Raisin le cadet, qui fut dans le moment caressé de toute la cour. Il était temps que le pauvre enfant sortît de sa prison où il était si mal à son aise depuis cinq ou six heures, que l'épinette, c'est toujours Grimarest qui parle, en avait contracté une mauvaise odeur. »

Ce petit Raisin s'appelait Jean-Baptiste-Siret Raisin, il était né en 1656 et devint plus tard l'un des meilleurs acteurs de la Comédie-Française, où il débuta en 1679. Il est mort le 5 septembre 1693.

(*Dictionnaire portatif des Théâtres*, par de Léris, XIX, 512. — Émile Deschanel, *la Vie des comédiens*, 169.)

RAMPONEAUX (JEAN), cabaretier fameux et maître du *Tambour royal*, taverne très-fréquentée de Belleville. Sa bonne humeur, sa gaîté, son esprit lui attiraient une clientèle nombreuse, et bientôt il devint à la mode d'aller chez Ramponeaux. On ne parla plus que de lui, et les vêtements furent à *la Ramponeaux*. Désireux d'exploiter à son profit cette célébrité passagère, un directeur de spectacle forain, Pierre-Claude Gourliez, dit Gaudon, proposa en 1760 au cabaretier de l'engager dans sa troupe et lui offrit 200 livres d'arrhes. Ramponeaux accepta, mais au dernier moment il se dédit et refusa d'exécuter les conventions stipulées. De là un procès moitié sérieux, moitié comique, dont Paris s'amusa beaucoup. L'avocat Élie de Beaumont prit fait et cause pour le directeur du spectacle, Coqueley de Chaussepierre et Voltaire défendirent le cabaretier. Si Ramponeaux refusa d'entrer chez Gaudon, ce ne fut pas, comme le dit l'auteur de la *Henriade* dans son *Plaidoyer*, par scrupule de piété, mais vraisemblablement parce que l'engagement que lui offrait le saltimbanque n'était pas assez élevé à son gré, et en effet on est porté à le croire, puisque le maître du *Tambour Royal* s'engagea peu après à l'Opéra-Comique et y parut à la foire Saint-Germain dans le rôle d'*Anselme*, des *Pèlerins de la Courtille*, parodie de l'opéra de Rameau *les Paladins*, par Lemonnier. Le succès de curiosité qu'obtint cette exhibition dura quelque temps, puis Ramponeaux retourna à son comptoir et mourut à Paris dans sa 78e année, le 4 avril 1802.

(*Histoire du théâtre de l'Opéra-Comique*, II, 449. — Jal, *Dictionnaire de biographie et d'histoire*, 1040.)

Voy. GAUDON.

RATCINE (MARIE-THÉRÈSE), directrice d'un petit spectacle établi sur le boulevard du Temple en 1767 et où l'on voyait des serins savants et des ouvrages de mécanique.

(*Archives des Comm.*, n° 2945.)

RATON (Mlle), actrice du théâtre de l'Opéra-Comique en 1761.

(*Œuvres de M. et Mme Favart*, publiées chez E. Didier, 230.)

RATS ÉQUILIBRISTES, animaux bien dressés qu'on voyait à la foire Saint-Germain au milieu du XVIIe siècle. Brazier donne, d'après les frères Parfaict, les détails suivants sur ces équilibristes d'un nouveau genre : « On a vu à la foire Saint-Germain des rats danser en cadence sur la corde au son des instruments, se tenant debout sur leurs pattes de derrière et portant de petits contre-poids comme de véritables danseurs de corde. Il y avait une troupe de huit rats qui dansaient un ballet figuré sur une grande table, au son des violons et avec autant de justesse que des danseurs de profession. Mais ce qui émerveilla surtout les Parisiens, nos bons aïeux, ce fut un rat blanc de Laponie qui dansa une sarabande avec autant d'aplomb et de grâce qu'aurait pu le faire un Espagnol ou Louis XIV lui-même. »

(*Histoire de la danse*, par Bonnet, citée dans les *Mémoires sur les Spectacles de la Foire*, I, XLII. — Brazier, *Histoire des Petits théâtres*, 238.)

RAULY (Guillaume), maître peintre des plaisirs du Roi et cousin de Maurice von der Beek, tenait avec la dame Baron, pendant la foire Saint-Germain de 1710, le jeu de Levesque de Bellegarde et Desguerrois, acquéreurs des baux et théâtres de la veuve Maurice, et où jouait la troupe de Dominique.

(Jal, *Dictionnaire de biographie et d'histoire*, 163. — *Mémoires sur les Spectacles de la Foire*, I, 105.)

I

L'an 1710, le jeudi 6 février, heure de midi, par-devant nous Louis-Jérôme Daminois, en notre hôtel, sont comparus Louis Carton, sieur Dancourt, et Pierre-Louis Villot-Dufey, comédiens ordinaires du Roi : Lesquels, tant pour eux que pour leurs consors, nous ont dit qu'au préjudice du privilége que le Roi leur a accordé de jouer seuls et représenter des tragédies et comédies, plusieurs bateleurs, danseurs de corde et autres, et, entre autres, les nommés Allard, Rolly, Nivelon, Dolet, Laplace, Bertrand, Lajoute, Letellier ont entrepris d'en jouer et représenter; que leur audace et témérité sont d'autant plus répréhensibles qu'ils ne peuvent ignorer que l'année dernière lesdits comédiens ont obtenu différens arrêts et sentences qui ont fait défense auxdits Dolet, Bertrand, Allard et Nivelon, qui avoient fait semblable entreprise, de représenter des comédies à peine de démolition de leurs théâtres et autres peines y portées. Et comme les comparans ont un intérêt très-sensible de se pourvoir pour faire cesser un abus qui se multiplie et leur est préjudiciable, pourquoi nous requièrent de vouloir nous transporter aujourd'hui rue de Vaugirard, dans le jeu de paume du Bel-Air, près Luxembourg, où ledit Rolly, l'un desdits susnommés, a fait construire et élever un théâtre pour leur donner acte et dresser procès-verbal de l'entreprise et contravention dudit Rolly, pour leur servir et valoir ce que de raison.

Signé : F. Carton-Dancourt; Villot-Dufey.

Sur quoi nous commissaire, etc., nous nous sommes ledit jour, sur les cinq heures du soir, transporté au susdit jeu de paume du Bel-Air, rue de Vaugirard, près Luxembourg, dans lequel ledit Rolly a fait construire et élever un théâtre que nous avons vu orné de décorations et lustres; au pied d'icelui un orchestre; dans icelui neuf particuliers jouant, savoir: six de violons, deux de basses de violons et un autre du basson. Aux deux côtés du théâtre trois rangs de formes terminées d'une balustrade de fer, un triple rang de loges élevé l'un sur l'autre qui règne tout autour de la salle dudit jeu de paume. Avons vu, après les danses de corde finies, représenter sur ledit théâtre, avec machines et changemens de décorations, un divertiſſement comique par différens acteurs et actrices, compoſé de parodies ſur la plupart des airs de l'opéra de *Phaéton* et autres et de danſes alternativement, partagé en prologue et actes ſuivis. Avons remarqué que les acteurs, dont les principaux ſont: l'Arlequin, nommé Dominique, le Scaramouche, nommé Deſgranges, le Pierrot, nommé Belloni, et le Boſſu, nommé Bacquetti, et les actrices forment entre eux des eſpèces de dialogues, ſe parlent et ſe répondent par leſdites chanſons la plupart obſcènes; que l'Arlequin et le Pierrot affectent, pour exciter les ris des ſpectateurs, en les chantant, des geſtes et poſtures indécentes et ſcandaleuſes; que leſdits acteurs et actrices chantent au ſon de l'orcheſtre, qui les accompagne, des chœurs et des duos, danſent par deux, par quatre et en plus grand nombre après avoir chanté et ce pendant tout le cours du divertiſſement, et qu'en fin d'icelui le Scaramouche a fait un compliment aſſez long et arrangé l'annonce du même divertiſſement pour le lendemain. Dont et de quoi nous avons fait et rédigé le préſent procès-verbal.

Signé : DAMINOIS.

(*Archives des Comm.*, n° 921.)

II

L'an 1710, le jeudi 6 février, cinq heures du ſoir, nous Louis-Jérôme Daminois, etc., ſur la réquiſition de Pierre Guyenet, ayant ſeul le privilége du Roi pour une Académie royale de muſique, nous ſommes tranſporté pour conſtater les contraventions commiſes contre ledit privilége par le ſieur Rolly, dans le jeu de paume du Bel-Air, près le Luxembourg, nous ſommes, au déſir dudit réquiſitoire, tranſporté rue de Vaugirard, au jeu de paume du Bel-Air, près Luxembourg, où ledit Rolly a fait conſtruire ſon théâtre. Où étant, nous avons vu à l'un des bouts d'icelui un théâtre conſtruit et élevé, orné de décorations, de luſtres, de pluſieurs rangs de formes des deux côtés terminées par une baluſtrade de fer; au pied d'icelui un orcheſtre et dans icelui neuf particuliers jouant, ſavoir : ſix de violons, deux de baſſes de violons et un de baſſon. Tout autour du ſurplus de l'eſpace du jeu de paume, trois rangs de loges élevées l'une ſur l'autre. Avons vu, après les danſes finies, repréſenter ſur ledit théâtre orné de machines et changemens de décorations, un divertiſſement comique par différens acteurs et actrices compoſé de parodies ſur pluſieurs airs de l'opéra de *Phaéton* et autres airs; qu'il a commencé comme ledit opéra par danſes et prologue et continué par actes ſuivis; que leſdits acteurs et actrices, qui ſe parlent et répondent par des chanſons, ont chanté au ſon de la ſymphonie qui accompagnoit des chœurs et des duos, et ont danſé au même ſon pluſieurs danſes par deux, par quatre et en plus grand nombre. Dont et de quoi nous avons dreſſé le préſent procès-verbal.

Signé : DAMINOIS.

(*Archives des Comm.*, nº 920.)

III

L'an 1710, le jeudi 6ᵉ jour de mars, dix heures du matin, par-devant nous Louis-Jérôme Daminois, etc., en notre hôtel, ſont comparus Nicolas Carton, ſieur Dancourt, et Pierre-Louis Villot-Duſey, comédiens ordinaires du Roi, tant pour eux que pour leurs conſors : Leſquels nous ont dit qu'au préjudice du privilége que Sa Majeſté leur a accordé de jouer ſeuls et de repréſenter des tragédies et comédies, pluſieurs bateleurs danſeurs de corde ont entrepris d'en jouer et repréſenter et cela au mépris non-ſeulement des ſentences et arrêts rendus entre leſdits comédiens et aucuns d'eux qui leur ont fait déſenſes d'en jouer et repréſenter ſous des peines très-ſévères, mais encore des ordres du Roi à eux notifiés le mois dernier; qu'entre autres le nommé Rolly, qui a fait conſtruire et élever un théâtre au jeu de paume du Bel-Air, rue de Vaugirard, près Luxembourg, et avoit ceſſé en exécution dudit dernier ordre, a, par une déſobéiſſance funeſte à icelui, recommencé de jouer et repréſenter ſur ſondit théâtre la comédie. Les comparans, à qui cet abus fait un préjudice très-conſidérable, ayant un intérêt très-ſenſible de ſe pourvoir pour en arrêter le cours, nous ont requis de nous tranſporter audit jeu de paume du Bel-Air, rue de Vaugirard, pour leur donner acte de l'entrepriſe et contravention dudit Rolly à leurdit privilége, et en dreſſer procès-verbal.

Signé : F. CARTON-DANCOURT; VILLOT-DUFEY.

Suivant lequel réquiſitoire nous nous ſommes, ledit jour, ſix heures du ſoir, tranſporté rue de Vaugirard, audit jeu de paume du Bel-Air, près Luxembourg, dans lequel ledit Rolly a fait conſtruire et élever ſon théâtre avec décorations, luſtres, orcheſtre et loges. Avons vu, après les danſes de corde finies, repréſenter ſur ledit théâtre par différens acteurs et actrices, un divertiſſement comique partagé en actes et ſcènes et avons remarqué que leſdits acteurs, dont les principaux ſont : l'Arlequin, nommé Dominique, le Docteur, nommé Deſgranges, le Pierrot, nommé Belloni, et le Boſſu, nommé Baghetti, et les actrices parlent ſur ledit théâtre, ſeuls, deux enſemble et trois auſſi enſemble et ſe répondent les uns aux autres par ſignes, poſtures et geſtes, même par mots coupés, et forment ainſi entre eux des eſpèces de dialogues en parlant et ſe répondant. Comme auſſi que l'Arlequin et le Pierrot ont proféré pluſieurs paroles obſcènes et fait pluſieurs geſtes et poſtures indécentes qui bleſſent la pudeur et l'honnêteté publiques, pour exciter les ris des ſpectateurs, et qu'à la fin dudit divertiſſement le Docteur a fait l'annonce d'un autre pareil pour demain. Dont et du tout nous avons fait et dreſſé le préſent procès-verbal.

Signé : DAMINOIS.

(*Archives des Comm.*, n° 921.)

IV

L'an 1710, le ſamedi 15ᵉ jour de mars, ſix heures du ſoir, nous Louis-Jérôme Daminois, etc., requis, nous ſommes tranſporté dans l'hôtel de la Comédie-Françoiſe, ſis rue des Foſſés-St-Germain, où nous avons trouvé dans une ſalle Laurent Carton, ſieur Dancourt, et Pierre-Louis Villot-Dufey, comédiens ordinaires du Roi : Leſquels, tant pour eux que pour leurs aſſociés en la comédie, nous ont fait plainte et dit que le nommé Rolly et la dame Baron, aſſociés avec des danſeurs de corde au jeu de paume du Bel-Air, rue de Vaugirard, où ils ont fait conſtruire un théâtre, continuent de faire repréſenter ſur icelui en termes et poſtures la plupart diſſolues, obſcènes et indécentes, des comédies et pièces de théâtre qu'ils annoncent au public par des affiches, ce qui leur attire un concours de monde prodigieux et rend la Comédie déſerte et en cauſe la ruine. Pourquoi nous requièrent de nous tranſporter préſentement audit jeu de paume du Bel-Air à l'effet de dreſſer procès-verbal de la contravention deſdits Rolly et demoiſelle Baron aux ordres du Roi, arrêts et ordonnances de police ſur ce rendus, et, au ſortir dudit jeu, de revenir en ladite ſalle de la Comédie pour, ſur le vu du regiſtre ſur lequel on écrit jour par jour la recette et dépenſe de chaque jour, dreſſer procès-verbal de la recette et dépenſe de ce jour.

Signé : F. CARTON-DANCOURT ; VILLOT-DUFEY.

En conſéquence, nous nous ſommes à l'inſtant tranſporté audit jeu de paume du Bel-Air, rue de Vaugirard, où eſt le jeu des danſes de corde deſdits Rolly et demoiſelle Baron, où étant, nous avons vu un théâtre élevé, orné de décorations, de luſtres éclairés et d'un orcheſtre. Aux côtés d'icelui pluſieurs loges l'une ſur l'autre à double rang, un parterre et un amphithéâtre, le tout rempli entièrement de monde. Sur le théâtre cinq rangs de formes et de chaiſes, des deux côtés, auſſi remplis de monde de l'un et de l'autre ſexe et de plus une ſi grande quantité d'hommes debout que le théâtre en étoit preſque couvert et qu'il y avoit à peine ſur icelui un petit eſpace pour les acteurs, ce qui étoit cauſe que de tems à autre on crioit tout haut : *Place au théâtre !* Avons vu, après les danſes de corde finies, repréſenter par quatre acteurs et deux actrices un divertiſſement comique ſcène par ſcène ; que dans chacune d'icelles chacun deſdits acteurs, qui ont paru trois de ſuite l'un après l'autre, ont paru après deux, trois et quatre enſemble, ont tous parlé et ſe ſont tous répondu par ſignes et poſtures; qu'ils ont proféré pluſieurs paroles obſcènes et affecté des poſtures très-indécentes et ſcandaleuſes pour attirer les ris des ſpectateurs; que ce divertiſſement a été ſuivi de ſauts périlleux qui ont été annoncés par des particuliers appelés *Gilles*, par leſquels ſauts la repréſentation dudit divertiſſement a fini ſur les huit heures et demie. Et à l'inſtant nous, commiſſaire ſuſdit, étant retourné à la Comédie-Françoiſe en la ſalle ſuſdite, leſdits ſieurs Dancourt et Dufey nous ont repréſenté un gros regiſtre in-folio, couvert de baſane verte, ſur lequel on écrit jour par jour la recette et dépenſe de chaque jour au ſujet de la Comédie. Et avons vu que la dépenſe de cejourd'hui monte à 257 livres et la recette auſſi de ce jour à 147 livres ſeulement. Dont et de tout ce que deſſus nous avons fait et rédigé le préſent procès-verbal.

Signé : DAMINOIS.

(*Archives des Comm.*, n° 921.)

RAY (JEAN-FRANÇOIS), né en 1748, danseur du théâtre des Grands-Danseurs du Roi en 1778, était déjà attaché à ce spectacle en 1772.

(*Almanachs forains*, 1773, 1775.)

Voy. BECQUET (MARIE-CHARLOTTE).

REBECQUI, entrepreneur de spectacles, avait à la foire Saint-Ovide et sur le boulevard du Temple, en 1773, un théâtre appelé les *Fantoccini Italiens*. Était-il le rival ou l'associé de Carlo Périco qui, à la même époque, dirigeait un spectacle portant le même nom ?

(*Archives des Comm.*, n° 1508.)

REBOURS, acteur de l'Opéra-Comique, a joué à ce théâtre *un crieur* dans *Arlequin chirurgien de Barbarie*, parade composant la première partie de l'acte I de l'*Histoire de l'Opéra-Comique, ou les Métamorphoses de la foire*, par Lesage, représentée le 27 juin 1736 ; *Lucas*, dans l'*Amour paysan*, opéra comique en un acte, par Carolet, représenté le 28 juin 1737; *Mlle Fausset, actrice de l'Opéra-Comique,* dans la *Fête infernale,* opéra comique en un acte, de Laffichard et Valois d'Orville, représenté le 4 août 1737, et *Thomas* dans les *Bateliers de Saint-Cloud,* opéra comique de Favart, représenté le 10 septembre 1741. Rebours a rempli encore différents rôles dans le *Départ de l'Opéra-Comique,* pièce en un acte, de Panard, représentée le 28 juillet 1733, et dans l'*Assemblée des Acteurs,* prologue de Panard et Carolet, représenté le 21 mars 1737.

(*Dictionnaire des Théâtres,* I, 111, 208, 315, 389; II, 270, 547.)

RÉDIGÉ (JEAN), directeur d'un spectacle de physique établi en 1764 sur le boulevard du Temple et où sa fille, dite *la Petite Saxonne,* faisait des exercices d'équilibre. Le local où Rédigé tenait son spectacle appartenait au limonadier Beaulieu. Il l'avait précédemment loué à un sieur Carpentier, qui avait, disait-il, l'intention d'y faire voir un optique, mais qui en réalité voulait y donner des bals les mercredis et les samedis, à trois livres par personne y compris les rafraîchissements. Malheureusement la police ne vit pas cette entreprise d'un œil favorable, et Carpentier fut arrêté et emprisonné au For-l'Évêque pour s'être permis d'ouvrir ses bals sans autorisation préalable. Quant à Rédigé, il ne fit pas ses affaires et disparut un jour laissant à son propriétaire, en paiement des termes qu'il lui devait, la roue de sa machine électrique, deux quilles en bois et des lambeaux de tapisserie. Jean Rédigé est le père d'une des célébrités du théâtre des Grands-Danseurs du Roi, Paulo Rédigé dit *Pol,* dit le *Petit Diable.*

(*Archives des Comm.,* n° 3771.)

Voy. PETIT-DIABLE.

REDOUTE CHINOISE, établissement fondé par Regnard de Pleinchesne et ouvert à la foire Saint-Laurent en 1781. L'inventeur s'était proposé de réunir dans un même local divers genres d'amusements qui devaient forcément attirer chez lui la bonne compagnie. Il y avait à la *Redoute chinoise* des jeux de toutes sortes, de campagne, de bague, de galet, des roues de fortune et des balançoires. Lorsque ce genre de distraction était épuisé, le public pouvait se livrer aux charmes d'une promenade amusante dans un jardin ravissant où de véritables chanteurs des rues exécutaient les chansons les plus nouvelles. Un café, un restaurant et un salon de danse complétaient les agréments que l'on pouvait trouver à la *Redoute*. Le prix d'entrée était primitivement de 30 sols ; plus tard il fut porté à 36 sols.

(*Archives des Comm.*, n° 1508.)

REGNAULT (JACQUES-CLAUDE et PIERRE) frères, danseurs de corde et voltigeurs au jeu d'Alard à la foire Saint-Germain de 1702.

L'an 1702, le vendredi 3e jour de février, sur les onze heures du matin, en l'hôtel de nous Charles Bizoton, sont comparus Jacques Claude et Pierre Regnault, frères, et le nommé Lefèvre, flamand, voltigeurs et danseurs de corde, de présent à Paris logés chez le nommé..... cul-de-sac de la rue des Quatre-Vents, qui nous ont fait plainte et dit que heure présente, étant dans le jeu de paume d'Orléans montés sur le théâtre où étoit le sieur Alard, aussi sauteur et voltigeur de corde, ledit Alard leur auroit dit de sortir et descendre; que lui ayant répondu qu'ils pouvoient rester comme lui sur le théâtre, ledit Alard, en disant qu'il étoit le maître, auroit donné audit Pierre Regnault un soufflet à tour de bras et porté un coup de bâton sur le bras gauche où il y auroit une très-grande blessure ; que dans l'instant ledit Regnault, son frère, ayant voulu le faire retirer, son frère le jeune Alard seroit venu l'épée à la main sur lui, auroit coupé les doigts de la main droite audit sieur Regnault, qui se seroit jeté sur lui et la lui auroit cassée ; en même temsauroit porté du tronçon de son épée plusieurs coups qui auroient entaillé sa canne avec laquelle il paroit les coups et même en auroit porté un audit Lefèvre qui se seroit trouvé blessé et les nerfs de la main coupés. En sorte qu'ils se trouvent fort bleſſés et maltraités. Pour quoi ils ſe trouvent obligés de nous rendre la préſente plainte.

(*Archives des Comm.*, nº 2462.)

Signé : BIZOTON.

RENAUD, acteur forain, remplissait les rôles d'*arlequins* chez la veuve Maurice, en 1698. Il ne parut à Paris que pendant deux foires.

(*Mémoires sur les Spectacles de la Foire*, I, 12.)

Voy. TIPHAINE.

RENAULT (CHRISTOPHE), entrepreneur de spectacles forains, faisait voir dès 1760, à la foire Saint-Germain, un théâtre de perspective qui fut brûlé deux ans plus tard, lors du grand incendie qui consuma la foire. Renault, dont toutes les machines furent perdues, prétendit alors éprouver un dommage de plus de 10,000 livres. Il est probable qu'il exagérait et il dut rabattre quelque peu de ses prétentions ; néanmoins il reçut une indemnité qui lui permit de renouveler son matériel et de continuer son métier, car en 1772 il dirigeait encore un petit théâtre de marionnettes auquel il avait adjoint un optique.

(*Archives des Comm.*, nº 853. — *Affiches-Annonces*, 1760. — *Almanach forain*, 1773.)

RENDEZ-VOUS DES CHAMPS-ÉLYSÉES (LE), petit théâtre exploité aux Champs-Élysées, en 1790, par Guillaume Loyson.

Voy. BEAUBOIS ; LOYSON.

RENTON, danseur pantomime de l'Opéra-Comique. A la foire Saint-Laurent de 1729, il avait un rôle dans la *Noce anglaise,* ballet exécuté le 16 août de cette année, et à la foire Saint-Laurent de 1731, il jouait dans la *Guinguette anglaise,* divertissement représenté le 28 juillet de cette année.

(*Dictionnaire des Théâtres*, III, 53, 506.)

RESTIER I, acteur forain et entrepreneur de spectacles, débuta dans la troupe d'Alard en 1697. Plus tard, il ouvrit aux foires un jeu de danseurs de corde auquel il ajouta de petites comédies, ce qui le fit comprendre dans les procès intentés par la Comédie-Française aux acteurs forains. En 1720, on le trouve faisant représenter des opéras comiques en société avec Philippe Lalauze, et en 1723 il est l'associé de Dolet et Delaplace et exploite avec eux le même genre.

En 1726, Restier revient à la danse de corde pure et simple et ouvre à la foire Saint-Laurent un théâtre de cette nature dont les représentations sont très-suivies. En 1732, il parut encore à la foire Saint-Germain et y donna des représentations en société avec son beau-frère Julien de Lavigne, habile danseur de corde et qui avait dans sa jeunesse brillé dans la troupe de Christophe Selles et sur le théâtre du chevalier Pellegrin. En 1740, Restier I était mort et sa veuve était remariée à un danseur de corde nommé Colin.

(*Archives des Comm.*, n° 3489. — *Mémoires sur les Spectacles de la Foire*, I, 5 ; II, 38.)

RESTIER II (JEAN), fils du précédent et entrepreneur de spectacles comme son père, dirigea de 1740 à 1751, conjointement avec sa tante la veuve Lavigne, la *Grande Troupe étrangère des danseurs de corde, sauteurs et voltigeurs,* où se trouvaient réunis plusieurs artistes distingués de différents pays, tels que Nicolini Grimaldi dit *Jambe de fer,* l'arlequin Latour, le sauteur Roberti, et plusieurs actrices charmantes, comme Mlles Quinault, Oploo et

Brilla, cette dernière sœur du directeur. De 1740 à 1747, la *Grande Troupe étrangère* ne donna de représentations qu'à la foire Saint-Germain, et Restier exploitait avec ses acteurs ordinaires la foire Saint-Laurent ; son théâtre alors n'en était pas moins très-fréquenté, notamment aux foires Saint-Laurent de 1745 et 1746, où il s'était associé au danseur de corde Jean-François Colin, que sa mère avait épousé en secondes noces. Ce n'est qu'à partir de 1747 que la *Grande Troupe étrangère* parut aux deux foires, et il en fut ainsi jusqu'en 1751, année où la société contractée avec la veuve Lavigne fut rompue, sans doute par la mort de cette dernière. Depuis cette époque Restier dirigea seul son théâtre et donna à ses acteurs le nom de *Troupe de sauteurs et grands danseurs de corde de Restier,* qu'ils portaient encore au mois de février 1762, lorsque l'incendie de la foire Saint-Germain réduisit en cendres la loge où ils donnaient leurs représentations.

(*Dictionnaire des Théâtres,* I, 69, 145, 189, 208, 222, 230, 244, 254, 255, 277, 322 ; II, 304, 352, 420, 542 ; IV, 483 ; V, 217 ; VI, 431, 528, 556, 615, 651, 690.)

L'an 1754, le vendredi 8 février, huit heures du foir, eft comparu en l'hôtel et par-devant nous Antoine-Charles Crefpy, etc., fieur Pierre de La Villegaudin, officier de police : Lequel nous a dit qu'en conféquence des ordres du Roi dont il eft porteur, il vient d'arrêter trois particuliers vêtus de l'habit de campagne des religieux Bernardins, qu'il a trouvés dans la foire Saint-Germain au jeu du nommé Reftier et les a conduits par-devant nous pour les entendre et ordonner ce qu'il appartiendra.

Signé : De La Villegaudin.

En conféquence, en vertu des ordres à nous particulièrement adreffés par M. le lieutenant général de police, avons fait comparoître lefdits particuliers, lefquels nous ont dit, après ferment par eux fait de dire vérité, fe nommer Louis-Charles Rouffeau, natif de Paris, âgé de 35 ans, prêtre religieux Bernardin du collége des Bernardins de cette ville, y demeurant ; André Dehon, natif de Baziau en Cambrefis, prêtre religieux Bernardin de la maifon de Lannoie en Picardie, logé à Paris à la Nef-d'Argent, place Maubert ; Pierre Prévoft, âgé de 40 ans, natif d'Hefdin en Artois, prêtre religieux Bernardin du collége des Bernardins de cette ville, tous trois vêtus de l'habit dont fe vêtent ordinairement les religieux de leur ordre lorfqu'ils vont en campagne et coiffés de leur coqueluchon : nous ont dit en outre qu'ils n'ont pas cru être dans l'irrégularité en fe trouvant ce foir à la foire dans le jeu où ils ont été arrêtés. Qu'ils n'y ont été attirés que pour voir les tours furprenans qu'y fait un Anglois nouvellement arrivé et qu'ils ont cru pouvoir fatisfaire leur curiofité fur quelque chofe d'auffi fimple et d'auffi innocent que ce fpectacle. Au furplus nous requièrent de les renvoyer aux fupérieurs de leur ordre.

Signé : F. DEHON ; F. ROUSSEAU ; F. PRÉVOST.

Ce fait avons remis lefdits Dehon, Rouffeau et Prévoft, religieux, audit fieur La Villegaudin pour les remettre aux fupérieurs du collége des Bernardins de cette ville.

Signé : DE LA VILLEGAUDIN ; CRESPY.

(*Archives des Comm.*, n° 3394.)

Voy. COLIN ; GAGNEUR ; LAVIGNE (la veuve).

RESTIER III (BAPTISTE), acteur de la *Grande Troupe étrangère* à la foire Saint-Germain de 1742, où il jouait, sur le théâtre dirigé par son frère et la veuve Lavigne, le rôle du *Diable boiteux* dans la pantomime de Mainbray, intitulée : *le Diable boiteux,* représentée le 15 février de cette année.

(*Dictionnaire des Théâtres*, II, 304.)

RESTIER IV, acteur de la *Grande Troupe étrangère* à la foire Saint-Germain de 1742, où il jouait, sur le théâtre dirigé par son frère et la veuve Lavigne, le rôle d'*un paysan, ami d'Arlequin,* dans la pantomime de Mainbray, intitulée : *le Diable boiteux,* représentée le 15 février de cette année. C'était probablement ce Restier qui faisait partie, vers 1760, en qualité de sauteur, de la troupe de Nicolet.

(*Dictionnaire des Théâtres*, II, 304. — *Galerie historique de la troupe de Nicolet*, par de Manne et Ménétrier, 16.)

RESTIER (HÉLÈNE), femme de Jean Brilla, comédien forain, qui parut à l'Opéra-Comique en 1745. Hélène Restier fit partie de la *Grande Troupe étrangère* en 1740 et jouait le rôle d'*une paysanne* dans la *Fête anglaise, ou le Triomphe de l'hymen*, pantomime de Mainbray, représentée le 14 mars de cette année.

(*Dictionnaire des Théâtres*, II, 542.)

L'an 1742, le vendredi 19 janvier, fur les onze heures du matin, en l'hôtel de nous Charles-Jacques-Étienne Parent, etc., eft comparue Hélène Reftier, femme de Jean Brilla, comédien de campagne, demeurante rue des Boucheries, chez le fieur Parent, épicier, paroiffe Saint-Sulpice : Laquelle nous a dit que pour arranger les affaires de Jean Reftier, fon frère, auffi comédien de campagne, il y a un an ou environ, elle lui prêta deux mille livres ; que lors de la foire Saint-Germain dernière il lui rendit mille livres, de forte qu'il ne lui en refte dû que mille livres ou environ ; qu'ils s'affocièrent enfemble pour le fpectacle de la foire Saint-Laurent dernière, et comme le mari d'elle comparante ne s'eft pas trouvé dans le tems de la foire, elle a été obligée de mettre un homme à fa place auquel elle a payé de fes deniers 500 livres ; que cejourd'hui matin ayant été voir ledit Reftier, fon frère, pour lui propofer s'il voulait la faire travailler à la foire Saint-Germain prochaine avec fon mari et fa fille ; qu'elle offroit de travailler gratis à la charge par lui de lui donner une fomme par femaine en diminution fur les mille livres ou environ qu'il lui doit ; que ledit Reftier lui a répondu qu'il ne le vouloit pas ; que quand il auroit de l'argent il la paieroit, et que lorfqu'il verroit fon mari, il le falueroit pour fon arrivée à coups de barres, ce qu'il avoit déjà fait lors de la foire Saint-Laurent dernière. Et comme la comparante lui a répondu que ce n'étoit pas comme cela que l'on payoit fes dettes, ledit Reftier a réitéré à plufieurs et différentes fois les mêmes menaces. Et comme il fe trouve que le mari d'elle comparante doit arriver inceffamment à Paris et qu'il pourroit trouver ledit Reftier, lequel de fon côté pourroit effectuer les menaces qu'il fait contre le mari d'elle comparante ; dans cette crainte elle a été confeillée de fe retirer par-devers nous pour nous rendre plainte.

Signé : HÉLÈNE RESTIER ; PARENT.

(*Archives des Comm.*, n° 2504.)

RESTIER (Jeanne), dite Restier cadette, actrice foraine faisant partie de la *Grande Troupe étrangère*, parut aux foires Saint-Germain de 1740, 1741 et 1742. Elle a joué entre autres rôles, sur ce théâtre, l'*Hymen* dans la *Fête anglaise, ou le Triomphe de l'hymen*, pantomime de Mainbray (14 mars 1740) ; *un génie* dans *Arlequin et Colombine captifs, ou l'Heureux Désespoir*, pantomime du même auteur (3 février 1741), et l'*Amour* dans *A trompeur, trompeur et demi*, divertissement également du même auteur (3 février 1742). A la foire Saint-Laurent de 1740, elle jouait dans la troupe de Jean-François Colin que sa mère avait épousé en secondes noces. Une troisième demoiselle Restier faisait aussi partie de la *Grande Troupe étrangère* de 1740 à 1742 et a joué entre autres rôles : *une suivante de Colombine* dans les *Dupes, ou Rien n'est difficile en amour ; une paysanne* dans la *Fête anglaise*, et *Lisette, suivante de Colombine*, dans le *Diable boiteux*, pantomimes de Mainbray.

(*Dictionnaire des Théâtres*, I, 230, 322 ; II, 304, 352, 542.)

Voy. Colin.

REUFFLET (François), né vers 1751, était en 1778 premier danseur dans la troupe de Lécluze.

L'an 1778, le jeudi 24 ſeptembre, ſept heures du ſoir, nous Hubert Mutel, etc., ſur l'avis à nous donné que trois particuliers viennent d'avoir querelle enſemble dans le café dépendant du ſpectacle du ſieur Lécluſe, au préau de la foire Saint-Laurent, et viennent d'être arrêtés et conduits au corps de garde de la Garde-Françoiſe, dans le préau de ladite foire, nous nous ſommes tranſporté audit corps de garde, où étant eſt comparu par-devant nous ſieur Thomas Lamarre, ſergent-major, commandant la garde françoiſe dans l'enclos de ladite foire : Lequel nous a fait rapport et dit que lui ayant été donné avis que trois particuliers dont un nommé le ſieur Pierre Bergerat, le deuxième François Reufflet et le troiſième Jacques Guillaumot, venoient d'avoir querelle enſemble dans le café près le ſpectacle du ſieur Lécluſe, dans le préau de ladite foire, et avoient uſé de voies de fait, il les a fait arrêter et conduire au corps de garde et nous en a fait donner avis pour être fait et ordonné ce que de raiſon.

Nous avons enſuite fait venir par-devant nous ſucceſſivement leſdits trois particuliers arrêtés, leſquels enquis par nous ſéparément l'un de l'autre, de leurs noms, ſurnoms, âge, pays, qualité et demeure et pourquoi ils ont eu querelle enſemble et ont uſé de voies de fait, ce qui eſt contraire au bon ordre et a troublé la tranquillité publique dans ladite foire. Le premier, après ferment par lui fait de dire vérité, nous a dit ſe nommer Pierre Bergerat, âgé de 38 ans, natif de Paris, paroiſſe Saint-Euſtache, écuyer montrant aux ſeigneurs à monter à cheval et étant actuellement en la qualité d'écuyer attaché au ſervice de ſon Exc. M. l'ambaſſadeur de Naples, lui répondant demeurant rue Cadet, faubourg Montmartre, paroiſſe Saint-Euſtache ; que le jour d'hier, ſortant du ſpectacle du ſieur Lécluſe et conduiſant une danſeuſe dudit ſpectacle en ſa demeure rue de Bourbon-Villeneuve, il a été ſuivi et inſulté depuis l'enclos de la foire juſqu'à ladite rue de Bourbon-Villeneuve par leſdits Reufflet et Guillaumot et par un autre particulier inconnu au répondant. Et cejourd'hui lui répondant étant venu à ladite foire et étant entré dans le café établi près la ſalle de ſpectacle dudit Léclufe, il a été de nouveau apoſtrophé par ledit Guillaumot qui, en l'apercevant, s'eſt écrié : « Haut le pied, mon officier ! » Que le répondant lui ayant demandé ſi ce propos s'adreſſoit à lui, ledit Guillaumot lui a répondu : « Autant à vous qu'à d'autres. » A quoi le répondant a répliqué : « Vous êtes un poliſſon. » Ledit Guillaumot ayant levé la canne ſur lui pour le frapper, lui répondant lui a porté un ſoufflet et ledit Reufflet a auſſi levé la canne ſur le répondant, l'a pris au collet, lui a déchiré le jabot de ſa chemiſe et en faiſant des mouvemens a dérangé une lampe dont l'huile s'eſt répandue ſur l'habit de bouracan vert du comparant, etc.

Signé : BERGERAT ; MUTEL.

Ledit Guillaumot nous a dit ſe nommer Jacques Guillaumot, âgé de 19 ans, natif de Paris, paroiſſe Saint-Hilaire, travaillant chez M. Delamotte, procureur au Châtelet, demeurant chez le ſieur Guillaumot, ſon père, marchand mercier rue de la Montagne-Sainte-Geneviève, paroiſſe Saint-Étienne-du-Mont ; qu'il n'a point ſuivi le jour d'hier le ſieur Bergerat et ne l'a point inſulté; que cejourd'hui étant dans ledit café de la foire, ſe trouvant en la compagnie dudit Reufflet, danſeur du ſpectacle dudit ſieur Léclufe, il a dit : « Haut le pied, mon officier », paroles qui ſe trouvent dans un dialogue donné au ſpectacle dudit ſieur Léclufe ; qu'il n'a eu aucune intention d'inſulter ledit ſieur Bergerat ; que ce dernier a demandé à qui ces paroles s'adreſſoient, qu'il a répondu : « A vous comme à d'autres. » Qu'il n'a pas levé la canne ſur ledit Bergerat et que ledit ſieur Bergerat lui a porté un ſoufflet, diſant que le répondant étoit un poliſſon et un drôle.

Signé : GUILLAUMOT le jeune ; MUTEL.

Ledit Reufflet a dit ſe nommer François Reufflet, âgé de 27 ans paſſés, natif de Paris, paroiſſe St-Severin, premier danſeur du ſpectacle du ſieur Léclufe à la foire St-Laurent, demeurant pont Notre-Dame, paroiſſe de la Madeleine en la Cité ; que le jour d'hier, ſortant de la foire, ſon chemin l'obligeoit de paſſer rue St-Denis pour ſe rendre chez lui ; que loin d'avoir ſuivi ledit Bergerat, c'étoit au contraire ledit ſieur Bergerat qui marchoit derrière le répondant ; qu'une perſonne avec laquelle il étoit, ne connaiſſant pas le ſpectacle dudit ſieur Léclufe, s'eſt tranſportée à ſon ſpectacle en prenant un billet d'un écu. Le plaifir que lui a fait le fieur Léclufe dans fon *Courrier* (1) fit que tout le long du chemin il répéta tout haut : « Haut le pied, mon officier » ; que le fieur Bergerat, piqueur de fon métier, s'eft trouvé formalifé de cette répétition ; que cejourd'hui quatre heures après dîner le fieur Bergerat a invectivé le répondant en lui difant qu'il étoit un gueux et un malheureux fans bas et fans fouliers ; que la perfonne avec laquelle étoit le répondant en buvant une bouteille de bière, fe reffouvenant du plaifir que lui avoit fait le fieur Léclufe dans fon *Courrier*, répéta : « Haut le pied, mon officier. » Qu'à l'inftant le fieur Bergerat entra dans le café après s'être adreffé à cette perfonne, qui eft le fieur Guillaumot, et après l'avoir invectivé, fe fervant de termes que la décence ne permet pas de répéter, lui donna un foufflet; qu'enfuite, lui répondant, voulant fervir de médiateur dans l'action, fut compromis dans la difpute et de là conduit au corps de garde.

Signé : REUFFLET; MUTEL.

(*Archives des Comm.*, n° 2573.)

RHINOCÉROS, animal que montrait, à la foire Saint-Germain de 1749, un capitaine de navire hollandais et dont il annonçait l'arrivée à Paris en ces termes :

« De par le Roi et monfieur le Lieutenant général de police, meffieurs et dames, vous êtes avertis qu'il eft arrivé depuis peu en cette ville un animal nommé Rhinocéros, animal que l'on a cru apocryphe jufqu'à préfent. Il fut pris en Afie dans la province d'Affem, qui appartient au Grand Mogol, en 1741, par un capitaine marinier, lequel capitaine le fit tranfporter de Bengalen par mer en Hollande. Il n'avoit que 3 ans quand il fut pris. Sa taille étoit alors de 5 pieds 7 pouces de hauteur, 12 pieds de longueur et 12 pieds de groffeur. Il eft devenu depuis ce tems-là beaucoup plus grand et plus gros ; ce monftre eft de couleur mufc. Il n'a pas de poils comme l'Éléphant finon aux extrémités des oreilles et au bout de la queue où l'on en voit tant foit peu; il a une corne placée fur le nez, laquelle corne lui fert à fe défendre contre fon ennemi antipathique qui eft l'Éléphant. Il court avec une légèreté

(1) C'est le *Postillon*, petite pièce de la composition de Lécluze, dans laquelle il excellait comme acteur.

étonnante. Il ſait nager et il aime à ſe plonger dans l'eau comme un canard. Sa tête ſe rend un peu pointue au devant. Ses oreilles reſſemblent à celles d'un âne. Ses yeux ſont exceſſivement petits pour ſa taille qui eſt énorme. Il ſemble que ſa peau ſoit couverte de coquilles. Elles ſe battent l'une contre l'autre quand l'animal ſe remue; elles ſont épaiſſes de deux pouces. Ses pieds ſont carrés et fort gros. Il a trois griffes. Cet animal, comme il eſt dit ci-deſſus, eſt l'ennemi juré de l'Éléphant. Quand ils ſe rencontrent, il eſt infaillible qu'ils ne ſe battent. Le Rhinocéros ſe met ſous le ventre de l'Éléphant et lui enfonce ſa corne dans le ventre juſqu'à ce que l'Éléphant ſuccombant à ſa douleur ſe laiſſe tomber et écraſe ſon ennemi par le propre poids de ſon corps. Pour ſa nourriture il mange 60 livres de foin et 20 livres de pain par jour; il boit 14 ſeaux d'eau et de la bière. Il a été peſé à Stouquart dans le pays de Wirtemberg le 6 mai 1748, il peſait 5,000 livres. Il n'eſt pas très-farouche, il eſt au contraire très-apprivoiſé, doux, ſi l'on peut ſe ſervir de ce terme, comme une tendre colombe, parce qu'il n'avoit qu'un mois quand quelques Indiens l'attrapèrent avec des cordes; ils tuèrent ſa mère à coups de flèches. A deux ans ce Rhinocéros couroit dans les appartemens comme pourroit faire un chien. Il alloit autour des tables des ſeigneurs où on le menoit pour le faire voir et ſe laiſſoit careſſer par tout le monde. Il faut mener ce monſtre en chariot et que le chariot ſoit couvert. Il faut quelquefois, c'est-à-dire quand les chemins ſont mauvais, mettre juſqu'à vingt chevaux pour le tirer; il ſort de ſa cabane ſans aucune difficulté. Cet animal a été vu dans toutes les cours d'Allemagne où il a fait l'admiration de tous les ſouverains des cours étrangères..... On le voit au bas de la rue de Tournon, cul-de-ſac de l'Opéra-Comique, rue des Quatre-Vents. On le montre de 8 heures du matin à 8 heures du ſoir. » Cette annonce, malgré les contradictions qu'elle renferme, puisqu'elle dit en commençant que le Rhinocéros avait 3 ans quand il fut pris et en finissant qu'il était âgé d'un mois quand des Indiens l'attrapèrent, piqua vivement la curiosité du public, et le Rhinocéros de la foire

Saint-Germain fut très en vogue. Il attirait presque autant de monde que les représentations de la tragédie de Voltaire, *Sémiramis*, à la Comédie-Française. Le poëte La Chaussée, dont on représentait alors sur la même scène un ouvrage intitulé : *l'École de la jeunesse*, et qui n'avait pas à se louer de l'empressement du public à venir entendre sa pièce, était fort en colère et contre l'auteur de la *Henriade* et contre l'animal qui, tous deux, lui dérobaient, prétendait-il, les applaudissements dus à son génie. Piron a fait à ce sujet l'épigramme suivante :

O tems, ô mœurs, s'écrioit La Chaussée,
Siècle pervers qui fuis la guérison !
Quoi ! mon *École* est ainsi délaissée
Et le carême est ma morte-saison,
Tandis qu'on voit contre toute raison
Deux monstres faits et bâtis Dieu sait comme !
Deux vilains riens attirer les badauds!
Méritent-ils seulement qu'on les nomme...?
Sémiramis et le Rhinocéros !

On payait, pour voir le Rhinocéros, aux premières places 24 sols, aux deuxièmes 12 sols, et aux troisièmes 6 sols ; en outre, les domestiques, au lieu d'entrer *gratis* comme dans beaucoup de spectacles de la foire, étaient obligés de payer leurs places comme tout le monde.

(*Affiches de Paris*, 1749. — *Journal de Collé*, publié par H. Bonhomme, I, 63.)

RIBIÉ (Louis-François), auteur dramatique et acteur du boulevard, né à Paris en 1758, mort vers 1830, était fils d'un joueur de marionnettes aux foires, devenu portier sur ses vieux jours, et commença lui-même par suivre la carrière paternelle. Dès l'âge de seize ans (1774) il s'était associé à un autre saltimbanque, nommé Second, et montrait avec lui et une femme qu'il épousa plus tard, Jeanne-Élisabeth Nécard, des curiosités diverses et variées. C'est de Mme Ribié que le *Chroniqueur désœuvré* parle en ces termes :

« Entre ſept ou huit planches aſſez mal jointes, foire Saint-Ovide, place Louis XV, après avoir ſatisfait la vue de l'honorable public à 2 ſols en lui montrant un poiſſon empaillé, la dame Ribié s'étendoit ſur un tapis, coutume familière pour elle, et là buvoit de l'huile bouillante, portoit une enclume avec ſes cheveux, paſſoit et repaſſoit dans un cerceau et portoit ſept ou huit hommes ſur le ventre. Mais ce dernier tour eſt le moins ſurprenant. » Après avoir fait quelque temps partie de la troupe des Associés, Ribié entra en 1776 au théâtre des Grands-Danseurs du Roi et y resta, à part quelques mois passés à l'Ambigu-Comique en 1782, jusqu'en 1787, époque où il le quitta pour une question d'appointements. Aux Grands-Danseurs du Roi, Ribié a joué une grande quantité de rôles; nous citerons entre autres : le *barbier* dans le *Barbier de village* (9 mai 1780), le *marchand de fer* dans le *Quiproquo de l'hôtellerie* (20 mai 1780), le *poëte* dans *Madelon Friquet* (23 mai 1780), un rôle dans le *Savetier avocat* (11 juin 1780), *Arlequin* dans les *Trois fourbes, ou la Comtoise à Paris* (9 juillet 1780), huit rôles dans *Pourquoi pas* (février 1781) ? le *savetier* dans l'*Habit ne fait pas l'homme* (février 1781), le *juif* dans les *Girandoles* (février 1781), un rôle dans le *Prétendu sans le savoir* (24 juin 1781), un rôle dans le *Double Rendez-vous des amours de Colombine* (22 février 1782), le *savetier Cuirvieux* dans *En amour l'argent ne fait rien* (30 juin 1782), *Arlequin* dans le *Grand Festin de Pierre* (21 avril 1782), *Jupiter* dans le *Ravissement d'Europe* (1er mai 1782), le *porteur d'eau* dans les *Amours du porteur d'eau et de la couturière* (7 mai 1782), deux rôles dans les *Deux n'en font qu'un* (26 novembre 1782), le *bon seigneur* dans le *Bon Seigneur, ou la Vertu récompensée* (2 mars 1783), un rôle dans le *Coup d'œil de la foire* (3 juillet 1783), etc., etc. En quittant Nicolet en 1787, Ribié se mit à la tête d'une troupe de comédiens qu'il alla exploiter à Saint-Domingue; l'entreprise ne réussit pas et il revint à Paris en 1788 et rentra au théâtre des Grands-Danseurs du Roi. En 1789, il se mêla au mouvement et fut l'un des vainqueurs de la Bastille; cet exploit lui valut le rôle de capitaine de la garde nationale. Malgré cette distinction qui le retenait à Paris, Ribié fit alors comme la plupart de ses camarades et alla donner des représentations à l'étranger. Le reste de sa carrière très-accidentée ne rentre plus dans notre sujet (1). Sa femme, Jeanne-Élisabeth Nécard, était comme lui actrice chez Nicolet; elle mourut en 1786, et en 1793 il se remaria à Marie-Denise Forest, sœur de la belle Sophie Forest, qui avait été aussi sa camarade aux Grands-Danseurs du Roi. Ribié a fait représenter beaucoup de pièces sur le théâtre auquel il était attaché; citons entre autres : *le Voyage de Figaro, le Retour de Figaro, la Prise de Mitylène, les Girandoles, le Bon Seigneur, ou la Vertu récompensée*, etc., etc. Il est intéressant de reproduire le portrait que le *Chroniqueur désœuvré* a tracé de cet acteur : « Ribié. Après avoir joué des gobelets et vendu de l'onguent, celui-ci eſt reſté quelques années au théâtre des Aſſociés et de là a pris ſon vol ſur les planches de Nicolet où il a commencé par végéter un an, après lequel il s'eſt montré aſſez paſſable dans quelques rôles de charges. Il eſt réputé pour un croc et un libertin de tout genre; ſa miſe et ſes propos le dénotent aſſez. » Et plus loin : « Ribié naquit d'un joueur de marionnettes ivrogne et pareſſeux, et par tranſmiſſion voitura dans le ſang de monſieur ſon fils ces qualités ſi diſtinguées. Ses premières années ne préſentent autre choſe à la curioſité du public que ſa manière adroite d'eſcamoter, talent qu'il a conſervé, mais d'une façon plus relevée et plus convenable à ſa poſition actuelle. Non ce n'eſt plus avec de ſimples gobelets que Ribié fait preuve de ſon ſavoir, mais avec des lettres de change et billets, amorces trompeuſes dont l'accepteur eſt toujours dupe avec gens de pareille trempe. En ſociété avec Second, cet immortel *praticien*, il fit ſucceſſivement les foires de Saint-Ovide, Saint-Germain, Fontainebleau, etc. Ne

(1) Disons cependant qu'il fut directeur, pendant la Révolution, du théâtre des Grands-Danseurs du Roi, devenu le théâtre de la Gaîté. Il a aussi administré plusieurs spectacles de province, à Lyon, Rouen, Châlons-sur-Marne, Marseille et Béziers.

pouvant s'accoutumer à la manière de calculer de ſes chers parens, il déſerta la maiſon paternelle et fut vendre du baume et des pierres à détacher chez divers charlatans de province où il fit connoiſſance de la fameuſe Lacour, fille et femme forte, honnête et débauchée, fidèle et libertine et le tout par occaſion ; il vécut quelque tems avec elle dans les douceurs d'une union bien aſſortie et couronna ſa ſageſſe et ſa vertu par le nœud de l'hymen. Ils étoient alors aux Aſſociés qui, bien différens de ce qu'ils ſont actuellement, jouoient leurs farces dans un petit enclos ſis au même endroit où ils ſont. Ribié ne s'y tint pas longtems. Ses projets de fortune commençoient à germer dans ſa tête. Il emprunta, ne rendit pas, fit des dettes et les paya par la ſuite. De retour il ſéjourna au coin du boulevard et y vécut.... jusqu'à l'époque de ſon début chez Nicolet. Lorſque Ribié ſe crut un homme conſéquent, il fit jouer tous ſes reſſorts et parvint, ſuivant les termes de ces meſſieurs, à monter un coup d'un millier d'écus. C'étoit en tems de foire Saint-Germain et il logeoit en chambre garnie rue des Quatre-Vents. Il fallut encore partir, mais aidé de Nicolet, qui en avoit beſoin, il reparut ſur la ſcène. On étoit alors dans la fureur des *On fait ce qu'on peut*, des *Pourquoi pas?* pièce qui, n'en déplaiſe au ſieur Plancher (Plancher-Valcour, ſon auteur), ſe trouve dans le théâtre de Gherardi non en totalité, mais éparſe dans chaque partie des mêmes œuvres. Ribié joua paſſablement quelques-unes. des pièces de ce genre et eut l'adreſſe de ſe faire faire un engagement de 4,000 livres. Vous vous attendez peut-être à le voir arborer l'étendard de l'économie ; mais point. Se livrant à ſes inclinations, car il eſt bon de vous obſerver qu'il eſt joueur, gourmand... non-ſeulement il abſorba ſes 4,000 livres, mais encore il fit des dupes autant qu'il en trouva. Ne ſe bornant pas à emprunter il acheta chez différens marchands, et, ſuivant l'exemple de Delort, il acheta à crédit et vendit à moitié perte. Excédés d'être continuellement dupe de ſes eſcroqueries, on obtint une ſentence pour le faire arrêter. Fécond en expédiens, Ribié ſe ſauva par une porte de derrière du ſpectacle pendant que l'officier de commerce, chargé de ſa capture, le cherchoit ſur le théâtre. Un marchand de vins, le ſieur Merle, ſe chargea d'arranger ſes affaires. Depuis ce tems le pas eſt franchi, rien ne lui coûte, eſcroqueries de tous genres et friponneries de toutes les eſpèces. Voilà le chemin que prend Ribié pour courir à l'immortalité..... Une autre eſcroquerie non moins déshonorante puiſque Pariſau, Dorvigny, l'abbé (Robineau) en commettent journellement de pareilles, c'eſt la vente de la pièce du *Bon Seigneur* dont Ribié ſe dit auteur et dont il fit une modeſte apologie par une fable qui ſe trouve à la tête de *Fête d'amour* de Mme Favart. Voilà Ribié; j'oſe me flatter que ma ſincérité me rendra ſon eſtime et qu'il ne verra plus dans moi qu'un ami ardent à l'illuſtrer et à lui rendre juſtice. »

(*Journal de Paris*, 9, 20, 23 mai, 11 juin, 9 juillet 1780; février, 24 juin 1781; 22 février, 21 avril, 1er, 4, 7 mai, 30 juin, 26 novembre 1782; 2, 7 mars, 3 juillet 1783. — *Le Chroniqueur désœuvré*, I, 72; II, 79. — *Galerie historique de la troupe de Nicolet*, par de Manne et Ménétrier, 141.)

I

Rapport du ſieur Hochereau, officier de police à la foire St-Laurent, adreſſé au commiſſaire Mutel.

Du 21 août 1778.

....

J'ai dit au ſieur Ribié, joueur de marionnettes, de ne plus montrer dans ſon ſpectacle une petite figure qui étoit indécente, qui piſſoit devant les ſpectateurs et qui avoit toutes les parties d'un homme et très-viſibles....

Signé : HOCHEREAU.

(*Archives des Comm.*, n° 1508.)

II

Lundi 24 août 1778, une heure et demie du matin.

Louis Ribié, acteur du ſieur Nicolet, demeurant faubourg du Temple, et Jean-Baptiſte Deſpant, acteur dudit ſieur Nicolet, demeurant rue du Carême-

Prenant, arrêtés par François Boishue, ſergent de la garde de Paris, de poſte aux Enfans-Rouges, à la réquiſition dudit ſieur Nicolet, demeurant boulevard du Temple, pour avoir interrompu le ſpectacle en ſe battant et faiſant du bruit dans les couliſſes. Comme cela eſt arrivé déjà pluſieurs fois audit Ribié et qu'il eſt néceſſaire de faire un exemple pour le bon ordre, nous l'avons envoyé au For l'Évêque (1). (Il a été relaxé à la réquiſition dudit Nicolet.) Et à l'égard dudit Deſpant, relaxé.

(*Archives des Comm.*, nº 5022.)

III

Lundi 19 juillet 1779, huit heures et demie du ſoir.

Louis Ribié, acteur de Nicolet, demeurant rue du Poitou, arrêté par Georges Perrin, caporal de la garde de Paris, de poſte au marché St-Martin, à la réquiſition du ſieur Nicolet, demeurant ſur le boulevard, pour avoir jeté un balai ſur la jambe du nommé Magni, danſeur dudit Nicolet. Et comme il a commis pluſieurs autres inconſéquences de cette nature, nous l'avons envoyé au For l'Évêque (2).

(*Archives des Comm.*, nº 5022.)

IV

Mardi 13 juin 1780, minuit et demi.

Louis-François Ribié, acteur de Nicolet, demeurant rue du Temple, arrêté par le ſieur Maſſon, ſergent, à la réquiſition dudit Nicolet pour être venu ivre au ſpectacle (3). Relaxé.

(*Archives des Comm.*, nº 5022.)

---

(1) Le 24 août 1778 il y eut deux repréſentations au théâtre des Grands-Danſeurs du Roi, l'une avant et l'autre après ſouper. A toutes les deux on donna le même ſpectacle : *le Fameux Siége*, pantomime, précédée de l'*Amour quêteur*, par Robineau de Beaunoir ; la *Chaconne d'Arlequin*, la danſe de la *Fricassée*, et *le Ménage du savetier*, par Taconet.

(2) Ribié s'était permis cette incartade pendant que Magny était en ſcène, et cela avait cauſé quelque ſcandale. On jouait, le 19 juillet 1779, aux Grands-Danſeurs du Roi : *A bon chat bon rat*, proverbe de Dorvigny, avec un divertiſſement ; différents exercices ; *le Ricochet, les Petits Charbonniers, Arlequin charcutier*, pantomime à machines et un divertiſſement. A la repréſentation d'après-ſouper on donnait le même ſpectacle.

(3) On jouait le 13 juin 1780, aux Grands-Danſeurs du Roi, avant ſouper : *le Ménage du savetier*, par Taconet; *Arlequin médecin du malade jaloux*, pièce terminée par la 11e repréſentation de *Jeannette, ou les Battus ne paient pas toujours l'amende*, comédie de Robineau de Beaunoir, et différents exercices par les danſeurs de corde. Après ſouper, même ſpectacle, moins le *Ménage du savetier*.

V

A Monſieur le Commiſſaire Fontaine.

Monſieur,

Le nommé Ducauqui, marchand de vins traiteur à la foire St-Laurent, a l'honneur de vous repréſenter qu'il a nourri en ladite foire le ſieur Ribié, un des premiers acteurs du ſieur Nicolet, depuis le 5 août juſqu'au 5 ſeptembre dernier; et refuſant de ſatisfaire à la ſomme de 70 livres 10 ſols qu'il doit, s'en eſt plaint au ſieur Nicolet qui de même refuſe d'y ſatisfaire, diſant qu'il a des oppoſitions. Le ſuppliant, avant toute explication, avoit toute liberté d'entrer dans la loge dudit ſieur Nicolet pour y livrer ſa marchandiſe, actuellement l'on lui fait défendre la porte. Ne ſachant où prendre ledit ſieur Ribié ainſi que le ſieur Legrand, auſſi acteur du même théâtre, pour onze livres cinq ſols qu'il lui doit, il a recours à vos bontés pour ordonner ſon payement au ſieur Nicolet (1).

(*Archives des Comm.*, n° 1508.)

VI

L'an 1783, le jeudi premier mai, du matin, eſt comparu en l'hôtel et pardevant nous Nicolas Maillot, etc., ſieur Louis-François Ribié, acteur chez le ſieur Nicolet, maître de ſpectacle ſur le boulevard du Temple, logeant chez le ſieur Chalot, marchand de vins et logeur, rue du Temple, au coin de la rue Vendôme : Lequel, ſur le bruit qui a couru que des perſonnes mal aviſées avoient dit au ſieur Sallé, auſſi maître de ſpectacle ſur le boulevard, que lui comparant avoit mal parlé et mis en avant contre la femme dudit Sallé de fort mauvais propos attaquant ſon honneur et ſa réputation, nous a déclaré qu'il n'a jamais non-ſeulement attaqué, ni eu intention d'attaquer l'honneur et la réputation de ladite dame Sallé. Nous déclare par ces préſentes n'avoir jamais tenu à qui que ce ſoit, aucun mauvais propos d'elle. Et au contraire, qu'il la connoît pour une très-brave et honnête femme, n'ayant jamais rien vu qui puiſſe la déshonorer en aucune manière, ayant toujours remarqué, même dès le tems qu'il étoit chez ledit ſieur Sallé en qualité d'acteur, qu'elle étoit une femme fort rangée et à ſon ménage comme une bonne mère de famille. Se réſervant de ſuivre par les voies qu'il jugera à propos les per-

(1) En bas de cette supplique on lit ces mots écrits de la main du commissaire Fontaine : « Le 6 octobre 1781, Ribié, en ma présence et en celle du sieur Nicolet, a promis de payer dans un mois. »

ſonnes qui ont mis en avant lui avoir entendu mal dire et tenir de mauvais propos ſur le compte de ladite dame Sallé. Faiſant la préſente déclaration pour ſervir et valoir ce que de raiſon.

Signé : RIBIÉ ; MAILLOT.

(*Archives des Comm.*, n° 3790.)

VII

Mardi 28 juin 1785, neuf heures et demie du ſoir.

Jean Chapui, ſergent-adjudant de la garde, a amené à la réquiſition du ſieur Nicolet, directeur du ſpectacle des Grands-Danſeurs du Roi, le ſieur Ribié, acteur dudit ſpectacle, pour avoir manqué le ſpectacle (1). Relaxé.

(*Archives des Comm.*, n° 5022.)

VIII

Vendredi 27 juin 1789, deux heures et demie du matin.

Joſeph Sanſé, caporal de la diviſion commandante de la garde de Paris, à la réquiſition du ſieur Merle, marchand de vins, boulevard du Temple, a arrêté Jean-Louis Sleptres, commis chez le ſieur Marchais, banquier rue Meſlai ; Pierre Civil, penſionnaire du Roi, demeurant rue des Petites-Écuries ; le ſieur Ribié, acteur du ſieur Nicolet ; le ſieur Branchu, acteur du ſieur Nicolet (2), pour avoir fait tapage chez lui et avoir caſſé huit carreaux. Pour quoi et attendu qu'ils ſe ſont comportés fort indécemment envers la garde et en notre hôtel, relaxés (*sic*).

(*Archives des Comm.*, n° 5022.)

Voy. LESIEUR.

RICCI (JEAN-BAPTISTE), arracheur de dents et montreur de curiosités sur le quai de la Mégisserie. L'incendie qui con-

(1) On donnait ce soir-là, aux Grands-Danseurs du Roi, un spectacle demandé : *la Maison bien et mal gardée*, pièce en deux actes ; *le Château assiégé*, pantomime ; *les Amours de M. Gargotin et de Mme Miroton* ; l'équilibre de l'échelle ; *les Sauvages et la Furstemberg* ; contredanses par le Basque ; *Pourquoi pas ?* (Ribié y jouait huit rôles) proverbe de Plancher ; *Arlequin faux brave*, pantomime à machines avec le divertissement nouveau ; *le Malade jaloux*.

(2) Ribié et Branchu avaient joué tous deux ce soir-là dans : *le Fameux Siége*, pantomime historique avec tout son spectacle ; *l'Avantageux puni ; Madame de Travers ; l'Habit fait l'homme*, et *les Deux font la paire*, comédie de Parisau.

suma la foire Saint-Germain en 1762 commença, dit-on, par la loge qu'il y occupait et où il faisait voir des marionnettes et un homme qui exécutait des tours d'équilibre.

L'an 1751, le lundi 14e jour de juin, onze heures du soir, en notre hôtel et par-devant nous est comparu sieur Jean-Baptiste Ricci, italien, dentiste à Paris, et faisant voir des animaux, demeurant quai de la Mégisserie, paroisse St-Germain-l'Auxerrois : Lequel nous a dit et déclaré qu'il a acheté du sieur Pierre Lafond, marchand forain, le 22 mai dernier, un veau monstre sous poil roux et autres couleurs à la tête, ayant cinq jambes dont une sur les reins, deux reins, deux queues dont une queue de veau et l'autre queue de biche posée sur les reins, moyennant la somme de 300 livres dont il a payé comptant audit Lafond 200 livres et les autres cent livres payables lorsque ledit animal se tiendroit sur pied, parce que lorsque ledit Lafond le vendit au comparant, ledit animal étoit fatigué du voyage et ne pouvoit se soutenir sur ses pieds. Et comme ledit animal est mort il y a environ une demi-heure dans la boutique qu'il occupe sur le quai de la Mégisserie, *Au Grand Alexandre,* suivant qu'il est de la connoissance du sieur Louis Martin, marchand de vins à Paris, demeurant même maison que le comparant, et du sieur Gabriel Adam, maître oiseleur à Paris, demeurant sur le quai de la Mégisserie, tous deux ses voisins, et de plusieurs autres personnes qui le certifieroient si besoin étoit et qu'il a intérêt de prévenir par sa déclaration le payement que ledit sieur Lafond pourroit exiger de lui de ladite somme de 100 livres pour le contenu du billet qu'il lui a fait le lendemain de l'achat du 22 mai dernier, il a été conseillé de venir nous faire la présente déclaration.

Signé : Ricci.

Et le mardi 15 dudit mois de juin audit an 1751, vers huit heures du matin, en notre hôtel et par-devant nous est encore comparu ledit sieur Ricci, lequel ayant intérêt de faire constater la mort dudit veau monstre, l'a fait apporter en notre hôtel et nous requiert d'en dresser procès-verbal et de lui donner acte de la représentation qu'il nous a faite.

Signé : Ricci.

De laquelle représentation nous avons donné acte audit Ricci et en conséquence faisant droit sur son réquisitoire nous avons remarqué que ledit veau monstre est mort ; qu'il est sous poil roux et a la tête de différentes couleurs, cinq jambes dont une sur les reins, deux reins, deux queues dont une queue de veau et l'autre queue de biche sur les reins. Lequel veau, en l'état qu'il est, a été remis audit Ricci qui s'en est chargé pour le porter à la voierie. Dont et de tout ce que dessus avons fait et dressé le présent procès-verbal.

Signé : Ricci, Merlin.

(*Archives des Comm.*, n° 2222.)

RICHARD, entrepreneur de spectacles à la foire Saint-Ovide en 1773, établit en 1778 un jeu de marionnettes à la foire Saint-Laurent, sans aucun succès.

(*Archives des Comm.*, n° 1508.)

RICHARD (JACQUES), né en 1753, danseur du théâtre des Grands-Danseurs du Roi en 1778.

Voy. BECQUET (MARIE-CHARLOTTE).

RICHER (CHARLES-TOUSSAINT), danseur de corde et voltigeur de la troupe de Jean Restier, de 1753 à 1762. A cette dernière époque les effets de Richer ayant été complétement brûlés lors de l'incendie de la foire Saint-Germain, il demanda une indemnité de 154 livres aux syndics de la foire et ceux-ci lui en accordèrent 96.

(*Archives des Comm.*, n° 853.)

Voy. GAGNEUR.

RICHER (ÉTIENNE-CHARLES), entrepreneur de spectacles et directeur d'une troupe de sauteurs et voltigeurs qui parut à la foire Saint-Germain de 1767.

L'an 1767, le lundi 26 janvier, neuf heures du matin, en notre hôtel et par-devant nous Amable-Pierre Touvenot, etc., eſt comparu Jean-Baptiſte Dérault, caporal du ſieur David, ſergent de la garde de Paris, de poſte aux Petites-Maiſons : Lequel nous a dit que, deſcendant la garde et rentrant chez lui, ſur l'avis qui lui a été donné qu'il y avoit un enfant dans une charrette qui crioit d'une manière plaintive et que cette charrette étoit dans la cour de François Goix, rue et barrière de Sèvres, il s'y eſt auſſitôt tranſporté avec ſon eſcouade pour lui apporter des ſecours. Qu'étant arrivé dans ladite cour, du conſentement dudit ſieur Goix et à ſa réquiſition, il vit effectivement dans une charrette couverte de toile pluſieurs malles et un enfant ſous icelles paroiſſant âgé de 7 à 8 ans, lequel enfant étoit dans un très-mauvais état et paroiſſoit trembler de froid ; ce qui n'eſt pas étonnant, cet enfant lui ayant dit qu'il avoit paſſé toute la nuit dans ladite charrette qui eſt ſon coucher ordinaire, le propriétaire d'icelle étant dans l'habitude de l'y faire reſter. Qu'étant enſuite entré dans une ſalle baſſe où ledit ſieur Goix l'auroit conduit, il auroit vu deux particuliers couchés dans un même lit avec un enfant du ſexe féminin paroiſſant âgé de 7 ans. Qu'il les a fait auſſitôt lever et qu'ayant demandé à celui des deux particuliers qui lui paroiſſoit le plus en état de répondre, la raiſon pour laquelle il faiſoit coucher une petite fille avec eux et un petit garçon dans une charrette, il a répondu que c'étoit de l'ordre du nommé Richer, ſon maître, directeur des cabrioleurs et cabrioleur lui-même, qu'il avoit fait coucher le petit garçon dans la charrette et que c'étoit d'ailleurs ſon coucher ordinaire, attendu que cet enfant fait ſous lui ; et que, quant à lui, il couchoit avec ledit particulier et la petite fille. Qu'il a arrêté ledit particulier et retiré de ladite charrette ledit petit garçon qu'il a conduit pardevant nous ainſi que la petite fille pour être ſtatué ce qu'il appartiendra.

Eſt auſſi comparu François Goix, jardinier et logeur en garni, demeurant à Paris, rue et barrière de Sèvres, paroiſſe St-Sulpice : Lequel nous a dit que, le jour d'hier, ſur les trois ou quatre heures de relevée, lui comparant étant alors abſent, arriva chez lui une charrette couverte, attelée d'un cheval, huit particuliers dedans, ſavoir ſix enfans, deux petites filles compris, un maître et un domeſtique vêtus d'un habit bleu et veſte blanche. Qu'ils deſcendirent de ladite charrette et que le maître, qui s'eſt dit nommer Richer à la ſœur de lui comparant et être directeur de la troupe des Enfans hollandois, ſe retira de chez lui comparant avec trois des enfans, ſavoir deux garçons et une fille. Qu'il laiſſa dans ladite maiſon ſon domeſtique, deux autres garçons et une petite fille. Que lui comparant, rentré chez lui, apprit par ſa ſœur qu'il lui étoit arrivé du monde pour loger chez lui et qu'il y avoit un petit garçon couché dans une charrette. Que ſur les cris de cet enfant couché dans ladite charrette, qui avoient réveillé le voiſinage pendant la nuit, il a été requérir la garde de vouloir bien ſe tranſporter chez lui, c'eſt-à-dire dans la cour de ſa maiſon, pour ſavoir ce qui étoit arrivé à cet enfant dont les cris ne provenoient que du malaiſe où il ſe trouvoit par rapport à la ſaiſon où nous ſommes. Nous déclarant qu'il n'a jamais été plus ſurpris que de voir une petite fille couchée avec deux particuliers dont l'un âgé de 13 ans et l'autre de 20 ans. Que s'il l'eût ſu, il ne l'auroit pas ſouffert et les auroit plutôt renvoyés. Que c'eſt auſſi en partie la raiſon pour laquelle il a fait requérir la garde pour ſavoir au juſte ce que peuvent être de pareilles gens.

Sur quoi nous commiſſaire, etc., avons fait comparoir ledit particulier vêtu d'un habit bleu et d'une veſte blanche que nous avons interpellé de ſes noms, ſurnoms, âge, qualité, pays et demeure.

Il nous a dit ſe nommer Jean-Louis Garnier, âgé de 21 ans, natif de Cluni en Maconnois, domeſtique au ſervice du ſieur Richer, directeur des troupes hollandoiſes, demeurant ordinairement avec le ſieur Richer, arrivant de province, logé depuis hier chez le ſieur Goix, rue et barrière de Sèvres.

Interpellé de nous dire combien ils étoient lorſqu'ils ſont arrivés chez ledit ſieur Goix ?

A répondu qu'ils étoient huit lui compris, ſavoir : le ſieur Richer, ſix enfans dont deux petites filles et quatre garçons. Que le ſieur Richer s'eſt retiré de chez le ſieur Goix avec deux petits garçons et une petite fille.

Interpellé de nous dire pourquoi on a laiſſé dans une charrette un petit enfant paroiſſant âgé de 5 à 6 ans, qui y a paſſé la nuit, et pourquoi auſſi il a fait coucher avec lui, à l'inſu du ſieur Goix, une petite fille âgée de 6 à 7 ans, et à qui appartiennent ces enfans ?

A répondu que, s'il l'a laiſſé paſſer la nuit dans ladite charrette, c'eſt que cet enfant gâte les lits où il couche ; ce qui cauſe un préjudice à ſon maitre. Et que ſi il a fait coucher la petite fille avec lui, il ne l'a fait que pour ſatisfaire aux ordres de ſon maître qui lui a dit de ne prendre qu'un lit. Qu'il ne ſait pas à qui appartient la petite fille ; mais a ouï dire que le petit garçon appartenoit à un aveugle de Bayonne.

Nous avons pareillement interpellé ladite petite fille de ſes noms, ſurnoms, âge, qualité, pays et demeure ?

Elle nous a dit ſe nommer Marguerite Toutou.

Et lui ayant demandé le nom de ſon père, elle nous a répondu, après nous avoir demandé quel père, que c'étoit le ſieur Richer, être âgée de 7 ans, native de Nanci, faiſant des tours de ſoupleſſe depuis trois ans.

Nous avons auſſi enquis ledit petit garçon de ſes noms, ſurnoms, âge, qualité, pays et demeure ?

Il nous a dit ſe nommer Jean-Joſeph Cuſtero, âgé de 8 ans, ne ſachant pas le lieu de ſa naiſſance. Sait ſeulement que ſon père eſt à Bayonne, qu'il demande la charité et eſt aveugle. Que c'eſt ſon père qui a ſouffert que le ſieur Richer le prenne avec lui à condition qu'on ne lui feroit pas de mal. Que ce mal ne conſiſte qu'en des tours de ſoupleſſe qu'on lui faiſoit faire en lui mettant la tête dans les jambes ; ce qui fait que ſon corps eſt comme rompu, ainſi que nous l'avons remarqué, et ce qui lui occaſionne de faire ſous lui.

Et comme nous nous diſpoſions à ſtatuer ſur le tout, eſt ſurvenu un particulier vêtu d'une redingotte rouge et d'une veſte de velours noir, qui nous a dit ſe nommer Étienne-Charles Richer, entrepreneur de ſpectacles ambulans, allant et venant dans les foires, fils du ſieur Étienne Richer, maître ſerrurier, demeurant rue de la Comédie-Françoiſe : Lequel nous a dit que, ſur l'avis qui lui a été donné que ſon domeſtique étoit par-devant nous ainſi que deux petits enfans nommés le petit garçon Cuſtero, et la petite fille nommée Maſſon, ne ſachant pas la cauſe pour laquelle ils avoient été arrêtés, il vient pardevers nous à l'effet d'être inſtruit du ſujet de leur capture. Lecture ayant été faite du préſent procès-verbal, il nous auroit prié de vouloir bien les lui remettre comme les réclamant. Qu'il venoit le jour d'hier d'Orléans. Que pour nous faire connoître qu'il ne nous en impoſe point, il nous a exhibé différens marchés par-devant notaires et notamment ceux du petit garçon nommé Cuſtero et de la petite fille nommée Maſſon, dont le père eſt à Lunéville, et différens certificats qui font connoître que le fieur Richer eft directeur d'une troupe de fauteurs et voltigeurs, aux offres qu'il fait de les repréfenter à toutes réquifitions. Que ce n'étoit pas fon intention que cet enfant couchât dans la charrette ; que c'eft la faute de fon domeftique à qui il avoit donné l'ordre de l'en faire defcendre et de le faire coucher fur la paille, attendu que depuis fa petite-vérole, dont la guérifon n'a pas laiffé que de coûter à lui comparant, il a coutume de faire fous lui. Qu'il compte le garder encore quelque tems et fi il ne remarque en lui aucune difpofition, par rapport à fon incommodité, il le rendra à fon père qui le lui a confié.

Signé : TOUVENOT ; RICHER.

Et attendu ce qui réfulte du préfent procès-verbal, avons remis lefdits fufnommés en la poffeffion dudit Richer qui s'en charge pour les repréfenter à toutes réquifitions.

Signé : RICHER ; TOUVENOT.

(*Archives des Comm.*, n° 3615.)

RICHER, associé de Claude-Pierre Gourliez, dit Gaudon, pour diriger le spectacle des sauteurs et danseurs de corde à la foire Saint-Ovide de 1767, est peut-être le même que le précédent.

Voy. GALBAN ; GAUDON.

RICHER (LOUISE), née en 1774, danseuse au théâtre des Variétés du Palais-Royal en 1789.

Voy. DOTTEL.

RINER (JOHN), Anglais, entrepreneur de spectacles, avait une troupe de danseurs de corde et de sauteurs à la foire Saint-Germain de 1726, et un jeu de marionnettes où il fit représenter quelques pièces et entre autres : *la Grand'mère amoureuse*, parodie de l'opéra d'*Atys*, par Quinault et Lully, précédée d'une *harangue de Polichinelle au public*, par Lesage, Fuzelier et Dorneval, et *les Stratagèmes de l'amour*, par Fuzelier et Dorneval.

(*Mémoires sur les Spectacles de la Foire*, II, 34. — Magnin, *Histoire des Marionnettes*, 159, 161.)

RIQUET (Mlle), danseuse de l'Opéra-Comique vers 1750, passa ensuite à la Comédie-Française, puis à l'Académie royale de musique.

(*Dictionnaire des Théâtres*, VI, 699.)

RIVIÈRE, comédien du boulevard, jouant chez Delahogue en 1772.

Voy. DELAHOGUE.

RIVIÈRE (Mlle), danseuse du boulevard, faisait partie dès 1772 de la troupe des Grands-Danseurs du Roi. Elle a dansé dans *Glycère et Alexis* (19 février 1780) et dans la *Rose et le Bouton* (21 février 1780). Sa mauvaise conduite la fit renvoyer par Nicolet qui l'avait entretenue et qui lui donnait 10,000 livres d'appointements, et elle entra chez Audinot en 1782. Elle a joué sur le théâtre de ce dernier la *belle Madelonne* dans *Pierre de Provence,* pantomime en trois actes, par Arnould-Mussot (18 avril 1782).

(*Journal de Paris*, 19, 21 février 1780 ; 18 avril 1782. — *Almanach forain*, 1773-1775. — *Le Chroniqueur désœuvré*, I, 50.)

RIVIÈRE (ANNE FLEURI, dite), actrice du spectacle des Élèves de l'Opéra en 1779.

Voy. VARENNES (CLAUDE-CHARLES).

ROBBE, entrepreneur de spectacles à la foire Saint-Ovide de 1771.

(*Archives des Comm.*, n° 1508.)

ROBERTI, sauteur anglais, parut au théâtre de l'Opéra-Comique à la foire Saint-Germain de 1737 et se fit applaudir dans la *Découpure,* contredanse insérée dans le ballet de l'*Industrie,* de Panard et Carolet, représenté le 13 avril de cette année. L'année suivante, il parut dans le *Carnaval,* prologue représenté le 6 février 1738. Aux foires Saint-Germain et Saint-Laurent de 1739, Roberti, engagé dans la troupe de Delamain, se montra encore à l'Opéra-Comique et joua dans les divertissements qui suivirent le *Hasard,* opéra comique de Pontau, et dans la *Fête des Anglais,* pantomime. Enfin, à la foire Saint-Germain de 1742, il faisait partie de la *Grande Troupe étrangère* dirigée par Restier et la veuve Lavigne, et joua les rôles de *Pierrot* dans les deux pantomimes de Mainbray : *A trompeur trompeur et demi* et *le Diable boiteux,* représentées le 3 et le 15 février de cette année.

(*Dictionnaire des Théâtres,* I, 322; II, 204, 259, 288, 547; III, 64.)

ROBIN (NOËL), acteur du spectacle des Associés en 1779, quitta ce théâtre en 1787 pour entrer dans la troupe des Grands-Danseurs du Roi.

I

Lundi 12 juillet 1779, onze heures du soir.

Noël Robin, acteur de Sallé, demeurant boulevard du Temple, arrêté par Gondouin, caporal de poste au marché Saint-Martin, à la réquisition de la femme Alphonse, actrice dudit Sallé, pour querelle entre eux. Après les avoir entendus, renvoyés.

(*Archives des Comm.,* n° 5022.)

II

Mardi 31 août 1779, une heure du matin.

Noël Robin, acteur du spectacle des Associés, demeurant sur le boulevard, arrêté par Pierre Lafargue, caporal de la garde de Paris, de poſte au marché St-Martin, à la réquiſition d'Étienne Lafrance, acteur dudit ſpectacle, demeurant faubourg St-Martin, pour lui avoir fait des menaces de lui paſſer ſon épée à travers le corps. Après l'avoir entendu, relaxé.

(*Archives des Comm.*, nº 5022.)

Voy. SALLÉ.

ROCHEFORT (PIERRE MICHU DE), peintre, entrepreneur de spectacles et acteur forain, joua d'abord la comédie en province, puis vint à Paris et s'associant avec Gilles Tiquet, ouvrit un jeu de marionnettes et de danses de corde depuis le commencement de la foire Saint-Laurent de 1705, jusqu'à la fin de la foire Saint-Laurent de 1708. A cette époque il quitta Paris et resta quelques années en province. De retour dans la capitale, il entra, à la foire Saint-Germain de 1713, au jeu d'Octave pour y remplir les rôles d'*arlequins* ; il ne joua sur ce théâtre que cette seule foire et repartit après pour la province comme opérateur, c'est-à-dire charlatan. Il mourut à Paris vers 1730.

(*Mémoires sur les Spectacles de la Foire*, I, 44.)

ROCHEFORT (Mlles MICHU DE), filles du précédent et actrices comme lui au jeu d'Octave pendant la foire Saint-Germain de 1713, l'aînée comme amoureuse, la seconde comme danseuse.

(*Mémoires sur les Spectacles de la Foire*, I, 44.)

ROGER, acteur forain, remplissait les rôles de *Pierrot* au jeu d'Alexandre Bertrand en 1698.

(*Mémoires sur les Spectacles de la Foire*, I, 13.)

ROGER, danseur de l'Opéra-Comique, a joué sur ce théâtre, pendant la foire Saint-Laurent de 1729, *un matelot hollandais* dans l'*Amour et la Jalousie,* ballet ; *un paysan* dans la *Noce anglaise,* ballet-pantomime, et pendant la foire Saint-Laurent de 1731, un rôle dans la *Guinguette anglaise,* divertissement représenté le 28 juillet de cette année.

(*Mémoires sur les Spectacles de la Foire,* II, 54. — *Dictionnaire des Théâtres,* III, 53, 507.)

ROGER (MARIE-ANNE), née en 1732, blanchisseuse et actrice du jeu de l'Artificier hollandais à la foire Saint-Laurent de 1757.

Voy. ARTIFICIER HOLLANDOIS.

ROLAND, danseur du jeu d'Octave en 1712.

(*Mémoires sur les Spectacles de la Foire,* I, 136.)

ROLLAND (FRANÇOISE), actrice du théâtre de l'Opéra-Comique à la foire Saint-Germain de 1744.

L'an 1744, le ſamedi 25e jour de janvier, ſur les onze heures du ſoir, en l'hôtel de nous Charles-Jacques-Étienne Parent, etc., eſt comparue Marie-Françoiſe Rolland, fille et actrice de l'Opéra-Comique, demeurante rue des Amandiers, paroiſſe St-Étienne-du-Mont : Laquelle nous a dit qu'il y a quatre mois ou environ que le nommé Paquet, natif de Lyon, garçon du ſieur Fageſſe, maître chirurgien demeurant rue du Bac, eſt venu ſaigner la comparante; qu'à l'occaſion de ce il s'eſt immiſcé de venir cejourd'hui chez la comparante à laquelle il auroit propoſé de jouer : Ce qu'ayant accepté, ils auroient joué enſemble au piquet à la condition que la perte ſeroit employée pour ſouper; qu'elle comparante a gagné audit Paquet environ trois livres. Après quoi ils ont conjointement mangé un poulet et bu une bouteille de vin. Et lorſque la comparante l'a exhorté de s'en aller, il auroit contrefait l'ivrogne et, ſous ce prétexte, auroit expreſſément dit qu'il ne s'en iroit point et qu'il entendoit coucher avec elle. Et, ſur ce qu'elle lui a répondu qu'elle ne le ſouffriroit point coucher chez elle, il lui auroit porté avec violence un coup de poing dans l'eſtomac et dans le moment auroit arraché la clef des tiroirs de la commode que tenoit la sœur cadette de la comparante, il auroit ouvert un tiroir de ladite commode dedans lequel il a pris 15 livres, qui étoient avec d'autres eſpèces dans une petite bourſe, après quoi il s'eſt en allé. Pour raiſon de quoi la comparante a requis Pierre Mallet, ſergent du guet au poſte de Blavet, de la conduire en notre hôtel pour nous rendre plainte.

Signé : FRANÇOISE ROLLAND ; PARENT,

(*Archives des Comm.*, n° 2502.)

ROMAGNESI (JEAN-ANTOINE), acteur forain, puis de la Comédie-Italienne, joua d'abord dans des troupes de province, vint ensuite à Paris et entra en 1712 au jeu d'Octave, où il fit représenter à la foire Saint-Germain de 1713 une pièce intitulée : *Arlequin au sabbat*, et qui eut quelque succès. Quand Octave eut cessé de tenir son théâtre en 1716, Romagnesi retourna en province jusqu'en 1718 ; à cette époque il revint dans la capitale et débuta sans succès à la Comédie-Française et n'y resta pas. Engagé de nouveau dans des troupes de province, ce ne fut qu'en 1725 qu'il débuta à la Comédie-Italienne, où il fut admis et très-applaudi. Romagnesi mourut le 13 mai 1742.

(*Dictionnaire des Théâtres*, I, 199 ; VI, 517.)

ROMANI, voltigeur du spectacle des Grands-Danseurs du Roi, débuta à ce théâtre le jeudi 17 août 1780.

(*Journal de Paris*, 17 août 1780.)

ROSALIE (MARGUERITE BLANDIN, dite), née vers 1732, maîtresse couturière et actrice du jeu de l'Artificier hollandais à la foire Saint-Laurent de 1757.

Voy. ARTIFICIER HOLLANDOIS (l').

ROSALIE (Mlle), comédienne du boulevard, jouant chez Delahogue en 1772.

Voy. DELAHOGUE.

ROSALIE (Mlles), actrices de la troupe de l'Ambigu-Comique en 1772 et en 1777.

(*Archives des Comm.*, n° 1508. — *Almanach forain*, 1773.)

ROSALIE (ROSALIE FEUILLET, dite), actrice du théâtre des Grands-Danseurs du Roi, y a joué entre autres rôles: *Nicette* dans la *Mère Nitouche, Colombine* dans l'*Amant voleur,* et l'*hôtesse* dans le *Quiproquo de l'hôtellerie* (4 et 21 janvier 1780). L'auteur du *Chroniqueur désœuvré* a tracé de cette actrice le portrait suivant : « Cette piètre bamboche de trois pieds et demi de haut a commencé par jouer la comédie en bourgeoiſie. Elle rempliſſoit les rôles de ſoubrettes avec aſſez d'intelligence..... Quelques amis lui conſeillèrent d'entrer au ſpectacle de Nicolet. Elle s'engagea chez ce bateleur..... Avec autant de fatigues il n'eſt pas étonnant qu'une femme voie en peu de tems les roſes et les lys de ſon viſage ſe flétrir, auſſi ſe flétrirent-ils ; mais ils ne l'étoient pas encore tout à fait quand un nigaud de Bougier, homme de bureau et pilier des Grands-Danſeurs du Roi, ſe prit de belle paſſion pour elle et fit la folie de l'épouſer. Elle eut de lui pluſieurs enfans dont il ne reſte que deux.... Elle eſt maintenant d'une laideur affreuſe, le teint morne et livide, les yeux hagards, les joues creuſes. Elle n'eſt un peu ſupportable que ſur les planches où elle a ſoin de ne pas ſe montrer ſans beaucoup de blanc et de rouge avec l'attention de toujours affecter de rire pour remplir le vide de ſes joues. » Et plus loin : « Mme Bougié ou Roſalie eſt d'un caractère ſi méchant et ſi emporté qu'étant à une répétition, après quelques propos, elle lâcha un ſoufflet au ſieur Mayeur qui, avec raiſon ſe plaignit à M. le chevalier Dubois du procédé violent de ſa camarade. Obligée de choiſir ou la priſon ou de faire des excuſes à l'offenſé, elle ſe tranſporta chez le commiſſaire avec le ſieur Mayeur qui voulut bien ſe contenter de cette légère réparation. Mais à ſon retour, voulant s'épargner toute honte de la publicité, elle nia la démarche. Mayeur retourne chez le commiſſaire qui le lendemain exige qu'à genoux la délinquante demande pardon publiquement au ſieur Mayeur. »

(*Almanach forain*, 1775. — *Journal de Paris*, 4, 21 janvier 1780. — *Le Chroniqueur désœuvré*, I, 61 ; II, 72.)

I

Vendredi 4 octobre 1782, dix heures du ſoir.

Le ſieur Gaillot, ſergent-major de la garde de Paris, a amené en notre hôtel la demoiſelle Roſalie, actrice de Nicolet, qui s'eſt plainte d'avoir été arrêtée par ledit Gaillot en vertu d'ordre ſurpris à la religion de M. le lieutenant général de police devant qui nous en avons référé à la réquiſition de ladite Roſalie ; et M. Lenoir, après l'avoir entendue et avoir vu la lettre du ſieur chevalier de Raimond, major de la garde de Paris, a fait relaxer ladite Roſalie (1).

(*Archives des Comm.*, n° 5022.)

II

Vendredi 28 novembre 1783, neuf heures du ſoir.

Roſalie Feuillet, actrice de Nicolet, arrêtée par le ſieur Deſprez, officier, à la réquiſition du ſieur Nicolet pour avoir manqué au ſpectacle (2). Relaxée.

(*Archives des Comm.*, n° 5022.)

---

(1) Rosalie était arrivée en retard au spectacle et avait répondu avec insolence à Nicolet. On jouait ce soir-là au théâtre des Grands-Danseurs du Roi, à la foire Saint-Germain, la deuxième représentation de la *Courtisane vertueuse*, drame nouveau ; les *Amours de Julien et Babet;* la dernière représentation de *Colinette, ou la Vigne d'amour*, pantomime ornée de dialogues, danses et musique. On commençait par les *Amours de Guillot*, petite pièce dans laquelle Mayeur jouait le rôle de *Guillot*.

(2) Le 28 novembre 1783, on jouait aux Grands-Danseurs du Roi : *Madame Propette*, pièce en deux actes; *la Comtoise à Paris*, pièce en quatre actes; *les Deux Petites Sœurs*, pièce en un acte ; *Lison eut peur, c'est un malheur!* pièce en deux actes; *la Petite Jardinière*, pantomime et ballet; *le Nécromancien*, pantomime à machines. Dans les entr'actes les sauteurs devaient exécuter différents exercices et l'on devait commencer par la danse de corde.

ROSALINE (Mlle), actrice de l'Opéra-Comique, faisait déjà partie de la troupe de ce théâtre à la foire Saint-Laurent de 1753, et prononça cette année-là le compliment pour la clôture des représentations. Elle était encore attachée à l'Opéra-Comique lors de la réunion de ce spectacle à la Comédie-Italienne (1) en 1762.

(*Dictionnaire des Théâtres*, VI, 410. — *Histoire du théâtre de l'Opéra-Comique*, II, 556.)

ROSETTE (Mlle), actrice foraine, jouait à la foire Saint-Germain de 1716 les rôles de *suivantes* au jeu de la dame Baron. Elle obtint un grand succès et se fit enlever par un amoureux avant la fin de cette foire.

(*Mémoires sur les Spectacles de la Foire*, I, 184.)

ROSSIGNOL (Claude), entrepreneur de spectacles, avait un jeu, à la foire Saint-Germain de 1754, où il faisait des tours de gobelets et montrait la *Femme forte*, espèce d'hercule femelle portant des poids avec ses cheveux et des hommes sur son ventre. En février 1762, le spectacle de Rossignol fut consumé par l'incendie de la foire Saint-Germain, mais grâce à l'indemnité qu'on lui donna (300 livres), il acheta le matériel de Nicolas II Bienfait et s'installa à sa place sur le boulevard du Temple. On ignore ce que devint ensuite Claude Rossignol.

(*Archives des Comm.*, n° 853.)

L'an 1754, le lundi 4 février, cinq heures et demie du soir, en l'hôtel et par-devant nous Charles-Antoine Crespy, etc., est comparu sieur Pierre de La Villegaudin, officier de police : Lequel nous a dit qu'en vertu des ordres du Roi dont il est porteur il a fait arrêter deux religieux bénédictins anglois, dont un travesti, avec une particulière qu'il a trouvée à la foire St-Germain

(1) Dans les *Œuvres* de M. et Mme Favart, publiées chez Eugène Didier, cette actrice (p. 220) est nommée Rosalie.

dans le jeu du nommé Roſſignol, joueur de gobelets et où ſe voit la femme forte, et les a fait conduire par-devant nous pour en être dreſſé procès-verbal et procédé à leur interrogatoire.

Signé : De La Villegaudin.

En conſéquence avons fait comparoître l'un deſdits religieux vêtu de l'habit de l'ordre des Bénédictins : Lequel, après ſerment par lui fait de dire vérité, a dit ſe nommer dom Joſeph Whittell, âgé de 46 ans, natif de Londres, prêtre religieux bénédictin anglois, dépoſitaire de la maiſon du faubourg St-Jacques à Paris, y demeurant. Avons auſſi fait comparoître le ſecond deſdits particuliers arrêtés, vêtu d'un habit gris ardoiſe, à boutons de cuivre jaune, veſte de velours noir, perruque en bourſe et portant épée, lequel, après ſerment de dire vérité, a dit ſe nommer Jacques Crook, âgé de 30 ans, natif de Lancaſtre en Angleterre, auſſi prêtre religieux bénédictin anglois et ancien procureur de la maiſon du faubourg St-Jacques de cette ville, y demeurant. Et ladite particulière étant auſſi comparue, après ſerment de dire vérité, a dit ſe nommer Catherine Wyburne, âgée de 17 ans, fille native de Winceſter en Angleterre, penſionnaire au couvent des Angloiſes, rue des Angloiſes, faubourg St-Marcel : Leſquels nous ont ajouté, ſavoir leſdits religieux qu'ils ſont ſortis ce matin de leur maiſon, qu'ils ſont allés ſur le midi chez ladite demoiſelle Wyburne, où lui Crook a dîné et après le dîner ils ſont allés tous les trois en carroſſe de remiſe à la foire St-Germain pour y voir un Anglois qu'ils avoient appris qui y faiſoit des tours de force. Qu'ils ne croyoient pas être dans aucune faute et qu'ils pouvoient prendre le ſpectacle de la foire. Qu'à l'égard du déguiſement de lui Crook, la raiſon qui le lui a fait prendre eſt qu'il eſt ſur le point de partir pour Londres où les religieux ont coutume d'être habillés en ſéculiers et qu'il n'a pris cet habillement que du conſentement de ſes ſupérieurs. Quant à Catherine Wyburne, elle nous a déclaré qu'étant du même pays, elle a cru pouvoir profiter de la compagnie deſdits religieux pour voir la foire.

Signé : D. Joseph Whittel; Jacques Crook; Catherine Wyburne.

Ce fait avons laiſſé leſdits religieux et ladite Catherine Wyburne audit ſieur de La Villegaudin pour les remettre, ſavoir leſdits religieux au couvent des Bénédictins anglois, ès mains de leurs ſupérieurs, et ladite Wyburne au couvent des Angloiſes, rue des Angloiſes, faubourg St-Marcel. Nous requérant de nous tranſporter avec lui èſdits lieux pour recevoir ſa décharge ſur le préſent et en dreſſer procès-verbal et s'eſt chargé de l'épée dudit Crook après avoir remarqué qu'elle eſt à poignée et garde de cuivre argenté et lame à trois quarts pour la dépoſer où il appartiendra.

Signé : De La Villegaudin.

Adhérant auquel réquiſitoire, ſommes à l'inſtant tranſporté avec ledit ſieur de La Villegaudin et susnommés rue des Angloises au couvent des religieuses Angloises, au parloir de leur dite maison, où étant est survenue dame Marie-Anne Woodman, prieure dudit couvent, à laquelle ayant exposé le sujet de notre transport, elle nous a dit parfaitement connoitre la demoiselle Wyburne pour leur pensionnaire, à l'effet de quoi elle s'en charge.

Signé : Sœur MARIE-ANNE WOODMAN, dite de l'Incarnation, prieure.

Sommes ensuite transporté avec ledit sieur de La Villegaudin et lesdits religieux bénédictins rue du faubourg St-Jacques, au couvent des religieux bénédictins anglois ; où étant ledit sieur de La Villegaudin a remis au R. P. Charles Walmesley, prieur dudit couvent, lesdits Whittel et Crook ; lequel, pour ce intervenant, s'en est chargé et nous a déclaré que c'est de son consentement que le sieur Crook s'est trouvé aujourd'hui avec l'habit de séculier, étant sur le point de partir pour l'Angleterre et étant en usage chez eux en pareil événement.

Signé : Dom CHARLES VALMESLEY, prieur.

Dont et de ce que dessus avons fait et dressé le présent procès-verbal.

Signé : DE LA VILLEGAUDIN ; CRESPY.

(*Archives des Comm.*, n° 3391.)

Voy. BIENFAIT II.

ROSZET (PIERRE), dentiste, acteur et entrepreneur de spectacles forains, a dirigé pendant quelque temps, conjointement avec les nommés Damour, Mignonnet, etc., pour le compte de l'Académie royale de musique, le *Nouveau Spectacle pantomime* qui remplaça de 1746 à 1749 le spectacle de l'Opéra-Comique alors supprimé.

L'an 1748, le samedi 10 août, environ deux heures de relevée, en l'hôtel de nous Louis-Pierre Blanchard, etc., est comparu sieur Pierre Roszet, dentiste, demeurant à Paris, rue du Cœur-Volant, paroisse St-Sulpice : Lequel nous a rendu plainte contre les nommés Damour, Mignonnet, Texier et Desjardins, et nous a dit qu'au préjudice d'un bail passé au plaignant de la loge où se représentent actuellement les pantomimes à la foire St-Laurent et du privilége à lui accordé par l'Académie royale de musique tant pour y faire des ballets que pour les décorations et habillemens nécessaires pour représenter lesdites pantomimes, le plaignant a été surpris que, lundi dernier, s'étant présenté comme à son ordinaire pour l'exécution de la pièce et y jouer les différens rôles, lesdits Damour et consors susnommés, sans aucun droit, lui ont refusé l'entrée lui disant qu'il n'entreroit pas sans l'ordre de M. Berrier. Qu'ils lui ont fait pareil refus le lendemain, surlendemain et jeudi aussi dernier. Que le plaignant a appris que lesdits sieurs Damour et consors ont eu la témérité de s'emparer d'un coffre de bois ferré, fermé avec la clef qui est en la possession du plaignant, lequel étoit dans la loge particulière du plaignant. Qu'ils ont fait sauter la serrure dudit coffre et se sont aussi emparés du masque du plaignant pour le personnage d'Arlequin, valant plus d'un louis d'or, et lequel masque ils ont gâté en ayant voulu agrandir les yeux, d'une paire de bas de soie blancs de la valeur de dix livres, d'une calotte et mentonnière de drap pour ledit personnage d'Arlequin et d'un livre de compte appartenant au sieur Bigour et de plusieurs papiers et quittances justifiant de plusieurs payemens faits par le plaignant. Que le plaignant ayant intérêt d'avoir raison de l'indu empêchement formé de la part des susnommés au droit que le plaignant a de jouir dudit bail, qu'il a aussi intérêt de se pourvoir contre eux en restitution des nippes ci-dessus prises ou de la valeur et aussi en réparation d'honneur pour raison des calomnies par eux débitées sur le compte du plaignant, ayant publié entre autres qu'il s'étoit emparé et avoit emporté une somme de 500 livres, quoiqu'il n'ait rien du tout reçu, il a été conseillé de venir nous rendre la présente plainte.

Signé : ROSZET ; BLANCHARD.

(*Archives des Comm.*, nº 3604.)

ROUBAULT DE VERMILLY (Mme), actrice du spectacle des Variétés du Palais-Royal, a joué à ce théâtre le rôle de *Lise* dans les *Défauts supposés*, comédie en un acte et en vers, de Sedaine de Sarcy, représentée le 28 janvier 1788.

(Brochure intitulée : *les Défauts supposés*, Paris, Cailleau, 1788.)

ROUSSEAU (CLAUDE-MARC), arlequin chez un entrepreneur de spectacles du boulevard du Temple, nommé Morel, en 1773. Rousseau vécut fort vieux et acquit sur le boulevard une grande célébrité. Brazier, qui l'a connu, en parle en ces termes : « On bravait le froid et le chaud pour entendre sur le boulevard du Temple un paillasse qui, n'en déplaise à Deburau, avait aussi son mérite. Ce paillasse qui se nommait le père Rousseau s'était fait une réputation en chantant en plein air :

> C'est dans la ville de Bordeaux
> Qu'est z'arrivé trois gros vaisseaux.,
> Les matelots qui sont dedans,
> Ce sont, ma foi ! de bons enfans.

« J'en ai vu les débris, moi, de ce bon gros paillasse et je me suis courbé respectueusement devant lui. Je puis affirmer que jamais paillasse ne fut plus drôle, ni plus complet ; ce n'était pas le visage pâle et blême de Deburau, ce n'était pas son jeu savant et grave, ni ses poses artistiques, ni ses clignements d'yeux si expressifs. C'était une figure pleine, rouge, bourgeonnée ; c'était la gaité du peuple dans tout son débraillé. Impossible de ne pas rire comme un fou du roi en voyant ses grimaces, en entendant sa voix rauque et brisée ; il jouait ses chansons comme Deburau ses pantomimes ; car mon paillasse était aussi un grand acteur. Ne croyez pas qu'il répétait comme un élève du Conservatoire ; non, il mettait dans son débit de l'esprit, du mordant ; sa physionomie était d'une mobilité surprenante. Je gage que s'il vivait encore, il serait à la hauteur de l'époque et que la littérature capricieuse qui nous fait un grand homme chaque matin en déjeunant chez Tortoni ou au café de Paris, aurait trouvé autant de drames dans mon paillasse qu'elle en a trouvé dans Deburau. Combien j'étais heureux quand, les poches pleines de marrons et de châtaignes, le vieux père Mottet, notre bon précepteur, nous conduisait, les quintidis et les décadis, au jardin de l'Arsenal et nous permettait de faire une halte devant le *Théâtre des Pantagoniens* (1). Nous restions des heures entières à contempler le père Rousseau, ce paillasse clas-

(1) Nous empruntons à l'*Histoire des marionnettes* de M. Magnin, p. 178, les détails qui suivent sur ce théâtre : « C'est ainsi que s'éleva en 1793, sous le titre de *Théâtre des Pantagoniens*, un spectacle de grandes marionnettes très-habiles pour les surprises. On cite entre autres les transformations d'un procureur dont chaque membre s'animait tour à tour pour former autant de clients. Les Pantagoniens jouèrent encore *le Grand festin de Pierre*, et à la foire Saint-Germain, dans une salle nouvellement bâtie dite *le Théâtre de la République*, ils donnèrent les *Métamorphoses d'Arlequin* et les *Métamorphoses de Marlborough* ; puis, les foires supprimées, ils allèrent se loger sur le boulevard du Temple. »

sique. A peine osions-nous respirer tant nous avions peur de perdre un de ses gestes, une de ses contorsions. Jeunes hommes d'aujourd'hui, respectez les souvenirs des hommes d'autrefois ; libre à vous d'adorer César, mais permettez-moi d'admirer Pompée ! »

(Brazier : *Histoire des petits théâtres*, I, 176.)

Du lundi 19 juillet 1773 dans la soirée.

Le nommé Claude-Marc Rouſſeau, faiſant le rôle d'arlequin chez le nommé Morel, maître de ſpectacle ſur le boulevard du Temple, arrêté par la garde du boulevard à la réquiſition dudit Morel pour avoir fait manquer une parade qu'il avoit promis de donner aujourd'hui au public ; s'être ſaoulé pendant toute la nuit, avoir dit des injures à ſes camarades et les avoir battus et excédés. Il a promis que cela ne lui arriveroit plus et qu'à l'avenir il remplira ſon devoir moyennant 30 ſols par jour ſuivant ſon engagement ; ſinon il ſe ſoumet d'être renvoyé et à ne pas travailler ſur les boulevards. A ces conditions relaxé.

Archives des Comm., nº 3780.)

ROUSSEAU (Louis), né vers 1763, acteur du théâtre appelé *le Rendez-vous des Champs-Élysées* en septembre 1790.

Voy. Beaubois.

ROUSSEAU (Manette), actrice du spectacle de l'Ambigu-Comique, où elle jouait dès 1772, à l'âge de 13 ans et demi, les rôles d'*amoureuses* et de *coquettes*.

(*Almanach forain*, 1773. — *Le Chroniqueur désœuvré*, I, 101.)

ROUSSELET, comédien de province, puis acteur à la Comédie-Française, débuta en 1742 au théâtre de l'Opéra-Comique ; il jouait les *paysans* et a rempli avec succès un rôle de ce genre dans la *Servante justifiée*, opéra comique en un acte, de Favart et Fagan, avec prologue de Panard. Dans cette pièce,

Rousselet, à qui son interlocuteur rappelait qu'il avait joué les rois sur la scène française, lui répondait ainsi :

> « Oui, ſeigneur, je le fus et devrois encor l'être ;
> J'ai l'organe aſſez fort pour vous parler en maître.
> Sous l'habit d'un héros j'en ſais prendre le ton
> Et j'ai le noble orgueil du fier Agamemnon.
> D'Auguſte et de Céſar l'illuſtre perſonnage
> Pendant plus de dix ans fut mon brillant partage.
> Cet heureux tems n'eſt plus, quel changement, hélas !
> Mon ſceptre s'eſt briſé, j'ai perdu mes États !
> Fortune, c'eſt ainſi que ta rigueur nous joue,
> Aujourd'hui ſur le trône et demain dans la boue.
> J'ai ſervi les Romains autant que je l'ai pu ;
> Des ſecrets ennemis m'ont ſeuls interrompu.
> Quelque plaiſir du moins aujourd'hui me conſole :
> Tout juſqu'aux ſénateurs a fui le Capitole,
> Et depuis mon départ un tas de débutans
> N'ont pu garnir encore un gradin d'aſſiſtans. »

Rousselet quitta l'Opéra-Comique à la fin de la foire Saint-Laurent de 1742 et rentra quelques années après à la Comédie-Française, d'où il fut bientôt remercié. En 1755, il était acteur pantomime au spectacle à machines de Servandoni et avait un rôle dans le *Triomphe de l'Amour conjugal,* pantomime représentée à ce théâtre au mois de mars de cette même année.

(*Dictionnaire des théâtres*, IV, 536; V, 146, 148; VI, 727.)

Voy. LAGRELET.

ROUTIER (PIERRE), entrepreneur de spectacles, avait un théâtre sur le boulevard Montparnasse en 1762.

L'an 1762, le lundi 23 août de relevée, en notre hôtel et par-devant nous Michel-Pierre Guyot, etc., eſt venu et comparu Pierre Routier, entrepreneur de ſpectacles à la butte du Montparnaſſe, y demeurant paroiſſe St-Sulpice : Lequel nous a rendu plainte contre un particulier à lui inconnu et contre le ſieur Delezemont, régleur de papiers, demeurant rue de la Verrerie, vis-à-vis l'hôtel de Pomponne, la dame ſon épouſe, Proſper Leduc, commis du ſieur

Buffault, marchand d'étoffes de ſoie, et le premier garçon du ſieur Cottard, marchand papetier, demeurant rue St-Denis proche la porte de Paris, qui étoient en la compagnie dudit particulier inconnu au plaignant et nous a dit qu'hier, ſur les neuf heures du ſoir ou environ, ledit particulier a voulu entrer dans le ſpectacle du plaignant ſans le payer ; qu'il s'eſt préſenté pluſieurs fois à cet effet annonçant que le plaignant ne pouvoit pas exiger d'argent de lui pour le laiſſer entrer, ſon ſpectacle étant ſur le point de finir ; que le plaignant a voulu s'oppoſer à ſon entrée et que ce particulier lui a porté un coup de poing ſur la joue gauche avec tant de violence que le plaignant a été renverſé du coup ſur une porte vitrée ; que de cette chute il a caſſé des carreaux de ladite porte avec ſa tête ; que ſa femme étant accourue à ſon ſecours, il lui a porté un coup de pied à la cuiſſe dont elle eſt marquée, malgré ſa groſſeſſe qui eſt fort apparente, étant enceinte de huit mois ; que les mauvais traitemens de ce particulier ont fait une ſi forte révolution en elle qu'elle en eſt aujourd'hui fort incommodée et qu'elle a été obligée de ſe faire ſaigner ; que la belle-mère du plaignant a été auſſi maltraitée par cedit particulier ; que des coups qu'il a donnés à ſadite belle-mère elle a le nez noir ; que ledit particulier a en outre tiré l'épée et en a donné pluſieurs coups du plat au plaignant ; que ledit Delezemont, ſa femme, ledit Leduc et le garçon dudit ſieur Cottard ſe ſont auſſi pluſieurs fois préſentés pour entrer chez le plaignant pendant que ſes acteurs étoient en train de répéter leurs rôles ; qu'ils ont voulu entrer de force ; qu'ils ont interrompu la répétition à pluſieurs repriſes ; qu'ils ſont entrés dans la cuiſine du plaignant où ils ſe ſont répandus en invectives contre lui ; qu'ils ſont auſſi tombés ſur le plaignant, ſa femme et ſa belle-mère pour procurer l'évaſion de cedit particulier, à quoi ils ſont parvenus. Et comme il a intérêt de connoître ledit particulier qui étoit de la compagnie dudit Delezemont et dont ils connoiſſent certainement le nom, de faire punir les voies de fait auxquelles il s'eſt porté, etc., il a été conſeillé de venir nous rendre la préſente plainte.

Signé : ROUTIER ; GUYOT.

(*Archives des Comm.*, n° 2809.)

RUGGIERI (LES FRÈRES), célèbres artificiers, établirent en 1765, à Paris, aux Porcherons, un spectacle pyrrhique qui eut une grande vogue et dans la direction duquel ils se montrèrent les dignes émules de Torré, fondateur d'un établissement du même genre. Après quelques années de succès, le public se montra un moment moins empressé chez les Ruggieri. Mais en 1783, Torré étant mort, la foule revint à leur spectacle, où se donnait une pantomime lyrique intitulée : *le Combat, la Mort, les Funérailles et le Réveil de Malborough,* dont les *Mémoires secrets* parlent en ces termes : « L'exécution en eſt ſupérieure à tout ce qu'on a vu en artifice. Il y a une variété et une préciſion difficile à trouver dans un pareil genre. Le théâtre fort vaſte ſuffit aux diverſes évolutions militaires qu'on peut déſirer. Il eſt fâcheux ſeulement que la crainte apparemment de quelque accident empêche de garnir les deux armées d'un nombre aſſez conſidérable de combattans. Le local vraiment champêtre eſt charmant. Il prête ſurtout à l'illuſion et eſt plus pittoreſque que toute la magnificence des ſalons du Wauxhall et du Colyſée. » En 1789, la vogue des Ruggieri fut à son comble ; grâce à l'aéronaute Blanchard, qui exécutait ses ascensions dans leurs jardins, et à deux pantomimes pyrrhiques, l'*Incendie et Embrasement de la ville de Troie par les Grecs,* et le *Siége de Delhi par Thomas Koulikan.* La prise de la Bastille devint pour eux l'occasion d'une fête patriotique qu'ils offrirent « aux ouvriers ayant combattu pour la liberté ». Les places chez les Ruggieri se payaient 3 livres et une livre 10 sols.

(*Mémoires secrets,* II, 270 ; XXIII, 184. — *Guide des amateurs et des étrangers voyageurs à Paris,* par Thiéry, I, 144. — *Journal de Paris,* 5, 8 mars, 4, 11 avril, 31 mai, juin, 25, 26 juillet 1789.)

S

AINT-AUBERT, acteur de l'Opéra-Comique, a joué à ce théâtre, pendant les foires Saint-Laurent de 1759 et 1761, entre autres rôles, celui d'*un huissier* dans l'*Huître et les Plaideurs, ou le Tribunal de la chicane,* opéra comique en un acte, en prose, paroles de Sedaine, musique de Philidor. Saint-Aubert faisait encore partie de la troupe de l'Opéra-Comique en 1762, lors de la réunion de ce spectacle à la Comédie-Italienne.

(Brochure intitulée : *l'Huître et les Plaideurs,* Paris, Hérissant, 1761. — *Histoire du théâtre de l'Opéra-Comique,* II, 555.)

SAINT-CLAIR, acteur du théâtre des Variétés du Palais-Royal, y a joué avec succès les rôles suivants : le *marquis* dans la *Loi de Jatab, ou le Turc à Paris,* comédie en un acte, en vers, de Dumaniant, représentée le 22 janvier 1787 ; *Valcour, jeune officier français,* dans le *Français en Huronie,* comédie en un acte, en vers, du même auteur, représentée le 30 avril 1787 ; *Floricourt, jeune officier, amant d'Aminthe,* dans l'*Inconséquente, ou le Fat dupé,* comédie en un acte, en prose, par Monnet, représentée le 20 août

1787 ; *Dorval* dans les *Défauts supposés*, comédie en un acte, en vers, de Sedaine le jeune, représentée le 28 janvier 1788, et *Georges, amant de Sarah,* dans le *Duc de Montmouth*, comédie héroïque en trois actes, en prose, par Bodard de Tézay, représentée le 4 novembre 1788. Mme Saint-Clair, femme de cet acteur, faisait également partie de la troupe des Variétés du Palais-Royal et y jouait les *suivantes* et les *utilités*.

(Brochures intitulées : *la loi de Jatab*, Paris, Brunet, 1787 ; *le Français en Huronie*, Paris, Cailleau, 1787 ; *l'Inconséquente*, Paris, Cailleau, 1787 ; *les Défauts supposés*, Paris, Cailleau, 1788 ; *le Duc de Montmouth*, Paris et Bruxelles, 1789.)

SAINT-EDME (LOUIS GAUTHIER DE);

SAINT-EDME (MARIE DUCHEMIN, femme de Louis GAUTHIER DE), entrepreneurs de spectacles forains, achetèrent, à la fin de la foire Saint-Laurent de 1710, le matériel théâtral de Levesque de Bellegarde et Desguerrois, prête-noms de Catherine Baron, qui en était en réalité propriétaire, et ouvrirent leur jeu, à la foire Saint-Germain suivante, avec Dominique et sa troupe pour acteurs et selon toute apparence avec Catherine Baron comme associée. Depuis lors jusqu'à la fin de la foire Saint-Laurent de 1718, Saint-Edme et sa femme ouvrirent régulièrement leur théâtre, qui fut très-goûté, surtout lorsqu'ils eurent obtenu, moyennant une forte redevance payée à l'Académie Royale de musique, la permission de représenter des opéras comiques (1). Forts de ce privilége, qu'ils partageaient souvent avec la dame Baron, ils s'inquiétaient peu des tracasseries que leur faisait la Comédie-Française, jalouse de leurs succès et qui faisait dresser contre eux force procès-verbaux pour contraventions commises aux arrêts du Parle-

(1) La plus grande partie des pièces jouées au spectacle de Saint-Edme sont de Lesage, Fuzelier et Dorneval. Elles ont été imprimées dans le recueil intitulé : *Théâtre de la Foire*, ou analysées dans les six volumes qui forment le *Dictionnaire des Théâtres*.

ment relatifs aux spectacles forains. Malheureusement pour la prospérité de leur théâtre, Saint-Edme et sa femme eurent diverses discussions avec la dame Baron relativement à ce privilége de l'Opéra-Comique qu'ils prenaient ensemble, et ces querelles nuisirent d'une manière sensible à leurs intérêts; d'ailleurs la somme annuelle à payer à l'Académie Royale de musique était écrasante (16,000 livres d'abord, puis 35,000 livres), et en 1718 Saint-Edme et sa femme se retirèrent complétement ruinés.

(*Mémoires sur les Spectacles de la Foire*, I, 215.)

I

L'an 1712, le jeudi 4 août, environ les six heures de relevée, nous César-Vincent Lefrançois, etc., ayant eu avis qu'il y avoit eu du bruit dans le préau de la foire St-Laurent au jeu occupé ci-devant par la veuve Maurice, nous y étant transporté, se sont présentés à nous le sieur Louis Gauthier de St-Edme et demoiselle Marie Duchemin, son épouse : Lesquels nous ont fait plainte et dit qu'ayant fait toutes les avances pour l'établissement et exploitation dudit jeu, se trouvant à la principale porte du jeu où nous sommes, est entré le nommé Belmont, gendre du sieur Octave, et sa femme, sans payer. Lui ayant remontré qu'il n'avoit aucun droit de faire entrer personne sans payer, attendu que journellement ledit Belmont et ledit sieur Octave faisoient entrer quantité de personnes sans payer, les faisant placer dans les meilleures places; ce qui leur faisoit un tort considérable, ledit Belmont ayant aperçu la demoiselle plaignante lui a pris le bras qu'il lui a tourné avec tant de violence que s'étant mise à crier il l'a traitée de b........, de p....., de gueuse et en même tems l'a frappée d'un coup de poing dans le visage en jurant le saint nom de Dieu, répétant souvent les mêmes injures, la menaçant de la tuer ainsi que le sieur plaignant, disant que le sieur Octave, son beau-père, étoit le maître du jeu et que, par conséquent, il feroit entrer tout le monde qui lui plairoit et que le premier garde qui feroit assez hardi de l'en vouloir empêcher, il lui donneroit de son épée au travers du corps. Ce qui surprend d'autant plus les plaignans que lesdits Octave et Belmont, son gendre, n'ont aucun intérêt dans l'établissement et exploitation dudit jeu, mais seulement ledit sieur Octave est gagiste; auquel les acteurs et ceux qui sont employés dans ledit jeu ne veulent point avoir affaire, leur faisant querelles et les maltraitant de paroles. Ce qui fait un tort considérable à l'exploitation du jeu. Entendant se pourvoir contre ledit Octave pour le faire expulser dudit jeu, attendu que les joueurs ont menacé les plaignans de ſe retirer ſi ledit Octave y reſtoit. De ce que deſſus nous requièrent acte.

Signé : M. DUCHEMIN ; DE ST-EDME.

(*Archives des Comm.*, nº 3824.)

II

L'an 1712, le 2e jour d'août, entre cinq et ſix heures du ſoir, nous André Deſacq et Nicolas Guérin, etc., prépoſés pour la police au quartier St-Denis, étant dans l'enclos de la foire St-Laurent et nous promenant dans les allées d'icelle pour voir s'il ne s'y paſſoit rien au préjudice des ſtatuts et règlemens du bon ordre et de la ſûreté publique, avons aperçu qu'il y avoit quelque tumulte au préau de ladite foire, où eſt le jeu de danſeurs de corde de la troupe du nommé Dominique, et le ſergent aux gardes de la compagnie prépoſé pour la garde de ladite foire, lequel arrivoit audit préau avec quelques ſoldats de la garde. Pourquoi nous nous y ſerions tranſportés pour voir ce qu'il y avoit et de quoi il s'agiſſoit, et y étant arrivés, y avons trouvé beaucoup de monde aſſemblé et le nommé Bazin, lieutenant de la compagnie de M. le lieutenant criminel de robe courte, lequel faiſoit entendre avec jurement et emportement aux ſieur et dame de St-Edme, intéreſſés audit jeu, qu'il n'entendoit pas qu'ils fiſſent continuer leur jeu, qu'il alloit faire empêcher que l'on entrât en icelui et qu'il vouloit que ceux qui y étoient en ſortiſſent et qu'il avoit ordre de Monſieur le Lieutenant général de police de faire fermer ledit jeu, dont leſdits ſieur et dame de St-Edme étoient fort ſurpris et étonnés, et faiſoient des ſupplications audit Bazin de différer au lendemain l'exécution de cet ordre, attendu que le jeu étoit ouvert et qu'il y avoit pluſieurs ſeigneurs et dames de la Cour, entre autres Madame la ducheſſe de la Meilleraye et M. le chevalier de Meſmes, que preſque toutes les loges, le parquet, le théâtre et l'amphithéâtre étoient remplis et que le jeu étoit commencé. Auxquelles ſupplications ledit Bazin n'a eu aucun égard et ſur-le-champ a commandé au ſergent des gardes ſuſmentionné de lui faire venir des ſoldats de la garde en nombre ſuffiſant pour faire fermer ledit jeu et faire ſortir ceux qui y étoient. Ce que nous voyant, aurions tiré à quartier ledit Bazin et lui aurions demandé ſi effectivement il avoit un ordre de Monſieur le Lieutenant général de police pour faire ce qu'il faiſoit, et lui avons dit de nous le repréſenter : Lequel Bazin nous auroit répondu avec beaucoup d'inſolence : Oui, qu'il avoit l'ordre f..... et qu'il n'avoit point à nous le communiquer et s'en ſeroit allé d'un autre côté en parlant avec beaucoup de hauteur et avec juremens et emportemens auxdits ſieur et dame de St-Edme. Et cependant ſerions entrés dans le jeu pour voir en quel état les choſes étoient et aurions vu le jeu preſque entièrement rempli de monde dans toutes les différentes places et que l'on finiſſoit la danſe de la corde.

Avons même remarqué que ſur le théâtre et aux premières loges il y avoit beaucoup de monde de l'un et de l'autre ſexe qui paroiſſoient être de diſtinction, et ſerions à l'inſtant ſortis du jeu et aurions encore tiré une ſeconde fois à part ledit Bazin et lui aurions dit qu'il prît garde à ce qu'il faiſoit; que l'ordre de M. le Lieutenant général de police n'étoit pas peut-être ſi précis que d'ordonner de faire fermer un jeu lorſqu'il étoit commencé; qu'il y avoit audit jeu pluſieurs perſonnes du premier rang qui ne manqueroient pas de s'en plaindre et que cela lui feroit des affaires; qu'enfin il n'y avoit rien qui périclitât dans cette affaire et que, puiſque le jeu étoit commencé et l'argent reçu, il pouvoit remettre à demain l'exécution de ſon ordre pour les empêcher de jouer juſqu'à ce qu'il en fût autrement ordonné et que M. le Lieutenant de police ne déſapprouveroit pas cette conduite. Auxquelles remontrances par nous faites audit Bazin, icelui Bazin ne nous a fait d'autre réponſe en parlant avec beaucoup de hauteur et d'inſolence et avec exclamation, ſinon qu'il avoit un ordre f..... et que quand il avoit un ordre f....., il l'exécutoit. Et en même tems, le ſergent aux gardes ſuſmentionné étant arrivé avec ſept ou huit ſoldats de ſa garde, il les a poſtés à toutes les entrées et ſorties dudit jeu et a ordonné audit ſergent aux gardes de faire ſortir tous ceux qui étoient dans le jeu et de leur faire rendre leur argent. Ce que nous voyant et le peu de reſpect et de conſidération que ledit Bazin avoit pour nos perſonnes et pour nos ordres, et reſpectant très-fort l'ordre qu'il diſoit avoir de mondit ſieur le Lieutenant général de police, quoiqu'il ne nous l'eût pas exhibé, nous nous ſommes retirés et avons dreſſé le préſent procès-verbal.

Signé : Guérin ; Defacq.

(*Archives des Comm.*, nº 1629.)

III

L'an 1714, le jeudi 26 juillet, environ les quatre heures de relevée, eſt venue par-devers nous Céſar-Vincent Lefrançois, etc., demoiſelle Marie Duchemin, femme du ſieur Louis Gauthier de St-Edme, demeurant faubourg St-Lazare : Laquelle nous a fait plainte et dit que, quoique par ſa conduite elle n'ait donné aucun ſujet aux gagiſtes et acteurs des ſieurs Pellegrin et Octave de mécontentement, cependant le nommé Raguenet, acteur de Pellegrin, le nommé Châteauneuf, au ſervice d'Octave et de Pellegrin, et autres quidams de leur part, font courir des bruits qu'ils feront aſſaſſiner la plaignante, même le ſieur Meuſnier, prêtre de la congrégation de St-Lazare, et la dame de Baune; qu'ils ont un décret de priſe de corps pour faire arrêter la plaignante et que c'eſt un nommé Vernier, huiſſier, qui eſt chargé de ce décret. Et comme ce ſont des ſuppoſitions, elle ſe voit obligée de venir pardevers nous nous rendre plainte de ce que deſſus, avec d'autant plus de raiſon qu'on l'a avertie qu'ils étoient dans le deſſein de mettre le feu à leur loge pour empêcher leur jeu et qu'ils ſe ſerviroient de pétards et de fuſées, et qu'elle n'étoit pas en ſûreté de ſa vie. De ce que deſſus nous requiert acte.

Signé : MARIE DUCHEMIN, femme du ſieur de St-Edme.

(*Archives des Comm.*, n° 3826.)

IV

L'an 1714, le mardi 11 ſeptembre, dix heures du matin, par-devant nous Louis-Jérôme Daminois, eſt comparu Étienne Milache ſieur de Moligny, comédien ordinaire du Roi, tant pour lui que pour les autres comédiens ordinaires du Roi dont il nous a dit avoir charge et pouvoir : Lequel nous a dit qu'au préjudice des arrêts du Conſeil, arrêts et règlemens du Parlement, et pluſieurs ſentences de police qui ſont déſenſe aux danſeurs de corde de jouer et repréſenter ſur des théâtres publics aucune pièce et comédie par dialogues, colloques, monologues ou autrement, ſous les peines y portées, même de démolitions de leurs théâtres, néanmoins le ſieur St-Edme ne laiſſe, au mépris deſdits arrêts et règlemens, de faire jouer publiquement et journellement, par les nommés Dominique et autres, ſes camarades, ſur un théâtre qu'il a fait élever et conſtruire ès environs de la foire St-Laurent, des pièces de théâtre et comédies ſuivies par actes et ſcènes ; dans leſquelles pièces acteurs et actrices ſe parlent, ſe répondent les uns aux autres, en proſe, ſelon le ſujet de la pièce comique qu'ils repréſentent, ce qui forme des comédies complètes et eſt directement contraire auxdits arrêts et règlemens. Pourquoi nous requiert de nous tranſporter, cejourd'hui de relevée, dans le jeu dudit St-Edme à ladite foire St-Laurent où ledit Dominique et ſes camarades repréſentent leſdites pièces, à l'effet d'en dreſſer procès-verbal, etc.

Signé : E. MILACHE DE MOLIGNI.

Sur quoi nous commiſſaire, ledit jour, environ les cinq heures de relevée, nous ſommes tranſporté en la ſalle et jeu de corde dudit ſieur de St-Edme, à la foire St-Laurent, où étant, après le jeu de danſes de corde fini, il a été joué et repréſenté, ſur un théâtre orné de machines, luſtres et décorations différentes, une pièce comique qui a pour titre : *Arlequin gentilhomme par haſard ou jouet de la fortune* (1), par les nommés Dominique qui a fait le perſonnage d'Arlequin, Belloni celui de Pierrot, et autres, dont un a fait celui du Docteur, un autre celui de Léandre, un autre celui de Scaramouche, et une actrice. Ladite pièce diſtribuée en pluſieurs ſcènes que leſdits acteurs

(1) C'est sans doute *Arlequin gentilhomme malgré lui*, opéra comique en trois actes, avec trois divertissements, par Dorneval, musique d'Aubert. Cette pièce fut reprise le 3 février 1716, au jeu d'Octave.

et actrices chantent. Pendant le cours de laquelle avons remarqué que lesdits acteurs et actrices se parlent et se répondent sur le sujet de ladite pièce par discours et dialogues en prose, en plus de 30 endroits de ladite pièce; qu'à la fin de ladite pièce le Scaramouche a annoncé, comme il se pratique à la Comédie, pour jeudi prochain une pièce comique ayant pour titre : *Les Deux Pierrots* (1), l'un desquels sera joué par Dominique à visage découvert; qu'ensuite il a été représenté une autre pièce comique ayant pour titre : *Arlequin au bal du Cours* (2); que lesdits acteurs et actrices ont chanté et pendant le cours d'icelle se sont parlé et répondu sur le sujet de ladite pièce par dialogues en prose environ en vingt endroits de ladite pièce, et que l'orchestre étoit composé de neuf à dix particuliers jouant chacun d'un instrument de musique. Dont et de quoi nous avons dressé le présent procès-verbal.

Signé : DAMINOIS.

(*Archives des Comm.*, nº 927.)

V

L'an 1714, le mercredi 12e jour de septembre, environ les quatre heures de relevée, est comparu par-devant nous Louis Poget, etc., Étienne Milache sieur de Moligni, comédien ordinaire du Roi, tant pour lui que pour les autres comédiens du Roi, desquels il nous a dit avoir charge et pouvoir : Lequel nous requiert de nous transporter, heure présente, dans la loge du sieur de St-Edme à la foire St-Laurent où se jouent et se représentent des comédies, à l'effet de dresser procès-verbal des contraventions aux arrêts et règlemens, ce qui fait un tort d'autant plus considérable aux priviléges qu'il a plu à Sa Majesté de leur accorder pour leur établissement, qu'ils sont obligés de soutenir avec de grands frais et dépenses l'hôtel de la Comédie, rue des Fossés-St-Germain, dans le fond duquel ils se trouvent tous engagés pour plus de 300,000 livres.

Signé : E. MILACHE DE MOLIGNI.

En conséquence, sommes transporté ledit jour 12 septembre, sur les cinq heures du soir, en la salle et jeu de danses de corde dudit sieur de St-Edme, à la foire St-Laurent, et où jouent lesdits Dominique, Belloni, Desgranges, Paghetti et autres leurs camarades; où, après le jeu de danses de corde fini, il a été représenté sur un théâtre orné de lustres et de décorations différentes,

(1) Par Dominique Biancolelli.

(2) Cette pièce est certainement les *Fêtes du Cours*, comédie en un acte et en prose, avec un divertissement et un prologue en vers, par Dancourt, représentée à la Comédie-Française le 5 septembre 1714.

deux pièces comiques dont l'une a pour titre : *Arlequin gentilhomme par hasard*, et l'autre : *Les Fêtes du Cours*, en plusieurs actes et scènes que les acteurs et actrices chantent, et pendant le cours desdites deux pièces, tous lesdits acteurs se parlent et se répondent sur le même sujet des pièces qu'ils représentent, par de courts dialogues et colloques en prose et dans presque toutes les scènes desdites deux pièces, et particulièrement lesdits Dominique, Desgranges et Belloni, qui se parlent très-souvent en prose par des petits discours suivis. Et a ledit sieur St-Edme, dans la salle où il représente lesdites pièces, un orchestre rempli de plusieurs particuliers qui jouent ensemble de chacun un instrument de musique.

Dont et de quoi nous avons dressé le présent procès-verbal.

Signé : POGET.

(*Archives des Comm.*, nº 2752.)

VI

Le vendredi 21ᵉ jour de septembre 1714, nous Louis-Jérôme Daminois, etc., à la requête des comédiens françois, nous sommes, sur les cinq à six heures de relevée, transporté en la salle et jeu de corde du sieur St-Edme à la foire St-Laurent. Où étant, après que les danses de corde ont été finies, il a été, en notre présence, joué et représenté sur un théâtre orné de lustres et décorations différentes, une pièce comique qui a pour titre : *Les Deux Pierrots*, par les nommés Dominique, qui a fait l'Arlequin et l'un des Pierrots, Belloni, l'autre Pierrot, et autres acteurs et actrices. Ladite pièce composée d'actes et scènes différentes que lesdits acteurs et actrices ont chantée. Avons observé que lesdits acteurs et actrices se parlent et se répondent sur le sujet de ladite pièce en plus de cent endroits par de courts dialogues, même monologues, en prose, comme aussi que l'orchestre étoit composé de 9 à 10 instrumens de musique qui ont joué dans les entr'actes et lors des danses desdits acteurs et actrices. Dont et de quoi nous avons rédigé et fait le présent procès-verbal.

Signé : DAMINOIS.

(*Archives des Comm.*, nº 927.)

VII

L'an 1714, le lundi 24ᵉ septembre, sur les quatre heures de relevée, est comparu par-devant nous Louis Poget, etc., Étienne Milache sieur de Moligny, comédien ordinaire du Roi, tant pour lui que pour les autres comédiens du Roi, desquels il nous a dit avoir charge et pouvoir : Lequel nous requiert de nous transporter, heure présente, dans la loge et salle du sieur St-Edme à la foire où se jouent et se représentent des comédies, à l'effet de dresser procès-verbal des contraventions par lui commises aux arrêts et règlemens, ce qui fait un tort d'autant plus considérable auxdits comédiens du Roi et contraire aux privilèges qu'il a plu à Sa Majesté de leur accorder pour leur établissement, qu'ils sont obligés de soutenir avec de grands frais et dépenses, l'hôtel de la Comédie, rue des Fossés-St-Germain, dans le fond duquel ils se trouvent tous engagés pour plus de trois cent mille livres.

Signé : E. M. DE MOLIGNI.

En conséquence, nous commissaire susdit, sommes transporté ledit jour 24 septembre, sur les cinq heures du soir, en la salle et jeu de danses de corde dudit sieur St-Edme à la foire St-Laurent, et où jouent lesdits Dominique, Belloni, Desgranges, Paghetti et leurs autres camarades; où, après le jeu de danses de corde fini, il a été représenté sur un théâtre orné de lustres et de décorations différentes, une pièce comique qui a pour titre : *Les Deux Pierrots*, en plusieurs actes et scènes que les acteurs et actrices chantent, et pendant le cours de ladite pièce, tous lesdits acteurs se parlent et se répondent quelquefois sur le même sujet de la pièce qu'ils représentent par de courts dialogues et colloques en prose, et particulièrement ledit Dominique non-seulement lorsqu'il joue le rôle d'Arlequin, mais encore lorsqu'il fait celui de Pierrot avec ledit Belloni qui fait aussi un rôle de Pierrot et encore ledit Paghetti lorsqu'il fait le rôle de poëte, et ledit Desgranges dans un rôle qu'il représente dans la même pièce; et aussi conjointement lorsqu'ils se trouvent ensemble ils se parlent en prose très-souvent par des petits discours suivis. Et a ledit sieur de St-Edme, dans la salle où il représente ladite pièce, un orchestre rempli de plusieurs particuliers qui jouent ensemble de chacun un instrument de musique.

Dont et de quoi avons fait et dressé le présent procès-verbal

Signé : POGET.

(*Archives des Comm.*, n° 2752.)

VIII

L'an 1714, le lundi premier jour d'octobre, du matin, est venu en l'hôtel et par-devant nous Louis Poget, etc., Étienne Milache sieur de Moligni, comédien ordinaire du Roi, tant pour lui que pour les autres comédiens du Roi, desquels il nous a dit avoir charge et pouvoir : Lequel nous a dit qu'au préjudice de plusieurs sentences rendues par M. le Lieutenant général de police, arrêts confirmatifs d'icelles et règlemens du Parlement et arrêts du Confeil, qui font défenfe à tous danfeurs de corde de jouer et repréfenter, fur des théâtres publics, aucune pièce en comédie par dialogue, colloque, monologue, ni de quelque autre manière que ce puiffe être, fous les peines y portées, même de démolition de théâtre; néanmoins, les fieurs de St-Edme, Dominique, Pellegrin, Baxter et Sorin et autres chefs de troupe de danfeurs de corde, au mépris defdits arrêts et règlemens, n'ont pas laiffé de faire jouer et repréfenter publiquement et journellement pendant le cours de la foire St-Laurent dernière, des pièces de théâtre et comédies fuivies par fcènes et actes fur des théâtres publics qu'ils ont fait élever, à cet effet, aux environs de ladite foire St-Laurent, dans lefquelles pièces les acteurs et actrices fe parloient et répondoient les uns aux autres en profe felon le fujet de la pièce comique qu'ils repréfentoient et jouoient, ce qui formoit des comédies complètes et eft abfolument contraire aux règlemens; pourquoi nous ont requis et plufieurs de nos confrères de nous tranfporter, à plufieurs fois différentes pendant le cours de ladite foire, dans les loges et falles des danfeurs de corde étant en ladite foire St-Laurent et où fe jouoient et fe repréfentoient lefdites comédies, à l'effet de dreffer procès-verbal defdites contraventions auxdits arrêts et règlemens. Et comme ledit fieur de Moligni et les autres comédiens du Roi ont intérêt de conftater et de faire connoitre que lefdits danfeurs de corde non-feulement jouoient et repréfentoient des comédies complètes, mais encore qu'ils les faifoient afficher au coin des rues et carrefours de cette ville, il requiert que nous nous tranfportions, heure préfente, avec lui en quelques endroits de cette ville où font lefdites affiches, à l'effet de lui en donner acte et de ce qu'elles contiennent, et d'en faire arracher quelques-unes en notre préfence, pour être paraphées de lui et de nous, le tout pour fervir et valoir ce que de raifon.

Signé : Étienne Milache de Moligni.

En conféquence, fommes à l'inftant avec lui tranfporté en plufieurs endroits de cette ville et, entre autres, aux environs de la Comédie-Françoife et de la foire St-Laurent, et avons remarqué plufieurs affiches collées et affichées contre les murailles portant, entre autres chofes, ces mots, l'une : « La troupe du fieur Dominique repréfentera les *Aventures d'Arlequin au bal du Cours* avec *Arlequin, gentilhomme par hafard* »; l'autre : « La même troupe du fieur Dominique repréfentera les *Deux Pierrots* »; la troifième : « Les fieurs Baxter et Sorin repréfenteront *Arlequin Mahomet* et le *Tombeau de Noftradamus* »; la quatrième : « Lefdits fieurs Baxter et Sorin repréfenteront *Arlequin colonel* », et la cinquième : « La troupe du grand jeu nouvellement bâti (1) repréfentera *Amphytrion, ou les deux Arlequins* ». Quatre defquelles affiches nous avons fait arracher, favoir : La première qui contient ces mots : « La troupe du fieur Dominique repréfentera aujourd'hui 3e feptembre, pour la première fois, les *Aventures d'Arlequin au bal du Cours,* divertiffement nouveau qui fera

(1) Le grand jeu nouvellement bâti est celui du chevalier Pellegrin.

précédé d'un autre intitulé : *Arlequin gentilhomme par hasard*, en attendant un divertissement nouveau » ; la seconde : « La troupe du sieur Dominique donnera aujourd'hui, 13e septembre, la première représentation d'un divertissement nouveau intitulé : *Les Deux Pierrots*, où Arlequin jouera le rôle de Pierrot à visage découvert. Ce sujet, dont l'idée est toute nouvelle, est orné de musique, de danses et de scènes italiennes des plus comiques » ; la troisième : « La troupe du Bel-Air, des sieurs Baxter et Sorin donneront cejourd'hui mardi, 25e septembre, un nouveau prologue avec *Arlequin Mahomet* et le *Tombeau de Nostradamus* » ; et la quatrième qui contient aussi ces mots : « La troupe du grand jeu nouvellement bâti donnera, demain vendredi, 21e septembre, pour divertissement nouveau, *Amphitryon, ou les Deux Arlequins*. Cette pièce est des plus comiques, elle sera ornée de tous les agrémens nécessaires. » Et lesdites quatre affiches ont été paraphées *ne varietur* dudit sieur de Moligni et de nous et à lui rendues.

Dont et de quoi nous lui avons donné acte.

Signé : Poget ; E. Milache de Moligni.

(*Archives des Comm.*, n° 2752.)

IX

Sur la requête présentée au Roi étant en son Conseil, par les syndics des créanciers du défunt sieur Guyenet, cessionnaire du privilége de l'Opéra, contenant que, par lettres-patentes accordées par Sa Majesté pour l'établissement dudit privilége, il est expressément fait défense à toutes personnes de faire représenter aucun spectacle de musique et de danse soit en vers françois ou autres langues, ni de faire aucun concert de musique vocale ou instrumentale, dans les lieux pour l'entrée desquels il soit pris rétribution, sans la permission par écrit de ceux qui ont traité dudit privilége avec lesdits sieurs Dumont et Francine, à peine contre les contrevenans de 10,000 l. d'amende et de confiscation des instrumens, machines, décorations et autres choses qui auront servi auxdites représentations, applicables un tiers au Roi, un tiers à l'hôpital général et l'autre tiers aux sieurs Francine et Dumont ou, à leurs places, à leurs cessionnaires. Et quoique lesdites lettres-patentes et défenses aient été notifiées au sieur Gautier de St-Edme et à Marie Duchemin, sa femme, par deux différentes significations qui leur en ont été faites à la requête desdits syndics, dès le 23 janvier 1713 et 1er février 1714, avec injonction de s'y conformer, néanmoins ledit sieur et demoiselle St-Edme, sans aucune permission desdits cessionnaires, ont donné des représentations composées de musique, de danses, de machines et de symphonie pendant tout le tems de la foire St-Laurent de la présente année : A ces causes requéroient les supplians qu'il plût à Sa Majesté, attendu la contravention du sieur et demoiselle de St-Edme aux défenses portées par lesdites lettres-patentes, les condamner à l'amende de 10,000 l. portée par icelles, ordonner que les inſtrumens, machines, décorations et autres choſes qui ont ſervi auxdites repréſentations, ſeront et demeureront conſignées pour être le tout appliqué ainſi qu'il eſt porté par leſdites lettres-patentes. Vu leſdites lettres-patentes des 7 octobre 1704 et 8 janvier 1713, les exploits de ſignification qui en ont été faits audit ſieur et demoiſelle St-Edme, à la requête deſdits ſyndics, les 23 janvier 1713 et 1er février 1714, le tout vu et conſidéré; ouï le rapport : Le Roi, étant en ſon Conſeil, avant faire droit ſur la requête deſdits ſyndics, a ordonné et ordonne qu'elle ſera communiquée audit Gautier de St-Edme et que, dans huitaine du jour de la ſignification du préſent arrêt, toutes les parties ſeront tenues de ſe retirer par-devant le ſieur Danycan de Landiviſiau, maître des requêtes, intendant du commerce, pour être entendues et être par lui dreſſé procès-verbal de leurs dires, moyens et prétentions, pour ce fait ou à faute de ce faire dans ledit tems, être, ſur l'avis dudit ſieur commiſſaire, ordonné par Sa Majeſté ce qui appartiendra. Le 26 octobre 1714.

(*Reg. du Conseil d'État*, E, 1976.)

X

L'an 1715, le mardi 19e jour de mars, ſur les quatre heures de relevée, ſont comparus par-devant nous Louis Poget, etc., les ſieurs Georges-Guillaume Lavoy et Charles Botot d'Angeville, comédiens ordinaires du Roi, tant pour eux que pour les autres comédiens du Roi, deſquels ils nous ont dit avoir charge et pouvoir : Leſquels nous requièrent de nous tranſporter, heure préſente, dans la loge et ſalle du ſieur de St-Edme à la foire St-Germain où ſe jouent et ſe repréſentent des comédies, à l'effet de dreſſer procès-verbal des contraventions par lui commiſes aux arrêts et règlemens.

Signé : LAVOY; DANGEVILLE.

En conſéquence, nous commiſſaire ſuſdit, ſommes tranſporté ledit jour 19e mars, ſur les cinq heures du ſoir, en la ſalle et jeu de danſes de corde dudit ſieur de St-Edme, ſitué au bout de la rue des Quatre-Vents, proche la grande porte du préau de la foire St-Germain, et vis-à-vis la rue de Tournon et où jouent leſdits Dominique, Belloni, Deſgranges, Paghetti et leurs autres camarades; où, après le jeu de danſes de corde fini, il a été repréſenté ſur un théâtre orné de luſtres et de décorations différentes, une pièce comique qui a pour titre: *La Dame inviſible, ou l'Amour* (1)......, en un prologue et deux actes et pluſieurs ſcènes que les acteurs et actrices chantent. Et pendant le cours de ladite pièce tous leſdits acteurs et actrices ſe parlent

(1) *La Dame invisible, ou l'Esprit follet*, comédie en cinq actes et en vers, d'Hauteroche, représentée le mardi 22 février 1684 à la Comédie-Française.

et fe répondent quelquefois fur le même fujet de la pièce qu'ils repréfentent, par de courts dialogues et colloques en profe et particulièrement lefdits Dominique, Belloni, Defgranges, Paghetti et quelques autres de leurs camarades, dans une fcène du premier acte où ils fe battent prefque tous l'épée à la main et fe parlent tous les uns aux autres pendant prefque toute ladite fcène entière en profe et par des difcours fuivis fur le fujet de la pièce qu'ils repréfentent et fe parlent encore dans plufieurs autres fcènes defdits deux actes en profe par des petits difcours fuivis. Et a ledit fieur de St-Edme, dans la falle où il repréfente ladite pièce, un orcheftre rempli de plufieurs particuliers qui jouent enfemble de chacun un inftrument de mufique. Dont et de quoi nous avons fait et dreffé le préfent procès-verbal.

Signé : POGET.

(*Archives des Comm.*, n° 2753.)

XI

L'an 1716, le famedi 25ᵉ jour de juillet, fur les quatre heures de relevée, font comparus par-devant nous Louis Poget, etc., les fieurs Georges-Guillaume Lavoy, Charles Botot-Dangeville et Antoine Chantrelle du Bocage, comédiens ordinaires du Roi, tant pour eux que pour les autres comédiens ordinaires du Roi, defquels il nous ont dit avoir charge et pouvoir : Lefquels nous requièrent de nous tranfporter heure préfente dans la loge et falle du fieur de St-Edme, à la foire St-Laurent, et où le doivent jouer et repréfenter des comédies, à l'effet de dreffer procès-verbal des contraventions par lui commifes aux arrêts et règlemens.

Signé : DUBOCAGE ; DANGEVILLE ; LAVOY.

En conféquence, nous commiffaire fufdit, fommes tranfporté ledit jour 25 juillet, fur les cinq heures du foir, en la falle dudit fieur de St-Edme, fituée aux environs de ladite foire St-Laurent, où étant nous avons remarqué qu'il n'a point été repréfenté aucun jeu de danfes de corde ; que dans ladite falle il y avoit un théâtre orné de luftres et de décorations différentes ; qu'après que lefdits luftres ont été allumés et la toile levée, le nommé Dominique, qui faifoit le rôle d'Arlequin, a paru fur le théâtre et a fait un difcours en profe qu'il a adreffé à tous les fpectateurs. Après lequel difcours a été repréfenté fur ledit théâtre le prologue d'une pièce qui a pour titre : *Arlequin chatouilleux fur le point d'honneur,* lequel a été chanté entre lefdits Dominique, Paghetti et Molin ; et, dans l'intervalle de ce prologue, lefdits trois acteurs fe font parlé à plufieurs et différentes fois par des difcours fuivis en profe pour lier leurs difcours avec les chanfons qu'ils chantoient. Et enfuite de ce prologue a été repréfenté, fur ledit théâtre, une pièce qui avoit pour titre : *La Précaution inutile, ou Arlequin gazetier de Hollande* (1), en trois actes, composée de plusieurs scènes que les acteurs et actrices chantoient. Et pendant le cours de ladite pièce, tous lesdits acteurs et actrices et particulièrement lesdits Dominique, Belloni, Paghetti et Desgranges se sont parlé et répondu quelquefois sur le même sujet de la pièce qu'ils représentoient par de courts dialogues et colloques en prose et par des discours suivis qui commençoient et se lioient avec les chansons qu'ils chantoient; après lesquelles pièces jouées ledit Desgranges est venu faire aussi un compliment à tous les spectateurs pour annoncer les pièces qu'ils doivent jouer par la suite. Et avons aussi remarqué que le sieur St-Edme a, dans la salle où il représente ladite pièce, un orchestre rempli de 20 particuliers qui jouoient ensemble chacun d'un instrument de musique.

Dont et de quoi nous avons dressé le présent procès-verbal.

Signé : POGET.

(*Archives des Comm.*, n° 2755.)

XII

L'an 1716, le vendredi 21 août, quatre heures de relevée, sont venus pardevers nous César-Vincent Lefrançois, etc., les sieurs Claude Regnault, agent des affaires de l'Hôtel-Dieu de cette ville de Paris, et Jacques Letessier, directeur et receveur du quart des entrées aux spectacles publics revenant audit Hôtel-Dieu et à l'hôpital général, en conséquence des ordonnances du Roi, l'une pour l'hôpital général du 30 janvier 1713 et l'autre pour ledit Hôtel-Dieu du 5 février de la présente année, publiées et affichées ès lieux accoutumés. Et comme ce qui revient auxdits hôpitaux doit être payé journellement, le sieur de St-Edme, qui tient un jeu à la foire St-Laurent, a observé de payer ce qui revient auxdits hôpitaux jusqu'au 18 du présent mois; depuis lequel tems il a cessé de donner le produit du quart revenant aux pauvres de la recette qu'il fait sur les entrées de ceux qui entrent à son spectacle. Lequel payement doit être fait, suivant les ordonnances, sans aucune diminution ni retranchement, en sorte que ce qui en revient aux pauvres n'est point susceptible d'aucune saisie; cependant ledit sieur de St-Edme retient ce qui revient auxdits hôpitaux sous prétexte d'une prétendue saisie qu'il a en ses mains. Pourquoi ils nous requièrent de présentement nous transporter à la foire St-Laurent tant pour l'établissement des contrôleurs audit jeu dudit de St-Edme que pour prendre sa déclaration du refus qu'il fait de continuer

(1) *Arlequin gazetier de Hollande*, canevas italien en trois actes, fut représenté plus tard à la Comédie-Italienne.

le payement du quart de ſa recette, pour, après ſa déclaration, dire et requérir ce qu'il appartiendra.

Signé : REGNAULT ; LETESSIER.

Suivant lequel réquiſitoire, nous commiſſaire ſuſdit, ſommes à l'inſtant tranſporté avec leſdits ſieurs Regnault et Leteſſier à la foire St-Laurent, dans le paſſage où le jeu dudit ſieur de St-Edme eſt établi. Lui ayant fait ſavoir le ſujet de notre tranſport, il nous a dit qu'il n'a jamais empêché ni n'empêche l'établiſſement des commis. Que, s'il a ceſſé de payer depuis le 18 du préſent mois d'août, c'eſt une ſaiſie qui lui a été faite entre les mains des ſieurs Bruyer et Rouſſeau, ſes caiſſier et receveur, à la requête du ſieur Jean de Laroque, bourgeois de Paris, et conſors, créanciers et directeurs des droits des autres créanciers des ſieur et dame Pellegrin, ledit jour 18 du préſent mois, par exploit de Gabriel Lopinot, huiſſier ordinaire du Roi en ſa Cour de Parlement, par vertu d'un arrêt de la Cour en date du 24 juillet dernier, qui condamne ledit de St-Edme à payer la ſomme de 2,320 livres reſtant dû de celle de 2,760 livres pour 23 jours de repréſentations deſdits jeux à raiſon de 120 livres par chaque jour. Et attendu que c'eſt le privilége du loyer du jeu qu'il occupe, il ne peut ſe déſaiſir des deniers ſaiſis qu'en le faiſant ordonner avec les directeurs des ſieur et dame Pellegrin, propriétaires dudit jeu, et fait proteſtation contre tout ce qui pourroit être fait au préjudice de ſon dire ci-deſſus. Et ledit ſieur de St-Edme requiert renvoi par-devant M. le Lieutenant général de police.

Signé : DE SAINT-EDME.

Par leſdits ſieurs Regnault et Leteſſier a été dit que les ordonnances du Roi ci-deſſus datées accordent aux hôpitaux un 6e et un 9e qui compoſent un total en ſus d'un quart accordé par Sa Majeſté ſur le produit des places de ceux qui entreront auxdits théâtres, ſans aucune diminution ni retranchement ſous prétexte de frais ou autrement : Lequel quart eſt pris ſur les ſpectateurs et non ſur les propriétaires des jeux; ainſi ledit ſieur de St-Edme eſt mal fondé de retenir les deniers des hôpitaux. Pourquoi ſoutiennent que, dès à préſent, il doit payer ce qu'il a reçu pour eux depuis le 18 du préſent mois, et, faute de ce, requièrent renvoi en l'hôtel et par-devant M. le Lieutenant général de police pour être ſtatué tant ſur ce qu'il doit payer actuellement que ſur un reſtant de la foire St-Germain porté par le billet dudit ſieur de St-Edme, de la ſomme de 140 livres payable au commencement de la préſente foire St-Laurent, ledit billet daté du 9 avril 1716.

Signé : REGNAULT ; LETESSIER.

Sur quoi nous commiſſaire, etc., avons renvoyé et renvoyons les parties à demain neuf heures du matin, en l'hôtel et par-devant M. le Lieutenant général de police.

Et le ſamedi 22 août audit an 1716, neuf heures du matin, nous commiſſaire ſuſdit, nous étant tranſporté en l'hôtel de M. le Lieutenant général de police, lui ayant fait rapport de ce que deſſus, après avoir ouï les ſieurs Regnault et Leteſſier pour le droit des hôpitaux et le ſieur St-Edme, M. le Lieutenant général de police a ordonné que, nonobſtant la ſaiſie faite à la requête des créanciers de Pellegrin et toutes autres ſemblables faites ou à faire, le ſieur de St-Edme payera actuellement ce qui eſt dû auxdits Hôtel-Dieu et hôpital général, en exécution des ordonnances de Sa Majeſté des 30 janvier 1713 et 5 février 1716, en forme de lettres-patentes. A quoi faire leſdits Rouſſeau et Bruier ſeront contraints, quoi en faiſant demeureront bien et valablement déchargés et continueront, jour par jour, juſqu'à la fin de la foire St-Laurent, de payer ce qui reviendra auxdits Hôtel-Dieu et hôpital général, en exécution des ordonnances du Roi.

Signé : M. R. DE VOYER D'ARGENSON.

(*Archives des Comm.*, n° 3827.)

XIII

L'an 1716, le ſamedi 2 ſeptembre, environ les quatre heures de relevée, requis que nous avons été, Céſar-Vincent Lefrançois, etc., ſommes tranſporté à la foire St-Laurent, au préau du jeu du ſieur Dominique, et là ſe ſont préſentés à nous le ſieur Louis Gaultier de St-Edme et demoiſelle Marie Duchemin, ſon épouſe : Leſquels nous ont fait plainte et dit, ſavoir, ledit St-Edme qu'il y a environ une heure, ayant été au logis de la dame de Baune lui porter 1,500 livres d'argent comptant et 1,500 livres de billets d'État à compte des engagemens pris avec elle envers l'Opéra, ladite dame de Baune lui a fait pluſieurs difficultés diſant qu'elle n'avoit pas ſes papiers, qu'elle appréhendoit que l'on ne voulût uſer de ſurpriſe, n'ayant pas ſon conſeil; et, après avoir longtems diſputé, ne voulant pas recevoir ladite ſomme de 1,500 livres, ledit ſieur plaignant a été obligé de lui faire faire des offres à deniers découverts deſdites 1,500 livres et des 1,500 livres en billets d'État par Me Lopinot, huiſſier de la Cour. Pendant ce tems-là, au bas de la montée, le ſieur de Baune étoit en conférence ſecrète avec le ſieur Ducheſne, ſe diſant prévôt des bâtimens du Roi, d'un autre Ducheſne, ſyndic de l'Opéra, et du nommé Vaultier, leſquels, voyant que le plaignant ne vouloit donner que 1,500 livres d'argent comptant, ſont montés et ont dit qu'à moins que les plaignans ne donnaſſent trois mille livres d'argent comptant, ils avoient ordre de faire fermer le jeu : ledit Ducheſne, prévôt des bâtimens du Roi, diſant qu'il avoit ordre de Son Alteſſe Royale Monſieur le Régent pour faire fermer et empêcher de jouer au jeu des plaignans. Leſquels ayant, par différentes fois, demandé à voir ledit ordre, il a refuſé de le montrer, eſt allé ſur-le-champ, avec un bâton de commandement à ſa main, ſuivi d'archers ayant la bandoulière ſur le corps, leſquels ſont venus au jeu avec un ſerrurier, ont fait ſortir les perſonnes qui étoient au jeu de bonne heure à cauſe de la repréſentation d'une pièce nouvelle, ont fait rendre l'argent à ceux qui n'en avoient pas donné, fait ceſſer la recette en diſant hautement que l'on ne joueroit pas, renvoyant les perſonnes qui ſe préſentoient pour entrer; ce qui a cauſé un grand tumulte, déſordre et ſcandale, ayant fait mettre des plaques et cadenas aux principales portes : ce qui a obligé les plaignans de requérir notre tranſport avec les officiers de la garde. Où étant, avons vu les portes du jeu fermées et devant la porte de face, un particulier en juſtaucorps bleu galonné d'argent, ayant un bâton de commandement à ſa main, trois archers avec leurs bandoulières ſur le corps aux entrées des bureaux de recette. Le particulier habillé de bleu nous a dit s'appeler Ducheſne, prévôt des bâtimens du Roi, qu'il avoit ordre de Son Alteſſe Royale M. le Régent de faire fermer le jeu et d'empêcher de jouer. Lui ayant demandé à voir l'ordre, il nous a tiré de ſa poche une lettre miſſive ſignée de M. Landiviſiau, laquelle lettre marquoit, entre autres choſes, que Son Alteſſe Royale M. le Régent lui avoit donné l'ordre de faire fermer le jeu deſdits plaignans : ledit Ducheſne chargé de cette lettre miſſive diſant qu'il falloit que les plaignans payaſſent trois mille livres argent comptant ſinon que le jeu reſteroit fermé. Nous avons remontré audit ſieur Ducheſne qu'une lettre miſſive ſignée de M. Landiviſiau n'étoit pas un acte judiciaire pour faire fermer ce jeu. Que M. le Lieutenant général de police donnoit ſeul les permiſſions d'ouvrir et fermer les jeux dans les occaſions à lui connues. Que même ſuivant la date de cette lettre, ſuppoſé que ce fût un ordre à exécuter, il ne pouvoit le mettre à exécution que demain 13 de ce mois, date de ladite lettre. Ledit Ducheſne s'eſt retiré avec ſes archers diſant qu'il en dreſſeroit procès-verbal. De ce que deſſus leſdits plaignans nous requièrent acte.

Signé : M. Duchemin; de Saint-Edme.

(*Archives des Comm.*, n° 3827.)

XIV

L'an 1716, le 25ᵉ jour de ſeptembre, nous Louis Poget, etc., à la requête des comédiens françois, ſommes tranſporté ſur les cinq heures du ſoir en la ſalle du ſieur de St-Edme, ſituée aux environs de la foire St-Laurent; où étant, nous avons remarqué qu'il n'a point été repréſenté aucun jeu de danſes de corde; que dans ladite ſalle il y avoit un théâtre orné de luſtres et de décorations; qu'après que leſdits luſtres ont été allumés et la toile levée, il a été repréſenté ſur ledit théâtre une pièce en trois actes et un prologue qui a pour titre : *Arlequin peintre et la Fille muette* (1); que dans le cours de ladite pièce, tous les acteurs et actrices fe parlent beaucoup plus qu'ils ne chantent, par des difcours fuivis en profe et qui fe lient avec les chanfons qu'ils chantent, ce qui forme des comédies complètes; que dans le prologue les nommés Paghetti et Belloni et un acteur, qui fe dit auteur de la pièce, et Dominique qui fait le rôle d'Arlequin avec les autres actrices, fe parlent en profe pendant plufieurs fcènes entières fans aucune difcontinuation ni interruption; que dans le premier acte ledit Dominique, le nommé Defgranges et un acteur qui fait le rôle d'Octave, fe parlent auffi en profe fans aucune difcontinuation ni interruption pendant plufieurs fcènes entières, et enfin que dans les deux autres actes tous les acteurs et actrices fe parlent auffi très-fouvent par des difcours en profe et liés avec les chanfons qu'ils chantent, et notamment ledit Molin, dans un rôle de payfan qu'il joue, ce qui forme une pièce comique et repréfentée en entier ainfi que les comédiens du Roi en repréfentent fur leur théâtre, ce qui leur fait, par conféquent, un tort très-confidérable, ayant feuls le privilége de la comédie exclufif à tous danfeurs de corde. Et avons auffi remarqué qu'il y a dans ladite falle un orcheftre dans lequel font 20 particuliers qui jouent enfemble chacun d'un inftrument de mufique. Dont et de quoi nous avons dreffé le préfent procès-verbal.

Signé : Poget.

(*Archives des Comm.*, n° 2755.)

XV

L'an 1718, le jeudi 10e jour de février, de relevée, eft comparu en l'hôtel de nous Jofeph Aubert, etc., dame Catherine Vondrebeck, époufe non commune en biens de meffire Pierre Chartier, écuyer, feigneur de Baune, Prefles et autres lieux, confeiller du Roi en fon Châtelet de Paris, demeurant rue des Quatre-Vents, faubourg St-Germain : Laquelle nous a dit que par acte paffé devant de St-Georges et Cadot, notaires au Châtelet de Paris, le 28 novembre 1716, les fieurs fyndic et directeurs des intéreffés au privilége de l'Académie royale de mufique lui ont concédé et promis la faire jouir pendant le tems porté audit acte du privilége des jeux des foires de St-Germain et de St-Laurent en cette ville, mêlés de vaudevilles, chanfons, danfes et fymphonies, tels que lefdits jeux ont été repréfentés efdites foires pendant ladite année, et avoir le nombre d'acteurs, de violons et inftrumens énoncés audit acte, moyennant 35,000 livres par chacune année payables dans les tems portés, pour, par elle, en jouir feule, et ce fur le fondement de l'arrêt qui a défendu de parler aux acteurs repréfentant lefdits fpectacles. Qu'ayant fait

(1) *Arlequin peintre*, canevas italien en trois actes.

des pertes confidérables l'année dernière et à la foire St-Laurent auffi dernière, elle fe trouve encore aujourd'hui, à la préfente foire St-Germain, au hafard de perdre confidérablement par le peu de monde qui viennent à fondit jeu et parce que les fieur et dame de St-Edme qui, fous le nom du fieur Alard, repréfentent dans une loge du préau de la foire St-Germain, un fpectacle dans lequel elle a eu avis qu'il y avoit plus d'inftrumens qu'il n'eft permis par ledit arrêt, repréfentent des fcènes avec des écriteaux et décorations. Et comme elle a intérêt de conftater la repréfentation dudit fpectacle et fe pourvoir ainfi qu'elle avifera bon être, afin d'être déchargée du prix dudit privilége, même aux dépens, dommages et intérêts, elle nous requiert de vouloir nous tranfporter, fur les fix heures du foir, audit jeu defdits fieur et dame de St-Edme, fous le nom dudit Alard, à l'effet de dreffer procès-verbal de tout ce qui nous y apparoîtra, pour le tout lui fervir et valoir aux fins qu'elle a ci-deffus prifes.

Signé : CATHERINE VONDREBECK.

Sur quoi nous commiffaire, fommes, fur les fix heures du foir, tranfporté dans la loge defdits fieur et dame de St-Edme, fous le nom dudit Alard, préau de la foire St-Germain, où étant il nous eft apparu et avons remarqué que dans l'orcheftre il y avoit trois joueurs de violons, un de baffe de viole et un de hautbois, lefquels jouoient différens airs pendant la danfe de corde, laquelle étant finie, une toile qui fermoit le théâtre a été levée; que ledit théâtre étoit orné de décorations et au fond repréfentoit un château; qu'après que plufieurs fauteurs et autres acteurs ont eu fait leur exercice, un arlequin et une actrice, qui avoient danfé fur la corde, ont comparu fur le théâtre; que deux petits garçons, foutenus en l'air, defcendoient du plafond du théâtre des écriteaux fur lefquels étoient écrits différens couplets de chanfons lefquels étoient chantés par les fpectateurs fur l'air que lefdits violons jouoient, lefquels accompagnoient les voix defdits fpectateurs. Que dans les fcènes qui ont été jouées formant une efpèce de premier acte, l'arlequin et un fcaramouche ont fait plufieurs lazzis au fujet d'un repas que l'on repréfentoit; qu'il a été apporté fur le bord du théâtre un grand feau au-deffous duquel étoit une trappe par laquelle on a fait paroître dans ledit feau une poule et une bête fauvage : et dans cette même repréfentation de feftin, plufieurs hommes couverts de peaux de différens animaux ont paru et fait différentes poftures et fcènes. Que dans les fcènes qui formoient une efpèce de fecond acte, après une danfe de fcaramouche, deux acteurs dont un habillé en docteur et l'autre en pierrot ont paru, et pour faire entendre ce qu'ils vouloient repréfenter, de pareils écriteaux ont encore été defcendus du plafond dudit théâtre foutenus par lefdits deux petits garçons. Qu'enfuite celui qui faifoit le perfonnage de pierrot, ayant une guitare, a chanté feul quatre ou cinq couplets de chanfons italiennes et françoifes, en jouant et en s'accompagnant de fadite guitare. Que le refte de cette repréfentation s'eft continué avec lefdits écriteaux jufqu'à la fin. Dont et de tout ce que deffus nous avons fait et dreffé le préfent procès-verbal.

Signé : AUBERT.

(*Archives des Comm.*, n° 3367.)

XVI

L'an 1718, le mardi 8 mars, 5 heures du foir, nous Nicolas-François Ményer, etc., fur le réquifitoire de dame Catherine Vondrebecq, femme non commune en biens de meffire Pierre Chartier, confeiller au Châtelet, contenant qu'au préjudice du privilége qu'elle tient des intéreffés en l'Académie royale de mufique d'avoir à l'exclufion de tous autres et de tenir des opéras comiques pendant le cours des foires, le fieur de St-Edme, qui tient une troupe de danfeurs de corde dans le préau de la foire St-Germain-des-Prés en un jeu proche la porte de la Treille, fait plufieurs entreprifes fur ledit privilége et que, pour conftater ce qui peut y être en contravention, elle a intérêt qu'il foit fait par nous un procès-verbal de ce qui fera repréfenté, nous fommes tranfporté dans ladite loge, où étant nous avons trouvé que le jeu commence par plufieurs danfes fur la corde où plufieurs hommes et femmes et enfans danfent les uns après les autres, parmi lefquels eft une Italienne qui, en danfant fur la corde, fait différens exercices avec deux drapeaux qu'elle tient en fes mains. Enfuite fe tire une toile et paroît un théâtre qui repréfente un défert et dans l'enfoncement des montagnes au haut defquelles on voit le foleil. Paroît dans l'inftant un Arlequin qui, par des geftes et des figures pantomimes, exprime fon défefpoir caufé par fa pauvreté et les rigueurs d'une femme qu'il aime, et veut s'étrangler. Un folitaire, qui fe trouve dans ce défert, l'en diffuade et l'engage à confulter une enchantereffe nommée Urgande qui fait fa réfidence dans ces lieux. Du fond d'une caverne fort Urgande accompagnée de deux filles, laquelle, voyant Arlequin, invoque les efprits malins, et d'une caverne et des montagnes fortent plufieurs fauteurs vêtus en démons qui font plufieurs fauts. Urgande, après les avoir confultés, fait connoître à Arlequin fon origine, qu'il eft fils du foleil et d'une actrice de l'Opéra de Venife et que fa mère l'a expofé. Enfuite la lueur du foleil difparoît du haut des montagnes en tirant des toiles et le foleil defcend de fon char à quelque diftance de la hauteur du théâtre, non par un contre-poids ni aucune machine, mais roule fur une efpèce d'efcalier en glacis, et reconnoît Arlequin pour fon fils et lui fait préfent d'une lyre qui doit avoir le même effet que celle d'Orphée. Laquelle lyre eft une boîte dans laquelle il y a une efpèce de reffort qui rend quelques fons en tournant la poignée, laquelle boîte n'eft autre chofe qu'un jouet que l'on donne aux petits enfans, et Arlequin pour lors eft appelé Orphée le cadet. Enfuite defcend du haut des montagnes un fauteur vêtu en finge qui fait différens fauts, et Arlequin, en jouant de fa lyre, l'attire à lui. Defcendent enfuite du haut des montagnes fur un efcalier en glacis des chaffeurs qui pourſuivent une bête fauve qui eſt repréſentée par un ſauteur qui, en s'enfuyant, fait différens ſauts. Arlequin l'adoucit en ſonnant de ſa lyre. Paroiſſent enſuite trois archers qui veulent arrêter Arlequin, lequel, en jouant de ſa lyre, les charme et lui donne lieu de ſe ſauver, ce qui compoſe le premier acte qui eſt joué tant par les acteurs que par les ſpectateurs par des écriteaux deſcendant d'en haut ſur leſquels ſont écrits des vaudevilles qui compoſent la pièce : les acteurs font les geſtes et par différentes figures pantomimes expriment ce qui eſt dans les écriteaux, et les ſpectateurs chantent et dans quelques endroits les acteurs, pour lier les couplets, diſent quelques paroles, et quand les écriteaux deſcendent, quatre violons, une baſſe, un hautbois ſonnent l'air du vaudeville marqué dans les écriteaux et que le public chante en vaudeville. Que, dans le ſecond acte, deſcend une toile qui change le théâtre, et au lieu du déſert et des montagnes paroît un grand portique par les portes duquel on voit une plaine. Paroît un docteur qui marque à ſa fille qu'il la veut marier, laquelle lui fait entendre qu'elle eſt engagée de parole avec Pierrot; qu'Arlequin-Orphée ſur le théâtre recherche Colombine en mariage, laquelle le refuſe et lui marque beaucoup de mépris; mais Arlequin, en jouant de ſa lyre, l'engage à oublier Pierrot pour l'épouſer; que Pierrot paroît enſuite et Colombine lui marque qu'elle ne ſonge plus à lui, ce qui met Pierrot au déſeſpoir et l'engage à s'aller noyer, mais menace avant Colombine de lui apparoître après ſa mort et la tourmenter partout; qu'enſuite le mariage d'Arlequin et Colombine ſe fait ; enſuite ſe fait le feſtin de la noce où, pour divertir ceux qui ſont à table, trois ſauteurs dont deux vêtus en femme et un habillé à la turque jouent l'un de la guitare, un autre du violon et le troiſième de la harpe, jouent deux airs différens, et celui qui joue de la guitare chante deux ou trois couplets de chanſons ; que pendant le repas ſort du théâtre par une trappe un ſauteur habillé en Pierrot que Colombine prend pour l'ombre de Pierrot, dont elle eſt ſi effrayée qu'elle en meurt de peur ; que le père de Colombine engage Arlequin à faire ce que fit autrefois Orphée après la mort de ſa femme Eurydice et d'aller comme lui dans les enfers pour l'en retirer ; qu'il ſe lève une trappe du milieu du théâtre d'où ſortent des flammes par le moyen de quelques morceaux de poiraſine que l'on jette dans une poële qui eſt ſous le théâtre ; qu'Arlequin ſe jette dans cette trappe, ce qui finit le ſecond acte qui eſt joué comme le premier par des écriteaux où ſont des vaudevilles accompagnés de violons ; que les acteurs font des figures pantomimes et les auditeurs chantent les vaudevilles, et pour les lier, les acteurs parlent entre la plupart des vaudevilles. Qu'au troiſième acte le théâtre repréſente une forêt ; que Pierrot, avec un caducée à la main, repréſente Mercure et rencontre Arlequin qui vient d'arriver dans les enfers ; qu'il paroît des ombres qui ſont les âmes des femmes nouvellement deſcendues aux enfers, leſquelles pour repréſenter les ombres ſont couvertes d'un voile et marquent à Arlequin et à Mercure la cauſe de leur mort. Enſuite s'élève une toile et l'on voit ſur le rivage du Styx quantité d'ombres qui arrivent à Caron dans ſa barque qui les paſſe. Leſquelles ombres ſont repréſentées par des ſauteurs. Enſuite paroît Pluton et Proſerpine devant leſquels Arlequin joue de ſa lyre et les charme, ce qui les engage à promettre à Arlequin de lui rendre ſa femme pour la ramener, à la même condition qu'ils avoient accordée autrefois à Orphée le retour d'Eurydice, qui eſt qu'il ne retourneroit point la tête pour voir Colombine dont l'ombre eſt derrière lui qu'il ne fût ſorti des enfers : ce qu'Arlequin promet. Mais, ayant manqué à ſa parole et ayant regardé derrière lui, Pluton et Proſerpine le renvoient ſans ſa femme. Lequel dernier acte eſt repréſenté comme les deux autres par des figures pantomimes, par des écriteaux remplis de vaudevilles chantés par les auditeurs et où, pour les lier, les acteurs parlent entre la plupart des vaudevilles. Enſuite, pour divertir Pluton et Proſerpine, les ſauteurs qui repréſentent des ombres ſont différentes poſtures montés ſur les épaules d'autres ſauteurs, ſont des portiques, enſuite un groupe d'où ſort une fontaine, enſuite un chêne. Après quoi un ſauteur, vêtu en Scaramouche, ſait différens tours d'équilibre par où finit la pièce (1). Dont et de quoi nous avons dreſſé le préſent procès-verbal.

Signé : CATHERINE VONDREBECQ; MÉNYER.

(*Archives des Comm.*, n° 832.)

XVII

L'an 1718, le 17e jour de mars, nous Joſeph Aubert, etc., ſur le réquiſitoire de dame Catherine Vondrebecq, épouſe non commune en biens de meſſire Pierre Chartier, conſeiller au Châtelet, nous ſommes, ſur les ſix heures du ſoir, tranſporté dans la loge des ſieur et dame St-Edme, ſous le nom dudit Alard, préau de la foire St-Germain, où étant il nous eſt apparu et avons remarqué que dans l'orcheſtre il y avoit trois joueurs de violons, un de baſſe de violon et un de hautbois, leſquels jouoient différens airs pendant la danſe de corde; laquelle étant finie, la toile qui ferme le théâtre a été levée. Le théâtre étoit orné de décorations. Le fond repréſentoit une montagne de rochers et un ſoleil ardent. Un Arlequin a paru avec une corde à la main et à haute voix, en parlant, a fait des lazzis comme pour s'étrangler, diſant entre autres choſes que cette corde étoit une ſalade de Gaſcon. Quelques écriteaux ſur leſquels étoient des couplets de chanſons ont paru. Enſuite un ſolitaire philoſophe a ſorti de ces rochers, a empêché Arlequin de s'étrangler et à haute voix lui a demandé la raiſon de ſon prétendu déſeſpoir. Il lui a auſſi répondu à haute voix que ſon déſeſpoir étoit la perte de Colombine et par de pareils écriteaux, ſoutenus par deux petits garçons, que l'on deſcend du plafond du théâtre, s'eſt expliqué plus au long. Ce ſolitaire et Arlequin parlent enſemble à haute voix ſur ce ſujet. Une fée paroît ſortir de ces rochers et par de mêmes écriteaux dont les couplets de chanſons ſont chantés

(1) Cette pièce est intitulée *Arlequin-Orphée le cadet;* elle est de Lesage, et a trois actes.

par les ſpectateurs ſur l'air que les violons jouent, fait entendre ſon arrivée. Des ſauteurs ſortent de ces mêmes rochers et après avoir fait leurs exercices ſe retirent par l'ordre de la fée, laquelle dit à Arlequin de s'approcher et à haute voix lui explique ſon origine qu'elle dit venir du dieu du ſoleil qui étoit devenu amoureux d'une petite actrice de l'Opéra, ce qui donne lieu à Arlequin de parler à haute voix au ſolitaire. Pendant lequel tems le ſoleil ardent s'élève imperceptiblement et ſe cache. Le dieu du ſoleil ſur un char deſcend du haut des rochers par un chemin fait entre les rochers et par de pareils écriteaux fait entendre à Arlequin ſa venue, lui donne un amuſement d'enfant qu'il nomme lyre. Arlequin parle avec le ſolitaire très-peu de tems. Un homme déguiſé en ſinge deſcend auſſi de ces rochers et ſur le théâtre fait pluſieurs figures et ſauts de ſinge. Des amazones qui pourſuivent à la chaſſe un tigre deſcendent pareillement de ces rochers. Le tigre, le ſinge et Arlequin font pluſieurs poſtures et lazzis ; c'eſt ce qui forme un premier acte.

Enſuite de quoi un docteur paroît et dit à haute voix à Colin qu'il veut marier ſa fille ; Colin lui répond qu'il le ſouhaite. Des écriteaux paroiſſent qui expliquent l'entretien muet qu'ils ont. Colombine arrive qui a un entretien à haute voix avec le docteur et s'expliquent plus au long par des écriteaux. Cette Colombine parle à haute voix à Arlequin aſſez longtems au ſujet de ſa prétendue lyre qu'il dit que le dieu du ſoleil lui a donnée pour enchanter tout le monde. Arlequin fait pluſieurs lazzis avec des archers qui viennent pour l'arrêter. Un Pierrot paroît ſeul ſur le théâtre et à haute voix parle de Colombine qui ſurvient. Ils ont un entretien enſemble, auſſi à haute voix, aſſez long mêlé d'écriteaux, ce qui forme un ſecond acte.

Après l'entr'acte Arlequin, le docteur et Colombine paroiſſent, et après deux paroles qu'ils diſent, on apporte une table avec des couverts ; ils ſe mettent à table. Durant ce prétendu repas, Pierrot déguiſé chante à haute voix pluſieurs couplets de chanſons italiennes et françoiſes qu'un joueur de violon, déguiſé en femme, et un joueur de harpe accompagnent. Colombine, à la vue de l'ombre de Pierrot qui ſort par une trappe faite ſur le bord du théâtre, ſe trouve mal et diſparoît. Enſuite le docteur dit à Arlequin et le perſuade de deſcendre aux enfers comme Orphée. A l'inſtant une trappe s'ouvre au milieu du théâtre d'où il ſort une flamme après que Arlequin y eſt deſcendu. Le théâtre change et repréſente le paſſage de la barque à Caron. Arlequin, Pierrot en Mercure paroiſſent. Ils ont un entretien enſemble à haute voix ſur trois ombres qui viennent voilées ſur le théâtre. Arlequin à haute voix leur demande ſéparément le ſujet de leur trépas. A quoi ils répondent auſſi à haute voix ; enſuite de quoi des ſauteurs font leurs exercices dans une fête que Pluton et Proſerpine ordonnent, ce qui met fin au ſpectacle (1).

Dont et de tout ce que deſſus avons fait et dreſſé le préſent procès-verbal.

Signé : AUBERT.

(*Archives des Comm.*, n° 3367.)

(1) C'est la pièce intitulée *Arlequin-Orphée le cadet*, en trois actes et par écriteaux, par Lesage.

XVIII

L'an 1718, le 18e jour de mars, nous Louis Poget, etc., ſur le réquiſitoire des comédiens du Roi, nous nous ſommes tranſporté ledit jour 18 mars ſur les cinq heures du ſoir dans la loge du nommé St-Edme, ſituée dans le préau de la foire St-Germain, et, en y allant, avons remarqué tant au coin de pluſieurs rues qu'à la principale porte de ladite loge pluſieurs affiches portant que la troupe du ſieur Alard doit repréſenter *Arlequin-Orphée le cadet*. Et étant entré dans ladite loge nous avons remarqué qu'après le jeu de danſes de corde fini, il a été repréſenté ſur un théâtre orné de luſtres et de décorations différentes, une pièce comique en trois actes qui a pour titre *Arlequin-Orphée le cadet*, laquelle pièce comique eſt repréſentée par de grands écriteaux moulés et imprimés ſur de grande toile que l'on fait deſcendre dans le milieu du théâtre et ſur laquelle ſont des chanſons qui forment des dialogues ſur le ſujet de la pièce qui eſt repréſentée et qui ſont chantées à haute et intelligible voix par quelques particuliers qui ſont dans l'orcheſtre et quelquefois même et très-ſouvent accompagnées par l'acteur ou l'actrice qui devroit parler et au nom duquel ledit écriteau eſt répréſenté, les noms des acteurs et actrices étant moulés et imprimés ſur leſdits écriteaux. Et ſont auſſi dans ledit orcheſtre ſix particuliers ou environ qui jouent enſemble de chacun un inſtrument de muſique pour donner l'air auxdites chanſons qui ſont chantées. Et nous avons remarqué que pendant tout le cours de ladite pièce le nommé Delaplace, qui fait le rôle d'Arlequin, le nommé Belloni qui fait celui de Pierrot, celui qui fait le rôle de docteur, celui qui fait le rôle de Colin, celle qui fait celui de Colombine et enfin tous les autres acteurs et actrices ſe parlent et ſe répondent en proſe ſur le ſujet de la pièce qu'ils repréſentent ſans aucune interruption que par les couplets des chanſons qui ſont chantées, et que ce qui eſt porté dans leſdites chanſons donne lieu auxdits dialogues et à des colloques fort longs en proſe entre tous les acteurs et actrices qui paroiſſent pour lors ſur le théâtre ; ce qui forme une pièce comique repréſentée en entier ainſi que les comédiens ordinaires du Roi en repréſentent ſur leur théâtre. Et avons auſſi remarqué qu'il y a eu pluſieurs décorations différentes pendant le cours deſdits trois actes de la pièce, ce qui a duré juſqu'à huit heures et demie du ſoir. Dont et de quoi nous avons fait et dreſſé procès-verbal.

Signé : POGET.

(*Archives des Comm.*, n° 2758.)

XIX

L'an 1718, le 30e jour de mars, nous Joſeph Aubert, etc., ſur le réquiſitoire de dame Catherine Vondrebecq, épouſe non commune en biens de meſſire Pierre Chartier, conſeiller au Châtelet, nous ſommes, ſur les ſix heures du ſoir, tranſporté dans la loge des ſieur et dame St-Edme, ſous le nom du ſieur Alard, préau de la foire St-Germain, où étant il nous eſt apparu et avons remarqué que dans l'orcheſtre il y avoit trois joueurs de violon, un de baſſe de violon, un de hautbois et un de baſſon, leſquels jouoient différens airs pendant la danſe de corde ; laquelle étant finie, une toile qui ferme le théâtre a été levée. Que ledit théâtre étoit orné de décorations et au fond repréſentoit une maiſon de campagne. Que trois actrices, une ſous le nom d'Iſabelle, la ſeconde ſous celui de Marinette et la troiſième une petite fille ont paru et ont parlé hautement l'une après l'autre de ce que leur père les obligeoit de demeurer à la maiſon de campagne. Des écriteaux ſur leſquels étoient des couplets de chanſons ont paru. Ils étoient ſoutenus par des petits garçons qui pareillement ſoutenus en l'air les deſcendoient du plafond du théâtre et expliquoient plus au long le ſujet de leur entretien. Marinette a reſté ſeule ſur ledit théâtre et Scaramouche en pédagogue eſt ſurvenu. Leur converſation a été en partie à haute voix et en pareils écriteaux. Pierrot, Iſabelle ont paru et leur entretien a été auſſi à haute voix mêlé d'écriteaux. Ladite petite fille et Gilles ſont venus et ont dit à haute voix que des ſauteurs et comédiens de foire étoient arrivés à leur maiſon de campagne. Auſſitôt Arlequin en poſtillon paroît et dit qu'il vient pour jouer la comédie, mais que l'Opéra-Comique veut les empêcher de parler et de chanter et qu'auſſitôt que les acteurs parlent ou chantent l'on dreſſe contre eux des procès-verbaux. Cela forme une eſpèce de prologue et de premier acte.

Enſuite des ſauteurs ont fait leurs exercices. Enſuite de quoi le théâtre a été changé et repréſente une montagne de rochers. Sur cette montagne il apparut pluſieurs eſpèces d'animaux ſauvages qui vont et viennent et entre autres un dragon avec des ailes. Marinette avec un acteur paroiſſent et parlent enſemble à haute voix. Marinette apercevant tous les animaux a peur et eſt raſſurée par cet acteur qui lui dit d'approcher de la grotte de Merlin. En s'approchant, tous ces animaux ſe retirent et le dragon s'enlève en l'air. Arlequin et Merlin paroiſſent. Merlin explique par des écriteaux ce qu'il veut dire. Arlequin lui répond par des mots qu'il prononce hautement. Arlequin ſeul parle à haute voix et veut contrefaire Merlin, ſon maître, ce qui forme une ſcène de lazzis. Suivant la demande d'Arlequin à ceux qui ſont ſoumis aux volontés et à l'obéiſſance de Merlin, il ſe trouve dans l'appartement de la ſultane du grand Sophi de Perſe qui eſt auſſitôt formé par une décoration qui deſcend du haut du théâtre. La ſultane dans ſon appartement eſt ſurpriſe d'y voir Arlequin ; elle le fait cacher ſous le lit à la venue du roi. Arlequin ſous le lit fait pluſieurs lazzis. Le roi a un entretien à haute voix avec la ſultane mêlé d'écriteaux. Le roi ayant trouvé Arlequin ſous le lit veut le faire mourir et le met entre les mains des bourreaux. Pierrot, déguiſé en bourreau, dit à Arlequin à haute voix qu'il eſt venu pour le faire mourir ; il chante une chanſon italienne et joue de la guitare. Arlequin près de mourir a recours au livre de magie de Merlin, et en frappant deſſus, les bourreaux diſparoiſſent. Le théâtre change et repréſente la montagne de rochers et la grotte de Merlin où les mêmes animaux ſauvages paroiſſent. Cet acte forme et conclut la pièce d'*Arlequin valet de Merlin* (1). Un particulier fait enſuite l'exercice de l'équilibre.

Dont et de tout ce que deſſus nous avons fait et dreſſé le préſent procès-verbal.

Signé : AUBERT.

(*Archives des Comm.*, n° 3367.)

XX

L'an 1718, le dimanche 24e jour de juillet, quatre heures de relevée, eſt comparu en l'hôtel de nous Joſeph Aubert, etc., Maurice Honoré, directeur et receveur du 6e et du 9e en ſus accordé aux pauvres de l'Hôtel-Dieu et de l'hôpital général de cette ville dans tous les ſpectacles publics qu'il pourra y avoir pendant le cours de l'année et notamment pendant la tenue de la foire St-Laurent et St-Germain : Lequel nous a dit qu'en exécution des ordonnances du Roi des 30 janvier 1713 et 5 février 1716, il s'eſt préſenté avec ſes commis aux portes et bureaux du jeu des ſieur et dame de St-Edme ſis au petit préau de ladite foire, à l'effet de contrôler les receveurs par eux prépoſés auxdites portes pour ſûreté de la perception deſdits droits en faveur deſdits hôpitaux, ainſi qu'il s'eſt toujours pratiqué depuis leſdites ordonnances, leſdits ſieur et dame de St-Edme ont refuſé l'établiſſement deſdits commis et s'y ſont oppoſés formellement, quoique M. de Machault, lieutenant général de police, le jour d'hier, en faiſant l'ouverture de ladite foire, leur en eût ordonné de ſouffrir l'établiſſement deſdits commis, ſinon et à faute de ce, qu'il feroit fermer leur jeu. Pourquoi ledit comparant nous requiert pour l'exécution deſdites ordonnances de nous tranſporter à ladite foire, à l'effet d'établir leſdits commis. Et a élu ſon domicile en ſon bureau, faubourg St-Lazare.

Signé : HONORÉ.

Sur quoi nous commiſſaire ſommes tranſporté avec ledit Honoré audit petit préau de la foire St-Laurent, où le nommé St-Edme et ſa femme tiennent

(1) *Arlequin valet de Merlin*, pièce en un acte et par écriteaux, de Lesage, précédée d'un prologue intitulé : *les Filles ennuyées.*

leur jeu. Et étant entré dans ledit jeu nous avons fait entendre le ſujet de notre tranſport auxdits ſieur St-Edme et ſa femme, comme auſſi qu'ils ne pouvoient ignorer des ordres que M. le Lieutenant général de police nous a donnés le jour d'hier et qu'ils devoient obéir auxdites ordonnances et à ceux de M. le Lieutenant général de police, ſinon que nous ſerions obligé de faire fermer leur jeu. A quoi leſdits ſieur St-Edme et ſa femme nous ont répondu qu'ils ne vouloient pas ſouffrir l'établiſſement deſdits commis parce qu'ils devoient avoir des ordres contraires de M. de La Vrillière. A quoi nous leur avons répondu qu'ils devoient obéir aux ordonnances du Roi en conformité de ce que la permiſſion de jouer leur a été accordée par M. le Lieutenant général de police ſur les concluſions de M. le Procureur général, juſqu'à ce qu'ils nous euſſent exhibé de nouveaux ordres, et ſouffrir l'établiſſement deſdits commis, ſans quoi nous ſerions obligé de faire fermer leur jeu ſuivant les ordres que nous avons reçus de mondit ſieur le Lieutenant général de police. A quoi encore leſdits ſieur et ſa femme nous ont dit qu'ils ne vouloient ſouffrir leſdits commis et nous défient de faire fermer leur jeu. A laquelle réponſe nous nous ſommes retirés et avons requis les ſieurs Figuier et Dumantel, ſergens de garde à ladite foire, de poſer des ſentinelles aux portes dudit jeu juſqu'à ce qu'il en ait été autrement ordonné par mondit ſieur le Lieutenant général de police.

Signé : HONORÉ ; AUBERT.

Et le jeudi 25ᵉ jour deſdits mois et an, huit heures du matin, nous commiſſaire ſuſdit ſommes tranſporté par-devant mondit ſieur le Lieutenant général de police auquel nous avons fait rapport du contenu au préſent procès-verbal. M. le Lieutenant général de police a ordonné et ordonne que les ordonnances du Roi des 30 janvier 1713 et 5 février 1716 au ſujet de la perception d'un quart en ſus de ce qui ſe reçoit pour les entrées aux ſpectacles des foires St-Laurent et St-Germain, en faveur et au profit des pauvres de l'Hôtel-Dieu et de l'hôpital général de cette ville de Paris, ſeront exécutées, et en conſéquence confirme ce que nous commiſſaire avons fait en ce que nous avons fait fermer ledit jeu deſdits St-Edme et ſa femme, ainſi qu'il nous l'avoit ordonné, faute par eux d'avoir ſouffert l'établiſſement des commis dudit ſieur Honoré, ainſi qu'il s'eſt ci-devant pratiqué tant aux ſpectacles de la dame de Baune qu'autres. En outre ordonne que leſdits ſieur St-Edme et ſa femme ſeront tenus de ſouffrir l'établiſſement deſdits commis pour, par chaque jour et à la fin de chaque jeu, leur remettre ou audit Honoré ce qui revient au profit deſdits pauvres ; ſinon et à faute de ce faire par leſdits ſieur et dame St-Edme que leur dit jeu ſera et demeurera fermé.

Enjoint au commiſſaire Aubert de tenir la main à l'exécution de ladite ordonnance, laquelle ſera exécutée nonobſtant oppoſition ou appellation quelconque.

Signé : DE MACHAULT.

(*Archives des Comm.*, nº 3367.)

XXI

L'intention de S. A. Royale eſt qu'il en ſoit uſé à l'égard de la dame de St-Edme, ceſſionnaire du privilége de l'Opéra, au ſujet des pauvres, de la même manière que l'on en uſe à l'égard de l'Opéra même, c'eſt-à-dire que le quart ne ſera pris qu'après que les frais auront été prélevés, et qu'en attendant que leſdits frais ſoient réglés par M. de Machault, lieutenant général de police, conformément à l'ordonnance du Roi du 9 de ce mois, ladite dame de St-Edme puiſſe faire donner au public les ſpectacles que l'Opéra lui permet, en remettant un état de tout ce qu'elle aura reçu, ainſi qu'il ſe pratique à l'Opéra, pour être fait droit ainſi qu'il appartiendra.

A Paris, ce 25e jour de juillet 1718.

Signé : LAVRILLIÈRE.

(*Archives des Comm.*, n° 1641.)

XXII

L'an 1718, le jeudi 29e jour de ſeptembre, cinq heures et demie de relevée, nous Joſeph Aubert, etc., étant dans la foire St-Laurent, les ſieurs Jean-François Figuier et Louis-Charles Dumantel, ſergens prépoſés pour la garde d'icelle, feroient venus à nous et nous auroient dit, ſavoir ledit ſieur Dumantel, qu'étant dans le préau où les ſieur et dame St-Edme tiennent et repréſentent le jeu d'Opéra-Comique, pendant que ledit ſieur Figuier faiſoit ſa ronde dans ladite foire, il s'eſt aperçu qu'à la porte dudit jeu pour monter au théâtre il y avoit du bruit et que l'on parloit fort haut. Il s'eſt approché et a vu trois meſſieurs, l'un vêtu de noir, ſans épée, le deuxième vêtu de gris blanc, portant une épée, et le troiſième vêtu de brun avec des agrémens d'argent, auſſi portant épée, qui faiſoient du bruit avec leſdits ſieur et dame St-Edme et que ledit ſieur St-Edme diſoit : « Je voudrois bien ſavoir qui ſont ces meſſieurs ! » Le particulier vêtu de noir et celui vêtu de brun lui ont répondu : « Nous vous le ferons connoître ! » Qu'ayant été dit quelques paroles inſultantes, ne ſachant pas qui les avoit dites, il s'eſt aperçu que ledit ſieur particulier vêtu de brun avoit mis l'épée à la main et vouloit en pouſſer un coup audit ſieur St-Edme, ce qui a fait qu'il s'eſt mis au-devant pour éviter quelque accident. Qu'à l'inſtant leſdits trois ſieurs particuliers ſe ſont dits être meſſieurs de Berci, Berci de Charenton, lieutenant de vaiſſeau, et le marquis de Maulevrier, et ſe ſont plaints à lui que, redemandant leurs billets pour ſortir du jeu, n'ayant pu trouver de places, un particulier commis, au lieu de leur rendre leurs billets, leur auroit dit des injures et dit d'attendre. Que, voulant le réprimer de paroles, une femme qu'ils ont appris ſe nommer St-Edme et être maîtreſſe dudit jeu, a pris le parti dudit commis en leur diſant : « Qui ſont donc ces meſſieurs ? Ne diroit-on pas que c'eſt quelque choſe de grand ! » Et qu'ils faiſoient bien les inſolens. A quoi ledit ſieur Berci de Charenton lui a demandé qu'eſt-ce qu'elle vouloit et qu'ils ne parloient pas à elle. Ladite St-Edme ayant encore répété le mot d'inſolent, ledit ſieur de Charenton l'avoit à la vérité appelé b........ et qu'elle s'allât promener; mais que ladite St-Edme, au lieu de ſe contenir, auroit eu l'inſolence de donner audit ſieur Berci de Charenton un ſoufflet dont il a ſaigné des dents, ce qui l'a mis fort en colère et que ſans ledit ſieur de Berci, ſon frère, il auroit voulu en avoir vengeance. Que ledit ſieur de Berci ayant demandé ledit ſieur Figuier, lui ſieur Dumantel ſeroit ſurvenu. Et ledit ſieur Figuier, qu'étant arrivé dans le préau après ce bruit, le ſieur de Berci eſt venu à lui et lui a demandé à qui il falloit s'adreſſer pour avoir juſtice de l'inſulte que la femme dudit St-Edme venoit de lui faire et à ſon frère, auquel la femme dudit St-Edme avoit eu l'inſolence de donner un ſoufflet. Et lui ayant répondu qu'il falloit s'adreſſer à nous commiſſaire pour s'en faire rendre juſtice par M. de Machault, lieutenant général de police, leſdits ſieurs de Berci frères et Maulevrier auroient été au jeu du ſieur Alard. Que lui ſieur Figuier et Dumantel s'étant enquis à différens particuliers qui s'étoient trouvés à ce bruit, comment ce bruit s'étoit paſſé et à quelle occaſion il étoit arrivé, ils ont appris deſdits particuliers que meſdits ſieurs de Berci et de Maulevrier, n'ayant pu ſe placer ſur le théâtre ni dans les loges dudit jeu du ſieur St-Edme, ſont deſcendus à la porte où ledit ſieur de Berci de Charenton a redemandé des billets pour ſortir et aller retirer ſon argent. Que au lieu par un des portiers qui délivre leſdits billets de lui rendre de bons billets, il lui en auroit donné d'autres et que ces meſſieurs ayant été au bureau pour retirer leur argent, la femme qui eſt dans le bureau leur a dit qu'il falloit d'autres billets pour qu'elle pût rendre l'argent. Que ledit ſieur de Berci de Charenton ayant retourné à la porte, il a redemandé d'autres billets à un des portiers lequel, au lieu de lui rendre d'autres billets, lui a répondu inſolemment en lui diſant qu'il ſe donnât patience ; ce qui a fait que ledit ſieur de Charenton s'eſt emporté contre lui. Ladite St-Edme a pris le parti de ſon portier et avec arrogance a dit : « On voit bien que ces meſſieurs-là ne ſont pas des gens de qualité, car ils ſont bien inſolens. » Auxquelles paroles ledit ſieur de Charenton a dit à la dame St-Edme qu'elle étoit une b........ : dans lequel inſtant ladite St-Edme a donné un ſoufflet audit ſieur de Berci de Charenton dont il ſaignoit des dents. Ledit ſieur de Berci de Charenton étant demeuré interdit de cette inſulte et ayant cependant dit quelques paroles injurieuſes à ladite femme St-Edme, ledit ſieur St-Edme, ſon mari, qui eſt ſurvenu, s'eſt emporté contre ledit ſieur de Charenton en diſant : « Je voudrois bien connoître ces petits meſſieurs-là. » Auxquelles paroles ledit ſieur de Charenton ayant voulu mettre l'épée à la main, il en a été empêché par ſon frère pour éviter de plus grands accidens. Que ledit ſieur de St-Edme ayant continué de parler mal, ledit ſieur de Maulevrier a mis l'épée à la main et a été empêché d'en porter aucun coup audit St-Edme.

Signé : FIGUIER ; DUMANTEL ; AUBERT.

(*Archives des Comm.*, n° 3367.)

XXIII

7 octobre 1718.

A M. de Machault, lieutenant général de police.

Monſieur, vous avez ſu l'intention de S. A. R. au ſujet de la St-Edme par une lettre de M. de Maurepas et que devant faire hier repréſenter au Palais-Royal, l'ordre de la mettre en priſon ne devoit être exécuté qu'aujourd'hui et pour 24 heures ſeulement. Je vous l'aurois adreſſé en ſon abſence ſi M. le duc d'Orléans ne m'avoit ordonné ce matin de vous faire ſavoir que Madame lui ayant demandé ſa grâce, il ne vouloit plus qu'elle fût miſe effectivement en priſon, mais qu'étant à propos puiſque M. de Berci a tant fait que de s'en plaindre, qu'il eût quelque ſorte de ſatisfaction, il vouloit que vous lui marquaſſiez avoir l'ordre de mettre cette femme en priſon et lui conſeillaſſiez en même tems de vous demander ſa grâce comme tenant en deſſous de lui une pareille aventure avec une femme de cette eſpèce. Je ne doute pas que cette affaire entre vos mains ne ſe termine ſelon l'intention de S. A. R. Je ſuis toujours très-parfaitement.

(*Lettres du ministre de la maison du Roi.* O1 368.)

Voy. LETELLIER (HIPPOLYTE FEUILLET, femme).

SAINT-MARC, acteur forain, rempliſſait les rôles d'*arlequins* en 1711, dans la troupe de Péclavé, au jeu du chevalier Pellegrin.

(*Mém. sur les Spectacles de la Foire*, I. 128.)

SAINT-MARTIN (NICOLAS), entrepreneur d'un spectacle d'animaux appelé *le Combat du Taureau*, que l'on trouve déjà établi à la barrière de Sèvres en 1716. En 1747, ce spectacle donnait encore ses repréſentations au même endroit et avait pour directeur le fils de Nicolas Saint-Martin, qui se faisait appeler Martin tout court et qui avertissait le public qu'il vendait « de l'huile d'ours pour les rhumatiſmes et autres douleurs, qui fait croître les cheveux et fortifie les reins des enfans ». Plus tard, le *Combat du Taureau* fut transporté sur le chemin de Pantin, à l'endroit appelé aujourd'hui Barrière du Combat.

(*Affiches de Paris*, 1747.)

L'an 1727, le mercredi premier octobre, deux heures de relevée, en l'hôtel et par-devant nous Charles Charles, etc., eſt comparue Anne-Deniſe Leroux, ſemme, ayant charge et pouvoir ainſi qu'elle a dit de Nicolas de St-Martin, maître du combat à mort ou du taureau, demeurant rue de la Plume, paroiſſe St-Sulpice : Laquelle nous a dit qu'il y a environ une heure que quatre ou cinq particuliers inconnus dont l'un habillé de bleu avec petits boutons d'argent, portant bas gris, perruque blonde et l'épée, et les autres armés de cannes ſeulement, ſe ſeroient préſentés à la porte du lieu où ſe fait ledit combat, ſitué hors et proche de la barrière rue de Sèvres, où ſe ſeroient trouvés les nommés Jacques Moreau et le nommé Vigny, tous deux garçons dudit combat. Ces quatre ou cinq particuliers auroient voulu entrer dans ledit lieu du combat pour voir à ce qu'ils diſoient le divertiſſement, leſdits Moreau et Vigny leur ont répondu honnêtement que ce n'étoit point aujourd'hui, comme il eſt vrai, ni le jour ni l'heure et qu'il n'y avoit rien à voir et conſéquemment qu'ils ne pouvoient entrer. Ces quatre ou cinq particuliers, ainſi que leſdits Moreau et Vigny s'en ſont aperçus et l'avoient ouï dire, étoient ſouls et pleins de vin et avoient rôdé toute la nuit dernière dans le quartier où ils avoient rompu et caſſé les vitres et avoient fait pluſieurs autres extravagances en pluſieurs endroits, c'eſt pourquoi ils n'ont pas voulu avoir de querelles avec ces particuliers et n'ont pas voulu les aigrir. Cependant ces quatre ou cinq particuliers ont frappé et fait des violences conſidérables à la porte dudit combat pour l'enfoncer, les ont traités de b...... de j... f..... et de mille autres infamies; ils ont dit qu'ils vouloient abſolument entrer et qu'ils étoient et appartenoient à Mme la princeſſe, et ſans autre raiſon ont tombé, ſavoir l'habillé de bleu à coups d'épée et les autres à coups de cannes, ſur leſdits Moreau et Vigny et les ont excédés et violentés, juſqu'au point que ledit Vigny en a le corps tout plein de contuſions et le bras droit excorié près du poignet. A l'égard dudit Moreau, il lui eſt reſté une contuſion et enflûre ſur le dos auſſi groſſe qu'une corde à puits et longue de quatre à cinq pouces, ſans compter beaucoup d'autres contuſions et douleurs qu'ils lui ont cauſées ſur les parties de ſon corps. Leſdits St-Martin et ſa femme et Charles St-Martin, leur fils, qui étoient chez eux en leur demeure ordinaire, rue de la Plume, ont appris ce déſordre et ledit St-Martin fils, croyant y apporter quelque remède, s'y ſeroit auſſitôt tranſporté ; mais bien loin d'apporter la paix, leſdits quatre ou cinq particuliers ont voulu le maltraiter, et ſans le ſecours du nommé Jacques Moreaux, vendeur de bière et carrier et proche voiſin dudit combat, qui s'eſt trouvé là préſent, et ſi leſdits Moreau et Vigny ne s'étoient défendus du mieux qu'il leur a été poſſible, iceux Moreau et Vigny et ledit St-Martin fils, qu'ils ont voulu percer d'un coup d'épée, ſeroient immanquablement reſtés ſur le carreau. Et comme ledit St-Martin prenant le fait et cauſe dudit St-Martin, ſon fils, et deſdits Moreau et Vigny, a ſenſiblement intérêt d'avoir une réparation de ces outrages, c'eſt pourquoi ladite Leroux, ſa femme, eſt venue nous en porter plainte.

Signé : CHARLES.

(*Archives des Comm.*, n° 30.)

Voy. LELEU.

SAINTE-COUR (ANNE-JEANNE VANIN, dite de), née vers 1757, actrice de l'Ambigu-Comique, où elle remplissait, en 1772, les rôles de *gouvernantes* et de *poissardes*. En 1789, Mlle de Sainte-Cour était encore attachée à un théâtre du boulevard, mais j'ignore auquel.

(*Almanach forain*, 1773.)

Voy. LANDAIS.

SAINVILLE, acteur du spectacle des Variétés-Amusantes en 1779, jouait sur ce théâtre le rôle de *Ragot* dans *Janot, ou les Battus payent l'amende,* pièce de Dorvigny. Sa femme fut actrice dans la même troupe jusqu'en avril 1780; elle a joué aux Variétés-Amusantes *Briochette* dans les *Amours de Montmartre,* tragédie burlesque de Fonpré de Fracansalle. Elle s'engagea ensuite, mais pour peu de temps, au théâtre des Grands-Danseurs du Roi, où elle débuta le 26 avril 1780 par le rôle de *Madeleine* dans le *Cerisier.* Vers 1781, les époux Sainville quittèrent le théâtre et se firent marchands de vins. Le *Chroniqueur désœuvré* leur a consacré les quelques lignes qui suivent : « *Ragot,* un des héros des *Battus payent l'amende,* joué par un petit bamboche de trois pieds et demi, déteſtable comédien, fripon aſſez adroit et qui, pour donner l'eſſor à ſon inclination, ſe fit marchand de vin à la foire Saint-

Laurent. Il tint ſuivant l'uſage b..... chez lui dans de petits cabinets fort commodes. Mme Sainville, ſon épouſe, fort obligeante au défaut des danſeuſes, actrices et directrices des ſpectacles forains, prêtreſſes habituelles de cet endroit, faiſoit la beſogne pour ne pas décréditer le bouchon. Sainville ſe ſouloit, les garçons voloient; de cette innocente conduite provint la chute de la taverne et le vrai Ragot vint s'établir à la Courtille, où ſa femme ſert toujours le public avec le même empreſſement. »

(*Journal de Paris*, 5 mars; 26 avril 1780. — *Le Chroniqueur désœuvré*, II, 21.)

SALLÉ (Mlle), actrice foraine et plus tard l'une des célébrités de l'Académie royale de musique, était la nièce de la femme de Francisque Molin, entrepreneur de spectacles et acteur forain. Mlle Sallé parut pour la première fois sur un théâtre à la foire Saint-Laurent de 1718, dans la *Princesse de Carisme,* opéra comique en trois actes, de Lesage et Lafont, qui obtint un succès éclatant au spectacle de la dame Baron et de Saint-Edme, alors associés pour l'exploitation du privilége de l'Opéra-Comique. En 1722, on retrouve Mlle Sallé chez Francisque, où elle remplissait le rôle d'*une Grâce* dans *Arlequin Deucalion,* monologue en trois actes, de Piron, qui fut si vivement applaudi. En 1724, elle faisait partie de la troupe de Delaplace et Dolet et remplissait le rôle d'*une petite Thessalienne* dans la *Conquête de la Toison d'or,* pièce de Lesage et Dorneval, représentée à la foire Saint-Laurent de la même année. Elle passa ensuite à l'Académie royale de musique, où son talent de danseuse la rendit bientôt célèbre. Voltaire a fait sur Mlle Sallé des vers charmants qu'on ne peut s'empêcher de rapporter ici :

Ah ! Camargo que vous êtes brillante,
Mais que Sallé, grands dieux, eſt raviſſante !
Que vos pas ſont légers et que les ſiens ſont doux !
Elle eſt inimitable et vous êtes nouvelle,
Les Nymphes ſautent comme vous,
Mais les Grâces danſent comme elle !

Et ceux-ci encore qu'il plaça au bas de son portrait :

De tous les cœurs et du ſien la maîtreſſe,
Elle allume des feux qui lui ſont inconnus ;
De Diane c'eſt la prêtreſſe,
Danſant ſous les traits de Vénus.

Mlle Sallé quitta le théâtre en 1741.

(*Mémoires sur les Spectacles de la Foire*, I, 208. — *Dictionnaire des Théâtres*, IV, 243 ; V, 483. — *Voltaire-Beuchot*, XIV, 339. — *Œuvres de Piron*, avec préface de M. E. Fournier, 161.)

SALLÉ, frère de la précédente, danseur forain, parut d'abord, en 1722, sur le théâtre de Francisque, son parent, en jouant le rôle de l'*Amour* dans *Arlequin Deucalion*, monologue en trois actes, de Piron, puis fut engagé dans la troupe de Dolet et Delaplace, à la foire Saint-Laurent de 1724, et remplit le rôle d'*un petit Thessalien* dans la *Conquête de la Toison d'or*, pièce en un acte, de Lesage et Dorneval, représentée à cette époque sur ce spectacle. Il débuta plus tard à l'Opéra-Comique, à la foire Saint-Laurent de 1728, et remplaça ensuite Boudet comme maître des ballets de ce théâtre.

(*Mémoires sur les Spectacles de la Foire*, II, 46. — *Dictionnaire des Théâtres*, I, 470 ; V, 483. — *Œuvres de Piron*, avec préface de M. E. Fournier, 161.)

SALLÉ (LOUIS-GABRIEL), acteur du boulevard et entrepreneur de spectacles, fit d'abord, comme arlequin, la parade chez Nicolet, puis, de concert avec le grimacier Vienne surnommé Visage, il prit, en 1774, la direction du Spectacle des Associés, où l'on jouait des pièces de tous genres, y compris la tragédie classique. L'auteur du *Chroniqueur désœuvré* nous a laissé un portrait de Sallé ainsi conçu : « Une petite figure noire et commune, tous les traits qui caractériſent la baſſeſſe et la trahiſon, un œil de moins, un organe aigre et inſupportable, voilà Sallé quant à la forme. Refte à le faire connoître plus particulièrement. Le fieur Sallé, n'en déplaife à fa prétendue génération, defcend en droite ligne d'un favetier dont l'échope étoit fife faubourg Saint-Honoré. Ses premières années furent confacrées à cet art illuftre, mais le libertinage l'en dégoûta. Il fit des commiffions et débuta dans la carrière dramatique fur la parade à Nicolet par les *arlequins.* C'eft là que fa réputation fe rendit fameufe tant par fes débauches que fon *arlequine* renommée. Il a vécu avec plufieurs femmes, les grugea, les battit et leur fit partager l'indigence qu'il éprouvoit à caufe de fa paffion défordonnée pour le billard..... Avare à outrance, dur, ufurier, prêteur fur gages, de la plus mauvaife foi du monde, ce directeur inique fe fait un plaifir de gagner fur tout, force au befoin à des emprunts fes fujets par la modicité de leurs appointemens et ne leur rend fervice qu'en en retirant un intérêt confidérable..... Tel eft le fieur Sallé; il ne manque à ce portrait fi naturel qu'un expofé de fes talens. Une diction fauffe; comme je l'ai déjà dit, un organe aigre et déteftable, un phyfique abfolument ingrat; un jeu abominable. Avec tous ces avantages il joue les *rois,* les *arlequins* et les *pères nobles,* et fon très-digne affocié (Vienne dit Vifage) les premiers rôles. Auffi ces meffieurs ne tiennent aucun compte de leurs fujets et s'écrient avec l'orgueil le plus impudent : « Nous tenons les rênes de l'État ! » Patience, patience, attendons tout des plaintes qu'on a déjà formées contre eux. Ce feroit un abus de fouffrir davantage de pareils tréteaux où l'on défigure journellement les meilleurs ouvrages des Corneille, des Racine et autres. » La femme de Sallé, Françoise Asseline, était aussi actrice du théâtre des Associés ; c'était, dit toujours le *Chroniqueur désœuvré,* une « grande, blême, bégueule, méchante fans le paroître, amoureufe comme une chatte, ridicule à la fcène, froide et ennuyeufe et bonne en rien. » En 1790, Sallé, devenu seul propriétaire du Spectacle des Associés, lui donna le nom de Théâtre patriotique. Il est mort vers 1795.

(*Almanachs forains,* 1773, 1775. — *Le Chroniqueur désœuvré,* II, 87, 89. — *Catalogue de Soleinne,* III.)

I

L'an 1764, le jeudi onze octobre, dix heures du ſoir, en l'hôtel et par-devant nous Nicolas Maillot, etc., eſt comparu Louis Sallé, acteur dans le ſpectacle du ſieur Nicolet l'aîné ſur le boulevard, y demeurant maiſon du ſieur Baron, maître jardinier, paroiſſe St-Laurent : Lequel nous a rendu plainte et dit que, heure préſente, lui plaignant paſſant rue Charlot, dans une maiſon qui eſt la ſeconde après la rue de Forez allant à la rue de Bretagne, occupée par bas par un fruitier, il a été jeté d'une des fenêtres de cette maiſon une très-grande quantité d'urine et matière fécale qui lui eſt tombée en plus grande partie ſur le corps et lui a mouillé, taché et gâté en différens endroits une redingote neuve de gros drap gris-blanc dont il étoit vêtu, plus les deux baſques de devant d'un habit blanchâtre de drap d'Elbeuf preſque neuf et la doublure de toile griſe d'une veſte auſſi de drap couleur gris de ſouris, galonnée en or, leſquels habit et veſte il portoit ſous ſon bras ; le tout ainſi qu'il nous eſt apparu. Se réſervant de ſe pourvoir pour raiſon de ce contre le propriétaire de ladite maiſon ou autres qu'il appartiendra.

Signé : Sallé ; Maillot.

(*Archives des Comm.*, n° 3777.)

II

L'an 1778, le jeudi 14 mai, dix heures et demie du ſoir, en l'hôtel et par-devant nous Mathieu Vanglenne, etc., eſt comparu ſieur Charles Joſſet St-Julien, bourgeois de Paris, y demeurant boulevard de la porte St-Martin, paroiſſe St-Laurent : Lequel nous a rendu plainte contre le ſieur Sallé, tenant ſpectacle ſur le boulevard du Temple, et nous a dit qu'au mois d'octobre dernier, cherchant un délaſſement, il entra dans la ſalle des nommés Sallé et Vienne, entrepreneurs d'un des petits ſpectacles du boulevard. Qu'il y vit repréſenter des opéras comiques tels que ſur le théâtre italien. Que ce genre de ſpectacle ayant plu audit ſieur plaignant, il forma dès lors le deſſein de ſe faire conſtruire une petite loge ſur ce théâtre pour n'être pas confondu avec la populace. Qu'ayant fait part de ſon projet auxdits Sallé et Vienne, ceux-ci l'accueillirent avec d'autant plus de reconnoiſſance que cette loge devoit contribuer à la décoration de leur théâtre. Qu'en conſéquence de leur conſentement le plaignant fit établir la loge qui eſt du côté des boulevards, l'orna de franges en or et argent faux et la garnit de trois tabourets couverts de velours d'Utrecht cramoiſi. Que cette loge fut conſtruite aux ſeuls frais du plaignant aux conditions de laiſſer auxdits Sallé et Vienne tout ce qui ſeroit d'attache et ſcellé au théâtre et d'en retirer le mobilier. Qu'il fut fait entre eux à cet égard une convention, à la vérité verbale, que le plaignant jouiroit gratuitement de ſa loge en entier juſqu'à la foire St-Germain lors prochaine, c'eſt-à-dire juſqu'au premier février dernier, ſauf à faire de nouveaux arrangemens ſi le plaignant vouloit en jouir au retour de ladite foire. Qu'en vertu de cette convention le plaignant a toujours gardé la clef de ſa loge et en a joui paiſiblement juſqu'au 26 janvier dernier qu'il s'y préſenta accompagné de deux perſonnes, ainſi qu'il l'avoit fait pluſieurs fois. Qu'il entra avec ſa compagnie dans ſa loge ſans aucune oppoſition et il ne devoit pas y en avoir. Que ce ſpectacle commence par le jeu de marionnettes. Que ce jeu exécuté et au moment de commencer la première pièce qui étoit *Sanſon* ſuivi d'*Annette et Lubin* (1), Sallé ſe préſenta à la loge du plaignant et lui dit qu'il vouloit lui parler. Que le plaignant ſortit à deux pas ſur le théâtre et qu'alors Sallé lui demanda une place pour une fille qui étoit dans la ſalle. Le plaignant lui répondit qu'il ne recevoit pas de fille, que ſa loge étoit occupée et qu'il n'y avoit pas de place. Que Sallé perſiſta à en vouloir une, et le plaignant ayant conſtamment refuſé de la donner, Sallé le menaça de le faire ſortir et ſa compagnie de la loge ou d'en payer les places en ajoutant qu'elle lui appartenoit. Que le plaignant lui répliqua qu'il ne le craignoit pas et cependant lui offrit le prix des places pour éviter du bruit. Sallé, ſans accepter cette offre, apoſtropha le plaignant de f.... drôle, de f.... poliſſon, à quoi le plaignant ne répondit rien et rentra dans ſa loge. Obſerve le plaignant que d'après la convention il n'étoit pas tenu de payer pour les perſonnes qu'il menoit dans ſa loge et que ce payement ne lui avoit jamais été demandé. Que tout étoit rentré dans le ſein de la tranquillité lorſqu'on vint de nouveau appeler le plaignant. Qu'il ſortit la tête de ſa loge et il y vit Vienne dans le coſtume de Sanſon à qui il demanda ce qu'il vouloit. Que celui-ci répondit avec impudence au plaignant qu'il le trouvoit bien inſolent d'avoir inſulté Sallé, ſon aſſocié. Que le plaignant lui répliqua qu'il lui diroit cela dehors et lui réitéra l'offre qu'il avoit faite à Sallé de payer les places de ſa loge, toujours dans les vues de ne pas cauſer de trouble dans un lieu public : « Oui » dit Vienne, « payez ſur-le-champ. » Qu'alors le plaignant lui paya les places de ſa compagnie et la ſienne même et qu'après ce payement Vienne lui dit : « C'eſt bon ! mais ici comme dehors je vous f...... des coups de bâton. » Le lieu interdiſant la vengeance qu'inſpire le premier mouvement, le plaignant ſe renferma dans toute ſa prudence, il ſortit même après le ſpectacle ſans rien témoigner à ſes agreſſeurs. Que quelque tems après le retour de ces entrepreneurs de la foire St-Germain, le plaignant s'adreſſa à Vienne, l'un d'eux, pour ſe faire reſtituer les tabourets que le plaignant avoit placés dans

(1) *Annette et Lubin*, opéra comique, paroles de Marmontel, musique de Laborde, joué pour la première fois à Choisy, sur un théâtre particulier. *Samson*, tragi-comédie en vers français et en cinq actes, par Romagnesi, représentée pour la première fois à la Comédie-Italienne, le mardi 28 février 1720..

fa loge et qui devoient lui être remis aux termes de leur convention, étant obligé feulement de laiffer tout ce qui feroit d'attache et fcellé au théâtre. Vienne répondit à cette demande qui lui fut faite dans les premiers jours de ce mois que Sallé ayant la grande main des décorations, c'étoit à lui que le plaignant devoit s'adreffer pour les tabourets qu'il réclamoit. Que plufieurs jours s'étoient écoulés fans que le plaignant eût rencontré Sallé, lorfque cejourd'hui, entre neuf et dix heures du foir, le plaignant paffant fur le boulevard du Temple en fe retirant chez fon père rue St-Pierre où il va demeurer, il entendit la voix de Sallé et l'aperçut dans la falle du billard qui eft à côté de celui attenant au café Turc, à la faveur de la porte qui s'en trouva ouverte. Que le plaignant crut devoir profiter de ce moment et que, fans entrer dans un lieu interdit à tout honnête homme, il appela Sallé de deffus le boulevard. Que celui-ci fe rendant à la voix qui l'appeloit, fortit du billard. Que le plaignant s'avança alors près de Sallé et lui réitéra la demande qu'il avoit déjà faite à Vienne de fes tabourets, demande qu'il lui fit honnêtement. Que cet exemple d'honnêteté devoit guider Sallé; mais celui-ci, loin de le fuivre, fe fervit de b..... et de f..... en apoftrophant le plaignant des injures les plus groffières, réclamant des falaires qui ne lui étoient pas dus et terminant fes mauvais propos en colletant le plaignant. Que ce dernier trait ayant mis fa patience à bout, le plaignant ne connut plus de bornes et il ne put fe retenir de punir la témérité de Sallé d'avoir porté fur lui une main offenfive, le plaignant fut provoqué dans fa défenfe et la canne qu'il avoit pour toute arme fut celle qu'il oppofa à l'attaque de Sallé afin de fe dégager des violences que ce dernier exerçoit fur lui. Que les cris attirèrent ceux qui étoient dans le billard et alors les amis de Sallé fe jetèrent fur le plaignant et le terrafsèrent dans un foffé. Que la garde du pofte de la barrière du Temple atteftera l'état où étoit le plaignant qui reçut de la part du fergent le fervice de lui broffer fon habit. Que le plaignant s'étoit rendu lui-même au corps de garde et demanda à être conduit chez un commiffaire ainfi que Sallé qui l'avoit fuivi, pour lui être fait droit fur l'infulte qu'il venoit de recevoir à l'inftant et celle qu'il avoit effuyée le 28 janvier. Et comme le plaignant a intérêt d'avoir raifon de ces voies de fait, il eft venu nous rendre la préfente plainte.

Signé : JOSSET ; VANGLENNE.

(*Archives des Comm.*, nº 4983.)

III

L'an 1778, le jeudi 14 mai, dix heures et demie du foir, en l'hôtel et pardevant nous Mathieu Vanglenne, etc., eft comparu fieur Louis-Gabriel Sallé, maître de danfe et tenant un fpectacle fur le boulevard du Temple, demeurant rue du Faubourg-du-Temple, paroiffe St-Laurent : Lequel nous a rendu plainte contre le ſieur Charles Joſſet de St-Julien, bourgeois de Paris, y demeurant au magaſin de ville, ſur le boulevard de la porte St-Martin, et nous a dit qu'il eſt en inſtance avec le ſieur Joſſet de St-Julien devant M. le Lieutenant général de police relativement à une loge qu'il avoit louée dans le ſpectacle du plaignant, pour raiſon de quoi il n'a pas ſatisfait aux engagemens qu'il avoit contractés, ce qui fait l'objet de leur conteſtation. Que ledit ſieur Joſſet de St-Julien a pris de l'animoſité contre le plaignant et a cherché à vouloir ſe faire donner ſes entrées libres dans le ſpectacle du plaignant, ce à quoi il n'a pu réuſſir vu leur conteſtation. Qu'il y a un inſtant ledit ſieur Joſſet de St-Julien l'a envoyé demander dans un billard où étoit le comparant. Qu'il s'eſt rendu ſur le boulevard à l'invitation dudit ſieur Joſſet de St-Julien qui lui a d'abord parlé de l'affaire pour laquelle ils ſont en inſtance en lui diſant qu'il n'avoit pas voulu pourſuivre cette affaire. Qu'après une converſation qu'il a tenue avec le plaignant, ledit ſieur Joſſet de St-Julien lui a dit que ſi lui Joſſet de St-Julien n'étoit pas gentilhomme, il auroit eu une affaire avec ledit ſieur plaignant et qu'au même inſtant il lui a porté pluſieurs coups de canne ſur le corps qui l'ont jeté dans un foſſé où il lui a encore porté des coups de canne. Que le plaignant ayant appelé à ſon ſecours, pluſieurs perſonnes ſont ſurvenues, ont empêché le ſieur Joſſet de St-Julien de continuer ſes mauvais traitemens, l'ont remis entre les mains de la garde et les a amenés tous deux en notre hôtel où après les avoir entendus nous les avons renvoyés à ſe pourvoir par les voies de droit.

Signé : SALLÉ; VANGLENNE.

(*Archives des Comm.*, n° 4983.)

IV

L'an 1783, le ſamedi 24 mai du matin, eſt comparue en l'hôtel et par-devant nous Nicolas Maillot, etc., Françoiſe Aſſeline, femme de Louis-Gabriel Salé, maître de ſpectacle ſur les boulevards du Temple, y demeurant avec lui, paroiſſe St-Laurent : Laquelle nous a rendu plainte contre ledit Salé, ſon mari, et dit que depuis ſon mariage avec lui, il y a quatorze ans ou environ, elle a toujours été traitée de lui fort rudement quoiqu'elle l'ait toujours traité avec la plus grande douceur. Que quelquefois, ſur des choſes ne méritant pas la peine de parler, il la traitoit rudement, l'injurioit et a même été juſqu'à lui porter quelques coups mal à propos et par vivacité. Qu'elle a toujours été du même caractère de douceur lorſqu'il s'agiſſoit de quelques-unes de ſes vivacités et cela ne l'a pas empêché de continuer. Que dans le mois de mars dernier il a dit à la plaignante et lui a reproché ſur ce qu'on lui avoit dit ſeulement qu'elle ſe débauchoit avec un nommé Ribié, acteur, qui avoit demeuré chez eux en cette qualité et qui étoit paſſé chez le ſieur Nicolet, auſſi maître de ſpectacle ſur le boulevard; que ce particulier avoit même loué une chambre dans le quartier du Marais où elle l'alloit trouver; et ſur cela, nonobſtant qu'elle lui certifiât que c'étoient de fort mauvais dictons et rapports qu'on avoit faits contre elle, il injuria beaucoup la plaignante et même lui porta pluſieurs coups de poing en différentes fois. Que ces reproches, injures et voies de fait ont été continués par ledit Salé juſque au premier du préſent mois que ledit Ribié, qui avoit appris les mauvais traitemens que ledit Salé faiſoit à ſa femme relativement à ce que, diſoit-on, il avoit dit lui-même à différentes perſonnes les faits ci-deſſus reprochés par ledit Salé à ſa femme, eſt venu par-devant nous ledit jour premier mai préſent mois nous déclarer qu'il n'avoit jamais attaqué, ni eu intention d'attaquer l'honneur et la réputation de la plaignante; qu'il n'avoit jamais tenu à qui que ce ſoit aucun mauvais propos d'elle et au contraire qu'il la connoiſſoit pour une très-brave et honnête femme. Qu'il n'avoit jamais rien vu qui pût la déshonorer en aucune manière : s'étant même réſervé de ſuivre ceux qui avoient mis en avant ce qu'ils avoient dit audit Salé et à d'autres perſonnes, diſoit-il, de la manière et ainſi qu'il aviſeroit bon être ; ce qu'elle plaignante a ſu et a vu par l'expédition de cette déclaration qui a été retirée par ſon mari. Que tout cela n'a pas empêché que ſon mari n'ait continué de l'injurier et maltraiter même cruellement et indignement en faiſant retirer ſes enfans et ſa domeſtique loin du lieu où il couche avec la plaignante et après avoir fermé portes et doubles portes et même fenêtres, de lui porter différens coups, la faire déshabiller ou trouſſer ſes jupes et la fouetter indignement avec des verges, avec défenſe à elle de crier ni de ſourciller, ſous peine de lui en faire davantage; ce qui eſt arrivé pour la première fois le 20 du préſent mois et a continué ainſi pluſieurs fois juſqu'à aujourd'hui, en lui défendant de n'en rien dire à qui que ce ſoit ſous peine des plus mauvais traitemens : Et cela, diſoit-il, pour lui faire avouer qu'elle ſe débauchoit avec ledit Ribié, ce qui n'étant pas, elle ne pouvoit ſe ſoumettre juſqu'à lui faire un ſi terrible aveu. Que voyant ces mauvais traitemens et ne pouvant les ſupporter davantage, elle s'eſt retirée chez le ſieur Aſſeline, ſon frère, maître pâtiſſier faubourg St-Denis, à qui elle n'a pu s'empêcher, ainſi qu'à ſa belle-ſœur, de dire la cauſe pour laquelle elle ſe retiroit ainſi chez eux. Que ſon mari l'a été chercher chez ſon frère, l'a ramenée chez lui en lui promettant de ne plus lui rien reprocher, ni de la maltraiter; mais il n'a pas pour cela diſcontinué ſes reproches ni ſes injures et eſt toujours plus prêt à la maltraiter qu'à la traiter comme une femme aimée et reſpectée doit l'être. Et comme la plaignante craint tout de la part dudit Salé, ſon mari, qui ne ceſſe point ſes injures ni ſes infâmes reproches, elle ſe réſerve de ſe pourvoir de la manière et ainſi qu'elle aviſera bon être.

Signé : F. Asseline.

Et le ſamedi 7 juin audit an 1783, dix heures du ſoir, eſt encore comparue en l'hôtel et par-devant nous commiſſaire ſuſdit, ladite Françoiſe Aſſeline, femme dudit Salé, étant et demeurant préſentement chez ledit ſieur Aſſeline, ſon frère, maître pâtiſſier à Paris, faubourg St-Denis, vis-à-vis la maiſon qui a pour enſeigne l'Échiquier, paroiſſe St-Laurent, où elle a été obligée de ſe retirer cejourd'hui relativement aux faits dont va être queſtion : Laquelle, en continuant la plainte qu'elle nous a déjà rendue contre ſon mari le 24 mai dernier, nous rend d'abondant la préſente contre lui et dit que, depuis qu'elle eſt rentrée avec ſon mari ſous la promeſſe qu'il lui a fait de la bien traiter, il a continué au contraire de la maltraiter, injurier et frapper toujours en lui faiſant les reproches portés dans la dernière plainte. Que jeudi dernier, cinq du préſent mois, il lui a porté des coups de poing ſur le viſage qui lui ont fait contuſion et extravaſion de ſang tant au nez qu'à l'œil gauche ; cette extravaſion s'étendant même des deux côtés du nez et des yeux. Qu'il lui a auſſi porté différens coups de pied et de poing ſur les autres parties du corps dont au bras gauche et au bas de la cuiſſe gauche où il y a auſſi extravaſion de ſang, le tout ainſi qu'il nous eſt apparu, et, ſans le ſecours des ſieur et dame Devienne, qui ſont leurs aſſociés, qui ſont venus la tirer de ſes mains, il lui auroit apparemment fait un très-mauvais parti. Que cejourd'hui ayant continué les mêmes injures, elle a voulu d'abord ſe retirer ſi il ne lui promettoit pas, devant les perſonnes qui étoient là préſentes, de ne la plus frapper et maltraiter ; ce qu'il n'a pas abſolument voulu faire en lui diſant formellement qu'il ne vouloit pas faire de conditions. Ce qui lui a fait prendre le parti de ſe retirer cette après-midi chez ledit ſieur ſon frère avec propoſition d'y reſter juſqu'à ce qu'il en ſoit autrement ordonné ſur les pourſuites qu'elle ſe réſerve de faire contre ledit Salé, ſon mari, etc. Dont et de quoi elle nous requiert acte.

Signé : Maillot ; F. Asseline.

(*Archives des Comm.*, n° 3790.)

V

L'an 1786, le vendredi 25 août, trois heures et demie de relevée, en notre hôtel et par-devant nous Mathieu Vanglenne, etc., eſt comparu ſieur Nicolas Yon, marchand limonadier à Paris, y demeurant boulevard du Temple, paroiſſe St-Laurent : Lequel nous a rendu plainte contre le ſieur Sallé, directeur du Spectacle des Aſſociés, perſonnellement et encore contre lui comme civilement reſponſable des faits de ſes acteurs et nommément du ſieur Pompée et encore contre ledit Pompée et nous a dit qu'à l'occaſion de la fête du Roi il avoit mis des lampions en dedans de ſa barrière, boulevard du Temple, hier au ſoir. Que la nuit dernière ſur les une heure et demie ledit ſieur Sallé à la tête de ſa troupe, profitant des clartés que donnoient ces lampions, eſt entré dans la barrière du comparant ; que ledit Pompée, qui étoit du nombre et qui tenoit à ſa main une bouteille remplie d'eau-de-vie, a jeté à terre et caſſé ces mêmes lampions, ce qui a donné lieu au comparant de porter ſes plaintes audit ſieur Sallé et audit ſieur Pompée qui loin de l'écouter ſe ſont répandus en injures de toutes eſpèces contre le plaignant et ſon épouſe, l'ont traité de gueux, de gredin, de banqueroutier, de jeanf....., de maq......, et ledit Pompée a ajouté que ſi le plaignant ne ſe retiroit pas, il alloit lui f..... ſa bouteille à la tête. Le comparant par prudence ſe retira, mais ledit Pompée jeta derrière lui la bouteille qui s'eſt caſſée et dont les teſſons ont rejailli ſur une de ſes domeſtiques et ſur un de ſes garçons. Que non content de cette voie de fait, il a encore caſſé les carreaux des jours de ſouffrance de ſon laboratoire qui eſt au-deſſous de ſa boutique, en proférant toutes ſortes de juremens et d'invectives contre le plaignant et la dame ſon épouſe. Que Pompée a pouſſé l'indécence juſqu'à mettre le poing ſous le nez à ladite Yon en lui diſant : « Tais-toi, ſacrée mâtine, retire-toi, tu n'es pas f..... pour mettre des lampions à ta porte ! » Que cette ſcène a duré juſqu'à quatre heures et demie du matin et qu'ils étoient tous munis les uns et notamment ledit Sallé de caſſeroles, les autres de bouteilles et de verres. Qu'il réſulte de ces faits que la domeſtique du comparant a une bleſſure au bras gauche qui lui a été faite par un teſſon de bouteille.

Et comme le comparant a intérêt d'avoir raiſon de pareilles injures et voies de fait, il a été conſeillé de venir nous rendre plainte.

Signé : Yon ; Vanglenne.

(*Archives des Comm.*, nº 5000.)

VI

L'an 1789, le mardi 17 mars, minuit, eſt comparu par-devant nous Achille-Charles Danzel, etc., le ſieur Louis-Gabriel Sallé, directeur du Spectacle des Aſſociés, demeurant boulevard du Temple : Lequel nous a rendu plainte contre le nommé Robin, ci-devant acteur attaché à ſon ſpectacle et actuellement à celui de Nicolet, et nous a dit et déclaré que depuis trois mois environ que ledit Robin a quitté le ſpectacle du comparant il n'y a pas de propos qu'il n'ait tenus contre lui et d'eſclandres qu'il ne lui ait faites ; qu'il a cru d'abord mépriſer les inſultes qui lui étoient faites, mais ledit Robin vient de renouveler, il y a environ une heure, une ſcène que le comparant ne peut pas paſſer ſous ſilence. En effet, s'étant rendu ſur les neuf heures chez le ſieur Raoul, fourreur, rue Grenetat, pour y ſouper, ledit Robin, qui en étoit, y eſt venu également il y a environ deux heures pendant que l'on étoit à table, eſt entré malgré les défenſes qu'on lui avoit faites et s'eſt mis à table avec les autres, et a forcé ſa femme, qui étoit avec lui, à en faire autant, quoiqu'ils ne fuſſent pas invités ; qu'il s'eſt mis auſſitôt à plaiſanter ſur le compte du comparant et comme il vit que ſa conduite déplaiſoit au ſieur Raoul et qu'elle alloit lui attirer des déſagrémens de la part de ce dernier, il ſe leva bruſquement de table, prit ſa canne dont il menaça le comparant, diſant qu'il étoit venu exprès pour l'insulter et sortit en le traitant de f.... voleur, de f.... coquin et de mouchard attaché à la police, et qu'il passeroit tôt ou tard par ses mains ; que comme le comparant a tout lieu de craindre les suites de ces menaces et qu'il est dans le cas de se pourvoir pour avoir réparation des injures dudit Robin, il a pris le parti de prier deux des garçons de M. Raoul de l'accompagner pour sa sûreté et de se transporter aussitôt en notre hôtel pour nous rendre plainte contre ledit Robin.

Signé : SALLÉ.

Et le premier avril audit an est comparu le sieur Sallé, ci-devant qualifié et dénommé : Lequel nous a dit qu'il se désiste de la plainte qu'il nous a rendue le 17 du présent mois contre le sieur Robin. En conséquence consent qu'elle demeure nulle comme non faite et avenue, renonçant à pouvoir exercer aucune action ni répétition quelconque contre ledit sieur Robin.

Signé : SALLÉ ; DANZEL.

(*Archives des Comm.*, n° 1089.)

Voy. RIBIÉ (1er mai 1783).

SANDERS, danseur célèbre du théâtre Royal de Londres, où il exécutait ses exercices sur un fil d'archal, parut à Paris en 1784, sur le théâtre du manége d'Asthley.

(*Journal de Paris*, 13 décembre 1784.)

SANDHAM (Mme), directrice d'une troupe pantomime qui donnait des représentations à la foire Saint-Germain de 1746, sur le théâtre de l'Opéra-Comique, alors momentanément supprimé. Voici les titres de quelques-unes des pièces qu'elle y fit représenter : *Arlequin victorieux*, pantomime ; *l'Athée foudroyé*, pantomime ; *la Fée Carabosse ; Arlequin Jason, ou la Conquête de la Toison d'or* et *les Vendanges de Tempé*, suivies d'un feu d'artifice de la composition du sieur Nilock, Anglais.

(*Dictionnaire des Théâtres*, I, 297, 321 ; II, 501 ; V, 483.)

SARNI (Jean-Baptiste), acteur du spectacle des Variétés-Amusantes, où il débuta par le rôle de *Colin* dans le *Nœud d'Amour*, le jeudi 6 avril 1780.

(*Archives des Comm.*, n° 5022. — *Journal de Paris*, 6 avril 1780.)

SARNI (Claudine-Catherine), sœur du précédent et comme lui actrice aux Variétés-Amusantes, où elle débuta, le 6 avril 1780, par le rôle de *Babet* dans le *Nœud d'Amour*.

(*Archives des Comm.*, n° 5022. — *Journal de Paris*, 6 avril 1780.)

SAUNIER (Mlle), danseuse du théâtre des Grands-Danseurs du Roi en 1774.

(*Almanach forain*, 1775.)

SAURY, acteur du boulevard et entrepreneur de spectacles, était en 1772 sauteur et paillasse chez Nicolet et s'y distinguait par son habileté à faire la parade extérieure. En 1778, il avait un spectacle à la foire Saint-Laurent, et son personnel se composait d'une vingtaine d'acteurs payés en moyenne 2 livres par jour. Pendant le mois de septembre de cette dernière année sa plus forte recette fut de 106 livres, sa plus faible de 21 livres.

(*Archives des Comm.*, n° 1508. — *Almanach forain*, 1773, 1775.)

SAUVAGE (Anne-Madeleine), née vers 1727, actrice du spectacle de l'Opéra-Comique en 1745.

L'an 1745, le samedi 17 avril, cinq heures de relevée, est comparue en l'hôtel et par-devant nous Louis Cadot, etc., Anne-Madeleine Sauvage, fille, actrice de l'Opéra-Comique, demeurante à Paris rue de l'Évêque, paroiffe St-Roch : Laquelle nous a dit que jeudi dernier, fur les trois à quatre heures de relevée, trois particuliers portant épée, jeunes d'âge, à elle inconnus, font, de deffein prémédité, entrés de force chez elle en l'appelant : *Gogo,* et en difant qu'ils vouloient y entrer et y ont fait un tapage étonnant ; qu'ils ont voulu caffer fes glaces, difant : « Faifons boucan », l'ont menacée de la faire renfermer à l'hôpital, en ajoutant par dérifion qu'ils lui fervoient d'écuyers comme elle defcendoit de chez elle pour fe fauver ; qu'il s'eft perdu une paire de bas de foie blancs neuve pendant ce bacchanal ; qu'elle a eu toutes les peines imaginables de fe retirer de chez elle pour s'efquiver d'entre leurs mains à l'effet d'aller rendre plainte chez l'un de nous et ayant paffé par chez fon hôte et ayant appris que lefdits particuliers s'étoient retirés elle s'eft imaginé qu'étant détrompés fur fon compte, ils ne reviendroient plus chez elle : mais que cejourd'hui, il y a environ une heure, les mêmes particuliers, affiftés d'un autre particulier portant auffi épée, font revenus, ont enfoncé fa porte avec tout le fcandale imaginable, faifant un fi grand tapage qu'il n'eft pas poffible de l'exprimer ; qu'ils l'ont traitée publiquement comme la dernière des miférables, faifant amaffer tout le voifinage et les paffans, voulant encore caffer fes glaces à chaque parole qu'elle vouloit dire ; qu'elle croyoit que c'étoit le dernier moment de fa vie et qu'elle ne peut nous expliquer l'horreur et l'infamie de tout ce que lefdits particuliers ont commis chez elle ; que le plus méchant d'entre eux en habit d'officier blanchâtre s'étant douté, comme il étoit vrai, qu'elle avoit envoyé chercher la garde, eft defcendu dans la cour où il s'eft mis à crier de toute fa force les injures les plus épouvantables contre l'honneur et la réputation d'elle comparante ; que tous les voifins étoient à leur fenêtre et très-fcandalifés de la conduite defdits quatre particuliers qui ne fe font retirés que lorfqu'ils ont cru que la garde arrivoit et ont monté dans le carroffe de place dans lequel ils étoient venus chez elle en lui faifant toutes les menaces imaginables, difant qu'ils reviendroient au nombre de vingt aujourd'hui chez elle ; que lorfqu'ils y font entrés de force, ils fe font mis tous quatre à crier de toute leur force : « Ran tan plan tire lire ! » comme s'ils avoient été dans un mauvais lieu, et fur ce qu'elle refufoit de les embraffer, ils ont caffé une glace et des flacons. Et comme elle n'eft pas en fûreté de fa vie et qu'elle a intérêt de prévenir à l'avenir de pareilles scènes et d'obtenir raifon de ce que deffus, elle eft venue nous rendre plainte.

Signé : CADOT ; A. M. SAUVAGE.

Et le mercredi 21 defdits mois et an, heure de midi, eft comparue derechef par-devant nous ladite demoifelle Sauvage : Laquelle nous a dit qu'elle vient d'apprendre que les quatre particuliers qui font venus chez elle, ainfi qu'il eft porté en la fufdite plainte, font les fieurs Leclerc, gendarme, rue du Bouloi ; Roland de la Tillière, demeurant rue St-Jacques ou du Plâtre, au Soleil-d'Or, en chambre garnie ; Machon, lieutenant dans le régiment d'Artois, logé rue de la Harpe au collége de Juſtice, et Jeſſé Jamin, écuyer, garde du corps, logé rue St-Jacques : Et qu'elle a auſſi appris qu'ils alloient partout ainſi qu'ils ont fait chez elle et qu'ils voloient tout ce qu'ils pouvoient emporter ; qu'ils ne payoient pas les carroſſes qu'ils prenoient ni les ſoupers qu'ils alloient ſaire dans les cabarets et chez des traiteurs; qu'ils avoient fait une dépenſe de cent écus dans un cabaret à la porte Maillot où ils avoient fait venir des ſemmes et qu'ils en avoient fait dépouiller une ou pluſieurs pour payer leur écot avec leurs robes. Dont et de quoi elle eſt venue nous faire cette déclaration.

Signé : A. M. SAUVAGE; CADOT.

(*Archives des Comm.*, n° 1430.)

SAUVAT, entrepreneur de spectacles, avait un jeu de marionnettes à la foire Saint-Germain de 1754.

Voy. MAISONNEUVE.

SAVIGNONI (LA DAME), Grecque de nation, tenait un jeu à la foire Saint-Laurent de 1717.

Voy. TERRADOIRE.

SECOND (PIERRE), acteur forain et entrepreneur de spectacles, était engagé dans la troupe de Nicolet cadet, en 1757. Dès 1762 on le voit parcourir les foires avec un jeu de marionnettes. Incendié à la foire Saint-Germain, où il perdit, assura-t-il, 3,950 livres, il reçut une indemnité de 1,300 livres qui lui permit de rétablir son matériel théâtral et de rouvrir son spectacle à la foire Saint-Ovide. En 1774, associé à François Ribié, il montrait à la foire Saint-Germain un Polichinelle haut de cinq pieds deux pouces, des marionnettes qui parlaient et chantaient, et un jeune Polonais de 15 ans qui portait en équilibre une pyramide de 30 verres et 30 lumières sur la pointe d'un clou et exécutait en même temps un long roulement de tambour. Second donnait aussi des représentations en ville; pour l'avoir, il suffisait de le prévenir la veille. En 1777, ce saltimbanque dirigeait encore une troupe de marionnettes qu'il appelait *Porenquins* ou *Fantoccini français*.

(*Archives des Comm.*, nos 853, 1508. — *Almanach forain*, 1775. — Magnin, *Histoire des marionnettes*, 177.)

Voy. NICOLET (FRANÇOIS-PAUL). RIBIÉ.

SELLES (CHRISTOPHE), dit *Colbiche*, acteur forain et entrepreneur de spectacles, reçut les leçons de Moritz von der Beek et devint sous sa direction un très-habile sauteur. En 1701 il forma une troupe et ouvrit, à la foire Saint-Laurent, un spectacle qu'il continua régulièrement pendant quelques années, tantôt seul, tantôt en société avec Alexandre Bertrand. Lors des procès que la jalousie de la Comédie-Française suscita aux comédiens forains, Selles fut comme les autres impliqué dans les poursuites, et en 1706 il fut l'un des plus persécutés. Il lutta alors avec une grande énergie et employa hardiment tous les moyens que la procédure d'alors mettait entre ses mains. Il se servit surtout du conflit de juridiction qu'il fit naître entre le Parlement et le grand Conseil et fut un moment sur le point de triompher. Mais finalement les comédiens français l'emportèrent, et le pauvre Selles, fatigué, dégoûté et vraisemblablement ruiné, quitta Paris pour tout à fait aux fêtes de Pâques de l'année 1710.

(*Mémoires sur les Spectacles de la Foire*, I, 24. — *Dictionnaire des Théâtres*, V, 104.)

I

L'an 1707, le mardi 15e jour de février, deux heures de relevée, en l'hôtel de nous Charles Bizoton, etc., sont comparus Pierre-Louis Villot-Dufey et Paul Poiſſon, comédiens du Roi, tant pour eux que pour leurs aſſociés en la Comédie : Leſquels nous ont fait plainte et dit que, au préjudice du privilége à eux accordé par Sa Majeſté pour la repréſentation de la comédie, excluſif à toutes autres perſonnes, et de la ſentence rendue le 5 mars 1706 entre eux, la veuve Maurice, les nommés Chriſtophe Selles, Reſtier, Bertrand et autres danſeurs de corde, leſdits veuve Maurice, Selles et autres continuent toujours la repréſentation de pièces de comédie ſur les théâtres qu'ils ont édifiés tant rue des Quatre-Vents que préau de la foire, ce qui eſt une contravention préciſe à leur privilége et déſobéiſſance à la ſentence rendue par M. le Lieutenant général de police ledit jour 5 mars 1706, à eux ſignifiée le 13 dudit mois de mars, avec pluſieurs commandemens faits en conſéquence; et comme ils ont intérêt d'aſſurer la récidive de la contravention auxdits privilége et ſentence, ils nous ont requis de nous vouloir tranſporter cejourd'hui, ſur les ſix heures du ſoir, dans les loges et théâtres que leſdits veuve Maurice, Selles et autres ont fait édifier, à l'effet de dreſſer procès-verbal de leur contravention et de leur donner acte comme leſdits Selles, Bertrand et autres jouent ſur leurs théâtres des pièces en dialogues en forme de comédie au préjudice deſdites déſenſes, pour, icelui fait, être par M. le Lieutenant général de police ordonné ce qu'il appartiendra.

Signé : POISSON; VILLOT-DUFEY.

Sur quoi nous commiſſaire avons donné auxdits comparans acte de leurs comparution, dire, réquiſition et repréſentation qu'ils nous ont faite de ladite ſentence portant déſenſe de faire et dire aucun dialogue et pièce en forme de comédie; en conſéquence de laquelle nous étant, ſur les ſix heures du ſoir, aſſiſté d'Étienne Biétrix et d'Eutrope Larcher, tranſporté dans le préau de la foire St-Germain, dans une grande loge occupée par Chriſtophe Selles, auquel ayant fait ſavoir le ſujet de notre tranſport, montré et exhibé ladite ſentence, la femme dudit Selles nous a conduit dans une première loge ayant vue ſur le théâtre où nous aurions trouvé pluſieurs perſonnes aſſiſes, ainſi que dans les loges, et quantité de monde dans le parterre. Et avons remarqué deux voltigeurs de corde, l'un en l'air ſur une corde au-deſſus du théâtre et l'autre au-deſſus du parterre; qu'après avoir voltigé pendant un quart d'heure, avons vu qu'ils ont tiré un grand rideau, qui partage le théâtre, et qu'auſſitôt a paru ſur icelui deux acteurs, l'un nommé Marforio et l'autre Paſquin, vêtus en arlequin, et un troiſième nommé Pierrot qui a attiré un tonneau d'où eſt ſorti au milieu du théâtre ledit Marforio; qu'ils ont fait pluſieurs dialogues enſemble de propos interrompus et ſans ſuite; qu'il a paru enſuite deux femmes dans une autre ſcène avec un docteur qui ont pareillement fait pluſieurs dialogues de ſemblables propos, pluſieurs danſeurs dans les entr'actes et pluſieurs ſcènes où leſdites femmes ont chanté avec leſdits Marforio et Paſquin et ledit Pierrot; que ſur la fin pluſieurs ſauteurs ont fait divers ſauts au milieu du théâtre avec quelques jeunes enfans et enſuite ont fini par un dialogue entre leſdits Marforio et Paſquin (1), auſſi ſans ſuite, et toutes ſcènes

(1) *Pasquin et Marforio, médecin des mœurs*, comédie de l'ancien Théâtre-Italien, en trois actes, en prose française et en vers libres, avec spectacle, chant et danse, par Dufresny et Brugière de Barante, représentée le 3 février 1697.

différentes et coupées de plusieurs dialogues qui ont fini après huit heures par une annonce faite par ledit Pasquin qu'ils joueroient demain la pièce des *Chinois*. Dont et de ce que dessus avons donné acte auxdits plaignans et dressé le présent procès-verbal.

Et le lendemain mercredi, 16e février audit an 1707, dix heures du matin, sont comparus lesdits Dufey et Poisson, lesquels, ayant pris communication du procès-verbal par nous fait et dressé le jour d'hier en la loge dudit Selles, ils nous ont dit que la contravention est bien prononcée. Pourquoi ils nous requièrent qu'il en soit par nous référé à M. le Lieutenant général de police pour être par lui statué ce qu'il appartiendra.

Signé : POISSON ; VILLOT-DUFEY.

En conséquence duquel réquisitoire nous étant, avec lesdits sieurs Poisson et Dufey, transporté en l'hôtel et par-devant M. le Lieutenant général de police auquel ayant fait rapport des dire, réquisition et procès-verbal ci-dessus, M. le Lieutenant général de police a ordonné que ledit Selles sera assigné à vendredi prochain en la chambre de police pour répondre sur le contenu au présent procès-verbal et la présente ordonnance exécutée nonobstant oppositions ou appellations quelconques sans préjudice de l'appel.

Signé : DE VOYER D'ARGENSON.

(*Archives des Comm*, n° 2467.)

II

L'an 1708, le premier jour de mars, quatre heures de relevée, en l'hôtel de nous Simon-Mathurin Nicollet, etc., sont comparus sieurs Pierre-Louis Villot, sieur Dufey, et Marc-Antoine Legrand, comédiens du Roi, tant pour eux que pour les autres comédiens du Roi, leurs confrères, qui nous ont dit que, par brevet à eux accordé par Sa Majesté, arrêts et règlemens de police, ils sont établis et ont seuls le droit de faire des représentations des tragédies, comédies et pièces de théâtre en cette ville de Paris ; cependant plusieurs particuliers se sont introduits et s'introduisent depuis un tems sous différens prétextes de danses de corde, jeux de marionnettes et autres semblables que leur permet M. le Lieutenant général de police, de représenter des comédies et pièces de théâtre de la même manière que peuvent faire lesdits sieurs comparans, ce qui est tout à fait contraire aux intentions du Roi et directement contre leur établissement et leur cause un dommage considérable. Lesdits comédiens du Roi se sont pourvus par-devant M. le Lieutenant général de police qui, par plusieurs sentences confirmées par arrêts du Parlement, a fait défense auxdits particuliers de représenter des comédies. Cependant, au mépris de ces sentences et arrêts, ils continuent journellement leurs représentations de comédies différentes fur des théâtres publics qu'ils ont fait élever et conftruire dans le préau de la foire St-Germain, qu'ils annoncent par des affiches et placards publics femblables à ceux defdits comparans. C'eft pourquoi ils nous requièrent de préfentement nous tranfporter chez le nommé Selle, dans le préau de ladite foire où il a fait élever un théâtre public fur lequel il fait faire lefdites repréfentations de comédies, pour leur en donner acte et defdites contraventions auxdites fentences et arrêts et en dreffer notre procès-verbal, etc.

Signé : LEGRAND; VILLOT-DUFEY; NICOLLET.

Sur quoi nous commiffaire, etc., fommes ledit jour, fur les fix heures de relevée ou environ, tranfporté dans le préau de ladite foire St-Germain, chez ledit Selle, où nous avons vu un théâtre public et dans la falle d'icelui quantité de perfonnes. Et après des danfes de corde et les fauts fur le théâtre, la toile étant levée et couliffe tirée, a paru trois acteurs, l'un fous le nom de Neptune, les autres fous les noms d'Arlequin et Mezzetin, qui ont joué et repréfenté la fcène de Protée et de Glaucus; enfuite de laquelle feroit paru ledit Arlequin fous la figure d'un marchand forain ayant une valife et une caffette, et un aubergifte et une aubergifte, lefquels ont joué et repréfenté la fcène d'un marchand joaillier; celle du comédien repréfentée par Arlequin et Mezzetin fous d'autres noms; celle de l'incendie jouée et repréfentée par Colombine et Arlequin. La première fcène de parodie a été jouée par Ifabelle feule; la feconde repréfentée par Ifabelle et Colombine, la troifième par Arlequin en Titus et Scaramouche en Paulin; la quatrième par Colombine en Bérénice et Arlequin en Titus : et enfuite auroit été joué et repréfenté le Plaidoyer de Protée par un juge et plufieurs officiers, Pillardin et Laruine, procureurs, et les autres une épée au côté fous le nom de Griffons et le Docteur; ce qui nous a fait connoitre que ladite pièce étoit celle d'*Arlequin Protée* (1), jouée autrefois fur le théâtre de l'Hôtel de Bourgogne. Dans toutes les fcènes de laquelle pièce nous avons remarqué que lefdits acteurs et actrices fe parloient et répondoient tout haut, enfemble, par dialogues fur le théâtre, de la même manière qu'il fe fait fur le théâtre de la Comédie-Françoife.

Dont et de quoi nous avons fait et dreffé le préfent procès-verbal.

Signé : VILLOT-DUFEY; LEGRAND; NICOLLET.

(*Archives des Comm.*, nº 3470.)

Voy. BERTRAND (ALEXANDRE); FRANCASSANI; LAJOUTE; MAURICE (19 février 1706).

(1) *Arlequin Protée*, comédie de l'ancien Théâtre-Italien, en trois actes italiens, coupés de prose française et de vers, par de Fatouville, représentée le lundi 11 octobre 1683 et reprise à la nouvelle Comédie-Italienne en 1719. Cette pièce renfermait une parodie de la *Bérénice* de Racine.

SÉRAPHIN (Dominique-Séraphin FRANÇOIS, dit), né en 1747, mort en 1800, entrepreneur de spectacles aux foires et au Palais-Royal, commença sa carrière par jouer du violon dans les cabarets en vogue de Belleville et des Porcherons. En 1772, il établit à Versailles un petit théâtre de marionnettes qu'il appela d'abord *les Ombres chinoises* et ensuite *Spectacle des Enfants de France*, à cause des représentations qu'il avait données devant les enfants de la famille royale. En 1774, Séraphin vint à Paris et ouvrit son théâtre, pendant les mois de juillet et d'août, à la foire Saint-Laurent. Au mois de septembre suivant, il s'installa définitivement au Palais-Royal, où les *Ombres chinoises et les Feux arabesques du sieur Séraphin, breveté de Sa Majesté*, donnèrent leur première représentation le 12, à six heures et demie. « Ce ſpectacle, dit le *Guide des amateurs à Paris*, eſt ſitué au premier étage des bâtimens neufs du Palais-Royal et a ſon entrée par l'arcade n° 127. L'on y voit des feux arabeſques d'un nouveau genre et des tableaux où ſe paſſent des ſcènes nouvelles et amuſantes. Les ombres chinoiſes produites par différentes combinaiſons de lumières et d'ombres y repréſentent au naturel toutes les attitudes de l'homme et y exécutent des danſes de corde et de caractère avec une préciſion étonnante. Des animaux de toute eſpèce y paſſent en revue et font auſſi tous les mouvemens qui leur ſont propres ſans qu'on aperçoive ni fil, ni cordon pour les ſoutenir ou les diriger. Ce ſpectacle, plaiſant, agréable et varié, commence tous les jours à ſix heures du ſoir. Il y a deux repréſentations les dimanches et fêtes, l'une à cinq heures et l'autre à ſix heures et demie. Premières places 1 livre 4 ſols et 12 ſols les ſecondes. » Les auteurs les plus connus qui ont composé des pièces pour le théâtre de Séraphin sont Dorvigny, Gabiot de Salins, Guillemain et Maillé de Marencourt.

(*Journal de Paris*, juillet, août et septembre 1784. — *Guide des amateurs et des étrangers voyageurs à Paris*, par Thiéry, I, 285. — Magnin, *Histoire des Marionnettes*, 183. — Jal, *Dictionnaire de biographie et d'histoire*, 1123.)

L'an 1767, le dimanche 23 août, du matin, eſt comparu en l'hôtel et pardevant nous, Nicolas Maillot, etc., Séraphin François, muſicien, demeurant au Lion d'Or à la Courtille, au cabaret tenu par le nommé Tonneau, paroiſſe de Belleville : Lequel nous a déclaré et dit que s'étant endormi hier au ſoir dans une barrière ſur le boulevard du Temple, lorſqu'il s'eſt réveillé il s'eſt trouvé volé de ſon chapeau de caſtor à bourdaloue, bouton et ganſe d'or, de ſa tabatière de carton peinte en violet et vernie, de ſon mouchoir à carreaux bleus et blancs, qui étoient dans ſes poches, et de ſes boucles de ſouliers et de jarretières de ſimilor, à l'exception d'une des boucles de ſes jarretières du côté droit ſur lequel apparemment il étoit couché, ne lui ayant été rien pris dans ſes poches droites. Faiſant la préſente déclaration pour ſervir et valoir ce que de raiſon.

Signé : MAILLOT; SÉRAPHIN FRANÇOIS.

(*Archives des Comm.*, n° 3774.)

SERIN SAVANT, oiseau que faisait voir le sieur Lemoine à la foire Saint-Germain de 1774. Cet animal désignait l'heure, savait les quatre règles et répondait aux questions en désignant sur un alphabet les lettres convenables aux mots qu'il avait à dire. Il y avait trois représentations par jour : à quatre heures, à six heures, à huit heures. Les premières places coûtaient 24 sols, les deuxièmes 12 sols.

(*Almanach forain*, 1775.)

SERVANDONI (JEAN-NICOLAS), peintre, architecte et entrepreneur de spectacles, né en 1695, mort en 1766, a donné pendant plusieurs années, sur le grand théâtre des Tuileries, différentes pièces à machines qui furent très-goûtées du public. Le théâtre de Servandoni n'était ouvert que pendant le temps pascal, au moment où les autres scènes étaient fermées. Voici les titres des pièces qui y furent exécutées et qui sont de sa composition : *la Représentation de l'église Saint-Pierre de Rome* (1738), *Pandore* (1739), *la Descente d'Énée aux Enfers* (1740), *les Travaux d'Ulysse* (1741), *Léandre et Héro* (1742), *la Forêt enchantée*, spectacle en cinq actes, orné de machines, animé par des acteurs pantomimes et accompagné de musique du sieur Geminiani, tiré de la *Jérusalem délivrée*, du Tasse (1754); *le Triomphe de l'amour conjugal* (1755), pantomime où Rousselet, ancien acteur de la Comédie-Française et de l'Opéra-Comique, avait un rôle. Il faut encore y ajouter la *Conquête du Mogol par Thomas Kouli Kan, roi de Perse; et son triomphe*, pantomime en cinq actes, et la *Constance couronnée*, pantomime en cinq actes.

(*Dictionnaire des Théâtres*, V, 135 ; VI, 613, 726. — *Catalogue de M. de Soleinne*, III.)

I

L'an 1740, le 21 avril, six heures et demie de relevée, en notre hôtel et par-devant nous Charles de La Vergée, etc., est comparu sieur François-Noël Lemarié, artificier du Roi, demeurant rue de la Harpe, paroisse St-Severin : Lequel nous a dit et déclaré que depuis le 5 du présent mois jusqu'au jour d'hier, lui comparant a toujours représenté l'artifice qui sert à la pièce que le sieur Servandoni fait représenter au palais des Tuileries, et ce suivant les ordres du sieur Servandoni et les prix qu'ils sont convenus entre eux par chaque représentation et dont lui comparant convient avoir été payé jusqu'à ce jour à raison de 36 livres par représentation. Et quoique lui comparant ait satisfait à tout et que ledit sieur Servandoni ait lieu d'être content de lui, cependant il a été surpris que cejourd'hui, il y a une demi-heure, lui comparant s'étant présenté dans la salle où se représente ladite pièce, de trouver un autre artificier nommé le sieur Guérin, artificier du Roi, pour faire l'artifice de la représentation de cejourd'hui, et que les suisses et l'épouse du sieur Servandoni lui ont refusé la porte et dit que l'on n'avoit que faire de lui quoiqu'il y fût avec l'artifice ordinaire et ce dont il n'avoit pas été averti par le sieur Servandoni ni personne de sa part, et qu'au contraire ledit sieur Servandoni a envoyé ce matin chez lui comparant une personne à lui inconnue qui lui a donné neuf louis en argent, dont lui comparant a donné quittance par-devant notaire, et cette personne lui a dit de la part dudit sieur Servandoni de ne pas manquer de venir ce soir avec l'artifice ordinaire, ce qu'il a fait. Et attendu le refus et la substitution d'un autre artificier en son lieu et place, il est venu nous requérir acte de ce que dessus et nous a représenté 21 pièces d'artifices, savoir, huit gros jets en brillans, quatre petits jets en pluie d'or à escopetterie, un pot à étoiles, un pot à aigrette à étoiles et huit gros pots à feu qui étoient dans deux sacs de toile portés par un de ses garçons.

Signé : LEMARIÉ ; DE LA VERGÉE.

(*Archives des Comm.*, n° 3022.)

II

Interrogatoire ſubi par Servandoni devant le commiſſaire Demortain à la requête de Jacques-Philippe-Auguſtin Douchet, bourgeois de Paris.

Mardi 23 août 1740.

Interrogé de ſes noms, âge, qualité, demeure ?

A dit s'appeler Jean Servandoni, âgé de 46 ans, architecte et peintre du Roi, demeurant rue St-Thomas-du-Louvre, à l'hôtel de Longueville.

S'il connoît le ſieur Douchet ?

A dit qu'il ne le connoît point, mais peut le connoître de vue.

S'il n'eſt pas vrai que le ſieur de Laboulaie ait procuré audit ſieur Douchet la connoiſſance du ſieur Servandoni il y a environ un an ?

A dit qu'il ne ſe reſſouvient pas de cela.

S'il n'eſt pas vrai que le ſieur Servandoni, ayant vu une pièce en vers faite par le ſieur Douchet, parut s'attacher à lui et le regarder comme un ami ?

A dit qu'il n'a pas vu la pièce de vers dont on lui parle, ne s'eſt pas attaché au ſieur Douchet puiſqu'il ne le connoît point et n'a pu le regarder comme ſon ami.

S'il n'eſt pas vrai que le ſieur Servandoni propoſa au ſieur Douchet, vers la fin du mois de février 1740, de l'aider dans ſon ſpectacle de la *Deſcente d'Énée aux enfers* en ce qui regardoit la littérature ?

A dit qu'il n'a point chargé le ſieur Douchet d'aucune choſe et que cela a été le ſieur Roy, poëte, qui lui a donné le ſujet et a fait les ouvrages néceſſaires pour parfaire la pièce de la *Deſcente d'Énée aux enfers.*

S'il n'eſt pas vrai que le ſieur Servandoni chargea le ſieur Douchet de lui faire quatre feuilles où le ſieur Douchet mettroit par ordre les noms des acteurs, des figures et des monſtres qui devoient entrer dans ce ſpectacle et les caractériſeroit ſelon l'idée de Virgile et l'hiſtoire poëtique ?

A dit que non et qu'il ne l'a chargé de rien.

A lui repréſenté quatre feuilles de papier ſur leſquelles ſont écrits les noms des figures, les converſations que l'on fait tenir aux acteurs et les monſtres qui ſont entrés dans la pièce de la *Deſcente d'Énée aux enfers*, ſommé de reconnoître leſdites feuilles pour être le projet de ladite pièce et être fait par ledit Douchet pour ledit ſieur Servandoni ?

A dit qu'il ne connoît point leſdites feuilles ; qu'il étoit libre audit Douchet, ainſi qu'à tout autre, de traiter le même ſujet que lui, puiſqu'il n'y a qu'à prendre Virgile et à le ſuivre.

S'il n'eſt pas vrai que le ſieur Servandoni promit audit Douchet de le récompenſer de ſes peines, ſoins et travaux ?

A dit qu'il n'a rien promis audit Douchet ; qu'il ne le connoît même pas ;

que c'eſt un impoſteur et que lui répondant peut prouver par tous ceux qui ont été employés audit ſpectacle, que ledit Douchet n'a eu aucune part audit ouvrage dont la conduite a été faite par lui répondant, le ſieur Roy, poëte, et le ſieur Meimbré (1) qui a diſtribué les rôles et inſtruit les acteurs.

S'il n'eſt pas vrai que le ſieur Servandoni chargea le ſieur Douchet d'expoſer tout ſon projet dans cinq actes, marquer dans chacun des rôles des acteurs les différentes impreſſions et mouvemens qu'ils devoient prendre ſelon l'idée de Virgile ?

A dit que le fait eſt faux.

S'il n'a pas connoiſſance d'un billet que lui a fait voir le ſieur Douchet écrit de la main du ſieur de Laboulaie, conçu dans ces termes : « Je ne ſais ſi vous ſongez à faire compoſer le livret ; ſi c'eſt de votre goût comme du mien, je trouve le ſieur Douchet en état de le compoſer ? »

A dit qu'il n'a rien vu de tout cela.

S'il n'eſt pas vrai que le ſieur Servandoni chargea le ſieur Douchet de compoſer le livret ?

A dit que non.

S'il n'eſt pas vrai qu'il ſoit convenu que le profit ſeroit partagé entre lui et le ſieur Douchet ?

A dit que non, ne l'ayant chargé de rien.

Interpellé de dire s'il n'eſt pas vrai que lui Servandoni a commandé audit ſieur Roy le livret que lui Douchet avoit fait de ladite pièce en cinq actes, contenant les rôles des acteurs, et que c'eſt ſur le projet dudit Douchet que le ſieur Roy a fait celui qui a paru imprimé ?

A dit que non.

S'il n'a pas connoiſſance que Mme Servandoni chargea le ſieur Douchet d'un billet écrit de ſa main pour Mme Piſſot, conçu en ces termes : « Je prie Madame Piſſot de donner à M. Douchet un livre de l'hiſtoire de *Pandore* pour compoſer celui de la *Deſcente d'Énée aux enfers* : Elle obligera, etc. »

A dit qu'il n'a pas de connoiſſance du fait et qu'il ſe peut faire que la dame ſon épouſe ait fait préſent d'un livre audit Douchet.

S'il n'eſt pas vrai qu'il lui fit envoyer des livres pour le compoſer dont le ſieur Douchet a encore quelques-uns entre les mains ?

A dit qu'il ne lui a envoyé aucun livre de ſa part.

S'il n'eſt pas vrai que le ſieur Servandoni fit faire le livret par un autre ?

A dit qu'il l'a fait faire par le ſieur Roy qui lui en a donné le ſujet.

Pour quel motif le ſieur Servandoni a fait faire le livret par un autre après en avoir chargé le ſieur Douchet et après que le ſieur Douchet l'eut compoſé ?

---

(1) Mainbray, de Londres, auteur de plusieurs pantomimes représentées avec succès en 1740, 1741 et 1742, à la foire Saint-Germain, sur le théâtre de Jean Restier et de la veuve Lavigne, par la *Grande Troupe étrangère*.

A dit qu'il n'a pas chargé le ſieur Douchet de faire le livret, ni ne l'a chargé d'aucune choſe concernant ſon ſpectacle.

Interpellé de dire s'il n'eſt pas vrai que lorſque le ſieur Servandoni a ſollicité la révocation de la permiſſion d'imprimer ce livret compoſé par ledit Douchet, il a dit à des perſonnes reſpectables que ledit Douchet n'avoit pas travaillé pour lui, qu'il ne le connoiſſoit pas et que le livret du ſieur Douchet étoit un vol qui lui avoit été fait ?

A dit qu'il convient d'avoir dit ce qui eſt porté par la demande et le ſoutient.

S'il n'eſt pas vrai qu'il a dit au ſieur de Lamagnière, premier valet de chambre de M. le duc de Geſvres, que ledit ſieur Douchet avoit travaillé pour lui ?

A dit qu'il ne peut avoir dit pareille choſe au ſieur de Lamagnière puiſqu'il ne le connoît pas.

S'il n'eſt pas vrai qu'il a choiſi le ſieur de St-Léon pour copier l'ouvrage du ſieur Douchet ?

A dit que le ſieur de St-Léon eſt ſon copiſte ordinaire ; qu'il ne lui a pas fait copier l'ouvrage dudit ſieur Douchet ne l'ayant pas chargé d'en faire, et que ſi il a copié quelque ouvrage dudit Douchet, cela a été par l'ordre du ſieur Douchet.

S'il n'eſt pas vrai qu'il ait envoyé le ſieur de la Force, maître tailleur, chercher le ſieur Douchet à dix heures du ſoir pour avoir le corps de la pièce, le faire voir et le remettre au ſieur de Mainbray qui à exercé les acteurs ?

A dit que non.

Interpellé de dire s'il n'a pas fait propoſer un accommodement audit ſieur Douchet par le miniſtère du ſieur de Laboulaie après que ledit Douchet eut fait aſſigner le ſieur Servandoni ?

A dit que non et que le ſieur de Laboulaie eſt même indigné du procédé dudit Douchet.

Interpellé de dire par quel motif il a fait arrêter l'impreſſion et le débit du livre compoſé par ledit Douchet ?

A dit que c'eſt parce qu'ayant appris par M. le Lieutenant général de police qu'il avoit accordé la permiſſion d'imprimer le livret de la *Deſcente d'Énée aux enfers* et lui répondant n'ayant pas connoiſſance dudit ouvrage, il a prié le Lieutenant général de police d'en empêcher l'impreſſion, ne ſachant pas ce que contenoit ce livret.

Interpellé de dire s'il n'eſt pas vrai qu'au mois de novembre de l'année dernière ledit ſieur Douchet lui a prêté huit louis d'or ?

A dit que non.

Interpellé de dire s'il entend récompenſer ledit Douchet des peines et ſoins qu'il a pris pour la conduite de ſon ſpectacle ?

A dit qu'il ne le connoît point, qu'il n'a rien fait pour lui, qu'il ne lui doit rien et au contraire demande des dommages et intérêts pour ſon tems perdu.

S'il n'eſt pas vrai que le ſieur Servandoni n'a pas rempli les promeſſes et conventions faites entre lui et le ſieur Douchet ?

A dit qu'il ne lui a rien promis et qu'il n'a fait aucune convention avec lui.

Signé : LE CHEVALIER SERVANDONI ; DEMORTAIN.

(*Archives des Comm.*, nº 2365.)

SEURETTE (Mlle GEOFFRION, dite), sœur de Mlle Geoffrion, dite Lafrance, et comme elle actrice du théâtre des Grands-Danseurs du Roi. Elle y a joué, entre autres rôles, celui de *Peggy* dans *Gack Pudding*, le 19 février 1780.

(*Journal de Paris*, 19 février 1780. — *Le Chroniqueur désœuvré*, I, 64.)

SEVIN (JEAN), né vers 1758, acteur de l'Ambigu-Comique, y jouait dès 1772 et remplissait les rôles de *paysans*.

(*Almanach forain*, 1773.)

Lundi 8 janvier 1781, ſept heures du ſoir.

Jean Sevin et Louis Neveu, acteurs du ſpectacle de l'Ambigu-Comique, arrêtés par le ſieur Seigneur, officier de la garde de Paris, à la réquiſition du ſieur Audinot, directeur dudit ſpectacle, pour avoir manqué de ſe trouver à l'heure du ſpectacle (1). Au For-l'Évêque, au ſecret, par Maſſon, ſergent.

(*Archives des Comm.*, nº 5022.)

SIAMOIS (FRANÇOIS CHANDERI, dit), joueur de gobelets à la foire Saint-Laurent de 1713.

Voy. TERRADOIRE.

SILLÉ (JULIE), née en 1764, actrice au spectacle des Associés en 1784.

(*Archives des Comm.*, nº 3791.)

---

(1) On jouait, le 8 janvier 1781, à l'Ambigu-Comique, spectacle demandé : *le Prince noir et blanc*, pantomime à spectacles mêlée de dialogues, féerie en deux actes, par Audinot et Arnould Mussot, précédée du *Remède à l'ennui*, pièce en un acte, et des *Plus courtes Folies*, proverbe joué par des enfants.

SILVESTRE (Guillaume), né en 1729, danseur de corde du jeu de Gaudon en 1760.

Mercredi 1er octobre 1760.

Arreſtation de Guillaume Silveſtre, âgé de 31 ans, danſeur du jeu de Gaudon, demeurant faubourg St-Lazare, prévenu d'avoir volé et fait vendre à ſon profit des plats et aſſiettes en étain appartenant à un marchand de vins qui lui fourniſſoit à manger.

(*Archives des Comm.*, n° 2671.)

SILVESTRE (Mlle), danseuse au jeu de l'Artificier hollandais à la foire Saint-Laurent de 1757.

Voy. Artificier hollandois (l').

SIMONET (Mlle), actrice du boulevard, faisait, en 1782, partie de la troupe de l'Ambigu-Comique, où elle a joué *Julie* dans le *Cabinet des figures, ou le Sculpteur en bois*, comédie en un acte, en prose, par Mague de Saint-Aubin, représentée le jeudi 25 juillet de cette même année. Quelques mois plus tard, Mlle Simonet fut engagée au spectacle des Grands-Danseurs du Roi, où elle joua avec un grand succès, le 7 juin 1783, *Isabelle* dans le *Calendrier des vieillards*.

(*Journal de Paris*, 7 juin 1783. — Brochure intitulée : *le Cabinet des figures*, Paris, Cailleau, 1784.)

SINGE MUSICIEN. On montrait à la foire Saint-Germain de 1772 un singe qui jouait de la vielle et qui exécutait dans la perfection un air sur cet instrument. Son maître l'accompagnait avec une mandoline.

(*Mémoires secrets*, VI, 112.)

SODI, danseur de l'Académie royale de musique et maître des ballets de la Comédie-Française, parut sur le théâtre de l'Opéra-Comique pendant la foire Saint-Laurent de 1752 et y dansa, avec Cosimo Maranesi et Mlle Bugiani, le pas de trois des *Batteurs en grange.*

(*Dictionnaire des Théâtres,* V, 181 ; VI, 392.)

SOLANGE (MARIE ROUSSELOT, dite), femme du sieur Bernard Lecat, dit Pompée, actrice du spectacle des Associés en 1787.

Voy. POMPÉE.

SOLDI, directeur d'une ménagerie, montrait des animaux à la foire Saint-Germain de 1774 et entre autres un buffle à une corne, des génisses jumelles attachées ensemble, un singe de cinq pieds, un cheval n'ayant que trois jambes, deux chiens jumeaux dont l'un n'avait que deux pattes et l'autre six, et un bélier sachant compter et connaissant la valeur des monnaies.

(*Almanach forain,* 1775.)

SOPHIE (Mlle), née en 1762, actrice du théâtre de l'Ambigu-Comique, où elle débuta dès 1772, était encore attachée à ce spectacle en 1782, époque où elle joua le rôle de *Madame Mistanflute, femme de charge, amante de Carmagnole,* dans *Carmagnole et Guillot Gorju,* tragédie pour rire, de Dorvigny et Dancourt, représentée le 2 janvier de cette même année.

(*Almanach forain,* 1773. — Brochure intitulée : *Carmagnole et Guillot Gorju,* Avignon, 1791.)

SORELLE (MARIE), femme de Jean-Pierre-Adrien Dérissart, dit Derci, actrice du spectacle des Associés en 1787.

Voy. POMPÉE.

SORIN, acteur forain, débuta en 1707 au jeu de Nivellon et y joua les *mezzetins*, les *travestis*, les *sultans* et les *pères*. Il y fit connaissance de Richard Baxter, acteur de la même troupe, et le suivit, de 1713 à 1716, chez la dame Baron, à qui il servit de prête-nom en 1713, époque où elle se trouvait sous le coup de poursuites de nombreux créanciers. En 1718, il alla donner des représentations en province avec Baxter et revint avec lui à Paris en 1721, époque où il entra comme lui dans l'association faite pour l'exploitation d'un Opéra-Comique à la foire Saint-Laurent, par Pierre Alard, Lalauze, Mlle d'Aigremont, Maillard et sa femme. Cette entreprise ne réussit pas et Sorin se retira chez ses parents. Il est mort vers 1730.

(*Mémoires sur les Spectacles de la Foire*, I, 120.)

I

L'an 1714, le 10e jour de feptembre, environ les cinq heures de relevée, en l'hôtel de nous François Dubois, etc., eft venu fieur Étienne Milache fieur de Moligni, comédien ordinaire du Roi, tant pour lui que pour les autres comédiens du Roi, defquels il nous a dit avoir charge et pouvoir : Lequel nous a fait plainte et dit que, au préjudice de plufieurs fentences de police, arrêts du Confeil et arrêts et règlemens du Parlement qui font défenfe aux danfeurs de corde de jouer ou faire jouer et repréfenter fur des théâtres publics aucune pièce ni comédie par dialogues, colloques, monologues ni autrement de quelque manière que ce puiffe être, fous les peines y portées, même de démolition des théâtres; néanmoins les fieurs Sorin, Baxter, leurs affociés et autres chefs de troupes de danfeurs de corde, au mépris defdits arrêts, ne laiffent pas de faire jouer et repréfenter publiquement et journellement des pièces de théâtre et comédies fuivies et par fcènes et actes fur des théâtres publics qu'ils ont fait élever à cet effet ès environs de la foire St-Laurent, dans lefquelles pièces les acteurs et actrices fe parlent et fe répondent les uns aux autres en profe felon le fujet de la pièce comique qu'ils repréfentent et jouent; ce qui forme des comédies complètes et eft directement contraire auxdits arrêts. Pourquoi il nous requiert de préfentement nous tranfporter dans la loge et falle defdits Sorin et Baxter à ladite foire St-Laurent où fe font et fe jouent lefdites comédies, à l'effet d'en dreffer procès-verbal et lui en donner acte defdites contraventions auxdits arrêts et règlemens qui font un préjudice notable auxdits comédiens du Roi et font contraires au privilége qu'il a plu au Roi d'accorder auxdits comédiens de Sa Majeſté pour leur établiſſement qu'ils ſont obligés de ſoutenir avec grands frais et dépenſes, ſe trouvant tous engagés dans un fonds de plus de 300,000 livres pour leur hôtel de la Comédie, rue des Fossés-St-Germain.

Signé : E. MILACHE DE MOLIGNI.

Sur quoi nous commiſſaire, etc., ſommes ledit jour, environ les ſix heures de relevée, tranſporté en la ſalle et jeu de danſe de corde deſdits Sorin et Baxter à la foire St-Laurent, où, après le jeu de danſes de corde fini, il a été repréſenté ſur un théâtre orné de décorations, de luſtres et de machines différentes, une pièce comique qui a pour titre : *le Tombeau de Noſtradamus* et *Arlequin Mahomet* (1), en pluſieurs ſcènes que les acteurs et actrices chantent, et pendant le cours de la pièce la plupart des acteurs et actrices ſe parlent et ſe répondent ſur le même ſujet de la pièce par de courts dialogues et colloques en proſe environ en vingt endroits de la pièce, l'orcheſtre rempli et compoſé de douze particuliers qui jouent enſemble de chacun un inſtrument de muſique. De quoi nous avons fait et dreſſé le préſent procès-verbal.

Signé : DUBOIS.

(*Archives des Comm.*, n° 3705.)

II

L'an 1718, le 15e jour de mars, nous Louis Poget etc., ſur le réquiſitoire des Comédiens-François, nous ſommes tranſporté ledit jour 15e de mars, ſur les cinq heures du ſoir en une ſalle et loge ſituée rue des Quatre-Vents à côté de la porte de la foire et faiſant face à la rue de Tournon, et en y allant avons remarqué tant au coin de pluſieurs rues qu'à la principale porte de ladite ſalle pluſieurs affiches ayant pour inſcription : *Opéra-Comique de Bel-Air*, et que l'on doit repréſenter dans ladite ſalle pluſieurs pièces comiques ayant pour titres : *la Gageure de Pierrot* (2), *le Pharaon* (3) et *Pierrot ſurieux* (4). Et étant entré dans ladite ſalle, nous avons remarqué qu'il n'y a eu aucune danſe de corde et que ſur les ſix heures du ſoir il a été repréſenté ſur un théâtre orné de luſtres et de décorations différentes, une pièce comique en trois actes ; que le premier acte avoit pour ſujet la *Gageure de Pierrot ;* que dans ledit acte jouoient le nommé Sorin ſous le nom de Gros-Lucas, le nommé Dolet ſous le nom de Nicaiſe, un Arlequin, un Pierrot et pluſieurs autres acteurs et ac-

(1) *Arlequin Mahomet*, opéra comique en un acte et en vaudevilles, par Lesage, précédé d'un prologue intitulé : *la Foire de Guibray ; le Tombeau de Nostradamus*, pièce en un acte, par Lesage.

(2) *La Gageure de Pierrot*, opéra comique en un acte, de Fuzelier.

(3) *Pharaon*, opéra comique en un acte, par le même.

(4) *Pierrot furieux*, parodie, par le même, de la tragédie lyrique de *Roland*, par Quinault et Lully.

trices ; que le fecond acte avoit pour fujet le *Pharaon,* dans lequel jouoient le nommé Molin fous le nom de Crifpin et de vicomte de Badaudancourt, ledit Sorin fous le nom de Mauffadinet avec plufieurs autres acteurs et actrices, et que le troifième acte avoit pour fujet *Pierrot le furieux,* dans lequel jouoient pareillement ledit Sorin fous le nom de Gros-Jean, ledit Pierrot et ledit Arlequin et plufieurs autres acteurs et actrices; que dans lefdits trois actes les acteurs et actrices chantent pour repréfenter le fujet de la pièce et que pendant le cours d'iceux tous lefdits acteurs et actrices fe parlent et fe répondent quelquefois et très-fouvent fur le même fujet de la pièce qu'ils repréfentent, par de courts dialogues et colloques en profe et ce dans prefque toutes les fcènes de ladite pièce et particulièrement lefdits Sorin, Dolet et Molin, Arlequin et Pierrot qui fe parlent les uns aux autres et lient leur difcours au fujet de la pièce qu'ils repréfentent, en forte qu'ils parlent beaucoup plus qu'ils ne chantent, ce qui forme une pièce complète ainfi qu'il en eft repréfenté fur le théâtre des Comédiens du Roi. Et avons auffi remarqué qu'il y a eu plufieurs changemens de décoration pendant le cours defdits trois actes et qu'il y avoit dans ladite falle un orcheftre rempli de douze particuliers ou environ qui jouoient enfemble de chacun un inftrument de mufique et qu'il y a eu auffi plufieurs danfes différentes fur ledit théâtre pendant le cours defdits trois actes, ce qui a duré jufqu'à huit heures et demie du foir.

Dont et de quoi nous avons fait et dreffé le préfent procès-verbal.

Signé : POGET.

Archives des Comm., nº 2758.)

III

L'an 1718, le 28e mars, environ les cinq heures de relevée, en l'hôtel de nous François Dubois, etc., font comparus fieurs Georges-Guillaume Lavoy, Charles Botot-Dangeville, Antoine Chantrelle-Duboccage et Jean-Baptifte-Maurice Quinault, comédiens ordinaires du Roi : Lefquels tant pour eux que pour les autres comédiens ordinaires du Roi dont ils nous ont dit avoir charge et pouvoir, nous ont fait plainte et dit que, quoique par plufieurs fentences rendues par M. le Lieutenant général de police et arrêts confirmatifs d'icelles, règlemens de la Cour et arrêts du Confeil, il foit défendu à tous danfeurs de corde et autres de repréfenter fur des théâtres publics aucune comédie et autres pièces de théâtre par dialogues, colloques, monologues, ni de quelque autre façon que ce foit, fous les peines y portées, même démolition de leurs théâtres ; néanmoins plufieurs chefs de danfeurs de corde et autres, au mépris defdites fentences, arrêts et règlements, ne laiffent pas de jouer et faire repréfenter journellement et publiquement, fur des théâtres publics qu'ils ont fait élever aux environs de la foire St-Germain, des pièces de théâtre et comédies fuivies par fcènes et actes, dans lefquelles pièces les acteurs et actrices ſe parlent et ſe répondent les uns aux autres ſelon le ſujet de la pièce qu'ils repréſentent, ce qui compoſe des comédies complètes et eſt abſolument contraire auxdits arrêts et règlemens, même font poſer des affiches aux coins des rues et aux portes des loges où ils jouent, indiquant les pièces qu'ils doivent repréſenter : Ce qui eſt contraire au privilége qui leur a été accordé pour leur établiſſement et leur cauſe un préjudice d'autant plus conſidérable qu'ils ſont obligés de ſoutenir avec de grands frais et dépenſes l'hôtel de la Comédie, dans le fonds duquel ils ſe trouvent tous engagés pour plus de 300,000 livres. Et comme ils ont un intérêt ſenſible d'empêcher la ſuite de ces ſortes d'abus et de ſe maintenir dans leur privilége, ils nous rendent la préſente plainte, nous requérant de nous tranſporter préſentement dans la loge et ſalle où jouent les nommés Sorin et Dolet et pluſieurs autres, rue des Quatre-Vents au jeu appelé Bel-Air, où ſe repréſentent leſdites comédies, pour dreſſer notre procès-verbal des contraventions.

Signé : LAVOY ; DANGEVILLE ; DUBOCCAGE ; QUINAULT.

Sur quoi, nous commiſſaire, etc., ſommes ledit jour, environ les ſix heures de relevée, tranſporté rue des Quatre-Vents, faubourg St-Germain, dans une maiſon appelée le jeu de Bel-Air où nous avons vu repréſenter trois petites pièces comiques ayant pour titre, ainſi que le portent les affiches publiques : l'une, *la Gageure de Pierrot ;* l'autre, *Pierrot le furieux,* et la troiſième, *les Animaux raiſonnables* (1). Leſquelles comédies ont été repréſentées par pluſieurs acteurs et actrices tant en proſe récitée qu'en vers chantés, ſcène par ſcène, et ſuivies et complètes ſuivant le ſujet de la pièce, ſur un théâtre public orné de loges des deux côtés et de décorations de théâtre, changemens de décorations et de luſtres; avec un orcheſtre rempli de huit particuliers jouant chacun d'un inſtrument de muſique et ſans aucune danſe de corde. De quoi nous avons fait et dreſſé le préſent procès-verbal.

Signé : DUBOIS.

(*Archives des Comm.*, n° 3709.)

SPECTACLE HYDRAULIQUE. On voyait à la foire Saint-Germain de 1749 un spectacle hydraulique dont le détail est consigné dans l'annonce que l'on va lire : « Avis au public. On eſt averti qu'il eſt arrivé en cette ville une machine hydraulique qui fait agir par un ſeul tuyau toutes ſortes de figures. Il y en a qui travaillent, d'autres qui ſe battent et chaſſent le cerf. Elle

(1) *Les Animaux raiſonnables,* opéra comique en un acte, avec un divertiſſement, muſique de Gilliers, par Legrand et Fuzelier.

forme un parasol d'eau avec deux chandelles allumées par-dessous sans qu'elles s'éteignent. Elle forme aussi un fanal d'eau où il y a une chandelle allumée dans le milieu. L'on fait voir un moulin à vent avec un rémouleur des mieux imités. L'on verra aussi voltiger en l'air au-dessus de l'eau plusieurs figures et cinq chandelles allumées qui montent jusqu'au plancher avec une boule de cuivre qui danse en l'air au-dessus de l'eau, une figure qui tourne avec des épées, deux étoiles avec un cadran qui ont leur mouvement, deux petites barques qui marchent sur l'eau et quatre figures à cheval qui jouent à la bague comme au carrousel. L'on voit aussi la vis sans fin où il y a deux boules de marbre qui descendent continuellement, le tout très-curieux à voir. L'on voit un homme qui n'a qu'un seul bras qui fait mille tours nouveaux de gibecière dans la dernière perfection. »

(*Affiches de Paris*, 1749.)

SPECTACLE MARIN, théâtre ouvert sur le boulevard du Temple et qui était en pleine activité en 1756. L'année suivante, Antoine Fouré s'établit dans le local occupé par le Spectacle marin, qui avait fermé, et y installa son spectacle mécanique.

Voy. FOURÉ.

SPECTACLE MILITAIRE, théâtre situé sur le boulevard du Temple et dirigé, en 1767, par un sieur Baldini.

Voy. MION.

SPECTACLES RELIGIEUX. Deux fois par an, à Noël et à Pâques, des représentations pieuses, faites au moyen de figures de cire mouvantes, attiraient la foule rue de la Bucherie, près le pont de l'Hôtel-Dieu. De 1720 à 1725 elles furent dirigées par un habile joueur de marionnettes, Alexandre Bertrand, et après lui, de 1725 à 1728, par Anne Bertrand, sa fille, et Nicolas Bertrand, son fils. A Noël, on montrait la *Crèche;* à Pâques, la *Passion de Notre-Seigneur*. En 1746, les figures de cire des Bertrand existaient encore et les représentations avaient encore lieu au même endroit. Mais qui dirigeait ces pieux spectacles? C'est ce que ne nous dit pas l'annonce qu'on en trouve dans les journaux du temps et qui est ainsi conçue: « Meſſieurs et dames, la Paſſion de Notre-Seigneur Jéſus-Chriſt, en figures de cire mouvantes comme le naturel, ſe repréſente depuis le dimanche de la Paſſion et continue juſqu'au jour de la Quaſimodo incluſivement. Ce ſpectacle eſt digne de l'attention du public, tant par la dignité de ſon ſujet que par le changement de ſes décorations. C'eſt toujours ſur le pont de l'Hôtel-Dieu, rue de la Bucherie, où de tout tems s'eſt repréſentée la Crèche. » A peu près à la même époque, en 1743, on voyait un autre spectacle pieux à l'hôtel de Soissons; il était dirigé par une dame Hardasse et représentait la *Création du monde*. Plus tard, en 1777, un sieur Josse, domicilié rue Greneta, faisait voir « l'*Origine du monde et la chute du premier homme,* spectacle de peinture, de mécanique et de musique, en cinq actes, tiré du *Paradis perdu* de Milton ».

(*Archives des Comm.*, nos 1428, 4209. — Magnin, *Histoire des Marionnettes*, p. 115.)

Voy. BERTRAND (ANNE); GARNIER.

SPINACUTA (LAURENT), habile danseur de corde du théâtre de Nicolet et entrepreneur de spectacles forains, est célèbre non-seulement par sa merveilleuse agilité, mais encore par son habileté extraordinaire à dresser les animaux. Deux de ses plus fameux élèves, le chien Caraby et le singe Turco, parurent sur le théâtre de Nicolet et y obtinrent un grand succès. Il montra aussi des ménageries aux foires. En 1765, à la foire Saint-Ovide, dans la ménagerie d'un nommé Hali, il exhibait un casoar qui attirait la foule; en 1774, il faisait voir à la foire Saint-Germain deux tigres, un singe, un armadille ou catou, un ocelot ou chat-tigre, un poreux d'Asie, un grand condor. Enfin Spinacuta ne se bornait pas à faire des élèves dans l'espèce animale, il dressait aussi des enfants à jouer la comédie et il les prenait en pension chez lui à cet effet.

(*Almanach forain*, 1775.)

Voy. CASOAR.

SPINACUTA (Mlles), peut-être les filles du précédent, dansèrent en 1779 au spectacle des Élèves de l'Opéra. En avril 1780, Audinot les engagea au théâtre de l'Ambigu-Comique.

(*Le Chroniqueur désœuvré*, I, 28.)

Voy. BONNET (Mlle).

STORKINFELD (LES ÉPOUX), danseurs du théâtre des Grands-Danseurs du Roi, où ils parurent en 1786, exécutaient le pas du *Marchand d'oignons hongrois*, avec des bottes et des éperons, le 27 août de cette même année.

(*Journal de Paris*, 27 août 1786.)

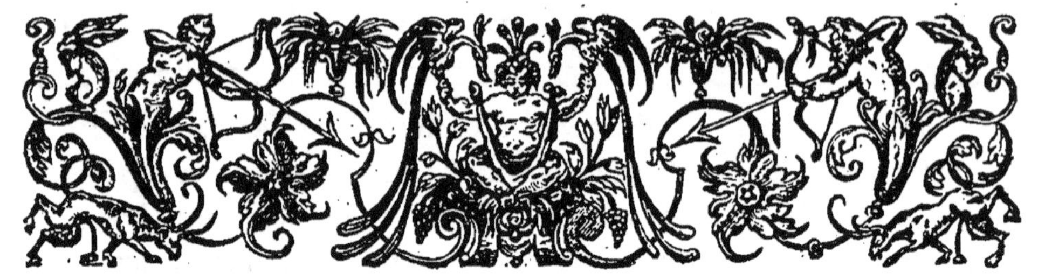

T

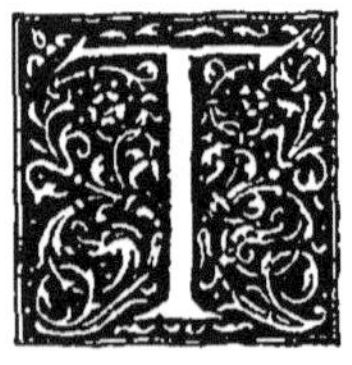

TABARI, danseur de l'Opéra-Comique à la foire Saint-Laurent de 1736.

(*Mémoires sur les Spectacles de la Foire*, II, 116.)

TABRAIZE (JACQUES), né en 1772, était danseur au spectacle des Petits-Comédiens du comte de Beaujolais en 1789. *Voy*. DOTTEL.

TABRAIZE (GENEVIÈVE-HENRIETTE), sœur du précédent, née en 1769, morte en 1809, actrice du boulevard, débuta fort jeune au spectacle des Élèves de l'Opéra en 1779. En avril 1780, elle fut engagée à l'Ambigu-Comique, où elle resta jusqu'en 1783. L'année suivante, elle entra aux Variétés-Amusantes et y remplit l'emploi des *amoureuses*. Elle a joué sur cette scène, entre autres rôles : *Gusulbec* dans le *Vannier et son Seigneur*, pièce avec ballet (27 avril 1784) ; *Cécile* dans le *Danger des liaisons*, comédie en un acte, de Céline Cheval, plus connue sous le nom de

Mme de Beaunoir (4 mai 1784); une *bergère* dans les *Caprices de Proserpine, ou les Enfers à la moderne,* pièce épisodi-comique en un acte, en vers, de Pujoulx (16 juin 1784), et *Sarah* dans le *Duc de Monmouth,* comédie héroïque en trois actes, en prose, de Bodard de Tézay (4 novembre 1788).

(*Le Chroniqueur désœuvré*, I, 28. — *Journal de Paris*, 27 avril, 4 mai 1784. — Brochures intitulées : *les Caprices de Proserpine*, Paris, Cailleau, 1785 ; *le Duc de Montmouth*, Paris et Bruxelles, Deboubers, 1789. — *Galerie historique de la troupe de Nicolet*, par de Manne et Ménétrier, 239.)

Voy. BONNET (Mlle).

TABRAIZE (ADÉLAÏDE-FRANÇOISE-ÉLISABETH), sœur des précédents, fut, comme Geneviève-Henriette, successivement actrice au spectacle des Élèves de l'Opéra en 1779, à l'Ambigu-Comique en 1780 et aux Variétés-Amusantes en 1784. Elle a joué à ce dernier théâtre l'*Ombre d'une orgueilleuse* dans les *Caprices de Proserpine, ou les Enfers à la moderne,* pièce épisodi-comique en un acte, en vers, par Pujoulx (16 juin 1784). Mlle Tabraize cadette est morte en 1804.

(*Le Chroniqueur désœuvré*, I, 28. — Brochure intitulée : *les Caprices de Proserpine*, Paris, Cailleau, 1785. — *Galerie historique de la troupe de Nicolet*, par de Manne et Ménétrier, 239.)

Voy. BONNET (Mlle).

TABRAIZE (SOPHIE), sœur des précédents, née en 1777, était danseuse au spectacle des Petits-Comédiens de S. A. S. le comte de Beaujolais en 1789.

Voy. DOTTEL.

TACONET (TOUSSAINT-GASPARD), auteur dramatique et acteur du boulevard, né le 3 juillet 1730, mort le 29 décembre

1774 à l'hôpital de la Charité, commença par être machiniste à l'Opéra, puis souffleur à la Comédie-Française et à l'Opéra-Comique. Lors de la réunion de ce spectacle à la Comédie-Italienne (1762), Taconet, qui avait déjà fait représenter plusieurs pièces sur le théâtre de Nicolet, entre autres l'*Ombre de Vadé* (foire Saint-Germain de 1758), sollicita de lui un engagement qui lui fut accordé et devint bientôt l'un des acteurs les plus aimés de ce théâtre, où il brillait particulièrement dans les *savetiers* et les *ivrognes*. Cet artiste, d'un talent réel, a joué pendant douze ans une multitude de rôles ; il s'est surtout distingué dans le *Savetier avocat*, l'*Avocat sans étude*, le *Procès du Chat*, le *Savetier gentilhomme*, le *Savetier amoureux de la belle Bourbonnaise*, le *Savetier petit maître à la foire*, pièces de sa composition, et dans l'*Estropié, ou la Belle Famille*, les *Ribotteurs de la Rapée*, le *Gueux revêtu*, etc., etc. MM. de Manne et Ménétrier portent à quatre-vingts, dont vingt-quatre seulement imprimées, le nombre de ses pièces de théâtre. L'une d'entre elles, la *Momie*, lui fut inspirée par une bévue assez forte commise par le commissaire au Châtelet Rochebrune et que les *Mémoires secrets* racontent en ces termes : « 18 octobre 1767. Il vient d'arriver une aventure très-comique et très-vraie : un particulier venant du grand Caire a rapporté une momie, comme un objet de curiofité, pour orner un cabinet. Paffant par Fontainebleau, il a pris le coche d'eau de la cour pour fe rendre à Paris. Mais, par oubli, en faifant emporter fes bagages, il a laiffé la boîte qui contenoit la momie. Les commis l'ont ouverte, ont cru y voir un jeune homme étouffé à deffein, ont requis un commiffaire, qui s'eft rendu fur les lieux avec un chirurgien auffi ignorant que lui. Ils ont dreffé un procès-verbal et ordonné que le cadavre feroit porté à la Morgue pour y être expofé et reconnu par fes parens ou autres, et qu'on informeroit contre les auteurs du meurtre. Cela a excité une grande rumeur dans le peuple, indigné de l'atrocité du crime dont on l'a inftruit et fur lequel on a forgé cent conjectures plus criminelles les unes que les autres. Le propriétaire de la momie, s'étant aperçu de fon étourderie, a retourné au coche réclamer ſa boite. On l'y a arrêté, on l'a conduit chez le commiſſaire, qu'il a rendu bien honteux en lui démontrant ſa bévue, ſon ignorance et celle du chirurgien. Pour retirer de la Morgue le cadavre prétendu, il a fallu ſe pourvoir devant M. le Lieutenant criminel : ce qui a rendu très-publique cette hiſtoire, qui fait l'entretien de la Cour et de la ville. »

(*Mémoires secrets*, III, 279. — *Galerie historique de la troupe de Nicolet*, par de Manne et Ménétrier, 23.)

I

L'an 1758, le mardi 19 décembre, ſept heures du ſoir, en l'hoſtel et pardevant nous François-Simon Leblanc, etc., eſt comparu ſieur Guillaume Bouchot, cy-devant valet de chambre, maître d'hôtel de M. le marquis de Gamaches, demeurant rue des Vieilles-Étuves, chez la dame ſa mère, paroiſſe St-Euſtache, lequel nous a rendu plainte contre le ſieur Taconet, ſans qualité et cy-devant ſouffleur à la Comédie-Françoiſe, demeurant rue des Quatre-Vents, et ayant ſon père qui eſt menuiſier rue des Cannettes, et nous a dit que depuis nombre d'années, il connoît une demoiſelle et la voit journellement chez ſes père et mère d'elle dans les vues de l'épouſer; que ledit Taconet s'eſt introduit dans la maiſon de cette demoiſelle et a voulu ſupplanter le plaignant pendant une abſence de deux années de la part du plaignant de cette ville; qu'à ſon retour ayant de nouveau vu cette demoiſelle qui n'avoit point voulu écouter les propoſitions dudit Taconet et l'a elle-même congédié ainſy que ſes père et mère, qui ont voulu laiſſer leur fille maîtreſſe de ſon ſort; que ledit Taconet picqué de cela a fait différentes menaces contre le plaignant et a ſuivy obſtinément cette demoiſelle dans différentes maiſons où elle alloit, et là y trouvant le plaignant, il lui a fait nombre d'inſultes et défis de ſe battre, diſant entre autres que s'il le trouvoit avec cette demoiſelle, qu'il lui donneroit un coup d'épée dans le dos; que le vendredy dernier quinze du préſent mois, vers l'heure de midy et demy, luy plaignant étant ſur la porte d'un cabaret, faiſant l'encoignure des rues du Bacq et de l'Univerſité, à la Tour-d'Argent, à attendre une perſonne, ledit Taconet étant venu à paſſer, luy plaignant l'a ſalué, que ſur cela il eſt venu à luy et luy a d'abord demandé s'il étoit ſeul, que luy ayant répondu qu'il étoit ſeul, mais qu'il attendoit du monde et que s'il vouloit luy faire l'honneur d'accepter un verre de vin il n'avoit qu'à monter et étoit le maître. Ledit Taconet luy a dit qu'il y avoit longtems qu'il en cherchoit l'occaſion; qu'auſſitôt qu'ils ont été montés dans une chambre de ce cabaret, ledit Taconet a commencé par luy dire qu'il n'auroit point cette demoiſelle en mariage et qu'il luy défendoit d'aller chez ſes père et mère : que ſur cela, il luy a répondu, en badinant, qu'il s'y prenoit trop tard; que ledit Taconet luy a de nouveau dit qu'il en étoit fâché mais qu'il falloit qu'ils se coupassent la gorge ensemble s'il voyoit davantage cette demoiselle et qu'il ne le quitteroit pas sans cela; que luy ayant représenté qu'ils n'étoient point gens à se battre ainsy, mais à cette demoiselle à décider entre eux, ledit Taconet a toujours persisté à vouloir se battre et luy a proposé avec vivacité d'aller se battre vers l'École militaire, ce que le plaignant a refusé, et ensuite de se trouver encore à la Glacière le même jour sur les trois heures; que ledit Taconet voyant cela, est descendu et est tout de suite remonté en lui disant avec fureur pourquoy il ne descendoit pas, et qu'il vouloit absolument se battre avec luy; que le plaignant pour éviter les suites de ses fureurs a ôté de dessus la table un couteau qui y étoit, ce que voyant ledit Taconet, il a pris une bouteille en criant : « Je suis bien malheureux d'être dans un cabaret ! » Que le plaignant pour éviter ce qui pouvoit arriver de la part dudit Taconet dans ce quartier-là où il est fort connu, il a feint d'aller avec lui à l'École militaire et à cet effet a suivy la rue du Bacq pour passer dans la rue de Sèvres où il a une personne qu'il connoît et chez laquelle il s'est proposé d'entrer pour éviter de se battre; qu'en route, ledit Taconet lui a proposé de passer par différentes rues détournées et que le plaignant a refusé toujours pour éviter de se battre; qu'enfin étant parvenus dans la rue de Sèvres, il est entré chez le sieur Béton, boulanger, qu'il connoît, et là il a dit audit Taconet qu'il pouvoit aller faire ses affaires, que pour luy il ne vouloit point se battre; ce que voyant ledit Taconet, il est entré chez un marchand de bière à côté où il est resté environ une heure, au bout duquel tems il est venu sans chapeau et sans épée trouver le plaignant chez ledit Béton et luy a dit : « Vous voilà encore icy, apparemment que vous ne voulez point venir », et luy ayant dit que non, il luy a répliqué d'un ton goguenard : « Je venois vous rendre les armes et vous prier de ne point parler du différend que nous avons eu et que cela n'aille pas plus loin »; qu'il a quitté encore pendant quelque tems le plaignant qui, pour éviter sa rencontre, a resté chez ledit Béton une partie de l'après-midy; que cejourd'huy, sur les quatre heures et demie, le plaignant étant dans la rue Dauphine avec deux de ses amis, ledit Taconet est venu à luy et a été pour luy prendre la main en luy disant d'un air goguenard : « Nous nous sommes quittés singulièrement le dernier jour, mais les hommes se rencontrent. » Que luy plaignant ne luy a répondu autre chose sinon qu'il n'avoit affaire à luy, de sorte que ledit Taconet l'a quitté et ne luy a point dit autre chose; que ledit Taconet est un homme sur le pavé de Paris qui y est regardé comme un tapageur se faisant fort de son épée, que même il y a environ quinze jours, il a forcé un des amis du plaignant à mettre l'épée à la main sous l'arcade du Palais, du côté du quay des Morfondus, et cela sur ce que le plaignant s'est trouvé une fois avec cette demoiselle et plusieurs autres chez cet amy et la dame son épouse; et comme le plaignant ne veut point se battre avec ledit Taconet ainsy qu'il luy a provoqué et qu'il y a lieu d'appréhender les menaces qu'il lui a faites, il a été conſeillé de ſe retirer par-devant nous pour nous faire ſa préſente déclaration et nous rendre plainte, etc.

Signé : BOUCHOT; LEBLANC.

(*Archives des Comm.*, nº 54.)

II

L'an 1766, le vendredi 21 novembre, huit heures du ſoir, eſt comparu en l'hôtel et par-devant nous Nicolas Maillot, etc., ſieur Jacques Couturier, inſpecteur des foires et boulevards et officier de la garde de Paris : Lequel nous a dit que, en vertu des ordres à lui donnés par M. le Lieutenant général de police, d'arrêter le nommé Taconet, acteur de Nicolet, maître de ſpectacle ſur le boulevard, pour cauſe d'indécence et de paroles obſcènes par lui dites et débitées ſur le théâtre dudit Nicolet en public et de nous l'amener pour l'envoyer par la garde en priſon, il vient d'arrêter ledit Taconet et nous l'a fait conduire pour l'entendre.

Signé : COUTURIER.

Sur quoi nous commiſſaire, etc., avons fait comparoître ledit particulier arrêté, et ſur les interpellations par nous à lui faites, il nous a dit ſe nommer Touſſaint-Gaſpard Taconet, natif de Paris, âgé de 35 ans, acteur chez Nicolet, maître de ſpectacle ſur le boulevard, logeant chez la veuve Goſſe, logeuſe, rue du Temple. Nous a ajouté qu'il peut avoir dit ſur le théâtre dudit Nicolet en repréſentant et en jouant ſes rôles, quelque choſe qui ait bleſſé les oreilles des ſpectateurs, mais qu'il ne l'a pas fait à mauvaiſe intention et que ce ne peut être que par diſtraction et inattention.

Signé : TACONET.

Ce fait, nous avons remis ledit Taconet ès mains de Charles-Denis Chartron, ſergent de la garde de Paris de poſte aux Enfans-Rouges, pour, par lui, le conduire ès priſons du For-l'Évêque et l'y faire écrouer de police par le premier officier du guet requis.

Signé : MAILLOT; CHARTRON.

(*Archives des Comm.*, nº 3773.)

III

L'an 1767, le vendredi 15 mai, neuf heures du ſoir, eſt comparu en l'hôtel et par-devant nous Nicolas Maillot, etc., ſieur Jacques Couturier, officier de la garde de Paris, inſpecteur des foires et des boulevards : Lequel nous a dit que, ſur le rapport qu'il a fait ce matin à M. le Lieutenant général de police ſur celui qui lui avoit été fait par le ſieur Olonde, ſous-ſergent d'inſpection, qu'hier au ſoir le nommé Taconet, acteur de Nicolet, maitre de ſpectacle ſur le boulevard, avoit dit ſur la ſcène, jouant chez Nicolet dans le *Beau Léandre* lorſqu'il ſe couche à ſa porte rentrant ivre chez lui, qu'il falloit qu'il prît garde à lui, que le guet venant à paſſer il ſeroit volé; M. le Lieutenant général de police lui avoit ordonné d'arrêter ledit Taconet, de le conduire par-devant nous pour l'entendre et enſuite le conduire au For-l'Évêque. Qu'en conſéquence de ces ordres, il vient d'arrêter ledit Taconet et l'a conduit par-devant nous pour l'entendre : Nous requérant de le lui remettre ès mains après l'avoir entendu pour exécuter ledit ordre. Et ayant fait comparoître ledit particulier arrêté, il nous a dit ſe nommer Touſſaint-Gaſpard Taconet, natif de Paris, âgé de 36 ans, acteur chez ledit Nicolet, logeant rue du Temple, chez le nommé Pacard, débitant de tabac et logeur. Nous a ajouté qu'il n'a point dit hier dans la pièce en queſtion : « Si le guet paſſe je ſerai volé ! » mais bien : « Si le guet paſſe il va me voir. » Ce qu'il eſt à portée de faire prouver par différentes perſonnes et qu'il faut qu'on ait mal entendu et compris ce qu'il a dit. Ce fait, nous avons laiſſé ledit Taconet ès mains dudit Couturier pour, par lui, le conduire au For-l'Évêque ſuivant l'ordre qu'il déclare avoir de M. le Lieutenant général de police. Dont et du tout nous avons fait et dreſſé le préſent procès-verbal.

Signé : MAILLOT; COUTURIER; TACONET.

(*Archives des Comm.*, nº 3774.)

IV

L'an 1768, le mardi premier mars, neuf heures du matin, en notre hôtel et par-devant nous Antoine-Joachim Thiot, etc., eſt comparu ſieur Antoine-Joſeph Laroche, étudiant en droit et employé dans les bureaux de M. le procureur général au Parlement de Paris, y demeurant rue du Cherche-Midi, faubourg St-Germain, paroiſſe St-Sulpice : Lequel nous a rendu plainte contre le nommé Taconet, auteur et acteur du théâtre de Nicolet, foire St-Germain, demeurant rue et échelle du Temple, et nous a dit que le jour d'hier, ſur les neuf heures et demie du ſoir, il a reconduit d'une maiſon du paſſage du Riche-Laboureur, rue des Foſſés-Mr-le-Prince, la demoiſelle Mazure chez le ſieur ſon père, marchand de vins, rue des Quatre-Vents, dont la maiſon perce rue du Petit-Lion; que c'eſt par cette dernière rue qu'il a ramené cette demoiſelle, mais la porte de ce côté-là s'eſt trouvée fermée. Que dans ce moment, un locataire de la même maiſon vouloit y entrer auſſi et n'ayant pas de paſſe-partout, non plus que cette demoiſelle, il a demandé à l'aubergiſte d'à côté, dont le logement eſt auſſi de cette maiſon, le paſſage par chez lui qu'il lui a livré. Que le plaignant a conseillé à ladite demoiselle Mazure d'en profiter. Que dans ce moment même ledit Taconet, qui se trouvoit derrière le plaignant et ladite demoiselle et qui vouloit aussi entrer dans ladite maison, s'est présenté pour passer par le logis de cet aubergiste et en même tems faciliter à cette demoiselle qu'il connoissoit, une pareille entrée; mais l'aubergiste s'y est opposé fortement et a repoussé avec brutalité ledit Taconet, ce qui a éloigné ladite demoiselle Mazure. Que le plaignant, qui avoit différé pour voir si la rentrée se feroit par le logement de cet aubergiste, s'est trouvé spectateur de cette fâcheuse scène en laquelle ledit Taconet cherchoit à se venger sur ledit aubergiste de ses emportemens; mais cette demoiselle, se trouvant près dudit Taconet, effrayée de cette action vive et encore plus de ses suites, fit des efforts pour retenir ledit Taconet que l'aubergiste poursuivoit toujours, ne le remettant pas dans la nuit qu'il faisoit, car il le connoissoit et n'avoit pas de haine contre lui. En effet, quelques moments après, l'ayant reconnu au milieu de la rue, il lui confessa s'être trompé et lui fit connoître que c'étoit une méprise qu'il avoit faite de lui au plaignant, qui étoit toujours resté pour voir la fin et que cet aubergiste aperçut et montra au doigt en disant : « C'est lui qui en est cause, parce qu'il m'a une fois traité de drôle et que je croyois que c'étoit lui qui ramenoit la demoiselle Mazure, étant communément dans l'usage de le faire. » Reproche que le plaignant a prudemment laissé tomber ne voulant pas expliquer le juste sujet qui l'avoit forcé à le traiter effectivement ainsi pour éviter des suites fâcheuses et éviter des désagrémens à ladite demoiselle Mazure. Mais ledit Taconet, peu content de cette méprise et voulant en jeter le tort sur le plaignant qui en étoit pourtant fort innocent, puisqu'il n'avoit pas été en lui d'empêcher l'étourderie brusque de l'aubergiste quand il a commencé à se jeter sur ledit Taconet, ce dernier a cherché querelle au plaignant qui a cependant eu l'honnêteté de lui marquer combien il étoit fâché de l'effet de cette méprise. Malgré cette attention du plaignant, ledit Taconet a continué sa querelle contre lui et a porté la chaleur de son ressentiment jusqu'à le provoquer à venir se battre en lui disant qu'il avoit affaire à lui et qu'il falloit que le plaignant le suivît d'un côté ou d'un autre. Ce dernier, ne croyant nullement son honneur engagé sur la provocation à lui faite par un acteur de Nicolet, lui a marqué le dédain qu'elle méritoit sans cependant l'offenser. Aussitôt ledit Taconet lui a dit qu'il falloit que cela fût, et pour le nécessiter, s'est livré à sa pétulance et s'est permis l'audace de porter un soufflet au plaignant en tirant, sur-le-champ, son épée nue dont il a présenté la pointe à ce dernier qui, de son côté, dans le transport où ce soufflet reçu le jeta, a pris la sienne pareillement nue avec laquelle il a voulu fondre sur ledit Taconet pour tirer une juste vengeance du public affront qu'il venoit de lui faire; mais ledit Taconet ayant opposé son arme à celle du plaignant en se tenant sur la défensive, ce dernier a essayé, par un coup de fouet donné avec son épée sur celle de son adversaire, de le désarmer pour pouvoir le frapper à grands coups de plat d'icelle, ne voulant pas le tuer quoiqu'il l'eût mérité et pour enſuite le faire arrêter et ſévèrement punir de ſa téméraire inſolence; que le plaignant fut empêché d'en venir à ſes fins par le grand nombre de voiſins qui ſont accourus et qui ſe. ſont emparés d'eux, en ſorte que le plaignant n'a plus été le maître de pouvoir rejoindre ledit Taconet comme il le déſiroit dans la fureur où il étoit; mais aujourd'hui, revenu à lui de l'inſulte qu'il lui a faite, dont il n'a pu avoir ſatisfaction par lui-même et ne voulant pas la chercher de cette façon, il eſt venu de l'attaque ci-deſſus nous rendre plainte.

Signé : LAROCHE ; THIOT.

(*Archives des Comm.*, n° 3051.)

V

L'an 1774, le lundi 26 décembre, cinq heures du ſoir, nous Antoine-Joachim Thiot, etc., ayant été requis, ſommes tranſporté en l'hôpital de la Charité de cette ville, ſitué rue des Saints-Pères, où étant, nous avons trouvé en la grande ſalle St-Louis le père procureur de ladite maiſon : Lequel nous a dit nous avoir fait requérir pour raiſon d'une déclaration à recevoir d'un malade dudit hôpital qui eſt en la ſalle de la Vierge, au lit numéroté 17 et où il nous a conduit. Et y étant arrivé, nous y avons trouvé un particulier qui nous a dit ſe nommer et être Touſſaint-Gaſpard Taconet, employé au ſpectacle du ſieur Nicolet, tenant différens jeux ſur les boulevarts et aux foires de Paris, lui ſieur Taconet, demeurant à Paris, rue et vis-à-vis le Temple, chez le ſieur Deville, marchand de vins, paroiſſe St-Nicolas-des-Champs : Lequel nous a dit avoir demandé aux religieux dudit hôpital à faire ſa déclaration d'une remiſe par lui faite au ci-après nommé, en conſéquence de quoi nous avons été appelé et il nous déclare de fait qu'il a remis, par confiance, au ſieur Rouſtagnen, élève en chirurgie et gagnant-maîtriſe audit hôpital, une ſomme de 2 louis faiſant 48 livres et une brochure in-folio de différens plans de places et fêtes projetées ſous le règne et à la gloire de Louis XV, intitulée : *Monumens de Louis XV* par M. Patte, directeur et architecte de S. A. S. monſeigneur l'Électeur palatin, et couverte d'un papier doré; parti que le déclarant a pris faute d'avoir quelqu'un à qui il pût faire cette remiſe, ni d'endroits ſûrs pour ſerrer leſdites ſomme et brochure qu'il a ainſi dépoſées ès mains du ſieur Rouſtagnen comme le connoiſſant depuis du tems pour un jeune homme rempli de probité, dont il vient d'apprendre la mort malheureuſe arrivée dans la nuit dernière à la ſuite d'une inopinée et courte maladie. Faiſant la préſente déclaration pour aſſurer de ſa part leſdites ſomme et brochure et prévenir toute demande et recours à ce ſujet contre les religieux dudit hôpital. Nous requérant acte à cet effet de la préſente déclaration.

Signé : T. G. TACONET ; THIOT.

(*Archives des Comm.*, n° 3603.)

TACONET (JACQUES), frère du précédent, né en 1739, fut aussi acteur au spectacle de Nicolet, où il a fait représenter une pièce en un acte intitulée : *le Congé de semestre.*

(*Biographie Didot.*)

TALON (JEAN-THOMAS), acteur du boulevard, né vers 1755, faisait partie dès 1772 de la troupe de l'Ambigu-Comique, où il remplissait les rôles d'*amoureux* et d'*abbés*. En 1775, il était attaché au spectacle des Grands-Danseurs du Roi et y tenait le même emploi. Il a joué à ce théâtre *François* dans *Blaise le hargneux,* comédie en un acte, en prose, de Dorvigny, représentée le 7 novembre 1782. En 1786, Talon était rentré à l'Ambigu-Comique et il y a créé les rôles de *Valère* dans les *Trois Léandre, ou les Noms changés,* comédie en un acte, en prose, de M. S..., représentée le vendredi 22 avril 1786, et de *Lisidor* dans *Tout comme il vous plaira, ou la Gageure favorable,* comédie en un acte, en prose, par Sedaine le jeune, représentée le vendredi 5 mai de la même année. Un pamphlet du temps, le *Chroniqueur désœuvré,* nous donne quelques renseignements intéressants sur cet acteur : « Ce petit bonhomme eſt d'une impudence extrême et a l'air de chercher chaque jour à l'augmenter. Il feroit beaucoup mieux d'employer ſon tems à corriger ſon jeu roide et maniéré. C'eſt ſurtout dans les momens où il veut copier Molé qu'il eſt déteſtable. Mayeur, dans la préface de ſon *Élève de nature,* fait un éloge de Talon qui, je crois, n'eſt qu'une ironie adroite. Cependant il lui reproche auſſi de faire le petit Molé......... Talon commença à jouer la comédie chez Audinot tout petit et avec quelque intelligence ; il paſſa pour un phénix. Que le ſort de ces enfans précoces eſt à plaindre ! ils finiſſent tous par devenir déteſtables. Talon n'a pas démenti cette vérité. Son jeu, autrefois ſéduiſant et naturel, eſt devenu peſant, maniéré et ennuyeux. Peut-être en a-t-il toujours été de même; mais il étoit jeune, la jeuneſſe a bien des droits à l'indulgence.

Maintenant qu'il eſt dans l'âge de la cenſure, les gentilleſſes qu'il avoit alors ne paroiſſent que des niaiſeries, et ſes défauts que ſes dix années excuſoient ne ſont plus à nos yeux qu'une inſuffiſance de talent. Qu'il ſe conſerve à ſes tréteaux tant qu'il pourra puiſqu'on daigne l'y ſupporter, car en province il ſeroit inſupportable. Ce n'eſt pas en ricanant et en braillant qu'on joue la bonne comédie. Je lui conſeille auſſi de ne pas mener une vie auſſi débordée. Il ſemble que les gens attachés à ces ſpectacles ne ſe diſtinguent que par là. » Et plus loin... « Ce n'eſt plus cet enfant qui faiſoit les délices du théâtre d'Audinot et qui ſous le manteau d'abbé enchantoit par ſa grâce et ſon ingénuité. C'eſt actuellement un libertin ſans goût, ſans délicateſſe et qui réunit à la plus ſale débauche tout ce que la ſubtilité la plus raffinée peut inventer pour mettre en défaut la confiance et la bonne foi. Dans le tems où moins dérangé ſon état l'occupoit davantage, Talon apprit une partie de ſon emploi, mais depuis, convaincu de l'inutilité de ſes travaux, il y renonça pour s'occuper à boire, courir les filles et ſe réunir à la reſpectable ſociété des Viſage, Placide, Pol, etc., et n'a retiré pour fruit de l'étude ſérieuſe qu'il avoit entrepriſe, qu'un bégaiement ridicule, des grimaces révoltantes et un jeu bas et emprunté. L'ivrognerie, ce vice ſi fort en vénération chez ces meſſieurs, étoit le ſeul qui lui manquoit; mais ne voulant pas ſe ſingulariſer, Talon fait actuellement comme les autres, il ſe ſoule et vient offrir au public, qui ſûrement a trop d'indulgence pour lui, une figure abattue par les veilles et la fatigue des plaiſirs et un organe altéré par la débauche. » Talon est mort en 1826.

(*Almanach forain*, 1773, 1776. — *Le Chroniqueur déſœuvré*, I, 66; II, 74. — Brochures intitulées : *Blaiſe le hargneux*, Amsterdam et Paris, Cailleau, 1783; *les trois Léandre*, Paris, Cailleau, 1786; *Tout comme il vous plaira*, Paris, Cailleau, 1795.)

L'an 1778, le mercredi 19 août, une heure et demie du matin, en l'hôtel et par-devant nous Mathieu Vanglenne, etc., eſt comparu Antoine Chavonnet, ſergent de la garde de Paris, de poſte aux Enfans-Rouges : Lequel nous a dit qu'il vient d'arrêter deux particuliers dont un acteur du ſieur Nicolet, qui ſe ſont plaints l'un et l'autre d'avoir été maltraités et l'un d'avoir reçu un coup d'épée à la main; qu'il les a amenés en notre hôtel pour être par nous ordonné.

Signé : CHAVONNET.

Eſt auſſi comparu ſieur Jean-Baptiſte Martin de la Salle, bourgeois de Paris, y demeurant à l'abbaye St-Germain-des-Prés : Lequel nous a dit que l'après-midi dernier, ſur les cinq heures, le comparant fut dans la loge de la demoiſelle Lafrance, actrice du ſieur Nicolet, pour lui porter des nœuds qu'elle lui avoit demandés; qu'il y trouva le ſieur Talon, acteur dudit ſieur Nicolet. Que le comparant dit audit ſieur Talon qu'il étoit fort aiſe de le trouver là et le pria très-honnêtement de vouloir bien ne point faire des injures à ladite Lafrance ni la pincer aux bras et aux jambes comme il avoit coutume de le faire lorſqu'il étoit ſur la ſcène. A quoi ledit Talon lui répondit avec un ris moqueur tout à fait inſolent et en regardant le comparant par-deſſus l'épaule par des hein, des quoi, des qui eſt-ce et des plaît-il. Que le plaignant dit une ſeconde fois en ces termes : « Monſieur Talon, je vous prie, lorſque vous vous trouverez avec mademoiſelle Lafrance, de ne point la pincer et la meurtrir comme vous l'avez fait juſqu'à préſent. » Et que ledit Talon continua toujours ſur un ton de perſiflage ſes rires moqueurs et impertinens, et ſes hein, quoi, qui eſt-ce, plaît-il. Que le plaignant lui annonça que puiſqu'il ſe comportoit ainſi, la première fois qu'il s'apercevroit que ladite Lafrance auroit été pincée ou meurtrie, ce ſeroit à lui plaignant qu'il auroit affaire. Qu'alors lui plaignant ſe ſentit piqué des mauvais propos et du mauvais ton inſolent que lui tenoit ledit Talon qui, en regardant par-deſſus ſon épaule le comparant, lui tenoit toujours le même langage; le plaignant ne put ſe retenir et donna une chiquenaude audit Talon ſur le nez, ledit Talon mit auſſitôt la main ſur ſon épée et fit le commencement de la tirer, mais en fut empêché par un magaſinier qui ſe trouvoit pour lors dans la loge de ladite Lafrance et qui repouſſa ledit Talon hors de la loge. Qu'on a averti à l'inſtant le ſieur Amblard, officier de la garde, qui s'eſt préſenté au plaignant dans la loge de ladite demoiſelle Lafrance pour tâcher d'arranger cette affaire. Qu'après qu'il en fut inſtruit, il dit au plaignant qu'il parleroit audit Talon et qu'il falloit remettre après le jeu pour arranger cette affaire (1). Que le plaignant reſta pour lors dans la loge de la demoiſelle Lafrance et en ſortit un quart d'heure après, mais qu'étant ſur le théâtre et ledit Talon l'ayant vu ſortir de ladite loge, ce dernier a, ſur-le-champ, tiré ſon épée et a pourſuivi le plaignant avec fureur et lui a porté un coup d'épée ſur le deſſus de la main droite au-deſſus du petit doigt, ainſi qu'il nous eſt apparu par la piqûre qui y eſt encore, et qu'heureuſement le plaignant a pris une autre couliſſe que celle où ledit Talon entroit pour lui porter ce coup d'épée, ſans quoi il l'eût bleſſé bien plus dangereuſement. Que le plaignant a appris qu'avant que ledit ſieur

(1) On jouait ce ſoir-là aux *Grands-Danseurs* du Roi : *la Folie par amour, ou la Tarentule; le Château assiégé*, pantomime; *le Prétendu sans le savoir; la Noce hollandaise.*

Amblard vint dans la loge de ladite Lafrance pour lui parler, il avoit eu un entretien aſſez long avec ledit Talon et que, ſur ce que ledit Talon lui avoit témoigné combien il étoit outré d'avoir reçu une chiquenaude et que, pour s'en venger, partout où il trouveroit ledit ſieur de la Salle, il lui paſſeroit ſon épée au travers du corps, ledit ſieur Amblard avoit fait ſentir audit Talon tous ſes torts, deſquels il paroiſſoit convaincu, et que c'eſt quelque tems après que le calme fut rétabli que ledit Talon ſe porta vis-à-vis du plaignant à ces voies de fait.

Pourquoi il nous rend plainte contre ledit Talon.

Eſt auſſi comparu ſieur Jean-Thomas Talon, acteur du ſieur Nicolet, demeurant rue du Temple : Lequel nous a dit qu'étant l'après-midi dernier, ſur les cinq heures, dans la loge de la demoiſelle Lafrance pour lui demander une cocarde pour ſon rôle, ledit ſieur de la Salle eſt venu et lui a tenu de fort mauvais propos, qu'il lui a même donné un ſoufflet et que c'eſt ce qui l'a contraint, ſe voyant inſulté de cette manière, à tirer ſon épée. Qu'il eſt vrai qu'il en a piqué à la main ledit ſieur de la Salle, mais qu'il n'avoit pas l'intention de le bleſſer dangereuſement.

Signé : TALON.

Sur quoi, attendu que c'eſt ledit Talon qui a eu le plus grand tort, nous l'avons remis audit Chavonnet qui s'en eſt chargé pour le conduire ès priſons du For-l'Évêque et y être écroué de notre ordonnance.

Signé : CHAVONNET ; VANGLENNE.

(*Archives des Comm.*, n° 4983.)

TALON (CLAUDE-JACQUES), frère du précédent, né en 1757, faisait partie, dès 1772, de la troupe de l'Ambigu-Comique, y remplissait les rôles à caractère et faisait les *pères* et les *pédants*. En 1775, il était, comme son frère, engagé au théâtre des Grands-Danseurs du Roi. L'année suivante, il fut impliqué dans une affaire criminelle dont on lira plus loin les détails et qui paraît avoir interrompu sa carrière dramatique.

(*Almanach forain*, 1773, 1776. — *Le Chroniqueur désœuvré*, II, 69.)

L'an 1776, le ſept octobre, huit heures du ſoir, en l'hôtel et par-devant nous Charles-Alexandre Ferrand, etc., eſt comparu ſieur Marc-Antoine Fulconis de Beaumont, inſpecteur de police : Lequel nous a dit qu'en vertu des ordres du Roi dont il eſt porteur, il vient d'arrêter, place Louis XV, un particulier nommé Talon, comédien chez Nicolet, ſuſpecté de complicité de différens vols d'argenterie faits par les nommés Marolles et autres ; qu'il l'a fait conduire en notre hôtel pour être par nous interpellé de ſes noms, ſurnoms, âge, pays, qualité et demeure, être dreſſé procès-verbal de ſa capture et lui être enſuite remis à l'effet de le transférer où beſoin ſera.

En conſéquence, ayant fait comparoir le particulier arrêté et l'ayant interpellé conformément au réquiſitoire, il a dit ſe nommer Claude-Jacques Talon, âgé de 18 ans, natif de Paris, comédien chez Nicolet, demeurant chez ſon père, ouvrier luthier, rue Notre-Dame-de-Nazareth, maiſon du ſieur Bernier, ſculpteur.

L'ayant fait fouiller, s'eſt trouvé ſur lui une bague d'une pierre verte entourée de pierres blanches fauſſes montées en cuivre, laquelle ledit Talon nous a dit lui avoir été donnée par le nommé Marolles.

Signé : TALON ; FERRAND.

Interrogatoire ſubi par Talon, détenu ès priſons du petit Châtelet, le 9 octobre 1776.

Premièrement, après ſerment par lui fait de dire vérité, enquis de ſes noms, ſurnoms, âge, qualité, pays et demeure ?

A dit ſe nommer Claude-Jacques Talon, âgé de 18 ans, natif de Paris, comédien chez Nicolet, demeurant chez ſon père, ouvrier luthier, rue Notre-Dame-de-Nazareth, maiſon du ſieur Bernier, ſculpteur.

Interrogé depuis quel tems il connoît les nommés Marolles, Darincourt, Matard, Huguet, Aubert, Bié et autres particuliers, tous amis et liés enſemble, et quelles ſont leurs qualités et demeures ?

A dit qu'il connoît ledit Marolles pour l'avoir vu une fois, il y a environ deux mois, au Luxembourg où lui, répondant, étoit avec le nommé Meſſin, lors vêtu d'une redingote bleue, qui lui dit que ledit Marolles étoit un de ſes amis. Qu'ils allèrent tous trois et avec un particulier qu'il a appris ſe nommer Darincourt et étoit de la compagnie dudit Marolles, boire une bouteille de vin. Qu'à la foire St-Ovide de la préſente année, il a rencontré ledit Marolles à la fin du ſpectacle qui lui a propoſé de venir prendre quelque choſe avec lui au café, et un autre particulier qu'il a appris, durant ladite foire, ſe nommer Aubert. Que voyant ſouvent ledit Marolles au ſpectacle de Nicolet, ils ont lié connoiſſance enſemble il y a environ quinze jours. Que ce dernier lui propoſa de louer une chambre à eux deux en lui diſant que cela éviteroit du loyer au répondant et à lui bien des fiacres. Qu'ayant accepté la propoſition, ils ont loué enſemble une chambre rue St-Honoré, chez Hamille, traiteur, vis-à-vis St-Roch, où ils ſont reſtés ſix jours pendant leſquels ledit Marolles n'y eſt venu coucher que quatre nuits ainſi que lui répondant. Qu'il ne connoît leſdits Huguet, Aubert et Matard que depuis l'ouverture de la foire et ne connoît point ledit Bié.

Interrogé où lui répondant a été les deux nuits que ledit Marolles et lui n'ont pas couché chez ledit Hamille et s'ils n'étoient pas leſdites deux nuits enſemble ?

A dit qu'ils n'étoient pas enſemble et que lui répondant a été coucher à l'hôtel de Compiègne, rue Jean-St-Denis.

S'il n'eſt pas vrai qu'il a fait pluſieurs parties de plaiſir avec ledit Marolles et autres ?

A dit qu'il y a environ huit jours, ne ſe rappelle lequel, en ſortant du ſpectacle, ledit Marolles lui propoſa d'aller ſouper à Neuilli. Qu'ils montèrent dans un fiacre avec leſdits Matard, Huguet, ledit Meſſin et ſa ſœur. Que le cocher ne voulut les mener qu'à la grille de Chaillot, d'où ils allèrent à pied à Neuilli dans une auberge où ils ont ſoupé et couché et où ledit Marolles étoit connu. Que le lendemain, après avoir dîné enſemble, il s'eſt en allé vers les deux heures et demie trois heures, pour arriver à tems pour jouer au ſpectacle. Que le ſoir du même jour ledit Marolles et ledit Meſſin lui ayant propoſé d'aller encore ſouper dans ladite auberge, ils y ſont allés après le dernier jeu et y ont ſoupé et couché. Que le lendemain ledit Marolles lui ayant dit qu'il reſteroit à dîner audit Neuilli, lui répondant dit qu'il étoit obligé de s'en aller pour la répétition, le laiſſa ainſi que ledit Meſſin audit Neuilli et en partit vers les dix heures ou environ du matin. Que depuis il n'a fait aucune partie avec leſdits Marolles et autres ; ne les a même pas vus.

S'il n'eſt pas vrai que lui répondant, leſdits Marolles, Meſſin et autres étoient d'intelligence pour faire différens vols d'argenterie et autres effets et ſi le dernier jour que lui répondant a été ſouper et coucher à Neuilli avec leſdits Marolles et Meſſin, ils n'avoient pas concerté de voler à l'aubergiſte ſon argenterie, lequel vol a été effectué ſur le ſoir, pendant que l'aubergiſte préparoit un ſouper commandé par ledit Marolles qui eſt diſparu ainſi que ledit Meſſin, après avoir pris douze couverts et deux cuillers à ragoût d'argent qui étoient ſur la table où devoit ſe faire ce ſouper ?

A dit qu'il n'a jamais eu d'intelligence ni concerté avec eux ou avec d'autres aucun vol ; qu'il n'en a jamais eu la penſée et que la preuve en eſt bien claire parce que s'il en eût eu l'idée, il n'auroit pas dit à la fille de l'aubergiſte qu'il ſe nommoit Talon, qu'il étoit comédien chez Nicolet, que lorſqu'elle voudroit venir au ſpectacle, elle n'avoit qu'à le demander, qu'il lui donneroit un billet et qu'il n'a aucune connoiſſance dudit vol.

A lui repréſenté 26 pièces d'argenterie dont deux cuillers à ragoût, huit cuillers à bouche, ſix fourchettes auſſi à bouche, paroiſſant nouvellement limées et démarquées, quatre autres cuillers marquées des lettres P M et ſix fourchettes marquées de celles L F et interpellé de les reconnoître pour les avoir vues ou partie d'icelles chez ledit aubergiſte à Neuilli et pour la totalité ou partie provenir du vol fait chez lui ?

A dit que lorſqu'il a mangé chez ledit aubergiſte, il a été ſervi de l'argenterie, mais qu'il ne peut dire ſi c'eſt elle, ni ſi elle lui a été volée. Sait ſeulement qu'il n'eſt capable d'aucun vol.

S'il ſait ce qu'eſt devenu ledit Marolles depuis qu'il l'a quitté audit Neuilli ?

A dit que non et qu'il ne l'a pas vu depuis.

A lui repréſenté une bague d'une pierre verte entourée de pierres blanches fauſſes montées en cuivre; interpellé de la reconnoître pour s'être trouvée ſur lui lors de ſa capture et de nous déclarer d'où elle lui provient ?

A dit qu'il la reconnoît pour s'être trouvée ſur lui lorſqu'il a été arrêté. Qu'elle lui a été donnée par ledit Marolles lorſqu'ils logeoient enſemble rue St-Honoré. Qu'il a prêté audit Marolles une paire de boucles à pierres montées en argent, et payé pour lui 10 livres à un cordonnier rue St-Nicaiſe, qu'il ne lui a pas rendu leſdites dix livres ni ſes boucles. Qu'il a cru ledit Marolles honnête homme. Que ce dernier lui a dit qu'il avoit 2,400 livres de rente, qu'il avoit une tante dans la rue St-Honoré dont il eſpéroit plus de 20,000 livres et qu'il étoit connu de tout le quartier.

Interrogé s'il n'a pas vu ledit Marolles porter à la boutonnière de ſon habit ſoit un ruban noir de croix de Malte, ſoit un ruban de croix de St-Louis ?

A dit que non.

S'il a été en priſon ?

A dit qu'il y a été une fois pour avoir manqué au ſpectacle.

Signé : FERRAND ; TALON.

Second interrogatoire de Claude-Jacques Talon.

Du 5 décembre 1776.

Avons fait venir de la priſon du grand Châtelet le nommé Talon : Lequel après ſerment a dit ſe nommer Jacques Talon, âgé de 18 ans, natif de Paris, comédien, demeurant rue Notre-Dame-de-Nazareth.

Interrogé ſi au mois de juin dernier, un dimanche, il n'a pas entré chez Ramponeaux, marchand de vin à Clichi. Si, ſous le prétexte qu'il attendoit du monde, il n'a pas demandé ſix couverts d'argent qu'il a emportés furtivement ?

A dit qu'il n'a jamais vu ce marchand de vins et ne ſait ce qu'on veut lui dire.

A lui remontré qu'il eſt poſitivement reconnu par la domeſtique qui lui a ſervi leſdits ſix couverts et que l'autre procès dans lequel il eſt inculpé avec Marolles de vols de pareille nature, le rendent juſtement ſuſpect de ce vol ?

A dit qu'il eſt vrai qu'une femme, qui eſt venue à la priſon, a dit le reconnoître et qu'il eſt perſuadé qu'elle ſe rétractera et dira qu'elle l'a pris pour un autre. Qu'il eſt innocent de ce vol et l'eſt pareillement de tous ceux dont on l'accuſe avec Marolles.

S'il a jamais été en priſon ?

A dit qu'il y eſt détenu pour l'affaire de Marolles (1).

Signé : TALON ; BACHOIS.

(*Châtelet de Paris*, nº 10373.)

(1) Le Châtelet condamna Marolles aux galères et Talon à un plus ample informé de trois mois pendant l'espace duquel il demeurait libre, mais à la charge de se représenter. Il en appela au Parlement qui, le 11 mars 1777, le condamna à un plus ample informé de six mois et à tenir prison pendant ce temps. Au bout des six mois, il fut mis en liberté par arrêt du 20 septembre 1777.

TALON (Mlle), née vers 1764, sœur des précédents et actrice du boulevard, faisait partie, dès 1772, de la troupe de l'Ambigu-Comique, où elle jouait les rôles accessoires. En 1775, elle suivit ses frères au théâtre des Grands-Danseurs du Roi, et en 1781 elle rentra à l'Ambigu-Comique, où elle a joué entre autres rôles : *Suzon, confidente de Margot,* dans *Carmagnole et Guillot Gorju,* tragédie pour rire par Dorvigny et Dancourt, représentée le 2 janvier 1782; *Honora, gouvernante,* dans les *Trois Léandre, ou les Noms changés,* comédie en un acte, en prose, par M. S..., représentée le vendredi 22 avril 1786; et *Araminte, sœur de Lisidor,* dans *Tout comme il vous plaira, ou la Gageure favorable,* comédie en un acte, en prose, par Sedaine le jeune, représentée le vendredi 5 mai 1786. Mlle Talon passait pour mauvaise comédienne, et le *Chroniqueur désœuvré* dit qu'elle n'était « absolument bonne à rien ».

(*Almanach forain,* 1773. — Brochures intitulées : *Carmagnole et Guillot Gorju,* Avignon, 1791 ; *les Trois Léandre,* Paris, Cailleau, 1786 ; *Tout comme il vous plaira,* Paris, Cailleau, 1795. — *Le Chroniqueur désœuvré,* II, 75.)

TAMPONNET, acteur forain, fit partie de la troupe d'Alexandre Bertrand, de 1701 à 1708, et joua entre autres le rôle de *Tremblotin* dans les *Amours de Tremblotin et de Marinette,* pièce de Fuzelier, représentée à la foire Saint-Germain de 1701. En 1708, Alexandre Bertrand congédia Tamponnet parce qu'il remplissait très-mal ses devoirs et qu'il buvait énormément. Le pauvre acteur se trouvant ainsi sans ressources, imagina alors pour vivre de se décorer d'une croix de Saint-Louis et de demander l'aumône dans les rues en se faisant passer pour un chevalier de l'ordre à qui le gouvernement ne payait pas sa pension et que la misère forçait à recourir à la charité publique. Pris une première fois en flagrant délit, il fut enfermé à Bicêtre, où il resta trois ans; rendu ensuite à la liberté, il recommença la même comédie, et ayant été arrêté de nouveau, il fut, attendu la récidive, envoyé aux Iles où il mourut.

(*Mémoires sur les Spectacles de la Foire*, I, 25.)

TÉLOCIN, mécanicien anglais, faisait voir à la foire Saint-Germain de 1775 un spectacle mécanique représentant les *Fêtes de Pluton*, et qui était précédé par une représentation de marionnettes jouées par François-Paul Nicolet.

(*Almanach forain*, 1776.)

TERRADOIRE (PIERRE), joueur de marionnettes et montreur de curiosités aux foires, où il faisait voir en 1713, entre autres choses, un singe dressé par Catherine Goguet, sa femme. En 1717, il avait encore un jeu à la foire Saint-Laurent.

I

L'an 1713, le mardi 29 août, environ les ſept heures du ſoir, eſt venue par-devers nous Céſar-Vincent Lefrançois, etc., Catherine Goguet, femme de Pierre Torradoire, joueur des menus plaiſirs de Sa Majeſté, ayant une loge à la foire St-Laurent pour montrer un ſinge, demeurante ſur le pont au Change en la maiſon où eſt pour enſeigne la Victoire : Laquelle ayant le front égratigné, ſes cornettes chiffonnées, nous a fait plainte et dit qu'il y a environ une heure, ayant été trouver une lingère, qui eſt à côté de la loge occupée par François Chandéri dit Siamois, joueur de gobelets à ladite foire St-Laurent, pour s'expliquer avec elle de ce que Madeleine Buquet, ci-devant une des gagiſtes de la plaignante, avoit été priſonnière et qu'au ſortir de priſon elle étoit venue dire à la plaignante qu'elle lui avoit rendu de mauvais ſervices, ayant dit qu'elle avoit été obligée de la mettre dehors à cauſe de ſes friponneries. La plaignante, aſſurant ladite lingère qu'elle n'avoit pas été mécontente de ladite Buquet, a été ſurpriſe que ladite femme Chandéri eſt ſurvenue toute en furie diſant à la plaignante qu'elle ne devoit pas faire de comparaiſon avec elle puiſque ſon mari avoit été aux galères, lui préſentant le poing ſous le nez ; ce qui a obligé la plaignante de la repouſſer en lui diſant qu'elle eût à ſe retirer. Au lieu de ce elle s'eſt jetée à la gorge et au vifage de la plaignante, l'a égratignée, pris par fes coiffures qu'elle lui a arrachées de deffus fa tête, l'a frappée de coups de pied et de poing, lui a emporté le bonnet de deffous fa coiffure. Le garçon de ladite femme Chandéri, s'étant joint à elle, a pareillement battu et maltraité la plaignante de plufieurs coups de pied et de poing et l'ont traitée de gueufe, de malheureufe et de refte de galères; et, fans le fecours des marchands et paffans dans la foire qui les ont retirés de deffus la plaignante, ils l'auroient affommée. De ce que deffus elle nous requiert acte.

Signé : LEFRANÇOIS.

(*Archives des Comm.*, n° 3825.)

II

L'an 1717, le mercredi 18e jour d'août, une heure de relevée, eft comparu en l'hôtel de nous Jofeph Aubert, etc., Maurice Honoré, directeur et receveur des droits de fixième et neuvième accordés à l'Hôtel-Dieu et hôpital général, à prendre fur la recette de tous les fpectacles et notamment de ceux des foires St-Laurent et St-Germain : Lequel nous a dit que fuivant les ordres qu'il a reçus de monfeigneur le premier préfident et de M. d'Argenfon, Lieutenant général de police, ainfi qu'il eft porté au bas du mémoire qui lui a été préfenté en daté du 5 août préfente année, qui eft ès mains de mondit fieur d'Argenfon pour l'établiffement des troncs dans les petits jeux de la foire St-Laurent, il nous requiert de nous tranfporter, heure préfente, avec lui à ladite foire St-Laurent, aux loges des nommés Terradoire, Alexandre Bertrand, veuve Letellier et Savignoni, grecque, à l'effet de faire mettre lefdits troncs dans leurs jeux, et au cas que les maîtres defdits jeux refufent de les laiffer mettre, nous requiert de faire fermer leurs loges.

Signé : HONORÉ.

Adhérant auquel dire et réquifitoire, nous commiffaire fommes, avec ledit Honoré, affifté des fieurs Bazin, lieutenant de la compagnie de M. le Lieutenant criminel de robe courte, Figuier et Lagarde, fergens de garde à ladite foire, tranfporté à ladite foire St-Laurent avant l'ouverture des jeux, et étant dans le préau où font établis lefdits Terradoire, Alexandre Bertrand et la veuve Letellier, qui y ont des loges et théâtres, leur avons fait entendre chacun féparément le fujet de notre tranfport, ils nous ont dit qu'ils ne s'oppofent pas à l'établiffement des troncs, confentant même qu'ils foient établis pourvu que la dame de Baune, qui y tient jeux comme eux, en ait auffi, n'étant pas jufte qu'ils foient plus vexés qu'elle puifqu'ils ont toujours payé exactement tous les foirs le droit des 6e et 9e dûs aux pauvres fur le produit de leur recette, fuivant les quittances qu'ils en ont, et fe foumettent de continuer à payer exactement lesdits droits tous les soirs audit sieur Honoré et ont signé excepté lesdits Terradoire et Savignoni, qui ont déclaré ne savoir écrire ni signer.

Signé : A. LETELLIER ; A. BERTRAND.

Et à l'instant voulant faire mettre lesdits troncs, ledit sieur Honoré nous a dit qu'attendu la soumission que lesdits Terradoire, Bertrand, veuve Letellier et Savignoni font de payer exactement tous les soirs lesdits droits, il nous requiert de supercéder à l'établissement desdits troncs jusqu'à ce qu'il en ait rendu compte à monseigneur le premier président et à MM. les autres magistrats.

Signé : HONORÉ.

(*Archives des Comm.*, n° 3366.)

TEISSIER (Mlle), actrice de l'Opéra-Comique à la foire Saint-Laurent de 1739, avait un rôle dans le *Repas allégorique, ou la Gaudriole,* opéra comique en un acte, avec prologue, de Panard, représenté le 30 juin de cette année.

(*Dictionnaire des Théâtres,* IV, 431.)

TESSIER, auteur dramatique, ancien comédien de province et directeur-fondateur du spectacle des Élèves pour la danse de l'Opéra, ouvert sur le boulevard du Temple, le 7 janvier 1779.

(*Mémoires secrets,* XII, 24.)

Voy. ÉLÈVES DE L'OPÉRA (Spectacle des).

TÊTE PARLANTE, curiosité montrée, à la foire Saint-Laurent de 1689, par le sieur Cadet et Susanne Quetteville, associés.

TÊTES PARLANTES, figures mécaniques de l'invention de l'abbé Mical, se voyaient à Paris dès 1778 ; l'une d'entre elles prononçait distinctement ces paroles : *Le Roi fait le bonheur de ses peuples et le bonheur de ses peuples fait celui du Roi.* En 1784, les têtes parlantes furent montrées de nouveau au public et voici en quels termes les *Mémoires secrets* s'expriment à ce propos : « 27 ſeptembre 1784. M. l'abbé Mical continue à montrer au public ſes deux têtes parlantes, mais comme il n'eſt pas intrigant, qu'il eſt iſolé, ſans parti formé, ſans cabale, qu'il n'a pas ſoudoyé de prôneurs, qu'il n'a pas capté la bienveillance des journaliſtes, on a peu parlé de cette mécanique, l'admiration générale des phyſiciens. En effet, quelque imparfaite que ſoit encore ſa machine, celui-ci a réſolu le problème que depuis Archimède juſqu'à Vaucanſon l'on avoit jugé inſoluble. Ces deux têtes ſont de grandeur naturelle, très-bien faites, elles ſont dorées, ce qui eſt de très-mauvais goût. On les voit à côté l'une de l'autre ſur une eſpèce de petit théâtre, au bas duquel eſt à découvert le buffet de tous les reſſorts qui les font mouvoir au moyen d'une manivelle. Dans les quatre phraſes qu'elles articulent ſucceſſivement et en imitant à l'extérieur le mouvement des lèvres, il eſt des mots qu'elles ne prononcent pas parfaitement, des lettres qu'elles mangent en entier ; leur ſon de voix eſt rauque, leur articulation lente, et malgré tous ces défauts, elles en diſent aſſez pour qu'on ne puiſſe ſe refuſer à leur accorder le don de la parole.

Le pourtour de la ſcène, qui ſe paſſe ſous un riche baldaquin ſupporté par quatre colonnes, eſt très-décoré.

C'eſt M. l'abbé Mical qui a travaillé de ſes mains tous les détails de ſon ſuperbe ouvrage. Il avoit autrefois composé deux figures d'Annette et Lubin jouant de la flûte et pouvant exécuter pendant 24 heures de ſuite des morceaux de muſique toujours variés; on lui a fait un ſcrupule de ces figures nues, et contre l'ordinaire, ce ſavant mécanicien a briſé ſon ouvrage, objet de ſcandale. On en voit encore des débris au pied de ſon nouveau ſpectacle. »

(*Journal de Paris*, 1er mai 1778. — *Mémoires secrets*, XXVI, 256.)

THÉATRE DE CHASSE, spectacle établi sur le boulevard du Temple en 1775. On faisait passer sous les yeux des spectateurs de véritables lapins et lièvres qui traversaient rapidement la scène ornée de décors en carton, représentant des coteaux ou des vallées, et ceux qui le désiraient, avaient le droit de tirer avec une arbalète sur ces animaux. Les six premières personnes entrées avaient les premières places, six autres les remplaçaient et ainsi de suite jusqu'à ce que tous ceux qui étaient entrés dans la salle eussent essayé leur adresse sur les malheureux animaux qu'on lâchait devant eux. Ce spectacle bizarre n'eut, est-il besoin de le dire, aucun succès.

(*Almanach forain*, 1776.)

THÉATRE-FRANÇAIS COMIQUE ET LYRIQUE, spectacle ouvert par Clément de Lornaizon, le 21 juin 1790, dans l'ancienne salle des Variétés-Amusantes, au coin des rues de Bondy et de Lancry. Le Théâtre-Français comique et lyrique fit de mauvaises affaires et ferma en 1793.

THÉODORE (SUSANNE-THÉODORE TAILLANDET, dite), actrice des Grands-Danseurs du Roi en 1787.

Voy. DURANCY.

THIEMET, acteur du boulevard, faisait partie de la troupe des Variétés-Amusantes en 1781 et jouait à cette époque le rôle de *Jacques Spleen* dans le *Fou raisonnable*, de Patrat. En 1788, il était engagé, comme l'indique le document transcrit ici, au théâtre de l'Ambigu-Comique.

(*Journal de Paris*, 28 novembre 1781.)

L'an 1788, le jeudi 17 janvier, huit heures du soir, en notre hôtel et par-devant nous Mathieu Vanglenne, etc., eſt comparu ſieur Jean-Baptiſte Maurin Pompigni, prépofé par les entrepreneurs de l'Ambigu-Comique au bon ordre et au fervice de leur théâtre, demeurant à Paris, enclos et paroiffe Ste-Marie-du-Temple : Lequel nous a rendu plainte contre le fieur Thiemet, acteur dudit fpectacle, et nous a dit qu'il y a environ une heure, étant avec le copifte et fouffleur dudit fpectacle, au café de l'Ambigu-Comique, ledit Thiemet, qui y étoit auffi, s'eft permis de dire hautement et publiquement que le comparant étoit un escroc, un poliffon et un gredin et autres injures de cette efpèce.

Et comme ces propos calomnieux ne tendent qu'à nuire à l'honneur et à la réputation du comparant, qu'il a le plus grand intérêt d'en avoir raifon et de fe pourvoir pour en obtenir la réparation et des dommages et intérêts, il a été confeillé de venir nous rendre plainte.

Signé : MAURIN POMPIGNI ; VANGLENNE.

(*Archives des Comm.*, n° 5003.)

TIMON (CHARLES-MARIE), né en 1755, compagnon bijoutier et acteur des Grands-Danseurs du Roi en 1778.

Voy. BECQUET (MARIE-CHARLOTTE).

TIPHAINE, danseur de corde, était attaché en cette qualité à la troupe d'Alard dès 1697 ; sa femme, une demoiselle Regnault, était à la même époque joueuse de gobelets dans la même troupe. Le Regnault, joueur d'instruments, dont il est question dans la pièce ci-dessous, était donc le beau-frère de Tiphaine ; c'est peut-être ce Regnault qui jouait les *arlequins* chez la veuve Maurice en 1698 et qu'on trouve plus haut sous le nom de Renaud.

(*Mémoires sur les Spectacles de la Foire*, I, 5.)

L'an 1698, le famedi 6e jour de feptembre, onze heures et demie du matin, nous Charles Bizoton, etc., ayant été requis, nous fommes tranfporté rue de Seine, en la maifon de Jean Petit, maître cordonnier, où étant monté dans une chambre au premier étage, y avons trouvé couché au lit François Regnault, joueur des Menus-Plaifirs du Roi, demeurant en ladite chambre : Lequel nous a fait plainte et dit que le jour d'hier, fur les huit à neuf heures du foir, étant au cabaret de la Croix-de-Fer près la foire St-Laurent, le nommé Tiphaine, danſeur, y ſurvint, lequel, ſans autre ſujet, fit querelle audit plaignant et l'inſulta d'une manière ſurprenante, le traita d'abord pluſieurs fois de craſſeux, laquais et autres injures auxquelles le plaignant ne voulut rien répondre, même mit l'épée nue à la main dont il lui pouſſa un coup au bras gauche qu'il lui vouloit donner dans le corps et qu'il para avec ſa canne. Duquel coup il a été bleſſé au défaut du poignet. Enſuite ledit Tiphaine lui en poussa un coup au côté droit qui lui a fait une plaie conſidérable dont il a perdu beaucoup de ſang. Après lequel coup il ſe retira et lui plaignant fut porté chez un chirurgien, dont il ne ſait le nom, chez lequel, pendant que l'on panſoit lui plaignant, ledit Tiphaine eſt venu heurter pluſieurs fois et ſans que lui plaignant lui eût dit aucune choſe, l'a inſulté et menacé de lui donner des coups d'épée. Pour raiſon de quoi et attendu qu'il eſt conſidérablement bleſſé, il nous rend la préſente plainte.

Signé : BIZOTON.

(*Archives des Comm.*, nº 2458.)

TIQUET (GILLES), dit Dubreuil, entrepreneur de spectacle aux foires, ouvrit en société avec Pierre Michu de Rochefort un jeu de marionnettes et de danses de corde depuis le commencement de la foire Saint-Laurent de 1705, jusqu'à la fin de la foire Saint-Laurent de 1708. A cette époque, l'association fut rompue. Rochefort s'en alla en province et Tiquet continua seul son jeu de marionnettes jusqu'à la fin de l'année 1711.

(*Mémoires sur les Spectacles de la Foire*, I, 44. — *Dictionnaire des Théâtres*, V, 465.)

TONNERRE (MACHINE IMITANT LE), pièce mécanique exécutée par un sieur Michel, qui la montrait en 1784, rue des Boucheries et à la foire Saint-Laurent. L'annonce faite par cet industriel était conçue en ces termes :

« Le ſieur Michel, machiniſte, prévient le public qu'il vient d'exécuter une machine nouvelle imitant parfaitement le tonnerre dans les plus grands orages et dans ſes effets les plus terribles. Cette machine a l'approbation de l'Académie des ſciences. Le ſieur Michel, éloigné de toute idée d'abuſer le public, croit devoir prévenir les perſonnes qui voudroient l'honorer de leur préſence qu'elles ſeront libres de reprendre leur argent ſi l'effet de cette machine ne répond pas à ce qu'il promet. Ce ſpectacle ſe tiendra rue des Boucheries, faubourg Saint-Germain, à la ſalle du jardin royal, vis-à-vis le Saint-Eſprit, et commencera demain 27 mai à onze heures du matin et à trois heures, à cinq heures et à ſept de l'après-diner et jours ſuivans juſqu'au ſamedi 5 juin incluſivement. L'on prendra 5 livres par perſonne. Le bureau pour avoir des billets eſt à l'entrée de la ſalle de ce ſpectacle. »

(*Journal de Paris*, 26 mai, juillet 1784.)

TONTON (Mlle), actrice du spectacle de l'Ambigu-Comique, où elle jouait tout enfant vers 1772.

(*Le Chroniqueur désœuvré*, I, 90.)

TORRÉ (Jean-Baptiste), artificier italien, directeur d'un spectacle pyrrhique ouvert en 1764 sur le boulevard Saint-Martin, et fondateur de l'établissement connu sous le nom de Wauxhall de Torré.

Voy. Wauxhall.

TORSE, danseur anglais, parut à l'Opéra-Comique pendant la foire Saint-Germain de 1739, et se fit applaudir dans les divertissements exécutés à la suite du *Hasard*, opéra comique de Ponteau, et dans la *Fête des Anglais*, pantomime.

(*Mémoires sur les Spectacles de la Foire*, II, 134, 547 ; III, 64.)

TOSCAN (OGIMBEL, dit) montrait au public un oiseau curieux sur le quai Le Peletier en 1750.

Voy. Manfredi.

TOSCANI, entrepreneur de spectacles aux foires, montra de 1744 à 1748, aux foires Saint-Germain et Saint-Laurent, son *Nouveau Théâtre pittoresque*. Toscani a expliqué lui-même ce que c'était que ce spectacle : « Le ſieur Toſcani, polonois, inventeur du *Nouveau Théâtre pittoreſque* qui a fait l'admiration de toute l'Italie, de l'Allemagne et des autres pays où il a paſſé, avertit les curieux qu'il eſt arrivé en cette ville et qu'il y a fait l'ouverture de ſon théâtre, ſur lequel on voit en point de perſpective des montagnes, des châteaux, des marines, des places, des maiſons, des amphithéâtres, etc., le tout dans le plus grand point d'architecture et de deſſin. On y voit auſſi de petites figures qui imitent parfaitement tous les mouvemens naturels et tout ce qui repréſente le théâtre du monde ſans qu'elles paroïſſent tirées par aucun fil de fer et autres moyens. On y voit un magicien qui fait divers changemens tous variés, et, ce qui eſt le plus ſurprenant, on y voit une tempête, la pluie, le tonnerre, des vaiſſeaux qui périſſent, des matelots qui nagent, etc., le tout exécuté au naturel, avec la plus grande ponctualité. C'eſt à la foire Saint-Germain, à l'entrée de la rue de Paris, vis-à-vis la *Grande Troupe étrangère*. »

(*Affiches de Paris*, 1748.)

TOSCANO (GRÉGOIRE), danseur de l'ancienne Comédie-Italienne, alla jouer en province après la fermeture de ce théâtre (1697), et ne revint à Paris qu'à la fin de 1715 ; l'année suivante, il entra au jeu de la dame Baron et y remplit les rôles d'*arlequins*, mais sans grand succès. Dégoûté de la scène, il quitta alors Paris et se mit à courir les provinces comme opérateur, c'est-à-dire charlatan.

(*Mémoires sur les Spectacles de la Foire*, I, 182.)

TOSCANO, fils cadet du précédent, célèbre par son talent sur le violon, parut à l'Opéra-Comique, à la foire Saint-Germain de 1734, dans les rôles d'*arlequins;* mais le public le trouva tellement mauvais qu'il dut se retirer et renoncer au théâtre.

(*Mémoires sur les Spectacles de la Foire*, I, 182.)

TOUCHARD (NEUVILLE, dit), comédien du boulevard, jouant chez Delahogue en 1772.

Voy. DELAHOGUE.

TOURIN (NICOLAS), fils du portier de l'Ambigu-Comique, fut engagé à ce théâtre dès 1772, et à cette époque y jouait les rôles accessoires.

(*Almanach forain*, 1773.)

Samedi 24 juillet 1784, 9 heures et demie du ſoir.

Nicolas Tourin, acteur du ſpectacle de l'Ambigu-Comique, arrêté par Martin Tellier, caporal, à la requête de Thérèſe Couvreur, ſa mère, femme de Jean-Louis Tourin, concierge dudit ſpectacle, pour libertinage et inconduite (1). A l'hôtel de la Force.

(*Archives des Comm.*, n° 5022.)

TOURNEUSE (LA), équilibriste du spectacle des Grands-Danseurs du Roi, faisait à ce théâtre, au mois de février 1780, « le tour des épées, l'équilibre de la paille et du paon, les aſſiettes, enfiloit une aiguille, etc., etc. »

(*Journal de Paris*, février 1780.)

Voy. BOON (GERTRUDE).

---

(1) Tourin s'était présenté ce soir-là au théâtre dans un état complet d'ivresse. Comme pareille faute avait été souvent commise par lui, il fut puni. On jouait ce soir-là, à l'Ambigu-Comique, la 26e représentation du *Repentir de Figaro*, comédie en un acte, en prose, de Parisau, terminée par la *Romance de Chérubin*, mise en action, divertissement-pantomime. Le spectacle commençait par le *Manteau écarlate, ou le Rêve supposé*, comédie-proverbe par Sedaine de Sarcy, suivi de la 5e représentation du *Tripot comique*, pièce en deux actes, en prose.

TOUSSAINT, acteur du théâtre des Grands-Danseurs du Roi, faisait partie, en 1778, de la troupe de Lécluze, comme l'indique la pièce suivante.

(*Almanach forain*, 1773.)

Monfieur,

Hier, 10 du courant, le nommé Touffaint, le plus petit des deux acteurs qui jouent le rôle de *Baldaquin*, en recevant fes appointemens, fe vit retenir par moi 12 livres d'amende, favoir : 6 livres pour avoir manqué une répétition générale et 6 livres pour avoir joué dans l'état d'ivreffe. Au lieu de fe corriger de ce dernier défaut dont il venoit de fubir la peine, il eft arrivé au théâtre pour y jouer fon rôle (1) avec trois degrés de plus que la dernière fois et s'eft donné les tons au théâtre de tourner en plaifanterie ces amendes qui n'ont point de rapport à fon rôle en le jouant.

Comme je veux qu'on refpecte le public et maintenir le bon ordre dans ma troupe, ne voulant pas l'impofer à une amende au moins d'un louis, je vous prie de vouloir bien le faire paffer en prifon. Son exemple fervira à corriger le fieur Carlu, qui joue le rôle de *Capricorne* dans la comédie du *Coffre*, qui s'eft mis plufieurs fois dans ce cas et dont la récidive le conduiroit à la réforme ; ce feroit dommage, car il eft fort bon acteur.

J'ai l'honneur d'être, Monfieur, votre très-humble et très-obéiffant ferviteur.

LÉCLUSE DE TILLOY.

Paris ce 11 octobre 1778.

Nota bene. Qu'à l'inftant où j'allois fermer ma lettre, j'apprends par plufieurs de fes camarades qu'il avoit projeté dès le matin de faire cette mauvaife plaifanterie à Monfieur le commiffaire Mutel.

(*Archives des Comm.*, n° 1508.)

TOUSSAINT (Mlle), actrice du théâtre des Grands-Danseurs du Roi, où elle jouait, le 18 avril 1782, le rôle de l'*amoureuse*, dans le *Mariage par méprise, ou le Quiproquo de l'hôtellerie.*

(*Journal de Paris*, avril 1782.)

---

(1) Le 10 octobre 1778, la troupe de Lécluze représenta le *Nœud d'amour*, précédé de la *Soirée du bois de Boulogne*, par Cholet de Jetphort, et de la *Fête de Saint-Cloud*, par Plancher-Valcour.

TOUTOU (MARGUERITE MASSON, dite), petite fille engagée dans la troupe des sauteurs et voltigeurs hollandais qui parut à la foire Saint-Germain de 1767.

Voy. RICHER (ÉTIENNE-CHARLES).

TRACISCO, acteur de la troupe du Nouveau Spectacle pantomime qui donna des représentations sur le théâtre de l'Opéra-Comique, alors momentanément supprimé, depuis la foire Saint-Laurent de 1746 jusqu'à la fin de la foire Saint-Germain de 1749, joua le rôle d'*Apollon* et exécuta un concerto de violon dans le *Jugement de Midas, ou le Nouveau Parnasse lyrique,* pantomime ornée de quatre divertissements, représentée le 4 septembre 1746.

(*Dictionnaire des Théâtres*, V, 194; VI, 560.)

TRÉVEL (PIERRE), peintre et acteur de la troupe d'Alexandre Bertrand en 1706.

L'an 1707, le mardi 16 août, trois heures de relevée, eſt venu par-devers nous Céſar-Vincent Lefrançois, etc., en notre hôtel ſis rue Montorgueil, Jeanne Tiremarche, femme de Pierre Trével, travaillant en peinture, elle blanchiſſeuſe, demeurant rue Aumaire : Laquelle nous a fait plainte et dit que ledit Trével, ſon mari, ne trouvant pas d'ouvrage, s'eſt engagé par un acte paſſé par-devant Leſébure et Ponnier, notaires, le 1er octobre 1705, avec Alexandre Bertrand, joueur des Menus-Plaiſirs du Roi, pour déclamer auxdits jeux, y faire les perſonnages qu'il conviendra, aider à mettre les pièces ſur pied, pendant le tems et eſpace de ſix foires conſécutives, à ſavoir : trois à la foire St-Germain-des-Prés et trois à la foire St-Laurent, à commencer par la foire St-Germain-des-Prés de l'année 1706, moyennant 20 ſols par chacun jour que tient la foire, ſoit qu'on joue ou qu'on ne joue pas; et, en cas de contravention, eſt un dédit de 600 livres. Dans l'entretems de la foire de St-Germain finie à la foire St-Laurent qui commence cette préſente année, ledit Trével, ſon mari, s'eſt engagé avec les nommés Francanſal et Belloni, qui prennent la qualité de chefs de troupe de comédiens italiens, avec leſquels il a joué en différens endroits, entre autres en la ville de Rennes, à la charge de revenir pour la foire St-Laurent exécuter le traité qu'il a fait avec ledit Bertrand. Ledit Francanſal, qui eſt engagé avec la veuve Maurice pour faire périr le jeu dudit Bertrand et empêcher le plaignant d'aller ailleurs, ont surpris une sentence du maire et échevin de la ville de Rennes, par laquelle ils l'ont fait condamner par corps à payer une somme de 1,000 livres. Étant en cette ville ont surpris un *pareatis* de M. le Lieutenant général de police du 8 de ce mois; et, le 13 de ce mois, ledit Francansal, faute de payement de la prétendue somme de 1,000 livres, a fait constituer ledit Trével dans les prisons de St-Martin où personne ne peut lui parler. Ce qui est une vexation pour l'empêcher de gagner sa vie pendant que lesdits Francansal et Belloni sont au service de ladite dame veuve Maurice; n'ayant aucune connoissance de s'être engagé avec ledit Francansal qui le détient induement prisonnier. Pourquoi elle se voit obligée de nous rendre plainte et pour avoir sa liberté, requiert qu'il en soit par nous référé à M. le Lieutenant général de police, etc.

Signé : LEFRANÇOIS.

Et le 23 août audit an, etc., nous commissaire susdit, nous étant transporté en l'hôtel de M. le Lieutenant général de police, lui ayant fait rapport de ce que dessus; après avoir ouï les parties, M. le Lieutenant général de police a ordonné que, sur l'appel interjeté par ledit Trével, les parties se pourvoiront ainsi qu'elles aviseront bon être. Et cependant ledit Trével, conduit dans les prisons de St-Martin, sera mis en liberté à la caution de la veuve Trével, sa mère, etc.

Signé : M. R. DE VOYER D'ARGENSON; LEFRANÇOIS.

(*Archives des Comm.*, n° 3821.)

TRÉZEL (ADRIEN-JEAN), né vers 1752, acteur du boulevard en 1771.

6 juillet 1771.

Arrestation d'ordre du Roi d'Adrien-Jean Trézel, âgé de 19 ans, natif de Paris, faisant le rôle de Pierrot à l'un des spectacles des boulevards.

(*Archives des Comm.*, n° 2264.)

TURC MÉCANIQUE, figure que l'on voyait à la foire Saint-Germain de 1772, représentait un Turc devant son comptoir et servait aux spectateurs toutes les épiceries qu'ils demandaient.

(*Almanach forain*, 1773.)

TURCO, singe fameux dressé par le danseur de corde Laurent Spinacuta, parut sur le théâtre de Nicolet en 1766, et mourut vers 1768 d'une indigestion de dragées. En 1767, l'acteur Molé ayant fait une grave maladie, Turco parodiait sur la scène sa convalescence et paraissait sur le théâtre en bonnet de nuit et en pantoufles. Cette facétie eut un succès fou et le public se porta en masse chez Nicolet, dont le singe devint bientôt célèbre.

(*Mémoires secrets*, III, 168, 172.

Voy. SPINACUTA (LAURENT).

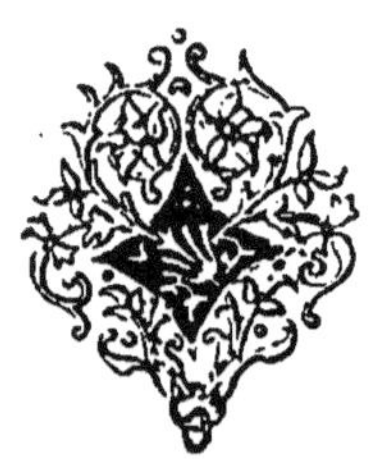

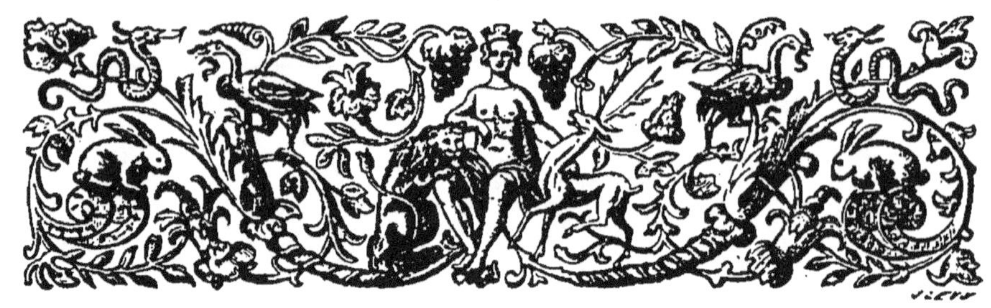

V

ACHE EXTRAORDINAIRE, animal curieux que l'on montrait à la foire Saint-Germain de 1748. L'annonce faite par l'entrepreneur de spectacles à qui elle appartenait est ainsi conçue : « Meſſieurs et dames, il eſt arrivé en cette ville une vache ſans pareille et qui n'a jamais paru. Elle vient de l'Amérique et eſt âgée de 26 ans. Elle eſt née ayant deux têtes et 5 jambes. L'une de ſes têtes reſſemble à un homme vivant dont les cheveux ſont blancs comme neige et la barbe noire qu'on raſe tous les huit jours comme un homme. Au bout du bras elle a une jambe de cerf et un pied d'élan, et ſous le bout de la jambe de cerf il y a deux griffes d'aigle ; le tout vivant comme la vache. Cette vache a fait 12 veaux, ſavoir 11 comme les veaux ordinaires et le 12ᵉ que l'on montre eſt des plus extraordinaires. Il eſt né ayant la tête et la queue d'un lièvre, ſans fondement, 3 pieds de veau et au quatrième une patte de loup dont les griffes ſont tombées. Il a le derrière d'une véritable biche. C'eſt à la foire Saint-Germain, rue Traverſe. »

(*Affiches de Paris*, 1748.)

VALEVAUDE (MARIE, dite aussi VADEVANI), femme d'Antoine Travisani, associée à Pierre-Toussaint Gagneur pour faire voir un éléphant sur le boulevard du Temple en 1773, et directrice d'un spectacle d'animaux en 1778.

Du samedi 11 juillet 1778, huit heures et demie du soir, au corps de garde de la garde particulière du boulevard du Temple.

Trouvé en ce corps de garde Jacques Legros, demeurant chez son père, rue Guisarde, faubourg St-Germain, qui s'est plaint d'avoir été mordu à la jambe par le singe de la nommée Vadevani, montreuse d'animaux sur le même boulevard, qui étoit audit corps de garde et qui a prétendu que ce n'étoit qu'un coup d'épingle et non une morsure. Renvoyés à se pourvoir et défense à ladite Vadevani de ne plus mettre à sa porte aucun animal.

(*Archives des Comm.*, nº 3785.)

Voy. GAGNEUR.

VALLIENNE, acteur du spectacle des Variétés du Palais-Royal, a joué à ce théâtre *Auguste* dans l'*Amour et la Raison*, comédie en un acte, en prose, de Pigault-Lebrun, représentée le samedi 30 octobre 1790.

(Brochure intitulée : *l'Amour et la raison*, Paris, Cailleau, 1791.)

VALLIÈRE, habile joueur de tambour, se fit entendre à la foire Saint-Laurent de 1741, au théâtre de l'Opéra-Comique.

(*Mémoires sur les Spectacles de la Foire*, II, 152.)

VALLOIS, acteur du spectacle des Variétés du Palais-Royal, a joué à ce théâtre le *duc de Montmouth* dans le *Duc de Montmouth*, comédie en trois actes et en prose, de Bodard de Tézay, représentée le 4 novembre 1788.

(Brochure intitulée : *le Duc de Montmouth*, Paris et Bruxelles, Deboubers, 1789.)

VARENNES (CLAUDE-CHARLES SANTERRE DE), acteur du boulevard, était attaché, en 1779, au spectacle des Élèves de l'Opéra. En 1782, il faisait partie de la troupe des Grands-Danseurs du Roi, et a joué à ce théâtre : *Lafleur* dans *En amour argent ne fait rien* (18 avril 1782); le *juif* dans les *Girandoles* de Ribié (8 juin 1783); huit rôles dans *Pourquoi pas ?* proverbe de Plancher-Valcour (28 février 1783), et le *procureur* dans la *Dinde du Mans,* pièce de Parisau (15 juin 1783). Il passa ensuite à l'Ambigu-Comique et a joué entre autres rôles sur cette scène : *Léandre, amant de Julie,* dans les *Trois Léandre, ou les Noms changés,* comédie en un acte, en prose, de M. S..., représentée le 22 avril 1786, et *Albikrac, Gascon, amant d'Églé,* dans *Tout comme il vous plaira, ou la Gageure favorable,* comédie en un acte, en prose, par Sedaine le jeune, représentée le 5 mai 1786. Au mois de septembre suivant, Varennes était rentré au théâtre des Grands-Danseurs du Roi.

(*Journal de Paris,* 18 avril 1782 ; 28 fevrier, 8, 15 juin 1783. — Brochures intitulées : *les Trois Léandre*, Paris, Cailleau, 1786 ; *Tout comme il vous plaira*, Paris, Cailleau, 1795.)

Jeudi 2 ſeptembre 1779, 9 heures du ſoir.

Claude-Charles Varennes et Anne Fleuri dite Rivière, acteurs des Élèves, arrêtés par le ſieur Gabriel, officier de la garde de Paris, pour avoir manqué au public en jouant leur rôle (1). Ladite Rivière relaxée et Varennes au For-l'Évêque.

(*Archives des Comm.*, n° 5022.)

VARENNES (MARIE-JACQUELINE SANTERRE DE), sœur du précédent, actrice du spectacle des Bleuettes en 1787.

Mardi 9 novembre 1787, 9 heures du ſoir.

Jean-Baptiſte Brunet, ſergent de poſte aux Récollets, à la réquiſition du ſieur Clément de Lornaiſon, directeur du ſpectacle des Bluettes, a arrêté

(1) Le 2 décembre 1779, on jouait au spectacle des Élèves de l'Opéra, la 25e représentation de *Veni, vidi, vici, ou la Prise de Grenade,* pièce de Parisau, précédée du *Sansonnet vengé,* et suivie de l'*Épidémie du jour.*

Marie-Jacqueline Santoire de Varenne, actrice dudit ſpectacle, demeurant rue de Bretagne, pour querelle. Renvoyée à ſe pourvoir.

(*Archives des Comm.*, n° 5022.)

VARIÉTÉS-AMUSANTES (SPECTACLE DES). En 1778, un ancien acteur de l'Opéra-Comique, devenu dentiste, nommé Lécluze, ouvrit à la foire Saint-Laurent un théâtre qu'il installa quelque temps après sur le boulevard, au coin des rues de Lancry et de Bondy. Malheureusement les frais exigés par cette entreprise dépassaient les ressources de Lécluze, qui dut se retirer et céder son théâtre et sa troupe à une société composée de trois anciens danseurs de l'Opéra, Fierville fils, Malter et Hamoire, et d'un bailleur de fonds, nommé Lemercier. Ces quatre associés donnèrent à leur spectacle, dont ils prirent possession le 12 avril 1779, le nom de Théâtre des Variétés-Amusantes et surent y attirer le public par des pièces agréables et bien jouées, dont une surtout, *Janot, ou les Battus payent l'amende*, par Dorvigny, eut un succès éclatant, grâce au jeu du principal acteur, Volange, qui remplissait le rôle de Janot. En 1784, Malter, Hamoire et Lemercier (Fierville fils s'était retiré) se virent dépossédés de leur privilége par un arrêt du Conseil d'État, qui attribua à l'Académie royale de musique l'exploitation de tous les spectacles forains, avec permission de les faire gérer par qui bon lui semblerait. Deux anciens directeurs de théâtres de province, Gaillard et Dorfeuille, furent placés à la tête du spectacle des Variétés-Amusantes, qu'ils transportèrent du boulevard Saint-Martin au Palais-Royal, où il ouvrit, le 1er janvier 1785, sous le nom de Variétés du Palais-Royal. L'installation de Gaillard et Dorfeuille ne se fit pas sans peine. Les directeurs si arbitrairement évincés s'adressèrent à la justice, mais en vain, et après plusieurs mois d'un procès au cours duquel les parties s'accablèrent réciproquement de *factums* et de *mémoires*, leurs prétentions furent définitivement repoussées. Restés possesseurs du privilége, Gaillard et Dorfeuille, une fois établis au Palais-Royal, modifièrent peu à peu le genre du répertoire qui avait jusqu'alors défrayé les Variétés-Amusantes et substituèrent des comédies aux farces qui y étaient représentées. Le public d'ailleurs n'était plus le même et il fallait se conformer à son goût. Les acteurs aussi durent se débarrasser des habitudes qu'ils avaient contractées au boulevard et devenir des comédiens plus sérieux. Ils y parvinrent si bien que quand le théâtre des Variétés du Palais-Royal eut ouvert ses portes à deux transfuges de la Comédie-Française, Monvel et Mlle Julie Candeille, leur jeu ne parut pas déplacé sur cette scène. En 1791, lors de la scission opérée entre les acteurs de la Comédie-Française, Talma, Dugazon et Mme Vestris, vinrent s'engager au théâtre des Variétés du Palais-Royal, qui changea alors de nom et s'appela Théâtre-Français de la rue de Richelieu. L'année suivante, il modifia de nouveau son titre et s'intitula Théâtre de la République. C'est la Comédie-Française actuelle. Les principaux auteurs des Variétés-Amusantes et des Variétés du Palais-Royal sont : Bérard, Bodard de Tézay, Desbuissons, Dorvigny, Dumaniant, Fonpré de Fracansalle, Guillemain, Landrin, Lécluze, Maurin de Pompigny, Moline, Patrat, Pigault-Lebrun, Renout, Sedaine de Sarcy, etc. Quant au répertoire des pièces qui furent représentées à ce théâtre, on pourrait le reconstituer au moyen des programmes imprimés dans le *Journal de Paris*, de 1778 à 1791, et du tome III du *Catalogue de la bibliothèque dramatique* de M. de Soleinne.

(*Archives des Comm.*, n° 4995. — *Reg. du Conseil d'État*, E, 2607. — *Mémoires secrets*, XII, 58 ; XIV, 22 ; XXVIII, 7.)

Voy. GAILLARD ; LÉCLUZE ; LEMERCIER ; MALTER (FRANÇOIS-DUVAL).

VAUCANSON (JACQUES DE), né en 1709, mort en 1782, célèbre mécanicien, fit voir au public, en 1738, son *Flûteur automate*, imitant les mouvements de l'instrumentiste et toutes les modulations de l'instrument. On lira plus bas une pièce intéressante par les détails qu'elle donne sur la fabrication de cette statue. Vaucanson a fait encore un automate exécutant sur le galoubet, en s'accompagnant du tambourin, une vingtaine de menuets et contredanses, et le fameux canard artificiel, barbotant, mangeant, secouant le col, faisant claquer son bec, digérant les aliments et les rendant comme pourrait les rendre un canard bien vivant. En 1787, les automates de Vaucanson étaient à Nuremberg et on lit à ce propos, dans le *Journal de Paris* du 8 février, la lettre suivante : « Vous ſavez, monſieur, que le fameux Vaucanſon fit autrefois trois automates connus ſous le nom de *Flûteur*, du *Canard* et du *Provençal* (c'eſt le joueur de galoubet) : on les vit à Paris en 1738 et enſuite dans les principales villes de la France, ainſi qu'en Angleterre. Un orfèvre, nommé Dumoulin, qui s'adonnoit à la mécanique, en fut enſuite poſſeſſeur, on ne ſait par quel haſard, et ſe rendit avec ces figures en Allemagne, où il les faiſoit voir à prix d'argent. Étant à Nuremberg en 1752 ou 1753, il fut ſur le point de les vendre au margrave de Bareuth, mais le marché n'ayant pas été conclu et Dumoulin ſe trouvant preſſé par ſes créanciers, il prit le parti de ſe rendre à Pétersbourg, eſpérant d'y vendre avantageuſement ſes automates. Mais il ne put les emporter avec lui ayant été obligé de les laiſſer à Nuremberg pour cautionnement de ſes dettes. Ses talens en mécanique lui firent obtenir en Ruſſie la place de maitre des machines à Moſcou, où il mourut en 1765, ſans avoir vendu ni réclamé ſes automates, qui juſqu'à ce jour ſont reſtés chez un banquier dans l'état où il les y avoit dépoſés, c'eſt-à-dire bien empaquetés. Les dettes du ſieur Dumoulin montent à la ſomme de 3,000 florins (environ 6,000 livres de France), et c'eſt pour ce prix modique qu'on propoſe de les livrer au premier curieux qui déſirera ſe procurer ces trois chefs-d'œuvre renfermés dans des caiſſes qui n'ont pas été ouvertes depuis près de 32 ans. » Les *Mémoires secrets*, à la date du 27 février 1787, confirment pleinement ces détails et de plus ils donnent le nom du banquier de Nuremberg, chez lequel les automates étaient déposés : il s'appelait Pflüger.

(*Journal de Paris*, 8 février 1787. — *Mémoires secrets*, XXXIV, 205. — *Biographie Didot*.)

I

L'an 1738, le 25e jour d'avril, trois heures de relevée, en notre hôtel et par-devant nous Charles de la Vergée, etc., eſt comparu ſieur Joſeph Mathieu, bourgeois de Paris, nommé ſéqueſtre au bureau de recette de la machine repréſentant un faune jouant de la flûte traverſière expoſé à l'hôtel de Longueville, par ordonnance de M. le Lieutenant civil du 21 du préſent mois, ſous le cautionnement du ſieur Marquin, établi par procès-verbal du jour d'hier dans ledit bureau de recette : Lequel nous a déclaré que dans le reſtant de la journée d'hier, il s'eſt préſenté pluſieurs perſonnes pour voir jouer ladite machine qui ont été refuſées par le nommé Jannin, ſuiſſe établi à la porte où eſt ladite machine, par les ſieurs de Vaucanſon et Marquin, aſſociés, lequel dit qu'il avoit ordre dudit ſieur de Vaucanſon perſonnellement de refuſer tous ceux qui ſe préſenteroient. Et cejourd'hui de relevée, s'étant préſentées pluſieurs perſonnes pour voir jouer ladite machine, ledit Jannin leur a dit qu'on ne jouoit pas et ne joueroit point : et lui ſieur Mathieu lui ayant demandé pourquoi cela, ledit Jannin lui auroit répondu qu'il ne le connoiſſoit pas non plus que le ſieur Marquin, qui eſt cependant l'aſſocié du ſieur de Vaucanſon. Et comme le comparant voit que cela n'eſt fait que pour dépérir la ſociété et ruiner, par ce moyen, le ſieur Marquin auquel il ne veut rendre aucun compte de la ſociété, il a été conſeillé de nous faire la préſente déclaration.

Signé : MATHIEU.

(*Archives des Comm.*, no 3021.)

II

Sur la requête préſentée au Roi, étant en ſon Conſeil, par Jacques Vaucanſon, contenant que s'étant appliqué, dès ſa jeuneſſe, aux ſciences, il a conſumé pour s'y perfectionner le peu de fortune qu'il tenoit de ſes pères ; c'eſt dans cet état d'épuiſement qu'il ſentit l'impoſſibilité de mettre à fin des anatomies mouvantes qu'il avoit commencées et qu'il ſongea à tirer du ſecours du produit de quelque machine capable d'exciter la curioſité du public, il conçut le deſſein de faire une ſtatue jouant de la flûte traverſière avec embouchure et par l'action des doigts. Il y travailla en effet et avec le peu qui lui reſtoit et les emprunts qu'il a été obligé de faire, il eſt parvenu à finir cette machine dont le public connoît le ſuccès ; mais il en tireroit peu d'avantage ſi Sa Majeſté ne le mettoit à couvert de l'un de ſes créanciers, c'eſt le ſieur Marquin qui, ſous prétexte d'aimer les arts et après avoir attiré le ſuppliant chez lui, a fait paffer au fuppliant deux actes auffi illicites qu'onéreux. Le premier concerne un prêt qu'il lui fit de la fomme de 3,000 livres le 13 décembre 1736, à condition que ce feroit en forme de fociété. Le fieur Marquin fe chargea de faire rédiger l'acte chez fon notaire et il y inféra qu'au moyen de cette avance de 3,000 livres, il prélèveroit moitié du produit journalier de l'expofition de la machine jufqu'à ce que ces 3,000 l. fuffent triplées, enfuite qu'il auroit un tiers dans tout le refte du produit à perpétuité et enfin un tiers du prix de la machine en cas de vente. Il fuppofa dans l'acte qu'il reftoit fes 3,000 l. (*fic*) quoique, dès lors, la ftatue folfiât, fit les cadences, les ports de voix et autres agrémens de la flûte. Au mois de feptembre 1737, la figure finie et n'ayant plus befoin que de quelques décorations extérieures, le fuppliant fut encore obligé d'avoir recours au fieur Marquin; il étoit d'ailleurs preffé par un créancier d'une fomme de 500 livres. Le fieur Marquin lui prêta encore 3,000 livres, mais toujours à condition d'employer comme fonds fur la machine ce prêt qui y étoit prefque étranger et même d'y comprendre les nourritures et logement qu'il avoit d'abord fi généreufement offerts au fuppliant. L'acte en fut paffé le 30 feptembre 1737; il eft aifé de fentir combien ces claufes font odieufes. Le fieur Marquin, moyennant 6,000 livres dont partie en logement et nourriture, veut abforber le produit d'une machine qui a coûté plus de 12,000 livres au fuppliant qui, d'ailleurs, y a confacré fes talens et un travail affidu de plus de deux ans. Cependant le fieur Marquin, pour foutenir fon injuftice, vient de le faire affigner au Châtelet de Paris par exploit du 17 du préfent mois d'avril; mais le fuppliant efpère que Sa Majefté, protectrice des fciences et des arts, ne permettra pas qu'il foit expofé à des pourfuites qui, en confumant fon tems et les fecours qu'il peut tirer de fa machine, l'empêcheroient de fuivre fes travaux et de fe rendre utile au public; requéroit à ces caufes qu'il plût à Sa Majefté fur ce lui pourvoir : Vu ladite requête, les actes du 13 décembre 1736 et 30 feptembre 1737, ledit exploit du 17 du préfent mois d'avril, ouï le rapport : Le Roi étant en fon Confeil, a évoqué et évoque à foi et à fon Confeil la demande formée au Châtelet de Paris par ledit fieur Marquin contre ledit Vaucanfon par requête et exploit du préfent mois d'avril et icelle, circonftances et dépendances, a renvoyé et renvoie devant le fieur Hérault, confeiller d'État ordinaire, lieutenant général de police, pour y faire droit définitivement et en dernier reffort, Sa Majefté lui en attribuant toute coür, juridiction et connoiffance qu'elle a interdite à toutes fes cours et juges (1).

Fait au Confeil d'État du Roi, Sa Majefté y étant, tenu à Verfailles le 26 avril mil fept cent trente-huit. Signé Phélypeaux avec paraphe.

(*Commissions extraordinaires du Conseil*, V[1], n° 510.)

(1) Le jugement rendu par M. Hérault ne se trouve pas au dossier. Peut-être y eut-il accommodement entre les parties.

VENTRILOQUE, se faisait voir, en 1784, rue de Bondy, puis au Palais-Royal, tous les jours de midi à deux heures et le soir de cinq à neuf heures, moyennant 24 sols par personne. Cet individu, âgé de 80 ans, était en même temps très-bon mime; il prenait dans ses bras un automate qu'il disait être un enfant malade, et sur ce thème il improvisait une petite scène dans laquelle il imitait merveilleusement les plaintes d'un enfant qui s'éveille, souffre ou rit. Quand les exercices de ventriloquie étaient terminés, on portait l'automate sur une corde tendue dans la salle, et à l'instant même il dansait et exécutait tous les tours usités parmi les saltimbanques.

(*Journal de Paris*, 8 décembre 1784. — *Mémoires secrets*, XXVI, 182.)

VÉRITÉ (Mlles), sœurs, actrices de l'Opéra-Comique. L'aînée a joué les rôles de *Mathurine* dans le *Coq de village*, opéra comique en un acte, de Favart, représenté le 31 mars 1743, et de *Palmire* dans l'*Astrologue de village*, parodie en un acte, du même auteur, représentée le 5 octobre de la même année. Mlle Vérité cadette a joué *Agathe* dans l'*Amour paysan*, opéra comique en un acte, de Carolet, représenté le 28 juin 1737, et *Colette* dans la *Fête de Saint-Cloud*, opéra comique en un acte, de Favart, représenté le 10 septembre 1741.

(*Dictionnaire des Théâtres*, I, 111, 320, 389; II, 108.)

VERMONT (Marie-Nicole BÉCUÉ, dite), dite aussi *Manette*, née en 1754, danseuse à la Comédie-Italienne, et en 1787 actrice aux Variétés du Palais-Royal. Elle a joué à ce théâtre le rôle de *Suzette, femme de chambre*, dans l'*Inconséquente, ou le Fat dupé*, comédie en un acte, en prose, de Monnet, représentée le 20 août 1787.

(Brochure intitulée : *l'Inconséquente*, Paris, Cailleau, 1787.)

A M. le Lieutenant civil au Châtelet de Paris.

Supplient humblement Marie-Angélique Izès, veuve du ſieur Jean-Pierre Pujot, maître apothicaire à Paris, héritière quant aux meubles et acquêts du ſieur Jean-Marie Pujot, ſon fils, et Jean-Louis Girault, avocat en Parlement, conſeiller du Roi, commiſſaire général voyer de la ville et faubourgs de Paris, et Marie-Jeanne-Françoiſe Pujot, ſon épouſe, elle héritière quant aux propres et en partie dudit feu ſieur Jean-Marie Pujot, ſon frère :

Diſant qu'ils ſont en inſtance devant vous avec la nommée Marie-Nicole Bécué dite Vermont, ci-devant Manette, ancienne figurante dans les ballets du théâtre Italien, à préſent rempliſſant le double de l'emploi de ſoubrette au ſpectacle des Variétés à Paris, ſur la demande par elle formée contre les ſupplians afin de condamnation au payement de la ſomme de ſix mille livres contenue en un billet qu'elle a trouvé le ſecret de faire ſouſcrire audit Jean-Marie Pujot, quoique certainement il n'en ait jamais reçu aucune valeur; et déſirant ſe procurer l'aveu et la vérité de pluſieurs faits déciſifs pour opérer leur décharge de la demande contre eux mal à propos formée, ils ont recours à votre autorité.

Ce conſidéré, Monſieur, il vous plaiſe permettre auxdits ſupplians de faire interroger par-devant tel commiſſaire qu'il vous plaira commettre, ladite fille Bécué dite Manette et Vermont, ſur faits et articles qui lui ſeront préalablement ſignifiés ſuivant l'ordonnance. Et vous ferez juſtice.

Permis de faire interroger par-devant le commiſſaire Guyot.

Fait ce 15 novembre 1788.

Signé : BELLANGER.

Interrogatoire subi par Marie-Nicole Bécué dite Vermont, actrice au théâtre des Variétés, le 2 décembre 1788.

Premièrement enquiſe de ſes noms, âge, qualités et demeure ?

A répondu, après ſerment par elle fait de dire vérité, ſe nommer Marie-Nicole Bécué dite Vermont, âgée de 24 ans, actrice au théâtre des Variétés, demeurant rue du Faubourg-Montmartre.

Ce qu'elle faiſoit avant d'être attachée au ſpectacle des Variétés ?

A répondu qu'elle étoit danſeuſe à la Comédie-Italienne.

Si elle n'a pas rempli au théâtre Italien l'emploi de figurante dans les ballets ?

A répondu que oui.

Quelle ſomme lui produiſoit l'emploi qu'elle rempliſſoit aux Italiens ?

A répondu que ſon emploi aux Italiens lui valoit 650 livres par an.

Où elle demeuroit dans ce tems ?

A répondu qu'elle demeuroit rue de Richelieu, cour St-Guillaume, chez le nommé Digard, marchand de vins.

Si elle avoit des domeſtiques, en quel nombre et leurs noms ?

A répondu qu'elle avoit pour domeſtiques un laquais et une cuiſinière.

Interrogée du nom du propriétaire ou principal locataire de la maiſon où elle demeuroit ?

A répondu qu'elle n'a jamais eu affaire à lui.

Pour quelle ſomme elle avoit de loyer et à quel étage, combien de chambres ?

A répondu qu'elle avoit pour 600 livres de loyer au troiſième, au-deſſus de l'entreſol.

A quelle époque elle a quitté le théâtre Italien ?

A répondu qu'il y aura deux ans à Pâques.

Si elle a encore ſes père et mère ?

A répondu que oui.

Quel eſt et où étoit leur état ?

A répondu que cela n'a rien de commun à l'affaire, que cependant ils vivent bourgeoiſement.

En cas de décès des père et mère, dans quel tems ſont-ils morts et quelle fortune a-t-elle recueilli de leur ſucceſſion ?

A répondu que puiſqu'ils exiſtent elle n'a rien recueilli de leur ſucceſſion. Elle les a quittés depuis l'âge de 12 ans.

En cas d'exiſtence des père et mère, quelle eſt à préſent leur poſition et ce qu'ils ſont ?

A répondu qu'ils vivent bourgeoiſement.

Depuis quel tems elle eſt entrée au ſpectacle des Variétés ?

A répondu depuis deux ans à ſa ſortie des Italiens.

Quels y ſont ſes appointemens ?

A répondu trois mille livres.

Quel nom elle portoit aux Italiens ?

A répondu qu'elle portoit aux Italiens le nom de Vermont comme elle le porte aux Variétés.

Interrogée en quel endroit elle demeuroit en 1784 ?

A répondu qu'elle demeuroit rue de Richelieu, chez le ſieur Digard, marchand de vins.

Dans quel tems elle a connu le ſieur Pujot ?

A répondu qu'elle a connu le ſieur Pujot en 1783.

A quelle occaſion l'a-t-elle connu ?

A répondu à l'occaſion de la ſociété.

Qui l'a préſenté chez elle ?

A répondu qu'il n'a été préſenté par perſonne et y eſt venu de lui-même.

A quelle époque pour la première fois ?

A répondu qu'elle ne ſe rappelle pas l'époque.

Si c'eſt au théâtre des Italiens ou à celui des Variétés ou chez elle ?

A répondu que c'eſt en ſociété chez une dame de ſes amies d'elle répondante.

Interrogée d'office quelle eſt cette dame de ſes amies où elle répondante a trouvé ledit ſieur Pujot ?

A répondu que c'eſt chez la demoiſelle Maſſon, danſeuſe aux Italiens, qui demeuroit auſſi cour St-Guillaume.

Interrogée d'office ſi ledit Pujot étoit ami de la demoiſelle Maſſon et ſi elle y alloit ſouvent ?

A répondu qu'elle n'en ſait rien.

Interrogée d'office ſi elle l'a vu ſouvent chez la demoiſelle Maſſon avant qu'il vint chez la répondante ?

A répondu que oui.

Interrogée d'office ſi c'eſt elle répondante qui l'a engagé à venir chez elle ou s'il y eſt venu de lui-même ?

A répondu qu'il y eſt venu de lui-même.

Pour quel motif ?

A répondu pour la ſociété.

Interrogée d'office ſi elle connoiſſoit l'état du ſieur Pujot quand il s'eſt préſenté chez elle pour la ſociété ?

A répondu qu'il étoit commis à l'Intendance.

Interrogée d'office ſi elle ſavoit quel étoit le revenu dudit ſieur Pujot ?

A répondu qu'elle ſavoit qu'il avoit cent louis d'appointemens et que ſes parens étoient aiſés.

Interrogée d'office à quelle occaſion ledit ſieur Pujot a emprunté de l'argent à elle répondante ?

A répondu que c'eſt qu'elle lui a dit qu'elle avoit de l'argent et qu'il le lui a demandé.

Interrogée d'office ſi elle lui a demandé l'emploi qu'il en vouloit faire ?

A répondu qu'elle ne lui a pas demandé.

Interrogée d'office quelle ſomme elle lui a prêtée ?

A répondu deux mille écus.

Interrogée d'office s'il lui en a fait une obligation ou un billet ?

A répondu qu'il lui en a fait un billet.

Interrogée d'office ſi ledit ſieur Pujot lui payoit l'intérêt de ces deux mille écus ?

A répondu que non.

A elle repréſenté d'office qu'il ne paroit pas naturel de placer deux mille écus entre les mains d'un homme qui n'eſt que connoiſſance ſans ſtipuler l'intérêt, ſans s'informer de l'emploi que doit faire de la ſomme l'emprunteur, ſans s'aſſurer de ſa ſolvabilité et ſuivre l'emploi qu'il fait de cette ſomme. Sommée de déclarer s'il n'eſt pas vrai que le prêt qu'elle parait avoir fait audit ſieur Pujot, n'eſt que ſimulé et que ledit ſieur Pujot ne lui a fait un billet que pour qu'elle fût récompenſée ſoit après ſa mort, ſoit après ſon mariage, de la complaiſance qu'elle avoit pu avoir pour lui, ſurtout de l'avoir admis dans ſa ſociété ?

A répondu que le prêt eſt véritable, qu'elle ſavoit que ledit ſieur Pujot étoit ſolvable.

Interrogée d'office ſi lorſque ledit ſieur Pujot lui a fait un billet de deux mille écus, elle avoit quelqu'un à qui elle étoit attachée de cœur ?

A répondu que oui.

Interrogée d'office ſi ce n'étoit pas dans l'intention de déterminer la répondante à lui faire le ſacrifice de la perſonne à laquelle elle étoit attachée de cœur pour, enſuite, s'attacher à lui de la même manière, que ledit ſieur Pujot lui a fait un billet de deux mille écus ?

A répondu que non. Qu'il lui a fait ce billet-là parce qu'elle lui a fourni l'argent.

A elle repréſenté d'office qu'il n'eſt pas vraiſemblable que, n'ayant alors que 650 livres d'appointemens, pas d'autre revenu et un loyer de ſix cens livres, ainſi qu'elle l'a déclaré dans ſes précédentes réponſes, elle ait pu être en état de prêter deux mille écus au ſieur Pujot. Sommée de nouveau de nous déclarer s'il n'eſt pas vrai que le billet qu'il a fait à la répondante n'eſt que ſimulé ?

A répondu qu'on doit ſavoir qu'une femme de ſpectacle ne manque pas d'argent quand elle eſt aimable.

Interrogée comment le ſieur Pujot auroit pu ſavoir que la demoiſelle Bécué avoit de l'argent à prêter ?

A répondu que c'eſt parce qu'elle lui a dit.

Qui a pu le dire au ſieur Pujot ?

A répondu qu'elle l'a dit ci-deſſus.

Si elle lui a réellement prêté de l'argent ?

A répondu que oui.

Quel jour et à quelle heure lui a-t-elle fait ce prêt ?

A répondu qu'elle ne s'en reſſouvient pas ; qu'au ſurplus la date du jour eſt ſur le billet.

Eſt-ce le matin ou l'après-midi ?

A répondu qu'elle ne s'en reſſouvient pas.

En quelles eſpèces ?

A répondu en argent.

Combien y avoit-il de ſacs ?

A répondu ſix.

Interrogée d'office combien on lui a rendu ſur ces ſix ſacs ?

A répondu rien du tout.

Qui a emporté l'argent de chez la demoiſelle Bécué ?

A répondu que c'eſt le ſieur Pujot.

Quelles perſonnes autres que la demoiſelle Bécué et le ſieur Pujot étoient préſentes quand elle a remis cet argent ?

A répondu qu'ils étoient en tête à tête.

A elle demandé combien de tems elle a connu ledit ſieur Pujot ?

A répondu qu'elle l'a connu tant qu'il a vécu.

Interrogée d'office ſi c'eſt au commencement de ſa liaiſon avec le ſieur Pujot qu'elle lui a donné les ſix mille livres qu'elle prétend lui avoir prêtées ?

A répondu qu'elle les lui a prêtées un an après avoir fait fa connoiffance.

Interpellée d'office de déclarer quelles font les perfonnes qui avoient connoiffance qu'elle eût en 1784 deux mille écus à placer et quelles font les perfonnes qui pourroient rendre compte de la réalité du prêt et fi elle a confulté quelqu'un avant de l'effectuer ?

A répondu qu'elle n'a dit à perfonne qu'elle eût de l'argent à placer. Qu'elle n'a confulté qui que ce foit fur l'emploi de fes fonds et que le tout s'eft paffé fecrètement entre le fieur Pujot et elle.

Interrogée fi elle connoît la mère dudit feu fieur Pujot ?

A répondu qu'elle ne la connoît point.

Si elle connoiffoit l'état et la fortune dudit fieur Pujot, même fon âge ?

A répondu qu'elle connaiffoit fon état ainfi qu'elle nous l'a déclaré. Qu'elle croit qu'il avoit 27 à 28 ans.

Interrogée fi elle a ceffé d'avoir des relations avec le fieur Pujot après lui avoir fait ce prétendu prêt ?

A répondu qu'elle a continué de le voir, mais qu'elle le voyoit très-peu.

S'ils n'ont pas été enfemble en commerce de lettres ? Quel pouvoit en être l'objet ?

A répondu que fi elle a écrit audit fieur Pujot, cela lui eft arrivé très-peu fouvent ; que quant audit fieur Pujot, elle ne fe rappelle pas qu'il lui ait écrit.

A elle obfervé qu'il eft à la connoiffance de différentes perfonnes qu'il a été trouvé au décès dudit fieur Pujot différentes lettres fignées de fon nom ?

A répondu que cela eft poffible. Qu'au refte il n'y a qu'à les lui repréfenter.

Interrogée fi elle connoît l'écriture dudit fieur Pujot ?

A répondu que oui.

Avons repréfenté d'office à la répondante une demi-feuille de papier étiquetée en marge : Copie d'une lettre écrite par le feu fieur Pujot à la fille Vermont, ladite demi-feuille écrite des deux côtés et commençant par ces mots : « Vous m'avez fait efpérer, ma chère Vermont..... » et terminée à la fin de l'autre page par ces mots : « Et furtout fi vous m'y tutoiez, c'eft-à-dire évitez le mot vous. » L'avons fommée de déclarer fi elle connoît ce projet de lettre pour être de l'écriture du fieur Pujot ?

A répondu qu'elle ne connoît pas affez l'écriture dudit fieur Pujot pour favoir fi l'écrit que nous lui repréfentons eft de fa main ou non.

Après avoir fait lecture à la répondante de ce projet de lettre, l'avons fommée de déclarer fi elle entend la figner et parapher ?

A répondu que cela ne fert à rien et qu'elle ne s'en foucie pas.

Avons fommé la répondante de déclarer fi elle a reçu la lettre dont nous venons de lui lire le projet ou copie ?

A répondu que non.

A elle repréfenté d'office que d'après ce projet il paroît que ledit fieur Pujot a eu des liaifons intimes avec la répondante. L'avons fommée de déclarer fi ce n'eft pas pour prix de ces liaifons ou dans la vue d'obtenir fes bonnes grâces qu'il a souscrit le billet de 6,000 livres au profit de la répondante et s'il n'est pas vrai aussi qu'elle ne lui en a jamais fourni la valeur en espèces?

A répondu que ce n'est pas pour tout cela que ledit sieur Pujot a souscrit un billet de 2,000 écus à son profit et qu'elle lui en a fourni la valeur en espèces.

Interrogée d'office quels motifs ont pu la déterminer à prêter une somme aussi considérable à un jeune homme qu'elle ne connoissoit que depuis très-peu de tems et qui, par le billet qu'il lui faisoit, annonçoit l'impuissance où il étoit de pouvoir lui rendre cette somme, que dans des circonstances fort éloignées et à une indication d'époque qui répugne aux bonnes mœurs, circonstances qui toutes tendent à faire croire que le prêt qu'elle paroît avoir fait de six mille livres, n'est que simulé; sommée de nouveau de déclarer si le prêt est vrai ou faux et si elle entend s'en faire payer?

A répondu qu'elle a donné les six mille livres audit sieur Pujot et qu'elle entend s'en faire payer.

Interrogée quel avantage elle pouvoit espérer de tirer d'un pareil sacrifice, surtout la somme prêtée ne portant pas d'intérêt et l'ouverture du remboursement étant fort incertaine?

A répondu que le remboursement n'étoit que reculé, mais n'étoit pas incertain; que si elle n'a pas stipulé d'intérêts, c'est qu'elle n'entendoit pas les affaires.

A elle représenté d'office que le sieur Pujot n'étoit pas même dans le cas d'avoir besoin d'argent puisque, lors de son décès, au nombre des effets de sa succession, il s'est trouvé deux billets l'un de 4,500 livres, l'autre de 3,000 livres sur des particuliers très-solvables, et que, s'il eût eu besoin d'argent, il se seroit servi de ses propres fonds ou eût eu recours à sa famille, avec laquelle il a toujours été intimement lié, plutôt que d'emprunter à une étrangère?

A répondu qu'elle n'est pas obligée de savoir ses affaires; qu'au surplus il y a quatre ans d'intervalle de la date du billet à l'époque de sa mort; qu'elle a réellement prêté l'argent qu'elle demande.

Interrogée pourquoi elle n'a pas fait d'opposition aux scellés apposés après le décès dudit sieur Pujot et pourquoi elle n'a formé sa demande qu'au bout de six mois sans se présenter à aucun des héritiers ou des parens?

A répondu qu'elle n'a su sa mort que dans le tems où elle a formé sa demande.

Si elle a eu connoissance du genre de mort du sieur Pujot?

A répondu que non.

A quoi elle peut l'attribuer vu la foiblesse de ses organes et de son caractère?

A répondu qu'elle n'en sait rien.

Si ce n'est pas même à la rupture de ses liaisons avec elle?

A répondu qu'elle ne l'avoit pas vu depuis longtems.

A quelle date elle a reçu la lettre à elle ci-dessus représentée?

A répondu qu'elle ne se rappelle pas avoir reçu rien de semblable.

Quelle réponſe elle y a faite ?

A répondu que puiſqu'elle ne l'a pas reçue elle ne peut y avoir répondu.

Interrogée d'office ſi le ſieur Pujot n'a pas eu l'intention de lui faire une libéralité en lui ſouſcrivant le billet de 6,000 livres, ainſi que la tournure de cet écrit et les conditions qu'il contient peuvent le faire ſoupçonner avec raiſon ?

A répondu que non.

A elle remontré d'office que ſi elle n'a pas réellement fourni en argent la valeur de ce billet, il eſt contre la juſtice et l'honnêteté de s'en ſervir pour dépouiller les héritiers légitimes du ſieur Pujot de ce qui leur appartient ?

A répondu qu'elle ne demande que ce qui lui eſt dû.

Interrogée ſi elle a fourni la valeur dudit billet ?

A répondu que oui.

Interrogée quand et comment ?

A répondu qu'elle a répondu à cette queſtion dans ſes précédentes réponſes.

Signé : Bécué ; Guyot.

(Archives des Comm., n° 3862.)

VERNEAU (Catherine), née en 1676, femme de Pierre Olivier, maître à danser, danseuse chez Alexandre Bertrand à la foire Saint-Laurent de 1699.

Voy. Dumoustier.

VERNET, acteur de l'Ambigu-Comique en 1782, a rempli le rôle de *Guignolet, confident de Guillot Gorju*, dans *Carmagnole et Guillot Gorju*, tragédie pour rire de Dorvigny et Dancourt, représentée le 2 janvier de cette même année.

(Brochure intitulée : *Carmagnole et Guillot Gorju.* Avignon, Garrigau, 1791.)

VERNEUIL (Nicolas), danseur dans la troupe de Lécluze en 1779.

Samedi 3 juillet 1779, une heure du matin.

Nicolas Verneuil, danſeur chez l'Écluſe, demeurant rue Montorgueil, et Alexandre Schwartzbach, premier violon dudit Lécluſe, demeurant ſuſdite rue Montorgueil, arrêtés par François Maſſon, ſergent de poſte au marché St-Martin, à la réquiſition de Nicolas Lecomte, garçon chez la dame Alexandre, limonadière, boulevard du Temple, qui s'eſt plaint d'avoir été maltraité par leſdits Verneuil et ſon camarade, en voulant leur faire payer leur écot, parce qu'ils s'en alloient ſans payer. Pourquoi nous les avons envoyés au Grand-Châtelet et leurs cannes caſſées au greffe (1).

(*Archives des Comm.*, n° 5022.)

VERNEUIL (ÉLISABETH-LOUISE VIVIEN, dite), actrice du boulevard, faisait partie, en 1780, de la troupe des Variétés-Amusantes, et en 1784 de celle du théâtre des Grands-Danseurs du Roi. Elle était fort jolie et ne manquait pas de talents. L'auteur du pamphlet intitulé : *le Chroniqueur désœuvré*, lui a consacré dans son ouvrage deux articles tellement obscènes qu'il est impossible d'en reproduire une seule ligne.

(*Le Chroniqueur désœuvré*, I, 108 ; II, 35.)

Lundi 7 juin 1784, 9 heures du ſoir.

Joſeph Sanſei, caporal de la garde de Paris, a amené Jean-Baptiſte Vivien, ancien ſecrétaire, demeurant à Charenton, et Éliſabeth-Louiſe Vivien dite Verneuil, actrice de Nicolet, demeurant rue Meſlai, pour querelle. Renvoyés (2).

(*Archives des Comm.*, n° 5022.)

VIENNE (NICOLAS), dit *Visage* ou *Beauvisage*, acteur forain et entrepreneur de spectacles, commença par être commissionnaire, puis aboyeur à la porte du théâtre de Nicolet. C'est lui qui annonçait en ces termes le spectacle du soir : « Aujourd'hui le ſieur Conſtantin, fameux tacteur, fera zun compliment

(1) Ils sortaient du théâtre, où l'on avait joué ce soir-là (2 juillet 1779) : *les Bons amis*, pièce en un acte, en vers, avec ses agréments, par Dorvigny, précédée des *Folies à la Mode*, comédie du même auteur, et de la *Fête de Saint-Cloud*, pièce de Plancher-Valcour.

(2) Ils s'étaient disputés en plein théâtre et cela avait causé quelque scandale. On jouait ce soir-là, au spectacle des Grands-Danseurs du Roi : la 1re représentation du *Bienfait récompensé, ou la Fille mal gardée*, pantomime à machines en quatre actes, jouée par des enfants, avec un divertissement nouveau ; *Madame Tintamarre*, avec tout son spectacle ; *Erreur n'est pas compte ; Pierre Bagnolet et Claude Bagnolet, son fils*, comédie en prose, par Deville, et différents exercices pendant les entr'actes.

zau public de ſa propre compoſition et jouera *don Jouan,* dans le *Feſtin de Pierre,* avec toute ſa garderobe et ſes habits. » Il fut ensuite l'associé de Lorin, montreur de curiosités, puis comédien chez Second et enfin grimacier sur le boulevard. Il obtint un tel succès dans ce dernier emploi qu'il put bientôt entourer d'une baraque en planches la chaise en plein vent qui lui servait à donner ses représentations. Plus tard, le public affluant chez lui, Vienne eut l'idée de joindre à ses grimaces un jeu de marionnettes. Devenant de plus en plus audacieux, il remplaça ses marionnettes par des acteurs, et de concert avec Sallé, comédien chez Nicolet, il fonda le spectacle des Associés. Ce personnage bizarre a son article dans la galerie de portraits que l'auteur du *Chroniqueur désœuvré* a consacrés aux comédiens de son temps. Voici ce qu'il dit de Visage : « Du profond abîme de l'obſcurité parvenir au faîte de la grandeur, tel fut le ſort d'Agathocle, et s'élever du ſein de la crapule au rang illuſtre de directeur de ſpectacle forain, tel eſt celui du ſeigneur Beauviſage, ſans doute ainſi nommé à cauſe de ſon exceſſive laideur. J'ignore et lui peut-être avec moi quels furent les auteurs de ſa naiſſance et je ne date que du moment où le fallot à la main il attendoit à la porte des ſpectacles le premier venu qui avoit beſoin de ſon miniſtère....... Plus tard, le ſieur Viſage vendit dans les rues des mouchoirs et autres marchandiſes de cette eſpèce, juſqu'au moment qu'il obtint la place éminente d'aboyeur chez Nicolet. De là vient cette voix ſonore, cet organe flatteur qu'on lui remarque et cette voix enchantereſſe qui ſéduit tous ceux qui l'entendent. J'ai obſervé dans un autre endroit la manière dont il s'acquittoit de cet emploi; qu'on juge de ſon élocution. Le cœur rempli de deſſeins ambitieux, il s'aſſocia avec un nommé Lorin dont je dédaigne de parler, et ce gredin mit ſon acolyte au fait du grand art de faire voir au public toutes les curioſités qui ſe préſentoient. Il ſe mit dans la tête de jouer la comédie, et le ſieur Second le reçut au nombre de ſes acteurs..... La ſeule faute qu'il ait commiſe dans ſon avancement, c'eſt l'aſſociement qu'il contracta avec Sallé. Celui-ci le maîtriſe et ne tardera pas à envahir la portion qui lui revient. M. de Beauvifage eft le défenfeur-né du beau fexe, et par des engagemens fimulés en impofe à la fagacité du foutien des mœurs. Trois ou quatre proftituées jouent de tems à autre fur fon théâtre, afin d'avoir un titre qui les mette à l'abri des pourfuites qui peuvent être faites contre leur libertinage. A l'exemple du directeur, fes penfionnaires font foudoyés par les raccrocheufes du boulevart; l'un d'eux même, fans autre état, gagne 10 fols par jour à ce fpectacle et porte des habits galonnés. En un mot, depuis le premier jufqu'au dernier, tout eft afservi à ce genre de vie et ce fpectacle eft à proprement parler un rendez-vous privilégié choifi dans la canaille de fes environs. Le fieur Vifage ne pofsède pas un fol, malgré le gain confidérable de fon état; il eft ivrogne.... et fait journellement de mauvaifes affaires pour fatisfaire fes mauvaifes inclinations. » Devenu propriétaire et directeur du spectacle des Associés, Vienne ne se borna plus aux grimaces qui avaient commencé sa fortune, il voulut jouer aussi le drame et la tragédie. « Le plus divertifsant, dit le *Chroniqueur désœuvré*, eft de voir jouer à mons Vifage le rôle de *Mahomet* ou celui de *Beverley* avec fa voix de taureau. Ce gredin braille à fe faire entendre du boulevart du Temple à Ménilmontant. Je me trouvois un jour à une repréfentation de *Beverley;* à l'endroit où il fe mit à beugler : *Nature, tu frémis!* le maladroit cafsa le verre, et déconcerté, ne fachant comment faire, eut la maladrefse de boire dans le creux de fa main. » Il faut cependant remarquer que Visage, pour éviter sans doute les poursuites de la Comédie-Française, avait soin de dénaturer les titres des pièces classiques qu'il représentait sur son théâtre. C'est ainsi qu'il appelait *Zaïre*, le *Grand Turc mis à mort;* le *Père de famille*, les *Embarras du ménage*, et *Beverley*, la *Cruelle Passion du jeu.*

(*Le Chroniqueur désœuvré*, I, 43 ; II, 84. — Brazier : *Histoire des petits Théâtres de Paris*, I, 49, 55.)

VIENNE (MADELEINE JOLY, femme), femme du précédent, tenait en 1779 le spectacle des figures de cire de Curtius et était en même temps actrice du spectacle des Associés, dont son mari était directeur. Voici comment elle est dépeinte, en 1783, par l'auteur du *Chroniqueur désœuvré* : « Madame Visage possédoit autrefois le plus charmant visage du monde; mais ses fréquentes libations tant à Vénus qu'à Bacchus l'ont totalement perdue..... Madame Visage joue les premiers rôles et n'a pas la moindre idée de comédie, ne connoît nullement sa langue et est presque toujours ivre à la scène. »

(*Le Chroniqueur désœuvré*, II, 86.)

VIEUXJOT, acteur forain, fils de Robert Vieuxjot, boulanger à Paris, débuta en 1698 dans la troupe d'Alard, puis il entra chez la dame Baron. Marié à une fille de Restier père, qu'on appelait *la petite Catin* (diminutif de Catherine), il reprit la profession paternelle, sans pourtant renoncer tout à fait au théâtre qu'il ne quitta qu'en 1723. Vieuxjot avait un fils qu'il avait fait élever par Brilla, équilibriste célèbre et gendre de Restier comme lui; ce jeune homme, qui promettait de devenir un excellent sauteur, mourut pendant un voyage qu'il faisait avec son père en Italie. Vieuxjot père décéda peu après son fils.

(*Archives des Comm.*, n° 2469. — *Mémoires sur les Spectacles de la Foire*, I, 14. — *Dictionnaire des Théâtres*, VI, 215.)

L'an 1713, le mercredi 23 août, de relevée, en l'hôtel de nous André Defacq, etc., est comparue Élisabeth André, femme du sieur Hénoc, chirurgien, demeurant au faubourg St-Lazare, paroisse St-Laurent : Laquelle nous a rendu plainte contre le nommé Vieuxjau, danseur de corde de la troupe de la veuve Baron, à la foire St-Lazare, et dit que ledit Vieuxjau seroit venu hier, sur les quatre heures du soir, dans la boutique d'elle plaignante pour se faire raser; que comme le garçon de boutique étoit occupé à d'autres et qu'il ne pouvoit pas le raser sur-le-champ, ledit Vieuxjau en attendant seroit passé dans une salle qui est au fond de ladite boutique et seroit monté en une chambre où couche la servante d'elle plaignante où icelle servante étoit; qu'elle plaignante, étant assise sur la porte de sa boutique et ayant eu besoin de ſadite ſervante, ſeroit entrée dans ladite ſalle pour l'appeler; qu'y étant, elle auroit entendu du bruit dans la chambre de ladite ſervante; qu'elle y ſeroit montée pour voir ce que c'étoit, mais qu'elle auroit été ſurpriſe d'y trouver ledit Vieuxjau, lequel étoit après ladite ſervante pour la forcer; qu'icelle ſervante à force de ſe débattre et de ſe défendre contre ledit Vieuxjau, lequel lui avoit bouché la bouche avec ſa main pour l'empêcher de crier, étoit toute échevelée et toute délabrée; qu'elle plaignante lui ayant demandé ce qu'il faiſoit dans ladite chambre avec ſa ſervante, il ſeroit à l'inſtant deſcendu dans ladite boutique et elle plaignante ayant demandé à ſa ſervante ce que lui vouloit ledit Vieuxjau et pourquoi elle n'avoit pas appelé elle plaignante, elle lui auroit dit qu'il étoit venu la trouver et qu'en entrant il ſe ſeroit jeté ſur elle, lui auroit bouché la bouche et lui auroit mis la main dans le ſein et ſous la jupe et l'auroit voulu forcer; qu'à l'inſtant elle plaignante, étant deſcendue dans la boutique, auroit dit audit Vieuxjau, que l'on raſoit pour lors, que cela étoit bien malhonnête à lui de venir chez elle plaignante, de monter dans la chambre de ſa ſervante ſans rien dire et de l'avoir voulu forcer dans ſa propre maiſon; que ledit Vieuxjau lui fit réponſe qu'elle étoit une plaiſante b........ de lui parler de la ſorte, et ſur ce qu'elle plaignante lui dit qu'il ne ſoit plus ſi hardi de venir dans ſa maiſon et qu'elle ne l'y ſouffriroit pas, il la traita de b..... de g...., vieux reſte de b..... et qu'elle étoit jalouſe de ce qu'on ne la careſſoit pas, mais qu'elle étoit trop laide et trop vieille et qu'elle étoit une vieille carcaſſe; l'auroit voulu frapper et l'auroit menacée de la maltraiter partout où il la rencontreroit, non-ſeulement elle plaignante, mais encore ſon mari et ſon fils, qui n'étoient pas pour lors à la maiſon, et dit que partout où il les rencontreroit, il leur donneroit des coups de bâton; que c'étoient des b...... de gueux de garçons chirurgiens; qu'il feroit ſauter leur boutique, et que c'étoient des gens qu'on careſſoit à coups de bâton, et a proféré toutes ſortes d'injures atroces et ſcandaleuſes à l'honneur et réputation d'elle plaignante, de ſon mari et de ſon fils; qu'il a menacé elle plaignante de venir dans ſa maiſon pour ſe faire raſer malgré elle, et qu'étant un homme violent et dangereux elle a tout à craindre de lui, elle eſt venue nous rendre plainte.

Signé : ÉLIZABETH ANDRY; DEFACQ.

(*Archives des Comm.*, n° 1631.)

Voy. DELAPLACE (25 septembre 1712).

VIEUXJOT, danseur de corde et voltigeur chez Restier en 1753.

Voy. GAGNEUR.

VIEUXJOT, sauteur du théâtre des Grands-Danseurs du Roi en 1774.

(*Almanach forain*, 1775.)

VILLEFORT (JACQUES CLÉMENT DE), acteur du théâtre des Grands-Danseurs du Roi en 1780 et 1781.

L'an 1781, le vendredi 9 novembre, deux heures de relevée, eſt comparue en l'hôtel et par-devant nous Nicolas Maillot, etc., Roſalie Lécuyer, fille coiffeuſe, demeurante rue Notre-Dame-de-Nazareth, maiſon du ſieur Potel, marchand de vins, près le pont aux Biches : Laquelle nous a rendu plainte contre le nommé Villefort, acteur chez le ſieur Nicolet, demeurant même rue Notre-Dame-de-Nazareth, maiſon du ſieur Leblanc, négociant, près la rue du Temple, et dit qu'il y a ſix mois ou environ que ledit Villefort fréquentoit la comparante ſoi-diſant pour le mariage ; mais la comparante s'étant bientôt aperçue de la mauvaiſe conduite et du mauvais arrangement dudit Villefort, elle comparante lui a défendu expreſſément de venir chez elle. Que nonobſtant les défenſes qu'elle lui en avoit faites, il eſt revenu frapper pluſieurs fois à ſa porte et elle lui en a refuſé l'entrée. Que depuis longtems elle ne le voyoit plus, mais hier au ſoir, ſur les dix heures ou environ, il eſt venu dans la maiſon de la comparante et il a demandé après elle en diſant qu'elle étoit une *gueuſe* et une *p.....*, un *mauvais ſujet*. Que le monde à qui il diſoit ces ſottiſes de la plaignante l'a mis à la porte en lui diſant ce qu'il méritoit en pareil cas ; et, étant ainſi dans la rue, il a recommencé de déclamer les ſottiſes les plus atroces devant les croiſées de la plaignante, en lui diſant de nouveau qu'elle étoit une p....., qu'il vouloit aller coucher avec elle et qu'il lui donneroit ſix francs, et en ſe joignant avec des gens de ſa ſorte qu'il avoit amenés pour faire plus grand bruit et lui en dire davantage. Et comme la plaignante ſe trouve ainſi inſultée et que ſon honneur eſt attaqué, elle eſt venue nous rendre plainte contre ledit Villefort.

Signé : MAILLOT ; LÉCUYER.

(*Archives des Comm.*, n° 3788.)

Voy. FOURREAU.

VILLEMONT (MARIE-ANNE GAUHIER, dite), actrice de l'Opéra-Comique en 1759.

L'an 1759, le lundi 13 août, dix heures du matin, en l'hôtel et par-devant nous Jacques-François Charpentier, eſt comparue Marie-Anne Gauhyer dite

Villemont, chanteuſe à l'Opéra-Comique, demeurant faubourg St-Martin, vis-à-vis la croix des Marais : Laquelle nous a fait plainte contre le ſieur Haler, maître menuiſier, et ſa femme, demeurant rue Meſlay, vis-à-vis le bureau des Coches, et dit qu'il y a environ une heure, ledit ſieur Haler eſt venu lui demander de l'argent qu'elle lui doit pour de l'ouvrage de ſa profeſſion qu'il a fait pour ladite demoiſelle plaignante ; qu'elle lui a dit qu'elle ne pouvoit pas lui en donner pour le moment et qu'elle feroit ſon poſſible pour lui en donner dans la ſemaine, au moyen de quoi ledit Haler s'eſt retiré poliment ; qu'un moment après la femme dudit ſieur Haler eſt venue chez la plaignante et lui a demandé de l'argent ; ladite plaignante lui a dit qu'elle n'avoit pas pu en donner à ſon mari. Ladite Haler s'eſt miſe alors dans une fureur épouvantable en diſant qu'elle alloit caſſer les portes, ce qu'elle s'eſt miſe en devoir de faire. Ladite plaignante a voulu l'en empêcher, ce que voyant elle lui a porté un ſoufflet en la traitant de p....., d'excommuniée ; qu'elle l'avoit vue montée ſur un âne ayant un écriteau devant et derrière ; qu'elle l'avoit ramaſſée dans le ruiſſeau et l'avoit vêtue ; que toutes celles qui venoient chez elle étoient des maq......... Ladite plaignante ſe voyant ſi fort inſultée a appelé ſa domeſtique, la dame Aubertin, maîtreſſe cordonnière, et la femme du nommé Chatron, qui étoient lors dans ſa cuiſine : leſquelles ſont venues et lui ont repréſenté que ce n'étoit pas là comme on demandoit ſon dû et l'ont attirée dans ladite cuiſine. Où étant toutes, ladite femme Haler a dit auxdites dames qu'elle voyoit bien qu'elles étoient ſes maq........ puiſqu'elles prenoient ſi bien le parti de ladite plaignante, qu'elle a de nouveau traitée de gueuſe et qu'elle faiſoit tort à tout le monde. Ladite plaignante lui a dit qu'elle étoit une inſolente de la traiter ainſi ; ſur quoi elle lui a porté deux coups de pied dans le ventre, un coup de poing ſur la tempe gauche et un ſur la joue droite dont elle a les marques au viſage, ainſi qu'il nous eſt apparu. La plaignante, ne voulant pas ſe revancher contre ladite femme étant enceinte, elle a envoyé chercher ſon mari pour faire ceſſer ſon inſulte, lequel eſt venu et dans le moment de ſon arrivée ſadite femme lui a dit contre la vérité que la plaignante et celles qui étoient avec elle vouloient ſe mettre ſur elle pour la battre. Sur quoi ledit Haler a voulu donner un ſoufflet à la plaignante, mais ſa femme l'en a empêché lui diſant que cela lui feroit des affaires et qu'il la tienne, qu'elle alloit lui faire ſon affaire ; qu'étant groſſe elle ne craignoit pas qu'on le lui rende, ce qu'elle a répété nombre de fois ; que la plaignante, s'étant débarraſſée de leurs mains, eſt ſortie ſur le carré pour appeler ſon hôteſſe, que pendant ce tems-là ladite femme Haler a dit à ſon mari : « Voilà ſa maq....... » (parlant de la femme du ſieur Aubertin, maître cordonnier, qui étoit préſente) ; qu'auſſitôt elle a ſauté ſur ladite femme Aubertin et lui a porté pluſieurs coups de poing ſur le viſage et sur la tête dont elle eſt fort bleſſée et ce, pendant que ſon mari tenoit ladite femme Aubertin ; qu'enſuite la plaignante a propoſé un accommo, dement pour payer ledit Haler qui lui a répliqué qu'il n'en vouloit pas faire- qu'il lui falloit de l'argent comptant ſinon qu'il lui feroit une avanie dans la rue ou à l'Opéra-Comique, et sa femme a dit, de sa part, qu'elle arracheroit la montre de la plaignante dans le milieu de l'Opéra-Comique, et se sont retirés en disant beaucoup d'injures. Dont et de tout ce que dessus ladite demoiselle Villemont est venue nous faire la présente plainte.

Signé : M. A. GAUHYER ; CHARPENTIER.

(*Archives des Comm.*, n° 1328.)

VIOLENTE (Mlle), danseuse de corde italienne, était engagée chez Restier père à la foire Saint-Laurent de 1727. Dans la pièce intitulée: *les Folies d'Espagne,* elle dansait sur une planche de huit pouces de large, posée simplement sur la corde, et faisait gracieusement et avec beaucoup de hardiesse différents autres exercices surprenants.

(*Mémoires sur les Spectacles de la Foire*, II, 42.)

VOLANGE (MAURICE-FRANÇOIS ROCHET, dit), célèbre acteur forain, né à Nantes en 1756, mort vers 1810, était le fils d'un portefaix, joua d'abord la comédie dans les Iles, puis revint en France et débuta, en 1778, dans la troupe de Lécluze; c'est lui qui créa le rôle de *Janot* dans *Janot, ou les Battus payent l'amende,* pièce de Dorvigny, qui fut représentée avec tant de succès sur ce théâtre. Enivré par les applaudissements qui lui étaient prodigués, Volange eut l'idée de paraître sur une scène plus relevée, et il débuta le 22 février 1780 à la Comédie-Italienne; il y fut peu goûté et revint, le 3 novembre de la même année, au théâtre des Variétés-Amusantes, où il resta jusqu'en 1785. Pendant cette période il a joué les principaux rôles dans *Chacun son métier*, l'*Avocat chansonnier*, les *Fausses Consultations,* pièces de Dorvigny; *Ésope à la foire,* de Landrin, le *Fou raisonnable,* de Patrat, *Boniface Pointu,* de Guillemain, etc., etc. En 1785, il alla donner des représentations à l'étranger et resta deux années absent. Quand il revint à Paris (1787), ce fut à l'Ambigu-Comique qu'il s'engagea, et il parut dans *Hurluberlu au régiment,* pièce de Dorvigny; mais son véritable public n'était pas celui de l'Ambigu et il retourna à son ancien théâtre, devenu les Variétés tout court et installé au Palais-Royal. Le séjour qu'il y fit ne fut pas de longue durée, car en 1788 il avait encore quitté Paris et donnait des représentations en province. Il ne rentra dans la capitale qu'au mois de juin 1791 pour s'engager à un des nouveaux théâtres que la Révolution venait de créer. Voici en quels termes le pamphlet intitulé: *le Chroniqueur désœuvré,* s'exprime à propos de cet acteur : « On a trop parlé ſur ce mauvais ſujet pour que je m'en entretienne. Je dirai ſeulement que ce préſomptueux hiſtrion a agi comme un imbécile en débutant au théâtre Italien et que ſans cette balourdiſe il n'auroit pas eu la honte de réaliſer l'anecdote d'Amoche, ancien acteur de l'Opéra-Comique, dont a parlé le *Mercure* du tems de ſes débuts dans les *Trois Jumeaux,* qui a fait dire au maréchal de Richelieu à qui on demandoit ſon ſentiment ſur ſon jeu : « Ma foi, je ne l'ai vu que changer de perruque. » Volange, à ce que l'on aſſure, a été fouetté et marqué. Pluſieurs perſonnes le prouvent. Ce poliſſon, qui ſe diſoit libre et garçon, vient il y a quelques jours d'être forcé de reconnoître ſa femme et deux enfans qu'il laiſſoit mourir de faim en province depuis ſon départ incognito pour Paris. Ce vagabond qui, ſi la police le puniſſoit comme il le mérite, devroit finir ſes jours dans un cachot, a eu la coquinerie, au ſortir des Italiens, de faire un engagement avec Nicolet pour lui eſcroquer 25 louis, tandis qu'il en avoit déjà contracté un avec les Malter des Variétés-Amuſantes. Le public, revenu ſur ſon compte, ne le voit déjà plus que comme un acteur très-ordinaire et bientôt il ne ſera plus à ſes yeux qu'un gredin digne de ſon mépris et de ſa haine. » Et plus loin le *Chroniqueur désœuvré* continue : « Qu'ajouter aux vérités conſtantes que j'ai dites plus haut de cet ancien valet d'opérateur? N'en déplaiſe à l'auteur du *Revers de la médaille* (1), Volange eſt un fripon ſans

(1) *Le Désœuvré mis en œuvre, ou le Revers de la médaille,* est le titre d'un ouvrage composé par un acteur des Associés, nommé Dumont, en réponse au premier volume du *Chroniqueur désœuvré.* (Voy. DUMONT.)

délicateſſe, ſans mœurs, et qui regarde comme autant de plaiſanteries les horreurs qu'il commet tous les jours ; ivrogne, joueur, je ne ſais comment cet impudent coquin parvint à captiver les bonnes grâces de quelques perſonnes de diſtinction qui le rendirent un ſujet déteſtable en l'accablant d'éloges complaiſans et qu'il eſt bien loin de mériter ; car qu'eſt-ce que Volange en effet ? Un grimacier perpétuel qui doit à ſa phyſionomie laide et baſſe les trois quarts de ſes ſuccès..... O mes concitoyens, vous l'avez vu, ce célèbre *Janot,* ſur un des principaux théâtres de la capitale... Peut-on jouer plus ridiculement les *Trois Fermiers,* les *Chaſſeurs et la Laitière* et quelques autres rôles qui lui furent confiés par bonté et que l'arrogance lui fit accepter ? Ombre de Colalto, l'événement du début de cet hiſtrion nous rappelle bien vivement la perte que nous avons eſſuyée : Que n'avez-vous pas dû ſouffrir en apprenant aux Champs-Élyſées que les *Trois Jumeaux* étaient joués par un échappé de la parade et que votre place étoit occupée par cet inſolent orgueilleux ? Auſſi le public vous rendit juſtice ; l'affluence rendit ſon déshonneur complet. Encore tout dégoûtant du tonneau d'immondices dont il venoit de ſortir, Volange fut trop heureux de reprendre au foyer de la Comédie-Italienne le coſtume vil et mépriſable du ſavoyard élève de *M. Ragot,* qu'il avoit laiſſé par précaution et que la circonſtance lui rendit fort utile. Au milieu des huées de la populace, les yeux couverts de ſon bonnet rouge, il regagna les tréteaux où il s'étoit rendu célèbre, et, fier de l'enthouſiaſme public, il s'y maintient encore par l'inſolence et la folle condeſcendance que le directeur de cette eſpèce d'antre de bohémiens a pour lui. Avec juſte raiſon ſes camarades le déteſtent. La manière indigne dont il les traite pour la plupart, ſes procédés infâmes le rendent abſolument le rebut de ceux qui le connoiſſent, et la prédiction que j'ai placée dans mon premier volume, à la fin de l'article qui le concerne, commence à ſe réaliſer. On ne lui paſſe plus rien. Ce n'eſt plus ce Volange, cet acteur ſéduiſant, vanté, fêté ; ce n'eſt plus qu'un bateleur ordinaire, et ſes protecteurs étant détrompés, nous verrons ſûrement mons *Euſtache Pointu* ſéjourner aux galères ou à Bicêtre en raiſon de ſes eſcroqueries, et là réjouir les nobles habitans de ces endroits par de plates bouffonneries que Dorvigny aura ſoin de lui envoyer. Son abſence le fera oublier entièrement; les proverbes ridicules des Variétés iront au diable; nous y verrons avec plaiſir la bonne comédie prendre la place de ces ſottiſes. Heureuſe révolution tant déſirée de tous les vrais connoiſſeurs, quand arriverez-vous? »

(*Journal de Paris*, 18, 19, 27 novembre 1780. — *Le Chroniqueur désœuvré*, I, 111; II, 20. — *Mémoires secrets*, XIV, 130, 367; XV, 7, 60, 94; XVI, 65, 67, 312. — *Galerie historique de la troupe de Nicolet*, par de Manne et Ménétrier, 127.)

I

Lundi 19 juillet 1779, 9 heures du ſoir.

Maurice Volange, acteur du ſpectacle des Variétés-Amuſantes, demeurant porte St-Denis, arrêté par le ſieur Suti, ſergent de la diviſion commandante, en vertu des ordres du magiſtrat (1). Pourquoi nous l'avons envoyé au For-l'Évêque.

(*Archives des Comm.*, n° 5022.)

II

Jeudi 28 octobre 1779, 8 heures et demie du ſoir.

Maurice Volange, acteur du ſpectacle des Variétés-Amuſantes, demeurant porte St-Denis, arrêté par le ſieur Louvet, adjudant de la garde de Paris, pour être venu une demi-heure plus tard au ſpectacle pour y remplir ſon rôle, ce qui a été cauſe que le ſpectacle a été retardé et qu'on a été obligé de donner un ballet en attendant qu'il fût venu (2), ce qui a fait murmurer le public. Comme ledit Volange a déjà été envoyé par nous en priſon pour pareil fait le 19 juillet dernier, en vertu des ordres du magiſtrat, nous l'avons envoyé au For-l'Évêque.

(*Archives des Comm.*, n° 5022.)

---

(1) Volange était arrivé trop tard au théâtre. On donnait ce soir-là à la représentation d'après souper, la seule où cet acteur jouât : *Janot, ou les Battus payent l'amende*, proverbe par Dorvigny, précédé des *Amours de Montmartre*, tragédie burlesque, par Fonpré de Fracansalle, et le ballet des *Jardiniers*.

(2) On jouait le 28 octobre 1779, aux Variétés-Amusantes : *Janot chez le dégraisseur, ou A quelque chose malheur est bon*, proverbe nouveau, de Dorvigny, précédé de *Janot, ou les Battus payent l'amende*, proverbe par le même auteur, et des *Amours de Montmartre*, tragédie burlesque, de Fonpré de Fracansalle, suivie d'un ballet de caractère.

III

L'an 1782, le ſamedi 17 août, une heure de relevée, eſt comparu en l'hôtel et par-devant nous Nicolas Maillot, etc., Maurice-François Rocher de Volange, acteur au ſpectacle des Variétés-Amuſantes, demeurant rue de Bourbon-Villeneuve, au coin de la rue St-Claude, maiſon occupée par bas par une marchande de modes, paroiſſe de Bonne-Nouvelle : Lequel nous a rendu plainte contre un ſieur Tonnelier et dit que, le 12 du préſent mois dans la matinée, ledit ſieur Tonnelier s'eſt préſenté chez lui et lui plaignant lui a demandé qui il étoit et ce qu'il vouloit. A quoi il lui a répondu qu'il avoit été dans le commerce et même aſſocié avec le ſieur Léclufe et qu'il lui apportoit une pièce de comédie; et lui plaignant a examiné cette pièce de comédie même pendant que ſon perruquier le coiffoit. Et ledit Tonnelier, que lui plaignant ne connoiſſoit pas, étant debout et voyant le fils de lui plaignant qui déjeûnoit, a dit avec un air de familiarité et de hardieſſe : « Quand je vois manger, cela me donne appétit. » Et eſt allé au buffet de lui dépoſant, a pris du pain qui étoit ſur ledit buffet, en a coupé et même a pris une prune ſur une aſſiette et s'eſt mis à manger et dans ce moment a dit à lui plaignant devant des perſonnes qui étoient là : « Savez-vous une nouvelle ? Meſſieurs Tourton et Baur ont fait banqueroute ainſi que M. Séguin, caiſſier de M. le duc de Chartres. » A quoi lui plaignant n'a fait aucune attention, étant occupé à lire la pièce que ce particulier lui avoit préſentée. Et un inſtant après lui plaignant a remis la pièce de comédie en queſtion audit Tonnelier qui s'eſt retiré. Que lui plaignant a reçu hier dans la matinée une lettre de Me Vanglenne, commiſſaire, qui le mandoit chez lui pour affaire. Que s'y étant rendu aujourd'hui à l'heure indiquée par la lettre, il a été fort ſurpris de voir une lettre écrite par M. Tourton à M. Lenoir dans laquelle il ſe plaint que lui plaignant a tenu ſur le compte de leur maiſon des propos qui peuvent ternir leur réputation et faire grand tort à leur crédit; pourquoi il s'en rapporte à la juſtice du magiſtrat ſur la punition à infliger, et ce d'après les rapports dudit Tonnelier expreſſément nommé dans ladite lettre. Et comme cette inculpation fauſſe devient une calomnie odieuſe dans la bouche dudit ſieur Tonnelier, qui lui ſeul a tenu ce propos, et que lui ſuppliant déſire ſe juſtifier tant à l'égard de Meſſieurs Tourton et Baur que devant le magiſtrat et aux yeux du public, il s'eſt retiré devant nous pour nous rendre la préſente plainte (1).

Signé : MAILLOT; ROCHER VOLANGE.

(*Archives des Comm.*, n° 3789.)

---

(1) Dans l'information qui fut faite en suite de cette plainte, on entendit un camarade de Volange, Barthélemy Bouché, âgé de 28 ans, peintre et acteur aux Variétés-Amusantes, demeurant rue Montmartre, maison du sieur Hébert, marchand de vin, à la Boule-Rouge.

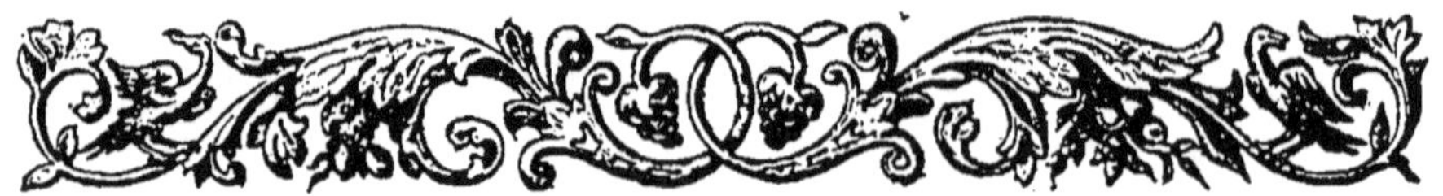

W

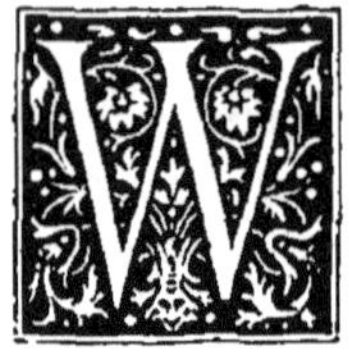

AL, prestidigitateur habile que l'on voyait au Wauxhall d'été en 1789.

(*Journal de Paris*, 12 avril 1789.)

WALMONT (SOPHIE), née en 1757, femme de Jean de Romainville, acteur de province, actrice du théâtre des Pygmées Français au Palais-Royal en 1785.

Voy. PYGMÉES FRANÇOIS (spectacle des).

WAUX-HALL. Plusieurs établissements ont porté ce nom, ce sont : 1° le Waux-hall de Torré, boulevard Saint-Martin; 2° le Waux-hall d'hiver à la foire Saint-Germain, et 3° le Waux-hall d'été, au bout de la rue de Bondy, près le boulevard. Occupons-nous d'abord du premier. En 1764, Jean-Baptiste Torré, artificier italien, obtint la permission d'ouvrir un spectacle pyrrhique sur le boulevard de la porte Saint-Martin, et sut par son habileté y attirer la foule. Son théâtre était très-vaste et le parterre seul contenait 1,200 places. Parmi les pantomimes pyrrhiques qu'il représenta, deux surtout plurent singulièrement aux spectateurs, c'étaient les *Forges de Vulcain sur le Mont Etna*, pièce représentée en juillet 1766, et *Orphée et Eurydice aux en-*

fers, pièce représentée au mois d'octobre de la même année. Malheureusement, l'année suivante, les voisins de Torré se plaignirent du danger auquel les exposait le voisinage d'un pareil spectacle, et l'autorité, leur donnant raison, en exigea la suppression. Ce fut alors que Torré (1768) s'imagina d'ouvrir un nouveau spectacle dans le goût du Waux-hall de Londres. Il l'appela les *Fêtes foraines,* mais le public le nomma toujours le Waux-hall de Torré. C'était un établissement réunissant divers genres de distractions, telles que décorations brillantes, illuminations, concerts, mâts de cocagne au haut desquels pendaient des jambons et saucissons, prix du vainqueur, scapinades ou danses pantomimes exécutées par des hommes enfermés dans des sacs, et surtout des boutiques de futilités tenues par une collection de jolies femmes choisies avec soin. A tous ces divertissements Torré ajouta encore la représentation de courtes scènes de parade jouées sur un petit théâtre par des acteurs assez bons et qui furent très-applaudis. A mesure que les recettes augmentaient, l'entrepreneur des *Fêtes foraines* ajoutait quelque embellissement nouveau à son Waux-hall, auquel il donna bientôt le nom de *Fêtes de Tempé,* et qu'il ouvrit avec une magnificence inouïe le 24 mai 1769. Le récit de cette soirée nous a été transmis par un contemporain et voici en quels termes il en est parlé dans les *Mémoires secrets :* « 24 mai 1769. Tous les princes du ſang, tous les miniſtres, les principaux magiſtrats chargés de la police de Paris, ſe ſont rendus hier à minuit chez le ſieur Torré dont le ſpectacle devoit s'ouvrir aujourd'hui ſous le nom des *Fêtes de Tempé ;* on a fait un eſſai de l'illumination et du coup d'œil qui en réſulteroit. Il paroît que cet artiſte ingénieux a eu les ſuffrages des grands du royaume et a reçu une approbation générale. Le public a vu avec une ſatisfaction complète le gouvernement s'intéreſſer à ſes plaiſirs et les hommes d'État les plus occupés ſe dérober à leurs travaux importans pour veiller ſur cette partie de l'adminiſtration, qui en étoit une eſſentielle chez les Romains et que ne dédaignoient pas les ſages et les héros.

« Ce ſpectacle s'eſt ouvert en effet ce ſoir avec le concours qu'attire ordinairement dans ce pays-ci tout ce qui eſt nouveau ou rajeuni. Les jolies femmes, les petits-maîtres, les filles élégantes de Paris ſe ſont empreſſés d'embellir à l'envi ce ſpectacle de volupté. Le goût et la magnificence ont également contribué aux ornemens du local, qui n'eſt pas encore à ſon point de perfection. Le ſalon en rotonde n'eſt pas aſſez éclairé ; cette partie ne répond pas au luxe des autres et il faudroit multiplier les lumières et les faire jouer davantage. Les peintures préſentent de toutes parts les attributs de la joie et des plaiſirs. Les glaces répètent et reproduiſent à l'infini toutes les beautés qui viennent exciter et animer les déſirs des ſpectateurs. La muſique porte dans les ſens l'émotion néceſſaire à de pareilles fêtes. Les Allemandes, ces danſes pour leſquelles nos femmes ont pris un goût décidé, qui offrent et qui diverſifient toutes les attitudes de la lubricité, perpétuent dans les ſpectateurs les premières impreſſions, en ſorte que tout contribue à rendre ce ſéjour un ſéjour de délices et ces fêtes de véritables fêtes de Tempé. »

Bientôt cependant l'empressement du public se ralentit et le Waux-hall de Torré dut se fermer par ordre de l'autorité supérieure. On ouvrait alors le Colysée des Champs-Élysées et on voulait autant que possible augmenter les chances de réussite de cette colossale entreprise en supprimant les établissements analogues. Ce ne fut qu'en 1773 que Torré put rouvrir son Waux-hall; mais le temps de la vogue était passé pour lui : malgré des concerts où on entendait des artistes comme Baër, Nioul, Dumoulin et Lebrun, malgré ses illuminations jadis si admirées, malgré des expositions de tableaux, la foule ne revint plus comme autrefois au Waux-hall. Torré, au reste, mourut peu après, au commencement de 1780.

2° *Waux-hall d'hiver.* — Cet établissement, ouvert en 1769 à la foire Saint-Germain, était exploité d'abord par Louis-Clair Maurin, bourgeois de Paris, qui périt plus tard sur l'échafaud révolutionnaire, par Nicolas Lenoir, architecte, et par Jacques-

Gabriel Huguier. Il fut ensuite administré par Nicolas de Lasalle, secrétaire perpétuel de l'Académie Royale de musique, concessionnaire du privilége. Les distractions qu'offrait le Waux-hall d'hiver étaient de plusieurs sortes. On y tirait des loteries dont le gros lot valait 1,500 livres, on y donnait des bals, on y entendait des concerts. Comme au Waux-hall de Torré, le genre de femmes qu'on y rencontrait attirait une grande quantité de jeunes gens. En 1785, le Palais-Royal étant devenu l'endroit le plus à la mode et le plus fréquenté de tout Paris, le Waux-hall d'hiver crut devoir s'en rapprocher, et quittant la foire Saint-Germain, il se transporta dans un local situé rue Saint-Thomas-du-Louvre et prit le nom de Panthéon.

3° *Waux-hall d'été.* — Il fut ouvert sur le boulevard Saint-Martin le 7 juillet 1785, ainsi que nous l'apprennent les *Mémoires secrets,* qui s'expriment ainsi à ce sujet : « 7 juillet 1785. Le Waux-hall d'été a fait en effet ſon ouverture aujourd'hui avec un tems peu favorable ; auſſi l'empreſſement des amateurs n'a pas été grand. Ce lieu conſiſte en un ſuperbe ſalon d'aſſemblée, dans lequel eſt un orcheſtre pour la danſe, et en un jardin deſtiné à des fêtes de différens genres.

« Cet édifice eſt conſtruit ſur les plans et la conduite du ſieur Mélan, architecte. Le décor a été exécuté par le ſieur Munich, peintre décorateur. Ce ſont les mêmes artiſtes qui ont travaillé à la Redoute chinoiſe.

« L'entrée du Waux-hall d'été eſt ſans nobleſſe ; elle eſt meſquine, étroite et triſte. Le ſalon eſt en baignoire, dans le goût de celui de la foire Saint-Germain, mais plus en grand et avec des ornemens plus ſévères. On n'y a pas trouvé aſſez de ſiéges ni de commodité pour le public. L'emplacement, du reſte, en eſt bien ménagé et pas une fenêtre d'où l'on n'ait un point de vue. Au-deſſus eſt un café vaſte et d'une tournure pittoreſque. Le jardin n'eſt pas aſſez étendu ; le terrain eſt ménagé avec goût et l'on en a tiré tout le parti poſſible.

« Les directeurs, comptant ſans doute ſur la curioſité du public, ne ſe ſont pas mis en frais d'aucune fête. Tout le ſpectacle conſiſtoit dans l'illumination du ſalon et du jardin ; l'une et l'autre n'avoient rien de brillant. Du reſte, des contredanſes exécutées par des enfans choiſis de l'un et de l'autre ſexe, deſtinés à cet uſage et propres à amuſer un inſtant par un talent qui ſeroit admiré ſi les théâtres de toute eſpèce n'en offroient journellement de plus agréables et de plus ſavans.

« L'abord de ce nouveau Waux-hall, placé dans une eſpèce de cul-de-ſac, eſt incommode et embarraſſant. A moins que les directeurs n'imaginent des fêtes propres à leur attirer la foule, cet eſſai ne leur promet pas un ſuccès conſidérable. »

(*Archives des Comm.*, nos 861, 879. — *Mémoires secrets*, II, 97 ; III, 63, 107 ; IV, 11, 82, 107, 116 ; XIX, 22, 71, 76, 97, 114 ; XXIV, 304, 323, 328 ; XXVII, 236 ; IX, 145 ; X, 85 ; XV, 164 ; XIX, 151 ; V, 255 ; XXIV, 152 ; X, 125 ; XXVIII, 309 ; XXIX, 131.)

WILDMANN, naturaliste anglais, montrait à la foire Saint-Germain de 1774 des abeilles privées. A son commandement ces insectes sortaient de leur ruche et allaient se placer sur tel chapeau qu'il leur indiquait ; elles venaient s'entortiller autour de son bras en forme de manchon ; elles se plaçaient sur son visage et lui formaient un véritable masque ; enfin à son ordre elles partaient et retournaient à leur ruche.

(*Mémoires secrets*, VII, 136, 155.)

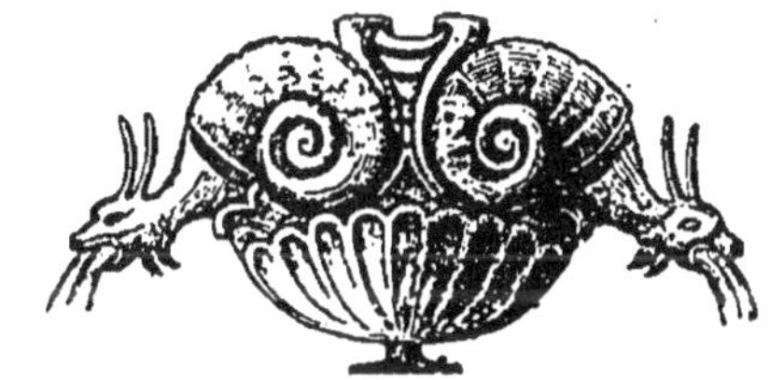

Z

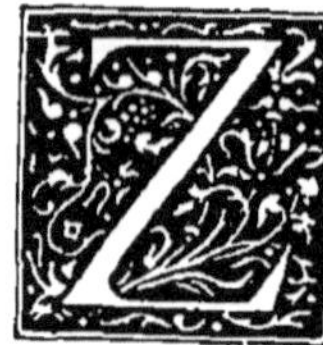

ALLER, entrepreneur de spectacles, montrait en 1772, aux foires et sur le boulevard, un optique au prix de 24 sols par personne.

(*Almanach forain*, 1773.)

ZUIKER (JEAN-JACQUES VAN), faiseur de tours et directeur d'un spectacle d'automates établi, en 1751, à l'hôtel de Soissons.

L'an 1751, le lundi 7 juin, 6 heures du soir, en l'hôtel de nous Pierre Regnard le jeune, etc., est comparu Jean-Louis Durier, sergent-major du guet : Lequel nous a dit que, suivant les ordres qui lui sont donnés par M. le Lieutenant général de police, pour maintenir le bon ordre en l'hôtel de Soissons, tant pour les jeux publics nouvellement établis que pour les polissons qui s'y assemblent journellement, il seroit arrivé que deux particuliers ci arrêtés, étant dans le jeu du sieur Jean-Jacques Van Zuiker, faiseur de tours d'adresse, se seroient avisés de faire agir par eux-mêmes des statues dudit Van Zuiker sans son consentement, ce qui a fait que lesdites statues ont été cassées; et comme lesdits particuliers n'ont voulu dédommager ledit sieur Van Zuiker des torts qu'ils lui causent, le comparant a fait requérir la garde du guet de poste à la barrière St-Honoré, commandée par le nommé Ferron, sergent, et a amené lesdits particuliers par-devant nous pour être ordonné ce qu'il appartiendra.

A l'instant est comparu ledit sieur Jean-Jacques Van Zuiker, faiseur de tours d'adresse mécaniques, actuellement à l'hôtel de Soissons, demeurant rue du Four, paroisse St-Eustache, chez un tonnelier : Lequel nous a rendu plainte contre les deux particuliers amenés devant nous et dit que le monde étant en assez grand nombre à son théâtre pour faire les représentations de ses tours, les deux particuliers ci-arrêtés étant dans les galeries de son jeu dont les places sont à 12 sols par personne, se sont avisés de vouloir toucher à des figures que le plaignant mettoit en ordre, malgré les défenses qu'il leur en fit, dont une de ces figures représente un Bacchus, une autre un Tyrolien et la troisième un drapier, le tout en bois et cire avec ressorts; ce qui a fait qu'une de ces figures qui représente le Bacchus ayant un tonneau sur la tête dans lequel étoit de l'eau, ladite figure est tombée, et comme il vouloit la retenir, il n'a pu le faire, au contraire, il en est tombé une autre qui est celle représentant le Tyrolien, lesquelles sont tombées par une fenêtre dans la cour où elles ont été brisées. Que leur ayant demandé le payement desdites figures, qu'il estime 12 louis, pour les faire rétablir, ils n'ont voulu le faire; au contraire, lui ont dit insolemment qu'ils lui donneroient 5 sols, qu'ils ne lui en donneroient pas davantage et lui dirent plusieurs injures, étant pris de vin. Raison pourquoi il les a fait arrêter. Et comme le plaignant a intérêt d'avoir raison du dommage causé auxdites deux figures, qu'il estime qu'il lui en coûtera au moins 12 louis pour les faire rétablir, lui ayant coûté cent louis d'achat chaque figure, ce qui lui fait en outre un tort considérable n'ayant pu continuer ses représentations qui lui rapportent environ 8 louis chacune, en faisant ordinairement deux par jour, ayant été obligé de rendre l'argent aux personnes de qui il avoit reçu pour la représentation de cejourd'hui, cinq heures du soir, d'autant qu'elle n'a pu être parachevée par rapport à ce délit, il nous rend contre lesdits deux particuliers la présente plainte.

Signé : Johan-Jacob Van Zuiker ; Regnard.

A l'instant nous avons fait comparoitre lesdits deux particuliers arrêtés, lesquels après serment par chacun d'eux fait de dire vérité, nous ont dit s'appeler l'un Pierre Desjardins, maître maçon à Paris, demeurant rue St-Denis, paroisse St-Sauveur, et l'autre Jean-Martin Bergerat, inspecteur des bâtimens du Roi, demeurant rue St-Denis, vis-à-vis les filles St-Chaumont, paroisse St-Sauveur : Lesquels nous ont dit qu'il est vrai qu'ils ont été au jeu dudit sieur Van Zuiker en l'hôtel de Soissons, lui ayant, à cet effet, payé chacun 12 sols. Qu'étant montés à leur place, ledit sieur Desjardins auroit malheureusement rencontré une chaise qui étoit dans son chemin et étant tombé sur une figure qui étoit sur une fenêtre, elle est tombée dans la rue et a été dérangée. Pourquoi ils n'entendent pas réparer le dommage d'autant qu'ils n'ont pas de tort.

Signé : Jean-Martin Bergerat ; Desjardins ; Regnard.

A l'instant ledit sieur Van Zuiker nous a requis que lesdits sieurs Desjardins et Bergerat, attendu qu'ils n'entendent payer le dommage à lui causé, soient constitués prisonniers à sa requête ès prisons du Grand-Châtelet.

Sur quoi nous commissaire, etc., les avons remis ès mains dudit sieur Durier pour les conduire ès prisons du Grand-Châtelet, etc.

Signé : Regnard ; Johan-Jacob Van Zuiker.

Et le mardi 8 dudit mois de juin, en notre hôtel et par-devant nous commiſſaire ſuſdit, eſt comparu ledit ſieur Jean-Jacques Van Zuiker, lequel s'eſt déſiſté purement et ſimplement de la plainte qu'il nous a rendue le jour d'hier contre les ſieurs Desjardins et Bergerat, etc., conſentant qu'ils ſortent deſdites priſons au moyen de ce qu'il ſe trouve dédommagé de toutes ſes pertes, dommages et intérêts.

Signé : REGNARD ; JOHAN-JACOB VAN ZUIKER.

(*Archives des Comm.*, nº 4359.)

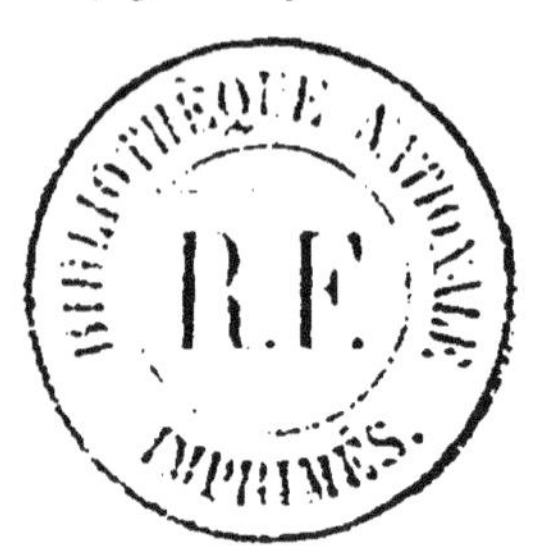

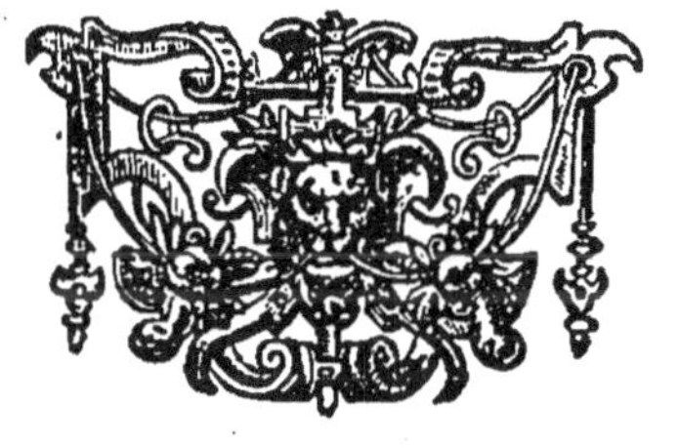

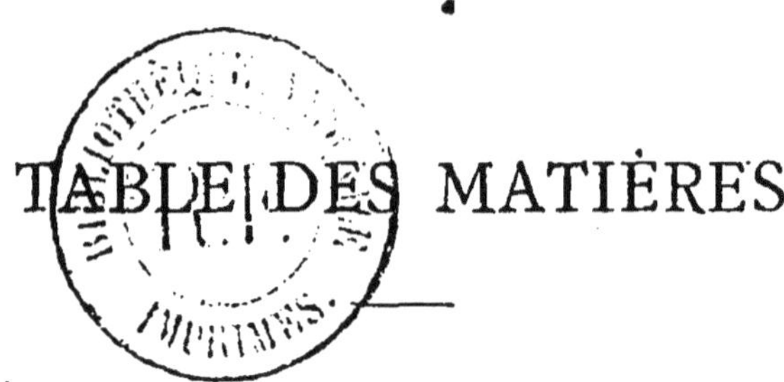

TABLE DES MATIÈRES

A

B

C

D

E

F

G

H

J

K

L

M

N

O

P

Q

R

S

T

V

W

Z

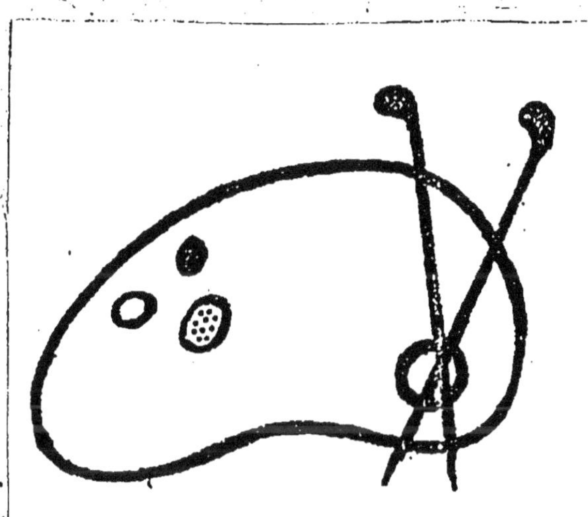

www.ingramcontent.com/pod-product-compliance
Lightning Source LLC
LaVergne TN
LVHW010525100826
845148LV00001B/93

* 9 7 8 2 0 1 2 5 8 0 6 3 3 *